전등록 I

전등록 I

김월운 옮김

동국역경원

차 례 1

해제 / 19
경덕전등록서景德傳燈錄序 / 41
중간경덕전등록장重刊景德傳燈錄狀 / 45
서래연표西來年表 / 47

제 1 권 ………… 55

7불佛

비바시불毘婆尸佛 / 57
시기불尸棄佛 / 57
비사부불毘舍浮佛 / 58
구류손불拘留孫佛 / 59
구나함모니불拘那含牟尼佛 / 60
가섭불迦葉佛 / 60
석가모니불釋迦牟尼佛 / 61

천축天竺의 조사祖師〔한 조사는 방계로서 기록이 없음〕

제1조 마하가섭摩訶迦葉 / 65
제2조 아난阿難 / 69
제3조 상나화수商那和修 / 73
제4조 우바국다優波毱多 / 76
제5조 제다가提多迦 / 80
제6조 미차가彌遮迦 / 83
제7조 바수밀婆須蜜 / 85

제8조 불타난제佛陀難提 / 87
제9조 복타밀다伏馱蜜多 / 90
제10조 협脇 존자尊者 / 92
제11조 부나야사富那夜奢 / 94
제12조 마명馬鳴 대사大士 / 96
제13조 가비마라迦毘摩羅 / 98
제14조 용수龍樹 존자尊者 / 101

제 2 권 105

천축天竺의 35조

제15조 가나제바迦那提婆 / 109
제16조 라후라다羅睺羅多 / 113
제17조 승가난제僧伽難提 / 117
제18조 가야사다伽耶舍多 / 120
제19조 구마라다鳩摩羅多 / 122
제20조 사야다闍夜多 / 124
제21조 바수반두婆修盤頭 / 127
제22조 마나라摩拏羅 / 130
제23조 학륵나鶴勒那 / 133
제24조 사자師子 비구比丘 / 136
제25조 바사사다婆舍斯多 / 140
제26조 불여밀다不如密多 / 145
제27조 반야다라般若多羅 / 148

제 3 권 ……………………………………………………151

중화中華의 다섯 조사와 방계로 나온 존숙尊宿

제28조 보리달마菩提達磨 / 154

제29조 혜가慧可 대사大師 / 183

승나僧那 선사先師 · 188

향向 거사居士 · 190

상주相州 융화사隆化寺 혜만慧滿 선사 · 191

제30조 승찬僧璨 대사大師 / 193

제31조 도신道信 대사大師 / 196

제32조 홍인弘忍 대사大師 / 199

제 4 권 ……………………………………………………207

제31조 도신道信 대사 휘하에서 방계로 나온 법손

▶ **금릉金陵 우두산牛頭山 6세의 조종祖宗**

제1세 법융法融 선사 · 228

제2세 지암智巖 선사 · 241

제3세 혜방慧方 선사 · 243

제4세 법지法持 선사 · 244

제5세 지위智威 선사 · 244

제6세 혜충慧忠 선사 · 246

▶ **앞의 법융法融 선사 휘하 3세의 방계로 나온 법손**

금릉金陵 종산鍾山의 담최曇璀 선사 · 249

▶ **앞의 지위**智威 **선사 휘하 3세의 방계로 나온 법손**

선주宣州 안국사安國寺 현정玄挺 선사 · 249

윤주潤州 학림鶴林 현소玄素 선사 · 250

서주舒州 천주산天柱山 숭혜崇慧 선사 · 251

▶ **앞의 윤주**潤州 **학림사**鶴林寺 **현소**玄素 **선사의 법손**

항주杭州 경산徑山 도흠道欽 선사 · 253

▶ **앞의 항주**杭州 **경산**徑山 **도흠**道欽 **선사의 법손**

항주杭州 조과鳥窠 도림道林 선사 · 256

▶ **앞의 항주**杭州 **조과**鳥窠 **도림**道林 **선사의 법손**

항주杭州 초현사招賢寺 회통會通 선사 · 258

▶ **앞의 혜충**慧忠 **선사의 두 세대의 방계 법손**

천태산天台山 불굴암佛窟巖 유칙惟則 선사 · 261

▶ **앞의 천태산**天台山 **불굴암**佛窟巖 **유칙**惟則 **화상**和尙**의 법손**

천태산天台山 운거雲居 지智 선사 · 262

앞의 제32조 홍인弘忍 대사大師의 제1세 방계 법손

북종北宗 신수神秀 선사 · 264

숭악嵩嶽 혜안慧安 국사國師 · 266

원주袁州 몽산蒙山 도명道明 선사 · 268

▶ **앞의 북종**北宗 **신수**神秀 **선사의 법손[홍인 대사의 제2세 법손]**

하중부河中府 중조산中條山 지봉智封 선사 · 271

연주兗州 항마降魔 장藏 선사 · 272

수주壽州 도수道樹 선사 · 273
회남도淮南都 양산梁山 전식全植 선사 · 274

▶ **앞의 숭악嵩嶽 혜안慧安 국사의 법손**
낙경洛京 복선사福先寺 인검仁儉 선사 · 274
숭악嵩嶽 파조타破竈墮 화상 · 275
숭악嵩嶽 원규元珪 선사 · 280

▶ **앞의 숭산嵩山 보적普寂 선사의 법손[홍인 대사의 제3세]**
종남산終南山 유정惟政 선사 · 286

▶ **익주益州 무상無相 선사 법손[홍인 대사의 제4세]**
익주益州 보당사保唐寺 무주無住 선사 · 287

제 5 권 ……………………………………………………293

제33조 혜능慧能 대사 / 295
제33조 혜능 대사의 법손[法嗣]
서역西域 굴다堀多 삼장三藏 · 307
소주韶州 법해法海 선사 · 308
길주吉州 지성志誠 선사 · 310
변첨산匾檐山 효료曉了 선사 · 312
하북河北 지황智隍 선사 · 313
홍주洪州 법달法達 선사 · 314
수주壽州 지통智通 선사 · 319
강서江西 지철志徹 선사 · 322
신주信州 지상智常 선사 · 325

광주廣州 지도志道 선사 · 328
광주廣州 법성사法性寺 인종印宗 화상 · 332
길주吉州 청원산靑原山 행사行思 선사 · 333
남악南嶽 회양懷讓 선사 · 338
온주溫州 영가永嘉 현각玄覺 선사 · 343
사공산司空山 본정本淨 선사 · 351
무주婺州 현책玄策 선사 · 362
조계曹谿 영도令韜 선사 · 364
서경西京 광택사光宅寺 혜충慧忠 선사 · 364
서경西京 하택荷澤 신회神會 선사 · 375

제 6 권 ……………………………………………379

회양懷讓 선사의 제1세

강서江西 도일道一 선사 · 381

회양懷讓 선사의 제2세 ① - 마조馬祖의 법손

월주越州 대주사大珠寺 혜해慧海 선사 · 389
홍주洪州 늑담泐潭 법회法會 선사 · 400
지주池州 삼산杉山 지견智堅 선사 · 401
홍주洪州 늑담泐潭 유건惟建 선사 · 403
예주澧州 명계茗谿 도행道行 선사 · 403
무주撫州 석공石鞏 혜장慧藏 선사 · 405
당주唐州 자옥산紫玉山 도통道通 선사 · 407
강서江西 북란北蘭 양讓 선사 · 410
낙경洛京 불광佛光 여만如滿 선사 · 410
원주袁州 남원南源 도명道明 선사 · 411
흔주忻州 역촌酈村 자만自滿 선사 · 413

낭주朗州 중읍中邑 홍은洪恩 선사 · 414
홍주洪州 백장산百丈山 회해懷海 선사 · 416

선문규식禪門規式 · 427

제 7 권 ··431

회양懷讓 **선사의 제2세 ②**

담주潭州 삼각산三角山 총인總印 선사 · 433
지주池州 노조산魯祖山 보운寶雲 선사 · 434
홍주洪州 늑담泐潭 상흥常興 선사 · 436
건주虔州 서당西堂 지장智藏 선사 · 437
경조부京兆府 장경사章敬寺 회운懷惲 선사 · 441
정주定州 백암柏巖 명철明哲 선사 · 444
신주信州 아호鵝湖 대의大義 선사 · 445
이궐伊闕 복우산伏牛山 자재自在 선사 · 447
유주幽州 반산盤山 보적寶積 선사 · 449
비릉毘陵 부용산芙蓉山 태육太毓 선사 · 451
포주蒲州 마곡산麻谷山 보철寶徹 선사 · 453
항주杭州 염관鹽官 진국鎭國 해창원海昌院 제안齊安 선사 · 455
무주婺州 오설산吾洩山 영묵靈默 선사 · 458
명주明州 대매산大梅山 법상法常 선사 · 461
경조京兆 흥선사興善寺 유관惟寬 선사 · 465
호남湖南 동사東寺 여회如會 선사 · 468
악주鄂州 무등無等 선사 · 470
여산廬山 귀종사歸宗寺 지상智常 선사 · 471

제 8 권 ··479

회양懷讓 선사의 제2세 ③

분주汾州 무업無業 선사 · 481
예주澧州 대동大同 광징廣澄 선사 · 485
지주池州 남전南泉 보원普願 선사 · 486
오대산五臺山 은봉隱峰 선사 · 504
온주溫州 불오佛嶴 화상 · 507
오구烏臼 화상 · 508
담주潭州 석상石霜 대선大善 화상 · 509
석구石臼 화상 · 510
본계本谿 화상 · 510
석림石林 화상 · 511
양亮 좌주座主 · 512
흑안黑眼 화상 · 513
미령米嶺 화상 · 513
제봉齊峰 화상 · 514
대양大陽 화상 · 515
홍라紅螺 화상 · 516
천주泉州 귀양산龜洋山 무료無了 선사 · 517
이산利山 화상 · 518
소주韶州 유원乳源 화상 · 520
송산松山 화상 · 520
칙천則川 화상 · 521
남악南嶽 서원난야西園蘭若 담장曇藏 선사 · 522
백령百靈 화상 · 524
진주鎭州 금우金牛 화상 · 524
동안洞安 화상 · 525

흔주忻州 타지打地 화상 · 526
담주潭州 수계秀谿 화상 · 527
자주磁州 마두봉馬頭峰 신장神藏 선사 · 527
담주潭州 화림華林 선각善覺 선사 · 528
정주汀州 수당水塘 화상 · 529
고사古寺 화상 · 530
강서江西 비수椑樹 화상 · 530
경조京兆 초당草堂 화상 · 531
원주袁州 양기산陽岐山 견숙甄叔 선사 · 532
몽계濛谿 화상 · 533
낙경洛京 흑간黑澗 화상 · 534
경조京兆 흥평興平 화상 · 534
소요逍遙 화상 · 535
복계福谿 화상 · 536
홍주洪州 수로水老 화상 · 537
부배浮盃 화상 · 538
담주潭州 용산龍山 화상 · 540
양주襄州 방온龐蘊 거사居士 · 542

제 9 권 ……………………………………………549

회양懷讓 선사의 제3세 ①

▶ **앞의 백장百丈 회해懷海 선사의 법손**

담주潭州 위산潙山 영우靈祐 선사 · 552
홍주洪州 황벽黃檗 희운希運 선사 · 566
항주杭州 대자산大慈山 환중寰中 선사 · 573
천태산天台山 평전平田 보안普岸 선사 · 575

균주筠州 오봉五峰 상관常觀 선사 · 577
담주潭州 석상산石霜山 성공性空 선사 · 578
복주福州 대안大安 선사 · 579
복주福州 고령古靈 신찬神贊 선사 · 583
광주廣州 화안사和安寺 통通 선사 · 585
강주江州 용운龍雲 대臺 선사 · 587
경조京兆 위국원衛國院 도道 선사 · 587
진주鎭州 만세萬歲 화상 · 587
홍주洪州 백장산百丈山 유정惟政 선사 · 588
홍주洪州 동산東山 혜慧 화상 · 590
청전淸田 화상 · 591
대우大于 화상 · 591

▶ 앞의 건주虔州 서당西堂 지장智藏 선사의 법손

건주虔州 처미處微 선사 · 592

▶ 앞의 포주蒲州 마곡산麻谷山 보철寶徹 선사의 법손

수주壽州 양수良遂 선사 · 593

▶ 앞의 호남湖南 동사東寺 여회如會 선사의 법손

길주吉州 서산薯山 혜초慧超 선사 · 594

▶ 경조京兆 장경사章敬寺 회운懷惲 선사의 법손

경조京兆 대천복사大薦福寺 홍변弘辯 선사 · 594
복주福州 구산龜山 지진智眞 선사 · 598
낭주朗州 동읍東邑 회정懷政 선사 · 600
금주金州 조操 선사 · 600
낭주朗州 고제古堤 화상 · 601
하중河中 공기公畿 화상 · 601

황벽黃蘗 **희운**希運 **선사의 전심법요**傳心法要 · 602
배휴裵休 **상국**相國**의 전심게**傳心偈 · 619

제 10 권 ······623

회양懷讓 선사의 제3세 ②

▶ 앞의 지주池州 남전南泉 보원普願 선사의 법손

호남湖南 장사長沙 경잠景岑 초현招賢 대사 · 627
형남荊南 백마白馬 담조曇照 선사 · 648
종남산終南山 운제雲際 사조師祖 선사 · 648
등주鄧州 향엄香嚴 하당下堂 의단義端 선사 · 649
조주趙州 관음원觀音院 종심從諗 선사 · 651
지주池州 영취靈鷲 한閑 선사 · 669
악주鄂州 수유산茱萸山 화상 · 671
구주衢州 자호암子湖巖 이종利蹤 선사 · 673
낙경洛京 숭산嵩山 화상 · 675
일자日子 화상 · 676
소주蘇州 서선西禪 화상 · 676
선주宣州 자사刺史 육긍陸亘 대부大夫 · 678
지주池州 감지甘贄 행자行者 · 678

▶ 앞의 항주杭州 염관鹽官 제안齊安 선사의 법손

양주襄州 관남關南 도상道常 선사 · 680
홍주洪州 쌍령雙嶺 현진玄眞 선사 · 681
항주杭州 경산徑山 감종鑒宗 선사 · 681

▶ **앞의 오설산**五洩山 **영묵**靈默 **선사의 법손**
복주福州 장계長谿 구산龜山 정원正原 선사 · 682

▶ **앞의 낙경**洛京 **불광사**佛光寺 **여만**如滿 **선사의 법손**
당唐의 항주杭州 자사刺史 백거이白居易 · 683

▶ **앞의 대매산**大梅山 **법상**法常 **선사의 법손**
신라국新羅國 가지迦智 선사 · 684
항주杭州 천룡天龍 화상 · 685

▶ **앞의 영태사**永泰寺 **영단**靈湍 **화상의 법손**
호남湖南 상림上林 계령戒靈 선사 · 685
오대산五臺山 비마암祕魔巖 화상 · 686
호남湖南 기림祇林 화상 · 687

▶ **앞의 유주**幽州 **반산**盤山 **보적**寶積 **선사의 법손**
진주鎭州 보화普化 화상 · 687

▶ **앞의 용아산**龍牙山 **원창**圓暢 **선사의 법손**
가화嘉禾 장이藏廙 선사 · 690

▶ **앞의 귀종사**歸宗寺 **지상**智常 **선사의 법손**
복주福州 부용산芙蓉山 영훈靈訓 선사 · 691
한남漢南 곡성현穀城縣 고정高亭 화상 · 692
신라新羅 대모大茅 화상 · 693
오대산五臺山 지통智通 선사 · 693

▶ **앞의 화엄사**華嚴寺 **지장**智藏 **선사의 법손**
황주黃州 제안齊安 화상 · 694

제 11 권 ······697

회양懷讓 선사의 제4세 ①

▶ 앞의 위산潙山 영우靈祐 선사의 법손

원주袁州 앙산仰山 혜적慧寂 선사 · 703
등주鄧州 향엄香嚴 지한智閑 선사 · 718
양주襄州 연경산延慶山 법단法端 선사 · 725
항주杭州 경산徑山 홍인洪諲 선사 · 725
복주福州 영운靈雲 지근志勤 선사 · 730
익주益州 응천應天 화상 · 734
복주福州 구봉九峰 자혜慈慧 선사 · 735
경조京兆 미米 화상 · 735
진주晋州 곽산霍山 화상 · 737
양주襄州 왕경초王敬初 상시常侍 · 737

▶ 앞의 복주福州 대안大安 선사의 법손

익주益州 대수大隋 법진法眞 선사 · 738
소주韶州 영수靈樹 여민如敏 선사 · 742
복주福州 수산壽山 사해師解 선사 · 744
요주饒州 요산嶢山 화상 · 745
천주泉州 보전현莆田縣 국환숭복원國歡崇福院 혜일慧日 대사 · 746
태주台州 부강浮江 화상 · 747
노주潞州 녹수淥水 화상 · 747
광주廣州 문수원文殊院 원명圓明 선사 · 748

▶ 앞의 조주趙州 종심從諗 선사의 법손

홍주洪州 무녕현武寧縣 신흥新興 엄양嚴陽 존자 · 748
양주楊州 성동城東 광효원光孝院 혜각慧覺 선사 · 749
농주隴州 국청원國淸院 봉奉 선사 · 751

무주婺州 목진木陳 종랑從朗 선사 · 753
무주婺州 신건新建 선사 · 753
항주杭州 다복多福 화상 · 754
익주益州 서목西睦 화상 · 755

▶ 앞의 구주衢州 자호암子湖巖 이종利蹤 선사의 법손

태주台州 승광勝光 화상 · 755
장주漳州 부석浮石 화상 · 756
자동紫桐 화상 · 756
일용日容 화상 · 757

▶ 앞의 악주鄂州 수유茱萸 화상의 법손

석제石梯 화상 · 757

▶ 앞의 천룡天龍 화상의 법손

무주婺州 금화산金華山 구지俱胝 화상 · 758

▶ 앞의 장사長沙 경잠景岑 선사의 법손

명주明州 설두산雪竇山 상통常通 선사· 760

▶ 앞의 관남關南 도상道常 선사의 법손

양주襄州 관남關南 도오道吾 화상 · 761
장주漳州 나한羅漢 화상 · 763

▶ 앞의 고안高安 대우大愚 선사의 법손

균주筠州 말산니末山尼 요연了然 · 764

해 제

1. 저자著者와 찬술撰述에 대하여

30권으로 되어 있는 이 『전등록傳燈錄』의 본래 이름은 『경덕전등록景德傳燈錄』으로서, 책 이름에 이와 같이 경덕景德이라는 연호年號가 붙은 것은 편자인 도원道原이 남송南宋의 황제 진종眞宗에게 바친 해가 경덕 원년(元年, 1004)이기 때문이다. 즉, 도원이 언제부터 쓰기 시작하여 언제 완성하였는지는 알 수 없으나 황제에게 바친 때를 이 『전등록』이 완성된 때로 간주하여 그때의 연호를 머리에 붙여서 부르게 된 것이다.

이 책은 도원이 편찬한 그대로 세상에 유포된 것이 아니다. 양억楊億의 「경덕전등록서景德傳燈錄序」에 의하면, 도원으로부터 이 책을 봉정奉呈 받은 진종은 도원이 이룩한 업적을 칭찬하고 기뻐하였으나 장차 이 책이 세상에 널리 유포될 것을 생각해서 한림학사翰林學士 양억楊億과 병부원兵部員 외랑外郎 이유李維, 그리고 대상승大常丞 왕서王曙 등을 시켜 내용을 교정해서 가감하게 하였다.

또한 「중간경덕전등록장重刊景德傳燈錄狀」에 따르면, 원元의 연우延祐 2년(1315)에 구본舊本이 없어져 중간重刊한 사실이 있으며, 그 이전인 경우景祐 원년(1034)에는 왕수王隨가 산정刪定해서 30권을 15권으로 엮어 전법원傳法院으로 하여금 입장入藏시키고 있음을 『불조통기(佛祖統紀 46)』에서는 기술하고 있다. 이후에 명본明本이 간행되면서도 수정이 가해졌다.

이러한 내용을 통해 보건대, 양억 등이 본래의 『전등록』을 교정하고 가감했을 뿐만 아니라, 시대에 따라 계속해서 수정이 가해졌음을 알 수 있다. 다만 양억 등이 교정한 이후에는 내용에 있어서 크게 달라진 것이 없고, 구본의 오자誤字만을 거의 교정하고 있다. 그리고 오늘의 학자들은, 도원이 편찬한 본래의 『전등록』은 양억 등이 수정해서 지금까지 유포되고 있는 현행의 『전등록』보다 분량이 더 많았으리라 추정하고 있다.

편자인 승천承天 도원道原에 대해서는 양억의 「경덕전등록서景德傳燈錄序」에 동오東吳의 출신이라고 기록되어 있을 뿐 자세한 기록이 없다. 다만 법안종法眼宗의 개조開祖 법안法眼 문익文益의 법사法嗣인 천태 덕소(天台德韶, 891~972)의 법을 이었고, 법안 문익의 문하門下 3세에 해당하며, 덕소에게서 법을 이어받은 뒤 소주蘇州의 승천사承天寺에 머문 것을 몇 가지 자료를 통해 알 수 있을 뿐이다. 그가 승천사에 머문 기록은 1252년에 성립된 『오등회원五燈會元』에 아주 간단하게 수록되어 있다.

한편, 도원이 『전등록』을 찬술한 저자가 아니라는 설도 있다. 도원이 걸출傑出한 선사禪師가 아니라는 점과 함께 『전등록』을 찬술하게 된 동기 등을 알 수 있는 전기傳記가 없을 만큼 선문禪門의 주목을 끄는 존재가 아니라는 점과, 양억의 서문 이외에는 도원의 공적을 기술한 글이 없다는 점, 그리고 그가 편찬한 『전등록』 자체에서 자신이 법을 이어받은 천태 덕소의 법사法嗣 속에 자신을 기록하고 있지 않은 점 등이 도원을 『전등록』의 편자로 인정하려 들지 않는 요인이 되었다.

그러나 도원이 겸양으로 자신이 찬술하는 『전등록』에 자신의 이야기를 쓰지 않을 수도 있을 것이다. 또한 『전등록』 6권에 실린 「선문규식禪門規式」을 후세 사람들이 도원의 저술이기보다는 양억의 창작이라고 보는 견해가 강하듯이, 도원이 본래 찬술한 『전등록』에 대한 양억 등의 첨삭添削이 너무 큰 폭이어서 도원의 공덕이 약화되었기 때문에 그렇게 볼 수도 있을 것이다.

정앙鄭昻은 소흥紹興 2년 임자(壬子, 1132)에 쓴 「경덕전등록발景德傳燈錄跋」에서 『전등록』의 편자는 공진拱辰이라고 주장하고 있다. 「경덕전등록발」에 의하면, 공진은 『전등록』을 완성하여 진종에게 바치기 위해 서울로 가고 있었다. 가는 도중에 한 행각승行脚僧을 만나 동행을 하게 되어 그에게 『전등록』을 보였는데, 그날 밤 그 행각승이 그것을 가지고 달아났다. 공진이 서울에 도착해서 알아보니, 도원이 이미 그 책을 황제에게 바치고 상을 탄 뒤였다. 공진은 "나의 뜻은 불조佛祖의 도를 밝히려는 것인데, 일은 이미 시행되었다. 이름이야 누구에게 있건 한가지이다. 내가 어찌 명예를 위하겠는가" 하고 다시 말을 하지 않았다고 한다. 이 발문에 의하면 도원은 공진의 저술을 훔친 것이 된다.

그러나 공진이 찬술했다고 하는 설에도 여러 가지 문제가 있다. 수산 성념(首山省念, 926~993) → 곡은 온총(谷隱蘊聰, 965~1032) → 금산 담영(金山曇穎, 989~1060) → 서여西余 공진拱辰으로 법맥이 이어진다고는 하나, 그의 생몰연대는 알 수 없다. 따라서 『전등록』

이 황제에게 바쳐진 경덕 원년(1004)에 그의 나이가 몇 살이었는지도 알 수 없다. 확실한 것은 이때 그의 스승인 금산 담영의 나이가 16세라는 점이다. 16세면 아직 제자를 둘 나이가 아니며, 그렇다면 담영이 제자를 둘 수 있는 나이에 공진이 제자가 되어 그 밑에서 『전등록』을 찬술하기 위해서는, 『전등록』이 황제에게 바쳐진 1004년보다 훨씬 뒤가 되어야 할 것이다.

이 밖에도 공진의 찬술이라고 하면 마땅히 수록했어야 할 내용이 빠져 있는 점으로 보아 공진이 찬술했다고 하는 설도 신빙성을 갖지 못하고 있다. 『전등록』의 수록내용 중 공진의 선맥禪脈인 남악계南嶽系는 남악으로부터 10세世가 되는 수산 성념까지밖에 수록되어 있지 않은 점이 그것이다. 공진이 편자라고 하면 마땅히 자기 문파門派를 드러내기 위해서 성념의 법사法嗣인 곡은 온총을 성념 밑에 기술했을 것이다. 그러나 온총의 이름은 보이지 않는다.

이와는 상대적으로 도원의 선맥인 청원青原의 계통은 청원으로부터 12세까지 수록하고 있고, 천태 덕소의 법사로서 그와 동문同門인 49인의 이름을 들고 있으며, 그 중 30인의 어록語錄을 기술하고 있다. 또 법계法系에 있어서 도원에게는 사질師姪에 해당하는 5인까지도 수록하고 있다.

이렇게 사질에 이르는 12세까지를 수록하고 있는 점과 함께 도원이 법을 이어받은 천태 덕소를 보면, 도원에게 『전등록』 찬술의 역량이 있음을 미루어 알 수가 있다. 천태 덕소는 말할 것도 없이 천태교학天台教學에 힘을 기울인 법안法眼 문하의 빼어난 인재로서 널리 투자 대동(投子大同, 819~914) · 용아 거둔(龍牙居遁, ?~923) 등 54인의 선장禪匠들을 찾아 참문參問한 인물이다. 그러한 그에게서 법을 이어받은 도원에게 『전등록』 편찬의 역량이 있었을 것임은 쉽게 짐작할 수 있다.

그러나 무엇보다도 도원이 편자로서 의심의 여지가 없는 것은 『전등록』이 황제의 명에 의해서 양억 등에 의해 교정되어 완성될 때, 양억이 쓴 서문이 도원을 본래의 찬술인撰述人으로 못 박고 있는 점이다.

2. 각 권卷의 개요

『전등록』의 내용이나 이 책이 지니고 있는 특색과 의미를 알기 위해서는 먼저 그 개요를 알 필요가 있다.

제 1 권 비바시불毘婆尸佛로부터 석가모니불釋迦牟尼佛에 이르는 7불佛과, 제1조祖인 마하가섭摩訶迦葉으로부터 제14조 용수龍樹에 이르는 14인에 대한 기록이 있고, 제2조 아난阿難에게서 방계傍系로 뻗은 말전저가末田底迦 등 천축天竺의 15조사의 이름을 들고 있다.

제 2 권 1권에 이어 천축의 제15조 가나제바迦那提婆로부터 제27조 반야다라般若多羅까지의 13조사에 대한 기록이 있고, 방계인 22조사의 이름을 들고 있다.

제 3 권 천축의 제28조이며 진단震旦의 초조初祖인 보리달마菩提達磨로부터 제29조 태조太祖 혜가慧可, 제30조 감지鑑智 승찬僧璨, 제31조 대의大醫 도신道信, 제32조 대만大滿 홍인弘忍에 이르는 5조사와 그로부터 방출旁出된 20조사 등 25인의 이름을 들고 있고, 그 중 달마로부터 홍인에 이르는 다섯 조사와 혜가의 방계인

승나僧那・향向 거사居士・혜만慧滿 등에 관한 기록이 있다.

제 4 권 제31조 대의 도신에게서 방계로 나온 우두牛頭 법융法融과 그를 이은 우두종牛頭宗 6세까지의 5인, 그로부터 다시 방출旁出된 70인 등 도합 76인의 이름을 들고 있고, 제32조 대만 홍인의 방출인 북종北宗의 개조開祖 신수神秀와 그에게서 뻗은 106인 등 107인의 이름을 들고 있다. 그 중 제31조 도신의 방출에서는 우두종 1세世인 법융으로부터 6세 혜충慧忠 국사國師까지, 그리고 그 곁가지로 뻗은 우두종의 조사 종산鐘山 담최曇璀 등 9인 도합 15인의 기록이 있고, 제32조 홍인의 방출에서는 북종의 신수 이하 13인의 기록이 있다. 즉 183인의 이름을 든 가운데 28인의 기록이 있다. 이 183인의 이름 가운데 남악 회양의 1세世 법손으로 신라 본여本如 선사의 이름이 있는데, 기록은 없다.

제 5 권 제33조 대감 혜능과 그의 법계 43인의 이름을 들고 있는데, 그 중 혜능을 비롯해서 서역西域 출신 굴다堀多 삼장三藏・청원青原 행사行思・남악南嶽 회양懷讓・영가永嘉 현각玄覺・하택荷澤 신회神會 등 20인의 기록이 있다.

제 6 권 남악 회양의 법사法嗣 마조馬祖 도일道一 등 9인과 마조 도일의 법사 대주大珠 혜해慧海 등 37인의 이름이 있는데, 그 중 마조를 비롯하여 대주 혜해・석공石鞏 혜장慧藏・중읍中邑 홍은洪恩・백장百丈 회해懷海 등 14인의 기록이 있다. 그리고 「선문규식禪文規式」이 함께 실려 있다.

제 7 권 6권에 이어서 마조 도일의 법사 45인의 이름을 들고 있는데, 그 중 담주潭州 총인總印・서당西堂 지장智藏・장경章敬 회운懷惲・반산盤山 보적寶積・마곡麻谷 보철寶徹・염관鹽官 제안齊安・무주婺州 영묵靈默・대매大梅 법상法常・홍선興善 유관惟寬・호남湖南 여회如會・귀종歸宗 지상智常 등 18인의 기록이 있다.

제 8 권 역시 7권에 이어 마조 도일의 법사 56인의 이름을 들고 있는데, 그 중에서 분주汾州 무업無業・남전南泉 보원普願・등은봉鄧隱峰・석상石霜 대선大善・양亮 좌주坐主・진주鎭州 금우金牛・방온龐蘊 거사居士 등 43인을 기술하고 있다.

제 9 권 남악 회양의 3세손 56인의 이름을 들고 있는데, 그 중 25인의 기록이 있다. 즉 백장 회해의 법사 30인의 이름을 들고 있고, 그 중 위산潙山 영우靈祐・황벽黃壁 희운希運・복주福州 대안大安 등 16인의 기록이 있다. 이 가운데 청전淸田과 대우大于는 권두卷頭의 목차에 "기연機緣이 없어 어구語句를 싣지 않는다"고 했으나 실제로는 싣고 있다. 다음으로 서당 지장의 법손인 신라의 혜慧 선사禪師와 홍직洪直 선사 등 4인의 이름이 있으나, 오직 건주虔州 처미處微의 기록만이 있다. 또 마곡 보철의 법사法嗣 2인의 이름이 있으나, 그 중 신라의 무염無染 선사의 기록은 없고, 수주壽州 양수良遂의 기록은 있으며, 호남湖南 여회如會의 법사 4인의 이름이 있는데, 그 중 서산薯山 혜초慧超의 기록만이 있다. 장경章敬 회운懷惲의 법사로는 16인의 이름이 있는데, 그 중 천복사薦福寺 홍변弘辯 등 6인의 기록은 있으나 나머지 10인의 기록은 없으며, 기연이 없어 어록語錄을 싣지 않은 10인 중에는 신라의 현욱玄昱과 각체覺體 두 선사의 이름이 있다. 그리고 권말卷末에 배휴裵休가 모은 황벽黃蘗 희운希運 선사의 「전심법요傳心法要」가 수록되어 있으며, 거기에 배휴의 「전심게傳心偈」도 함께 수록되어 있다.

제10권 남전南泉 보원普願의 법손 17인의 이름을 들고 있는데, 그 중 장사長沙 경잠景岑・조주趙州 종심從諗 등 13인의 기록만이 있고, 신라의 도균道均 선사 등 4인은 이름만 있다. 그리고 염관鹽官 제안齊安의 법사 8인의 이름을 들고 있는데, 그 중 경산徑山 감종鑒宗 등 3인의 기록은 있고, 신라의 품일品日 등 5인은 이름만이 있으며, 이어 무주婺州 오설산五洩山 영묵靈默의 법사 4인의 이름을 들고, 그 중 복주福州 정원正原만을 기록하고 있다. 또 불광사佛光寺 여만如滿의 법사인 백거이白居易 1인의 기록이 보이며, 대매大梅 법상法常의 법사 3인 중 신라의 가지迦智 선사와 항주杭州 천룡天龍의 기록은 있고, 신라 충언忠彦의 기록은 없다. 이 밖에 반산盤山 보적寶積의 법사 2인, 귀종歸宗 지상智常의 법사 6인 등 많은 사람의 이름을 들고 있으며, 그 중 귀종 지상의 법사로서 신라 대모大茅 화상의 기록도 보이고 있다. 종합하면 10권은 남악 회양의 3세손인 61인의 이름을 들고, 그 중 30인의 어구語句를 수록하고 있다.

第11권 위앙종潙仰宗의 개조 위산潙山 영우靈祐 밑에서 배출된 앙산仰山 혜적慧寂·향엄사香嚴寺 지한智閑·영운靈雲 지근志勤 등 43인을 비롯해서 복주福州 대안大安의 법사 10인, 경산徑山 감종鑒宗의 법사 3인, 조주趙州 종심從諗의 법사 13인, 자호암子湖巖 이종利蹤과 항주杭州 천룡天龍의 법사 2인, 장사長沙 경잠景岑의 법사 2인, 신라 대증大證의 법사 2인, 신라 홍직洪直의 법사 2인 등 남악 회양의 4세 89인의 이름을 들고 있고, 그 중 앙산 혜적 등 36인의 어구를 수록하고 있다.

第12권 황벽 희운의 법사 12인 중 임제臨濟 의현義玄·진陳 존숙尊宿·배휴裵休 등 6인은 기록이 있고, 6인은 이름만 있는데, 이들은 남악 회양의 4세손世孫이다. 또 앙산仰山 혜적慧寂의 법사 10인 가운데 신라 순지順支 등 6인은 기록이 있고, 나머지는 이름만 있으며, 임제 의현의 법사 22인 가운데 흥화興化 존장存奬 등 16인은 기록이 있고, 신라 지리산智異山 화상 등 6인은 이름만 있다. 그리고 진 존숙의 법사 2인, 향엄 지한의 법사 12인, 경산徑山 홍인洪諲의 법사 4인 등, 남악 회양의 5세손 52인의 이름을 싣고 있는데,

그 중 35인은 기록이 있고 17인은 이름만 있다. 또 남탑南塔 광용光涌의 법사 5인을 비롯해서 홍화 존장의 법사 2인 등 모두 19인의 남악 회양의 6세손을 싣고 있는데, 그 중 14인의 기록이 있다.

제13권 남악 회양의 제7세 법손인 파초芭蕉 혜청慧淸·자복資福 여보如寶·여주汝州 보응寶應·서원西院 사명思明·혜림慧林 홍구鴻究 등 5인의 법을 이은 11인과, 남악 회양의 제8세 법손인 풍혈風穴 연소延沼·보자報慈 덕소德韶 등 2인의 법을 이은 6인, 남악 회양의 제9세 법손인 수산首山 성념省念의 법을 이은 분주汾州 선소善昭 1인, 조계曹溪 혜능慧能의 별출別出 중 혜능의 제2세 법손인 나부羅浮 정진定眞·제공制空 도진道進·하회전下回田 선쾌善快·사공司空 본정本淨·연소緣素·기타祇陀·남양南陽 혜충慧忠·하택荷澤 신회神會 등 8인의 법을 이은 30인, 혜능의 제3세 법손인 하회전下回田 선오善悟·형주衡州 도천道倩·탐원耽原 진응眞應·자주磁州 법여法如·하양河陽 회공懷空·오아烏牙 원진圓震과 오대산의 이름 없는 선사와 익주益州 남인南印 등 8인의 법을 이은 9인, 혜능의 제4세 형남荊南 유충惟忠·오吳 두타頭陀의 법을 이은 5인, 혜능의 제5세 수주遂州 도원道圓·봉국奉國 신조神照의 법을 이은 4인, 혜능의 제6세 규봉圭峰 종밀宗密·녹대鹿臺 현수玄邃·활주滑州 지원智遠의 법을 이은 11인 등 77인의 이름을 들고 있고, 그 중 17인의 어구語句를 기록하고 있다.

제14권 청원靑原 행사行思의 제2세 가운데 석두石頭 희천希遷 1인과 그의 법을 이은 21인, 제3세 천황天皇 도오道悟·단하丹霞 천연天然·약산藥山 유엄惟儼·담주潭州 장자長髭 광曠·조주潮州 대전大顚·담주潭州 대천大川 등 6인의 법을 이은 23인, 도합 45인의 이름을 들고 있고, 그 중 30인의 어구를 수록하고 있다.

제15권 청원 행사의 제4세 중 용담龍潭 숭신崇信·길주吉州 성공性空・취미翠微 무학無學・도오道吾 원지圓智・운암雲巖 담성曇成・화정華亭 선자船子 덕성德誠 등 6인의 법을 이은 17인과 제5세 투자投子 대동大同・청평淸平 영준令遵 등 2인의 법을 이은 14인, 모두 31인의 이름을 들고 있고, 그 중 19인의 어구를 수록하고 있다.

제16권 청원 행사의 제5세 법사 72인의 이름을 들고 있는데, 덕산德山 선감宣鑒의 법사法嗣 9인 가운데 설봉雪峰 의존義存 등 6인의 기록이 있고, 석상石霜 경제慶諸의 법사 41인 가운데 남제산南際山 승일僧一 등 21인의 기록이 보이며, 협산夾山 선회善會의 법사 22인 가운데 소요산逍遙山 회충懷忠 등 11인의 기록이 보인다.

제17권 청원 행사의 제5세 중 조동종曹洞宗의 개조開祖인 동산洞山 양개良价의 법사 26인의 이름을 들고 있고, 그 중 조산曹山 본적本寂 등 17인에 대한 기록이 있고, 천동산天童山 함계咸啓 선사는 11권과 중복되므로 생략하고 있다. 기연機緣이 없어서 어구語句를 기록하지 않은 8인 중에는 신라의 금장金藏 화상이 있다. 또 청원 행사의 제6세 중 암두巖頭 전활全豁의 법사로 9인의 이름을 들고 있고, 그 중 나산羅山 도한道閑 등 6인, 감담感潭 자국資國의 법사인 백조산白兆山 지원志圓과 호주濠州 사명思明의 법사인 취령鷲嶺 선본善本의 기록이 있으며, 대광大光 거회居誨의 법사 13인의 이름 가운데 담주潭州 용흥龍興 등 7인의 기록이 있으며, 구봉九峰 도건道虔의 법사 10인 중 신라 청원淸院 등 10인의 기록이 있고, 용천涌泉 경흔景欣의 법사인 육통원六通院 소紹 선사 1인, 운개산雲蓋山 지원志元의 법사인 신라 와룡臥龍 등 3인, 담주潭州 곡산谷山 장藏의 법사인 신라의 서암瑞巖・박엄泊嚴・대령大嶺 등 3인의 기록이 있으며, 담주潭州 중운개中雲蓋의 법사 운계산 경景 화상 1인의 기록이 있고, 서암棲巖 존수存壽의 법사 도덕道德은 이름만 있고, 기록은 없다.

第18권 청원 행사의 제6세 중 설봉雪峰 의존義存의 법사 현사玄沙 사비師備 등 14인의 기록이 있다.

第19권 18권에 이어서 설봉 의존의 법사 42인의 이름을 들고, 그 중 안국安國 홍도弘瑫·신라의 대무위大無爲 등 31인의 기록이 있다.

第20권 모두 106인의 이름을 들고 있다. 청원 행사의 제6세 가운데 운거雲居 도응道膺의 법사 28인의 이름이 있고, 그 중 항주杭州 불일佛日·신라 운주雲住 등 19인의 기록이 있으며, 기연이 없어 어구를 싣지 않은 사람 가운데는 신라의 경유慶猷·혜慧 선사의 이름이 보인다. 또 조산曹山 본적本寂의 법사로는 14인의 이름을 들고 있고, 하옥荷玉 광혜光慧 등 13인의 기록이 있으며, 용아龍牙 거둔居遁의 법사 5인 중 함주산含珠山 심철審哲 등 2인, 화엄華嚴 휴정休靜의 법사 1인, 구봉九峰 보만普滿의 법사 1인, 청림青林 사건師虔의 법사 5인, 백마白馬 둔유遁儒의 법사 1인, 북원北院 통通 선사의 법사 1인, 백수白水 본인本仁의 법사 2인, 소산疎山 광인匡仁의 법사 12인, 낙보樂普 원안元安의 법사 6인, 소요산逍遙山 회충懷忠의 법사 2인, 반룡盤龍 가문可文의 법사 3인, 황산黃山 월륜月輪의 법사 1인, 소산韶山 환보寰普의 법사 1인 등 도합 70인의 이름을 기록하고 있다.

第21권 청원 행사의 제7세 중 현사玄沙 사비師備·장경長慶 혜릉慧稜·용책龍冊 도부道怤·아호鵝湖 지부智孚·보은報恩 회악懷岳·고산鼓山 신안神晏 등의 법사 57인의 이름을 들고 있고, 그 중 54인의 기록이 있다. 어구가 실려 있는 사람 중에는 장경 혜릉의 법사인 신라의 구산龜山 화상이 포함되어 있다.

第22권 청원 행사의 제7세 중 용화龍華 영조靈照·취암翠巖 영참令參・안국安國 홍도弘瑫・보복保福 종전從展・금륜金輪 관觀・수룡睡龍 도부道溥와 운문종雲門宗의 개조開祖인 운문雲門 문언文偃의 법사 70인의 이름이 있고, 그 중 64인의 기록이 있다.

제23권 앞에 이어서 운문 문언의 법사 36인의 이름을 들고 있고, 그 중 26인의 기록이 있으며, 이어 청원 행사의 제7세 중 쌍천雙泉 영永・서암瑞巖 사언師彦・현천玄泉 언彦・나산羅山 도한道閑・백조白兆 지원志圓・담주潭州 등하藤霞・동안同安 상찰常察・화산禾山 무은無殷・운개雲蓋 경景・귀적歸寂 담권澹權・귀종歸宗 회운懷惲・혜산嵇山 장章・운거雲居 회악懷岳・하옥荷玉 광혜光慧・동산洞山 도연道延・금봉金峰 종지從志・녹문鹿門 처진處眞・조산曹山 혜하慧霞・초암草庵 법의法義・보자報慈 장서藏嶼・함주含珠 심철審哲・자릉紫陵 광일匡一・동안同安 위威・석문石門 헌獻・광덕廣德 의義・경조京兆 향성香城・서룡瑞龍 유장幼璋・호국護國 수징守澄・영천靈泉 귀인歸仁・영안永安 선정善靜・오아烏牙 언빈彦賓・봉상鳳翔 청봉青峰・대암大巖 백白 등의 법사 116인의 이름을 들고 있고, 그 중 71인의 기록이 있다.

제24권 청원 행사의 제8세 중 나한羅漢 계침桂琛・선종僊宗 계부契符・천룡天龍 중기重機・국태國泰 도瑫・백룡白龍 도희道希・초경招慶 법인法因・보은報恩 보자寶資・취봉翠峰 종흔從欣・취령鷲嶺 명원明遠・용화龍華 지구志球・보복保福 가주可儔・연수延壽 혜륜慧輪・백운白雲 상祥・덕산德山 연밀緣密・향림香林 징원澄遠・동산洞山 수초守初・황룡黃龍 회기晦機・명초明招 덕겸德謙・대룡大龍 지홍智洪・백마白馬 행애行靄・백조白兆 회초懷楚・곡은谷隱 지정智靜・귀종歸宗 홍장弘章・자릉紫陵 미微・석문石門 혜철慧徹・동안同安 관지觀志・광덕廣德 연延・정중淨衆 귀신歸信・호국護國 지원智遠의 법사 72인의 이름을 들고 있고, 그 중 62인의 어구語句를 기록하고 있다. 이 가운데 천룡天龍 중기重機의 문하에 고려의 설악雪嶽 영광令光의 어구가 기록되어 있다.

第25권 청원 행사의 제9세 법안法眼 문익文益의 법사 30인의 이름과 그들의 어구가 실려 있다.

第26권 앞을 이어서 법안 문익의 법사 33인의 이름을 들고, 그 중 13인의 어구를 기록하고 있다. 그 중에는 고려의 영감靈鑒 선사가 들어 있다. 또 청원 행사의 제9세인 청계淸谿 홍진洪進·청량淸涼 휴복休復·용제龍濟 소수紹修·남대南臺 수안守安·보구報劬 현응玄應·융수隆壽 무일無逸·귀종歸宗 도전道詮·황룡黃龍 계달繼達·양산梁山 연관緣觀 등의 법사 12인의 이름을 들고 있고, 그 중 9인의 어구를 기록하고 있으며, 청원 행사의 제10세인 천태天台 덕소德韶·보은報恩 혜명慧明·보자報慈 문수文遂·영명永明 도잠道潛·영은靈隱 청용淸聳·보자報慈 행언行言·청량淸涼 태흠泰欽·보은報恩 법안法安·장안長安 연규延規 등의 법사 75인의 이름을 들고 있고, 그 중 48인의 어구를 싣고 있으며, 청원 행사의 제11대 영명永明 연수延壽·장수長壽 붕언朋彦·보문普門 희변希辯의 법사 6인의 이름을 들고 있고, 그 중 장수 붕언의 법사 법제法齊의 어구의 기록이 있다. 그리고 어구의 기록이 없는 사람 가운데 보문 희변의 법사인 고려의 혜홍慧洪 선사가 있다.

第27권 여기서는 선문禪門에 통달通達하였으나 선원禪院에서 학인學人을 지도하지 않은 10인의 유명한 선사, 즉 금릉金陵 보지寶誌·무주婺州 선혜善慧·남악南嶽 혜사慧思·천태天台 지의智顗·사주泗州 승가僧伽·만회萬迴 법운法雲·천태天台 풍간豐干·천태天台 한산寒山·천태天台 습득拾得·명주明州 포대布袋의 어구를 기록하고 있다. 특히 천태종天台宗의 2조祖인 남악 혜사와 3조인 천태 지의는 엄밀하게 말해서 선사禪師라고 할 수 없으나, 그들이 선문

禪門에 통달한 점을 취하여 여기 수록한 것으로 볼 수 있을 것이다.

제28권 여기서는 지금까지의 본문에서 자세하게 취급하지 못한 12인의 어록을 보다 광범위하게 모아 수록하고 있다. 즉 육조六祖의 법사인 남양南陽 혜충慧忠, 육조의 법사인 하택荷澤 신회神會, 마조馬祖 도일道一, 청원 행사의 법사인 약산藥山 유엄惟儼, 마조馬祖의 법사인 대주大珠 혜해慧海, 역시 마조의 법사인 분주汾州 무업無業과 남전南泉 보원普願, 남전의 법사인 조주趙州 종심從諗, 황벽黃檗 희운希運의 법사인 임제臨濟 의현義玄, 설봉雪峰 의존義存의 법사인 현사玄沙 사비師備, 현사의 법사인 나한羅漢 계침桂琛, 나한의 법사인 법안法眼 문익文益 등이다.

제29권 여기서는 보지寶誌의 「대승찬大乘讚」 10수首를 비롯해서 귀종歸宗 지상智常·향엄香嚴 지한智閑·동산洞山 양개良价·담주潭州 용아龍牙·현사玄沙 사비師備·초경招慶 진각眞覺·나한羅漢 계침桂琛·반주도량般舟道場의 경勁·영주郢州 임계臨溪·법안 문익·백거이白居易·동안同安 찰察 등의 찬讚·송頌·게偈·시詩 등 17종 132수가 실려 있다.

제30권 부傅 대사大士의 「심왕명心王銘」을 비롯해서 3조祖 승찬僧璨 대사의 「신심명信心銘」·우두牛頭 법융法融의 「심명心銘」·달마達磨의 「약변대승입도사행略辯大乘入道四行」·하택 신회의 「현종기顯宗記」·석두石頭 희천希遷의 「참동계參同契」와 「초암가草庵歌」·징관澄觀의 「심요心要」·항주杭州 오운五雲의 「좌선잠坐禪箴」·영가永嘉 현각玄覺의 「증도가證道歌」·도오道吾의 「낙도가樂道歌」 등 23종의 명銘·기記·잠箴·가歌가 실려 있다.

3. 선적禪籍의 사서史書

이상이 『전등록』 30권에 수록된 내용의 개요이다. 여기서 보는 바와 같이 『전등록』은 과거 7불佛 → 천축天竺의 28조祖 → 진단震旦의 초조初祖 보리달마菩提達磨와, 그 후대後代로 이어지는 인도와 중국의 두 나라와 드물게 등장하는 우리나라 중국 유학승留學僧 등 선문禪門의 선장禪匠들을, 전등상승傳燈相承의 차례에 따라 열거하고, 다시 각 조사와 선사의 속성俗姓, 속가俗家의 가계家系, 출생지, 수행의 경력, 주석住錫한 곳, 입적入寂한 연대, 세수世壽, 시호諡號 등을 밝혀 사전적史傳的 기술을 하고 있다.

특히 『전등록』에서 주목해야 할 것은 의도적인 편집에 의해 선맥禪脈을 확립하였다는 것이다. 즉, 2권에서는 인도의 7불佛과 28조祖의 상승설相承說을 기술하고, 3권에서는 보리달마를 진단의 초조로 기술하여 중국에 잇게 해서 달마를 중국 선종禪宗의 초조初祖로 삼음으로써 중국의 선종이 인도의 7불 이래 면면히 사자상승師資相承한 불교로서의 권위를 확립한 것이다. 오늘날 많은 학자들은, 이 같은 인도의 7불·28조 상승설相承說이 중국에 있어서 선종의 자리가 굳혀지는 8~9세기에 의도적으로 형성되었으며, 이로 인해 달마로부터 선禪이 전해졌다고 하는 주장이 생겨났다고 말한다.

각 권의 개요에서 보는 바와 같이 『전등록』은 매우 폭넓고 방대한 내용을 담고 있다. 『천성광등록天聖廣燈錄』·『종문연등회요宗門聯燈會要』·『가태보등록嘉泰普燈錄』·『오등회원五燈會元』과 같은 선의 법등法燈을 전한 사서史書 중에서 제일의 위치에 놓여 있는 근본사료根本史料로서 존중을 받고 있다. 그러나 그것이 너무 방대하기 때문에 송宋의 대천大川 보제普濟는 20권의 『오등회원』에 그 긴 요한 것만을 간추려 다시 엮기도 하였으나 오늘에 와서는 옛날에 이미 잃었던 것으로 간주되었던 여러 가지 선적禪籍들이 발견됨으로 해서 그 위치가 흔들리고 있는 것도 사실이다.

예를 들면, 해인사 고려대장경에 수록된 『조당집(祖堂集, 952)』이, 과거 7불佛과 28조祖와 중국의 청원靑原의 문하로는 8대까지, 남악南嶽의 법사法嗣로는 6대까지를 열거하고 있고, 그에 따른 약전略傳·어구語句를 기록하고 있음으로 인하여 초기의 선종사禪宗史를 아는 사료가 되고 있다. 이 밖에도 돈황燉煌의 삼계사三界寺 석실石室에서 발견된 『능가경楞伽經』의 사자상승師資相承을 기록한 『능가사자기(楞伽師資記, 708)』·『전법보기(傳法寶記, 732 以前)』·『역대법보기(歷代法寶記, 774)』·『신회어록神會語錄』과 아주 오래된 『육조단경六祖壇經』, 그리고 중국 산서성山西省의 광승사廣勝寺에서 발견된 『보림전(寶林傳, 801)』 등이 『조당집』과 같이 초기 선종사의 사료를 제공하고 있고, 이들 선적들은 모두가 『전등록』보다 훨씬 먼저 성립되었으며, 훨씬 많은 사실史實을 전하고 있다.

이러한 선적들과 비교할 때, 『전등록』은 초기 선종禪宗의 사적事蹟에 있어서 많은 결함을 지니고 있고, 또 오류도 범하고 있다. 그 한 예로, 『조당집』이 임제臨濟 의현義玄의 법사를 열거한 다음에 부가한 은산(隱山 : 潭州 龍山이라고도 함)을 『전등록』에서는 마조馬祖의 법사에 붙이는 등, 부당하게 마조의 문하를 번창한 것으로 기록한 것 등을 들 수 있는데, 이것은 『전등록』을 엮은 의도가 엿보이는 일례이다.

근대의 학자들은 『전등록』이 저자의 고의성故意性과 그에 따른 결함과 오류, 그리고 앞에서 든 고선적古禪籍보다 성립 연대가 매우 후대後代라는 점을 들어 초기의 선사禪史를 취급한 부분에 대해서 그것의 사적史的 가치를 인정하려고 하지 않는다. 앞에서 든 여러 고선적보다 성립 연대가 훨씬 후대라고 하는 것은, 『전등록』이 사실史實이 발생한 시대로부터 너무 멀다는 뜻이며, 사실이 발생한 시대로부터 너무 멀리 떨어졌다고 하는 것은 사실史實에 근거한 정확한 저술이 그만큼 어렵다는 것을 의미한다. 실제로 『전등록』은 일실逸失되었다고 믿어졌던 앞의 고선적들이 설했다고 하는 전언傳言이나 그 영향을 입은 예부터의 통설通說을 채용하고 있으며, 그것들을 고의적으로 과장하거나 미화하고 혼합하고 있고, 이것이 『전등록』의 최대의 결점으로 지적되고 있다.

초기 선종의 사실을 기록함에 있어서 『전등록』이 결여하고 있는, 그래서 초기 선종의 사적을 전하는 선의 사서史書로서 그 위치를 약화시키고 있는 점을 고선적과 비교하여 보면, 신수神秀와 혜능慧能의 갈등을 한 예로 들 수 있다. 오늘에 이르도록 거의가 신수의 북종北宗과 혜능의 남종南宗의 대립은 확고한 것으로 믿어지고 있다. 그러나 『능가사자기楞伽師資記』의 홍인弘忍과 혜능의 전기에 의하면 신수와 혜능 사이에 있었다고 하는 대립과 갈등을 전하지 않고 있어 실제로 그러한 사실이 없었음을 말해 주고 있다. 또 『전등록』에는 『능가사자기』가 전하고 있는 보당종(保唐宗 : 五祖의 法嗣 資州智詵 - 資州處寂 - 益州無相 - 保唐無住)의 계보系譜가 기록되어 있지 않다.

그럼에도 불구하고 오늘날, 아직도 『전등록』이 의연히 선의 사서史書로서, 그리고 또 선적禪籍으로서 귀중하게 여겨지는 까닭은, 『조당집』이 취급하고 있는 시대의 하한下限에 해당하는 현사 사비(玄沙師備, ? ~913) 이후, 그리고 임제臨濟 의현義玄의 문하인 관계

지한(灌鷄志閑, ?~895) 이후의 선장禪匠들의 가풍家風을 아는 데 귀중한 자료가 되기 때문이다. 이러한 점은 『전등록』이 특색으로 삼는 공안公案의 집록集錄임을 말해 준다.

4. 공안公案의 서書

『조당집』이 취급한 시대의 하한下限 이후라고 하였으나 『전등록』이 예부터 선문禪門에 있어서 참선수학參禪修學하는 데 가장 중요한 지침서로서 귀중하게 여겨진 것은 사서史書로서의 가치를 존중해서라기보다 수록된 1천7백 공안公案과 사자師資 사이의 접화接化의 기연機緣 때문이다. 때문에 선의 법등法燈을 전하는 기록 가운데 대표적인 다섯 가지 선적, 즉 5등燈이라고 묶어서 말하는 『전등록』·『천성광등록天聖廣燈錄』·『속등록續燈錄』·『종문연등회요宗門聯燈會要』·『가태보등록嘉泰普燈錄』의 다섯 중에서 제일로 존중하여 온 것이다.

그것은 1장에서 언급한 공진拱辰의 말이 나타내듯이 『전등록』 편찬의 목적이 선문禪門의 스승과 제자 사이에 이루어진 접화接化와 깨달음의 계기와 그 어구語句 등을 전하는 데 있어 1천7백 공안을 비롯한 어록語錄의 집성集成이기 때문이다. 그것은 또 선사禪師의 이름은 들고 있으나 "기연機緣이 없어 어구語句를 기록하지 않음"이라고 하는 서술의 자세에서도 엿볼 수 있다. 뿐만 아니라 전기傳記가 분명하지 않은 선사의 경우 어구만을 싣고 있고, 또 전기의 부분이 많은 경우도 전기만을 서술하지 않고, 반드시 어구를 기록하고 있다. 그 어구는 수행상의 문답과 상량商量의 어구이며,

오도悟道의 어구나 게송偈頌이며, 스승의 접화와 제자의 깨우침에 관한 기연의 어구이며, 그러한 상황에 관한 서술이 대부분으로 전기의 서술로 끝난 경우는 하나도 없다. 때문에 『전등록』은 선을 알고 실수實修하는 데 없어서는 안 될 지침서로서 존중을 받고 있는 것이다.

이같이 『전등록』이 중요하게 다루고 있는 스승과 제자 사이에 얽힌 기연은 자연히 제자를 접화하기 위해서 스승이 장치하는 기관機關을 공안과 함께 크게 드러내게 된다.

1천7백 공안이라고 하는 말은 『전등록』이 52세世 1,701인의 이름을 들어 그 어구를 수록한 데서 나오게 되었음은 다 아는 사실이며, 선에 있어서 스승이 제자를 접화하기 위하여 장치하는 기관이 성행한 것은 10세기경의 새로운 선풍禪風을 타고서이다. 이 시대는 『전등록』이 편찬되기 바로 앞의 시대이며, 중국에 있어서는 여러 가지 변동이 있었던 시대이다.

10세기의 초엽인 907년대에 당唐이 멸망하고 그로부터 960년 송宋이 건국하기까지 5대代의 전란을 겪는 10세기에는 정치·경제·사회·종교·사상 등 모든 분야에서 큰 변동이 일어나고, 특히 송대宋代에 들어와서는 서민계급이 크게 일어나 그 이전 귀족 중심이었던 사회를 뿌리로부터 무너뜨리기 시작하였다. 불교에 있어서는 당이 멸망되기 반세기 전 845년 무종武宗에 의한 회창會昌의 법난法難으로 당대唐代에 번창했던 화려한 여러 종파가 자취를 감추고 송대宋代의 새로운 시대의 사조에 힘입어 다시 고개를 들기 시작한 선과 정토교가 인도불교의 굴레를 벗어나 중국불교로 변모하는 과도기에 속한다.

선은 이러한 과도기를 5대代의 전란이 미치지 않은 양자강楊子江

이남의 평화로운 땅에서 공안公案을 상량商量하는 새로운 선풍禪風의 싹을 키우고 있었다. 물론 공안을 상량하는 가풍家風은 운문 문언(雲門文偃, 864~949)의 무렵부터 시작되었으나 그것이 선을 지배하기 시작한 것은 『설두송고雪竇頌古』를 지은 설두 중현(雪竇重顯, 980~1052)의 시대부터라고 할 것이다.

공안의 상량을 통하여 학인學人을 접화하는 수단이 선에 정착하기 시작한 같은 시기에 스승이 학인을 지도하기 위하여 종요宗要라든가 수행의 계차階次・수도의 지침과 용심用心 등을 간결하게 조직화하고 기초화한 기관機關이 선문에 활발하게 도입되었다. 이러한 기관을 사용한 예는 회창의 법난을 전후한 시기에 위산 영우(潙山靈祐, 771~853)・임제 의현(臨濟義玄, ?~867)・동산 양개(洞山良价, 807~869)를 들 수 있으며, 9세기 후반부터 10세기를 통하여 성행해서 남송南宋의 굉지 정각(宏智正覺, 1091~1157)에 이르기까지 수많은 기관이 잇달아 창출創出되고 사용되어 송대宋代의 선에 한 특색을 더하였다.

단적으로 말해서 선의 종지宗旨를 지극히 간결한 형태로 집약한 공안과 기관은 이윽고 간화선看話禪과 묵조선默照禪이라고 하는 커다란 두 개의 선풍을 낳게 되며, 이같이 선사禪史에 있어서나 선의 내용에 있어서 매우 중요한 시기의 선풍을 『전등록』은 여실하게 보여 주고 있다. 이 점이 『전등록』을 오늘에 이르도록 불후不朽의 존재로 있게 하는 까닭이라고 할 것이다.

『전등록』이 성립된 이래 1천 년 동안 선종의 근본종전根本宗典으로서 그 위치를 간직하고 있는 것은, 앞에서 든 『조당집』 등 일실되었다고 믿었던 고선적古禪籍이 발견되지 아니하여 5등燈의 제일서第一書인 『전등록』에 의지할 수밖에 없었다고 하는 상황 이외에도 위에서 든 바와 같은 그러한 이유로 해서 능히 수긍이 가지 않을 수 없는 일이다.

경덕전등록서景德傳燈錄序

〔한림학사翰林學士 조산대부朝散大夫 행行 좌사간左司諫 지제고知制誥 동同 수국사修國史 판사관사주국判史館事柱國 남양군南陽郡 개국후開國侯 식읍食邑 일천백호一千百戶 사자賜紫 금어대金魚袋 신臣 양억楊億 지음〕

석가모니께서 일찍이 연등부처님의 수기를 받아서 현겁의 보처補處가 되셨고, 이 땅에 탄생하셔서는 49년 동안 교화를 펴시면서 권실權實과 돈점頓漸의 문호를 여시고, 반·만·편·원(半滿偏圓 : 교리의 종류)의 교법을 내려 주셨다.

근기에 따라 진리를 깨달으니 3승乘의 차별이 생겼고, 사물에 접하는 대로 중생을 제도하시니 끝없는 무리가 구제를 받았다. 그 자비는 광대하셨고, 그 법식은 구비되었다.

그러나 쌍림에서 열반에 드실 때에는 가섭에게만 유촉하셨는데, 차츰차츰 전하여 달마에 이르러서 비로소 문자를 세우지 않고 마음의 근원을 곧장 보이고 차례를 밟지 않은 채 당장 부처의 경지에 오르게 하였다.

그리하여 다섯 잎이 비로소 무성하고 천 개의 등불이 더욱 찬란하니, 보배 있는 곳에 이른 이는 더욱 많고, 법 수레를 굴린 이도 하나가 아니었다.

이는 대체로 대웅(大雄 : 부처님)께서 전해 주신 종지이며, 정법안장正法眼藏이 퍼지는 도이어서 교리 밖에 따로 시행된 법의 부사의 함이라 하리라.

태조太祖께서 거룩하신 제도의 문을 활짝 여셨고, 태종太宗께서 밝으신 변재로 비밀한 법을 찬술하시어 참된 이치를 높이셨으며, 황상(皇上 : 송의 진종)께서 높으신 학덕으로 조종의 뜻을 이어 거룩한 교법을 서술하여 종풍을 잇게 하시니, 구름 같은 문장이 진리의 하늘에 빛나고, 황금 같은 설법이 깨달음의 동산에 떨쳤다.

대장경 속의 비밀한 말씀에 은밀히 계합하고, 인도로부터의 계맥이 번창해지니, 뭇 선행을 늘리는 이가 더욱 많아졌고, 요의了義의 법을 전하는 이가 간간히 나타나서 원돈圓頓의 교법이 이 지역에 퍼졌다.

이에 동오東吳의 스님 도원道原은 선열(禪悅 : 좌선의 기쁨)의 경지에 마음을 모으고, 공종空宗의 진리를 샅샅이 찾으며, 여러 세대의 조사 법맥을 찾고, 제방의 어록語錄을 모아 그 근원과 계보에 차례를 짓고, 말 구절을 차례차례 엮되, 7불佛로부터 대법안大法眼의 문도에 이르기까지 무릇 52세대, 1,701인을 수록하여 30권으로 만들어 『경덕전등록』이라 하여 대궐로 가지고 가서 퍼뜨리기를 바랐다.

황상께서는 불법의 외호를 위하고, 석자(釋子 : 승니)들의 부지런함을 가상히 여겨서 신중한 마음으로 오래오래 보존되기를 생각한 끝에 한림학사翰林學士 좌사간左司諫 지제고知制誥 신臣 양억楊億과 병부원외랑兵部員外郎 지제고知制誥 신臣 이유李維와 태상승太常丞 신臣 왕서王曙 등을 불러서 교정케 하시니, 신臣 등은 3학學의 종지를 모르고 5성性의 방편에 어두우며, 임천臨川의 번역 솜씨도 없고, 비야리성의 침묵하던 요체에도 둔하건만 공손히 지엄하신 분부를 받들어 감히 끝내 사양하지 못하였다.

외람되이 두루 열람하기에 편할 날이 없이 그 내용을 고증하건대, 대체로 진공眞空으로써 근본을 삼았고, 옛 성인께서 도에 들던 인연을 서술할 때나 옛사람이 진리를 깨달은 이야기를 표현할 때에는 근기와 인연이 계합함이 마치 활쏘기와 칼 쓰기가 알맞은 것 같았고, 지혜의 장藏에서 광채가 나서 상근기의 무리에게 도움을 주었다. 후학後學들을 인도함에는 현묘한 진리를 드날렸고 딴 이야기를 인용할 때에는 출처를 밝혔으니, 찌꺼기는 많으나 기름기를 볼 수 있었다.

혹 어떤 대사가 무리에게 보일 때에는 한소리로 연설하고, 영특한 이가 귀를 기울여 들을 때에는 천 성현이 증명하였다. 개괄해서 들추니, 그것이 바탕이요, 조금만 취해도 그대로가 옳았다. 만일 이 밖에 더 붓을 댄다면 그 귀결되는 취지를 잃을 것이요, 중국과 인도에서의 이론이 다르지 않을 것이며, 자칫하면 구슬에다 문채를 새기려다 티를 만들 우려가 있으니, 이런 종류는 모두 그대로 두었다. 하물며 일은 사실대로 기록해야 함에 반드시 좋은 솜씨에 의해야 되고, 말씀은 오래 시행되어야 함에 문장이 없을 수 없다.

어떤 사연을 기록할 때에는 그 자취를 자세히 하였으나 혹은 말머리가 어지러워지거나 혹은 이야기가 속된 것이 있으면 모두 삭제하여 연맥이 닿게 하였고, 나아가 세속의 대신이나 거사의 문답에 이르러 지위와 성씨가 드러난 이는 연대와 역사에 비추어 잘못을 밝히고, 사적史籍에 따라 틀린 점을 가려내 모두 깎아 버려서 믿을 만한 전기가 되게 하였다.

만일 바늘 끝에 겨자씨를 맞히는 현묘한 종취를 여는 것이 아니거나, 번개같이 빠른 기틀의 활동이 아니거나, 묘하고 밝은 참 마음을 보이는 것이 아니거나, 고苦・공空의 깊은 진리를 저술하는 것이 아니면, 어찌 전등(傳燈 : 등불을 전함)이란 비유에 계합하여 눈곱〔膜〕을 긁어내는 공덕을 베풀리오.

만일 감응한 징조만을 서술하거나 참문하고 행각한 자취만을 기록한다면 이는 이미 승사僧史에 밝힌 것이니, 어찌 선전(禪詮 : 선가의 말씀)을 취할 필요가 있으랴. 애오라지 세대와 계보의 명칭을 전해 받고 준 유래를 밝힐 뿐이다.

그러나 옛 기록에 실린 것이 혹은 거친 것만 수록하고 정밀한 것은 버린 일이 있는데, 딴 기록에 구족히 있으면 글줄을 찾아 보완하였고, 더욱 두루 찾아서 덧붙이기도 하였다. 그리하여 서문과 논설에 이르러 혹 고덕의 글이 아닌 것이 사이사이 섞이면서 공연한 군소리가 되었으면 모두 간추려 다 깎아 버렸으니, 이같이 하여 1년 만에 일이 끝났다.

신臣 등은 성품과 심식이 우둔하고, 학문이 넓지 못하고, 기틀이 본래 얕고, 글을 쓰는 힘은 여유가 없다. 묘한 도가 사람에게 달렸다고는 하나 마음에 새긴 채 오래되었고, 현묘한 말씀이 세속을 떠났다고는 하나 담장을 대한 듯 갑갑하게 지낸 적이 많았다. 그렇건만 과분하게도 추천해 주시는 은혜를 받았으나 아무 힘도 발휘하지 못했고, 편찬하는 일이 이미 끝났으므로 이를 청간(淸間 : 임금)에 받들어 올린다. 위의 뜻에 맞지 않을 터라서 공연히 거룩하신 눈총을 더럽힐 뿐이리다. 삼가 올린다.

중간경덕전등록장重刊景德傳燈錄狀

호주로湖州路 도량산道場山 호성만세선사護聖萬歲禪寺의 늙은 승려 희위希渭는 경원로慶元路 창국주昌國州 사람으로서, 성은 동董씨이다. 어릴 때부터 고향의 읍에 있는 관음선사觀音禪寺에 가서 절조絶照 화상을 스승으로 삼았고, 법명法名을 받게 되면서 자계현慈溪縣 개수開壽에 있는 보광선사普光禪寺에 가서 용원龍源 화상에 의해 머리를 깎고 스님이 되었다. 그리고는 바로 오대율사五臺律寺로 가서 설애雪涯 화상에게 구족계를 받은 뒤에 짐을 꾸려 서쪽으로 향해 행각을 떠나 수행을 하다가 나중에 다시 은사인 용원龍源 화상을 만나 이 산으로 옮겨 왔다.

스승을 모시고 배운 지 벌써 여러 해가 되었건만 매양 스승의 은혜를 갚을 길 없음이 안타까웠다. 때마침 『경덕전등록』을 보니, 위로 7불로부터 법안法眼의 문도에 이르기까지 무릇 52세世인데 경덕景德에서 연우延祐 병진(丙辰, 1316)에 이르기까지 무릇 317년이 지나면서 예전 판본이 다 삭아 없어져 후학들이 보고 싶어도 볼 수가 없었다.

이에 발심하여 다시 간행하기를 결심했는데, 홀연히 본 고을에 있는 천성선사天聖禪寺의 송려松廬 화상이 가지고 있는 것으로서 여산廬山의 은암穩庵에서 찍은 옛 책을 가장 완전한 상태로 만나니, 평소의 마음에 계합되었다. 그리하여 병진년丙辰年 정월 초 10일에 의발 등을 모두 팔아 1만 2천여 냥을 얻었다.

그 날 당장에 공인工人에게 간행을 명하여 세상에 퍼뜨려서 조사의 도가 두루 펴지게 하였다. 이 책은 모두 36만 7917자로서 그 해 납월臘月 1일에야 판각이 끝났다.

당장에 3백 부를 양절(兩浙 : 절강 지방)에서 찍어 여러 명산의 방장方丈과 몽당蒙堂과 요사寮舍에 한 부씩을 비치케 함으로써 사해의 수도하는 납자들이 참구하기에 편하도록 하였다. 이 공덕으로 네 가지 은혜를 갚고, 아울러 3유有의 중생에게 도움이 되기를 바란다.

대원大元 연우延祐 3년(1316) 섣달 초하루.
늙은 중 희위希渭 삼가 짓고,
젊은 비구 문아文雅 일을 감독하고,
주지 비구 사순士洵 일을 보다.

西來年表

西紀	干支	年譜			
		南齊	太祖高皇帝 姓蕭 諱道成 受宋禪卽位 都金陵	後魏	高祖孝文皇帝 諱宏 姓拓跋氏 第六帝 卽位 改元延興
					當宋明帝泰始七年辛亥歲 至太和十八年 遷都洛陽 二十年改姓元氏
479	己未	建元元年		太和 3년	
480	庚申	2년		4년	
481	辛酉	3년		5년	
482	壬戌	4년 帝崩		6년	
		世祖武帝	諱賾 卽位		
483	癸亥	永明元年		7년	
484	甲子	2년		8년	
485	乙丑	3년		9년	
486	丙寅	4년		10년	
487	丁卯	5년		11년	
488	戊辰	6년		12년	
489	己巳	7년		13년	
490	庚午	8년		14년	
491	辛未	9년		15년	
492	壬申	10년 豫章王嶷薨		16년	
493	癸酉	11년 正月文惠太子薨 七月帝崩		17년	
		鬱林王	諱昭業 卽位		
494	甲戌	隆昌元年 七月帝廢		18년 遷都洛陽	
		海陵王	諱昭文 卽位 改元		
		延興元年 十一月帝廢			
		高宗明帝	諱鸞 十一月卽位		
		建武元年 改元			
495	乙亥	2년		19년	
496	丙子	3년		20년 改姓元氏	
497	丁丑	4년 傅大士生		21년	
498	戊寅	永泰元年 帝崩		22년	
		東昏侯	諱寶卷 卽位		
499	己卯	永元元年		23년 帝崩	
				世宗宣武皇帝	諱恪 卽位 改元
500	庚辰	2년		景明元年	
501	辛巳	3년 帝廢		2년	

		和帝 諱寶融 卽位 改元	
		中興元年	
502	壬午	2년 禪位于梁 右[1] 南齊蕭氏七主合二十四年 禪梁	3년
		梁 都金陵	
		高祖武皇帝 諱衍 姓蕭 受禪于齊 建元天監	
		天監元年	
503	癸未	2년	4년
504	甲申	3년	正始元年
505	乙酉	4년	2년
506	丙戌	5년	3년
507	丁亥	6년	4년
508	戊子	7년	永平元年
509	己丑	8년	2년
510	庚寅	9년	3년
511	辛卯	10년	4년
512	壬辰	11년 傅大士納妻	延昌元年
513	癸巳	12년	2년
514	甲午	13년 誌公示滅	3년
515	乙未	14년	4년 帝崩
516	丙申	15년	肅宗孝明皇帝 諱翊 卽位 改元
			熙平元年
517	丁酉	16년	2년
518	戊戌	17년	神龜元年
519	己亥	18년	2년
520	庚子	普通元年 達磨至傅大士逢嵩頭陀	正光元年 正宗記 依梁僧寶唱續法記云 此年 達磨至梁 而入魏 於理可取
521	辛丑	2년 傅大士唱賣妻子	2년
522	壬寅	3년	3년
523	癸卯	4년	4년
524	甲辰	5년	5년
525	乙巳	6년 詔迎傅大士	孝昌元年
526	丙午	7년	2년
527	丁未	大通元年三月改元 舊本傳燈云十月一日 達磨至金陵 誤也	3년 傳燈舊云 十一月二十三日 達磨届于洛陽 誤也

1 여기서의 '우右'는 '상上'의 의미로서 '앞', '위'라는 뜻이다. 이하 표에서 나오는 '우右'는 같은 의미이다.

528	戊申	2년	武泰元年二月帝崩 立幼主釗四月崩 立莊帝 正宗記引寶唱續法記云 達磨此年示滅 於理可取	
			敬宗孝莊皇帝	諱子攸 四月卽位 改元建義
			建義元年 九月 又改元永安	
			永安元年	
529	己酉	中大通元年	2년	
530	庚戌	2년	3년 十二月帝崩 若依寶唱續法傳 卽魏使歸洛奏 遇達磨西歸 當在此年 蓋明帝已崩 而孝莊尙在位故也	
531	辛亥	3년 太子統薨	前廢帝	諱恭 二月卽位
				改元普泰
			普泰元年	
532	壬子	4년	2년 二月帝廢	
			後廢帝	諱朗 普泰元年六月高懽立帝於信都 改元中興元年至二年四月廢之
			出帝	諱脩廣 普泰二年四月卽位 改元太昌
			太昌元年 十二月 又改永熙	
			永熙元年	
533	癸丑	5년	2년	
534	甲寅	6년	3년 十月帝迫於其相高懽 出居關中 懽立淸河王世子善見 爲主都鄴 是爲東魏 於是魏分爲東西 十二月帝遇鴆崩	
			右後魏十二主 合一百四十九年 分爲東西魏	
			西魏 都長安	東魏 都鄴
			文皇帝 諱寶炬 京兆王愉之子 宇文泰 奉帝卽位	孝靜帝 諱善見 高懽奉帝卽位 改元永熙 三年爲天平
				天平元年
535	乙卯	大同元年	大統元年	2년
536	丙辰	2년	2년	3년 舊本傳燈云 十月五日達磨卒 十二月葬洛陽熊耳山 時洛陽屬東魏 誤
537	丁巳	3년	3년	4년
538	戊午	4년	4년	元象元年
539	己未	5년	5년	興和元年 舊傳燈云 奉使自西域回奏 啓達磨壙 見空棺隻履 誤
540	庚申	6년	6년	2년
541	辛酉	7년	7년	3년
542	壬戌	8년	8년	4년
543	癸亥	9년	9년	武定元年
544	甲子	10년	10년	2년

545	乙丑	11년	11년	3년
546	丙寅	中大同元年	12년	4년
547	丁卯	太淸元年	13년	5년
548	戊辰	2년 侯景反	14년	6년
549	己巳	3년 五月帝崩	15년	7년
		簡文帝 諱綱 卽位 改元		
550	庚午	大寶元年	16년	8년 五月禪于北齊
				右東魏一主十七年
				北齊 都鄴
				文宣帝 諱洋 姓高 懽之第三子 五月受禪 建元天保
				天保元年
551	辛未	2년 侯景廢帝 而立豫章王棟 尋弑帝 十一月景又廢棟 自立僭號 元帝討而斬之	17년	2년 三祖見二祖
		孝元帝 諱繹 十一月卽位於江陵	廢帝 諱欽 文帝長子 卽位不改號	
552	壬申	承聖元年	元年	3년
553	癸酉	2년	2년	4년
554	甲戌	3년 十一月帝爲魏軍所執 尋弑之	3년 正月宇文泰廢帝而齊王廓	5년 思大止大蘇山
		敬帝 諱方智 元帝旣被執 蕭詧自立爲後梁 都江陵 王僧辯陳霸先奉帝爲梁主 承聖四年 九月卽位	恭帝 諱廓 文帝字宇泰立之 不改號 止稱元年	
			元年	
555	乙亥	紹泰元年	2년	6년
556	丙子	大平元年	3년 十二月帝遜位于周	7년
			右西魏三主 合二十三年	
			後周 都長安	
			閔帝 諱覺 姓宇文 文帝泰之子 受禪于西魏卽位 止稱元年	
			元年 南史以次年爲元年	
557	丁丑	2년 十月進丞相陳霸先 爵爲陳王 帝遜位于陳	2년 九月宇文護貶帝爲洛陽公 尋弑之	8년
		右梁四主 合五十六年	明帝 諱毓 文帝泰之長子 宇文護立之 卽位 改元武定	

		陳 都金陵 高祖武帝 諱霸先 姓陳氏 受禪于梁 卽位 建元永定 永定元年	武定元年 南史云 亦稱元年不改號	
558	戊寅	2년 智者進具	2년	9년
559	己卯	3년 六月帝崩 文帝 諱蒨 始興王長子 卽位	武成元年 陳紀云 方建年號	10년 十月帝崩 廢帝 諱殷 宣帝長子
560	庚辰	天嘉元年 智者謁思大於大蘇山	2년 武帝 諱邕 文帝第四子 以遺詔卽位	乾明元年 太后令廢帝 昭帝 諱演 懽之第六子 八月卽位 改元皇建 皇建元年
561	辛巳	2년	保定元年 後梁宣帝崩 子巋立是爲明帝 改元天保	2년 帝崩 武成帝 諱湛 懽之第九子卽位 改元大寧 大寧元年
562	壬午	3년	2년	淸河元年
563	癸未	4년	3년	2년
564	甲申	5년	4년	3년
565	乙酉	6년	5년	4년 帝禪位于太子 自稱太上皇 後主 諱緯 受禪卽位 改元天統 天統元年
566	丙戌	天康元年 四月帝崩 廢帝 諱伯宗 文帝長子	天和元年	2년
567	丁亥	光大元年 思大遷南嶽	2년	3년
568	戊子	2년 帝廢 宣帝 諱頊 昭烈王之子 以太后命卽位	3년	4년
569	己丑	天建元年 傅大士卒 智者往金陵	4년	5년
570	庚寅	2년	5년	武平元年
571	辛卯	3년	6년	2년
572	壬辰	4년	建德元年	3년
573	癸巳	5년	2년	4년
574	甲午	6년	3년 廢釋道二敎	5년
575	乙未	7년 智者隱天台	4년	6년
576	丙申	8년	5년	7년 十二月爲周武所敗 改元隆化 隆化元年 德安王延宗 卽位於晉陽 改元德昌 尋爲周所虜

				幼主 名恒 後主以望氣者言有革易 故傳位幼主 自稱太上皇
577	丁酉	9년 思大卒	6년	承光元年 正月幼主卽位 在位十八日 與後主並爲周所虜 國滅
			右北齊六主 合二十八年 爲周所滅	
578	戊戌	10년	宣政元年 帝總戎北伐 六月崩于乘輿	
			宣帝 諱斌 武帝長子 卽位	
579	己亥	11년	大成元年 正月立魯王衍爲皇太子 二月傳位太子 自稱天元皇帝	
			靜帝 諱衍 後改名闡 宣帝長子 宣帝於鄴宮傳位 改元大象	
			大象元年	
580	庚子	12년	2년 宣帝崩 復釋道二教 以大丞相楊堅爲相國 進爵爲王 備九錫	
581	辛丑	13년	大定元年 正月改元 二月遜位于隋	
			右後周五主 合二十六年 禪于隋	
			隋 都長安	
			高祖文皇帝 諱堅 姓楊氏 大定元年二月 受禪于周 卽位 建元開皇	
			開皇元年	
582	壬寅	14년 正月帝崩	2년	
		後主 諱叔寶 宣帝長子 卽位		
583	癸卯	至德元年	3년	
584	甲辰	2년	4년	
585	乙巳	3년	5년 後梁蕭琮立	
586	丙午	4년	6년 後梁改元廣運	
587	丁未	禎明元年	7년 後梁三主 合三十三年 是歲隋廢之	
588	戊申	2년	8년	
589	己酉	3년 正月隋將韓擒 入建業虜後主 國亡	9년 平陳天下一統	
		右陳五主 合三十三年 隋滅之		
590	庚戌		10년	
591	辛亥		11년	
592	壬子		12년 四祖見三祖	
593	癸丑		13년 二祖卒	
594	甲寅		14년	
595	乙卯		15년	
596	丙辰		16년	
597	丁巳		17년 智者卒	

598	戊午		18년	
599	己未		19년	
600	庚申		20년	
601	辛酉		仁壽元年	
602	壬戌		2년	
603	癸亥		3년	
604	甲子		4년 七月帝崩	
			煬帝	諱廣 高祖第二子卽位
605	乙丑		大業元年	
606	丙寅		2년 三祖卒	
607	丁卯		3년	
608	戊辰		4년	
609	己巳	庚午 辛未 壬申 癸酉	5년 6년 7년 8년 9년	
614	甲戌	乙亥 丙子	10년 11년 12년	
617	丁丑		13년 帝幸江都 遙尊爲太上皇	
			恭帝	諱侑 煬帝之孫 元德太子昭之子 十一月唐公入京立帝 改元義寧
			義寧元年	
618	戊寅		2년 二月煬帝崩 五月帝遜位于唐	
			右隋三主 合三十八年 禪于唐	
達磨至中國 今取正宗記爲定 蓋依梁僧寶唱續法記 昔那連耶舍 與萬天懿 譯七佛至二十八祖傳法事 梁簡文帝 因使臣劉懸運往北齊取其書詔寶唱編入續法記也				

경덕전등록景德傳燈錄 제 1 권

7불佛과 천축天竺의 조사祖師

7불佛

비바시불毘婆尸佛
시기불尸棄佛
비사부불毘舍浮佛
구류손불拘留孫佛
구나함모니불拘那含牟尼佛
가섭불迦葉佛
석가모니불釋迦牟尼佛

천축의 15조사祖師〔이 가운데 한 조사는 방계로서 기록이 없음〕

제1조 마하가섭摩訶迦葉
제2조 아난阿難〔말전저가末田底迦가 방계임〕

제3조 상나화수商那和修
제4조 우바국다優波鞠多
제5조 제다가提多迦
제6조 미차가彌遮迦
제7조 바수밀婆須蜜
제8조 불타난제佛陀難提
제9조 복타밀다伏馱蜜多
제10조 협脇 존자尊者
제11조 부나야사富那夜奢
제12조 마명馬鳴 대사大士
제13조 가비마라迦毘摩羅
제14조 용수龍樹 대사大士

7불佛

옛 부처님께서 세상에 감응하심은 면면히 이어져서 무궁한지라, 두루 다 헤아릴 수 없는 노릇이다. 이 때문에 비근한 현겁賢劫만을 말해도 천千 분의 여래如來께서 계시지만, 여기서는 다만 석가모니불까지의 7불佛만을 기록한다.

『장아함경長阿含經』에서는 "7불께서 정진의 힘으로 광명을 놓아서 어둠을 멸하시고는, 서마나 나무 밑에 앉으신 가운데 정각正覺을 이루셨다"고 말하였다. 또 만수실리曼殊室利가 7불의 조사가 되고, 금화金華 선혜善慧 대사가 송산松山 정상에 올라서 도를 행할 때 7불께서 앞을 인도하시고 유마維摩가 뒤를 따름에 감응하였으나, 지금의 찬술은 7불 이하에서부터 끊는다.

비바시불毘婆尸佛[과거 장엄겁莊嚴劫의 제998尊]의 게송

몸은 모습 없는 가운데서 태어나니
마치 허깨비로 온갖 형상을 내는 것과 같도다.
허깨비 사람의 심식心識은 본래 없는 것이니
죄와 복도 모두 공하여 머물 곳이 없도다.
身從無相中受生　　猶如幻出諸形象
幻人心識本來無　　罪福皆空無所住

『장아함경』에서 말하였다.
"인간의 수명이 8만 세일 때에 이 부처님께서 세상에 출현하셨는데, 종족〔種〕은 찰제리〔剎利〕요, 성姓은 구리야拘利若며, 아버지는 반두槃頭요, 어머니는 반두바제槃頭婆提이다. 반두바제성槃頭婆提城에 계실 때에 파파라波波羅나무 밑에서 세 차례 설법하셔서 34만 8천 사람을 제도하셨다. 제자가 두 사람이니, 하나는 건다騫茶요, 또 하나는 제사提舍이다. 시자侍者는 무우無憂이고, 아들은 방응方膺이다."

시기불尸棄佛[과거 장엄겁의 제999존尊]의 게송

온갖 착한 법을 일으켜도 본래가 허깨비요
온갖 악한 업을 짓는 것도 또한 허깨비이로다.

몸은 물거품과 같고 마음은 바람과 같은 것이니
허깨비가 내는 것이라서 뿌리도 없고 실다운 성품도 없네.
起諸善法本是幻　　造諸惡業亦是幻
身如聚沫心如風　　幻出無根無實性

『장아함경』에서 말하였다.

"인간의 수명이 7만 세일 때에 이 부처님께서 세상에 나셨는데, 종족은 찰제리요, 성은 구리야며, 아버지는 명상明相이요, 어머니는 광요光耀이다. 광상성光相城에 계실 때에 분타리수分陀利樹 밑에 앉아서 세 차례의 설법으로 25만 사람을 제도하셨다. 제자가 두 사람이니, 하나는 아비부阿毗浮이고, 또 하나는 바바婆婆이다. 시자는 인행忍行이요, 아들은 무량無量이다."

비사부불毘舍浮佛[장엄겁의 1천 번째 존尊]의 게송

몸은 4대大를 빌려 이루어지고
마음은 본래 생겨남이 없으나 경계로 인해 있을 뿐이니
앞의 경계가 없다면 마음도 없을 것이요
죄와 복도 허깨비처럼 일어났다 또한 멸할 뿐이로다.
假借四大以爲身　　心本無生因境有
前境若無心亦無　　罪福如幻起亦滅

『장아함경』에서 말하였다.

"인간의 수명이 6만 세일 때에 이 부처님께서 세상에 나셨는데, 종족은 찰제리요, 성은 구리야며, 아버지는 선등善燈이요, 어머니는 칭계稱戒이다. 무유성無喩城에 계실 때에 바라수婆羅樹 밑에 앉아서 두 차례 설법으로 13만 사람을 제도하셨다. 제자가 두 사람이니, 하나는 부유扶遊이고, 또 하나는 울다마鬱多摩이다. 시자는 적멸寂滅이요, 아들은 묘각妙覺이다."

구류손불拘留孫佛[현재 현겁賢劫의 첫 번째 존尊]의 게송

몸에 실다움이 없음을 보는 것이 바로 부처의 몸이요,
마음이 환幻 같음을 요달하는 것이 바로 부처의 환幻이다.
몸과 마음의 본성本性이 공함을 요달하게 된다면
이 사람은 부처님과 더불어 무엇이 다르겠는가.

見身無實是佛身　　了心如幻是佛幻
了得身心本性空　　斯人與佛何殊別

『장아함경』에서 말하였다.
"인간의 수명이 4만 세일 때에 이 부처님께서 세상에 나셨는데, 종족은 바라문婆羅門이요, 성은 가섭迦葉이며, 아버지는 예득禮得이요, 어머니는 선지善枝이다. 안화성安和城에 계실 때에 시리사수尸利沙樹 밑에 앉아서 한 차례의 설법으로 4만 사람을 제도하셨다. 제자가 두 사람이니, 하나는 살니薩尼요, 다른 하나는 비루毘樓이다. 시자는 선각善覺이요, 아들은 상승上勝이다."

구나함모니불拘那含牟尼佛[현겁賢劫의 두 번째 존尊]의 게송

부처는 몸을 보이지 않는다는 그 앎이 부처이니
만약 그 앎이 실답다면 따로 부처도 없다.
지혜로운 이는 죄의 성품이 공함을 능히 알아서
탁 트인 마음으로 생사를 두려워하지 않네.

佛不見身知是佛　　若實有知別無佛
智者能知罪性空　　坦然不怖於生死

『장아함경』에서 말하였다.

“인간의 수명이 3만 세일 때에 이 부처님께서 세상에 나셨는데, 종족은 바라문이요, 성은 가섭이며, 아버지는 대덕大德이요, 어머니는 선승善勝이다. 청정성淸淨城에 계실 때에 오잠바라문수烏暫婆羅門樹 밑에 앉아서 한 차례의 설법으로 3만 사람을 제도하셨다. 제자가 두 사람이니, 하나는 서반나舒槃那요, 다른 하나는 울다루鬱多樓이다. 시자는 안화安和요, 아들은 도사道師이다.”

가섭불迦葉佛[현겁賢劫의 세 번째 존尊]의 게송

일체의 중생은 성품이 청정해서
본래부터 남도 없고 멸함도 없네.
이러한 몸과 마음 바로 요술에서 났으니
요술 속에는 죄와 복이 없도다.

一切衆生性淸淨　　從本無生無可滅
卽此身心是幻生　　幻化之中無罪福

『장아함경』에서 말하였다.

"인간의 수명이 2만 세일 때에 이 부처님께서 세상에 나셨는데, 종족은 바라문이요, 성은 가섭이며, 아버지는 범덕梵德이요, 어머니는 재주財主이다. 바라내성波羅柰城에 계실 때에 니구율수尼拘律樹 밑에 앉아서 한 차례의 설법으로 2만 사람을 제도하셨다. 제자가 두 사람이니, 하나는 제사提舍요, 다른 하나는 바라바婆羅婆이다. 시자는 선우善友요, 아들은 집군集軍이다."

석가모니불釋迦牟尼佛[현겁賢劫의 네 번째 존尊]

종족[姓]은 찰제리刹帝利요, 아버지는 정반천淨飯天이요, 어머니는 대청정묘大淸淨妙이다. 보처補處의 지위에 올라 도솔천兜率天에 태어나셨을 때에는 승선勝善 천인天人, 혹은 호명護明 대사大士라고 불렸는데, 여러 하늘 무리들을 제도하기 위하여 보처補處의 수행을 연설하셨고, 또 시방세계에 몸을 나타내어서 설법하셨다.

『보요경普耀經』에서는 이렇게 말하였다.

"부처님께서 처음 찰제리왕의 집에 탄생하실 때에 큰 지혜의 광명을 놓아서 시방세계를 비추시자, 땅에서 황금 연꽃이 솟아나와 자연히 두 발을 받들었다. 동서남북 사방으로 각각 일곱 걸음을 걸으시고, 두 손을 나누어 각각 하늘과 땅을 가리키면서 사자후師子吼를 하시되, '위아래와 네 간방에서 능히 나보다 존귀한 것은 없다〔上下及四維無能尊我者〕'고 하셨다."

이때는 바로 주周 소왕昭王 24년 갑인년甲寅年 4월 8일이다. 42년 2월 8일에 이르러 나이 19세가 되자, 집을 나가고 싶어 하면서 스스로 이렇게 생각하셨다.

'무엇을 만나게 될까?'

그리고는 곧 네 문〔四門〕을 돌아다니면서 네 가지 일을 보시자, 마음속에 기쁨과 슬픔이 생겨서 이렇게 생각하셨다.

"이 늙음과 병듦과 죽음〔老病死〕은 반드시 여의어야 할 것이다."

그날 밤, 자시子時에 정거淨居라고 불리는 천인天人이 창 밖에서 손을 모으고 태자께 아뢰었다.

"출가하실 때가 되었으니 떠나십시오."

태자는 이 말을 듣고 마음으로 기뻐하면서 성을 넘어 떠난 뒤에 단특산檀特山에서 도를 닦으셨다. 처음에는 아람가람阿藍迦藍에게 가서 3년 동안 불용처정不用處定을 배웠으나, 옳지 못한 것임을 알고 버리셨다. 다음으로는 울두람불鬱頭藍弗에게로 가서 3년 동안 비비상정非非想定을 배웠으나, 역시 옳지 못한 줄 알고 버리셨다. 다시 상두산象頭山으로 가서 외도들과 똑같이 날마다 삼씨와 보리〔麻麥〕를 잡수시면서 6년을 지내셨다. 그래서 경에서 말하기를, "마음과 뜻도 없고 받아 행함도 없이 외도들을 모두 항복시켰다"고 하였으니, 먼저 삿된 법을 내리 시험하면서 온갖 방편을 보이시고, 온갖 이견異見을 일으켜서 모두 보리에 이르게 하셨다.

그러므로 『보집경普集經』에서 말하기를, "보살이 2월 8일, 샛별이 뜰 때 부처를 이루시니, 명호를 천인사天人師라 한다"고 하였으니, 그때의 나이는 30세로서 바로 주周나라의 목왕穆王 3년 계미년癸未年이었다.

그리고 나서 녹야원鹿野苑에서 교진여憍陳如 등 다섯 사람에게 4제諦의 법 수레를 굴리면서 도과道果를 논하셨고, 이어서 49년 동안 세상에 계시면서 설법하셨다. 마지막에는 제자인 마하가섭摩訶迦葉에게 말씀하셨다.

"내가 청정한 법안法眼으로 열반의 묘한 마음과 실다운 모습은 모습 없음〔實相無相〕이라는 미묘한 바른 법을 그대에게 부촉하니, 그대는 마땅히 잘 간직하라."

아울러 아난에게도 "전법 교화를 잘 도와서 끊이지 않게 하라"고 분부하시고는 게송을 말씀하셨다.

법은 본래 법이라 할 법이 없으니
법이 없다는 법도 또한 법일 뿐이네.
이제 법 없음을 부촉할 때에도
법을 법이라 하나 어찌 법인 적이 있으랴.

法本法無法　無法法亦法
今付無法時　法法何曾法

그때 세존께서 이 게송을 말씀하신 뒤에 다시 가섭에게 말씀하셨다.

"내가 이제 금란가사〔金縷僧伽梨〕를 그대에게 전해서 보처補處에게 전수轉授하나니, 자씨불慈氏佛이 세상에 나시기까지 파손시키지 말라."

가섭이 게송을 듣고 머리를 숙여 발에 예배하면서 말했다.

"훌륭하고, 훌륭하십니다. 제가 마땅히 분부대로 하겠사오니, 부처님을 공경하고 순종하기 때문이옵니다."

그때 세존께서 구시나성拘尸那城에 가셔서 대중들에게 말씀하셨다.

"내가 지금 등이 아프니, 열반에 들고자 하노라."

그리고는 곧 희련하(熙連河 : 尼連河) 곁에 있는 사라쌍수娑羅雙樹 밑으로 가셔서 오른 겨드랑이를 땅에 대고 발을 포갠 채 담담히 열반에 드셨다.

그리고 다시 관棺에서 일어나셔서 어머님을 위하여 설법해 주시고, 특별히 두 발을 보여서 바기(婆耆 : 마지막 제자)를 제도하시면서 아울러 무상게無常偈를 말씀하셨다.

모든 행行은 무상하니
이는 바로 생멸의 법이다.
생멸이 멸하고 나면
적멸함이 곧 즐거움이 되리라.
諸行無常　是生滅法
生滅滅已　寂滅爲樂

그때 제자들이 향과 장작을 갖고서 앞을 다투어 다비荼毘를 거행하였으나, 불이 다 탄 뒤에도 금관金棺은 여전하였다. 그러자 대중들은 부처님 앞에서 게송으로 찬탄하였다.

범속한 모든 맹렬한 불길이
어찌 불에 타시게 할 수 있겠습니까?
청컨대 세존께서는 삼매의 불〔三昧火〕로써
황금 빛깔의 몸을 사르옵소서.

凡俗諸猛熾　　何能致火爇
請尊三昧火　　闍維金色身

그때 금관이 놓여 있던 자리에서 일곱 다라수多羅樹 높이만큼 솟아올라서 허공을 오락가락하다가 삼매의 불로 변하더니, 잠깐 사이에 재로 변하면서 8섬 4말의 사리舍利를 얻었다. 이때가 곧 주나라 목왕穆王 52년 임신년壬申年 2월 15일이었다.

세존께서 입멸하신 지 1,017년 만에 교법이 중국으로 전해지니, 후한後漢의 영평永平 10년 무진년戊辰年이었다.

천축天竺의 15조사祖師

제1조 마하가섭摩訶迦葉

그는 마갈타국摩竭陀國 사람으로 종성은 바라문이며, 아버지는 음택飮澤이요, 어머니는 향지香志이다. 그는 옛적에 단금사(鍛金師 : 금을 다루는 기술자)였는데, 금의 성질을 잘 알아서 그것을 능숙하게 다루는 재주가 있었다. 『부법전付法傳』에서는 이렇게 말하고 있다.

"아주 오랜 옛날, 비바시불毘婆尸佛께서 열반에 드신 뒤에 네 무리〔四衆〕[1]가 탑을 세웠는데, 탑 안에 모신 불상의 얼굴에 금색金色이 조금 훼손되어 있었다. 이때에 어떤 가난한 여자가 금 구슬을 가지고 단금사의 처소에 가서 불상의 얼굴을 장식해 달라고 청하였다. 그리고는 함께 서원을 세우기를, '우리 두 사람은 육체관계〔姻〕가

1 비구, 비구니, 청신사, 청신녀의 사부대중을 말한다.

없는 부부가 되기를 바랍니다'고 하였다. 이 인연으로 인해서 단금사는 91겁 동안 몸이 모두 금빛이었고, 뒤에 범천梵天에 태어났다가 범천의 수명이 다한 뒤에는, 중천축(中天竺 : 중인도)의 마갈타국摩竭陀國에 있는 바라문婆羅門의 집에 태어났다."

그의 이름은 가섭파迦葉波이니, 이것을 한문으로 번역하면 음광승존飮光勝尊인데, 금빛〔金色〕으로 명호를 삼은 것이다. 그리하여 그는 출가의 뜻을 내서 유정有情을 제도하길 바랐는데, 부처님께서 "어서 오라, 비구여"라고 하시자, 머리카락과 수염이 저절로 깎이고 가사가 몸에 입혀졌다. 그는 항상 대중 가운데서 제일이라는 칭찬을 받았다.

부처님께서 다시 말씀하셨다.

"내가 청정한 법안을 그대에게 부촉하나니, 그대는 잘 펴뜨려서 끊이지 않게 하라."

또 『열반경』에서는 이렇게 말하고 있다.

"그때 세존께서 열반에 드시려고 할 때에 가섭이 모임에 있지 않았다. 부처님께서 큰 제자들에게 말씀하시되, '가섭이 오면 정법안장正法眼藏을 드날리게 할 수 있다'고 하셨다."

그때 가섭이 기사굴산耆闍堀山의 빈발라굴賓鉢羅窟에 있다가 수승한 광명을 보자, 즉시 삼매에 들어가 청정한 천안天眼으로 세존을 살펴보니, 니련선하 곁에서 열반〔般涅槃〕에 들고 계셨다. 그는 곧 그의 제자들에게 말하였다.

"여래의 열반이 어찌 이다지도 갑작스러운가?"

그리고는 곧 사라쌍수 사이로 가서 슬피 우니, 부처님께서 금관金棺 안에서 두 발을 내보이셨다.

그때에 가섭이 비구들에게 말하였다.

"부처님께서는 이미 다비를 마치셨다. 금강사리金剛舍利는 우리들의 일이 아니다. 우리들은 마땅히 법안法眼을 결집結集해서 끊이지 않게 하여야 한다."

그리고는 게송을 말하였다.

여래의 제자들이여,
또한 열반에 들려고 하지 말고
신통을 얻은 이는
결집하는 자리로 오시오.

如來弟子　　且莫涅槃
得神通者　　當赴結集

이에 신통을 증득한 이는 모두가 왕사성 기사굴산耆闍崛山의 빈발라굴賓鉢羅窟에 모였다. 당시 아난은 번뇌〔漏〕가 아직 다하지 못했으므로 모임에 들지 못하다가 나중에 아라한과阿羅漢果를 증득하고 나서야 들어가게 되었다.

이때 가섭이 대중에게 말했다.

"이 아난 비구는 많이 배우고 총명하게 지녀서 큰 지혜가 있습니다. 항상 여래를 수행하면서 청정한 범행梵行을 닦았고, 부처님께 들은 법문을 그릇에 물을 옮기듯이 하나도 빠뜨리지 않았으므로 부처님께서 항상 총명함이 제일이라 하셨으니, 이제 그를 청해서 수다라장修多羅藏을 결집하는 것이 좋겠습니다."

대중이 모두 잠자코 있었다.

그러자 가섭이 아난에게 말했다.

"그대는 지금 법안法眼을 선포하시오."

아난이 그 말을 듣고 승낙한 뒤에 대중의 마음을 관찰하면서 게송으로 선포했다.

비구 등 모든 권속들은
부처를 떠나서는 장엄하지 못하니
마치 허공 속에 있는 뭇 별들이
달을 여읜 것과 같다네.
比丘諸眷屬　離佛不莊嚴
猶如虛空中　衆星之無月

이 게송을 말한 뒤에 뭇 스님의 발에 예배하고는, 법좌法座에 올라서 말하였다.

"이와 같이 나는 들었다. 어느 때 부처님께서는 아무 곳에 계시면서 아무 경經을 말씀하셨고, 내지 인간과 하늘들이 예를 드리고는 받들어 행하였다."

그때 가섭이 여러 비구들에게 물었다.

"아난의 말이 틀리지 않는가?"

모두가 대답했다.

"세존의 말씀과 다르지 않습니다."

가섭이 또 아난에게 말했다.

"내 나이가 많아서 오래 머무르지 못하겠으니, 이제 바른 법을 그대에게 부촉하노라. 그대는 잘 지켜 보호하도록 하라. 그리고 나의 게송을 들어라."

법을 법답게 하는 본래의 법은

법도 없고 법 아닌 것도 없음이니
어찌 하나의 법 가운데
법도 있고 법 아닌 것도 있으랴.
法法本來法　　無法無非法
何於一法中　　有法有不法

이 게송을 마친 뒤에 곧 금란가사를 가지고 계족산鷄足山에 들어가서 자씨불께서 하생下生하시기를 기다리니, 이때는 곧 주周나라의 효왕孝王 5년 병진년丙辰年이었다.〔5년은 마땅히 4년으로 써야 한다. 이때로부터 제13 조사 가비마라迦毘摩羅에 이르기까지 연수年數에 착오가 있으므로, 여기에서는 모두 『사기史記』 연표에 의거해 육갑六甲을 고쳐 바로잡았다.〕

제2조 아난阿難

그는 왕사성王舍城 사람이니, 종성은 찰제리이고, 아버지는 곡반왕斛飯王으로서 석가모니부처님〔實佛〕의 종제從弟이다. 범어의 아난타阿難陀는 이곳 말로는 경희慶喜 또는 환희歡喜라 번역하니, 여래께서 성도成道하신 날 밤에 태어났으므로 그런 이름을 지은 것이다. 배운 것이 많고 박학다식해서 지혜가 막힘이 없으므로 세존께서도 총지總持에는 제일이라고 칭찬하셨다. 더구나 전생에 큰 공덕이 있어서 법장法藏을 받아 지니되 마치 물을 다른 그릇에 전하듯이 하므로 부처님께서 시자侍者로 임명하셨다.

후에 아사세왕阿闍世王이 아난에게 말했다.

"존자여, 여래와 가섭과 같은 존귀하고 수승하신 두 스승이 모두 열반에 드셨지만, 저는 일이 많아서 모두 뵙지를 못했습니다. 그러하니 존자께서 반열반에 드실 때에는 알려 주시기 바랍니다."

아난은 이를 허락하였다. 그리고 나중에 생각하기를 '내 몸은 위태하고 연약한 것이 마치 물거품과 같다. 게다가 늙고 쇠약했으니, 어찌 오래도록 견딜 수 있겠는가?'라고 하였고, 또 생각하기를 '아사세왕과 나는 약속을 했다'고 하고는, 곧 왕궁으로 가서 고했다.

"내가 열반에 들고자 해서 하직하러 왔다."

문지기가 말하였다.

"왕께서 주무시니, 아뢸 수 없습니다."

아난이 말했다.

"왕께서 깨어나시거든 내 말을 전하라."

그때 아사세왕이 꿈을 꾸면서 일곱 가지 보배[七寶]로 장식된 한 부배 일산을 보았는데, 천만억 대중이 둘러싸서 우러러보고 있을 때 갑자기 비바람이 불어서 그 자루가 부러지고 진기한 보배와 영락瓔珞이 모두 땅에 흩어지는 것을 보고는 몹시 놀라서 꿈에서 깨어났다. 문지기가 와서 앞서 있었던 일을 자세히 아뢰자, 왕이 그 말을 듣고 소리 높여 통곡을 하니, 그 슬픔에 천지가 감동하였다. 즉시 비사리성毘舍離城으로 가니, 아난이 항하의 중류中流에서 가부좌跏趺坐하고 앉아 있는 모습이 보였다. 왕은 절을 하고서 게송으로 말했다.

> 삼계의 어른에게 머리 조아려 예배하오니
> 저를 버리고서 여기까지 이르셨네.

잠깐이라도 자비의 원력願力을 드리워
반열반에 들지 말아 주소서.

稽首三界尊　　棄我而至此
暫憑悲願力　　且莫般涅槃

그때 비사리의 왕도 강가에 있다가 게송을 말했다.

존자여, 어찌하여 이다지 빨리
적멸의 도량으로 돌아가시려 하나이까.
원컨대 잠시만이라도 더 머무시면서
저의 공양을 받아 주소서.

尊者一何速　　而歸寂滅場
願住須臾間　　而受於供養

그때 아난이 두 왕이 모두 와서 권청勸請하는 것을 보고 게송을 말했다.

두 왕이여, 부디 잘 계시어서
애타게 슬퍼하거나 그리워하지 마시오.
열반은 나(我)의 청정함(淨)이니〔구본舊本에는 정靜으로 되어 있으나, 여기에서는 『보림전寶林傳』, 『정종기正宗記』에 의거해서 이 한 자를 바꾸어 기재하였다.〕
바로 온갖 유有가 없기 때문이라오.

二王善嚴住　　勿爲苦悲戀
涅槃當我淨　　而無諸有故

아난이 다시 생각하였다.

'내가 한 나라만을 향해서 반열반에 든다면, 여러 나라에서 싸움이 일어날 것이니 옳지 못하다. 마땅히 평등함으로 모든 유정을 제도해야 마땅하리라.'

그리고는 마침내 항하의 중류에서 그대로 열반에 들려고 하는데, 그때 산하대지山河大地가 여섯 가지로 진동하였다. 설산雪山에 있던 5백 명의 선인仙人이 이런 상서로운 감응을 보자, 허공을 날아와서 아난의 발에 예배하고 꿇어앉아서 아뢰었다.

"저는 장로長老에게서 불법을 증득하려 하오니, 바라옵건대 큰 자비를 드리우셔서 저희들을 제도해 주소서."

아난이 잠자코 그 청을 받아들여서 즉시 항하를 온통 황금의 땅으로 변화시킨 뒤에, 그 선인들에게 모든 대법大法을 설해 주었다. 아난은 다시 생각하였다.

'먼저 제도를 받아 해탈한 제자들이 응당 와서 모이리라.'

그러자 잠깐 사이에 5백 아라한阿羅漢이 허공에서 내려와서 여러 선인들에게 출가하는 구족계를 주었다.

그 선인들 가운데 두 아라한이 있었으니, 한 명은 상나화수商那和修요, 또 한 명은 말전지가末田底迦였다. 아난은 그들이 법기法器[2] 임을 알고서 말했다.

"옛적에 여래께서 위대한 법안法眼을 대가섭大迦葉에게 부촉하셨고, 가섭께서는 선정에 들면서 나에게 부촉하셨다. 나도 이제 열반에 들려고 하여 그대들에게 부촉하노니, 그대들은 나의 가르침을 받으려면 마땅히 나의 게송을 들어라."

---

2 법을 담는 그릇이란 뜻이니, 법을 이어받을 자격이 있는 이를 말한다.

본래 '법이 있다'고 부촉하지만
부촉해 마치면 '법이 없다'고 말하네.
모름지기 저마다 스스로 깨달아야 하나니
깨달아 마치면 '법 없음'도 없다네.
本來付有法　付了言無法
各各須自悟　悟了無無法

아난은 법안장法眼藏을 부촉하고 나자, 몸을 허공으로 솟구쳐 열여덟 가지 변화를 지은 뒤에, 풍분신삼매風奮迅三昧에 들어가 몸을 네 몫으로 나누었다. 한 몫은 도리천忉利天에 봉안하고, 또 한 몫은 사갈라娑竭羅 용궁에 봉안하고, 또 한 몫은 비사리毘舍離〔구본舊本에는 비사리용왕毘舍離龍王으로 되어 있으나, 여기서는 『보림전』, 『정종기』에 의거해 '용龍'자를 삭제하였다.〕의 왕에게 봉안하고, 또 한 몫은 아사세왕에게 봉안하였는데, 저마다 보배 탑을 세워서 공양하였다. 이때는 주나라의 여왕厲王 12년 계사년癸巳年이었다.〔10년이라고 써야 맞다.〕

제3조 상나화수商那和修[『정종기正宗記』에는 "범어는 상낙가商諾迦이며, 이곳 말로는 자연복自然服이라 한다. 태어나면서부터 몸에 저절로 옷이 입혀져 있었기 때문이다"라고 하였다. 『홍각범지림洪覺範志林』에서는 "승가리의僧伽梨衣는 운암雲巖과 같은 것이다"라고 하였고, 『전등록』에서는 "자연복이란 곧 서역의 구지수九枝秀라는 풀이름이다"라고 하였는데, 이름은 미상이다.]

그는 마돌라국摩突羅國 사람으로 또한 사나바사舍那婆斯라고도 한다. 성姓은 비사다毘舍多이고, 아버지는 임승林勝이요, 어머니는 교사야憍奢耶인데, 태胎에 있은 지 6년 만에 태어났다.

범어의 상낙가商諾迦는 이곳 말〔漢譯〕로 자연복自然服이니, 곧 인도에서 나는 구지수九枝秀라는 풀의 이름이다. 가령 아라한과 같은 성인이 강생降生하면 이 풀이 정결한 땅에 난다고 하는데, 상나화수가 태어날 때에도 이 상서로운 풀의 감응이 있었다.

옛적에 여래께서 교화를 다니시다가 마돌라국에 이르렀을 때 어느 푸른 숲에 가지와 잎이 무성한 것을 보시고는 아난에게 말씀하셨다.

"이 숲의 지명은 우류다優留茶라 하는데, 내가 열반에 들고 나서 백 년 만에 상나화수라는 비구가 묘한 법 수레를 굴릴 것이다."

과연 백 년 뒤에 상나화수가 탄생해서 출가하여 도를 증득한 뒤에 아난 존자의 법안法眼을 받아서 유정들을 교화하였다. 그러다가 이 숲에 머물면서 두 화룡火龍을 항복시켜서 불법에 귀이히게 하였고, 그로 인하여 용이 그 땅을 보시하여서 범궁梵宮을 세웠다.

존자가 교화를 편 지 오래되자 정법을 부촉할 것을 생각하였다. 그리하여 타리국吒利國에서 우바국다優波毱多를 만나 시자로 삼고는 그에게 물었다.

"그대의 나이는 몇 살인가?"

우바국다가 대답하였다.

"제 나이는 열일곱 살입니다."

스님이 말했다.

"너의 몸이 열일곱 살인가, 성품이 열일곱 살인가?"

"스님의 머리털이 이미 희신데, 머리가 흰 것입니까, 마음이 희신 것입니까?"

"나는 단지 머리털이 흴 뿐이지 마음이 희지는 않다."

우바국다가 말하였다.

"저도 몸이 열일곱 살일 뿐 성품이 열일곱 살은 아닙니다."

상나화수는 그가 법기法器임을 알고서 그 뒤 3년 만에 머리를 깎고 구족계를 주면서 이렇게 말했다.

"옛적에 여래께서 위없는 정법안장을 가섭에게 전하신 이래로 차례차례 전해져서 나에게 이르렀는데, 내가 이제 다시 그대에게 부촉하노니 끊어지지 않도록 하라. 그대는 나의 가르침을 받고, 또 나의 게송을 들어라."

> 법도 아니고 또한 마음도 아니니〔구본舊本에는 "비법非法 또한 비법非法이다"라고 하였는데, 여기서는 『보림전寶林傳』, 『정종기正宗記』에 의거해 "법도 아니요, 마음도 아니다〈非法亦非心〉"라고 고쳐 기재하였다.〕
> 마음도 없고 또한 법도 없다네.
> 이 심법心法을 설할 때에도
> 그 법은 심법이 아니네.
> 非法亦非心　無心亦無法
> 說是心法時　是法非心法

이 게송을 마치고는 곧 계빈국罽賓國 남쪽에 있는 상백산象白山에 가서 은거했다. 나중에 삼매에 들어 살펴보니, 제자인 우바국다가 5백 명의 제자를 거느리고서 항상 게으름을 부리고 있었다. 존자는 곧 그들에게 가서 용분신삼매龍奮迅三昧를 나타내어 조복시키고는 게송을 말해 주었다.

통달하면 '이것'도 아니고 '저것'도 아니니
지극한 성스러움에는 길고 짧음이 없다네.
너희들이 경솔하고 교만한 뜻을 버리면
빨리 아라한을 얻게 되리라.

通達非彼此　至聖無長短
汝除輕慢意　疾得阿羅漢

5백 명의 비구들은 이 게송을 듣고는 가르침에 의거해 받들어 행함으로써 모두가 무루無漏를 얻었다. 그리고 존자가 열여덟 가지 변화를 부리고 화광삼매火光三昧로써 자신의 몸을 사르니, 우바국다가 사리를 거두어서 범가라산梵迦羅山에 장사지냈다. 5백 명의 비구도 제각기 깃발 하나씩을 들고 영도迎導하여 그리로 가서 탑을 세우고 공양하니, 주나라 선왕宣王 23년 을미년乙未年이었다.〔22년이라야 맞다.〕

제4조 우바국다優波毱多

그는 타리국吒利國 사람으로서 우바굴다優波崛多라고도 하고, 오바국다鄔波毱多라고도 한다. 성은 수타首陀이고, 아버지는 선의善意이다. 17세에 출가하여 20세에 과果를 증득하고서 사방으로 교화를 행하였다.

마돌라국摩突羅國에 이르렀을 때에는 제도된 사람이 매우 많았는데, 이 까닭에 악마의 궁전이 진동하자 파순波旬은 근심스러워서 마침내 마魔의 힘을 다해 바른 법〔正法〕을 해치려고 하였다. 존자가 즉시 삼매에 들어가 그 까닭을 관찰하는데, 파순이 다시 틈을 보다가 은밀히 영락瓔珞을 가지고 와서 존자의 목에 걸어 두었다. 존자가 선정에서 나와 이내 사람과 개와 뱀 등의 세 송장을 가져다 꽃 족두리로 변화시키고는 부드러운 말로 파순을 위로했다.

"그대가 나에게 매우 진기하고 묘한 영락을 주었으니, 내가 이 꽃 족두리로써 보답하겠다."

파순이 매우 기뻐하면서 목을 내밀어 받았는데, 곧 냄새나는 세 가지 시체로 변하면서 구더기가 우글거렸다. 파순은 역겨워하고 매우 괴로워하면서 자기의 신력神力을 다하였으나 옮길 수가 없었다. 그래서 욕계의 6천天에 올라가서 천주天主에게 고하고, 또 범왕에게 가서 풀어 주기를 바랐으나, 그들은 모두가 이렇게 말했다.

"10력力을 가진 제자가 부린 신통변화이거늘 우리들 같은 범속한 무리가 어찌 그것을 풀 수 있겠는가?"

파순이 다시 물었다.

"그렇다면 어찌해야 좋을까요?"

범왕이 대답했다.

"그대가 만일 존자에게 마음을 다해 귀의할 수 있다면, 곧 제거할 수 있으리라."

그리고는 게송을 설해서 그의 마음을 돌리게 하였다.

땅을 인하여 넘어진 자는
다시 땅을 인하여 일어나야 한다.
땅을 여의고서 일어나길 바란다면
끝끝내 그런 이치는 없느니라.

若因地倒　　還因地起
離地求起　　終無其理

파순이 가르침을 받자마자 천궁에서 내려와 존자의 발에 예배하고 슬프게 울면서 참회하였다. 우바국다가 그에게 물었다.

"너는 지금부터는 여래의 바른 법을 방해하지 않겠느냐?"

파순이 대답했다.

"저는 맹세코 불도에 회향迴向하여 영원히 악〔不善〕을 끊겠습니다."

우바국다가 말했다.

"만일 그렇다면 네 입으로 스스로 '삼보三寶에 귀의합니다'라고 외쳐라."

마왕 파순이 합장한 채 세 차례 외치자, 꽃 족두리가 모두 없어졌다. 그는 뛸 듯이 기뻐하면서 존자께 예배하고는 게송을 말했다.

삼매의 어른이자 10력을 가진
성스러운 제자께 머리를 조아립니다.
제가 이제 불도에 회향하길 바라나니
열등함과 나약함이 없게 하소서.

稽首三昧尊　　十力聖弟子
我今願迴向　　勿令有劣弱

존자가 세상에 사는 동안 교화를 받고 도과道果를 증득한 이가 가장 많았는데, 매번 한 사람을 제도할 때마다 산가지〔籌〕 하나씩을 석실石室에 넣었다. 그 석실은 세로가 18주肘이고 너비가 12주인데, 그 안에 산가지가 가득하였다.

마지막으로 향중香衆이라는 한 장자의 아들이 있었는데, 존자에게 와서 절하면서 출가하기를 간절히 바랐다. 존자가 물었다.

"그대의 몸이 출가하는 것인가, 마음이 출가하는 것인가?"

향중이 대답했다.

"저의 출가는 몸과 마음으로 하는 것이 아닙니다."

존자가 말했다.

"몸과 마음으로 하는 것이 아니라면 또 무엇이 출가하는 것인가?"

"무릇 출가라 함은 나[我]도 없고 나의 연고緣故도 없는 것이니, 나도 없고 나의 연고도 없음이 바로 마음이 생하거나 멸하지 않는 것이며, 마음이 생하거나 멸하지 않음이 바로 항상한 도[常道]입니다. 모든 부처님들도 또한 항상해서 마음에 형상이 없고 그 본체도 또한 마찬가지입니다."

"그대는 장차 크게 깨달아서 마음이 스스로 통달하리니, 마땅히 불・법・승에 의거하여 성스러운 종자[聖種]를 이어가도록 하라."

그리고는 곧 머리를 깎고 구족계를 주면서 그에게 다시 말했다.

"그대의 아버지가 꿈에 황금빛 해를 보고 그대를 낳았으니, 이름을 제다가提多迦라고 하라."

그리고는 다시 말하였다.

"여래께서 위대한 정법안장을 차례차례 전하여서 나에게 이르렀는데, 이제 다시 그대에게 부촉하나니 나의 게송을 들어라."

마음 자체가 본래의 마음이니
본래의 마음은 법이 있는[有法] 것이 아니다.
법이 있고 본래의 마음이 있다면

마음도 아니고 본래의 법도 아니다.

心自本來心　本心非有法
有法有本心　非心非本法

법을 부촉한 뒤에 허공으로 몸을 솟구쳐서 열여덟 가지 변화를 나타냈다. 그리고는 다시 본래의 자리로 돌아와서 가부좌를 틀고 앉아서 열반하였다. 제다가가 석실에 있던 산가지를 가지고 그의 몸을 사른 뒤에 사리를 거두고 탑을 세워서 공양하니, 바로 주나라 평왕平王 31년 경자년庚子年이었다.〔30년이라야 맞다.〕

제5조 제다가提多迦

그는 마가타국摩伽陀國 사람이다. 그가 태어날 때에 아버지가 꿈을 꾸었는데, 황금빛 해가 집에서 솟아 나와 천지를 비추자, 앞쪽에 있는 큰 산은 온갖 보배로 장식되었고, 산마루에서는 샘이 솟아 사방으로 철철 흘렀다고 한다. 이후에 우바국다 존자를 만났는데 그것을 풀이해 주었다.

"보배의 산은 내 몸이요, 샘이 솟은 것은 법이 다함이 없는 것이요, 해가 집에서 솟은 것은 그대가 지금 도道에 들어가는 모습이요, 천지를 비춘 것은 그대의 지혜가 초월하리라는 것이다."

존자의 본래 이름은 향중香衆이었는데, 스승이 지금의 이름으로 바꾸었다. 범어의 제다가는 이곳 말로는 통진량通眞量이라 한다.

제다가는 스승의 설명을 듣자 뛸 듯이 기뻐하면서 게송을 읊었다.

높고 높은 7보의 산에서
항상 지혜의 샘이 솟아나니
이를 참된 법의 맛으로 돌이켜서
인연 있는 무리들을 제도하리라.
巍巍七寶山　常出智慧泉
迴爲眞法味　能度諸有緣

우바국다 존자도 게송을 설했다.

나의 법을 그대에게 전하니
장차 큰 지혜가 나타나리라.
마치 황금빛 해가 집에서 솟아나
천지를 비추듯이 하리라.
我法傳於汝　當現大智慧
金日從屋出　照耀於天地

제다가가 스승의 묘한 게송을 듣고는, 예를 갖추어서 받들어 지녔다. 후에 중인도中印度에 갔는데, 그 나라에 있는 8천 선인 중에서 미차가彌遮迦가 으뜸이었다. 그는 존자가 왔다는 말을 듣고 대중을 이끌고 와서 예배한 뒤에 존자에게 말하였다.

"옛날에 스님과 함께 범천梵天에 났었는데, 저는 아사타阿私陀 선인을 만나서 선법僊法을 배웠고, 스님은 10력力의 제자를 만나서 선정을 닦아 익혔습니다. 이때부터 과보가 갈리면서 이미 여섯 겁이 지났습니다."

존자가 말하였다.

"여러 겁 동안 헤어졌다는 말이 진실로 허망치 않으니, 이제 삿됨을 버리고 바른 길로 돌아와서 불승佛乘에 들어오시오."

미차가가 말했다.

"옛적에 아사타 선인이 저에게 수기를 주면서 '그대는 앞으로 여섯 겁이 지나면 동학同學을 만나서 무루無漏의 과果를 얻을 것이다'라고 하셨는데, 이제야 서로 만나게 되었으니 숙세의 인연〔宿緣〕이 아니겠습니까? 바라옵건대 스승께서는 자비로써 저를 해탈케 하옵소서."

존자는 곧 그를 제자로 승낙하고는, 거룩한 율사에게 명하여 계를 주게 하였다. 이때 다른 선인들이 교만한 생각을 내기 시작하므로 존자가 큰 신통을 보였는데, 그러자 다 함께 보리菩提의 마음을 일으키면서 일시에 출가하였다. 그런 뒤에 미차가에게 말하였다.

"옛적에 여래께서 위대한 정법안장을 가섭에게 은밀히 부촉하신 이래로 차례대로 전하여서 나에게까지 왔는데, 내 이제 그대에게 부촉하나니 마땅히 잘 호념護念해야 하느니라."

그리고는 게송을 설했다.

본래의 법과 마음을 통달하면
법도 없고 법 아님도 없네.
깨달아 마침은 아직 깨닫지 못함과 같나니
마음도 없고 법도 없다네.

通達本法心　　無法無非法
悟了同未悟　　無心亦無法

게송을 마치고는 몸을 허공으로 솟구쳐서 열여덟 가지 변화를 짓고, 화광삼매火光三昧로써 스스로 그 몸을 태웠다. 미차가가 8천 명의 비구들과 함께 사리를 거두어서 반다산班茶山에 탑을 세워 공양하니, 주나라 장왕莊王 7년 기축년己丑年이었다.〔5년이라야 맞다.〕

제6조 미차가彌遮迦

그는 중인도中印度 사람이다. 법을 전수 받은 뒤에 교화를 행하면서 북천축국北天竺國까지 왔다가 망루〔雉堞〕 위에 황금빛 상서로운 구름이 있는 것을 보고서 찬탄하여 말했다.

"이는 도인의 기운이다. 반드시 대사大士가 있어서 나의 법을 이을 것이다."

그리하여 성으로 들어가자, 떠드는 사람들 사이에서 어떤 사람이 손에 술병을 든 채 맞이하면서 물었다.

"스님은 어디서 오셨으며, 어디로 가시려는 것이오?"

스님이 대답했다.

"스스로의 마음으로부터 와서 무無의 처소로 가려고 하오."

다시 물었다.

"내 손에 있는 물건을 알 수 있겠소?"

스님이 대답했다.

"그것은 접촉된 그릇으로서 청정함을 등진 것이오."

"스님은 나〔我〕를 아시겠소?"

"나라는 것은 곧 인식하지 못하는 것이요, 인식했다면 곧 내가 아닐 것이오."

그리고는 다시 그에게 말했다.

"그대는 한번 자신의 이름이나 말해 보시오. 그 다음에는 나도 본래의 인연을 말하겠소."

그 사람은 게송으로 대답하였다.

나는 한량없는 겁을 지나
이 나라에 태어나게 되었으니
성은 바라타頗羅墮라 하고
이름은 바수밀婆須蜜이라 하오.

我從無量劫　至于生此國
本姓頗羅墮　名字婆須蜜

스님이 말했다.

"나의 스승인 제다가께서 말씀하셨소. '세존께서 북인도를 유행遊行하시다가 아난에게 말씀하시기를, 〈내가 이 나라에서 열반에 든 지 3백 년 후에 성은 파라타이고 이름은 바수밀이라 하는 성인이 이 나라에 태어나서 선맥禪脈의 일곱째 조사가 될 것이다〉라고 하셨다.' 세존께서는 그대에게 수기하신 것이니, 그대는 마땅히 출가해야 하오."

그는 곧 술그릇을 놓고 절을 한 뒤에 스님의 곁에 서서 말했다.

"제가 지난 겁의 일을 생각하니, 어느 때 한 시주[檀那]의 몸으로서 어떤 여래께 보배 좌석[寶坐]을 바쳤는데, 그 부처님께서 저에게 수기를 주시길 '그대는 현겁이 되면 석가의 법을 통해 지극한 가르침을 전파하리라'라고 하셨습니다. 지금 스님의 말씀과 부합이 되니, 바라건대 저를 제도해 주십시오."

그러자 스님은 즉시 머리를 깎아 주고 계상戒相을 다시 원만히 한 뒤에 그에게 말했다.

"정법안장을 이제 그대에게 부촉하노니, 끊이지 않게 하라."

그리고는 게송을 말했다.

마음이 없으면 얻을 것도 없으니
얻음을 설해도 법이라고 이름 짓지 못하네.
만약 마음이 마음 아닌〔非心〕 줄 요달하면
비로소 마음과 마음의 법〔心法〕을 요달하리라.

無心無可得　說得不名法
若了心非心　始解心心法

존자가 이 게송을 말한 뒤에 사자분신삼매師子奮迅三昧에 들어 일곱 다라수多羅樹 높이까지 몸을 허공에 솟구쳤다가 다시 본래의 자리로 돌아와 삼매의 불로 스스로를 태웠다. 바수밀이 사리〔靈骨〕를 거두어 7보의 함에 담아서 부도浮圖를 세워 가장 위에 넣어두었으니, 이때가 양왕襄王 17년 갑신년甲申年이었다.〔15년이라야 맞다.〕

제7조 바수밀婆須蜜

그는 북천축국北天竺國 사람으로서 성은 파라타頗羅墮이다. 항상 깨끗한 옷을 입고 손에는 술병을 든 채 이리저리 마을을 다니면서 중얼거리거나 소리를 질렀기 때문에 사람들이 그를 미쳤다고 하였다. 그러다가 미차가 존자를 만나서 여래께서 선언한 예언을 듣고는, 스스로 전생의 인연을 살펴서 술병을 버리고 출가하였다.

법을 받은 뒤에 교화를 행하면서 가마라국迦摩羅國에 이르러 불사佛事를 널리 일으켰는데, 법좌法座[3] 앞에 있던 한 슬기로운 사람이 스스로 칭하기를, "나의 이름은 불타난제佛陀難提인데, 이제 스님과 이치〔義〕를 논하고자 합니다"라고 했다. 바수밀이 대답했다.

"그대가 논할 수 있다면 곧 이치가 아니고, 이치라면 곧 논하지 못한다. 만일 이치를 헤아려서 논한다면, 결국 이치를 논한 것이 아니다."

불타난제는 스승의 뜻이 더 수승함을 알고 충심으로 흠복欽伏하여 말했다.

"저는 도를 구하여 감로甘露의 맛에 젖고 싶습니다."

존자는 마침내 그의 머리를 깎아 주고 구족계를 준 뒤에 다시 말했다.

"여래의 정법안장을 내가 지금 그대에게 부촉하나니, 그대는 마땅히 잘 수호해서 지녀야 한다."

그리고는 게송을 설했다.

마음은 허공계虛空界와 똑같아서
허공과 동등한 법을 보인다네.
허공을 증득하고 나면
옳은 법도 없고 그른 법도 없네.

心同虛空界　示等虛空法
證得虛空時　無是無非法

---

3 본문에는 '좌坐'로 표기되어 있으나 문의로 보아 '좌座'가 합당하므로 고쳐 바로잡았다.

존자가 바로 자심삼매慈心三昧에 들어가자, 그때 범왕·제석과 여러 하늘들이 함께 와서 절을 하고는 게송을 읊었다.

현겁賢劫의 거룩한 조사들 가운데
일곱째 어른에 해당하시는
존자여, 저희들을 가엾이 여기시어
부디 부처의 경지를 말씀해 주소서.
賢劫衆聖祖　而當第七位
尊者哀念我　請爲宣佛地

존자가 삼매에서 일어나 대중에게 설법을 하였다.

"내가 얻은 법은 유有가 아닌 까닭에 만일 부처의 경지를 안다면, 그것은 유有와 무無를 여의었기 때문일 것이다."

이 말씀을 말하고 다시 삼매에 들어가서 열반의 모습을 보였다. 불타난제는 즉시 그 자리에다 7보의 탑을 세우고 전신全身을 봉안하니, 정왕定王 19년 신미년辛未年이었다.〔17년이라야 맞다.〕

제8조 불타난제佛陀難提

그는 가마라국迦摩羅國 사람으로서 성은 구담瞿曇이다. 정수리에 육계肉髻[4]가 있고, 말솜씨가 뛰어나 막힘이 없었다. 처음에 바수밀 존자를 만나서 출가하여 가르침을 받았는데, 이윽고 무리를 거느

4 머리 위 정수리에 솟은 살덩어리이다. 혹 모양으로 부처님만이 지니고 있는 신체상身體上의 특징 가운데 하나이다.

리고 교화를 행하다가 제가국提伽國의 성城에 있는 비사라毘舍羅의 집에 이르렀을 때 집 위에 흰 광명이 위로 솟는 것이 보였다. 그가 제자들에게 말했다.

"이 집에는 반드시 성인이 있을 것이다. 입으로 말은 못하나 참으로 대승의 그릇이요, 사방의 거리를 다니지는 못해도 부정한 것에 더러워짐은 분별할 것이다."

말을 마치자마자, 장자가 나와 인사를 드리면서 물었다.

"무엇을 필요로 하십니까?"

존자가 대답했다.

"나는 시자侍者를 구합니다."

장자가 말했다.

"나에게 복타밀다伏馱蜜多라고 하는 외아들이 있는데, 나이가 이미 50살이지만 입으로 말한 적이 없고 두 발로 걸은 적이 없습니다."

존자가 말했다.

"그대가 말한 대로라면, 참으로 그가 나의 제자요."

존자가 그를 보자, 그는 벌떡 일어나 절을 하면서 게송을 말했다.

부모도 나와 친한 이가 아니니
누가 가장 친한 이인가.
모든 부처님도 나의 도가 아니니
누가 가장 거룩한 도인가.

父母非我親　　誰是最親者
諸佛非我道　　誰爲最道者

존자가 게송으로 대답했다.

그대의 말이 마음과 친하면
부모도 견줄 수가 없으며
그대의 행이 도와 합하면
모든 부처님의 마음도 바로 그러하다.

汝言與心親　　父母非可比
汝行與道合　　諸佛心卽是

밖으로 형상 있는 부처를 구하면
그대와는 비슷하지도 않으니
그대의 근본 마음을 알고 싶다면
합하지도 않고 여의지도 않아야 하네.

外求有相佛　　與汝不相似
欲識汝本心　　非合亦非離

복타밀다가 존자의 묘한 게송을 듣고 문득 일곱 걸음을 걸었다. 존자가 말했다.

"이 사람은 옛적에 부처님을 만난 적이 있었소. 그때 자비의 서원이 광대하였건만, 부모의 애정을 저버리기 어려웠기 때문에 말도 하지 않고 걷지도 않았던 것이오."

마침내 장자는 아들을 놓아 주어서 출가케 하였고, 존자도 이어서 구족계를 주고는 다시 말했다.

"내가 이제 여래의 정법안장을 그대에게 부촉하나니, 끊이지 않고 이어가도록 하라."

그리고는 게송을 말했다.

허공은 안팎이 없나니
마음의 법〔心法〕도 그러하네.
만일 허공을 요달하기만 하면
이것이 진여의 이치를 요달한 것이네.

虛空無內外　　心法亦如此
若了虛空故　　是達眞如理

복타밀다가 스승의 부촉을 받고 나서 게송으로 찬탄하였다.

나의 스승은 선맥禪脈의 조사 중에서
여덟째 지위를 차지하시고
법으로 한량없는 무리를 교화해서
모두 다 아라한을 얻게 하셨네.

我師禪祖中　　當得爲第八
法化衆無量　　悉獲阿羅漢

이때 불타난제 존자가 신통변화를 나타내었다가 다시 본래의 자리로 돌아와서 고요하게 열반에 드니, 대중이 보탑寶塔을 세워 그 전신全身을 봉안하니, 이때가 경왕景王 12년 병인년丙寅年이었다.〔10년이라야 맞다.〕

제9조 복타밀다伏馱蜜多

그는 제가국提伽國 사람으로서 성은 비사라毘舍羅이다. 불타난제의 부촉을 받은 뒤에 중인도中印度에 가서 교화를 행했는데, 당시 향개香蓋라는 장자가 외아들의 손을 잡고 와서 존자에게 예배하고 말했다.

"이 아이가 뱃속에 60년이나 있었기 때문에 그 명칭을 난생難生이라고 부릅니다. 그리고 일찍이 한 선인을 만난 적이 있는데, 이 아이를 보고서 '범상치 않으니, 반드시 법기法器가 되리라'고 말씀하셨습니다. 이제 존자를 만났으니 출가를 시키겠습니다."

그리하여 존자가 곧 머리를 깎아 주고 또 계를 주었는데, 갈마羯磨[5]할 때에 상서로운 광명이 법좌를 비추었고, 그 감응으로 사리 30개〔어떤 책에는 7이라 하였다.〕가 현전現前하였다. 이때부터 피로를 잊고 부지런히 정진하였는데, 오래지 않아서 스승이 말했다.

"여래의 위대한 정법안장을 이제 그대에게 부촉하나니, 그대는 그것을 잘 호념護念하여라."

그리고는 게송을 말했다.

진리는 본래 이름이 없으나
이름으로 인해서 진리가 드러나네.
진실의 법을 받게 되면
참도 아니고 거짓도 아니네.

眞理本無名　因名顯眞理
受得眞實法　非眞亦非僞

존자가 법을 부촉하고 나서 즉시 멸진삼매滅盡三昧에 들어가 반열반하니, 대중이 향유香油와 전단旃檀으로 진체眞體를 화장하고 사리를 모아서 나란타사那爛陀寺에 탑을 세웠다. 이때는 경왕敬王 35년 갑인년甲寅年이었다.〔33년이라야 맞다.〕

---

5 일반적으로 계를 받거나 참회할 때의 작법作法을 뜻한다.

제10조 협脇 존자尊者

그는 중인도 사람으로 본래의 이름은 난생難生이다. 존자가 탄생할 때에 그의 아버지가 꿈에서 한 마리 흰 코끼리를 보았는데, 등에는 보배 좌석이 있고 좌석 위에는 밝은 구슬 하나가 놓여 있었으며, 문을 통해 들어오자 광채가 사방의 무리들을 비추었다. 이런 꿈에서 깨고 나서 마침내 존자를 낳았다. 나중에 복타밀다 존자를 만나 곁에서 시중을 들면서도 잠을 잔 적이 없어서 '겨드랑이를 바닥에 댄 적이 없다'고 말하는데, 이 때문에 협 존자라 불리게 되었다.

처음 화씨국華氏國에 이르렀을 때 어느 나무 밑에서 쉬다가 오른 손으로 땅을 가리키면서 대중들에게 말했다.

"이 땅이 금빛으로 변하면, 성인이 이 모임에 들어오리라."

이 말을 마치자, 땅이 금빛으로 변하면서 부나야사富那夜奢라는 장자의 아들이 합장하고서 그 앞에 섰다. 존자가 물었다.

"그대는 어디서 왔느냐?"

부나야사가 대답했다.

"제 마음은 가지 않습니다."

"그대는 어디에 사는가?"

"제 마음은 머물지 않습니다."

"그렇다면 그대는 정해지지 않았는가?"

"모든 부처님들도 역시 마찬가지입니다."

"그대는 모든 부처가 아니다."

"모든 부처님들도 역시 존자가 아닙니다."

존자가 이로 인해 게송을 말했다.

이 땅이 금빛으로 변하니
성인이 이르심을 미리 알리네.
장차 보리수 밑에 앉아서
깨달음의 꽃을 피울 것임을.

此地變金色　預知於聖至
當坐菩提樹　覺華而成已

부나야사도 다시 게송을 말했다.

스승께서 금빛 땅에 앉아서
항상 진실한 뜻을 말씀하시고
빛을 돌이켜 나를 비추어서
삼마제三摩諦에 들게 하시네.

師坐金色地　常說眞實義
迴光而照我　令入三摩諦

존자가 그 뜻을 알고는 곧 제자로 삼고서 구족계를 주었다. 그리고 다시 분부했다.

"여래의 위대한 정법안장을 이제 그대에게 부촉하나니, 그대는 잘 호념護念하거라."

그리고는 이어서 게송을 말했다.

진체眞體는 스스로 진실한 것이니
진실을 의지하여 이치[理]가 있음을 설하네.
진실한 법을 진실하게 깨닫게 되면
행함[行]도 없고 그침[止]도 없다네.

眞體自然眞　因眞說有理
領得眞眞法　無行亦無止

존자가 법을 부촉하고는 즉시 신통 변화를 나타냈다가 열반에 드니, 삼매의 불이 스스로를 태웠다. 사부대중은 제각기 옷자락에다 사리를 담아다가 곳곳마다 탑을 세워서 공양하니, 이때가 정왕貞王 22년 기해년己亥年이었다.〔27년이라야 맞다.〕

제11조 부나야사富那夜奢

그는 화씨국華氏國 사람인데, 성씨는 구담瞿曇이고, 아버지는 보신寶身이다. 협 존자의 법을 전해 받은 뒤에 바라내국波羅柰國에 가니, 마명馬鳴 대사大士라는 이가 마중을 나와서 예배하고 물었다.

"저는 어떤 것이 부처인지 알고 싶은데 어떤 것입니까?"

존자가 대답했다.

"그대가 부처를 알고자 하지만 알지 못하는 그것이 바로 그것이니라."

"부처도 이미 알지 못하거늘 어찌 그것인 줄 압니까?"

"이미 부처를 알지 못하는데, 어찌 그것이 아닌 줄은 아는가?"

"이는 톱〔鋸〕의 이치입니다."

"나의 말은 나무의 이치이다."

그리고는 다시 물었다.

"톱의 이치란 어떤 것인가?"

"스님과 더불어 평등하게 나옵니다."

다시금 존자에게 물었다.

"나무의 이치란 무엇입니까?"

"그대가 나에게 쪼개진 것이다."

마명이 활연豁然히 깨닫고는 머리를 숙이면서 귀의하였다. 마침내 부나야사가 머리를 깎게 한 뒤에 제도하고서 대중을 향해 말했다.

"이 대사大士는 옛날에 비사리국毘舍離國의 왕이었다. 그 나라에 말처럼 생긴 사람이 하나 있었는데 벌거벗고 있었다. 왕이 분신分身의 신통력을 부려서 누에〔蠶〕가 되어, 그는 옷을 입게 되었다. 왕은 나중에 다시 중인도에 태어났는데, 말 같은 사람이 감응하여 슬프게 울었으므로 마명馬鳴이라고 부르게 되었다. 그리고 여래께서 수기하시기를, '내가 열반에 들고 나서 6백 년 후에 마명이라는 어진 이가 나타나 바라내국에서 외도를 굴복시키고 한량없는 사람을 제도함으로써 내가 전한 교화를 계승하리라'고 하셨는데, 지금이 바로 그때이다."

그리고는 마명에게 분부했다.

"여래의 위대한 정법안장을 지금 그대에게 부촉하노라."

그리고 즉시 게송을 설했다.

> 미혹과 깨달음은 마치 숨음과 드러남과 같아서
> 밝음과 어두움이 서로 여의지를 않네.
> 이제 숨음과 드러남의 법을 부촉하나니
> 하나도 아니고 또한 둘도 아니네.
>
> 迷悟如隱顯　明暗不相離
> 今付隱顯法　非一亦非二

존자가 법을 부촉한 뒤에 즉시 신통변화를 나타내고는 조용히 원적圓寂에 드니, 대중이 보배 탑을 세워서 전신을 봉안했다. 이때가 곧 안왕安王 14년 무술년戊戌年이었다.〔19년이라야 맞다.〕

제12조 마명馬鳴 대사大士

그는 바라내국波羅柰國 사람으로서 공승功勝이라고도 부르는데, 작위〔作〕가 있거나 작위가 없는 온갖 공덕이 가장 수승하였기 때문에 그렇게 불린 것이다. 부나야사 존자에게 법을 받은 뒤에 화씨국에서 묘한 법륜法輪을 굴렸는데, 당시 어떤 노인이 홀연히 법좌 앞에서 땅에 엎어졌다. 대사가 대중에게 말했다.

"이는 예사로운 무리가 아니니, 반드시 기이한 현상이 있을 것이다."

말을 마치자마자, 그 모습이 보이지 않았다. 그러나가 갑자기 땅에서 금빛 나는 사람 하나가 솟아 나왔다가 다시 여자로 변하면서 오른손으로 마명을 가리키며 게송을 말했다.

장로이신 존자께 머리를 조아립니다.
여래의 수기를 받으시고는
지금 이 땅에서
제일가는 이치를 선포하시네.

稽首長老尊　　當受如來記
今於此地上　　宣通第一義

게송을 마치자 홀연히 보이지 않았다. 마명이 다시 대중에게 말했다.

"장차 악마[魔]가 와서 나와 힘을 겨루리라."

조금 있으니 비바람이 사납게 불면서 천지가 어두워졌다. 마명이 말했다.

"정말로 악마가 왔구나. 내가 마땅히 제거하리라."

그리고는 곧 공중을 가리키니, 하나의 큰 금룡金龍이 나타나서 위신력을 발휘하자 산천이 진동하였다. 그러나 마명이 법좌에 태연히 앉아 있자, 악마의 일도 그로부터 소멸되었다. 7일이 지나서 메뚜기만한 작은 벌레가 법좌 밑으로 몸을 숨기자, 대사大師가 손으로 잡아내어 대중에 보이면서 말했다.

"이것은 악마가 변화한 것인데, 나의 법을 몰래 들으러 왔다."

그리고는 놓아 주어서 가게 하였으나, 악마가 움직이질 못했다. 대사가 그에게 말했다.

"네가 삼보에 귀의하기만 하면 곧 신통을 얻으리라."

마침내 악마가 본래의 형태를 회복하고는 절을 하면서 참회하니, 대사가 물었다.

"네 이름은 무엇이고 권속은 얼마나 되느냐?"

"제 이름은 가비마라迦毘摩羅요, 권속은 3천 명입니다."

"네가 신통력을 다 부리면 그 변화가 어느 정도인가?"

"저는 큰 바다를 변화시켜서 아주 작은 물로 만듭니다."

"너는 본성의 바다[性海 : 眞如]도 변화시킬 수 있겠느냐?"

"무엇을 본성의 바다라고 합니까? 저는 알지 못하는 말입니다."

대사가 즉시 그에게 본성의 바다에 대해 말하여 주었다.

"산하대지山河大地가 다 그것에 의하여 건립되고, 삼매와 6통通

〔구본에는 6신통神通으로 되어 있으나, 『정종기正宗記』에 의거해 '신神'자를 없앴다.〕이 그것으로 말미암아 발현한다."

가비마라는 이 말을 듣자, 마침내 신심을 내어서 그의 권속 3천 명을 데리고 함께 머리를 깎고 출가하기를 원했다. 그러자 대사는 5백 명의 아라한을 불러서 구족계를 주게 하고는, 다시 그에게 분부했다.

"여래의 위대한 정법안장을 이제 그대에게 부촉하나니, 그대는 나의 게송을 들어라."

숨거나 드러남이 본래의 법이요
밝음과 어둠도 원래 둘이 아니네.
이제 깨달은 법을 부촉하나니
취할 것도 아니고 여읠 것도 아니네.

隱顯卽本法　　明暗元不二
今付悟了法　　非取亦非離

법을 부촉하고는 바로 용분신삼매龍奮迅三昧에 들어가서 마치 태양의 모습처럼 몸을 공중에 솟구쳤다가 그 다음에 멸도滅度를 보였다. 사부대중이 진체眞體를 용감(龍龕 : 닷집) 안에 봉안하니, 이때가 현왕顯王 37년 갑오년甲午年이었다.〔42년이라야 맞다.〕

제13조 가비마라迦毘摩羅

그는 화씨국華氏國 사람이다. 처음에는 외도外道가 되어서 3천 명의 제자를 거느리고 온갖 외도의 이론을 통달하였다. 뒤에 마명 존자에게 법을 받고서는 무리를 거느리고 서인도西印度로 갔다. 그곳에는 운자재雲自在라는 태자가 있었는데, 존자의 명성을 흠모해서 궁중으로 청하여 공양하려고 하였다. 존자가 그에게 말했다.

"여래의 가르침에서 사문은 국왕·대신이나 권세 있는 집을 가까이하지 말라고 하셨습니다."

태자가 말했다.

"지금 저의 나라 수도의 북쪽에 큰 산이 있는데, 산 속에는 석굴 하나가 있습니다. 스님께서 그곳을 선적禪寂의 장소로 삼을 수 없겠습니까?"

존자가 대답했다.

"좋습니다."

그리고는 즉시 그 산으로 들어가서 몇 리를 가다가 커다란 구렁이 하나를 만났는데, 존자가 곧바로 가면서 돌아보지도 않자, 드디어 존자의 몸을 칭칭 감았다. 이에 존자가 삼귀의三歸依를 일러 주자 뱀이 다 듣고 나서 떠나갔다. 존자가 석굴에 이르렀을 때에 어떤 노인이 소복素服을 하고 나와서 합장한 채 문안을 하자, 존자가 물었다.

"그대는 어디에 사는가?"

노인이 대답했다.

"저는 옛적에 비구였는데 고요한 것〔寂靜〕을 몹시 좋아하였습니다. 그래서 처음 배우는 비구가 자주 찾아와서 물었는데도 저는 그에게 대답하기 귀찮아서 성내고 원망하는 생각을 내었죠. 그랬더니 목숨이 다한 뒤에 구렁이가 되어 이 굴 속에서 산 지가 이미 천년입니다. 이제 마침 존자를 만나서 계법戒法을 듣게 되었으므로 사례하러 왔습니다."

존자가 물었다.

"이 산에 또 어떤 사람이 사는가?"

"북쪽으로 10리를 가면 큰 나무가 있는데, 5백 마리의 큰 용에게 그늘을 드리우고 있습니다. 그 나무 왕의 이름은 용수龍樹라 하는데, 항상 용들에게 법을 설하고 있으며 저도 법문을 들었습니다."

존자가 무리를 거느리고 그곳으로 가니, 용수가 존자를 맞이하면서 말했다.

"깊은 산은 외롭고 적적하여 용이나 뱀이 사는 곳인데, 대덕의 지극히 높으신 몸으로 어찌하여 왕림하셨습니까?"

존자가 대답했다.

"나는 지극히 높은 이가 아니요, 현자賢者를 보러 왔을 뿐이오."

용수가 마음속으로 생각했다.

'이 스님은 결정된 성품[決定性]을 얻어서 도의 눈[道眼]이 밝아졌을까? 대성大聖의 진승眞乘을 이어받았을까?'

존자가 말했다.

"그대가 마음속으로 말을 한다 해도 나는 이미 그 생각을 알고 있소. 오로지 출가할 결심이나 하지, 어찌 내가 성인이 아닐까 의심하고 있는가?"

용수가 이 말을 듣고 뉘우치며 사과하니, 존자가 곧 출가를 시켰고, 5백 용龍들에게도 구족계를 주었다. 그리고 다시 용수에게 말했다.

"이제 여래의 위대한 정법안장을 그대에게 부촉하나니, 주의하여 게송을 들어라."

숨지도 않고 드러나지도 않은 법은

진실한 경지를 말하는 것이니
이 숨음과 드러남의 법을 깨달으면
어리석지도 않고 지혜롭지도 않느니라.

非隱非顯法　說是眞實際
悟此隱顯法　非愚亦非智

법을 전한 뒤에 곧 신통변화를 나타내어서 삼매의 불로 몸을 태우니, 용수가 오색五色 사리를 거두어 탑을 세우고 모셨다. 이때가 난왕赧王 41년 임진년壬辰年이었다.〔46년이라야 맞다.〕

제14조 용수龍樹 존자尊者

그는 서천축국西天竺國 사람으로서 용승龍勝이라고도 부른다. 처음 가비마라迦毘摩羅 존자에게 법을 받고 나중에 남인도南印度로 갔다. 그 나라 사람들은 복업福業을 많이 믿었는데, 존자가 묘한 법을 설하는 것을 듣고는 서로 수군거렸다.

"사람에게 복업이 있는 것이 세간에서 제일이다. 헛되이 불성佛性을 믿으라 말하지만 누가 그것을 볼 수 있겠는가?"

존자가 말했다.

"너희들이 불성을 보고자 하면, 먼저 아만我慢부터 없애라."

그들이 말했다.

"불성은 큰가, 작은가?"

존자가 대답했다.

"크지도 않고 작지도 않으며, 넓지도 않고 좁지도 않으며, 복도 없고 과보도 없으며, 죽지도 않고 나지도 않는다."

그들이 수승한 이치를 듣고서 모두 초심初心을 돌이켰다. 존자가 다시 법좌에서 보름달 같은 자재한 몸〔自在身〕을 나타내니, 모든 대중이 오직 법문의 소리만 들을 뿐 존자의 모습은 보지 못했다. 그 대중 가운데 가나제바迦那提婆라는 장자의 아들이 있었는데, 그가 대중에게 말했다.

"이런 모습을 알겠는가?"

대중이 말했다.

"눈으로도 보이지 않거늘 어찌 가려내어 알 수 있겠는가?"

제바가 말했다.

"이것은 존자께서 불성의 본체〔體〕와 형상〔相〕을 나타내셔서 우리들에게 보이신 것이다. 어떻게 그런 줄 아는가? 대체로 무상삼매無相三昧는 형체가 보름달 같으니, 불성의 뜻이 탁 트여서 비고 밝기 때문이다."

말을 마치자, 보름달 같은 형상은 곧 숨겨지고 다시 본래의 법좌에 머물면서 게송을 말했다.

몸이 둥근 달과 같은 모습을 나타내니
이는 모든 부처님의 본체를 표현한 것이라.
법을 설해도 그 형상이 없으니
이로써 소리와 빛이 아님을 알 수 있으리.

身現圓月相　　以表諸佛體
說法無其形　　用辨非聲色

그 무리들이 게송을 듣자 단박에 무생법인無生法忍[6]을 깨닫고서 모두가 출가하여 해탈을 구하기를 원했다. 존자는 곧 머리를 깎아 주고는 여러 성자들에게 명하여 구족계를 주게 하였다.

그 나라에는 본래부터 5천여 명의 외도가 있어서 큰 요술을 부리므로 사람들이 모두 우러러보았는데, 존자가 모두 교화해서 삼보에 귀의케 하였다. 또한 『대지도론大智度論』·『중론中論』·『십이문론十二門論』을 지어서 후세에 전하였다.

나중에 상수上首 제자인 가나제바에게 분부하였다.

"여래의 위대한 정법안장을 지금 그대에게 부촉하나니, 나의 게송을 들어라."

숨은 것과 드러난 법을 밝히기 위해
이제 해탈의 이치를 말하노라.
마음이 법을 증득하지 않으면
성냄도 없고 기쁨도 없노라.

爲明隱顯法　　方說解脫理
於法心不證　　無瞋亦無喜

법을 부촉한 뒤에 월륜삼매月輪三昧에 들어가서 널리 신통변화를 나타내었다가 다시 본래의 법좌에 나아가서 응연凝然히 열반에 드니, 가나제바가 사부대중과 함께 보배 탑을 세우고 장사를 지냈다. 이때가 진시황秦始皇 35년 기축년己丑年이었다.

---

6 불생불멸의 진여眞如에 안주해서 움직이지 않는 것을 말한다.

경덕전등록 제 2 권

천축天竺의 35조(13조祖가 기록에 보이며, 방계에서 나온 22조는 기록이 없음)[1]

제15조 가나제바迦那提婆

제16조 라후라다羅睺羅多

제17조 승가난제僧伽難提

제18조 가야사다伽耶[2]舍多

제19조 구마라다鳩摩羅多

제20조 사야다闍夜多

제21조 바수반두婆修盤頭

---

1 신수대장경에 있는 것은 명본明本의 목록인데, 지금의 명明의 목록과는 약간의 다른 점이 있으므로 중복 게재하고 있다. 그 다른 점을 지적하기 위하여 지금은 그 두 가지를 각각 실었다. 따라서 다음의 천축 35조祖는 명의 목록이다. 그리고 이 가운데 13조는 기록에 나타나 있다고 원주에 나와 있다.

2 대장경 원문에는 '사邪'자로 되어 있으나 이는 서천西天의 제28조 중의 제18조인 가야사다伽耶舍多를 의미하므로 '야耶'로 써야 옳을 듯하여 고쳐 기재하였다.

제22조 마나라摩拏羅

제23조 학륵나鶴勒那

제24조 사자師子 존자尊者

달마달達磨達〔사자 존자에서 방계로 나옴〕

인다라因陀羅〔달마달에서 방계로 나온 2인의 조사〕

구라기리바瞿羅忌利婆

달마시리제達磨尸利帝〔인다라에서 방계로 나온 4인의 조사〕

나가난제那伽難提

파루구다라破樓求多羅

파라바제波羅婆提

파라발마波羅跋摩〔구라기리바에서 방계로 나온 2인의 조사〕

승가라차僧伽羅叉

마제예피라摩帝隸披羅〔달마시리제에서 방계로 나온 2인의 조사〕

가리발무訶利跋茂

회수반두和修盤頭〔파루구다라에서 방계로 나온 3인의 조사〕

달마가제達摩訶帝

전타라다旃陀羅多

늑나다라勒那多羅〔파라발마에서 방계로 나온 3인의 조사〕

반두다라盤頭多羅

바라바다婆羅婆多

비사야다라毘舍也多羅〔승가라차에서 방계로 나온 5인의 조사〕

비루라다마毘樓羅多摩

비율추다라毘栗芻多羅

우바전타優波羶馱

바난제다婆難提多

〔이상 방계에서 나온 22인의 조사에 대해서는 어구語句가 없으므로 기록하지 않음〕

제25조 바사사다婆舍斯多

제26조 불여밀다不如蜜多

제27조 반야다라般若多羅

천축天竺의 35조〔13조祖가 기록에 보임〕[3]

제15조 가나제바迦那提婆

제16조 라후라다羅睺羅多

제17조 승가난제僧伽難提

제18조 가야사다伽耶舍多

제19조 구마라다鳩摩羅多

제20조 사야다闍夜多

제21조 비수반두婆修盤頭

제22조 마나라摩拏羅

제23조 학륵나鶴勒那

제24조 사자師子 존자尊者

제25조 바사사다婆舍斯多

제26조 불여밀다不如密多

제27조 반야다라般若多羅

사자師子 존자尊者의 방계에서 나온 달마달과 달마달에서 나온 2인의 조사

3 이는 명본明本의 목록으로서, 앞의 목록과는 다른 점이 있으므로 실었다.

① 인다라因陀羅

② 구라기리바瞿羅忌利婆

인다라에서 방출된 4인의 조사

① 달마시리제達磨尸利帝

② 나가난제那伽難提

③ 파루구다라破樓求多羅

④ 파라바제波羅婆提

구라기리바瞿羅忌利婆에서 방출된 2인의 조사

① 파라발마波羅跋摩

② 승가라차僧伽羅叉

달마시리제達磨尸利帝에서 방출된 2인의 조사

① 마제예발라摩帝隸拔羅

② 가리발무訶利跋茂

파루구다라破樓求多羅에서 방출된 3인의 조사

① 화수반두和修盤頭

② 달마가제達摩訶帝

③ 전타라다旃陀羅多

파라발마波羅跋摩에서 방출된 3인의 조사

① 늑나다라勒那多羅

② 반두다라盤頭多羅

③ 바라바다婆羅婆多

승가라차僧伽羅叉에서 방출된 5인의 조사

① 비사야다라毘舍也多羅

② 비루라다마毘樓羅多摩

③ 비율추다라毘栗芻多羅

④ 우바전타優波羶馱

⑤ 바난제다婆難提多

〔이상의 방출된 22조사는 기연할 어구가 없으므로 기록하지 않음〕[4]

제15조 가나제바迦那提婆

그는 남천축국南天竺國 사람으로서 성은 비사라毘舍羅이다. 처음에는 복업福業을 구하고 논쟁을 일삼았다. 훗날 용수龍樹 대사大士를 뵈러 갔는데, 문을 지나려고 할 적에 용수는 그가 지혜로운 사람임을 알고서, 먼저 시자를 시켜 발우에 가득히 물을 떠다가 법좌 앞에 놓게 하였다. 존자(尊者 : 迦那提婆)가 이를 보자 즉시 바늘 하나를 던지고서 나아가니, 뜻에 맞아 기뻐했다. 용수는 곧 그에게 법을 설하면서 법좌에서 일어나지 않은 채 둥근 달 모양을 나타내니, 그의 소리만 들릴 뿐 그의 형체는 볼 수 없었다.

존자가 대중에게 말했다.

"지금의 이 상서로움은 스승께서 불성佛性을 나타내어서 법을 설함이 소리와 빛깔이 아님을 보이신 것이다."

---

4 이 22조사는 달마달 이하를 말한다.

존자가 용수의 법을 받은 뒤에 비라국毘羅國에 갔다. 그곳에는 범마정덕梵摩淨德이라는 장자가 살고 있었는데, 하루는 후원의 나무에 큰 버섯이 돋았다. 맛이 매우 좋았으나, 장자와 둘째 아들인 라후라다羅睺羅多만이 따다 먹을 수 있었다. 따고 나면 다시 자라고, 다하면 다시 돋아나고 하였으나, 다른 친족들은 아무도 보지 못하였다.

이때 존자가 그의 전생 인연을 알고서 그의 집으로 갔다. 장자가 그 까닭을 물으니, 존자가 대답했다.

"그대들은 전생에 어떤 비구를 공양하였다. 그러나 그 비구는 도의 눈이 아직 밝지 않은데도 헛되이 남의 시주를 받았다. 이 때문에 나무의 버섯이 되어서 갚는 것인데, 오직 그대와 아들〔『정종기正宗記』에는 "둘째 아들〈次子〉과 함께"라고 기록되어 있다.〕만이 정성껏 공양해서 누릴 수 있을 뿐 다른 사람은 누리지 못한다."

다시 물었다.

"장자의 연세는 얼마나 되십니까?"

대답하였다.

"79살입니다."

그러자 존자가 게송을 말했다.

> 도에 들었지만 진리를 통달하지 못했으므로
> 몸을 바꾸어서 시주의 물건을 갚은 것이니
> 그대의 나이 여든한 살이 되면
> 이 나무에서 버섯은 더 이상 나지 않으리.
>
> 入道不通理　復身還信施
> 汝年八十一　此樹不生耳

장자는 게송을 듣자 더욱 탄복해 마지않으면서 이렇게 말했다.

"제자는 노쇠하여 스승을 섬기지 못하겠으나, 둘째 아들을 드려 스승을 따라 출가하기를 바라옵니다."

존자가 말했다.

"옛날에 여래께서 이 아들에 대하여 수기하시기를 '두 번째 5백 년에 위대한 교주敎主가 되리라'고 하셨는데, 지금 만나게 되니 전생의 인연과 부합되오."

그리고는 곧 머리를 깎아 주고서 시중을 들게 하였다.

존자가 파련불성巴連弗城에 이르렀을 때 여러 외도外道들이 불법을 방해하려고 계획을 세운 지 오래되었다는 말을 들었다. 존자가 긴 깃발[旛]을 들고서 그 무리들 속으로 들어가니, 그들이 존자에게 물었다.

"그대는 왜 앞서지 않는가?"

존자가 말했다.

"그대는 왜 뒤에 있지 않는가?"

"그대는 좀 천한 사람[賤人] 같구나."

존자가 말했다.

"그대는 훌륭한 사람[良人] 같도다."

"그대는 어떤 법을 알고 있는가?"

존자가 말했다.

"그대는 어떤 것도 알지 못하는구나."

"나는 부처를 얻고자 한다."

존자가 말했다.

"나는 분명히 부처를 얻었다."

"그대는 반드시 얻지 못했을 것이다."

존자가 말했다.

“원래의 도를 나는 얻었지만, 그대는 진실로 얻지 못했다.”

“그대는 얻지 못했는데 어찌하여 얻었다 하는가?”

존자가 말했다.

“그대는 나〔我〕라는 것이 있기 때문에 얻지 못했지만, 나는 나라는 것이 없기 때문에 나 스스로 응당히 얻은 것이다.”

그는 끝내 말이 막히자 존자에게 물었다.

“당신의 이름은 무엇입니까?”

존자가 대답했다.

“나의 이름은 가나제바迦那提婆이다.”

그들은 존자의 명성을 진작부터 들었으므로 허물을 뉘우치고 사죄하였다.

이때에 대중 가운데 서로 토론〔問難〕이 일어났는데, 존자가 걸림 없는 변재辯才로써 분명하게 밝혀주자 이로 인해 모두가 복종하면서 귀의하였다. 이어서 상수 제자〔上足〕인 라후라다羅睺羅多에게 법안法眼을 부촉하면서 게송을 말했다.

본래 법을 전한 사람을 대하고서
해탈의 이치를 말하기는 하지만
법에는 실제로 증득함이 없으니
끝도 없고 또한 시작도 없노라.

本對傳法人　　爲說解脫理
於法實無證　　無終亦無始

존자가 게송을 말한 뒤에 분신삼매〔奮迅定〕에 들어가서 몸으로 여덟 가지 광명을 놓아 열반에 드니, 배우던 무리들이 탑을 세워서 그를 공양하였다. 이때가 곧 전한前漢의 문제文帝 19년 경진년庚辰年이었다.

第16조 라후라다羅睺羅多

그는 가비라국迦毘羅國 사람이다. 교화를 행하면서 실라벌성室羅筏城에 이르렀을 때에 금수金水라는 강을 만났는데, 그 맛이 아주 좋고 강 복판에는 또 다섯 부처님의 그림자가 나타나 있었다. 존자가 대중에게 말했다.

"이 강의 원류源流 쪽으로 5백 리쯤 가면 승가난제僧伽難提라는 성자가 그곳에 살고 있는데, 부처님께서 예언하시기를 '천년 후에 거룩한 지위를 계승하리라'고 하셨다."

말을 마치고 나서 배우는 무리들을 거느리고 물을 거슬러 올라가서 그곳에 이르니, 승가난제가 단정히 앉아서 선정에 들어 있었다. 존자가 대중과 함께 지켜봤는데, 21일이 지나서야 비로소 선정에서 일어났다.

존자가 물었다.

"그대는 몸이 선정〔定〕에 드는가, 마음이 선정에 드는가?"

그가 대답했다.

"몸과 마음이 함께 선정에 듭니다."

존자가 말했다.

"몸과 마음이 함께 선정에 든다면, 어찌 들어가고 나감이 있겠는가?"

"비록 들어가고 나감이 있지만 선정의 모습을 잃지는 않습니다. 마치 금金이 우물 안에 있어도 금의 본체가 항상 그대로인 것과 같습니다."

"금이 우물에 있든 금이 우물에서 나왔든 금에는 움직임이나 고요함이 없는데, 어떤 물건이 들어가고 나가겠는가?"

"금의 움직임이나 고요함을 말한들 어떤 물건이 들어가고 나가겠습니까? 금의 들어가고 나감을 인정해도 금은 움직이거나 고요한 것이 아닙니다."

"만약 금이 우물에 있다면 나간 것은 어떤 금이고, 만약 금이 우물에서 나갔다면 우물에 있는 것은 어떤 물건인가?"

"금이 만약 우물에서 나갔다면 안에 있는 것은 금이 아니고, 금이 만약 우물에 있다면 나간 것은 물건이 아닙니다."

존자가 말했다.

"그 뜻은 그렇지가 않다."

"그대의 주장은 확신하지 않습니다."

"그 뜻은 무너져야 한다."

"그대의 뜻은 성립되지 않습니다."

존자가 말했다.

"그대의 뜻은 성립하지 않아도 나의 뜻은 성립한다."

"나의 뜻이라 하지만 법은 내가 아니기〔非我〕 때문입니다."

"나의 뜻이 이미 성취되었으니, 나는 곧 나 없음〔無我〕이기 때문이다."

"내가 나 없음이기 때문이라면, 다시 어떤 뜻이 성립됩니까?"

"내가 나 없음이기 때문에 그대의 뜻도 성립된다."

"당신은 어떤 성인을 스승으로 섬기었기에 이와 같은 나 없음〔無

我]을 얻었습니까?"

존자가 말했다.

"나는 가나제바 존자를 스승으로 삼아서 이와 같은 나 없음을 증득했다."

"당신보다 뛰어나신 가나제바 존자에게 머리를 조아립니다. 또 당신도 나 없음을 얻었으므로 나는 당신을 스승으로 삼고자 합니다."

"나는 이미 내가 없기 때문에 그대는 모름지기 나의 본래 나를 보아야 한다. 그대가 만일 나를 스승으로 섬긴다면, 그 나는 내가 아닌 나임을 알아야 한다."

승가난제는 마음과 뜻이 활짝 열리면서 곧바로 출가하기를 원하니, 존자가 그에게 말했다.

"그대의 마음은 자재自在하니, 나에게 매인 것이 아니다."

말을 마치자 곧 오른손으로 황금 발우를 받쳐 들고 범궁梵宮에 가서 그곳의 향기로운 음식을 취하여 대중들과 식사를 하려고 하였다. 그러나 대중들은 갑자기 싫어하는 마음을 내었다. 존자가 말했다.

"나의 허물이 아니라 그대들 스스로의 업業이다."

그리고는 곧 승가난제에게 명하여 자리를 나눈 뒤에 함께 먹으니, 대중은 또 의심을 했다. 존자가 말했다.

"너희들이 먹지 못하는 것은 모두가 이 때문일 것이나, 나와 자리를 나눈 사람은 바로 과거의 사라수왕여래娑羅樹王如來인데 중생들을 가엾이 여겨서 강림하셨음을 마땅히 알아야 한다. 너희들도 과거 장엄겁에 이미 셋째 과위에 이르렀으나 무루無漏를 증득하지는 못했었다."

대중이 말했다.

"우리 스승의 신통력은 믿을 수 있지만, 그가 과거의 부처라는 말은 자못 의심스럽습니다."

승가난제는 대중이 교만한 생각을 냈음을 알고는 그들에게 말했다.

"세존께서 생존해 계실 때에는 세계가 평평하고 반듯해서 언덕·강·개울 따위가 없고, 물은 모두가 단 맛이고, 초목이 무성하고, 온 나라가 풍요로웠고, 여덟 가지 괴로움이 없고, 열 가지 착한 일을 행하였다. 그러나 세존께서 사라쌍수에서 멸도滅度를 보이신 이래로 8백여 년이 지난 오늘에는 세계에 언덕이 생기고, 수목은 마르고, 사람들은 지극한 믿음이 없어지고, 정념正念은 가볍고 미약해지며, 진여를 믿지 않고 오직 신통만을 좋아하게 되었다."

말을 마치자 오른손으로 차츰 차츰 땅을 헤쳐서 금강륜金剛輪[5]에까지 가서 유리그릇에다 감로수甘露水를 떠다가 모여 있는 상소에 갖고 갔다. 대중들이 이를 보자 즉시 흠모하면서 뉘우치고는 절을 하였다. 그러자 라후라다 존자는 승가난제를 불러 법안을 부촉하면서 게송을 읊었다.

> 법에는 실제로 증득함이 없으니
> 취하지도 못하고 여의지도 못한다.
> 법은 있음과 없음의 모습이 아니니
> 안팎으로 무슨 일이 일어났다고 하리오.

---

5 땅 밑에 있다고 전하는 금의 단층 바퀴를 말한다.

於法實無證　不取亦不離
法非有無相　內外云何起

존자가 법을 부촉한 뒤에 단정히 앉아서 열반에 드니, 사부대중이 탑을 세웠다. 이때는 곧 전한前漢의 무제武帝 28년 무진년戊辰年이었다.

제17조 승가난제僧伽難提

그는 실라벌성室羅閥城의 보장엄왕寶莊嚴王의 아들이다. 나면서부터 말을 할 수 있어서 항상 불사佛事를 찬미하였고, 일곱 살에는 세속의 쾌락을 싫어하여 게송으로써 그의 부모에게 아뢰었다.

크게 자비로운 아버님께 경례하오며
낳아주신 어머님께 합장합니다.
저는 이제 출가하고자 하오니
바라건대 저의 소원을 들어 주소서.
稽首大慈父　和南骨血母
我今欲出家　幸願哀愍故

부모는 한사코 말렸으나 종일토록 먹지 않자, 이에 재가在家에서의 출가를 허락하였으니, 그 명호는 승가난제였다. 또 선리다禪利多라는 사문을 스승으로 삼았는데, 19년 동안 물러서거나 게으른 적이 없었다. 존자는 늘 스스로 이렇게 생각했다.

'몸이 왕궁에 있으니, 어찌 출가라 하겠는가?'

어느 날 저녁, 하늘의 광명이 내리 비춤에 한 줄기 곧게 뻗은 길이 평탄하게 뚫린 것이 보였다. 존자는 자기도 모르는 사이에 길을 따라 10리쯤을 천천히 걸어서 큰 바위 앞에 이르렀는데, 거기에 석굴이 있어서 그 안에서 조용히 지냈다. 부왕은 아들을 잃었으므로 선리다를 나라 밖으로 쫓아내서 아들을 찾게 하였으나 있는 곳을 알지 못했다.

10년이 지나서 존자가 법을 깨달아 수기를 받은 뒤에 교화를 행하다가 마제국摩提國에 이르렀는데, 그때 홀연히 시원한 바람이 대중에게 불어와서 몸과 마음이 매우 상쾌해졌지만, 그 까닭을 알지는 못했다. 존자가 말했다.

"이는 도덕道德의 바람이다. 곧 거룩한 이가 세상에 나와서 조사의 등불을 잇게 될 것이다."

말을 마치고는 곧 신통으로 여러 대중들을 거느리고서 산과 골짜기를 두루 다니다가, 잠시 후에 한 봉우리 밑에 이르러 대중에게 말했다.

"이 봉우리 정상에 자줏빛 구름이 일산처럼 덮였으니, 성인이 여기에 살 것이다."

그리하여 대중과 함께 오래 배회하였는데, 한 초막〔山舍〕에서 어떤 동자가 둥근 거울을 갖고 곧바로 존자 앞으로 오는 것이 보였다. 존자가 물었다.

"너는 몇 살인가?"

동자가 대답했다.

"백 살이오."

"너는 나이가 아직 어려 보이는데, 어찌 백 살이라고 하느냐?"

"나는 이치는 모르겠습니다만 정확히 백 살입니다."

"그대는 좋은 근기[機]인가?"

"부처님께서 말씀하시기를 '가령 백 살의 인생을 살아도 모든 부처님의 근기를 알지 못하면, 하루를 살더라도 분명히 아는 것만 못하다'고 하셨습니다."

"네 손에 가진 것은 무엇을 표현한 것이냐?"

동자가 대답하였다.

"모든 부처님들의 크고 둥근 거울은 안팎으로 티와 가림이 없다는 것을 표시합니다."

두 사람은 마음의 눈[心眼]이 서로 비슷함을 똑같이 알게 되었는데, 그의 부모가 아들의 말소리를 듣고는 곧 놓아 주어서 출가케 하였다. 존자는 그를 본래 있던 곳으로 데리고 가서 구족계를 주고는 가야사다伽耶舍多라고 이름을 지어 주었다.

다른 날, 바람이 불어서 풍경 울리는 소리가 들렸다. 존자가 가야사다에게 물었다.

"풍경이 우는가, 바람이 우는가?"

가야사다가 대답했다.

"바람도 아니고 풍경도 아니니, 오직 제 마음이 울 뿐입니다."

존자가 말했다.

"마음은 또 무엇이냐?"

"모두가 고요하기 때문입니다."

"훌륭하고 훌륭하구나. 나의 도를 이을 자가 그대가 아니면 누구이겠는가?"

그리고는 법을 부촉하면서 게송을 말했다.

마음의 본바탕에는 본래 남[生]이 없으나

땅을 인因하고 연緣에 따라서 일어나는 것이네.
연緣과 종자가 서로 방해하지 않으니
꽃과 열매도 또한 마찬가지이니라.

心地本無生　因地從緣起
緣種不相妨　華果亦復爾

존자가 법을 부촉한 뒤에 오른손으로 나뭇가지를 잡고서 열반에 드니, 대중이 의논하기를 "존자께서 나무 아래에서 열반에 드시니, 그 그늘이 후손들에게 드리울 것이다"라고 하였다. 시신을 고원高原으로 옮겨 모시고 탑을 세우려는데, 대중의 힘으로는 움직일 수 없어서 나무 밑에다 그대로 탑을 세웠다. 이때가 전한 소제昭帝 13년 정미년丁未年이었다.

제18조 가야사다伽耶舍多

그는 마제국摩提國 사람이니, 성은 울두람鬱頭藍이며, 아버지는 천개天蓋요, 어머니는 방성方聖이다. 일찍이 커다란 신장神將이 거울을 들고 있는 것을 꿈에서 보고 태기가 있었는데 7일 만에 낳았다. 살과 몸이 유리같이 비쳐서 한 번도 씻지 않아도 자연히 향기롭고 깨끗했다. 어렸을 때에 조용한 곳을 좋아하고 말하는 것이 예사 아이와 다르더니, 거울을 가지고 놀러 나갔다가 승가난제僧伽難提 존자를 만나서 출가하게 되었다.

무리들을 거느리고 대월지국大月氏國에 갔다가 한 바라문의 집에 기이한 기운이 서린 것을 발견했다. 존자가 그 집에 들어가려고 하자, 집주인인 구마라다鳩摩羅多가 물었다.

"웬 사람들이오?"

존자가 대답했다.

"우린 부처님의 제자들이오."

그는 부처님의 명호를 듣자 정신이 아찔해서 이내 문을 닫았다. 존자가 한참 있다가 다시 그 문을 두드리니, 구마라다가 응답했다.

"이 집에는 아무도 없소."

존자가 거듭 물었다.

"아무도 없다고 대답하는 이는 누구인가?"

구마라다가 이 말을 듣자 이인異人임을 알고서 급히 문을 열어 맞이하였다.

존자가 그에게 말했다.

"옛날에 세존께서 수기하시기를 '내가 열반에 들고 나서 천년 뒤에 월지국에 대사가 나타나서 현묘한 교화를 이으리라'고 하셨는데, 이제 그대가 나를 만난 것이 이 멋진 운명에 응한 것이다."

그리하여 구마라다는 숙명지宿命智를 발하여서 정성을 기울여 출가해서 계를 받았다. 존자가 그에게 법을 부촉하며 게송을 말했다.

종자도 있고 마음 바탕도 있으면
인연으로 능히 싹이 솟나니
연緣이 서로 가로막지 않으면
마땅히 생겨나겠지만 생겨남도 생겨남이 아니네.

有種有心地　因緣能發萌
於緣不相礙　當生生不生

존자가 법을 부촉한 뒤에 허공으로 몸을 솟구쳐서 열여덟 가지 신통변화를 나타냈다가 화광삼매火光三昧로 화하여 스스로의 몸을 태우니, 대중이 사리를 모아서 탑을 세웠다. 이때는 바로 전한前漢의 성제成帝 20년 무신년戊申年이었다.

제19조 구마라다鳩摩羅多

그는 대월지국大月氏國에 사는 바라문의 아들이었다. 전생에 자재천自在天〔욕계欲界의 제6천天이다.〕의 천인이었는데, 보살의 영락瓔珞을 보고 문득 애착하는 마음을 내는 바람에 도리천忉利天〔욕계의 제2천이다.〕으로 떨어져 태어났고, 거기서 교시가憍尸迦가 반야바라밀다般若波羅蜜多를 설하는 것을 듣고는, 수승한 법의 힘 때문에 범천梵天〔색계色界이다.〕에 태어났다. 그는 근기가 날카로워 법의 요체를 잘 설했으므로 모든 하늘이 존경하여 도사導師로 삼았고, 또 소사의 법을 계승할 때가 되자 대월지국에 탄생하였다.

뒤에 중천축국에 갔는데, 사야다闍夜多라는 대사大士가 물었다.

"우리 부모들은 평소 삼보를 믿고 섬겼지만 항상 병을 앓을 뿐만 아니라 하는 일이 모두 뜻대로 되지 않았는데, 우리 이웃집은 오랫동안 전타라旃陀羅 노릇을 하면서도 몸은 언제나 건장하고 하는 일은 모두 잘 풀리니, 그들은 어찌하여 그렇게 행운이 있는 것이며 우리는 어찌하여 이렇게 불행합니까?"

존자가 대답했다.

"그것이 어찌 의심할 바이겠는가? 또 선과 악의 과보는 세 때〔三時〕에 걸쳐 나타난다. 범속한 사람들은 항상 어진 이가 단명하고

포악한 이가 장수하며, 거스르는 이가 길하고 의로운 이가 흉한 것만을 보고는, 문득 인과가 없고 죄와 복이 허망하다고 여기고서, 그림자와 메아리가 따르듯이 털끝만치도 어김이 없이 백천만 겁을 지나도 마멸磨滅되지 않는 것임을 전혀 알지 못한다."

사야다가 이 말을 듣고 단박에 의심이 모두 풀렸다. 존자가 다시 말했다.

"네가 비록 삼보를 믿게 되었으나, 아직도 업이 미혹으로부터 생기고, 미혹은 알음알이[識]로 인하여 있고, 알음알이는 불각不覺에 의지하고, 불각은 마음에 의지하고, 마음은 본래 청정하여 생멸生滅도 없고 조작造作도 없고 보응報應도 없고 승부勝負도 없어서 고요하고 신령스럽다는 것을 밝히지 못하고 있다. 네가 만일 이 법문에 들어온다면, 모든 부처님들과 동등할 수 있으니, 온갖 선악과 유위有爲와 무위無爲는 모두 꿈이나 허깨비와 같은 것이니라."

사야다가 이 말을 듣고 지취旨趣를 깨달아서 즉각 숙세의 지혜를 발하여 출가할 뜻을 간곡히 구했다. 존자는 구족계를 준 뒤에 그에게 말했다.

"나는 이제 열반에 들 때가 왔다. 그대가 마땅히 교화의 자취를 계승해야 할 것이다."

그리고는 법안法眼을 부촉한 뒤에 게송을 말했다.

성품에는 본래 남[生]이 없지만
구하는 사람을 대하여 말해 주는 것이다.
법에 대해서 이미 얻을 바가 없다면
어찌 깨치고 깨치지 못함을 걱정하랴.
性上本無生　　爲對求人說

於法旣無得　何懷決不決

존자가 다시 말했다.

"이는 묘음여래妙音如來께서 성품의 청정함을 밝힌 구절이니, 그대는 후학들에게 잘 전해야 한다."

말을 마치고는 법좌에서 손톱으로 얼굴을 할퀴니, 마치 홍련紅蓮이 피어나듯 하면서 큰 광명이 나와 사부대중을 비춘 뒤에 열반에 들었다. 사야다가 탑을 세우니, 이때가 신실新室의 14년 임오년壬午年이었다.

제20조 사야다闍夜多

그는 북천축국北天竺國 사람인데, 지혜가 연못처럼 깊어서 교화한 이가 한량이 없었다.

뒤에 나열성羅閱城에 이르러 돈교頓敎를 드날렸는데, 그곳의 배우는 무리들은 오직 변론만을 숭상하였다. 그 중 우두머리가 되는 이를 바수반두婆修盤頭[이 나라 말로는 변행遍行이다.]라 하였는데, 항상 한 끼니만 먹고 눕지도 않은 채 하루에 여섯 차례 예불하며, 청정하고 욕심이 없으므로 대중의 귀의를 받았다. 존자가 그를 제도하고자 해서 우선 그 무리들에게 물었다.

"이 변행(遍行 : 婆修盤頭) 두타가 능히 범행梵行을 닦은들, 불도를 얻을 수 있겠는가?"

그 무리들이 대답했다.

"우리 스승께서는 정진하고 계시거늘 어찌하여 옳지 못하다고 하는가?"

존자가 말했다.

"그대들의 스승은 불도와는 거리가 멀다. 설사 티끌같이 많은 겁 동안 고행을 했더라도 모두 근본적으로 허망한 것이다."

"그러면 존자께서는 어떤 덕행을 쌓았기에 우리 스승을 비난하십니까?"

"나는 도를 구하지도 않지만 그렇다고 거스르지도〔顚倒〕 않으며, 나는 부처에게 예배하지는 않지만 그렇다고 업신여기지도 않으며, 나는 오래 앉아 있지는 않지만 그렇다고 게으르지도 않으며, 나는 한 끼니만 먹지 않지만 그렇다고 아무렇게나 먹지 않으며, 나는 만족함을 알지 못하지만 그렇다고 탐욕을 부리지 않나니, 마음에 희구하는 바가 없는 것을 이름하여 도道라 한다."

이때 변행 두타가 이 말을 듣고 무루의 지혜〔無漏智〕를 일으키면서 환희하며 찬탄하였다. 존자는 다시 그 무리들에게 말했다.

"나의 말을 이해하겠는가? 내가 그렇게 한 까닭은 그대들이 도를 구하는 마음이 마치 활시위가 너무 팽팽하면 끊어지듯 절박하기에 나는 그것을 찬성하지 않아서, 그대들로 하여금 안락한 경지에 머물게 하여 모든 부처의 지혜에 들게 하기 위함이다."

그리고는 다시 변행 두타에게 말했다.

"내가 마침 대중 앞에서 그대를 억누르는 말을 했는데, 마음속에 괴로움이 없었는가?"

변행 두타가 대답했다.

"저의 기억으로 7겁 전에는 항상 안락국安樂國에 태어났습니다. 그때 스님은 지자智者 월정月淨으로서 저에게 수기하시기를 '오래지 않아서 사다함과斯陀含果를 증득하리라'고 하셨습니다.

당시 대광명보살大光明菩薩께서 세상에 나오셨는데, 저는 너무 늙은 탓에 지팡이를 짚고 가서 알현했습니다. 그러자 스님께서 저를 꾸짖으셨습니다.

'자식을 소중히 여기고 아비는 가벼이 여기니, 어쩌면 그다지도 못났는가?'

그때 저는 스스로 잘못이 없다고 생각해서 스님께 저의 잘못을 지적해달라고 청했는데, 스님께서는 이렇게 말씀하셨습니다.

'그대가 대광명보살께 예배할 때에 벽에 그린 부처님 얼굴에 지팡이를 기대었는데, 이 교만으로 인한 허물 때문에 결국 2과果를 잃었다.'

그리하여 저는 스스로를 질책하면서 잘못을 뉘우쳤습니다. 그 이후로는 온갖 나쁜 말을 들어도 바람이나 메아리처럼 여겼거늘, 하물며 이제 위없는 감로甘露를 마셨는데 어찌 성을 내겠습니까? 바라옵건대 대자대비大慈大悲를 베푸시어 묘한 도로써 가르침을 내려 주옵소서."

존자가 말했다.

"그대는 오래전부터 온갖 공덕을 심었으니, 마땅히 나의 종지宗旨를 계승해야 한다. 나의 게송을 들어라."

> 말이 끝나자마자 무생無生에 합하면
> 법계의 성품과 더불어 동일하니
> 만일에 이와 같이 이해할 수 있다면
> 이理와 사事를 통달해 마치리라.
> 言下合無生　同於法界性
> 若能如是解　通達事理竟

존자가 법을 부촉한 뒤에 자리에서 일어나지 않고 돌연 열반에 드니, 화장하고 사리를 거두어서 탑을 세웠다. 이때가 후한後漢의 명제明帝 17년 갑술년甲戌年이었다.

제21조 바수반두婆修盤頭

그는 나열성羅閱城 사람으로서 성은 비사거毘舍佉이며, 아버지는 광개光蓋요, 어머니는 엄일嚴一이다. 집은 부유하였지만 아들이 없었으므로 부모가 불탑에 기도해서 자손을 구했는데, 어느 날 저녁에 그의 어머니가 밝은 구슬과 어두운 구슬 두 개를 삼키는 꿈을 꾸었다. 꿈을 깬 뒤에 태기가 있었는데, 7일이 지났을 때 현중賢衆이라는 아라한이 그 집에 왔다. 광개가 절을 드리자 현중이 단정히 앉아서 받았는데, 엄일이 나와서 절을 할 때에는 현중이 자리를 피하면서 말했다.

"도리어 법신法身 대사에게 예배합니다."

광개가 그 까닭을 알 길이 없자, 마침내 꿇어앉아 보배 구슬 하나를 현중에게 바치면서 그 진위眞僞를 시험했다. 그런데 현중은 그것을 얼른 받으면서 특별히 겸양하거나 사양하지 않았다. 이에 광개가 더 이상 참을 수 없어서 물었다.

"나는 장부인데 절을 하여도 돌아보지도 않더니, 나의 아내는 어떤 공덕이 있기에 존자께서 피하십니까?"

현중이 말했다.

"내가 절을 받고 구슬을 받아들이는 것은 그대를 귀하고 복되게 할 뿐이다. 그대의 아내는 거룩한 이를 잉태하였는데, 출생하면 반드시 세상의 등불인 지혜의 태양이 될 것이므로 내가 피한 것이니, 여인을 중히 여겨서가 아니다."

그리고는 현중이 다시 말했다.

"그대의 아내가 두 아들을 낳을 터인데, 첫째의 이름은 바수반두婆修盤頭로서 지금 내가 존경하는 사람이요, 둘째는 추니芻尼〔한역하면 까치〈野鵲子〉이다.〕라 하리라. 옛날에 여래께서 설산雪山에서 도를 닦으실 때에 까치〔芻尼〕가 정수리 위에다 둥지를 틀었다. 부처님께서 도를 이루신 뒤에 까치는 과보를 받아서 나제국那提國의 왕이 되었는데, 부처님께서 그에게 수기를 주시기를 '그대는 두 번째 5백 년이 되면 나열성의 비사거毘舍佉 가문에 태어나되 성인과 같은 태胎에 들리라'고 하셨는데, 지금 어김이 없다."

그 뒤 한 달 만에 과연 아들을 낳았는데, 존자 바수반두는 열다섯 살이 되자 광도光度 나한羅漢에 의하여 출가하고, 비바하毘婆訶 보살이 계를 주는 감응을 받았다.

교화에 나서 나제국那提國에 이르렀을 때에 그 나라의 왕 상자재常自在에게 두 아들이 있었는데, 하나는 마하라摩訶羅라 하고, 또 하나는 마나라摩拏羅라고 하였다. 그 왕이 존자에게 물었다.

"나열성의 풍토는 여기와 어떻게 다릅니까〔同異〕?"〔구본舊本[6]에는 "어떻게 다릅니까〈作何〉?"라고 되어 있다.〕

존자가 대답했다.

"그 국토에는 일찍이 세 부처님께서 세상에 나신 적이 있고, 지금 대왕의 국토에는 두 스승이 교화하여 이끄십니다."

"두 스승이란 누구인가?"

6 여기서 구본은 명본明本을 말한다.

"부처님께서 수기하시기를 '두 번째 5백 년에 한 명의 신통력 있는 대사가 출가하여 성인의 법을 이으리라' 하셨으니, 왕의 둘째 아들인 마나라摩拏羅가 그 하나이고, 제가 비록 덕은 없으나 그 다른 하나에 해당합니다."

왕이 말했다.

"존자의 말씀이 사실이라면 이 아들을 놓아 보내서 출가케 하겠소."

"장하십니다. 대왕이여, 부처님의 종지宗旨를 능히 따르시다니."

그리고는 구족계를 주고 법을 부촉한 후에 게송을 말했다.

거품과 허깨비는 똑같이 걸림이 없거늘
어째서 깨달아 마치지 못하는가.
법이 그 속에 있음을 깨달으면
지금도 아니고 또한 옛날도 아니네.

泡幻同無礙　如何不了悟
達法在其中　非今亦非古

존자가 법을 부촉한 뒤에 반 유순 높이로 몸을 솟구쳐 홀연히 머무르자, 사부대중이 우러러보면서 간곡히 청하니 자리로 다시 돌아와서 결가부좌하고 열반에 들었다. 화장을 하고 사리를 거두어서 탑을 세우니, 이때가 후한의 상제殤帝 12년 정사년丁巳年이었다.〔마땅히 안제安帝 11년이라고 해야 할 것이다. 상제殤帝 재위 기간은 모두 해야 1년밖에 되지 않는다.〕

제22조 마나라摩拏羅

그는 나제국那提國의 상자재왕常自在王의 아들이다. 나이 30세가 되었을 때에 비수(婆修 : 婆修盤頭) 조사를 만나서 출가하여 법을 전해 받았다.

그 후 서인도西印度에 갔는데, 그 나라의 왕은 이름이 득도得度이며 구담瞿曇 종족으로서, 불승佛乘에 귀의하여 부지런히 정진하였다. 하루는 길을 가다가 하나의 조그마한 탑을 발견했는데, 공양하기 위해 취하고자 하였으나 대중들 중에는 아무도 이것을 드는 이가 없었다. 왕은 곧 범행梵行을 닦는 자와 선관禪觀을 행하는 자와 주술呪術을 하는 자 등의 세 무리를 모아 놓고 의심나는 바를 물으려고 하였다. 당시 존자도 이 모임에 갔는데, 이 세 무리가 전혀 변론치 못하므로 존자가 왕에게 탑이 이루어진 원인[아육왕阿育王이 탑을 조성한 이야기로서 여기서는 번거로워 기록하지 않았다.]을 자세히 말하면서 지금 니다닌 현상은 왕의 복력福力으로 인해 생긴 것이라고 일러주었다.

왕이 이 말을 듣고 말했다.

"지극히 뛰어난 성인은 만나기 어렵고, 세상의 쾌락은 오래가지 못한다."

그리고는 즉시 태자에게 왕위를 물려주는 조사에게 출가해서 7일 만에 4과果를 증득했다. 이에 존자가 깊이 위로하면서 말했다.

"그대는 이 나라에 있으면서 사람들을 잘 제도하라. 지금 다른 지역에 큰 법기法器가 있으니, 내가 가서 득도得度케 하리라."

"스승께서 시방에 감응하는 자취는 생각을 움직이는 대로 이르거늘, 정말로 수고롭게 가시려고 합니까?"

"그렇다."

그리고는 향을 사르면서 멀리 월지국에 있는 학륵나鶴勒那 비구에게 말했다.

"그대는 그 나라에서 학鶴의 무리를 교화하여 제도하였으므로 도과道果를 곧 증득할 것임을 마땅히 스스로 알아야 한다."

그때 학륵나는 그 나라의 국왕 보인寶印에게 경전의 게송을 설하다가 홀연히 기이한 향이 타오르는 것을 보았다. 왕이 물었다.

"이게 무슨 상서로움인가?"

학륵나가 대답했다.

"이는 서인도에서 부처님의 심인心印을 전해 받은 마나라摩拏羅 존자가 오시기 전에, 먼저 강림한 믿음의 향〔信香〕입니다."

"그 스승의 신통력이 어떠하오?"

"그 스승은 멀리 부처님의 수기를 받아서 지금 이 땅에서 현묘한 교화〔玄化〕를 널리 전파하고 있습니다."

이때 왕과 학륵나가 함께 멀리서 절을 하니, 존자가 알아채고서 즉시 득도 비구의 곁을 떠나 월지국으로 가서 왕과 학륵나의 공양을 받았다.

나중에 학륵나가 존자에게 물었다.

"제가 숲 속에 머문 지 어언 아홉 해〔九白〕〔인도에서는 1년을 1백白이라 한다.〕가 되었습니다. 용자龍子라는 제자가 어리지만 총명하고 슬기로운데, 저는 3세世를 미루어 궁구해 보아도 그의 근본을 알 수가 없었습니다."

존자가 대답했다.

"이 아이는 다섯째 겁에 묘희국妙喜國의 바라문 집에 태어났었는데, 일찍이 전단旃檀[7]을 절에 보시하여 망치를 만들어서 종을 치게 했다. 그 과보로 총명하고 명민해서 대중의 추앙을 받는 것이다."

"저는 무슨 인연이 있어서 학鶴의 무리에 감응합니까?"

"그대는 넷째 겁에 비구가 되어서 용궁에 공양을 받으러 가려고 했는데, 그대의 제자들도 모두 다 따라가려고 하였다. 그러나 그대가 관찰해 보니, 5백 명 제자 중에서 한 사람도 묘한 공양을 받을 만한 이가 없었다. 그때 제자들이 말했다.

'스님께서 항상 설법하시기를 〈음식에 동등하면 법에도 동등하다〉고 하셨는데, 이제 그렇지 않다고 하신다면 어찌 성인이라 하겠습니까?'

그래서 그대는 그들을 데리고 갔는데, 이 까닭에 죽고 태어나면서 여러 나라를 다니며 교화하는 동안에도 그 5백 명의 제자들은 복이 미약하고 덕이 얇아서 새의 종족으로 태어났고, 지금도 그대의 은혜에 감동되었기 때문에 학의 무리가 되어서 따르는 것이다."

학륵나가 듣고서 말했다.

"어떤 방편을 써야 그들을 해탈게 하겠습니까?"

"나에게 위없는 법보法寶가 있으니, 그대는 잘 들었다가 미래의 중생을 교화하라. 나의 게송을 들어라."

마음이 만 가지 경계를 따라 구르나
구르는 곳마다 실로 능히 아득하다네.
아득한 흐름에 따라 성품을 깨달으면
기쁨도 없고 다시 근심도 없으리라.

7 Candana의 음사音寫. 향나무의 일종. 나무에 향기가 있어서 조각도 하고 향이나 향유로 만들어 쓰기도 한다.

心隨萬境轉　轉處實能幽
隨流認得性　無喜復無憂

이때 학의 무리들이 이 게송을 듣고 울면서 날아갔다. 존자가 가부좌를 틀고서 조용히 열반에 드시니, 학륵나와 보인왕이 탑을 세웠다. 이때가 후한의 환제桓帝 19년 을사년乙巳年이었다.

제23조 학륵나鶴勒那['륵나'는 산스크리트이고, '학'은 한문의 음이다. 이 존자가 세상에 나왔을 때 항상 학의 무리들이 감응해서 연모했기 때문에 생긴 이름이다.]

그는 월지국月氏國 사람으로서 종성은 바라문이고, 아버지는 천승千勝이요, 어머니는 금광金光이다. 그들은 아들이 없어서 7불佛의 금당金幢에 빌었는데, 어머니의 꿈에 수미산 정상에서 한 신동神童이 금가락지〔金環〕를 들고 와서 "내가 왔소"라고 말하는 것을 듣고 깨어나 태기가 있었다. 나이 일곱 살이 되었을 때에 마을을 놀러 다니다가 동네 사람들이 굿〔淫祀〕을 하는 것을 보고 곧 당집〔廟〕으로 들어가서 꾸짖었다.

"너는 화禍와 복福을 허망하게 일으켜서 허깨비로 세상 사람을 현혹시키며, 해마다 짐승을 희생하여 소비하니 살생이 어찌 이리도 심한가."

말을 마치자 당집〔廟貌〕이 홀연히 무너지니, 이로 인해 마을 사람들이 그를 '성자聖子'라고 불렀다. 나이 22세에 출가하여 30세에 마나라摩拏羅 존자를 만나서 정법안장正法眼藏을 부촉 받았다.

교화를 행하다가 중인도中印度에 이르렀는데, 그 나라 왕의 이름은 무외해無畏海였다. 그는 불법을 착실히 믿었으므로 존자가 그에게 정법의 차제次第를 설해 주었는데, 왕의 눈에 홀연히 두 사람이 소복을 입고 존자에게 예배하는 모습이 보였다. 왕이 물었다.

"이는 누구인가요?"

존자가 대답했다.

"이들은 일월천자日月天子인데, 제가 옛적에 법을 설한 적이 있기 때문에 예배하러 온 것입니다."

그렇게 한참 있다가 모습이 보이지 않더니 기이한 향기만이 남았다. 왕이 물었다.

"일월日月의 국토는 얼마나 되는가요?"

"천 분의 석가부처님께서 교화하시는 세계에 제각기 백억의 수미산과 일월이 있으니, 제가 자세히 말하려고 해도 다할 수 없습니다."

왕이 이 말을 듣고 몹시 기뻐하였다.

당시 존자는 위없는 도를 연설해서 인연 있는 중생을 제도하셨는데, 수제자〔上足〕인 용자龍子가 요절夭折하였다. 그의 형 사자師子는 널리 통하고 많이 알았으나 바라문을 섬겼는데, 그의 스승도 죽었던 차에 동생마저 죽자 존자에게 귀의하면서 물었다.

"제가 도를 구하고자 하는데 어떻게 마음을 써야 하겠습니까?"

존자가 대답했다.

"네가 도를 구하고자 하면 마음을 쓸 것이 없느니라."

"이미 마음을 쓸 것이 없다면, 누가 불사佛事를 짓습니까?"

"네가 만일 쓰임〔用〕이 있다면 공덕이 아니요, 네가 만일 지음〔作〕이 없다면 그것이 불사이니라. 경에 말하기를 '내가 지은 공덕이라고 해서 내 것〔我所〕이랄 것이 없다'고 하였기 때문이니라."

사자가 이 말을 듣고서 곧 부처의 지혜에 들어갔다. 이때에 존자가 홀연히 동북쪽을 가리키면서 물었다.

"기상氣象이 어떻게 보이는가?"

사자가 대답했다.

"제가 보기에는 흰 무지개와 같은 기운이 천지를 관통하는 것 같습니다."

다시 검은 기운이 다섯 갈래로 뻗쳐서 그 가운데를 흐르니, 존자가 물었다.

"저 징조는 무엇이겠는가?"

"모르겠습니다."

"내가 입멸하고서 50년 후에 북천축국에서 환란이 일어나서 그대의 몸에도 미칠 것이다. 나는 곧 열반에 들겠으니, 이제 정법안장을 그대에게 부촉한다. 잘 수호해서 지녀라."

그리고는 게송을 설하였다.

마음의 성품을 깨달아 알 때는
부사의不思議라고 말할 수 있으나
완전히 깨달으면 말할 수조차 없나니
말할 수 있다면 안다고 말하지 마라.

認得心性時　可說不思議
了了無可得　得時不說知

사자師子 비구는 게송을 듣고 기뻐했지만, 장차 어떤 환란을 당할지는 깨닫지 못했다. 존자가 비밀리에 보여 주고, 말을 마치고는 열여덟 가지 변화를 나타낸 뒤에 열반에 들었다. 화장을 마친 뒤에 사리를 나누어서 제각기 탑을 세우려 하니, 존자가 다시 공중에 나타나서 게송을 말했다.

> 한 법이 일체 법이니
> 일체가 한 법에 포섭되네.
> 내 몸은 있지도 없지도 않거늘
> 어찌하여 일체의 탑을 나누려 하는가?
> 一法一切法　一切一法攝
> 吾身非有無　何分一切塔

대중이 게송을 듣고는 탑을 나누지 않고, 사리가 나온 자리에다 탑을 세웠다. 이때가 후한後漢 헌제獻帝 20년 기축년己丑年이었다.

제24조 사자師子 비구比丘

그는 중인도 사람으로서 종성은 바라문이었다. 법을 얻고서 사방을 유행遊行하다가 계빈국罽賓國에 이르렀다. 그때 파리가波利迦라는 자가 본래 선관禪觀을 익혔기 때문에 선정禪定의 무리, 지견知見의 무리, 형상에 집착하는(執相) 무리, 형상을 버리는(捨相) 무리, 말을 하지 않는(不語) 무리 등 다섯 무리가 있었다. 존자가 그들을 꾸짖어서 교화하자 네 무리는 모두 묵묵히 마음으로부터 복종하였으나, 오직 선정의 스승인 달마달達磨達이라는 사람만이 네 무리가 질책을 받았다는 말을 듣고 분개해서 달려왔다.

존자가 물었다.

"그대는 선정을 익히면서 어찌하여 여기에 왔는가? 이미 여기까지 왔다면 어찌하여 선정을 익힌다고 말할 수 있겠는가?"

달마달이 대답했다.

"제가 비록 여기까지 왔으나 마음은 어지럽지 않습니다. 선정은 사람을 따라 익히는 것이니, 어찌 처소處所가 있겠습니까?"

"그대가 이미 왔으므로 그 익힘도 또한 왔을 것이며, 이미 처소가 없다면 어찌 사람이 익히는 데 있다고 하겠는가?"

"선정이 사람을 익히기 때문이지, 사람이 선정을 익히는 것은 아닙니다. 제가 비록 여기에 왔으나, 그 선정을 항상 익히고 있습니다."

존자가 말했다.

"사람이 선정을 익히는 것이 아니고 선정이 사람을 익히기 때문이라면, 스스로 왔을 때에는 그 선정을 누가 익히는가?"

"맑고 밝은 구슬이 안팎에 티가 없듯이, 선정을 통달하면 반드시 그와 같을 것입니다."

"선정을 통달하면 한결같이 밝은 구슬과 같으리라. 하지만 지금 그대를 보건대 그와 같은 구슬의 무리는 아니다."

"그 구슬이 밝게 사무치면 안팎이 다 정定인 것처럼, 제 마음의 어지럽지 않음도 그와 같이 맑습니다."

"이 구슬은 안팎이 없는데, 그대는 어찌하여 능히 정定하다고 말하는가? 더러운 것들이 요동치 않을 뿐이니, 이 정定은 청정하지 않다."

달마달은 존자의 깨우침을 받고서 심지心地가 환하게 밝아졌다. 존자는 다섯 무리를 거두어 그 명성이 가깝고 먼 곳에 퍼졌다. 그리하여 바야흐로 제자를 구하게 되었는데, 어느 장자가 아들을 데리고 와서 존자에게 물었다.

"이 아이의 이름은 사다斯多인데, 태어날 때부터 왼손을 쥐고 있습니다. 이제 장성했건만 끝내 펴질 않고 있으니, 바라옵건대 존자께서 전생의 인연을 보여 주십시오."

존자가 그를 보자 즉시 손으로 어루만지면서 말했다.

"내 구슬을 돌려다오."

동자가 갑자기 손을 펴고 구슬을 받들어 올리니, 대중이 모두 깜짝 놀랐다. 존자가 말했다.

"내가 전생에 스님이었을 때 바사婆舍라는 동자가 있었다. 당시 내가 서해 용왕의 재齋에 갔다가 구슬 보시를 받아서 그에게 맡겼었는데, 이제 내 구슬을 돌려주는 것이 이치에 맞지 않은가?"

장자가 드디어 그 아들을 놓아 주어 출가케 하니, 존자가 곧 구족계를 주고는 전생의 인연에 따라서 바사사다婆舍斯多라고 이름을 지었다. 존자는 이어서 그에게 분부하였다.

"나의 스승이 비밀히 예언하신 바가 있으니, 오래지 않아서 재난을 겪으리라. 이제 그대에게 여래의 정법안장正法眼藏을 부촉하나니, 그대는 잘 보호하여서 미래의 유정들을 두루 구제하라."

이어서 게송을 말했다.

올바로 지견知見을 설할 때에
지견은 모두가 마음이다.
당장의 마음이 곧 지견이요
지견은 곧 지금이다.
正說知見時　　知見俱是心

當心卽知見　知見卽于今

존자가 게송을 말한 뒤에 승가리(僧伽梨 : 袈裟)를 사다에게 비밀히 전해 주고는, 다른 나라에 가서 기연機緣에 따라 교화를 베풀라고 하였다. 사다는 분부를 받고서 곧바로 남천축南天竺으로 갔다.

그러나 존자는 '환난을 구차하게 면하려는 것은 옳지 못하다'고 생각하고는 홀로 계빈국에 머물렀다. 당시 그 나라에는 두 외도가 있었는데, 하나는 마목다摩目多이고, 또 하나는 도락차都落遮로서 온갖 요술〔幻法〕을 배워 가지고 함께 혼란을 일으키려 하였다. 그리하여 거짓으로 스님의 형상을 꾸미고는 왕궁으로 잠입하면서 말했다.

"성공하지 못하면 죄를 스님에게로 돌리자."

요망한 짓을 스스로 조작하고 나니, 재앙이 잇달아 일어나 일을 완전히 그르치게 되었다. 그러자 왕은 과연 성을 내었다.

"내가 본래 마음으로부터 삼보에 귀의했는데, 어쩌면 이다지도 한결같이 나를 해치려고 하는가?"

그리고 그는 곧 가람伽藍을 파괴하고 불자佛子들을 모두 죽이라는 명을 내렸다. 그리고는 자기 자신은 손수 칼을 들고 존자의 처소로 가서 따졌다.

"스님은 5온蘊이 공함을 깨달았소?"

존자가 대답했다.

"이미 5온의 공함을 깨달았습니다."

"생사를 여의었소?"

"이미 생사를 여의었습니다."

"이미 생사를 여의었다면 나에게 머리를 줄 수 있겠군."

"몸도 내 것이 아니거늘 어찌 머리를 아끼겠습니까?"

왕이 즉시 칼을 휘둘러서 존자의 머리를 끊으니, 흰 젖〔白乳〕이 몇 척이나 치솟았고, 왕의 오른팔도 땅에 떨어졌다가 7일 만에 죽었다.

태자 광수光首가 탄식하였다.

"우리 아버지는 무엇 때문에 스스로 재앙을 부르셨단 말인가?"

이때 어떤 상백산象白山 선인이 인과에 깊이 밝아서 즉시 광수에게 전생의 인연을 자세히 설명해 줌으로써 그가 지녔던 의심의 그물을 풀게 하였다.〔자세한 내용은 『성주집聖胄集』·『보림전寶林傳』에 기재되어 있다.〕

그리하여 사자 존자의 시체를 거두어 탑을 세우게 하였으니, 이때가 위魏의 제왕齊王 20년 기묘년己卯年이었다.〔고귀향공高貴鄕公 6년으로 써야 한다. 제齊나라 왕인 방芳은 왕에 오른 지 모두 15년 만에 폐위되었다. 『정종기』에서는 "『보림전』에는 기묘己卯라고 잘못 기재되어 있으니, 제왕齊王 방芳은 정묘년丁卯年이다. 그러면 이것은 곧 8년이 된다"라고 하였다.〕

사자 존자가 바사사다에게 심법心法을 부촉할 때 옷을 신표信標로 하여 정통 후계자로 삼았고, 이외에 방계로 나온 달마달 이하 4세에 이르는 22인의 조사가 있다.

제25조 바사사다婆舍斯多

그는 계빈국罽賓國 사람으로서 성姓은 바라문婆羅門이요, 아버지는 적행寂行이고 어머니는 상안락常安樂이다. 애초에 어머니가 신검神劍을 얻는 꿈을 꾸었는데, 이로 인해 태기가 있었다. 탄생한 뒤에는 왼손을 쥐고 있었는데, 사자 존자를 만나서 숙세의 인因이 발하여서 심인心印[8]을 비밀히 전수 받았다.

나중에 남천축南天竺으로 가는 길에 중인도中印度에 이르렀는데, 그 나라의 왕王인 가승迦勝이 예를 갖추어서 공양하였다. 당시 무아존無我尊이라는 외도가 예전부터 왕의 존중을 받았는데, 그는 조사(바사사다)가 온 것을 질투했다. 그리하여 진리의 뜻에 관한 논쟁을 일으켜서 그를 이겨 자신의 입지를 확고히 하길 원했다. 그가 왕의 앞에서 조사에게 말했다.

"나는 침묵의 논의〔默論〕를 이해하므로 말을 빌리지 않습니다."

조사가 대답했다.

"누가 이기고 지는 것을 압니까?"

"이기고 짐을 다투는 것이 아니라, 다만 그 뜻〔義〕만을 취합니다."

"그대는 무엇을 뜻으로 삼습니까?"

"무심無心을 뜻으로 삼습니다."

"그대가 이미 무심이라 했거늘, 어찌 뜻을 얻겠습니까?"

"제가 설한 무심은 이름〔名〕에 해당할 뿐 뜻〔義〕이 아닙니다."

"그대가 설한 무심은 이름에 해당할 뿐 뜻이 아니라고 하지만, 내가 설한 비심非心은 뜻에 해당하지 이름이 아닙니다."

"뜻에 해당하지 이름이 아니라고 하는데, 누가 능히 뜻을 판단합니까?"

"그대는 이름일 뿐 뜻이 아니라고 했는데, 이 이름은 무엇을 이

8 마음과 마음으로 법을 주고받는 법法을 말한다.

름한 것입니까?"

"뜻이 아님을 판단하기 때문에 이 이름은 이름이 없습니다."

"이름이 이미 이름이 아니라면 뜻도 또한 뜻이 아니리니, 판단하는 이는 누구이며 판단되는 대상은 어떤 것입니까?"

이와 같이 59번을 주고받으면서 따지니, 외도가 말문이 막히면서 항복하였다. 이때에 조사가 홀연히 북쪽을 향해 합장하고는 길게 탄식하였다.

"나의 스승, 사자 존자께서 오늘 환난을 당하셨으니, 참으로 슬픈 일이구나."

그리고는 곧 왕을 하직하고 남쪽으로 떠나서 남천축에 이르러 산골짜기에 은둔하였다.

당시 그 나라의 왕은 천덕天德이라 하였는데, 조사를 맞이하면서 공양을 청하였다. 왕에게는 두 아들이 있었는데, 한 명은 흉악하고 난폭하며 힘〔色力〕도 매우 세었으나, 또 한 명은 성품이 부드럽고 온화하며 항상 병에 시달렸다. 조사가 그 일에 대하여 인과를 설명해 주니, 왕은 단박에 의심하던 바가 모두 풀렸다.

또 어떤 주술사呪術師가 조사의 도를 시기하여 남몰래 독약을 음식에 넣었다. 조사는 알면서도 그 음식을 먹었는데, 도리어 그가 화를 당하자, 결국 조사에게 출가해서 구족계를 받았다.

그로부터 60년 뒤에 태자 득승得勝이 왕위에 올랐는데, 다시 외도를 믿으면서 조사에게 환난이 미쳤다. 태자 불여밀다不如密多가 간하다가 갇혔는데, 왕이 갑자기 조사에게 물었다.

"내 나라에는 본래 요망함이 끊겼는데, 대사께서 전하는 것은 어떤 종지인가요?"

조사가 대답했다.

"대왕의 나라에는 예로부터 진실로 삿된 법이 없습니다. 내가 얻은 것은 부처님의 종지입니다."

왕이 말했다.

"부처님께서 열반하신 지 이미 1,200년이 넘었는데, 대사께서는 누구에게서 받았습니까?"

"가섭〔飮光〕 대사께서 직접 부처님의 심인을 전해 받으신 뒤에 차례차례 이어져서 24세世인 사자 존자에 이르렀는데, 저는 그 분에게서 받았습니다."

"제가 듣건대 사자 비구는 참수 당하는 형벌을 면치 못했다는데, 어찌 뒷사람에게 법을 전할 수 있단 말이오?"

"나의 스승은 환난이 일어나기 전에 은밀히 나에게 옷과 법게(法偈)를 신표로 전해 줌으로써 스승과 제자의 전승을 드러내었습니다."

"그 옷이 어디에 있습니까?"

조사가 곧 바랑〔囊〕에서 옷을 꺼내어 보이자, 왕은 태워 버리라고 명령하였다. 그러나 가사는 오색이 선명해지면서 나무가 다 탄 뒤에도 여전히 그대로였다. 이에 왕은 즉시 뉘우치면서 사자 존자께 예를 다하였고, 조사가 참으로 법을 이은 것이 분명하자, 태자를 풀어 주었다.

태자는 마침내 출가하기를 원하였는데, 조사祖師가 태자에게 물었다.

"그대가 출가하려는 것은 무엇을 하기 위함인가?"

불여밀다가 대답했다.

"제가 출가한다면 그 일을 하지 않겠습니다."

"어떤 일을 하지 않으려는가?"

"세속의 일을 하지 않겠습니다."

"그러면 어떤 일을 하려는가?"

"부처의 일을 하겠습니다."

"태자는 지혜가 하늘에까지 이르니, 반드시 여러 성인들이 강림하신 몸이 틀림없다."

그리고 즉시 출가를 허락하니, 6년을 시봉하였다. 그 뒤에 왕궁에서 구족계를 받고 의식〔羯磨〕을 진행할 때에 땅이 진동하는 등 자못 영험하고 기이한 일이 많이 있었다.

그리하여 조사가 그에게 분부를 내렸다.

"나는 이미 늙었으니 어찌 오래 머물 수 있으랴? 그대는 마땅히 정법안장을 잘 지켜서 유정有情을 널리 제도하라. 나의 게송을 들어라."

> 성인이 설하는 지견知見은
> 경계에 대해 시비가 없네.
> 내 이제 참다운 성품을 깨달으니
> 도道도 없고 또한 이치〔理〕도 없네.
> 聖人說知見　當境無是非
> 我今悟眞性　無道亦無理

불여밀다가 게송을 듣고 다시 조사에게 물었다.

"법의法衣를 계속해서 전하오리까?"

조사가 대답했다.

"이 법의는 환난 때문에 임시로 증명을 삼은 것이다. 그대의 몸에는 환난이 없거늘, 어찌 법의에 가탁假託하겠는가? 덕화가 시방에 퍼지면 사람들이 자연히 믿고 향해 오리라."

불여밀다가 이 말씀을 듣고는 절하고서 물러갔다. 조사가 신통변화를 나타낸 뒤에 삼매의 불로 스스로의 몸을 태우니, 평지에 쌓인 사리가 한 자[尺]나 되었다. 득승왕이 부도浮圖를 세워서 봉안하니, 이때가 동진東晋의 명제明帝 태녕太寧 3년 을유년乙酉年이었다.

제26조 불여밀다不如密多

그는 남인도南印度 득승왕得勝王의 태자였다. 제도 받아 법을 전해 얻은 뒤에 동인도東印度에 이르렀는데, 그 나라의 왕 견고堅固는 외도의 스승인 장조長爪 범지梵志를 받들고 있었다.

존자가 그 나라에 막 이르렀을 때 왕과 범지는 모두 흰 상서로운 기운이 위아래로 뻗은 것을 보았다. 왕이 말했다.

"이것은 어떤 상서로움이오?"

범지는 존자가 국경에 들어왔음을 이미 알았으나, 왕의 마음이 불법佛法으로 옮겨갈까 걱정이 되어서 거짓으로 대답했다.

"악마가 나타날 징조일 뿐입니다. 무슨 상서로움이 있겠습니까?"

그리고는 자기의 무리를 규합해서 의논하였다.

"불여밀다가 도성都城에 들어온다면 누가 그를 꺾을 수 있겠는가?"

제자들이 모두 말했다.

"저희들은 제각기 주술呪術이 있어서 천지를 움직이고 물과 불에도 들어갈 수 있는데, 어찌하여 걱정하십니까?"

존자가 도착해서 먼저 성의 담 위에 검은 기운이 서린 것을 보고는 말하였다.

"조그마한 환난이 있겠구나."

그리고 곧바로 왕에게로 가니, 왕이 말했다.

"대사는 무엇 때문에 오셨소?"

존자가 대답했다.

"중생을 제도하려 합니다."

"어떤 법으로 제도하시겠소?"

"각자의 부류에 맞는 법으로 제도합니다."

이때 범지가 이 말을 듣고 분함을 이기지 못한 나머지 즉시 환술幻術로써 큰 산을 변화시켜 존자의 정수리 위에 얹어 두었다. 그러나 존자가 손가락으로 가리키자, 홀연히 그들의 머리 위로 옮아갔다. 범지들은 겁이 나서 모두 존자에게 귀의하니, 존자가 그들의 어리석은 미혹을 가엾이 여겨서 다시 가리키자 허깨비 산은 즉시 사라졌다. 그리고는 왕에게 법의 요체를 말해 주어서 그로 하여금 진승眞乘에 나아가게 하였다. 또 그는 왕에게 이렇게 말했다.

"이 나라에 성인이 나서 나의 법을 이을 것입니다."

당시 바라문의 아들로서 스무 살쯤 된 동자가 있었는데, 어려서 부모를 잃었으므로 이름도 성도 몰랐다. 혹 스스로가 영락瓔珞이라 말했기 때문에 영락 동자라 불렀다. 그는 마을로 다니며 걸식을 하면서 세월을 보냈는데, 마치 상불경常不輕[9]의 부류처럼 누가 "너는 어찌하여 걸음이 급한가?"라고 물으면, "그대는 어찌하여 걸음이

9 『법화경』에 나오는 보살의 이름. 재가자·출가자를 가리지 않고 사람을 만날 때마다 절을 하면서 "내가 당신들을 공경해서 가벼이 여기지 않으니, 그대들은 마땅히 보살도를 수행해서 반드시 성불하리라"고 하였다.

느린가?"라고 대답했으며, 혹 "성姓이 무엇인가?"라고 물으면, "그대의 성과 같다"고 대답하니, 아무도 그 까닭을 알지 못했다.

뒤에 왕과 존자가 같은 수레를 타고 나오는데, 영락 동자가 그 앞에 와서 머리를 조아렸다.

존자가 물었다.

"너는 지난 일을 기억하겠느냐?"

동자가 대답했다.

"제가 생각하건대 아득히 먼 겁에 스님과 같이 살았는데, 스님은 마하반야摩訶般若를 연설하셨고, 저는 매우 깊은 수다라修多羅를 읽었습니다. 아마도 오늘의 일이 옛 인因과 계합하는가 싶습니다."

존자가 다시 왕에게 말했다.

"이 동자는 다른 이가 아니라 대세지보살大勢至菩薩입니다. 이 성인의 뒤에 다시 두 사람이 나올 터인데, 하나는 남인도를 교화할 것이고, 하나는 진단(震旦 : 中國)에 인연이 있으나 4·5년 안에 다시 이리로 돌아올 것입니다."

그리하여 옛 인연에 따라 반야다라般若多羅라 이름을 짓고 정법안장을 전해 주었으며, 아울러 게송을 말했다.

참 성품이 심지心地에 갈무리되어 있으니
처음〔頭〕도 없고 또한 끝〔尾〕도 없네.
인연에 감응해서 사물을 교화하니
방편으로 지혜라고 부를 뿐이네.

眞性心地藏　　無頭亦無尾
應緣而化物　　方便呼爲智

존자가 법을 전한 뒤에 왕에게 하직하였다.

"저는 교화의 인연이 이미 다하여서 열반에 들려고 합니다. 바라건대 대왕께서는 최상승(最上乘 : 佛法)을 외호外護하는 일을 잊지 마옵소서."

그리고는 본래의 자리로 돌아가서 가부좌를 틀고 열반에 드시니, 삼매의 불이 일어나서 스스로 태웠다. 왕이 사리를 거두어서 탑을 세우고 봉안하였는데, 이때가 동진東晋의 효무제孝武帝 태원太元 13년 무자년戊子年이었다.

제27조 반야다라般若多羅

그는 동인도東印度 사람이다. 법을 얻은 뒤에 교화를 행하면서 남인도에 이르렀는데, 그 나라의 왕 향지香至가 불법을 몹시 숭상해서 공양을 존중하고 헤매는 무리들을 구제해 주었으며, 아울러 값으로 따질 수 없는 보배구슬을 보시하였다. 당시 왕에게는 세 아들이 있었는데 그 막내가 총명하였다. 존자가 그들의 얻은 바(지혜)를 시험코자 해서 보시 받은 구슬을 가지고 세 왕자에게 물었다.

"이 구슬이 둥글고 밝은데, 이에 미칠 것이 있는가?"

첫째 왕자 목정다라目淨多羅와 둘째 왕자 공덕다라功德多羅는 모두가 똑같이 대답했다.

"이 구슬은 7보 중에서도 존귀한 것이라서 이보다 더한 것이 없습니다. 존자의 도력이 아니라면 누가 그것을 받을 수 있겠습니까?"

그러나 셋째 왕자 보리다라菩提多羅는 이렇게 대답했다.

"이는 세상의 보배이긴 하지만 최상의 것은 되지 못합니다. 모든 보배 중에서는 법의 보배가 으뜸입니다. 또 이 구슬의 빛은 세간의 빛이라서 최상의 것이 아니니, 모든 빛 중에서는 지혜의 빛이 최상입니다. 또 이 구슬의 밝음은 세간의 밝음이라서 최상의 것이 못되니, 모든 밝음 중에서는 마음의 밝음이 최상입니다. 이 구슬의 광명은 능히 스스로 비추지를 못하고 반드시 지혜의 광명을 빌려야만 그 광명으로 이것을 분별합니다. 이미 이것을 분별하고 나면 구슬인 줄 알게 되고, 이미 구슬인 줄 알게 되면 그것이 보배임을 밝히게 되니, 만약 보배임을 밝혔다면 보배는 스스로 보배가 아니고, 만약 구슬임을 분별했다면 구슬은 스스로 구슬이 아닙니다. 구슬이 스스로 구슬이 되지 못한다는 것은 반드시 지혜의 구슬을 빌려서 세간의 구슬을 분별한다는 것이고, 보배가 스스로 보배가 되지 못한다는 것은 반드시 지혜의 보배를 빌려서 법의 보배를 밝힌다는 것입니다. 그런즉 대사께서 그런 도가 있으면 그런 보배가 즉시 나타나듯이, 중생들에게도 도가 있으면 마음의 보배가 역시 그렇게 나타납니다."

존자가 그의 변설과 지혜에 탄복하고서 다시 물었다.

"모든 물건 가운데 어떤 물건이 모습이 없는가?"

"모든 물건 가운데서 일어나지 않음[不起]이 모습이 없습니다."

"모든 물건 가운데서 어떤 물건이 가장 높은가?"

"모든 물건 가운데서 남[人]과 내[我]가 가장 높습니다."

또 물었다.

"모든 물건 가운데서 어떤 물건이 가장 큰가?"

"모든 물건 가운데서 법성法性이 가장 큽니다."

존자는 그가 법을 계승할 자임을 알았으나 때가 아직 이르지 않았으므로, 말없이 그를 인정하였다.

뒤에 향지왕이 세상을 떠날 때에 다른 이들은 모두 통곡을 하는데, 셋째 왕자 보리다라만이 영구靈柩 앞에서 선정에 들었다가 7일 만에 나와서 출가하겠다고 하였다. 존자가 구족계를 주고 나서 그에게 분부했다.

"여래께서 정법안장을 대가섭에게 부촉했고, 그런 식으로 차례차례 전해지면서 나에게 이르렀다. 내가 이제 그대에게 부촉하나니, 나의 게송을 들어라."

마음 바탕에서 온갖 종자가 생기고
현실로 인해 다시 이치가 생겨나네.
결과가 가득 차면 보리가 원만해지고
꽃이 피니 세계가 일어나도다.

心地生諸種　　因事復生理
果滿菩提圓　　華開世界起

존자가 법을 부촉한 뒤에 바로 그 자리에서 일어나 좌우의 손을 펴서 각각 광명을 놓으니, 스물일곱 줄기로 뻗으면서 오색이 찬란하였다. 그리고 몸을 허공으로 일곱 다라수多羅樹만큼 솟구치고는 삼매의 불로 스스로를 태우니, 허공에서 사리가 비 오듯이 하였다. 사리를 거두어서 탑을 세우니, 이때가 송宋의 효무제孝武帝 대명大明 원년元年 정유년丁酉年이었다.〔『정종기』에서는 "송나라 효무제 때이다"라고 하였다. 또 그 주注에서는 "달마達磨 67년으로 계산했을 때 당시는 송나라 효무제 건원建元 원년 갑오甲午이다"라고 하였다.〕

경덕전등록 제 3 권

중화中華의 다섯 조사와 방계로 나온 존숙尊宿 25인

제28조 보리달마菩提達磨

도육道育 선사禪師〔보리달마에서 방계로 나온 3인〕

도부道副 선사

니총지尼總持

〔이상 3인은 기연機緣할 어구語句가 없으므로 기록하지 않음〕

제29조 혜가慧可 대사大師

승나僧那 선사〔혜가 대사에서 방계로 나온 7세世 총 17인〕

향向 거사居士

상주相州 혜만慧滿 선사

〔이상 3인은 기록에 보임〕

현산峴山 신정神定 선사

보월寶月 선사

화한華閑 거사居士

대사大士 화공化公

화공和公

요寥 거사

담수曇邃〔화한華閑 거사에서 나옴〕

연릉延陵 혜간慧簡〔담수曇邃에서 나온 2인〕

팽성彭城 혜차慧瑳

정림사定林寺 혜강慧綱

육합六合 대각大覺〔혜강慧綱에서 나옴〕

고우高郵 담영曇影〔대각大覺에서 나옴〕

태산泰山 명련明練〔담영曇影에서 나옴〕

양주揚州 정태靜泰〔명련明練에서 나옴〕

〔이상 14인은 기연할 어구가 없으므로 기록하지 않음〕

제30조 승찬僧璨 대사大師

제31조 도신道信 대사〔방계로 나온 76인이 제4권에 보임〕

제32조 홍인弘忍 대사〔방계로 나온 107인이 제5권에 보임〕

중화中華의 다섯 조사와 방계로 나온 존숙尊宿 25인[1]

제28조 보리달마菩提達磨

방계로 나온 3인

① 도육道育 선사禪師

② 도부道副 선사

1 이는 명본明本의 목록으로 앞의 목록과는 다른 점이 있으므로 실었다.

③ 니총지尼總持

〔이상 3인은 기연할 어구가 없으므로 기록하지 않음〕

제29조 혜가慧可 대사大師〔방계로 나온 6세世 총 17인의 조사. 3인은 기록에 보임〕

승나僧那 선사

향向 거사居士

상주相州 혜만慧滿 선사

현산峴山 신정神定 선사

보월寶月 선사

화한華閑 거사居士

대사大士 화공化公

화공和公

요寥 거사

화한華閑 거사에서 나온 1인

담수曇邃

담수曇邃에서 나온 3인

① 연릉延陵 혜간慧簡

② 팽성彭城 혜차慧瑳

③ 정림사定林寺 혜강慧綱

혜강慧綱에서 나온 1인

육합六合 대각大覺

대각大覺에서 나온 1인

고우高郵 담영曇影

담영曇影에서 나온 1인

태산太山 명련明練

명련明練에서 나온 1인

양주揚州 정태靜泰

〔이상 14인은 기연할 어구가 없으므로 기록하지 않음〕

제30조 승찬僧璨 대사大師

제31조 도신道信 대사〔방계로 나온 76인이 제4권에 보임〕

제32조 홍인弘忍 대사〔방계로 나온 107인이 제4권에 보임〕

제28조 보리달마菩提達磨

그는 남천축국南天竺國 향지왕香至王의 셋째 아들이니, 종성은 찰제리刹帝利요, 본래의 이름은 보리다라菩提多羅이다.

나중에 제27조 반야다라般若多羅가 본국에 돌아와서 왕의 공양을 받은 일이 있었는데, 반야다라는 보리다라의 비밀스런 자취를 알았기 때문에 두 형과 함께 보시 받은 보배 구슬을 판별케 함으로써 심요心要를 밝히게 하였다. 조금 있다가 존자(반야다라)가 말했다.

"그대는 이미 모든 법을 통달했다. 무릇 달마達磨라 함은 통달하고 크다는 뜻이니, 마땅히 이름을 달마라 하라."

그리하여 보리달마菩提達磨라고 이름을 고치고 나서 대사는 곧 존자에게 여쭈었다.

"제가 이미 법을 얻었습니다만, 어느 나라로 가서 불사佛事를 지으리까? 바라옵건대 일러 주옵소서."

존자가 대답했다.

"그대가 비록 법을 깨달았다고 해도 멀리 유행하지는 말라. 우선 남천축에 머물렀다가, 내가 열반에 들고 나서 67년 뒤에 중국[震旦]으로 가서 큰 법약法藥을 마련해 놓고 곧바로 상근기[上根]들을 접하라. 행여 너무 빨리 가지는 마라. 하루아침에 쇠락하게 될 것이니라."

대사가 다시 여쭈었다.

"그 국토에 법기法器가 될 만한 대사大士가 있습니까? 천년 뒤의 재난을 남겨 두지 않겠습니까?"

"그대가 교화할 지역에서 보리를 얻는 이가 셀 수 없을 것이다. 내가 열반에 든 지 60여 년 뒤에 그 나라에 재난이 있으리니, 수중문포水中文布[2]를 스스로 잘 항복시켜라. 그대가 갔을 때 남쪽에는 머물지 말지니, 거기에는 유위有爲의 공덕만을 좋아하는 사람만 있어서 부처의 이치[佛理]를 보지 못하기 때문이다. 또 설사 그곳에 갔더라도 오래 머물지는 말라. 나의 게송을 들어라."

> 길을 가고 물을 건너다가[3] 다시 양을 만나니[4]
> 혼자서 쓸쓸하게 강을 건넌다.[5]
> 두 쌍의 코끼리와 말은[6] 햇볕 아래서 애처로운데

---

2 물속에 물결이 퍼져 나간다. 즉 보리류지菩提流支의 유지流支를 비유한 것으로, 동토에서 달마를 해칠 사람은 보리류지임을 예언한 것이다.

3 행行자 가운데 수水자를 끼우는 파자법破字法을 써서 연衍자를 만든 것으로서 양梁의 소연蕭衍을 예언한 것이다.

4 여기서 양羊은 양陽과 같은 것으로서 낙양洛陽에 이른다는 것을 예언한 것이다.

5 양梁 무제武帝와 헤어져 양자강楊子江을 건너는 것을 예언한 것이다.

6 두 마리의 코끼리와 말에서 두 마리의 코끼리는 두 임금이요, 두 마리의 말은

두 그루의 계수나무는 오랫동안 무성하리라.[7]

路行跨水復逢羊　　獨自悽悽暗度江
日下可憐雙象馬　　二株嫩桂久昌昌

그리고 다시 여덟 게송을 읊었는데, 모두가 불교의 흥망성쇠를 예언한 것이다.〔자세한 내용은 『보림전』·『성주집』에 기재되어 있다.〕

대사가 공손히 가르침을 받으면서 곁에서 40년을 모셨는데, 잠시도 소홀한 적이 없었다. 존자가 세상을 떠난 뒤에 본국에서 교화를 폈다.

당시 두 법사가 있었으니, 하나는 불대선佛大先이고, 또 하나는 불대승다佛大勝多라 하는데, 본래 대사와 함께 불타발타佛陀跋陀의 소승선관小乘禪觀을 배웠었다. 불대선이 반야다라 존자를 만나서 소승을 버리고 대승으로 나아가 스승과 함께 교화를 펴니, 그때의 사람들이 두 감로문甘露門이라고 불렀다.

그러나 불대승다의 가르침은 다시 갈래가 나누어지면서 여섯 종宗이 되었는데, 첫째는 유상종有相宗이요, 둘째는 무상종無相宗이요, 셋째는 정혜종定慧宗이요, 넷째는 계행종戒行宗이요, 다섯째는 무득종無得宗이요, 여섯째는 적정종寂靜宗이었다. 이들은 제각기 자기의 견해를 고집하여 따로 따로 교화의 원천을 펼쳤는데, 마을 곳곳마다 무리가 매우 번성하였다.

달마 대사가 한숨지어 탄식하면서 말했다.

보리류지菩提流志와 광통光統 두 스님이다.

7 두 그루의 계수나무란 소림少林이요, 오랜만이라는 '구久'자는 구九와 같은 것으로서 9년 만에야 그대의 법이 비로소 번성하리라는 것이다.

"저 한 스승이 자신도 이미 소의 발자국에 빠졌거늘, 더구나 어지럽게 번성하여 여섯 종파로 나누어졌구나. 내가 없애 주지 않으면 영원히 삿된 소견에 얽매일 것이다."

이렇게 말하고는 은미隱微하게 신력神力을 나타내어서 첫째의 유상종有相宗에 가서 물었다.

"일체의 모든 법에서 어떤 것을 실상實相이라 이름하는가?"

그 무리 가운데 어른인 살바라薩婆羅라는 이가 대답했다.

"모든 모습 속에서 모든 모습을 섞지 않는 것[8]을 실상이라고 이름합니다."

대사가 말했다.

"일체의 모습이면서도 섞지 않는 것을 실상이라고 한다면, 그것은 어떻게 정定해진 것인가?"

"모든 모습 가운데는 진실로 정해져 있는 것이 없습니다. 만일 모든 모습이 정해졌다면 어찌 진실이라고 이름하겠습니까?"

"모든 모습을 정하지 못함을 문득 실상이라고 이름한다면, 그대는 지금 정하지 못한 것을 어떻게 얻었는가?"

"내가 정하지 못한다고 한 것은 모든 모습을 말한 것이 아니니, 모든 모습을 설할 때에도 그 뜻은 마찬가지입니다."

"그대는 정해지지 않음이 마땅히 실상이라고 말하지만, 정해지지 않음을 정했기 때문에 곧 실상이 아니다."

"정해지지 않은 것을 정했으므로 실상이 아니라 하나, 나의 잘못을 아는 까닭에 정한 것도 아니고 변한 것도 아닙니다."

"그대가 지금 변한 것도 아니라고 한 것을 어찌 실상이라 하겠

8 모든 형상 외에 따로 실상을 취하지 않는 것을 말한다.

는가? 이미 변했고 이미 지나간 그 뜻이 또한 그러하다."

"변치 않는 것은 마땅히 존재하는 것이고, 존재하는 것이 존재하지 않는[不在] 것이니, 이 때문에 실상이 변화해서 그 뜻을 정하는 것입니다."

"실상은 변치 않는 것이고 변하면 실답지 않으니, 있음과 없음 가운데서 어느 것을 실상이라 하겠는가?"

살바라가 마음속으로 거룩한 대사임을 알자 얽매여 있던 지견이 트여 잠잠히 요달하고, 손으로 허공을 가리키면서 말했다.

"이 세간은 상相이 있는 것이지만 또한 능히 공하기도 한 것입니다. 나의 이 몸도 그와 같습니까?"

대사가 말했다.

"만일 실상을 이해하면 형상 아님[非相]을 보게 되고, 형상 아님을 요달하면 그 색色도 마찬가지로 요달하리니, 색色 속에 있으면서 색의 본체를 잃지 않고 형상 아님 가운데서 형상 있음에 걸리지 않기 때문이다. 만일 이와 같이 이해하면 이것이 실상이라 이름한다."

그 무리들이 듣고 나서 마음과 뜻이 활짝 트이자 흠모하여 절을 하면서 믿고 받아들였다.

대사는 다시 눈 깜짝하는 사이에 몸을 숨겨서 둘째의 무상종無相宗에 가서 물었다.

"그대가 말한 무상無相은 어떻게 증득하는가?"

그 무리 가운데 바라제波羅提라는 지혜 있는 이가 대답했다.

"내가 무상을 밝히는 것은 마음이 나타나지 않기 때문입니다."

대사가 물었다.

"그대의 마음이 나타나지 않는다면 어떻게 그것을 밝힌다고 하는가?”

“내가 무상을 밝힘은 마음으로 취하거나 버리지 않는 것이며, 또 밝힐 때를 당해서도 그에 해당하는 자가 없습니다.”

“온갖 있음과 없음에 대해서 마음으로 취하거나 버리지 않고, 또 그에 해당하는 자도 없다는 것은 모든 밝음도 없기 때문이다.”

“부처님의 삼매에 들면 오히려 얻을 바가 없거늘, 하물며 무상이라고 한들 알고자 하겠습니까?”

“모습을 이미 알지 못하는데 누가 있음과 없음을 말하겠으며, 얻을 바도 없는데 어찌 삼매라 하겠는가?”

“내가 증득하지 않는다 함은 증득할 바 없음을 증득하는 것이며, 삼매가 아니기 때문에 내가 삼매라고 말한 것입니다.”

“삼매가 아니라고 하면서 어떻게 그것을 삼매라고 이름하며, 그대가 이미 증득하지 않았다면 증득함이 아닌 것을 어찌 증득한다 하는가?”

바라제는 대사의 변론과 분석을 듣자, 곧 본래 마음을 깨닫고는 대사에게 절하면서 지난 잘못을 참회하였다. 대사는 그에게 수기를 주면서 말했다.

“그대는 마땅히 과果를 얻어서 오래지 않아 증득할 것이며, 이 나라에 악마가 있는데 오래지 않아서 항복시킬 것이다.”

말을 마치자 홀연히 사라져서 셋째인 정혜종定慧宗에 가서 물었다.

“그대들이 배운 정혜定慧는 하나인가, 둘인가?”

그 무리 가운데 바란타婆蘭陀라는 이가 있다가 대답했다.

“우리들의 이 정혜는 하나도 아니요, 둘도 아닙니다.”

“이미 하나도 둘도 아니라면 어찌 정혜라고 하는가?”

"정(定 : 禪定)에 있어서는 정定이 아니고, 혜慧에 처해서는 혜가 아니니, 하나가 곧 하나가 아니고 둘 또한 둘이 아닙니다."

"하나에 당當해서 하나가 아니고 둘에 당해서 둘이 아니라면, 이미 정혜가 아닌데 무엇을 가리켜 정혜라 하는가?"

"하나도 아니고 둘도 아니지만 정과 혜는 능히 알 수 있으며, 정도 아니고 혜도 아닌 것도 역시 마찬가지입니다."

"혜가 정을 말미암지 않는다면 그것을 어찌 알겠는가? 하나도 아니고 둘도 아니라면, 정은 무엇이고 혜는 무엇인가?"

바란타가 듣고서 마음의 의혹이 얼음 녹듯이 풀렸다.

대사는 다시 넷째 계행종戒行宗에 가서 물었다.

"무엇을 계라 이름하고, 무엇을 행이라 이름하는가? 이 계행은 하나인가, 둘인가?"

그 무리 가운데 한 사람의 현자賢者가 대답했다

"하나이면서 둘이고, 둘이면서 하나인 것이 모두 거기서 나온 바입니다. 교법에 의거하되 물듦이 없으면, 이것을 이름하여 계행이라고 합니다."

대사가 다시 물었다.

"그대가 말한 교법에 의거함이 바로 물듦이 있는 것이다. 하나든 둘이든 모두 타파되었는데, 어찌 교법에 의거한다고 말하겠는가? 이 두 가지가 서로 어긋나서 행에 미치질 못하여 안과 밖이 분명하지 않거늘, 어찌 계라 이름하겠는가?"

"나에게 안과 밖이 있는 것을 저(彼 : 戒行)는 이미 압니다.〔절본浙本에는 '기己'자가 '이已'자로 되어 있는데, 『광등록廣燈錄』에 의한 것이다. 소본邵本에는 '기己'자가 없는데 『보림전』에 의한 것이며, 구본舊本에는 '이已'자가 널리 쓰이고 있다. 그러나 『정종기』에는 '이以'자로 되어 있어서 어느 것이 옳은지는 미상이다.] 이미 통달한 뒤에는 그것이 곧 계행이니, 만일 서로 어겼다고 말한다면 둘 다 옳기도 하고 둘 다 그르기도 합니다. 말이 청정함에 미치면 바로 계이고 바로 행입니다."

"둘 다 옳기도 하고 둘 다 그르기도 하다면 어찌 청정이라 하겠으며, 이미 통달했기 때문이라면 어찌 안팎을 말하겠는가?"

현자가 이 말을 듣고 스스로 부끄러워하면서 복종하였다.

대사는 다시 다섯째 무득종無得宗에 가서 물었다.

"그대가 무득無得이라 하는데, 무득은 어떤 얻음인가? 이미 얻은 바가 없다면 얻음 없음〔無得〕을 얻은 것이다."

그 무리 가운데 보정寶靜이라는 이가 대답했다.

"내가 말한 무득은 얻음 없음을 얻은 것이 아닙니다. 마땅히 얻을 것을 얻는다고 설해야 하지만 얻음 없음〔無得〕도 얻음입니다."

"얻음이 이미 얻지 못함이라면, 그 얻음은 또한 얻음이 아니다. 이미 얻은 것을 얻었다고 말하는데, 얻을 것을 얻었다 함은 무엇을 얻음인가?"

"얻음을 보면 얻음이 아니고, 얻음이 아니라야 얻음이니, 만일 얻지 않음을 보면 이름하여 얻을 것을 얻는다고 합니다."

"얻음은 이미 얻음이 아니고, 얻을 것을 얻음도 얻음이 없으니, 이미 얻는 바가 없다면 무엇으로써 얻을 것을 얻는다고 해야 하는가?"

보정이 듣고 의혹의 그물이 단박에 제거되었다.

대사는 다시 여섯째 적정종寂靜宗에 가서 물었다.

"무엇을 적정이라 이름하는가? 이 법 가운데서 무엇을 고요〔靜〕하다고 하며 무엇을 적멸〔寂〕하다고 하는가?"

그곳에 있는 어떤 존자가 대답했다.

"이 마음이 움직이지 않는 것을 적멸이라 이름하고, 법에 물들지 않는 것을 고요하다고 이름합니다."

대사가 다시 물었다.

"본래 마음이 적멸하지 않다면 적멸과 고요함을 빌릴 필요가 있겠지만, 본래 적멸하므로 어찌 적멸과 고요함을 이용하리오?"

"모든 법이 본래 공空해서 공도 공하기 때문이니, 그 공의 공함 때문에 이름하여 적멸과 고요함〔寂靜〕이라 합니다."

"공의 공함도 이미 공했고 모든 법도 마찬가지라서 적멸하고 고요하여 모습이 없거늘, 무엇이 고요하고 무엇이 적멸하겠는가?"

그 존자는 대사의 가르침을 받고 활연히 깨달았다.

이리하여 여섯 무리가 모두 맹세하고 귀의하니, 이 까닭에 교화가 남천축에 퍼지고 명성이 인도 전역〔五印度〕에 알려졌으며, 멀고 가까운 곳의 학자들이 바람결에 쏠리듯이 모여들었다. 이렇게 60년을 지나면서 한량없는 무리를 제도하였다.

후에 이견왕異見王을 만났을 때 그가 삼보를 경멸하면서 매양 이렇게 말하는 것을 들었다.

"나의 조상들은 모두가 불법을 믿었으나, 삿된 소견에 빠져서 수명이 길지 못하고 그 타고난 복도 짧았다. 또 내 몸이 곧 부처인데, 어찌 밖에서 구하리오? 선악의 과보는 모두가 꾀가 많은 자들이 멋대로 그 설을 꾸며낸 것이다."

그리하여 나라 안의 선왕〔前王〕의 존경을 받던 원로들은 모두가 쫓겨 나갔다. 대사는 이런 사실을 알고 탄식하였다.

'저 박덕한 사람을 어떻게 해야 구제하겠는가?'

또 이런 생각을 하였다.

'무상종의 두 우두머리 가운데 하나는 바라제波羅提인데 왕과 인연이 있고 장차 그 과果를 증득할 것이다. 또 하나는 종승宗勝인데 변재가 좋고 박식博識하지만 숙세宿世의 인연이 없구나.'

그때 여섯 종파의 무리들도 제각기 이런 생각을 하였다.

'불법에 재난이 생겼는데, 스승님은 어찌 혼자만 편히 계실까?'

대사가 멀리서 대중의 뜻을 알고는 손가락을 튀겨서 응답하자, 여섯 무리들이 듣고서 말하였다.

"이는 우리 스승인 달마 대사께서 우리들에게 신호하는 소리이다. 마땅히 빨리 가서 분부를 받들어야 한다."

그리고는 곧 대사에게 가서 예배하고 문안하였다. 대사가 물었다.

"지금 잎사귀 하나가 허공을 가렸는데, 누가 베어 버리겠는가?"

종승이 대답했다.

"제가 비록 천박淺薄하지만 감히 그 일을 해 보이겠습니다."

"그대는 비록 말재주와 지혜가 있기는 하나, 아직 도력道力이 온전치 못하다."

종승은 이 말을 듣고 속으로 생각하였다.

'스승께서는 내가 왕을 뵈옵고 큰 불사를 하면 나의 명예는 드러나고 자신의 위신이 깎일까 두려워하시는구나. 설사 그가 복덕과 지혜로써 왕이 되었다 하여도 나는 사문으로서 부처님의 교지教旨를 받은 사람인데, 어찌 그를 대적하기 어렵겠는가?'

그리고는 몰래 왕의 처소로 가서 법의 요체와 세계의 고락, 인간이나 하늘의 선과 악 등의 일을 자세히 설하였다. 왕은 그와 상대하여 토론을 거듭하는 사이에 모든 이치를 알아챘다.

왕이 물었다.

"그대가 지금 알고 있는 그 법法은 어디에 있소?"

종승이 대답했다.

"왕께서 다스리고 교화하는 그 모든 도에 다 있습니다. 대왕께서 소유한 도는 어디에 있습니까?"

"내가 소유한 도는 장차 삿된 법을 없애겠지만, 그대가 소유한 법은 장차 누구를 항복시키기 위한 것인가?"

대사는 자리에서 일어나지 않고도 종승의 말이 막힌 것을 알았다. 그리하여 급히 바라제에게 말했다.

"종승이 나의 가르침을 받지 않고 몰래 왕을 교화하려다가 잠깐 사이에 굴복하고 말았다. 그대는 빨리 가서 그를 구해 줘라."

바라제가 공손히 대사의 분부를 받고서 말했다.

"바라옵건대 신력神力을 빌려 주소서."

말을 마치자 발밑에 구름이 생기더니 왕의 앞에 이르러 잠자코 머물렀다.

이때 왕은 바야흐로 종승에게 물으려 하였으나, 홀연 바라제가 구름을 타고 오는 것을 보자 깜짝 놀라면서 문답하던 것을 까맣게 잊고는 이렇게 말했다.

"허공을 타고 온 자가 바른가[正], 삿된가[邪]?"

바라제가 대답했다.

"나는 사邪와 정正이 아니면서도 정正과 사邪로 옵니다. 대왕의 마음이 만약 바르다면 저에게도 삿됨과 바름은 없습니다."

왕은 비록 깜짝 놀랐으나 교만한 생각이 치솟아서 즉각 종승을 쫓아내니, 바라제가 말했다.

"대왕께서는 이미 도가 있는데, 어찌하여 사문을 내치십니까?

제가 비록 아는 것은 없으나 대왕께서 물어 주시기를 바랍니다."

왕이 성을 내면서 물었다.

"어떤 것이 부처인가?"

바라제가 대답했다.

"본성을 봄〔見性〕이 부처입니다."

"대사는 본성을 보았는가?"

"저는 불성佛性을 보았습니다."

"본성은 어디에 있는가?"

"본성은 작용作用에 있습니다."

"어떤 작용이기에 지금 나에게는 보이지 않는가?"

"지금 작용을 보고 있지만, 왕 스스로 보지 못할 뿐입니다."

"나에게도 있는가, 없는가?"

"대왕께서 만약 작용한다면 그렇지 않음이 없지만, 왕이 만약 작용하지 않는다면 그 체體는 스스로 보기 어렵습니다."

"만약 작용할 때라면 몇 곳에서 출현하는가?"

"만약 출현할 때라면 마땅히 여덟 가지가 있습니다."

"그 여덟 가지 출현을 나에게 말해 주시오."

바라제가 즉시 게송으로 대답했다.

태에 있으면 몸이 되고
세상에 처하면 사람이라 이름하고
눈에 있으면 본다고 말하고
귀에 있으면 듣는다고 말하고

在胎爲身　處世名人
在眼曰見　在耳曰聞

코에 있으면 냄새를 분별하고
입에 있으면 담론을 하고
손에 있으면 움켜잡고
발에 있으면 운반하고 옮기네.

在鼻辨香　在口談論
在手執捉　在足運奔

두루 나타나서는 모래 수의 세계를 덮고
거두어들이면 하나의 티끌 속에 드네.
아는 이는 이것이 불성인 줄 알지만
알지 못하는 이는 정혼精魂이라 부르네.

遍現俱該沙界　收攝在一微塵
識者知是佛性　不識喚作精魂

왕이 이 게송을 듣고 마음이 열려서 앞서의 허물을 뉘우쳤다. 그리고는 법의 요체를 물으면서 아침저녁으로 피로를 잊은 채 90세까지 이르렀다.

이때 배척을 당해서 쫓겨난 종승은 깊은 산 속으로 들어가 숨어서 생각하였다.

"내 이제 백 살인데 80년은 그르쳤고, 20년 동안만 불도에 귀의했다. 비록 성품이 어리석고 둔하지만 행에는 결코 흠이 없었는데, 이 재난을 막지 못했으니 살아 있어도 죽은 것만 못하다."

생각을 마치자 곧 벼랑에서 떨어졌는데, 어떤 신인神人 하나가 손으로 받아서 바위 위에 놓으니 조금도 다친 곳이 없었다.

종승이 말했다.

"나는 사문이 되어서 마땅히 정법의 주체가 되어야 했는데도 국왕의 잘못을 억누르지를 못했다. 그래서 몸을 벼랑에 던져서 자책하려는 것인데, 어찌하여 신인께서는 이렇게 나를 도와주셨소? 원컨대 한 말씀 베풀어 주셔서 남은 생애를 보존케 하여 주시오."

그러자 신인이 곧 게송을 말하였다.

스님의 나이 백 살에
80년은 그릇된 일을 했으나
지존至尊을 가까이한 까닭에
훈습熏習의 수행으로 도에 들었네.

師壽於百歲　八十而造非
爲近至尊故　熏修而入道

비록 조그마한 지혜를 갖추었다 해도
나[我]와 너[彼]의 차별이 많으므로
여러 현성賢聖들을 보아도
공경하는 마음을 내지 않았네.

雖具少智慧　而多有彼我
所見諸賢等　未嘗生珍敬

20년의 공덕이 있는데도
그 마음이 담박하고 고요하지 않으니
바로 총명함과 교만함 때문에
끝내 이 지경에 이른 것이네.

二十年功德　其心未恬靜
聰明輕慢故　而獲至於此

국왕이 공경하지 않은 것도

마땅히 과보의 감응으로 그런 것이니
지금부터라도 게을리 하지 않으면
오래지 않아 뛰어난 지혜를 이루리라.
성인들도 모두 마음을 두고 계시며
여래도 또한 마찬가지라오.

得王不敬者　　當感果如是
自今不疎怠　　不久成奇智
諸聖悉存心　　如來亦復爾

종승이 게송을 듣고 매우 기뻐하면서 바위 사이에 조용히 앉았다.

이때 이견왕異見王이 다시 바라제에게 물었다.

"그대는 지혜롭고 변재가 있는데, 스승은 누구시오?"

바라제가 대답했다.

"저는 사라사娑羅寺에서 출가하여 오사바烏沙婆 삼장三藏에게 수학하였으나, 출세간出世間의 스승은 대왕의 숙부이신 보리달마 대사입니다."

왕은 대사의 이름을 듣게 되자, 깜짝 놀라서 한참 있다가 입을 열었다.

"못난 내가 외람되이 왕위에 올라서 바른 길을 등지고 삿된 길로 드는 바람에 나의 숙부를 잊을 뻔하였소."

그리하여 급히 가까운 신하에게 명을 내려서 대사를 특별히 청해 오도록 했다. 대사가 곧 사신을 따라와서 왕으로 하여금 지나간 잘못을 뉘우치게 하자, 왕은 훈계하는 말을 듣고는 울면서 대사에게 참회하였다. 또 종승을 본국으로 귀국시키라고 명하자 대신이 아뢰었다.

"종승은 배척을 받고서 벼랑에 떨어졌으니, 지금쯤 죽었을 것입니다."

왕이 대사에게 말했다.

"종승이 죽은 것은 모두가 내 잘못이니, 대자대비를 베푸시어 이 죄를 면하게 하여 주십시오."

대사가 대답했다.

"종승은 지금 바위틈에 조용히 앉아 있으니, 사신을 보내서 부르기만 하면 곧 올 것입니다."

왕이 곧 사신을 보냈다. 사신이 산에 들어가니 과연 종승이 단정히 앉아 선정에 든 것이 보였다. 종승은 왕의 소명召命을 받고서 말했다.

"대왕의 뜻에 너무나 부끄럽지만 빈도貧道는 바위틈과 샘 곁에 살기로 하였소. 또 대왕의 나라에서는 어진 대덕이 숲처럼 많으니, 달마 대사는 대왕의 숙부이자 여섯 무리의 스승이고, 바라제는 불법 안의 용상(龍象 : 으뜸)입니다. 대왕께서는 이 두 성인을 숭앙함으로써 황제의 근간이 되는 업業을 복되게 하기를 바랍니다."

사자使者는 오지 않겠다는 종승의 뜻을 보고했다. 그러자 대사가 왕에게 말했다.

"종승을 오게 하는 법을 아십니까?"

왕이 대답했다.

"모릅니다."

대사가 말했다.

"한번 청해서 오지 않았지만, 두 번째 청하면 반드시 올 것입니다."

조금 있다가 사자가 돌아왔는데 과연 대사의 말과 같았다. 대사는 마침내 왕을 하직하면서 말했다.

"덕을 잘 닦으시오. 오래지 않아 병이 생길 것입니다. 나는 이제 떠납니다."

7일이 지나자 왕에게 병이 생겼다. 국의國醫가 아무리 치료해도 병환은 심해질 뿐 낫지 않았다. 친척과 대신들은 전날 대사의 예언을 기억하고는, 급히 사자를 대사에게 보내어 말했다.

"대왕의 병환이 자못 위급하니, 바라건대 자비를 베푸시어 왕림하여서 구원해 주십시오."

대사는 곧 왕의 처소로 가서 그의 병환을 위로하였다. 당시 종승은 두 번째로 왕의 부름을 받고서 바위틈의 생활을 하직하였고, 바라제도 오랫동안 국왕의 은혜를 입었으므로 왕의 병환을 위문하러 와 있었다.

바라제가 말했다.

"어떤 조치를 베풀어야 왕의 고통을 면하게 할 수 있을까요?"

대사는 곧 태자로 하여금 왕이 되게 하고, 죄인들을 놓아 주어서 은혜를 베풀고, 승보僧寶를 숭배하고 받들게 하였다. 또 왕에게는 "죄의 소멸을 바라나이다" 하면서 참회하도록 했는데, 이렇게 세 차례 거듭하자, 왕의 병환이 금방 나았다.

대사는 마음으로 생각했다.

"중국〔震旦〕과의 인연이 익어서 교화를 행할 때가 되었구나."

그리하여 먼저 조사의 탑에 하직하고, 다음은 동학同學과 작별한 뒤에 왕에게 가서 위로하고 격려하였다.

"맑은 업을 부지런히 닦고 삼보三寶를 잘 보호하시오. 내가 가더라도 오래 있지는 않을 것이니, 19년이면 돌아올 것입니다."

왕이 대사의 말을 듣고는 눈물을 흘리면서 말했다.

"이 나라는 무슨 죄가 있고 저 나라에는 무슨 상서로움이 있습니까? 숙부께서 이미 인연이 있으시다니 내가 말릴 수는 없으나, 부디 부모의 나라를 잊지 마시고 일을 마치거든 곧 돌아와 주십시오."

왕은 곧 큰 배를 마련해서 많은 보배를 싣게 하고는 몸소 신하들을 인솔하여 바닷가에 나와 전송하였다.

대사는 바다[重溟]를 통해 건너가 3년이 지나서야 남해南海에 다다르니, 이때가 양梁의 보통普通 8년 정미년丁未年 9월 21일이었다. 광주廣州 자사刺史 소앙蕭昂이 주인의 예를 갖추어서 영접하고는 무제武帝에게 표表를 올려서 보고했다. 무제는 보고를 받고는 사자에게 조서詔書를 주어서 맞아들이니, 10월 1일에 금릉金陵에 도착하였다.[숭嵩 선사는 양梁나라 스님 보창寶唱의 『속법기續法記』를 근거로 삼아 『정종기正宗記』를 지으면서 말하기를 "달마 대사는 양나라 무제武帝 보통普通 원년 경자(庚子, 520)에 이 나라에 들어왔다. 그러나 그 해는 곧 후위後魏 효명제孝明帝 정광正光 원년(520)이다"라고 하였다. 가령 이 기록과 같다면 나중에 입멸入滅하고 무덤을 열어본 일 따위의 연도와 서로 꼭 맞는다. 그렇다면 여기에서 말한 보통普通 8년 정미(丁未, 527) 9월 21일에 남해南海에 이르렀고, 10월 1일에 금릉金陵에 이르렀다고 하는 것은 매우 잘못된 말이다. 보통 8년 3월에 이미 연호를 대통大通 원년으로 고쳤으니, 그렇다면 9개월의 차이가 있으므로 보통普通 8년이라고 말하는 것은 옳지 않다. 남해南海는 지금의 광주廣州로 금릉과의 거리는 수천 리나 된다. 그런데 자사刺史가 주청하여 보고하고 무제가 조서를 내려 달마를 맞이한 기간이 불과 10일 동안이었으니, 그 먼 금릉까지 어떻게 10일 동안에 갈 수 있다는 말인가? 또 남사南史 소앙蕭昂의 본전本傳에 의하면, 소앙이 광주廣州 자사刺史를 역임했다는 말이 없고, 단지 왕무王茂의 전기 끝부분에 광주 장사(長史 : 刺史) 소앙蕭昂이란 말이 있을 뿐이다. 그러나 어느 해에 광주 자사로 있었는지 알 수가 없으므로 여기에서는 말하지 않는 것이 좋겠다. 다만 '남해에 이른 때는 양나라 보통普通 원년이었다. 광주 자사가 예를 갖추어 영접하였으며, 표를 올려 무제에게 아뢰자 무제가 표를 읽고는 사신을 보내 조서를 가지고 가서 영접하게 하였는데 10월 1일에 금릉에 이르렀다'고만 해두는 것이 좋겠다.〕

무제가 대사에게 물었다.

"짐朕이 왕위에 오른 이래로 절을 짓고, 경전을 쓰고, 스님을 양성한 것이 셀 수 없는데, 어떤 공덕이 있소?"

대사가 대답했다.

"아무 공덕도 없습니다."

"어찌하여 공덕이 없소?"

"이는 다만 인간과 하늘의 작은 과보를 받는 유루有漏의 원인일 뿐이니, 마치 그림자가 형상을 따르는 것과 같아서 있는 듯하나 실답지가 않습니다."

"어떤 것이 진실한 공덕이오?"

"청정한 지혜는 묘하고 원만해서 체體가 스스로 비고 적멸하니, 이러한 공덕은 세상 법으로는 구하지 못합니다."

무제가 다시 물었다.

"어떤 것이 성제聖諦의 제일가는 뜻〔第一義〕이오?"

"확연廓然하여 거룩함〔聖〕도 없습니다."

"짐을 대하고 있는 이는 누구요?"

"모릅니다."

무제가 알아듣지 못하자, 대사는 근기가 계합하지 않음을 알았다. 그 달 19일에 몰래 강북江北을 돌아서〔迴〕〔『광등록』에서는 '회迴'자를 '과過'자로 썼다.〕 11월 23일에 낙양洛陽에 이르니, 이때가 후위後魏

의 효명제孝明帝 태화太和 10년이었다.〔후위後魏 효명孝明 정광正光 원년元年이라고 해야 옳다. 만일 태화 10년이 후위後魏의 문제文帝 때일 것 같으면, 이 해는 바로 남제南齊 무제武帝 영명永明 4년 병인년丙寅年이어야 한다.〕

그 후 숭산嵩山의 소림사少林寺에 머물렀는데, 벽을 대면하여 앉아서는 종일토록 침묵을 지키니, 아무도 그 연유를 아는 이가 없어서 그를 일러 벽을 보는 바라문〔壁觀婆羅門〕이라 하였다.

당시 신광神光이라는 활달한 스님이 있었다. 그는 오랫동안 낙양洛陽에 살면서 온갖 서적을 많이 읽고 현묘한 이치〔玄理〕를 잘 이야기하곤 하였다. 그는 늘 이렇게 탄식하였다.

"공자와 노자의 가르침은 예절〔禮〕·술수〔術〕·풍류〔風〕·법규〔規〕뿐이요, 장자와 『주역周易』 따위의 글은 묘한 이치를 다하지 못했다. 요사이 듣건대 달마 대사가 소림사에 계시면서 찾아가는 사람을 맞이하지 않고, 현묘한 경지를 이룬다고 했다."

그리하여 달마 대사에게 가서 아침저녁으로 섬기고 물었으나, 대사는 늘 단정히 앉아서 벽을 바라볼 뿐이어서 아무런 가르침도 듣지 못했다. 신광은 스스로 이렇게 생각하였다.

'옛사람이 도를 구할 때에는 뼈를 깨뜨려서 골수를 빼내고, 피를 뽑아서 주린 이를 구제하고, 머리털을 펴서 진흙땅을 덮고, 벼랑에서 떨어져 굶주린 호랑이를 먹였다. 옛사람도 이러하였거늘 나는 또 어떤 사람이란 말인가?'

그 해 12월 9일 밤에 하늘에서 큰 눈이 왔다. 신광은 꼼짝도 않고 서 있었는데, 새벽녘에는 눈이 무릎 너머까지 쌓였다.

대사가 불쌍히 생각해서 물었다.

"그대는 오랫동안 눈 속에 서서, 무엇을 구하려고 하는가?"

신광이 슬피 울면서 말했다.

"바라옵건대 화상께서는 자비를 베푸시어 감로甘露의 문을 열어서 온갖 중생들을 널리 제도해 주소서."

대사가 대답했다.

"부처님들의 위없는 묘한 도는 오랜 겁을 부지런히 정진하면서 행하기 어려운 일을 행하고 참기 어려운 일을 참아야 하거늘, 어찌 작은 공덕과 작은 지혜와 경솔한 마음과 교만한 마음으로 진승眞乘을 바라는가? 헛수고를 할 뿐이다."

신광이 달마 대사의 훈계를 듣자 슬며시 칼을 뽑아 자신의 왼쪽 팔을 끊어서 대사의 앞에 놓으니, 대사는 비로소 그가 법기法器인 줄 알고서 말했다.

"부처님들이 처음 도를 구하실 때는 법을 위해 몸을 잊었다. 네가 이제 내 앞에서 팔을 끊으니, 법을 구할 만하구나."

마침내 대사가 그의 이름을 혜가慧可라고 바꿔 주자, 신광이 말했다.

"모든 부처님들의 법인法印을 들을 수 있습니까?"

대사가 대답했다.

"부처님들의 법인은 남에게 얻는 것이 아니니라."

"제 마음이 아직 편안치 못하오니, 스님께서 편안케 해주소서."

"마음을 가지고 오너라. 너를 편안케 해주리라."

"마음을 찾아도 끝내 얻을 수 없습니다."

"내가 이미 네 마음을 편안케 했다."

뒤에 효명제孝明帝가 대사의 기이한 행적을 듣고 사자와 조서를 보내서 부르기를 세 차례나 하였지만, 대사는 끝내 소림사少林寺를 떠나지 않았다. 황제는 더욱 더 흠모를 하면서 마납摩衲 가사 두 벌과 황금 발우·은 물병·비단 등을 하사했으나, 대사는 굳게 사양하면서 세 번이나 돌려보냈다. 그러나 황제의 뜻이 더욱 단호해지자 대사는 그때서야 비로소 받았다. 그때 이후로 스님과 속인[緇白]의 무리가 갑절이나 더 믿고 귀의하였다.

다시 9년이 지나자, 대사는 서쪽의 천축으로 돌아가고자 해서 문인門人들에게 말했다.

"때가 되었다. 너희들은 어찌하여 각기 얻은 바를 말하지 않는가?"

이때 문인인 도부道副가 대답했다.

"제가 본 바로는 문자에 집착하지도 않고 문자를 여의지도 않는 것으로 도의 작용을 삼는 것입니다."

대사가 말했다.

"너는 나의 가죽을 얻었다."

총지總持 비구니가 말했다.

"제가 지금 이해한 바로는 아난이 아촉불국阿閦佛國을 보았을 때처럼 한 번 보고는 다시 보지 않은 것입니다."

"너는 나의 살을 얻었다."

도육道育이 말했다.

"4대大가 본래 공하고 5온이 있지 않으니, 제가 보기에는 한 법도 얻을 것이 없습니다."

"너는 나의 뼈를 얻었다."

마지막에 혜가가 절을 한 뒤에 제자리에 서 있자, 대사가 말했다.

"너는 나의 골수를 얻었다."

그리고는 다시 혜가를 돌아보면서 말했다.

"옛날에 여래께서 정법안장을 가섭 대사에게 전했는데, 차례차례 부촉해서 나에게까지 이르렀다. 내가 이제 그대에게 부촉하나니, 그대는 잘 수호해서 지켜야 한다. 그리고 너에게 가사를 전해서 법의 신표로 삼나니, 제각기 표시하는 바가 있음을 마땅히 알아야 한다."

혜가가 말했다.

"스승께서 자세히 설명해 주십시오."

대사가 대답했다.

"안으로 법인法印을 전해서 깨달은 마음[證心]과 계합하고, 밖으로 가사를 부촉해서 종지宗旨를 확정한다. 후세 사람들이 얄팍하게 갖가지 의심을 다투어 일으키면서, '나는 인도 사람이고 그대는 이곳 사람인데, 무엇으로써 법을 증득했다는 것을 증명하리오?'라고 할 것이니, 그대가 지금 이 옷과 법을 받아 두었다가 뒤에 환난이 생기거든 이 옷과 내 법의 게송만을 내놓아서 증명을 삼으면 교화하는 일에 지장이 없으리라. 내가 열반에 든 지 2백 년 뒤에 옷은 더 이상 전해지지 않겠지만, 법은 항하의 모래같이 많은 세계에 두루하리라. 그래서 도를 밝힌 이는 많아도 도를 행하는 이는 적으며, 이치[理]를 설하는 자는 많아도 이치에 통한 자는 적을 것이다. 하지만 잠잠히 부합하고 비밀히 증득하는 이가 천만이 넘으리니, 그대는 도를 드날릴 때에도 깨닫지 못한 이를 가벼이 여기지 말라. 한 생각[一念]으로 근기를 돌이키면 문득 본래 깨달은 것[本得]과 같으리라. 나의 게송을 들어라."

내가 본래 이 땅에 온 것은

법을 전해 미혹한 유정을 구하는 것이니
한 송이의 꽃에 다섯 잎이 열리면
열매는 자연히 이루어지리라.

吾本來茲土　傳法救迷情
一華開五葉　結果自然成

대사가 다시 말했다.

"나에게 『능가경楞伽經』 네 권이 있는데, 이 역시 그대에게 부촉한다.〔이것들은 모두 『보림전寶林傳』에 설해져 있다. 상고하건대 도선율사 『속고승전』 「가대사전可大師傳」에 "처음에 달마가 혜가 대사에게 『능가경』을 주면서 말하기를 '내가 한漢의 땅을 보니 오직 이 경전이 있을 뿐이라. 그대는 이것에 의지해 수행하면 자연히 세상을 제도하리라'고 하였다"고 하였으니, 만일 이 전의 말대로라면 2조祖가 아직 법을 얻기 전에 달마가 『능가경』을 주어서 보게 했음이 틀림없다. 『전등록』에서는 법을 부촉하고 옷을 전한 후에 혜가 대사에게 "나에게 『능가경』 네 권이 있으니 또한 너에게 주겠다"라고 한 것은 잘못된 것이리라. 또한 "나에게 『능가경』이 있다"고 한다면 세상에는 없는 것같이 되어 버리니 이것은 다만 마조馬祖의 말을 의거한 것이다. 또 『능가경』의 "중생의 마음 바탕으로 인印친다"라는 말을 인용한 것은 이치에 해害가 없을 듯하다.〕 이것은 여래께서 마음의 본바탕〔心地〕을 가르치신 요긴한 법문으로서 중생들로 하여금 깨달아 들도록 열어 보이신 것이다. 내가 여기에 온 뒤에 다섯 차례나 독毒에 맞았는데, 내가 항상 스스로 꺼내서 시험해 본 결과 돌에다 놓으면 돌이 깨졌었다. 내가 본래 남인도를 떠나서 이 동쪽 땅에 왔을 때에 적현赤縣 신주神州에 대승大乘의 기상이 있음을 보고는 바다를 건너고 사막을 지나서 법 전해 줄 사람을 구했지만, 매번 만날 때마다 계합되지 않음이 마치 어리석은 자와 같고 말더듬이와 같더니, 이제 그대를 만나서 전해 주었으므로 나의 뜻은 끝이 났다."〔별기別記에서 말하기를 "대사는 처음에 소림사에서 9년을 머무시면서 제2조에게 법을 설하고 가르쳐 말하기를 '바깥의 모든 연緣을 쉬고 안으로 헐떡이는 마음이 없고 마음이 벽 같아야 도에 든다'라고 하였으니, 혜가慧可가 갖가지로 마음 성품의 이치를 말했으나 모두 계합하지 못했다. 대사는 다만 그의 잘못만을 막을 뿐 무념無念의 본체는 지적하지 않으니, 혜가가 말하기를 '저는 이미 모든 인연을 쉬었습니다'라고 하였다. 대사가 묻기를 '단멸이 되지는 않았는가?'라고 하니, 혜가가 대답하기를 '단멸이 되지는 않았습니다'라고 하였다. 대사가 다시 묻기를 '어찌하여 단멸이 아닌 줄 아는가?'라고 하니, 혜가가 대답하기를 '요료了了하게 항상 알기 때문에 말로는 미치지 못합니다'라고 하였다. 그러자 대사가 말하기를 '이것이 여러 부처님들께서 전하신 심체心體이니 다시는 의심치 말라'"고 하였다.〕

말을 마치고는 무리들을 거느리고 우문禹門의 천성사千聖寺로 가서 사흘을 묵었다.

며칠 후에 그 고을 태수 양현지楊衒之가 일찍부터 불법을 사모했다고 하면서 대사에게 물었다.

"서역의 천축에서는 스승의 법을 전해 받으면 조사라고 한다는데, 그 도가 어떤 것입니까?"

대사가 대답했다.

"불심佛心의 종지宗旨를 밝혀서 행行과 해解가 서로 응하는 것을 조사라고 하오."

"그밖에는 어떠합니까?"

"모름지기 다른 이의 마음을 밝히고, 그 고금古今을 알고, 있음과 없음을 싫어하지 않고, 법을 취함이 없으며, 현명하지도 어리석지도 않고, 미혹도 깨달음도 없나니, 이렇게 이해할 수 있기 때문에 조사라고 칭하오."

"제자가 삼보에 귀의한 지도 몇 해가 되건만, 지혜가 혼몽昏蒙하여 오히려 진리를 미혹하고 있었는데, 이제 스님의 말씀을 들으니 어찌할 바를 모르겠습니다. 바라옵건대 스님께서 자비로써 종지를 열어 보여 주소서."

대사는 그의 정성이 간절함을 알고 즉시 게송을 말했다.

악을 보고서도 싫다는 생각을 내지 않고
선을 보고서도 부지런히 하려고 하지 않으며
지혜를 버리고서 어리석음에 다가가지도 않고
미혹을 버리고 깨달음에 나아가지도 않네.

亦不覩惡而生嫌　亦不觀善而勤措
亦不捨智而近愚　亦不抛迷而就悟

대도大道를 통달함이여, 한량을 초월하고
부처의 마음을 통달함이여, 한도를 넘어서네.
범부에도 성인에도 똑같이 얽매이지 않고
초연한 것을 이름하여 조사라 하네.

達大道兮過量　通佛心兮出度
不與凡聖同躔　超然名之曰祖

양현지가 게송을 듣고 슬픔과 기쁨이 뒤섞여서 말했다.

"바라옵건대 대사께서 세간에 오래 머무시면서 뭇 유정들을 교화해 인도하소서."

대사가 대답했다.

"나는 가야 하니, 오래 머물 수 없다. 근성根性이 만 가지 차이가 있으므로 많은 환난을 만날 것이다."

"누구이옵니까? 제자가 스님을 위해서 제거해 드리겠습니다."

"나는 부처님의 비밀을 전해서 어리석은 무리를 이롭게 할 뿐이니, 남을 해치고 자신의 편하고자 함은 이치에 맞지 않는다."

"만일 스님께서 말씀하시지 않으면, 스님의 신통변화와 관조觀照의 힘을 어떻게 표현하겠습니까?"

대사는 그때서야 부득이 예언을 말했다.

> 강의 돛대가 옥 같은 물결을 가르고[9]
> 통 속의 횃불은 쇠고리를 여네.[10]
> 오五자와 구口자[11]는 서로 함께 행하고
> 구九자와 십十자에는[12] 나와 남이 없네.
> 江槎分玉浪　　管炬開金鎖
> 五口相共行　　九十無彼我

양현지가 이 말을 듣자 그 까닭을 몰라서 잠자코 마음에 새겨둔 채 하직 인사를 하고 물러갔다. 대사의 예언은 비록 당시에는 헤아리지 못했지만 뒤에는 모두가 부합했다.

---

9 옥 같은 물결을 가른다고 하는 말은 보리류지菩提流支를 가리키는 말이다.
10 광통光統을 가리키는 말이다.
11 오五자와 구口자는 '나[吾]'라는 의미이다.
12 구九자와 십十자는 '끝끝내'라는 의미이다.

당시 위씨(魏氏 : 魏王族)가 불법을 받들어서 고명한 스님들이 숲처럼 많았는데, 광통光統 율사律師와 보리류지菩提流支 삼장三藏은 스님들 가운데 봉황〔鳳〕이고 난조〔鸞〕였다. 그러나 그들은 대사가 도를 연설할 때에 형상을 배척하고 바로 마음을 지적하는 것을 보고 매양 대사와 토론을 벌여서 시비가 일어났다. 대사가 현묘한 교화의 바람을 멀리 떨치고 법의 비를 두루 뿌리자, 그들의 치우치고 옹색한 마음으로는 감당할 수 없음을 깨닫고서, 앞 다투어 해치려는 마음을 일으켜 자주 독약을 음식에 넣었다. 그 일이 여섯 차례에 이르렀을 때 이미 교화의 인연도 다하였고 법 전할 사람도 만났으므로, 더 이상 독약에서 벗어나지 않고 단정히 앉아서 열반하니, 이때가 후위後魏의 효명제孝明帝 태화太和 19년 병진년丙辰年 10월 5일이었다.〔『속법기續法記』에 의하면 10월 5일은 곧 효孝의 장제莊帝 영안永安 원년元年이다. 즉 양梁의 대통大通 2년 무신戊申의 해이다. 그 해는 또 명제明帝 무태武泰 원년이다. 2월에 명제는 붕어崩御하고 4월에 장제가 즉위하여 건의建義로 연호를 고쳤다. 뒤에 말하기를 "그대의 임금이 세상을 버렸다. 이 해에 명제가 붕어하였다"라고 하였다. 『전등록』에 의거하여 말하면, 병진丙辰은 즉 동위東魏 문제文帝의 대통大統 2년, 서위西魏 정제靜帝의 천평天平 3년, 양梁의 대동大同 2년으로서, 이때 세상을 버렸다고 하는 말은 전혀 맞지 않는다. 또 태화太和 19년은 곧 후위後魏의 문제文帝 때이며, 남제南齊의 명제明帝 건무建武 2년 을해년乙亥年이다.〕

그 해 12월 28일, 웅이산熊耳山에 장사지내고 정림사定林寺에 탑을 세웠다. 그 뒤 3년 후에 위魏나라의 송운宋雲이라는 이가 서역에 사신으로 갔다가 돌아오는 길에 총령葱嶺에서 대사를 만났는데, 손에 신 한 짝을 들고 훌훌히 혼자 가고 계셨다. 송운이 물었다.

"스님, 어디를 가십니까?"

대사가 대답했다.

"나는 서역으로 돌아가오."

그리고는 다시 송운에게 말했다.

"그대의 군주가 이미 세상을 뜨셨소."

송운은 이 말을 듣고 아찔함을 느꼈다. 대사와 작별하고 동쪽으로 나아가서 복명復命하려고 했는데, 과연 명제明帝는 이미 승하하고 효장제孝莊帝가 즉위하였다.

송운이 위의 사실을 자세히 보고하므로 황제가 대사의 무덤〔壙〕을 열어 보게 하니, 빈 관 속에는 신 한 짝만이 남아 있었다.〔『속법기』에 의하면, 그 뒤로 3년(대사의 장례를 치룬 지 3년이 지난 해)은 장제莊帝의 영안永安 3년 경술庚戌로서, 양나라 무제의 대통大通 2년이 된다. 그 해 12월에 장제가 승하했으니 봉사(奉使 : 사신)가 돌아올 때에는 장제가 아직 살아 있었을 것이다. 『전등록』에 의하건대 그 뒤로 3년은 기미己未로서 서위西魏 문제文帝 대통大統 5년이요, 동위東魏 정제靜帝 흥화興化 원년元年이며, 양梁 무제 대동大同 5년이다. 그렇다면 어찌 효장제孝莊帝가 있을 수 있겠는가? 또 말하기를 송운宋雲이 대사를 총령葱嶺에서 만났다 하니 더욱 잘못이다. 송운이 서역에 갔다가 돌아올 때는 벌써 위魏의 명제明帝 정광正光 때였다. 그러면 대사를 총령에서 만난 것은 위魏의 말엽에 따로 보냈던 어떤 사신이 돌아오던 길에 만났다는 말일 것이다. 그러니 여기서는 다음과 같이 고쳐 말하는 것이 좋을 것이다.

"그 뒤로 3년에 위魏의 사신이 서역에 갔다 오다가 대사를 총령에서 만났는데, 손에는 신 한 짝을 들고 훌훌히 혼자 가고 있었다. 사자가 묻기를 '스님, 어디로 가십니까?'라고 하자, 대사가 대답하기를 '서천으로 간다. 그리고 그대의 임금은 벌써 세상을 뜨셨다'라고 하였다. 사신이 이 말을 듣고 아찔하여 부지런히 동으로 가서 국왕께 복명하니, 명제明帝는 이미 승하하고 효장제가 등극해 있었다. 봉사奉使가 위의 사실을 자세히 아뢰니, 황제가 무덤을 열어 보게 했는데, 빈 관에 신 한 짝만이 남아 있었다."〕

온 조정이 경탄한 나머지 황제의 명에 따라 남은 신을 가져다가 소림사少林寺에서 공양하였다. 당唐의 개원開元 15년 정묘년丁卯年에 도를 믿는 이들을 위하여 오대산五臺山 화엄사華嚴寺에 은밀히 모셨다고 하는데, 지금은 어디에 있는지 모른다.

처음에 양 무제가 대사를 만났을 때에는 인연이 맞지 않았는데, 그가 위나라에서 교화를 편다는 말을 듣고는 손수 대사의 비碑를 지으려 하였으나 그럴 겨를이 없었다가, 나중에 송운의 일을 듣고서야 비로소 이루었다.

대종代宗[13]이 원각圓覺 대사大師라는 시호諡號를 내리고 탑호는 공관空觀이라 하였다. 대사가 위魏나라의 병진년丙辰年에 입적하신 해로부터 송宋의 경덕景德 원년 갑진년甲辰年까지는 467년이 된다. 〔위魏의 경자년庚子年에 입적한 이후 송宋의 경덕景德 원년 갑진년甲辰年까지는 475년이다. 대개 이 연대에 차이가 있다. 이는 모두 『보림전寶林傳』의 잘못된 기록을 양문공楊文公이 다시 고찰하지 않았기 때문이다.〕

第29조 혜가慧可 대사大師

그는 무뢰武牢 사람이니, 성은 희姬씨이고 아버지는 적寂이다. 그의 아버지는 자식이 없었을 때 항상 스스로 이렇게 생각했다.

13 당나라 제8대 왕이다.

'우리 집이 항상 착한 일을 받들어 행하였는데, 어찌 아들이 없는가?'

그리하여 오래 기도를 하던 중 어느 날 저녁 이상한 광채가 방으로 드는 것을 느꼈는데, 어머니가 그로 인해 태기가 있었다.

태어난 뒤에는 방을 비춘 상서로움으로 인하여 이름을 광光이라 하였다. 어릴 때부터 의지와 기상이 특출 나서 뭇 시서詩書를 두루 보았을 뿐만 아니라 특히 현묘한 이치에 밝았으며, 집안 살림을 좋아하지 않고 산천에 놀기를 좋아하였다.

나중에 불서佛書를 보다가 초연히 얻은 바가 있어서 즉시 낙양洛陽 용문산에 있는 향산사香山寺에 가서 보정寶靜 선사에 의해 출가하여 구족계를 받았고, 영목사永穆寺 부유浮游 강사講師에게 대・소승의 교법을 두루 배우다가 32세가 되는 해에 다시 향산으로 돌아와서 종일토록 조용히 앉아 있었다.

그로부터 8년이 지난 어느 날, 적멸의 침묵 속에서 한 신인神人을 만났는데, 그가 이렇게 말했다.

"과果를 얻고자 한다면 어찌 여기에만 머물러 있는가? 대도大道는 먼 곳에 있지 않으니, 그대는 남쪽으로 가라."

광光은 신의 도움임을 깨닫고서 그로 인해 이름을 신광神光이라 고쳤다. 그 이튿날 머리가 쑤시는 듯이 아팠는데, 그의 스승이 고치려 하자 공중에서 소리가 들렸다.

"이는 뼈를 바꾸는 것이니, 예사 아픔이 아니다."

신광이 드디어 신을 본 사실을 스승에게 고백하자, 그 스승이 정수리 뼈를 살펴보니 과연 다섯 봉우리가 솟아난 것 같았다. 그가 말했다.

"네 상호가 길상吉祥하니, 반드시 증득하는 바가 있을 것이다. 신인이 너를 남쪽으로 가라고 한 것은 필경 소림사의 달마 대사를 너의 스승으로 삼으라는 뜻이다."

신광은 가르침을 받고서 바로 소실봉少室峰에 갔다. 그가 법을 받고 옷을 얻은 사적事迹은 앞의 달마장達磨章에서 이미 말하였다.

달마 대사가 소림에서 교화를 부탁하고 서쪽으로 돌아간 뒤에 혜가 대사가 계승하여 현풍(玄風 : 불법)을 드날리면서 법 전할 사람을 널리 구하였는데, 북제北齊의 천평天平 2년에 이르자,〔천보天保 2년, 즉 신미년辛未年이어야 맞다. 천평天平은 동위東魏의 연호로 2년은 을묘乙卯이다.〕 40살이 넘어 보이는 어떤 거사 하나가 성명도 밝히지 않은 채 불쑥 와서 절을 하고 물었다.

"제자의 몸은 풍병〔風恙〕에 걸렸으니, 화상께서 죄를 참회케 하여 주소서."

대사가 말했다.

"죄를 가지고 오라. 참회시켜 주리라."

거사가 한참 있다가 말했다.

"죄를 찾아도 찾을 수 없습니다."

"나는 그대의 죄를 다 참회시켜 주었다. 앞으로는 불·법·승에 의거해서 살도록 하라."

"지금 화상을 뵙고 나니, 승보僧寶는 알겠습니다만, 어떤 것을 불보佛寶·법보法寶라고 합니까?"

"이 마음이 부처이고, 이 마음이 법이다. 법과 부처는 둘이 아니니, 승보도 마찬가지이니라."

"오늘에야 비로소 죄의 성품이 안에도 밖에도 중간에도 있지 않음을 알았으니, 마음이 그러하듯이 불보와 법보도 둘이 아니옵니

다."

대사가 깊이 법기法器라고 여겨서 곧 머리를 깎아 주고는 말했다.

"너는 나의 보배이니, 이름을 승찬僧璨이라 하라."

그해 3월 18일 광복사光福寺에서 구족계를 받으니, 그로부터 병이 차츰 나아져서 2년 동안 시봉을 할 수 있었다. 어느 날 대사가 분부하였다.

"보리달마菩提達磨〔구본舊本에서는 달마보리達磨菩提라고 하였다.〕께서 멀리 천축으로부터 와서 정법안장을 은밀히 나에게 부촉하셨다. 내가 이제 달마께서 신표로 주신 옷과 법을 아울러 그대에게 주나니, 그대는 잘 수호해서 끊이지 않게 하라. 나의 게송을 들어라."

본래 땅이 있음을 연緣하니
그 땅을 인하여 종자에서 꽃이 피네.
하지만 본래 종자가 있는 것은 아니니
꽃도 역시 생겨난 적이 없네.
本來緣有地　　因地種華生
本來無有種　　華亦不曾生

대사가 옷과 법을 부촉한 뒤에 다시 말했다.

"그대가 내 가르침을 받은 뒤에 깊은 산 속에 들어가서 교화에 나서지 말라. 머지않아 국난國難이 있으리라."

승찬이 물었다.

"스승께서는 미리 아시니, 바라건대 가르침을 내려 주소서."

"내가 아는 것이 아니다. 이는 달마 대사께서 반야다라 존자의 예언을 전하시기를 '마음속은 길하나 겉모양은 흉하다'고 한 것인데, 내가 햇수를 따져 보니 요즈음에 해당한다. 마땅히 앞에 한 말을 잘 생각해서 세상의 재난에 걸리지 않게 하라. 하지만 나 역시 전생의 허물이 있어서 지금 갚아야 한다. 잘 가고 잘 행하다가 때를 기다려 전해 주어라."

대사가 법을 부촉한 뒤에 업도鄴都에서 형편에 따라 설법을 하는데, 일음一音으로 연설하매 사부대중이 귀의하였다. 이와 같이 34년을 지내고는 드디어 빛을 감추고 자취를 감추고서 겉모양을 바꾸어 술집에도 들기도 하고, 고깃간을 지나기도 하고, 거리의 잡담을 익히기도 하고, 품팔이를 하기도 하니, 사람들이 이상히 생각하여 이렇게 물었다.

"스님은 도인이신데, 어찌하여 이런 짓을 하십니까?"

대사가 대답했다.

"내는 스스로 마음을 조복調伏하였으니, 어찌 너희들과 같이 일에 걸림이 있겠는가?"

또 대사가 관성현筦城縣 광구사匡救寺의 삼문三門 밑에서 위없는 도를 이야기하자, 듣는 이가 숲처럼 많았다. 이때 변화辯和 법사法師라는 이가 그 절에서 『열반경涅槃經』 강의를 하였는데, 그의 학도들이 대사가 천양하는 법을 듣고 차츰 차츰 옮겨가자, 변화는 분함을 참지 못하여 고을의 수령인 적중간翟仲侃에게 무고하였다. 적중간은 그의 삿된 말에 속아서 대사에게 그릇된 법으로 가하였고, 대사는 태연히 목숨을 마치니, 진실을 아는 이는 옛 빚을 갚았다고 하였다. 당시의 나이는 107세였고, 그때는 수隋의 문제文帝 개황開

皇 13년 계축년癸丑年 3월 16일이었다.〔호월晧月 공봉供奉이 장사長沙 잠岑 화상和尙에게 물었다. "고덕古德이 말하기를 '깨달으면 업장業障이 본래 공空하나 깨닫지 못하면 마땅히 진 빚을 갚아야 한다'고 하였습니다. 지금 2조 대사는 어찌하여 빚을 갚은 것입니까?"라고 하니, 장사가 말하기를, "대덕大德이여, 알지 못함〈不識〉도 본래공本來空이다"라고 하였다. 그가 말하기를, "무엇이 본래공입니까?"라고 하자, 장사가 말하기를, "업장業障이다"라고 하였다. 또 묻기를, "가유假有가 본래 비유非有라 함은 무엇입니까?"라고 하자, 장사가 말하기를, "본래공이다"라고 하며, 그는 아무런 말도 없었다. 장사가 다시 하나의 게송을 읊어 가리켰다. "가유假有는 본래 비유非有요/ 가멸假滅도 또한 비무非無라./ 열반은 빚을 갚는다는 뜻이니/ 일성一性일 뿐 다시 다름이 없네."〕

뒤에 자주磁州 부양현滏陽縣 동북쪽 70리에 장사를 지내니, 당나라 덕종德宗이 대조大祖 선사라 시호를 내렸다. 대사가 천화(遷化 : 入寂)하신 해로부터 송나라 경덕景德 원년 갑진년甲辰年에 이르기까지는 413년이 된다.〔12년이라야 맞다.〕

승나僧那 선사

그의 성은 마馬씨이니, 어릴 적부터 총명하여 많은 전적에 통달하였다. 나이 21세에 동해東海에서 『예기禮記』와 『주역周易』을 강의하니, 듣는 자가 저자를 이루듯 하였다.

그가 남쪽으로 떠나려 할 때에 상부相部의 학인學人들이 따라왔는데, 때마침 2조祖가 법을 설하는 회상에 참석해서 동반들 18인과 함께 2조에게 출가하였다. 그때부터 다시는 손에 붓을 잡지 않고 세속의 경전을 영원히 버린 채 오직 옷 한 벌과 발우 하나로 한 자리에 앉고 한 끼니만 먹는 두타행頭陀行을 하였다.

2조를 오랫동안 받들어 모신 뒤에 제자 혜만慧滿에게 말했다.

"조사의 심인心印은 고행에만 전념하는 것이 아니니, 고행은 단지 수행의 한 방편일 뿐이다. 만일 본심에 계합하여 뜻대로 참 광명의 작용을 발휘하면, 고행은 흙을 뭉쳐서 금을 이루는 것과 같으니라. 만약 고행에만 힘쓰고 본심을 밝히지 못한 채 사랑과 미움에만 얽매인다면, 고행은 그믐밤에 험한 길을 가는 것과 같을 것이다.

네가 본심을 밝히고자 하거든 자세히 살피고 관찰하라. 빛깔을 만나고 소리를 만나도 각관覺觀을 일으키지 않을 때에 마음은 어디를 향하는가? 그것은 있음인가, 없음인가? 이미 있음에도 없음에도 떨어지지 않는다면, 마음 구슬[心珠]이 오롯이 밝아서 항상 세간을 비추되 한 티끌만한 간격도 없고 한 찰나 사이의 끊고 이어지는 모습도 없다. 그러므로 우리 초조初祖께서 『능가경楞伽經』 4권을 겸하여 부촉하면서 나의 스승인 2조에게 이렇게 말씀하셨다.

'내가 진단震旦을 관찰하건대, 오직 이 경전만 있으면 마음을 인印칠 수 있다[印心]. 그대가 의지하여 수행하면, 스스로 깨우쳐서 세상을 제도하리라.'

또 2조께서 매양 설법을 마치시고는 말씀하시기를 '이 경전이 4세世 뒤에는 이름과 모습이 변하리라'고 하셨으니, 참으로 슬픈 일이다. 내가 이제 그대에게 부촉하나니, 잘 간직하여서 그릇된 사람에게는 전하지 말라."

이렇게 부촉하고 나서 대사는 교화를 떠났는데, 그의 임종은 알 수 없다.

향向 거사居士

그는 숲과 들에 살면서 나무 열매와 풀을 먹고 시냇물로 목을 축였다. 북제北齊의 천보天保 초년에 2조祖의 교화가 번성한다는 소식을 듣자, 곧 다음과 같은 서신을 보내서 교제를 열었다.

"그림자는 형상을 말미암아서 일어나고 메아리는 소리를 따라 생겨나는데, 그림자를 희롱하여 형상을 수고롭게 하는 것은 형상이 그림자의 근본임을 모르기 때문이요, 소리를 내면서 메아리를 그치려 하는 것은 소리가 메아리의 뿌리임을 모르기 때문이니, 번뇌를 없애서 열반에 나아가려는 것은 형상을 없애고 그림자를 찾는 것과 같고, 중생을 여의고 불과佛果를 구하려는 것은 소리를 내지 않고 메아리를 찾는 것과 같습니다. 그러므로 알아야 하니, 미혹함과 깨달음이 한 길이고 어리석음과 지혜로움이 다르지 않습니다. 이름이 없는데 이름을 짓는 것이니, 그 이름으로 인하여 시비가 생기고, 이치가 없는데 이치를 짓는 것이니, 그 이치로 인하여 논쟁이 일어납니다.

그러나 환화幻化는 참되지 않거늘 누가 옳고 누가 그르며, 허망은 실답지 않거늘 무엇이 없고 무엇이 있겠습니까? 얻어도 얻은 바가 없고 잃어도 잃은 바가 없음을 알고자 하나, 나아가 뵈올 겨를이 없어서 겨우 이렇게 글을 올리니, 부디 회답해 주소서."〔본문에서 '그림자를 희롱하다〈弄影〉'고 했는데, '그림자를 버리다〈棄影〉'고 해야 맞을 것이다. 아마 당시에 잘못 쓴 것인 듯하다. 제30권에서 진국鎭國 대사大師가 황태자의 심요心要에 관한 물음에 답하기를 "참〈眞〉을 구하고 망妄을 버림은, 마치 그림자를 버리려고 몸을 수고롭게 하는 것과 같으며, 망妄을 체득함이 그대로 참〈眞〉이라 여기는 것은 마치 응달에 처하여서 그림자를 없애는 것과 같다"고 하였다. 이것은 『장자莊子』에서 말한 "몸을 수고롭게 하다〈勞形〉"는 말을 차용한 것이니, 그 뜻은 '달려서 그림자가 쫓아오지 못하게 피한다'는 것이다〕.

2조 대사는 필생筆生에게 분부하여 이렇게 답장을 썼다.

"보내온 글의 뜻을 자세히 살피니 모두가 실다워서 참되고 그윽한 이치가 조금도 다르지 않다. 본래 마니주摩尼珠를 잘못 알아 기와나 자갈이라고 하였으나, 활연하게 자각하면 바로 참다운 구슬이다. 무명과 지혜가 평등해서 차이가 없으니, 만법萬法도 모두 그러한 줄 알아야 한다. 상대적인 견해를 지닌 무리를 가엾이 여겨서, 부르는 말을 쓰게 하여 이 글을 짓나니, 몸과 부처가 다르지 않음을 관찰하면, 어찌 다시 남음 없는 열반〔無餘涅槃〕을 찾겠는가?"

거사가 2조의 게송을 받아서 절을 한 뒤에 펴 보고, 2조의 인가를 은밀히 받았다.

상주相州 융화사隆化寺 혜만慧滿 선사

그는 형양滎陽 사람으로 성은 장張씨이다. 처음 본사(本寺 : 隆化寺)에서 승나僧那 선사의 가르침을 받았다. 검약儉約에다 뜻을 두어서, 바늘 두 개만을 갖고 다니면서 겨울에는 걸식하고 누더기 깁기를 하다가 여름이 되면 그것을 버렸다.

그는 스스로 이렇게 말했다.

"평생 동안 마음에는 두려움이 없고, 몸에는 이〔虱〕나 벼룩이 없고, 잘 때에는 꿈을 꾸지 않으며, 항상 걸식을 행하고, 같은 장소에서 두 번 숙박하지 않고, 가는 절마다 장작을 패고 신을 삼았다."

정관貞觀 16년, 낙양의 회선사會善寺 옆에 있는 옛 무덤 틈에서 자다가 큰 눈〔大雪〕을 만났으므로, 새벽에 절에 들어가서 담광曇曠 법사法師를 만났다. 담광 법사가 그가 어디서 왔는지 이상하게 생각하자, 대사가 말했다.

"법이 온 곳이 있는가?"

담광 법사가 사람을 보내서 그가 온 곳을 찾았더니, 사방에는 눈이 다섯 자쯤이나 쌓였다. 광 법사는 "헤아릴 수 없는 일이다"라고 말하였다.

그 뒤에 괄록사括錄事[14]가 있다는 말이 들렸다. 여러 스님들이 모두 도망해서 숨었지만, 대사만은 발우를 들고 마을을 두루 돌아다니면서 걸림이 없었으니, 얻으면 얻는 대로 없으면 없는 대로 항상 담담하고 한가로웠다. 어떤 이가 공양이나 숙소를 제공하면 대답하기를 "천하에 스님이 없어야 내가 그 청을 받으리라"고 하였다.

또 언젠가는 사람들에게 이런 법문을 하였다.

"부처님들께서 마음을 말씀하신 것은 마음의 모습이 허망함을 알게 하기 위함인데, 이제 마음의 모습을 거듭 보태니 부처님의 뜻을 깊이 어긴 것이고, 또 논의를 더 보태니 자못 큰 이치〔大理〕를 어긴 것이다. 그러므로 항상 『능가경』 4권을 갖고 다니면서 마음의 요체로 삼고 그 말씀대로 행하라."

이는 대체로 대대로 법을 전하는 법칙에 따른 것이다. 나중에 후학들을 교화〔陶冶〕하는 도중에 질병 없이 앉은 채로 입적하니, 수명은 70세 정도였다.

---

14 불법佛法의 환란을 말한다.

제30조 승찬僧璨 대사大師

그는 어떤 사람인지 모르지만, 처음에는 재가자의 몸으로 2조를 뵈었다. 비구가 된 뒤에 법을 전해 받고는 서주舒州의 환공산皖公山에 숨었다. 그러다가 후주後周의 무제武帝가 불법을 파괴하자, 대사는 태호현太湖縣의 사공산司空山을 오가면서 일정한 거처 없이 10년을 살았는데, 당시 사람 중에 그를 아는 이가 아무도 없었다.

수隋나라 개황開皇 12년 임자년壬子年이 되었을 때, 겨우 열네 살에 불과한 도신道信이라는 사미가 찾아와서 대사에게 절하면서 말했다.

"바라건대 화상께서 자비를 베풀어 해탈의 법문을 일러 주소서."

대사가 대답했다.

"누가 너를 속박했느냐?"

"아무도 속박하지 않았습니다."

"그렇다면 어찌하여 다시 해탈을 구하는가?"

도신이 그 말끝에 크게 깨달아서 9년을 힘껏 모셨다.

뒤에 길주吉州에서 계戒를 받고 시봉을 더욱 열심히 했는데, 대사는 자주 현묘하고 미묘한 법으로써 그를 시험해 보다가 인연이 익었음을 알자, 곧 옷과 법을 부촉하고서 게송을 읊었다.

꽃과 종자는 비록 땅을 인因하고
땅으로부터 종자와 꽃이 생기지만
만약 종자를 뿌리는 이가 없다면
꽃도 땅도 다하여서 생겨남이 없노라.
華種雖因地　　從地種華生

若無人下種　華地盡無生

대사가 다시 말했다.

"옛날에 혜가 대사는 나에게 법을 부촉한 후에 바로 업도鄴都로 가서 30년 동안 교화하다가 입적하였는데, 나는 이제 그대를 만나 법을 전했거늘 어찌 여기에 묵고 있으랴?"

그리고는 곧 나부산羅浮山으로 가서 2년 동안 유행하다가 다시 옛터로 돌아왔는데, 한 달이 지나자 선비와 백성들이 모여와서 크게 단檀을 마련하고 공양을 베풀었다.

대사는 사부대중에게 마음의 요체를 널리 연설하고 나서 법회를 하던 큰 나무 밑에서 합장한 채로 서서 임종하니, 이때가 수隋나라 양제煬帝 대업大業 2년 병인년丙寅年 10월 15일이었다. 당나라 현종玄宗이 감지鑑智 선사라 시호[諡]를 내리고, 탑호塔號를 각적覺寂이라 하였다. 송나라 경덕景德 원년元年 갑진년까지는 무릇 4백 년이 된다.

처음에 당나라의 하남윤河南尹 이상李常이 본래 조사의 가풍을 흠모해서 현묘한 종지를 깊이 터득했는데, 천보天寶 을유년乙酉年에 이르러 하택荷澤 신회神會를 만나서 물었다.

"3조 대사는 어디에다 장사를 지냈습니까? 듣건대 나부산에 들어가서 돌아오지 않았다고 하기도 하고, 혹은 산곡사山谷寺에서 임종했다고 하니, 어느 것이 옳은지 모르겠습니다."

신회가 대답했다.

"승찬 대사는 나부산에서 산곡사로 돌아가신 지 한 달 남짓해서 열반에 드셨으니, 지금 서주舒州에 가면 3조의 묘를 볼 수 있소."

이상李常이 믿지 못했는데, 때마침 서주舒州 별가別駕로 좌천이 되어서 가게 되자, 산곡사의 대중들에게 물었다.

"듣건대 절 뒤에 3조의 묘소가 있다 하는데 사실인가?"

그때 상좌 혜관慧觀이 대답했다.

"있습니다."

이상李常이 기뻐하면서 측근[寮佐][15]들을 데리고 함께 가서 예배하였고, 또 무덤[壙]을 열어 시체[眞儀]를 꺼내어 화장해서 오색五色 사리 3백 알을 얻었다. 그 중에서 백 알을 꺼내어 탑을 세웠고, 백 알은 하택荷澤 신회神會에게 보내어 앞의 말을 증명하였고, 남은 백 알은 몸에 지니고 다니다가 나중에 낙양으로 돌아왔을 때에 자기 집에 재齋를 마련하면서 그것으로 경하했다.

당시 서역에서 온 건나揵那라는 삼장이 모임 속에 있었는데, 이상이 그 삼장에게 물었다.

"천축의 선문禪門에는 조사가 몇 분입니까?"

건나 삼장이 대답했다.

"가섭으로부터 반야다라에 이르기까지 27분의 조사가 계시오. 만일 사자 존자의 방계傍系인 달마달達磨達 이하 4세의 22인을 합치면 모두 49분의 조사가 계시오. 만일 7불佛로부터 승찬 대사에 이르기까지 곁가지를 치지 않으면, 37분의 조사가 계시오."

이상은 또 모임에 있는 장로들에게 물었다.

"예전에 조도(祖圖 : 조사의 계보도)를 본 적이 있는데, 혹은 50여 분의 조사를 인용하기도 하여 곁가지가 들쭉날쭉해서 종족宗族이 일정치 않으며, 혹은 헛되이 이름만 있을 뿐이니, 무엇으로 증거를

15 수행하는 관리를 말한다.

삼겠습니까?"

그때 6조의 문인인 지본智本 선사라는 이가 대답했다.

"그것은 바로 후위後魏 초기에 불법이 침체했을 때, 당시 담요曇曜라는 사문이 어지러움 속에서도 흰 비단에다 조사의 이름을 단순히 기록했기 때문이니, 어떤 경우에는 차례를 잊은 채로 써서 그냥 옷깃 속에 넣고 바위굴에 숨었소. 그로부터 35년이 지나서야 문성제文成帝가 왕위에 올라 불법이 다시 중흥했는데, 담요는 명성과 행이 모두 높아져서 마침내 승통僧統[16]이 되었소. 그는 여러 사문들을 모아서 거듭 거듭 상의하여 결집結集했는데, 그 제목을 『부법장전付法藏傳』이라고 하였소. 그 사이에 약간의 어긋남이 있는 것은 담요가 기록할 때에 두려움에 쫓겼기 때문이오.

그로부터 13년이 지나서, 황제가 국자박사國子博士 황원진黃元眞과 북천축北天竺의 삼장 불타선다佛陀扇多와 길불연吉弗煙 등에게 명령하여 범본梵本을 거듭 탐구하고 종지宗旨를 분명히 구별해서 스승과 제자의 전승을 차례대로 서술케 하니 어긋남이 없게 되었소."

제31조 도신道信 대사大師

그의 성은 사마司馬씨이니, 대대로 하남河南 지방에 살다가 나중에 기주蘄州의 광제현廣濟縣으로 이사했다.

대사는 날 때부터 특이하였고, 어릴 때부터 이미 불법〔空宗〕의 온갖 해탈문을 흠모하니, 완연히 전생에 익힌 것 같았다. 조사의

16 스님의 최고 지위를 말한다.

가풍을 이어받고서는, 마음을 굳게 지녀 졸지 않았으니, 거의 60년 동안 겨드랑이를 바닥에 대지 않았다.

수隋나라 대업大業 13년에 무리들을 이끌고 길주吉州로 가다가 도적떼를 만났는데, 성을 둘러싸고 79일 동안이나 풀어주지 않아서 대중이 모두 겁에 질려 있었다. 대사는 그들을 가엾게 생각해서 마하반야摩訶般若를 염念하게 하였다. 이때 도적들이 성벽 위를 바라보자 마치 신병神兵이 있는 듯했으므로 서로 "이 성안에 반드시 이인異人이 있으니 공격하지 말자"고 하고는 슬금슬금 물러갔다.

당나라 무덕武德 갑신년甲申年에 대사는 다시 기춘蘄春으로 돌아와서 파두산破頭山에 머무르니, 배우는 무리들이 구름같이 모여들었다. 하루는 황매현黃梅縣으로 가는 길에 한 어린아이를 만났는데, 골격이 기이하고 수려한 것이 다른 아이들과는 매우 달랐다. 대사가 물었다.

"성姓이 무엇이냐?"

동자가 대답했다.

"성姓은 있으나 항상된 성은 아닙니다."

"(항상된 성姓이란) 어떤 성인가?"

"부처의 성性입니다."

"그대는 성性이 없는가?"

"성性이 공하기 때문입니다."

대사는 묵연히 그가 법기法器임을 알아채고서, 시자를 시켜 그 집의 부모에게 가서 출가시키기를 요구케 하였다. 그 부모는 전생의 인연 때문에 어려운 기색 없이 아들을 놓아 주어서 제자가 되게 하니, 이름을 홍인弘忍이라고 하였다.〔구본에는 '명왈홍인名曰弘忍'

의 네 자가 없는데 지금에서야 삽입한 것이다. 만약 이름을 말하지 않았다고 하면 법과 의발衣鉢을 전해 받은 사람이 누구이겠는가? 또 뒤에 '인왈忍曰'이라는 두 글자가 있는데 역시 불명확하게 된다.〕 법을 부촉하고 옷을 전한 뒤에 게송을 말했다.

꽃과 종자는 나는 성품이 있어서
땅을 인하여 꽃이 피고 자라나지만
큰 인연과 믿음이 합할 때에는
그 나고 자라남은 본래 남이 없는 것이네.

華種有生性　　因地華生生
大緣與信合　　當生生不生

그리하여 학도들을 그에게 맡기고 하루는 대중에게 말했다.

"내가 무덕武德 때에 여산廬山을 유행하다가 정상에 올라가서 파두산破頭山을 바라보니, 자줏빛 구름이 일산같이 덮여 있고 그 아래로 흰 기운이 여섯 갈래로 나뉘어 펼쳐져 있는 것을 보았는데, 그대들은 알 수 있겠는가?"

대중이 모두 잠자코 있자, 홍인이 대답했다.

"화상께서 뒷날에 한 가닥의 불법을 따로 내실 것이 아니겠습니까?"

대사가 말했다.

"바로 알았다."

뒤에 정관貞觀 계묘년癸卯年이 되자, 태종太宗이 대사의 도풍을 듣고 그 풍채風彩를 보고자 해서 조서를 내려 서울로 불렀지만, 표를 올려서 사양하였다. 이렇게 하기를 전후 세 차례나 반복하였지만 끝내 병을 핑계로 사양하였다. 네 번째에는 사자에게 이렇게 명령했다.

"만약 자리에서 일어나지 않거든 목을 베어 오라."

사자가 산으로 가서 조서를 전하니, 대사는 목을 뽑아 칼날로 가져가면서도 얼굴빛이 태연하였다. 사자가 이상히 여겨서 그대로 돌아가 장계狀啓를 올리니, 황제는 더욱 흠모하는 마음을 내어 진기한 비단을 하사함으로써 그의 뜻을 이루게 해주었다.

고종高宗 영휘永徽 신해년辛亥年 윤9월 4일에 홀연히 문인들에게 훈계를 내렸다.

"일체의 법은 모두가 해탈이니, 너희들은 제각기 호념護念해서 미래의 유정들을 교화하라."

말을 마치자 평안히 앉아서 세상을 하직하니, 수명은 72세였다. 탑은 본산本山에 세웠다. 이듬해 4월 8일에 탑의 문이 까닭 없이 저절로 열렸는데, 시체의 모습이 산 것 같았다. 그 이후 문인들은 감히 닫지 못했다. 대종代宗이 대의大醫 선사라 시호를 내리고서 자운의 탑〔慈雲之塔〕이라고 불렀다. 대사가 입적한 뒤로부터 송나라의 경덕景德 원년元年 갑진년甲辰年에 이르기까지는 대체로 356년이 된다.〔356년은 354년이라야 맞다.〕

제32조 홍인弘忍 대사大師

그는 기주蘄州 황매현黃梅縣 사람으로서 성은 주周씨이다. 나면서부터 재능이 매우 뛰어났다. 어려서 놀다가 한 지자智者를 만났는데, 그가 이렇게 탄복했다.

"이 아기는 일곱 가지 상호가 모자라서 여래에 미치지 못한다."

나중에 도신道信 대사大師를 만나서 법을 받은 뒤에는 파두산에서 교화를 폈다.

함형咸亨 연간에 성은 노盧이고, 이름은 혜능慧能이라는 한 거사가 신주新州〔구본에는 '기蘄'자로 잘못 기록되었다.〕로부터 찾아와서 대사〔弘忍〕께 절하자, 대사가 물었다.

"그대는 어디서 왔는가?"

혜능이 대답했다.

"영남嶺南에서 왔습니다."

"무엇을 하고 싶은가?"

"오직 부처가 되고 싶습니다."

"영남 사람은 불성佛性이 없는데, 어찌 부처가 되겠는가?"

"사람에게 남북이 있겠지만, 불성이야 어찌 그렇겠습니까?"

대사는 특별한 사람임을 알았지만 버럭 꾸짖었다.

"방앗간에나 가거라."

혜능은 대사의 발 앞에 절한 뒤에 물러갔다. 그리고는 방앗간으로 들어가서 밤낮으로 쉬지 않고 여덟 달 동안 방아 찧는 일을 하였다. 대사는 법을 부촉할 때가 된 것을 알고 마침내 대중에게 고했다.

"바른 법은 이해하기 어려우니, 나의 말이나 기억해 지니는 것으로써 할 일을 했다고 여기지 말라. 그대들은 각자 뜻대로 게송 하나씩을 지어라. 만일 게송의 뜻이 그윽이 부합되면 옷과 법을 모두 부촉하리라."

그때 모임에 있던 7백여 명 스님의 상좌上座인 신수神秀라는 이는 그 배움이 안팎을 통달해서 무리의 추앙을 받고 있었다. 모두가 다 추정하기를 "신수 존자가 아니면 누가 감당하리오"라고 하였는데, 신수는 대중이 모두 자기를 칭찬하는 것을 남몰래 듣자, 다시 생각하지 않고 게송 하나를 복도 벽에다 써 놓았다.

몸은 보리수菩提樹요
마음은 명경대明鏡臺와 같으니
때때로 부지런히 털고 닦아서
티끌과 때가 끼지 않도록 하라.

身是菩提樹　心如明鏡臺
時時勤拂拭　莫遣有塵埃

대사가 경행經行을 하다가 홀연히 이 게송을 보고서 신수의 서술임을 알고 찬탄하였다.

"후대 사람들이 이에 의거해 수행하면 그들도 훌륭한 과果를 얻으리라."

그 벽은 본래 노진盧珍이라는 거사가 능가변상도楞伽變相圖[17]를 그려야 할 자리였는데, 그는 벽에 게송이 있는 것을 보자, 그림 그리기를 그만두고 각자 외우게 하였다.

혜능이 방앗간에서 일을 하다가 게송 외우는 소리를 듣자 동학同學에게 물었다.

"저것이 무슨 구절입니까?"

---

17 『능가경』을 주제로 한 불화佛畵이다.

동학이 대답했다.

"그대는 모를 것이오. 화상께서 법제자를 구하기 위해서 각자 마음의 게송을 지으라고 하셨는데, 이 게송은 신수 상좌께서 지으신 것이오. 화상께서 깊이 칭찬하셨으므로 필경 그에게 법을 부촉하고 옷을 전하실 것이오."

혜능이 물었다.

"그 게송은 어떤 내용입니까?"

동학들이 외워 주자, 혜능은 한참 침묵을 지키다가 말했다.

"좋기는 좋으나, 아직 요달하지는 못했소."

동학들이 꾸짖었다.

"못난이가 무엇을 아는가? 미친 소리 하지를 말라."

혜능이 말했다.

"그대들은 내 말을 믿지 않는가? 내가 게송 하나로 화답하겠소."

동학들은 대답도 않고 서로 쳐다보면서 웃었다. 혜능은 밤이 되자 은밀히 한 동자를 데리고 복도로 갔다. 그리고는 스스로 촛불을 잡고 서서 동자에게 신수의 게송 옆에다 다음과 같은 게송 하나를 쓰게 했다.

보리는 본래 나무가 아니고
심경心鏡 또한 대臺가 아니네.
본래 한 물건도 없거늘
어찌 먼지를 털 필요가 있으랴.

菩提本非樹　　心鏡亦非臺
本來無一物　　何假拂塵埃

대사가 나중에 이 게송을 보고서 물었다.

"이건 누가 지은 것인가? 역시 본성을 깨닫지 못했도다."

대중들이 대사의 말을 듣고서 아무도 다시는 돌아보지 않았다. 밤이 되자 남몰래 사람을 방앗간에 보내어 혜능 행자行者를 방으로 불러오게 하고서 말했다.

"모든 부처님께서 세상에 출현하심은 하나의 큰 일〔一大事〕을 위함이다. 그리하여 근기의 크고 작음에 따라 인도하셔서 10지地와 3승乘과 돈점頓漸 따위의 종지로써 교문敎門을 이루었지만, 위없는 비밀하고 미묘하며 원명圓明하고 진실한 정법안장은 상수제자上首弟子인 대가섭 존자에게 부촉하셨다. 차례차례 28대를 전수하여 달마 대사에 이르러서는 중국으로 오셔서 혜가 대사에게 전하신 것이 나에게까지 전해 왔다. 이제 나는 법보와 전해 받은 가사袈裟를 그대에게 부촉하나니, 스스로 잘 보호해서 끊이지 않게 하라. 나의 게송을 들어라."

> 유정有情이 와서 씨를 뿌리면
> 땅을 인因하여 과果가 되돌아 나지만
> 무정無情은 이미 종자가 없으매
> 성품도 없고 또한 생겨남도 없네.
> 有情來下種　因地果還生
> 無情旣無種　無性亦無生

혜능 거사가 꿇어앉아서 옷과 법을 받고 아뢰었다.

"법은 이미 받았지만, 옷은 누구에게 전해야 하겠습니까?"

대사가 대답했다.

"옛날에 달마가 처음 왔을 때에는 사람들이 아무도 믿지 않으므로 옷을 전함으로써 법을 얻었음을 증명했지만, 이제는 신심이 이미 성숙했고 옷은 다툼의 실마리가 될 수 있으므로, 그대에게서 그치고 더 전하지는 말라. 또 멀리 가서 숨었다가 때를 기다려서 교화하라. 이른바 옷을 받은 사람의 목숨이 실에 매달린 것과 같다고들 한다."

혜능 거사가 물었다.

"어디에 가서 숨어야 하겠습니까?"

"회懷를 만나면 머물고〔止〕, 회會를 만나면 숨어라〔藏〕."

혜능이 발에다 절을 하고 나서 옷을 들고 나갔다. 그리고 그 날 밤 남쪽을 향해 떠났으나, 대중은 아무도 알지 못했다.

홍인 대사는 이로부터 다시는 법당에 오르지 않았다. 3일 만에 대중이 의심이 나서 묻자, 홍인 조사가 대답했다.

"나의 도는 떠났으니, 더 이상 물을 필요가 없다."

"옷과 법은 누가 얻었습니까?"

"능能이라는 이가 얻었다."

그래서 대중은 노 행자의 이름이 능能임을 생각해 내고서 그를 찾아보았지만 이미 없었다. 그가 법과 옷을 받은 것이 분명한 줄 알게 되자, 모두가 뒤를 쫓았다.

홍인 대사가 옷과 법을 부촉한 뒤 다시 4년이 지나자, 상원上元 2년 을해년乙亥年〔을해년, 즉 당의 고종高宗 때이다. 숙종肅宗 때에 이르러 또 상원上元의 연호가 있다. 그 해는 신축년辛丑年이다.〕에 홀연히 대중에게 고하였다.

"나는 이제 할 일을 마쳤으니 떠날 때이다."

그리고는 방에 들어가서 단정히 앉아서 입적하니, 수명은 74세였다. 황매현 동쪽 산에 탑을 세우니, 대종代宗 황제가 대만 선사 법우의 탑〔大滿禪師法雨之塔〕이라는 시호를 내렸다. 대사가 열반에 든 해로부터 송宋나라 경덕景德 원년元年 갑진년甲辰年까지는 330년이 된다.

경덕전등록 제 4 권

제31조 도신道信 대사에서 방계로 나온 법손(法嗣)은 9세世로서 모두 76인임.[1]

금릉金陵 우두산牛頭山 6세의 조종祖宗

제1세 법융法融 선사禪師

제2세 지암智巖 선사

제3세 혜방慧方 선사

제4세 법지法持 선사

제5세 지위智威 선사

제6세 혜충慧忠 선사

〔이상 6인은 기록에 보임〕

앞의 6세 조종祖宗의 법손은 모두 70인임.

---

1 명본明本의 목록인데 지금의 목록과는 다른 점이 있으므로 앞에 싣는다.

법융法融 선사 밑의 3세世에서 방계로 나온 12인

금릉金陵 종산鍾山 담최曇璀 선사

〔1인은 기록에 보임〕

형주荊州 대소大素 선사

유서幽棲 월공月空 선사

백마白馬 도연道演 선사

신안新安 정장定莊 선사

팽성彭城 지차智瑳 선사

광주廣州 도수道樹 선사

호주湖州 지상智爽 선사

신주新州 두묵杜默 선사

상원上元 지성智誠 선사

정진定眞 선사〔지성智誠 선사에서 나옴〕

여도如度 선사〔정진定眞 선사에서 나옴〕

〔이상 11인은 기연機緣할 어구語句가 없으므로 기록하지 않음〕

지암智巖 선사 밑에서 방계로 나온 8인

동도東都 경담鏡潭 선사

양주襄州 지장志長 선사

호주湖州 의진義眞 선사

익주益州 단복端伏 선사

용광龍光 구인龜仁 선사

양양襄陽 변재辯才 선사

한남漢南 법준法俊 선사

서주西州 민고敏古 선사

〔이상 8인은 기연機緣할 어구語句가 없으므로 기록하지 않음〕

법지法持 선사 밑에서 방계로 나온 2인

우두산牛頭山 현소玄素 선사

천주天柱 홍인弘仁 선사

〔이상 2인은 기연할 어구가 없으므로 기록하지 않음〕

지위智威 선사 밑의 4세世에서 방계로 나온 12인

선주宣州 안국사安國寺 현정玄挻 대사〔지위智威 선사에서 나온 3인〕

윤주潤州 학림鶴林 현소玄素 선사

서주舒州 천주산天柱山 숭혜崇慧 선사

항주杭州 경산徑山 도흠道欽 선사〔현소玄素 선사에서 나옴〕

항주杭州 조과鳥窠 도림道林 선사〔도흠道欽 선사에서 나옴〕

항주 초현사招賢寺 회통會通 선사〔조과鳥窠 선사에서 나옴〕

〔이상 6인은 기록에 보임〕

영암靈巖 보관寶觀 선사〔지위智威 선사에서 나옴〕

금화산金華山 담익曇益 선사〔현소玄素 선사에서 나온 2인〕

오문吳門 원경圓鏡 선사

목저산木渚山 오悟 선사〔경산徑山 도흠道欽 선사의 방계에서 나온 3인〕

청양靑陽 광부廣敷 선사

항주杭州 건자산巾子山 숭혜崇慧 선사

〔이상 6인은 기연할 어구가 없으므로 기록하지 않음〕

이상은, 구본舊本에 기록된 세대와 차례〔世次〕가 불분명하므로 여기서는 본장本章의 내용을 따라 법손〔法嗣〕을 첨주添注하여서, 모두 4세世로 하였다.

혜충慧忠 선사 밑의 두 대〔兩世〕에서 방계로 나온 36인〔천태산天台山 운거雲居 지智 선사와 윤주潤州 서하사棲霞寺의 청원淸源 선사 2인을 제외한 나머지 선사는 모두 충忠 선사에서 나옴〕

천태산天台山 불굴암佛窟巖 유칙惟則 선사

천태산 운거雲居 지智 선사〔유칙惟則 선사에서 나옴〕

〔이상 2인은 기록에 보임〕

우두산牛頭山 도성道性 선사

강녕江寧 지등智燈 선사

해현解縣 회신懷信 선사

학림鶴林 전全 선사

북산北山 회고懷古 선사

명주明州 관종觀宗 선사

우두산牛頭山 대지大智 선사

백마白馬 선도善道 선사

우두산牛頭山 지진智眞 선사

우두산牛頭山 담옹譚顒 선사

우두산牛頭山 운도雲韜 선사

우두산牛頭山 응凝 선사

우두산牛頭山 법량法粱 선사

강녕江寧 행응行應 선사

우두산牛頭山 혜량惠良 선사

흥선興善 도융道融 선사

장산蔣山 조명照明 선사

우두산牛頭山 법등法燈 선사

우두산牛頭山 정공定空 선사

우두산牛頭山 혜섭慧涉 선사
유서幽棲 도우道遇 선사
우두산牛頭山 응공凝空 선사
장산蔣山 도초道初 선사
유서幽棲 장藏 선사
우두산牛頭山 영휘靈暉 선사
유서幽棲 도영道穎 선사
우두산牛頭山 거영巨英 선사
석산釋山 법상法常 선사
용문龍門 응적凝寂 선사
장엄莊嚴 원遠 선사
양주襄州 도견道堅 선사
이명오尼明悟
거사居士 은정이殷淨已
윤주潤州 서하사棲霞寺 청원淸源 선사〔혜섭慧涉 선사에서 나옴〕
〔이상 34인은 기연할 어구가 없으므로 기록하지 않음〕

제32조 홍인弘忍 대사大師의 5세에서 방계로 나온 107인

제1세 13인

북종北宗 신수神秀 선사
숭악嵩嶽 혜안慧安 국사
원주袁州 몽산蒙山 도명道明 선사
〔이상 3인은 기록에 보임〕
양주楊州 봉법사奉法寺 담광曇光 선사

수주隋州 선조禪慥 선사
금주金州 법지法持 선사
자주資州 지선智侁 선사
서주舒州 법조法照 선사
월주越州 의방義方 선사
지강枝江 도준道俊 선사
상주常州 현색玄賾 선사
월주越州 승달僧達 선사
백송산白松山 유劉 주부主簿
〔이상 10인은 기연할 어구가 없으므로 기록하지 않음〕

제2세 37인

북종北宗 신수神秀 선사의 법손 19인
오대산五臺山 거방巨方 선사
하중부河中府 중조산中條山 지봉智封 선사
연주兗州 항마降魔 장藏 선사
수주壽州 도수道樹 선사
회남도淮南都 양산梁山 전식全植 선사
〔이상 5인은 기록에 보임〕
형주荊州 사랑辭朗 선사
숭산嵩山 보적普寂 선사
대불산大佛山 향육香育 선사
서경西京 의복義福 선사
홀뢰忽雷 징澄 선사

동경東京 일日 선사

태원太原 변정遍淨 선사

남악南嶽 원관元觀 선사

여남汝南 두杜 선사

숭산嵩山 경敬 선사

경조京兆 소복小福 선사

진주晋州 곽산霍山 관觀 선사

윤주潤州 모산茅山 숭규崇珪 선사

안육安陸 회공懷空 선사

〔이상 14인은 기연할 어구가 없으므로 기록하지 않음〕

앞의 숭악嵩嶽 혜안慧安 국사 등의 법손 18인

낙경洛京 복선사福先寺의 인검仁儉 선사〔혜안慧安 국사에서 나온 6인〕[2]

숭악嵩嶽 파조타破竈墮 화상和尙

숭악嵩嶽 원규元珪 선사

〔이상 3인은 기록에 보임〕

상산常山 탄연坦然 선사

업도鄴都 원적圓寂 선사

서경西京 도량道亮 선사

양주楊州 대총관大總管 이효일李孝逸〔도량道亮 선사에서 방계로 나온 5인〕

공부상서工部尙書 장석張錫

2 낙경洛京 복선사福先寺의 인검仁儉 선사禪師에서 서경西京 도량道亮 선사까지의 6인을 말한다.

국자좨주國子祭酒 최융崔融

비서감祕書監 하지장賀知章

목주睦州 자사刺史 강선康詵

정수正壽 선사〔수주隋州 신조神慥 선사에서 나옴〕

홍주洪州 숭적崇寂 선사〔몽산蒙山 도명道明 선사에서 나온 3인〕

강서江西 괴瓌 선사

무주撫州 신정神貞 선사

자주資州 처적處寂 선사〔자주資州 지선智詵 선사에서 나옴〕

의흥義興 신비神斐 선사〔현색玄賾 선사에서 나온 2인〕

호주湖州 창暢 선사

〔이상 15인은 기연할 어구가 없으므로 기록하지 않음〕

제3세 49인

앞의 형주荊州 사랑辭朗 선사의 법손 3인

자금紫金 현종玄宗 선사

명주明州 대매산大梅山 차車 선사

전계塼界 신휘愼徽 선사

〔이상 3인은 기연할 어구가 없으므로 기록하지 않음〕

앞의 숭산嵩山 보적普寂 선사 등의 법손 46인

종남산終南山 유정惟政 선사〔보적 선사에서 나온 24인. 1인은 기록에 보임.〕

광복廣福 혜공慧空 선사

상월常越 선사

양주襄州 협석산夾石山 사思 선사
명찬明瓚 선사
경애사敬愛寺 진眞 선사
연주兗州 수현守賢 선사
정주定州 석장石藏 선사
남악南嶽 징심澄心 선사
남악南嶽 일조日照 선사
낙경洛京 동덕사同德寺 간幹 선사
소주蘇州 진량眞亮 선사
와관사瓦棺寺 준濬 선사
익양弋陽 법융法融 선사
광릉廣陵 연演 선사
협주陜州 혜공慧空 선사
낙경洛京 진량眞亮 선사
택주澤州 긍월亘月 선사
박주亳州 담진曇眞 선사
도량산都粱山 숭연崇演 선사
경조京兆 장경사章敬寺 징澄 선사
숭양사嵩陽寺 일행一行 선사
경조산京兆山 북사北寺 융融 선사
조주曹州 정도定陶 정丁 거사居士
대웅大雄 맹猛 선사〔서경西京 의복義福 선사에서 나온 8인〕
서경西京 대진동大震動 선사
신비神斐 선사
서경西京 대비광大悲光 선사

서경西京 대은大隱 선사
정경定境 선사
도파道播 선사
현증玄證 선사
서경西京 적만寂滿 선사〔항마降魔 장藏 선사에서 나온 3인〕
서경西京 정장定莊 선사
남악南嶽 혜은慧隱 선사
신조神照 선사〔남악南嶽 원관元觀 선사에서 나옴〕
경조京兆 남전藍田 심적深寂 선사〔소복小福 선사에서 나온 3인〕
태백산太白山 일몰日沒 운雲 선사
동백산東白山 법초法超 선사
현산峴山 유幽 선사〔곽산霍山 관觀 선사에서 나옴〕
익주益州 무상無相 선사〔자주資州 처적處寂 선사에서 나온 4인〕
익주益州 장송산長松山 마馬 선사
초超 선사
재주梓州 효료曉了 선사
서경西京 지유智游 선사〔의흥義興 비棐 선사에서 나온 2인〕
동도東都 지심智深 선사
〔이상 45인은 기연할 어구가 없으므로 기록하지 않음〕

제4세 7인

앞의 흥선興善 유정惟政 선사의 법손 2인

형주衡州 정심定心 선사
경애사敬愛寺 지진志眞 선사

〔이상 2인은 기연할 어구가 없으므로 기록하지 않음〕

앞의 익주益州 무상無相 선사 등의 법손 5인

익주益州 보당사保唐寺 무주無住 선사〔무상無相 선사에서 나온 4인. 1인이 기록에 보임.〕

형주荊州 명월산明月山 융融 선사

한주漢州 운정산雲頂山 왕王 두타頭陀

익주益州 정중사淨衆寺 신회神會 선사

무계武誡 선사〔전계塼界 신휘愼徽 선사에서 나옴〕

〔이상 4명은 기연할 어구가 없으므로 기록하지 않음〕

제5세 1인

앞의 경애사敬愛寺 지진志眞 선사의 법손 1인

숭산嵩山 조照 선사

〔1인은 기연할 어구가 없으므로 기록하지 않음〕

제31조 도신道信 대사 휘하에서 나온 법손 총183인과 그 방계 76인[3]

금릉金陵 우두산牛頭山 6세世 조종祖宗은 기록에 나타남.

제1세 법융法融 선사

제2세 지암智巖 선사

---

3 이는 명본明本의 목록目錄이다.

제3세 혜방慧方 선사

제4세 법지法持 선사

제5세 지위智威 선사

제6세 혜충慧忠 선사

앞의 6세 조종의 법손은 모두 80인[4]이다.

법융法融 선사 밑의 3세에서 방계로 나온 12인〔1인은 기록에 보임〕

금릉金陵 종산鍾山 담최曇璀 선사[5]

형주荊州 대소大素 선사

유서幽棲 월공月空 선사

백마白馬 도연道演 선사

신안新安 정장定莊 선사

팽성彭城 지차智瑳 선사

광주廣州 도수道樹 선사

호주湖州 지상智爽 선사

신주新州 두묵杜默 선사

상원上元 지성智誠 선사

지성智誠 선사에서 나온 1인 - 정진定眞 선사

정진定眞 선사에서 나온 1인 - 여도如度 선사

〔이상 11인은 기연할 어구가 없으므로 기록하지 않음〕

4 제4권 도입부에는 같은 제목의 조사 숫자가 70인으로 되어 있고, 현 본문에는 80인으로 되어 있는데, 제목으로 비추어 볼 때 6인의 조사와 법손〔法嗣〕 70인이 되어야 총 76인의 조사 숫자가 나오므로 본문의 80인은 70이어야 맞을 듯하다.

5 이 한 사람만이 기록에 보인다.

지암智巖 선사 밑에서 방계로 나옴.

동도東都 경담鏡潭 선사

양주襄州 지장志長 선사

호주湖州 의진義眞 선사

익주益州 단복端伏 선사

용광龍光 구인龜仁 선사

양양襄陽 변재辯才 선사

한남漢南 법준法俊 선사

서주西州[6] 민고敏古 선사

〔이상 8인은 기연할 어구가 없으므로 기록하지 않음〕

법지法持 선사 밑에서 방계로 나옴.

우두산牛頭山 현소玄素 선사

천주天柱 홍인弘仁 선사

〔이상 2명은 기연할 어구가 없으므로 기록하지 않음〕

지위智威 선사 밑의 3세世에서 방계로 나온 12인〔6인은 기록에 보임〕

선주宣州 안국사安國寺 현정玄挺 대사

윤주潤州 학림사鶴林寺 현소玄素 선사

서주舒州 천주산天柱山 숭혜崇慧 선사

항주杭州 경산徑山 도흠道欽 선사

항주杭州 조과鳥窠 도림道林 선사

항주杭州 초현사招賢寺 회통會通 선사

---

6 신수대장경 원문에는 '서천西川'으로 되어 있는데, '서주西州'로 해야 맞다.

현소玄素 선사에서 다시 2인이 나옴.

① 금화金華 담익曇益 선사

② 오문吳門 원경圓鏡 선사

도흠道欽 선사에서 다시 3인이 나옴.

① 목저산木渚山 오悟 선사

② 청양青陽 광부廣敷 선사

③ 항주杭州 중자산中子山 숭혜崇慧 선사

도림道林 선사에서 다시 1인이 나옴.

영암靈巖 보관寶觀 선사

〔이상 6인은 기연할 어구가 없으므로 기록하지 않음〕

혜충慧忠 선사 밑의 두 대〔兩世〕에서 방계로 나온 36인〔2인은 기록에 보임〕

천태산天台山 불굴암佛窟巖 유칙惟則 선사〔천태산天台山 운거雲居가 방계로 나옴〕

천태산天台山 운거雲居 지智 선사

우두산牛頭山 도성道性 선사

강녕江寧 지등智燈 선사

해현解縣 회신懷信 선사

학림鶴林 전全 선사

북산北山 회고懷古 선사

명주明州 관종觀宗 선사

우두산牛頭山 대지大智 선사

백마白馬 선도善道 선사

우두산牛頭山 지진智眞 선사
우두산牛頭山 담옹譚顒 선사
우두산牛頭山 운도雲韜 선사
우두산牛頭山 응凝 선사
우두산牛頭山 법량法梁 선사
강녕江寧 행응行應 선사
우두산牛頭山 혜량惠良 선사
홍선興善 도융道融 선사
장산蔣山 조명照明 선사
우두산牛頭山 법등法燈 선사
우두산牛頭山 정공定空 선사
우두산牛頭山 혜섭慧涉 선사
유서幽棲 도우道遇 선사
우두산牛頭山 응공凝空 선사
장산蔣山 도초道初 선사
유서幽棲 장藏 선사
우두산牛頭山 영휘靈暉 선사
유서幽棲 도영道穎 선사
우두산牛頭山 거영巨英 선사
석산釋山 법상法常 선사
용문龍門 응적凝寂 선사
장엄莊嚴 원遠 선사
양주襄州 도견道堅 선사
이명오尼明悟
거사居士 은정이殷淨已

앞의 혜섭慧涉 선사에서 다시 1인이 나옴.

윤주潤州 서하사棲霞寺 청원淸源 선사

〔이상 34인은 기연할 어구가 없으므로 기록하지 않음〕

제32조 홍인弘忍 대사의 5세에서 방계로 나온 107인

제1세 13인

북종北宗 신수神秀 선사

숭악嵩嶽 혜안慧安 국사

원주袁州 몽산蒙山 도명道明 선사

〔이상 3인은 기록에 보임〕

양주揚州 봉법사奉法寺 담광曇光 선사

수주隨州 선조禪慥 선사

금주金州 법지法持 선사

자주資州 지선智侁 선사

서주舒州 법조法照 선사

월주越州 의방義方 선사

지강枝江 도준道俊 선사

상주常州 현색玄賾 선사

월주越州 승달僧達 선사

백송산白松山 유劉 주부主簿

〔이상 10인은 기연할 어구가 없으므로 기록하지 않음〕

제2세 37인

북종北宗 신수神秀 선사의 법손 19인

오대산五臺山 거방巨方 선사

하중부河中府 중조산中條山 지봉智封 선사

연주兗州 항마降魔 장藏 선사

수주壽州 도수道樹 선사

회남도淮南都 양산梁山 전식全植 선사

〔이상 5인은 기록에 보임〕

형주荊州 사랑辭朗 선사

숭산嵩山 보적普寂 선사

대불산大佛山 향육香育 선사

서경西京 의복義福 선사

홀뢰忽雷 징澄 선사

동경東京 일日 선사

대원大原 변정遍淨 선사

남악南嶽 원관元觀 선사

여남汝南 두杜 선사

숭산嵩山 경敬 선사

경조京兆 소복小福 선사

진주晋州 곽산霍山 관觀 선사

윤주潤州 모산茅山 숭규崇珪 선사

안육安陸 회공懷空 선사

〔이상 14인은 기연할 어구가 없으므로 기록하지 않음〕

앞의 숭악嵩嶽 혜안慧安 국사 등의 법손 18인

낙경洛京 복선사福先寺 인검仁儉 선사

숭악嵩嶽 파조타破竈墮 화상和尙
숭악嵩嶽 원규元珪 선사
〔이상 3인은 기록에 보임〕
상산常山 탄연坦然 선사
업도鄴都 원적圓寂 선사
서경西京 도량道亮 선사

도량道亮 선사에서 다시 5인이 나옴.

① 양주揚州 대총관大總管 이효일李孝逸
② 공부상서工部尙書 장석張錫
③ 국자좨주國子祭酒 최융崔融
④ 비서감秘書監 하지장賀知章
⑤ 목주睦州 자사刺史 강선康詵

앞의 수주隨州 신조神慥 선사에서 다시 1인이 나옴.
정수正壽 선사

앞의 몽산蒙山 도명道明 선사에서 다시 3인이 나옴.

① 홍주洪州 숭적崇寂 선사
② 강서江西 괴瓌 선사
③ 무주撫州 신정神貞 선사

앞의 자주資州 지신智侁 선사에서 다시 1인이 나옴.
자주資州 처적處寂 선사

앞의 현색玄賾 선사에서 다시 2인이 나옴.

① 의흥義興 신비神斐 선사

② 호주湖州 창暢 선사
〔이상 15인은 기연할 어구가 없으므로 기록하지 않음〕

제3세 49인

앞의 형주荊州 사랑辭朗 선사의 법손

자금紫金 현종玄宗 선사
명주明州 대매산大梅山 상常 선사
전계塼界 신휘愼徽 선사
〔이상 3인은 기연할 어구가 없으므로 기록하지 않음〕

앞의 숭산嵩山 보적普寂 선사 등의 법손 46인〔1인은 기록에 보임〕

종남산終南山 유정惟政 선사
광복廣福 혜공慧空 선사
상월常越 선사
양주襄州 협석산夾石山 사思 선사
명찬明瓚 선사
경애사敬愛寺 진眞 선사
연주兗州 수현守賢 선사
정주定州 석장石藏 선사
남악南嶽 징심澄心 선사
남악南嶽 일조日照 선사
낙경洛京 동덕사同德寺 간幹 선사
소주蘇州 진량眞亮 선사
와관사瓦棺寺 준濬 선사
익양弋陽 법융法融 선사

광릉廣陵 연演 선사

협주陜州 혜공慧空 선사

낙경洛京 진량眞亮 선사

택주澤州 긍월亘月 선사

박주亳州 담진曇眞 선사

도량산都梁山 숭연崇演 선사

경조京兆 장경사章敬寺 징澄 선사

숭양사嵩陽寺 일행一行 선사

경조산京兆山 북사北寺 융融 선사

진주晋州 정도定陶 정丁 거사

앞의 서경西京 의복義福 선사에서 다시 8인이 나옴.

대웅大雄 맹猛 선사

서경西京 대진동大震動 선사

신비神斐 선사

서경西京 대비광大悲光 선사

서경西京 대은大隱 선사

정경定境 선사

도파道播 선사

현증玄證 선사

앞의 항마降魔 장藏 선사에서 다시 3인이 나옴.

서경西京 적만寂滿 선사

서경西京 정장定莊 선사

남악南嶽 혜은慧隱 선사

앞의 남악南嶽 원관元觀 선사에서 다시 1인이 나옴.

신조神照 선사

앞의 소복小福 선사에서 다시 3인이 나옴.

경조京兆 남전藍田 심적深寂 선사

태백산太白山 일몰日沒 운雲 선사

동백산東白山 법초法超 선사

앞의 곽산霍山 관觀 선사에서 다시 1인이 나옴.

현산峴山 유幽 선사

앞의 자주資州 처적處寂 선사에서 다시 4인이 나옴.

익주益州 무상無相 선사

익주益州 장송산長松山 마馬 선사

초超 선사

재주梓州 효료曉了 선사

앞의 의흥義興 비斐 선사에서 다시 2인이 나옴.

서경西京 지유智游 선사

동도東都 지심智深 선사

〔이상 45인은 기연할 어구가 없으므로 기록하지 않음〕

제4세 7인

앞의 홍선興善 유정惟政 선사의 법손

형주衡州 정심定心 선사

경애사敬愛寺 지진志眞 선사

〔이상 2인은 기연할 어구가 없으므로 기록하지 않음〕

앞의 익주益州 무상無相 선사 등의 법손 5인〔1인은 기록에 보임〕

익주益州 보당사保唐寺 무주無住 선사

형주荊州 명월산明月山 융融 선사

한주漢州 운정산雲頂山 왕王 두타頭陀

익주益州 정중사淨衆寺 신회神會 선사

앞의 전계塼界 신휘愼徽 선사에서 다시 1인이 나옴.

무계武誡 선사

〔이상 4명은 기연할 어구가 없으므로 기록하지 않음〕

제5세 1인

앞의 경애사敬愛寺 지진志眞 선사의 법손

숭산嵩山 조照 선사

〔기연할 어구가 없으므로 기록하지 않음〕

제31조 도신道信 대사 휘하에서 방계로 나온 법손[法嗣]

금릉金陵 우두산牛頭山 6세의 조종祖宗

제1세 법융法融 선사

그는 윤주潤州 연릉延陵 사람으로서 성은 위韋씨이다. 나이 19살에 경사經史를 두루 배우고, 대부반야大部般若를 열람하다가 진공眞空을 밝게 통달하였다. 그러다가 어느 날 홀연히 탄식하였다.

"유도儒道는 세간의 경전으로서 궁극의 법이 아니고, 반야의 바른 관〔正觀〕이야말로 세간을 벗어난 배〔舟航〕로다."

그는 드디어 모산茅山에 은둔해서 스승에게 귀의하여 머리를 깎았다. 나중에 우두산牛頭山에 있는 유서사幽棲寺 북쪽의 바위굴로 들어갔는데, 온갖 새들이 꽃을 물어오는 이적異蹟이 있었다.

당唐나라 정관貞觀 때에 4조가 멀리서 기상氣象을 관찰하고는 그 산에 기이한 사람이 있음을 알고 몸소 찾아가서 그 절의 스님에게 물었다.

"여기에 도인이 있는가?"

그 스님이 대답했다.

"출가한 사람치고 도인이 아닌 자가 있습니까?"

조사가 다시 물었다.

"누가 도인인가?"

그 스님이 대답하지 못하자, 다른 스님이 말했다.

"여기서 산 속으로 10리쯤 들어가면 게으름뱅이가 하나 있는데, 사람을 보아도 일어나지 않고 합장도 하지 않습니다. 그가 도인이 아닐까 생각합니다."

도신道信 조사가 산으로 들어갔는데, 그는 도신을 보고도 태연자약하게 단정히 앉아서 돌아보지도 않았다. 조사가 물었다.

"여기서 무엇을 하는가?"

대사가 대답했다.

"마음을 관觀합니다."

"관하는 것은 누구이며, 마음은 어떤 물건인가?"

대사가 대답하지 못하고 벌떡 일어나서 절을 하고 말했다.

"대덕께서는 어디에 계시는 어른이신지오?"

조사가 대답했다.

"빈도貧道는 일정하게 사는 곳이 없이 동東으로 서西로 다니오."

"그렇다면 도신 선사를 아십니까?"

"어째서 그를 물으시오?"

"오랫동안 그 덕에 대해 들었으므로 한번 뵈옵기를 바랍니다."

"도신 선사는 바로 빈도요."

"어떻게 여기까지 강림하셨습니까?"

"특별히 방문하러 왔소. 편하게 쉴 만한 곳이 또 없소?"

법융法融이 뒤쪽을 가리키면서 말하였다.

"따로 작은 암자가 있습니다."

그리고는 조사를 이끌고 암자로 가니, 암자 주위에는 오직 호랑이와 이리와 같은 짐승만이 있었다. 조사가 두 손을 들면서 두려워하는 몸짓을 하자, 법융이 물었다.

"아직도 그런 것이 남았습니까?"

조사가 되물었다.

"지금 무엇을 보았는가?"

대사가 대답하지 못했다. 조금 있다가 조사가 대사의 참선하는 돌 위에다 부처 불佛자 하나를 쓰자, 대사가 이를 보고 송구하게 생각하였다. 조사가 물었다.

"아직도 그런 것이 남았는가?"

대사가 깨닫지 못하고 머리를 숙이면서 참다운 요체를 설해 주기를 청했다.

조사가 대답했다.

"무릇 백천 가지 법문이 똑같이 마음〔方寸〕으로 돌아가고, 항하의 모래같이 많은 묘한 공덕이 몽땅 마음 근원〔心源〕에 있다. 일체의 계율·선정·지혜·신통변화가 모두 스스로 구족해서 그대의 마음을 여의지 않으며, 일체의 번뇌와 업장이 본래 공적하고 일체의 인과가 모두 꿈이나 허깨비 같으니, 삼계를 벗어날 것도 없고 보리를 구할 것도 없다. 사람과 사람 아닌 것이 성품과 형상에서 평등하며, 대도大道는 텅 비어서 사려가 끊어졌으니, 이러한 법을 지금 그대는 이미 얻었다. 조금도 모자람이 없으니 부처와 무엇이 다르겠는가? 다시 다른 법이 없으니, 그대는 그저 마음에 맡겨 자재自在하라. 관행觀行을 짓지도 말고, 마음을 깨끗이 하고자 하지도 말고, 탐욕과 성냄을 일으키지도 말고, 근심과 걱정을 품지도 말고, 탕탕蕩蕩하게 걸림 없이 뜻대로 종횡縱橫하면서 선善을 짓지도 말고 악惡을 짓지도 말라. 다니고 멈추고 앉고 누우며〔行住坐臥〕 눈에 부딪치고 만나는 연緣이 모두 부처의 묘한 작용으로서 즐거워 근심이 없나니, 그런 까닭에 이름하여 부처라 하는 것이다."

대사가 물었다.

"마음에 이미 구족되어 있다면, 어떤 것이 부처이며, 어떤 것이 마음입니까?"

조사가 대답했다.

"마음이 아니면 부처를 묻지 못하고, 부처를 묻는 것은 마음 아님이 없다."

"관행을 짓지 말라고 하셨는데, 그렇다면 경계가 일어날 때에 어떻게 대치해야 하겠습니까?"

"경계의 연緣은 좋고 나쁨이 없고 좋고 나쁨은 마음에서 일어나니, 마음이 억지로 이름을 짓지 않는다면 망정忘情이 어디로부터 일어나겠는가? 망정이 이미 일어나지 않으면 참 마음〔眞心〕이 두루 아나니, 그대는 다만 마음 따라 자재할 뿐 더 이상 대치하지 않으면, 그것을 이름하여 변함없는 상주법신常住法身이라고 하니 변이變異가 없다. 내가 승찬 대사에게 받은 돈교법문頓教法門[7]을 이제 그대에게 부촉하나니, 그대는 지금 내 말을 잘 듣고 오직 이 산에만 머물라. 앞으로 다섯 사람의 달자達者가 나타나서 그대의 현묘한 덕화〔玄化〕를 계승하리라."〔규봉圭峰이 이를 민절무기종泯絶無寄宗이라 단정하고 파상교破相教의 학설을 인용하여 증명했다. 어떤 스님이 남전南泉에게 묻기를 "우두牛頭가 4조祖를 만나기 전에 어찌하여 새들이 꽃과 과일을 물어다 공양했는가?" 하니, 남전이 대답하기를 "다만 그가 걸음마다 부처 되는 길을 밟았기 때문이다"라고 하였다. 동산洞山은 대답하기를 "손바닥의 구슬을 보는 것같이 잠시도 마음을 놓지 않았기 때문이다"라고 하였다. 그 스님이 다시 묻기를 "만난 뒤에 어찌하여 새들이 오지 않았습니까?"라고 하니, 남전이 대답하기를 "실사 오지 않았너라도 왕王 노사老師의 한 줄기 도만은 드러냈느니라"고 하였다. 동산은 대답하기를 "온몸이 갔느니라〈通身去也〉"고 하였다. 또 어떤 존숙尊宿이 위 두 물음을 합쳐 대답하기를 "도적은 가난한 집 아이를 때리지 않는다"고 하였다. 어떤 스님이 존숙에게 묻기를 "우두가 4조를 만나기 전에는 어떠합니까?"라고 하니, 대답하기를 "실로써 잎사귀를 꿰는 것 같다"고 하였다. 그 스님이 다시 묻기를 "만난 뒤에는 어떠합니까?"라고 하니, 대답하기를 "가을밤이 뒤숭숭하구나"라고 하였다. 또 어떤 스님이 오월吳越의 영명사永明寺 잠潛 선사에게 묻기를 "우두가 4조를 만나기 전에는

7 마음을 깨치면 곧 부처라 하는 교리.

어떠합니까?"라고 하니, 잠이 대답하기를 "우두였지"라고 하였다. 또 묻기를 "만난 뒤에는 어떠합니까?"라고 하니, 잠이 대답하기를 "우두였지"라고 하였다. 이와 같이 제방諸方에서 거양擧揚한 일은 이루 다 기록할 수 없다.〕

조사는 법을 전한 뒤에 다시 쌍봉산雙峰山으로 돌아가서 생애를 마쳤다.

대사는 이때부터 법석法席이 크게 번성하였는데, 당唐의 영휘永徽 때에 대중들이 먹을 양식이 떨어지자, 대사는 단양丹陽에 가서 시주를 받았다. 산길 80리를 쌀 한 섬 여덟 말을 직접 지고서 아침에 갔다가 저녁에 돌아와 3백 명의 두 때 공양을 빠트리지 않기를 3년을 계속했다.

당시 고을의 수령인 소원선蕭元善이 건초사建初寺에서 『대반야경大般若經』을 강하기를 청하니, 듣는 이가 구름같이 모였다. 「멸정품滅靜品」에 이르렀을 때에는 땅이 진동하였기 때문에 강의를 그만두고 산으로 돌아갔다.

박릉왕博陵王이 대사에게 물었다.

"경계가 색色을 반연하여 발할 때에 색을 반연하여 일어난다고 말하지 않거늘, 어떻게 연緣임을 알아서 그 일어남을 쉬게 할 수 있습니까?"

대사가 대답했다.

"경계와 색이 처음 발할 때에 색과 경계의 두 성품이 공하니, 본래 연緣을 아는 자가 없다. 마음의 헤아림〔心量〕은 앎〔知〕과 더불어 똑같으니, 본래 발함이 아닌 줄 비추면, 이때는 일어남이 스스로 쉰다. 어둠을 안으며 연緣을 자각하는 마음을 낳을 때도 연緣은 좇지를 않으니, 마치 낳기 전과 같게 되어서 색色과 마음이 양육한 것이 아니다. 공空으로부터는 본래 생각〔念〕이 없고 표상작용〔想〕과 느낌〔受〕이 생각을 낳는다고 말하지만, 일어나는 법은 일찍이 일어난 적이 없으니, 어찌 부처님의 가르침〔教令〕이 필요하겠는가?"

박릉왕이 물었다.

"눈을 감으면 색色이 보이지 않아도 경계의 사념思念은 더욱 많아집니다. 색色이 이미 마음과 관계하지 않는다면, 경계는 어느 곳으로부터 발합니까?"

대사가 대답했다.

"눈을 감으면 색色이 보이지 않으나 내심內心의 움직이는 사념이 많으니, 이는 허깨비 같은 의식이 거짓으로 작용을 이루는 것이라서 명칭을 일으켜도 끝내 허물이 아니다. 색色을 아는 것이 마음과 관련되지 않고, 마음 또한 사람과 관계하지 않으니, 행을 따라 모습〔相〕을 굴림이 있는 것은 마치 새가 허공을 날아간 자취와 같다."

박릉왕이 물었다.

"경계의 발發함은 처소가 없고, 인연의 자각은 낳음〔生〕을 요달해 아는 것입니다. 경계가 물러가도 자각은 도리어 구르면서 그 자각이 곧 경계로 변합니다. 만일 마음으로 마음을 이끌면 도리어 자각할 대상을 자각하게 되는 것이니, 그 자각을 따름을 좇으면서 따라가게 되면 생멸의 경계〔際〕를 여의지 못합니다."

대사가 대답했다.

"색과 마음의 앞과 뒤와 중간에도 진실로 연기緣起의 경계가 없으니, 한 생각〔一念〕이 스스로 응결하여 잊으면, 누가 움직임과 고요함을 능히 헤아리겠는가? 이 앎은 스스로 앎이 없어서 앎과 앎의 연緣이 만나지 못하니, 마땅히 스스로 본래의 형상을 단속할 뿐 어찌 역외域外에서 구할 필요가 있겠는가? 눈앞의 경계〔前境〕는 변하여 물러가는 것이 아니고, 뒤 생각〔後念〕도 지금 도래한 것이 아니니, 달을 찾는 이가 달의 그림자에 집착하고 날아간 새를 쫓는 이가 자취를 더듬는 것과 같다. 마음의 본 성품을 알고자 하면 마치 꿈속을 보는 것과 같나니, 비유하면 6월의 얼음처럼 어디서도 얻을 수 없는 것이다. 허공〔空〕을 피하려고 해도 끝내 벗어나지 못하고, 허공을 구하려 해도 다시 이루어지지 않으니, 시험 삼아 묻나니 거울 속의 그림자인 마음이 어디로부터 생기겠는가?"

박릉왕이 다시 물었다.

"딱 맞게 마음을 쓸 때는 안온하고 좋다고 하겠습니까?"

대사가 대답했다.

"딱 맞게 마음을 쓸 때는 딱 맞게 무심無心을 쓰는 것이니, 구구절절한 담론은 명상名相만이 수고로울 뿐이지만, 곧바로 설하는 것은 번거로움이 없다. 무심을 딱 맞게 쓰는 것은 항상 딱 맞게 무無를 쓰는 것이니, 이제 무심을 설하는 처소는 유심有心과 더불어 다르지 않다."

박릉왕이 다시 물었다.

"지혜로운 이가 묘한 말을 인용하니 마음과 서로 회통해야 마땅합니다. 그러나 말이 마음 길〔心路〕과 다르니, 이를 합하려고 하면 만 배나 어긋납니다."

대사가 대답했다.

"방편으로 묘한 말을 하는 것이 병病을 타파하는 대승大乘의 길이기는 하지만, 본래의 성품에 관계된 이야기는 아니고 도리어 공空의 변화로부터 이루어진 것이다. 무념無念이라야 참되고 항상해서 끝내 마음의 길〔心路〕을 끊으니, 생각을 여읜 성품이 움직이지 않으면 생멸生滅의 어그러짐이 없다. 산골짜기의 메아리에는 먼저 소리가 있는 것이며, 거울에 비친 모습은 돌아서서 볼 수 없는 것이다."

박릉왕이 다시 물었다.

"수행자가 경계가 있음을 체현하다가 자각으로 인해 경계의 허망함을 압니다. 그렇다면 앞의 자각과 뒤의 자각과 경계를 합하여서 세 마음이 있는 것입니다."

대사가 대답했다.

"경계의 작용은 바탕의 자각〔體覺〕이 아니니, 자각을 파하면 사유하지 못한다. 자각을 인하여 경계의 허망함을 알고, 자각할 때에는 경계가 일어나지 않으니, 앞의 자각과 뒤의 자각과 경계가 합쳐서 세 가지 더딤〔遲〕이 있다."

박릉왕이 다시 물었다.

"선정에 머물러서 함께 구르지 않음을 올바른 삼매라고 하나니, 모든 업이 능히 끌어당기지 못하지만 미세한 무명이 천천히 그 뒤를 밟는 줄 알지 못합니다."

대사가 대답했다.

"다시 듣건대, 어떤 사람이 허망한 집착으로 마음의 헤아림을 일으켜서 세 가지 가운데의 일〔事〕이 이루어지지 않으므로 구르지 못함〔不轉〕이 도리어 허망하다. 마음이 삼매에 속박된 채 그것으로 업장業障을 맑게 한다고 하지만, 마음 티끌의 만 분의 일이라도 무명을 요달하여 설하지 못하면 미세한 습기의 인因이 일어나면서 천천히 이름과 모습이 생긴다. 바람이 불면 파도가 일어나고 고요히 하고자 하면 물이 안정되어야 하나니, 다시 앞길을 말하고 싶지만 뒤의 마음이 놀랄까 두렵다. 무념無念은 큰 짐승의 울부짖음이요, 성품의 공함은 서리가 내림이니, 별이 흩어지고 잡초가 꺾이고, 이리저리 나는 새가 떨어진다. 다섯 길〔五道〕의 어지러움이 안정되고, 네 가지 악마도 틈을 노리지 못하리니, 마치 사나운 불길이 타오르는 것과 같고 또한 날카로운 칼로 쪼개는 것과 같다."

박릉왕이 다시 물었다.

"자각에 의지해서 만법을 알면, 만법이 본래 그러합니다. 만일 비추어 쓰는 마음을 빌면, 단지 비추어 쓰는 마음을 얻을 뿐이지 마땅히 마음속의 일은 아닙니다."

대사가 대답했다.

"자각에 의지해서 만법을 알면, 만법은 끝내 의지함이 없다. 만약 비추어 쓰는 마음을 빌면, 마땅히 마음 밖에는 있지 않다."

박릉왕이 다시 물었다.

"따르고 따르면서 간택함이 없어도 밝은 마음이 나타나지 않으면 다시 사념의 마음으로 어두워집니다. 마음에 공功을 들이는 행이 있으면, 지혜의 장애는 제거하기 더욱 어렵습니다."

대사가 대답했다.

"이것이 있다고 하나 있다고 할 수 없고, 이것을 찾지만 찾을 수가 없으니, 간택하지 않음이 곧 진정한 간택이다. 그러나 어둠을 벗어나 밝은 마음을 얻고자 한다면, 사려思慮하는 자의 마음이 어두워져서 마음을 간직하고 공행功行에 의탁하게 되니, 어찌 지혜를 장애하는 어려움을 논하겠는가? 설사 부처에 이르러도 병이 되는 것이다."

박릉왕이 다시 물었다.

"중도를 꺾은 소식消息의 사이는 진실로 안온하기 어려우니, 스스로 행行을 쓰는 사람이 아니면 이 어려움은 끝내 보기 어렵습니

다."

대사가 대답했다.

"중도를 꺾음으로써 소식을 바라지만, 소식은 쉬움도 어려움도 아니다. 먼저 마음자리〔心處〕의 마음을 관찰하고, 다음에는 지혜 속의 지혜를 추구하고, 셋째는 추구하는 이를 비추고, 넷째는 무기無記를 통달하고, 다섯째는 이름을 해탈하고, 여섯째는 참과 거짓에 평등하고, 일곱째는 법의 근본을 알고, 여덟째는 무위無爲를 사랑하고, 아홉째는 공空의 음덕陰德을 두루하게 하고, 열째는 운우雲雨를 받는다. 끝까지 다하여 저 자각마저 없으면 무명에서 본래의 지혜가 나나니, 거울의 영상에 세 가지 업이 나타나고 요술쟁이〔幻人〕가 네거리에서 교화를 한다. 공변空邊의 다함에도 머물지 말고 마땅히 있음 속의 없음을 비추어야 한다. 공空과 유有의 안에서 벗어나지 않고 공과 유의 함께함도 거느리지 않으니, 이를 이름하여 중도를 꺾었다〔折中〕고 한다. 중도를 꺾음은 언설이 아니며, 편안하고 고요함은 처소가 없는 편안함이니, 행을 쓰는 것으로 어찌 능히 결정할 수 있겠는가?"

박릉왕이 다시 물었다.

"따로 한 종류의 사람이 있으니, 그들은 '공의 무상無相을 잘 이해해서 입으로는 선정과 산란이 동일하다'고 하며, 다시 '있음 속의 없음'을 말합니다. 즉 계합하여 증명하면 작용하면서도 항상 적멸하고, 알고 지각하면 적멸하면서도 항상 작용하니, 마음을 써서 참된 이치를 회통하고는 다시 작용〔用〕이 작용 없는 것〔無用〕이라고 말합니다. 지혜와 방편이 많으면 말이 이치와 합하는데, 여여如如한 이치는 본래 그러할 뿐 식심識心을 말미암아 회통하는 것이 아니니, 이미 마음으로 회통하는 것이 아님을 알았다면 마음과 마음은 그 모습이 없어집니다. 이와 같이 알기 어려운 법은 영겁토록 알 수 없으리니, 이와 동일하게 마음을 쓰는 사람은 법으로는 교화할 수 없을 것입니다."

대사가 대답했다.

"따로 공을 증득하는 자가 있다는 것은 앞의 게송에서 말한 것과 같으니, 공을 수행하여 적멸을 지키면 식견識見이 잠시 뒤집어지지만, 참됨을 회통한 것이 마음의 헤아림이라서 끝내 근원을 요달하지 못했음을 알리라. 또 마음의 작용을 쉬라고 설하는 것도 지혜가 많은 것이 아마 서로 비슷할 뿐 진실하게 성품을 밝히지 못하였기 때문에 공을 구하여도 수고로울 뿐이다. 영겁토록 깊은 의식〔幽識〕 속에 머물러서 모습을 감싸고 있음을 도무지 모르니, 광명을 놓아서 문득 땅을 움직인들 그에게 무슨 도움이 되겠는가?"

박릉왕이 다시 물었다.

"앞에서 말한 바 마음을 보는 이에게도 얇은 비단의 두께와 같은 어려움이 있습니까?"

대사가 대답했다.

"마음을 본다 함은 비단의 두께와 같은 것이 있음이니, 허깨비 같은 마음이 어찌 보기를 기대하겠는가? 하물며 허깨비 같은 마음이란 것도 없으니, 종용從容해서 입을 대기 어렵다."

박릉왕이 다시 물었다.

"오래도록 커다란 기업基業을 갖고 있었지만, 마음의 길이 어긋나서 간격이 생겼으니, 미세한 장애를 깨달으면 즉시 진제眞際를 통달할 것입니다. 그러나 스스로 솜씨 좋은 스승이 아니면, 이 이치를 능히 터주지 못하리니, 바라옵건대 대사께서 저에게 요체의 문을 열어 주셔서 마음 쓰는 자들을 인도하여 바른 길을 잃지 않게 하소서."

대사가 대답했다.

"법성法性은 본래 기업基業인지라 꿈의 경계에서 어긋남이 이루어지며, 실상實相의 미세한 몸은 색色이나 마음으로는 영원토록 깨닫지 못한다. 홀연히 만난 혼돈의 선비〔混沌士〕는 중생들을 가엾이 여기셔서 의심에 의탁하여 널리 물음을 시설하니, 이치를 감싸서 안으로 항상 밝게 하고, 생사의 그윽한 길을 환히 사무치게 하고, 칭찬과 비방에 요동치 않게 한다. 야로(野老 : 자기 스스로를 일컬음)는 분명히 드러내서 대답하나니, 법상法相은 부끄러운 의례儀禮로서 중생의 몽매함을 일깨우는 약이지만 도리어 색色의 성품일 따름이다."

현경顯慶 원년에 고을 수령인 소원선蕭元善이 산에서 내려와 건초사建初寺에 살기를 거듭 청하였다. 대사는 사양하다가 마지못하여 마침내 상수上首 제자인 지암智巖을 방에 들라고 명해서 법인法印을 부촉한 뒤에 대대로 전수하도록 당부하였다.

그리하여 산을 떠나려 할 때에 대중에게 말했다.

"나는 다시 이 산을 밟지 않을 것이다."

당시 새와 짐승들이 슬피 울기를 한 달이 넘도록 그치지 않았고, 암자 앞에 큰 오동나무 네 그루가 있었는데 한 여름이건만 홀연히 스스로 시들었다.

그 이듬해 정사년丁巳年 윤정월閏正月 23일 건초사에서 임종하니, 수명은 64세이고 법랍法臘은 41세였다. 그 달 27일 계롱산雞籠山에 무덤을 만드니, 전송하는 이가 1만여 명이나 되었다. 그 우두산牛頭山의 옛터에 금원金源, 호포천虎咆泉, 석장천錫杖泉, 금구金龜 등의 연못과 좌선하던 석실石室이 지금도 모두 남아 있다.

제2세 지암智巖 선사

그는 곡아曲阿 사람으로서 성은 화華씨이다. 약관의 나이에 지혜와 용맹이 남보다 뛰어났고, 키는 7척尺 6치〔寸〕나 되었다.

수隋의 대업大業 때에 낭장郎將이 되어서 항상 활 끝에다 물 거르는 주머니 하나를 달고 다니면서 가는 곳마다 물을 떠먹었고, 누차 대장을 따라 토벌을 나가서 공을 세웠다.

당唐의 무덕武德 때에 나이 40세가 되자, 마침내 출가를 원하였다. 그리하여 서주舒州 완공산皖公山에 들어가 보월寶月 선사의 제자가 되었다.

그 뒤 어느 날 좌선을 하다가 키가 10척이 넘는 기이한 스님이 보였는데, 모습이 훤칠하고 말소리가 낭랑하였다. 그가 대사에게 말했다.

"그대는 80생을 출가했으니 마땅히 더욱 정진하라."

말을 마치고는 이내 사라졌다.

어느 날 골짜기에서 선정에 들었는데, 갑자기 골짜기의 물이 넘쳤으나 대사가 태연히 흔들리지 않자 물이 저절로 물러갔다. 이때에 어떤 사냥꾼이 지나다가 이를 보고는, 허물을 고치고 선행을 닦았다.

또 옛날에 함께 군대에 종사하던 두 친구가 있었는데, 대사가 은둔했다는 말을 듣자, 함께 산에 들어가서 대사를 찾았다. 이윽고 대사를 만나게 되자 말했다.

"낭장은 미쳤는가? 왜 여기에 계시오?"

대사가 대답했다.

"나는 광증狂症에서 깨어나려고 하는데, 그대의 광증은 제대로 일어나고 있구나. 무릇 색을 즐기고, 소리에 빠지고, 영화로움을 탐하고, 은총을 바라면 생사生死를 떠돌게 될 뿐이니, 어찌 이로부터 벗어나겠는가?"

두 사람은 깊이 감동하여 탄식하고는 물러갔다.

대사는 정관貞觀 17년에 건업建業으로 돌아가서 우두산牛頭山에 들어가 우두牛頭 법융法融 선사를 뵙고는 큰 일〔大事〕을 밝혔다.

선사가 대사에게 말했다.

"내가 도신道信 대사大師의 진결眞訣을 받으니 얻은 바가 몽땅 없어졌다. 설사 열반보다 수승한 어떤 법이 있다고 하여도 나는 또한 꿈과 허깨비 같다고 말하겠노라. 무릇 하나의 티끌이 날아서 허공을 가리고, 하나의 겨자씨가 떨어져서 땅을 덮는다. 그대는 지금 이런 소견을 이미 초월했으니, 내가 다시 무엇을 말하겠는가. 산문山門을 교화하고 인도할 일을 이제 그대에게 맡기노라."

대사는 명命을 받고 제2세가 되었다. 뒤에 다시 정법을 혜방慧方 선사에게 전하고는, 백마사白馬寺와 서현사棲玄寺에 있다가 다시 석두성石頭城으로 옮겨 머물렀다.

의봉儀鳳 2년 정월 10일에 입멸하였는데, 얼굴빛이 변하지 않고 몸의 굴신屈伸이 살았을 때와 같았으며, 방 안에 이상한 향기가 가득하여 열흘이 지나도 가시지 않았다. 유언에 따라 수장水葬을 지내니, 수명은 78세이고, 법랍法臘은 39세였다.

제3세 혜방慧方 선사

그는 윤주潤州 연릉延陵 사람으로서 성은 복濮씨이다. 개선사開善寺로 출가하였는데, 구족계를 받을 무렵에는 경·율·논을 환하게 밝혔다.

뒤에 우두산에 들어가서 지암智巖 선사를 뵙고는 비의秘義의 요체를 물었는데, 지암은 그의 근기가 정법을 감당할 만한 그릇임을 보고는 마침내 심인心印을 보여주니, 대사는 활연히 깨달았다. 그로부터 숲 밖을 나가지 않기를 10년이 넘게 하니, 사방에서 배우는 자가 구름처럼 모였다.

대사가 하루는 대중에게 말했다.

"나는 다른 곳으로 가서 근기에 따라 중생을 제도할 생각이니, 너희들은 잘 있어라."

그리하여 정법안장을 법지法持 선사에게 부촉하고는, 마침내 모산茅山으로 돌아갔다. 몇 해 있다가 열반에 들려고 하는데, 5백 명쯤으로 보이는 사람들이 머리칼을 뒤로 드리워서 보살같이 꾸미고는 제각기 번을 들고 와서 "법사님께 강의를 청합니다"라고 하였다. 또 산신이 큰 구렁이의 몸으로 변하여 뜰 앞에 와서 울며 이별하는 듯한 모습을 보였다. 그러자 대사가 시자侍者인 홍도洪道에게 말했다.

"나는 떠나야겠다. 너는 지금 문인들에게 가서 이 사실을 알려라."

문인들이 달려왔을 때 대사는 이미 열반에 들었으니, 때는 당나라 천책天冊 원년 8월 1일이었다. 산의 나무들이 흰빛으로 변하고 계곡의 물이 7일 동안 흐르지 않았으며, 도인과 속인이 슬프게 앙모하면서 우니 그 소리가 산골짜기를 진동하였다. 수명은 67세이고, 법랍은 40세였다.

제4세 법지法持 선사

그는 윤주潤州 강녕江寧 사람으로서 성은 장張씨이다. 어릴 때에 출가하여 30세가 되었을 때 황매산黃梅山의 홍인弘忍 대사大師 회상에 가서 법을 듣다가 마음이 열렸고, 뒤에 다시 혜방 선사를 만나 인가를 받고서 그의 산문山門을 계승하여 우두종牛頭宗의 조사가 되었다. 그래서 황매〔弘忍〕 대사大師가 세상을 하직할 때에 그의 제자인 현색玄賾에게 이렇게 말하였다.

"후대에 나의 법을 전할 자가 열 사람쯤 되리니, 금릉金陵의 법지法持도 그 중의 하나이니라."

나중에 법안法眼을 지위智威 선사에게 부촉하고, 당나라 장안長安 2년 9월 5일에 금릉金陵 연조사延祚寺의 무상원無常院에서 임종하면서 유언하였다.

"사체는 소나무 밑에 드러내 놓아 새와 짐승들이 먹게 하라."

해가 솟는 아침 공중에서 신령한 번幡이 서쪽으로부터 와서 산을 몇 차례 돌았고, 그가 살던 옛집의 대숲은 흰빛으로 변했다가 7일이 지나서야 그쳤다. 수명은 68세이고, 법랍은 41세였다.

제5세 지위智威 선사

그는 강녕江寧 사람으로 성은 진陳씨이다. 영청산迎青山에서 머물렀다. 열 살 되었을 때 어느 날 홀연히 집을 나갔는데, 어디를 갔는지 알 수가 없었다. 부모가 이리저리 찾다가 만났을 때에는 이미 천보사天寶寺의 통統 법사法師에 의하여 출가한 뒤였다.

스무 살에 구족계를 받은 뒤에 법지法持 선사가 세상에 나셨다는 말을 듣고는 찾아가 뵙고서 정법을 전해 받았다. 그로부터 강남[江左]의 배우는 무리들이 모두 대사의 문하로 달려왔는데, 그 중에서 혜충慧忠이라는 이가 법기法器로 지목되었다. 대사는 일찍이 그에게 게송을 제시해 주었다.

생각 생각[念念]에 얽매이지 말라.
생사生死의 강물을 이루게 되면
여섯 길[六趣]의 바다에서 헤매면서
끝없는 파도를 벗어나지 못하리.
莫繫念念　　成生死河
輪迴六趣海　　無見出長波

혜충이 게송으로 화답하였다.

생각의 상想은 허깨비로부터 일어나고
성품은 본래 끝과 시작이 없네.
만일 이 속의 뜻을 깨닫는다면
생사의 긴 물결은 저절로 멈추리라.
念想由來幻　　性自無終始
若得此中意　　長波當自止

대사가 다시 게송으로 보여 주었다.

나의 본래 성품은 비고 없지만
허망함을 반연하여 남과 내가 생기네.
어찌해야 허망한 정情을 쉬어 버리고

공처空處에 돌아가 앉을 수 있겠는가.

余本性虛無　緣妄生人我
如何息妄情　還歸空處坐

혜충이 또 게송으로 대답했다.

비고 없음이 바로 실다운 바탕〔實體〕이거늘
남과 내가 어디에 존재하리오.
허망한 정을 쉬려 하지 않는 것이
바로 반야선般若船을 타는 것일세.

虛無是實體　人我何所存
妄情不須息　卽汎般若船

대사는 그가 깨달았음을 알고는 곧 산문山門을 부촉하였다. 그리고는 마침내 인연을 따라 교화하는 길을 떠났다.

당나라 개원開元 17년 2월 18일에 연조사延祚寺에서 임종했는데, 열반에 들려고 할 때에 제자들에게 이렇게 일렀다.

"숲 속에다 사체를 놓아서 새나 짐승들에게 보시하라."

수명은 77세였다.

제6세 혜충慧忠 선사

그는 윤주潤州 상원上元 사람으로서 성은 왕王씨이다. 나이 스물세 살에 장엄사莊嚴寺에서 업을 닦다가 나중에 지위智威 선사가 세상에 나왔다는 말을 듣고는 가서 뵈었다. 지위 선사가 흘깃 보면서 말하였다.

"산의 임자〔山主〕가 왔군."

대사가 이 말에 감응하여 미묘한 지취旨趣를 깨달았다. 마침내 좌우에서 모시다가 나중에는 그 곁을 하직하고 여러 곳으로 순례巡禮를 떠났다.

지위 선사가 구계원具戒院 앞에 능소등(淩霄藤 : 덩굴나무)이 있는 것을 보았는데, 여름이 되어도 시들어 있었다. 이에 사람들이 베어 버리려고 하자, 말했다.

"베지 말라. 혜충이 돌아올 때에는 이 등나무가 다시 살아나리라."

대사가 돌아오는 날 과연 그 말처럼 되니, 지위 선사는 산문을 그에게 맡기고 연조사延祚寺에 가서 살았다.

대사는 평생에 옷 한 벌로 살면서 바꾸지 않았고, 그릇은 오직 쇠솥〔鐺〕 하나만을 사용했다. 일찍이 누가 스님에게 곡식 두 창고를 공양했는데, 도적이 엿보자 호랑이를 시켜서 지키게 하였다. 이때 현령縣令 장손長遜이라는 이가 산 정상까지 왔다가 대사를 뵙고는 물었다.

"제자가 몇이나 되십니까?"

대사가 대답했다.

"서넛 되오."

"좀 볼 수 있겠습니까?"

대사가 선상禪床을 탁탁 치자 호랑이 세 마리가 으르렁거리면서 나오니, 장손이 겁이 나서 달아났다.

뒤에 대중이 청해서 성에 들어가 옛 장엄사莊嚴寺에 머물렀다. 대사는 전殿의 동쪽에다가 따로 법당 하나를 짓고자 하였는데, 그곳에 먼저 있던 고목 위에는 까치들이 집을 짓고 있었다. 목수들이 나무를 베려고 할 때에 대사가 까치들에게 말하였다.

"여기다 법당을 지으려고 하는데, 너희들은 왜 빨리 물러가지 않느냐?"

말을 마치자, 까치들은 곧 다른 나무로 옮겨가서 둥지를 틀었다.

처음 기초를 쌓을 때에 두 신인神人이 와서 네 귀퉁이를 정해 주었고, 다시 밤에도 몰래 와서 일을 도왔기 때문에 공사는 며칠도 되지 않아서 끝났다. 그리하여 사방의 학도學徒들이 구름처럼 법좌에 모여들었는데, 법을 얻은 이만도 34명으로서 제각기 한 곳에 거점을 두고 많은 대중을 교화하였다. 대사가 일찍이 안심게安心偈를 지어서 대중에게 보였다.

사람과 법이 쌍으로 맑고
선함과 악함을 모두 잊었다.
진심眞心의 참되고 실다움이
바로 보리의 도량道場이로다.
人法雙淨　　善惡兩忘
眞心眞實　　菩提道場

당나라 대력大曆 3년에 석실 앞에다 쇠솥을 걸고 나무에다 옷을 거니, 등나무가 갑자기 한여름인데도 말라죽었다.

대력 4년 6월 15일에 스님들을 모아서 포살布薩을 마친 뒤에 시자에게 명하여 머리를 감기고 몸을 씻기게 하였는데, 그날 밤에 상서로운 구름이 그 정사精舍를 덮고 공중에서 다시 하늘 음악 소리가 들리더니, 새벽이 되자 편안히 열반에 들었다. 그때 갑자기 비바람이 사납게 치면서 숲속의 나무를 부러뜨리고, 또 흰 무지개가 바위와 골짜기를 꿰뚫었다. 5년 봄에 다비를 거행하였는데, 셀 수 없이 많은 사리를 얻었다. 수명은 87세였다.

앞의 법융法融 선사 휘하 3세의 방계로 나온 법손

금릉金陵 종산鍾山의 담최曇璀 선사

그는 오군吳郡 사람으로서 성은 고顧씨이다. 처음에 우두牛頭 법융法融 대사를 뵈었는데, 대사가 첫눈에 기특하게 여겨서 그에게 일러 주었다.

"빛깔과 소리는 생긴 적이 없는 독약〔鴆毒〕이요, 느낌과 상념은 지인至人의 함정〔坑阱〕이니, 그대는 알겠는가?"

대사는 묵묵히 살펴서 현묘한 종지를 크게 깨달았다. 이어서 종산鍾山에 자취를 감춘 지 여러 해 동안 띠집〔茅庵〕에서 질그릇을 쓰며 일생을 마쳤으니, 당나라 천수天授 3년 2월 6일에 평온하게 선정에 들어서 7일 만에 열반에 들었다. 수명은 62세였다.

앞의 지위智威 선사 휘하 3세의 방계로 나온 법손

선주宣州 안국사安國寺 현정玄挺 선사

그는 어느 곳 사람인지 알 수 없다. 일찍이 어느 날 장안에서 『화엄경』을 강의하던 스님이 오조(五祖 : 智威)에게 와서 물었다.

"진성연기眞性緣起라고 하는데, 그 뜻이 무엇입니까?"

오조가 잠자코 있자, 그때 대사(현정)가 모시고 서 있다가 말했다.

"대덕께서 한 생각[一念]을 올바로 일으켜서 물을 때가 바로 진성眞性 속의 연기입니다."

그 스님이 그 말끝에 크게 깨달았다.

또 어떤 이가 물었다.

"남종南宗은 누구로부터 세워진 것입니까?"

대사가 대답했다.

"마음의 종지[心宗]는 남도 아니고 북도 아니다."

윤주潤州 학림鶴林 현소玄素 선사

그는 윤주潤州 연릉延陵 사람으로서 성은 마馬씨이다. 당나라 여의如意 시절에 강녕江寧 장수사長壽寺에서 수업을 하다가 늦게 지위智威 선사를 참례해서 마침내 참된 종지를 깨달았다.

나중에 경구京口의 학림사鶴林寺에 거주했는데, 하루는 어떤 백정이 와서 알현하고는 자기 집에 와서 공양 받기를 원했다. 대사가 흔쾌히 승낙하고서 가자 대중들이 모두 의아하게 여겼다. 대사가 그들에게 말했다.

"불성佛性은 평등하여 어진 이와 어리석은 이가 같다. 제도할 수 있는 이라면 즉시 가서 제도할 뿐이니, 다시 무슨 차별을 두겠는가?"

또 어떤 스님이 와서 물었다.

"무엇이 서쪽에서 온 뜻입니까?"

대사가 대답하였다.

"이해하는[會] 것이 곧 이해하지 못하는 것이요, 의심하는 것이 곧 의심하지 않는 것이다."

그리고 나서 다시 말했다.

"이해함이 없으면 의심함이 없을 것이요, 의심함이 없으면 이해함도 없을 것이다."

또 어떤 스님이 와서 문을 두드리자 대사가 물었다.

"누구요?"

스님이 대답했다.

"중입니다."

"중만이 아니라 부처가 온다 해도 들어오지 못한다."

"부처가 왔는데도 어찌하여 들어가지 못합니까?"

"그대가 머물 곳은 없다."

천보天寶 11년 11월 11일 밤중에 병 없이 열반에 드니, 수명은 85세였다. 황학산黃鶴山에 탑을 세우니, 대진 선사 대화보항의 탑〔大津禪師大和寶航之塔〕이라는 시호를 내렸다.

서주舒州 천주산天柱山 숭혜崇慧 선사

그는 팽주彭州 사람으로서 성은 진陳씨이다. 당나라 건원乾元 초에 서주 천주산天柱山에 가서 절을 창건하니, 황제가 영태永泰 원년元年에 천주사天柱寺라는 명호를 내렸다.

어떤 스님이 물었다.

"어떤 것이 천주天柱의 경계입니까?"

대사가 대답했다.

"주박산主薄山은 높아서 해〔日〕를 보기 어렵고, 옥경봉玉鏡峰 앞에서는 사람을 알아보기 쉽다."

"달마가 이 땅에 오기 전에도 불법이 있었습니까?"

"오기 전은 문제 삼지 말고, 바로 지금 일은 어떠한가?"

"저는 이해하지 못하니 스님께서 가르쳐 주십시오."

"만고萬古의 긴 허공에 하루아침의 풍월風月이다."

양구良久하다가 다시 말했다.

"사리(闍黎 : 상대방을 가리키는 말)여, 이해하겠는가? 자기 일은 어찌하고서, 달마가 왔는가, 오지 않았는가를 간섭하는가? 그가 온 것은 마치 점쟁이와 같을 뿐이니, 그대가 이해하지 못하는 것을 보자 그대를 위해 괘를 뽑아 보고 길하다 흉하다고 말하지만, 모두가 그대의 분수에 매여 있을 뿐이다. 일체를 스스로 살펴보라."

"어떤 것이 점을 풀이하는 사람입니까?"

"그대가 문을 나설 때는 문득 맞지 않는다."

"어떤 것이 천주天柱의 가풍家風입니까?"

"때때로 백운白雲이 와서 문을 막을 뿐, 다시 풍월風月이 사방의 산으로 흐르는 일은 없다."

"죽은 스님은 천화遷化하여 어디로 갔습니까?"

"심악봉灊嶽峰은 높아서 길이 푸름을 쌓아가고, 서강舒江의 밝은 달은 빛깔이 찬란하다."

"어떤 것이 대통지승불大通智勝佛입니까?"

"광겁曠劫 이래로 일찍이 막히거나 걸린 적이 없으면, 대통지승불이 아니고 무엇이겠는가?"

"어찌하여 부처님의 법이 현전하지 않는 것입니까?"

"다만 그대가 회통하지 못하지 못했기 때문에 현전하지 않게 된 것일 뿐이다. 만일 그대가 회통하였다면, 이룰 만한 불도佛道도 없는 것이다."

"어떤 것이 도道입니까?"

"흰 구름이 청산을 덮고, 벌과 새가 뜰에 핀 꽃 위를 걷는다."

"예로부터의 성인들은 어떤 말씀을 하였습니까?"

"그대는 지금 내가 무슨 말을 한다고 보는가?"

"종문(宗門 : 祖師의 家門)의 도리에서 화상이 제창해 주기를 청합니다."

"돌소[石牛]가 길게 부르짖으니 진공眞空의 밖이요, 나무말[木馬]이 울 때에 달은 산 너머로 숨는다."

"어떤 것이 화상께서 사람을 이롭게 하는 곳입니까?"

"한 줄기의 빗발이 두루 뿌리니, 1천 봉우리의 산색山色이 수려하다."

"어떤 것이 천주산 속의 사람입니까?"

"홀로 1천 봉우리의 정상을 거닐고, 아홉 굽이의 샘물에서 노니느니라."

"어떤 것이 서쪽에서 온 뜻입니까?"

"흰 원숭이가 새끼를 안고 푸른 봉우리에 오고, 벌과 나비는 초록빛 꽃술 사이로 꽃을 물어온다."

대사가 산에 살면서 도를 연설한 지 22년째인 대력大歷 14년 7월 22일에 열반에 들었다. 절 북쪽에다 탑을 세웠는데, 진신眞身이 아직도 존재한다.

앞의 윤주潤州 학림사鶴林寺 현소玄素 선사의 법손

항주杭州 경산徑山 도흠道欽 선사

그는 소주蘇州 곤산崑山 사람으로서 성은 주朱씨이다. 처음에는 유교儒教를 따랐는데, 28세 때 현소玄素 선사가 그를 만났을 때 이렇게 말했다.

"그대의 신기神氣가 온화하고 순수한 것을 보아 하니, 참된 법보法寶로다."

대사가 감동을 받아 깨우친 바가 있어서 바로 제자가 되기를 원하니, 현소는 몸소 머리를 깎아 주면서 당부하는 말을 하였다.

"그대는 물을 따라 내려가다가, 경徑이란 곳을 만나거든 멈추어라."

마침내 대사가 남쪽으로 가다가 임안臨安에 닿았을 때 동북쪽에 있는 산을 보고는 나무꾼을 찾아서 물었는데, 나무꾼이 경산徑山이라고 대답하자 그곳에 머물렀다〔駐錫〕.

어떤 스님이 대사에게 물었다.

"어떤 것이 도입니까?"

대사가 대답했다.

"산 위에 잉어가 있고, 물 밑바닥에 먼지가 있다."

마조馬祖가 사람을 시켜서 편지를 보냈는데, 편지에는 원상圓相 하나를 그렸었다. 대사는 편지를 받고 개봉한 뒤에 원상 안에다 한 획劃을 긋고 다시 봉해서 돌려보냈다.〔혜충慧忠 국사가 이 말을 듣고 "도흠은 아직도 마조의 속임수에 빠졌다"라고 하였다.〕

어떤 스님이 물었다.

"어떤 것이 조사께서 서쪽으로 오신 뜻입니까?"

대사가 대답했다.

"그대의 물음이 마땅치 않다."

"어찌해야 마땅하겠습니까?"

"내가 열반에 든 뒤에야 그대에게 말해 주리라."

마조가 문인門人인 지장智藏을 보내서 물었다.

"12시時 가운데 무엇으로 경계를 삼습니까?"

"그대가 돌아갈 때에야 전갈을 하겠다."

지장이 말했다.

"지금 바로 돌아가겠습니다."

"조계曹谿에게 물어보라고 말을 전하라."

당나라 대력大歷 3년에 대종代宗이 조칙을 내려서 대사를 궁궐로 부르고는, 친히 예를 갖추어서 뵈었다. 어느 날 대사가 대궐 안 뜰에 있다가 황제를 보고 일어나 섰다. 황제가 물었다.

"대사는 왜 일어나시오?"

대사가 대답했다.

"단월檀越께서는 어찌하여 네 가지 위의威儀 가운데서 빈도貧道를 보셨습니까?"

황제가 기뻐하면서 혜충慧忠 국사國師에게 말했다.

"도흠道欽 대사에게 이름 하나를 하사하려고 하오."

혜충 국사가 흔연히 조칙을 받고 물러나서 국일國一이라고 지어 바치니, 황제가 하사하였다.

나중에 궁궐을 하직하고 본산으로 돌아왔다가 정원貞元 8년 12월에 병환에 걸린 모습을 보이고는 법을 설하고 나서 열반하니, 수명은 79세이고, 시호는 대각大覺 선사였다.

앞의 항주杭州 경산徑山 도흠道欽 선사의 법손

항주杭州 조과鳥窠 도림道林 선사

그는 본군本郡의 부양富陽 사람으로서 성은 반潘씨이다. 어머니 주朱씨는 입으로 태양이 들어오는 꿈을 꾸고는 태기가 있었다. 탄생할 때에는 기이한 향기가 방에 가득하였으므로 향광香光이라고 이름하였다.

9세에 출가하여 21세에는 형주荊州의 과원사果願寺에서 구족계를 받았고, 나중에 장안 서명사西明寺에 있는 복례復禮 법사에게 가서 『화엄경華嚴經』과 『기신론起信論』을 배웠다. 복례가 진망송眞妄頌을 보이면서 선나禪那를 닦으라 하자, 대사가 물었다.

"처음에 어떻게 관찰하며, 어떻게 마음을 써야 합니까?"

복례가 오래도록 말이 없자, 대사는 세 번 절하고서 물러갔다.

때마침 당의 대종이 경산徑山 국일國一 선사를 대궐로 초청했는데, 대사가 가서 선사를 뵙고 마침내 정법을 전해 받았다. 그리고는 남쪽으로 돌아왔는데, 이보다 먼저 고산孤山의 영복사永福寺에는 벽지불辟支佛의 탑이 있어서 당시의 도속道俗들이 함께 법회를 하고 있었다.

대사가 석장을 흔들면서 들어가니, 영은사靈隱寺의 도광韜光 법사가 물었다.

"여기는 법회를 하는 곳인데, 어찌하여 소리를 내는가?"

대사가 대답했다.

"소리가 없으면 누가 이 법회를 알겠는가?"

훗날 진망산秦望山에 낙락장송落落長松이 있는 것을 보았는데, 가지와 잎이 무성하면서도 그 모양이 마치 일산 같아서 마침내 그 위에 자리를 잡고 살았다. 그래서 당시 사람들은 그를 조과鳥窠 선사라 하였다. 또 까치가 그 곁에 둥지를 짓고 자연히 길들여져 가까이했으므로 작소鵲巢 화상和尙이라고도 하였다.

회통會通이라는 시자侍者가 있었는데 어느 날 갑자기 떠나려고 하직을 하자, 대사가 물었다.

"너는 지금 어디로 가려는가?"

회통이 대답했다.

"회통은 법을 알기 위해 출가하였지만, 화상의 자비로운 가르침을 받지 못했습니다. 그래서 이제 여러 곳을 다니면서 불법을 배우고자 합니다."

"그런 불법쯤이라면 나에게도 약간은 있다."

"어떤 것이 화상의 불법입니까?"

대사가 즉시 몸에서 실오라기〔布毛〕 하나를 뽑아서 불어 날리니, 회통이 마침내 현묘한 종지를 깨달았다.

원화元和 시기에 백거이白居易가 이 고을의 군수로 왔는데, 이 산에 들른 길에 대사를 알현하고서 물었다.

"선사께서 머무는 곳이 너무나 위태합니다."

대사가 대답했다.

"태수의 위험은 더욱 심하오."

"제자는 지위가 강산江山을 진압하고 있는데, 무슨 위험이 있겠습니까?"

"장작과 불이 서로 사귀듯이 식識의 성품이 멈추질 않으니, 위험치 않겠는가?"

또 물었다.

"어떤 것이 불법의 대의입니까?"

"모든 악은 짓지 말고, 뭇 선행은 받들어 행하라."

"세 살짜리 아기도 그런 것은 알겠습니다."

"세 살짜리 아기도 말은 할 수 있으나, 80살 노인도 행하지 못한다."

백거이가 드디어 절을 하였다.

선사가 장경長慶 4년 2월 10일에 시자에게 말했다.

"나는 이제 과보가 다했다."

말을 마치고는 앉은 채로 열반에 드니, 수명은 84세이고, 법랍은 63세였다.〔어떤 이가 말하기를 "대사의 이름이 원수圓修이다"라고 하였는데, 시호諡號가 아닌가 한다.〕

앞의 항주杭州 조과鳥窠 도림道林 선사의 법손

항주杭州 초현사招賢寺 회통會通 선사

그는 본군(本郡 : 항주) 사람으로서 성은 오吳씨이고, 본래 이름은 원경元卿이다. 형상이 단정하면서도 준엄하고 어릴 때부터 총명하였다.

당나라 덕종德宗 때에 육궁사(六宮使 : 관직 이름)가 되니, 왕족들이 모두 좋아하였다. 봄이 되어 소양궁昭陽宮 뜰에서 꽃들이 번성한 것을 보고는 오래도록 구경하고 있었는데, 홀연히 공중에서 이런 소리가 들렸다.

"허망한 허깨비의 모습이 피었다 떨어지기를 그치지 않으면서 선근善根을 파괴하거늘, 그대는 어찌 그것을 즐기는가?"

대사가 자세히 반성해 보니 젊은 나이에 벼슬을 숭상한 것이 지극히 싫어졌다. 하루는 황제가 궁전에서 노닐다가 대사에게 물었다.

"경卿은 어찌하여 즐거워하지 않소?"

대사가 대답했다.

"신臣은 어릴 때부터 누린 것을 먹지 않으면서 스님이 되기를 소원하였습니다."

"짐朕은 그대를 형제처럼 여기고 있어서, 부귀가 남보다 뛰어나고자 한다면 그대의 뜻을 따라 줄 것이지만, 출가만은 허락하지 못하오."

열흘이 지났을 때 황제는 그의 얼굴이 초췌한 것을 보자, 왕빈王賓을 불러 상相을 보게 하였다. 왕빈이 아뢰었다.

"이 사람은 삼보를 계승해야 합니다."

황제가 대사에게 말했다.

"경의 소원대로 하겠으니, 마음대로 날짜를 받아서 곧 알려 주오."

대사가 황제의 승낙을 받고 감사를 드렸다. 이때 고향에서 어머니가 병환이 났다는 소식이 왔다. 곧 집으로 돌아가 어머니를 문안하기를 청원하니, 황제는 하사품을 후하게 주고 유사有司에게 분부하여 길을 안내케 하여 집으로 보냈다. 집에 온 지 얼마 되지 않았을 때 도광韜光 법사法師의 권면勸勉으로 조과鳥窠 도림道林 선사를 만나 그의 단월(檀越 : 시주)이 되어 암자와 절을 지어 주었다. 절이 낙성되는 날 이렇게 여쭈었다.

"제자는 7살 때부터 채식을 하였고, 11살에 5계를 받았고, 지금 22살에는 스님이 되기 위하여 관직을 그만두었습니다. 바라건대 화상께서는 스님을 만들어 주십시오."

도림이 대답했다.

"요즈음 스님이 되는 사람은 정성껏 고행하는 이가 드물어서 그 행실이 대체로 들뜨거나 넘친다."

대사가 말했다.

"본래의 청정함[本淨]은 갈고 닦아서 이루는 것이 아니며, 원래의 밝음[元明]은 연緣에 따라 비추는 것이 아닙니다."

"그대가 만약 청정한 지혜가 묘하게 원만하고 그 체體가 스스로 공적한 것을 요달한다면, 그것이 바로 진정한 출가이니 어찌 외적인 모습을 빌리겠는가. 그대는 마땅히 재가在家의 보살이 되어 보시와 계율을 함께 닦음으로서 사령운謝靈運의 무리처럼 되어라."

"그러나 이(理 : 이치)로는 비록 그렇더라도 사(事 : 현상)에서는 무슨 이익이 있겠습니까. 만일 자비를 드리워서 거두어 주시면, 맹세코 스승의 가르침을 따르겠습니다."

이와 같이 세 번 청했으나 모두 허락되지 않았다. 이때 도광 법사도 강력히 조과 스님께 여쭈었다.

"궁사(宮使 : 관직의 명칭, 회통을 가리킴)가 장가를 들지도 않았고 시녀侍女도 두지 않았는데, 선사께서 거두어 주시지 않으면 누가 제도하겠습니까?"

이에 조과는 곧 머리를 깎고 구족계를 주었다. 대사는 항상 묘재卯齋[8]를 지키면서 밤낮으로 정진하였으며, 대승 경전을 외우고 안반삼매(安般三昧 : 수식관)를 익혔다. 이윽고 군이 사양하고 딴 곳으로 가려는데, 조과가 실오라기[布毛]를 불어 보이자, 현묘한 종지를

8 묘시卯時에 먹는 재식齋食을 뜻한다.

깨달았기 때문에 당시 포모布毛 시자侍者라는 별명이 있었다.〔앞의 조과 장鳥窠章에서 언급하였다.〕 조과 선사가 열반에 든 지 20년 만에 무종武宗이 그 절을 폐하는 법난法難을 만났는데, 대사는 뭇 스님들과 함께 신령한 탑에 하직 인사를 하고 떠나니, 그의 남은 생애는 알 수 없다.

앞의 혜충慧忠 선사의 두 세대의 방계 법손

천태산天台山 불굴암佛窟巖 유칙惟則 선사

그는 경조京兆 사람으로서 성은 장손長孫씨이다. 처음에 우두牛頭의 충忠 선사를 뵙고서 현묘한 종지를 크게 깨닫고, 나중에 천태 폭포天台瀑布의 서쪽 바위 밑에 은둔했다.

당나라 원화元和 때에 법석法席이 점차 번창하였는데, 이때부터 이 바위를 불굴佛窟이라 하였다. 하루는 대중에게 이런 법문을 하였다.

"천지天地도 본래 없는 물건이요, 나도 없는 물건이다. 그러면서도 일찍이 물건이 없던 적이 없다. 이렇게 성인은 그림자와 같고 백 년은 꿈과 같은 것이니, 누가 태어나고 죽겠는가? 지극한 사람〔至人〕이 이로써 홀로 비추면 능히 만물의 주인이 되리니, 나는 이것을 아는데 그대들도 아는가?"

어떤 스님이 물었다.
"어떤 것이 나라연(那羅延 : 金剛)의 화살입니까?"
대사가 대답했다.
"과녁을 맞추었다."

하루는 홀연히 문인들에게 말했다.

"그대들은 이제 스스로 힘써야 할 것이니, 내가 무슨 말을 하겠는가?"

그 뒤 이튿날 밤에 단정히 앉아서 열반에 드니, 수명은 80세이고 법랍은 58세였다.

앞의 천태산天台山 불굴암佛窟巖 유칙惟則 화상和尙의 법손

천태산天台山 운거雲居 지智 선사

일찍이 화엄원華嚴院의 스님 계종繼宗이 물었다.

"성품을 보아서 부처를 이룬다〔見性成佛〕는 말은 무슨 뜻입니까?"

대사가 대답했다.

"청정한 성품은 본래부터 담연湛然하여 동요가 없으니, 유무有無·정예淨穢·장단長短·취사取捨에 속하지 않고 체體 스스로가 그러하다. 이와 같이 분명히 보면 성품을 보았다 하나니, 성품이 곧 부처이고 부처가 곧 성품이므로 성품을 보아서 부처를 이룬다고 하는 것이다."

"성품이 이미 청정해서 유무有無에 속하지 않는다면, 무엇을 인因하여 보는 일이 있습니까?"

"보아도 보는 대상이 없느니라."

"보는 대상이 없다면, 무엇을 인하여 다시 보는 일이 있습니까?"

"보는 것도 또한 없느니라."

"이렇게 볼 때는 누가 보는 것입니까?"

"보는 주체도 있지 않다."

"궁극의 이치는 무엇입니까?"

"그대는 알지 못하는가? 허망한 계교로 있다고 하면, 곧 주체〔能〕와 대상〔所〕이 있게 되어서 미혹했다는 명칭을 얻게 된다. 보는 데 따라서 견해를 내면 문득 생사에 떨어지지만, 밝게 보는 이는 그렇지 않아서 종일 보아도 본 적이 없고 본 곳을 구해도 그 체體와 모습〔相〕을 얻을 수 없어서 능能과 소所를 함께 끊으니, 이를 이름하여 성품을 보았다고 한다."

"이 성품이 일체의 처소에 두루합니까?"

"두루하지 않은 곳이 없다."

"범부에게도 갖추어 있습니까?"

"위에서 말하기를 두루하지 않은 곳이 없다 하였거늘, 어찌 범부인들 갖추지 않았겠는가?"

"어찌하여 부처님과 보살들은 생사에 구속되지 않고 범부들만이 이 고통에 얽매입니까? 그러니 어찌 두루했다고 하겠습니까?"

"범부들은 청정한 성품 가운데서 능과 소가 있다고 계교하므로 곧 생사에 떨어지지만, 부처님과 보살들은 청정한 성품은 유무에 속하지 않음을 잘 알아서 능과 소를 세우지 않느니라."

"만약 그렇게 설하신다면, 깨친 이와 깨치지 못한 사람이 있겠습니다."

"깨달음이란 대상이 본래 없거늘, 어찌 깨달음의 주체가 있을 수 있겠는가?"

"지극한 이치〔至理〕는 어떠합니까?"

"내가 요점을 말하리니, 그대는 마땅히 기억해 두라. 청정한 성품에는 범부와 성인도 없고, 깨달은 이와 깨닫지 못한 사람도 없다. 범부와 성인은 둘 다 같은 이름이니, 만약 이름을 따라 소견을 내면 곧 생사에 빠지지만, 만약 방편으로 세운 이름이 실체가 아님을 알면 이름에 해당하는 자가 없다."

또 말하였다.

"이는 가장 궁극적인 경지이니, 만일 나는 능히 깨달았고 다른 사람은 미처 깨닫지 못했다고 말한다면, 이는 큰 병이다. 청정함과 더러움〔淨穢〕, 범부와 성인〔凡聖〕이 있다고 보는 것도 큰 병이고, 또 범부와 성인이 모두 없다는 소견을 내어도 인과를 무시하는 것이고, 청정한 성품은 의지해 머물 수 있다고 보아도 큰 병이고, 의지해 머물지 못한다는 견해를 지어도 큰 병이다. 그러나 청정한 성품에 동요는 없지만 파괴되지 않는 방편의 감응 작용과 아울러 자비를 일으켜 운행함을 갖추느니라. 이와 같이 자비를 일으켜 운행하는 곳이 바로 청정한 성품을 내는 것이니, 이를 일러 성품을 보아 부처를 이룬다〔見性成佛〕고 하느니라."

계종은 뛸 듯이 기뻐하면서 절을 하고 물러갔다.

앞의 제32조 홍인弘忍 대사大師의 제1세 방계 법손[제1세]

북종北宗 신수神秀 선사〔『야사삼장지耶舍三藏誌』에 말하기를 "양지良地에서 현묘한 도리가 나온다 했으니, 높고 낮음에 통하는 것은 역시 높은 것이다. 39족族에 비견해도 족하일모분足下一毛分이다"라고 하였다.〕

그는 개봉開封 위씨현尉氏縣 사람으로 성은 이李씨이다. 어릴 때에 유가儒家를 가까이해서 널리 섭렵하여 많이 배웠는데, 얼마 있다가 출가하여 스승을 찾고 도를 찾았다. 기주蘄州 쌍봉雙峰에 있는 동산사東山寺에 가서 5조 홍인 대사를 만나 좌선에 힘쓰다가 이윽고 탄복해서 말했다.

"이 분은 진실로 나의 스승이로다."

그리고는 고행하기를 마음속으로 서원한 후 스스로 나무하기와 물 긷기를 하면서 도를 구하였다. 홍인이 묵묵히 이를 알고 더욱 소중히 여기면서 말했다.

"내가 제도한 사람이 많으나 오해悟解에 있어서는 그대를 따를 자가 없다."

홍인이 열반에 든 뒤에 신수가 강릉江陵의 당양산當陽山에 머물렀는데, 당의 측천무후則天武后가 듣고 수도로 불러서 궁내의 도량에서 공양하며 더욱 공경스럽게 예를 베풀었다. 그리고는 옛 산에 도문사度門寺를 두도록 명령하여 그의 공덕을 기렸다. 이때에 왕王・공公・사士・서庶가 모두 그가 있는 곳을 향하여 배례하였고, 중종中宗이 즉위하고 나서는 더욱 정중히 여겼다.

대신大臣 장열張說이 제자의 예로써 법의 요체를 묻자, 대사가 게송으로써 대답했다.

> 일체의 불법佛法은
> 스스로의 마음에 본래 있거늘
> 마음을 가지고 밖으로 구하면
> 아버지를 버리고 도망하는 것이네.
> 一切佛法　自心本有
> 將心外求　捨父逃走

신룡神龍 2년에 동도東都의 천궁사天宮寺에서 열반에 드니, 대통大通 선사라 시호를 내리고는 우의(羽儀 : 儀裝)와 법물法物을 갖추어 용문龍門에 빈소를 차리게 하였는데, 황제는 다리〔橋〕까지 전송하였고, 왕·공·사·서는 모두 장지葬地까지 참석하였다. 장열張說과 징사徵士인 노홍일盧鴻一이 제각기 비碑에 제사하였다. 문인인 보적普寂과 의복義福 등은 모두가 조야朝野의 존경을 받았다.

숭악嵩嶽 혜안慧安 국사國師〔『야사삼장지耶舍三藏誌』에서 말하기를 "아홉 여인은 부모를 버리고 떠났고, 여덟 여인은 혼인婚姻을 포기하고서 썩은 상에 여섯 다리를 붙여 가면서 마음으로 무리 가운데 으뜸이신 혜안 스님에게 귀의하였다"고 하였다.〕

그는 형주荊州의 지강枝江 사람으로 성은 위衛씨이다.

수隋나라 문제文帝 개황開皇 17년에 천하에 널린 사도승니(私度僧尼 : 度牒 없이 제멋대로 된 스님)를 총괄하여 심사하게 하였는데, 대사가 말하기를 "나는 자격이 없다" 하고는 산골에 숨었다.

대업大業 때에 장정을 많이 뽑아 운하를 개통할 때 굶주려 죽은 시체가 즐비하자, 대사는 걸식을 해서 그들을 구제하였다. 이때 구제를 받은 이가 매우 많았다.

양제煬帝가 대사를 불러도 나아가지 않고 태화산太和山에 몰래 들어갔다. 황제가 강도江都에 행차함으로써 천하가 소란해지자, 주장자를 떨치고 떠나 형악사衡嶽寺로 가서 두타행頭陀行을 하였다.

당나라의 정관貞觀 때에 황매산黃梅山에 가서 홍인 대사를 뵙고는 마음의 요체를 전해 받았으며, 인덕麟德 원년에 종남산終南山 석벽石壁을 지나다가 거기서 눌러 살았다. 고종高宗이 또 대사를 부른 적이 있지만, 조칙을 받들지 않고 명소名所를 두루 다니다가 숭산嵩山의 소림少林에 이르러서 말하였다.

"여기가 내 생명을 마칠 곳이다."

이때부터 참선하는 이가 많이 모였는데, 탄연坦然과 회양懷讓 두 사람이 와서 물었다.

"어떤 것이 조사께서 서쪽에서 오신 뜻입니까?"

대사가 대답했다.

"어찌하여 자기自己의 뜻은 묻지 않는가?"

"어떤 것이 자기의 뜻입니까?"

"마땅히 비밀한 작용을 관찰해야 한다."

"어떤 것이 비밀한 작용입니까?"

대사가 눈을 떴다 감았다 해서 보이니, 탄연히 그 말끝에 돌아갈 곳을 알고는, 다시는 딴 곳으로 가지 않았다. 그러나 회양은 기연機緣이 맞지 않아서 하직하고 조계曹谿로 갔다.

측천무후가 수도로 불러들여 스승의 예로 대우하면서 신수神秀 선사와 똑같이 매우 존중하였다. 측천무후가 일찍이 대사의 나이를 묻자, 이렇게 대답했다.

"기억하지 못합니다."

측천무후가 다시 물었다.

"어찌하여 기억하지 못하시오?"

대사가 대답했다.

"생사生死의 몸은 마치 돌고 도는 고리와 같으니, 고리는 시작도 끝도 없거늘 기억해서 무엇 하겠습니까? 하물며 이 마음이 흘러 들어가는 중간中間은 틈이 없거늘[無間] 거품이 일어났다 꺼졌다함을 보는 것은 망상일 뿐입니다. 처음의 식識으로부터 움직이는 형상이 사라질 때까지도 다만 이러할 뿐이거늘, 어찌 연월일을 기억하겠습니까?"

측천무후가 듣고 머리를 조아려서 신봉하였다. 이윽고 신룡神龍 2년에 중종中宗이 자색紫色 가사를 하사하고 제자 14인을 출가시켰으며, 이어서 궁중으로 맞이하여서 공양하였다.

신룡 3년에는 또 마납摩衲 가사 한 벌을 하사하자, 대사는 사양하고 숭악嵩嶽으로 돌아갔다. 그리고는 그해 3월 3일에 문인에게 이렇게 부촉하였다.

"내가 죽거든 시체를 숲 속에 놓아 두어 들불에 타도록 하라."

얼마 있다가 만회공萬廻公이 와서 뵙자, 대사는 미친 듯이 손을 잡고 이야기를 하는데 곁에서 모신 이가 귀를 기울이고 자세히 들어도 무슨 소리인지 도무지 알 수 없었다.

8일째가 되자 문을 닫고 누워서 입적하니 춘추는 128세였다. 〔수隋의 개황開皇 2년 임인년壬寅年에 태어나, 당의 경룡景龍 3년 기유년己酉年에 멸하였다. 그때 노안老安 국사國師라 칭하였다.〕 문인들이 유언에 따라 시체를 메다 숲 속에 놓으니, 과연 들불이 나서 저절로 화장을 하여 80개의 사리를 얻었는데, 그 중 다섯 개는 붉은 자주색으로서 궁중에 남겨 두었다. 선천先天 2년이 되자 문인들이 부도를 세웠다.

원주袁州 몽산蒙山 도명道明 선사

그는 파양鄱陽 사람으로 진陳나라 선제宣帝의 후손이었다. 나라가 멸망하자 평민이 되었는데, 왕손인 까닭에 일찍이 직위〔署〕를 받았으므로 장군이라는 칭호가 있었다.

어릴 때에 영창사永昌寺에서 출가하였는데, 도를 흠모함이 지극히 간절하였으므로 5조祖의 법회에 가서 극진한 뜻[極意]을 연구하였다. 처음에는 이해하거나 깨달은 것이 없었는데, 5조가 노盧 행자行者에게 비밀히 옷과 발우를 전했다는 말을 듣고는 동지들 수십 명을 거느리고 뒤를 좇아서 대유령大庾嶺까지 이르렀다. 대사가 가장 먼저 보았고 다른 이는 아직 오지 못했는데, 노盧 행자는 대사가 오는 것을 보자 의발衣鉢을 반석 위에다 던지면서 말했다.

"이 옷은 믿음을 표시하는 것이거늘 힘으로 다툴 수 있겠는가? 마음대로 가져가라."

대사가 옷을 들으려고 했으나 산처럼 꼼짝도 하지 않았다. 그는 주저하다가 겁이 나서 말했다.

"제가 온 것은 법을 구하기 위한 것이지 옷을 위한 것이 아닙니다. 바라건대 행자께서는 저에게 열어 보여 주십시오."

조사가 대답했다.

"선善도 생각지 말고 악惡도 생각지 말지니, 바로 이럴 때 어떤 것이 도명道明 상좌上座의 본래면목本來面目인가?"

대사가 즉각 크게 깨닫고는 온몸에 땀을 흘리면서 눈물을 흘리며 몇 차례 절하고는 물었다.

"위에서 보이신 비밀한 말과 비밀한 뜻 이외에 따로 뜻이 있으십니까?"

조사가 대답했다.

"내가 지금 그대에게 말한 것은 비밀이 아니다. 그대가 자신의 본래면목을 반조返照하면, 비밀은 문득 그대 곁에 있다."

"제가 비록 황매산에서 대중을 따랐으나, 실제로는 아직 자신의

면목을 밝히지 못했습니다. 이제 들어갈 곳을 가르쳐 주심을 받으니, 마치 사람이 물을 마실 때 차고 더운 것을 스스로 아는 것과 같습니다. 이제 행자께서 저의 스승이십니다."

"그대가 그렇게 말한다면, 그대와 내가 함께 황매黃梅를 스승으로 섬겼기 때문이니, 잘 보호해서 지녀라."

"저는 이후에 어디로 가오리까?"

"원袁을 만나면 멈추고, 몽蒙을 만나면 살아라."

대사가 절하고 하직한 뒤에 급히 고개 밑으로 돌아가서 다른 동지들에게 말하기를 "앞산이 까마득하여 아무리 멀리 바라보아도 아득할 뿐 종적이 없다. 딴 길로 찾아보자"라고 하자, 모두가 그 말을 믿고 따랐다.

대사는 돌아온 뒤에 홀로 여산廬山의 포수대布水臺에 가서 3년을 살다가 비로소 원주袁州의 몽산蒙山으로 가서 현묘한 교화를 크게 퍼뜨렸다. 처음에는 이름을 혜명慧明이라고 하였으나, 혜능 조사의 앞 글자를 피하기 위하여 도명道明이라고 이름하였다. 제자들은 모두 남쪽으로 보내서 6조를 참문하게 하였다.

앞의 북종北宗 신수神秀 선사의 법손〔홍인 대사의 제2세 법손〕

오대산五臺山 거현巨玄 선사

그는 안륙安陸 사람으로서 성은 조曹씨이다. 어릴 때에 명복원明福院 낭朗 선사에게 수학하였는데, 처음에는 경론經論을 강의하다가 나중에는 선회禪會에 참석하였다. 그리하여 북종北宗을 찾아갔을 때에 신수神秀가 물었다.

"백운白雲이 흩어진 곳은 어떠한가?"

대사가 대답했다.

"어둡지 않습니다."

"여기에 이른 뒤에는 어떠한가?"

"한 가지에서 다섯 잎이 난 것을 똑바로 보았습니다."

신수가 잠자코 허락하므로 방에 들어가 모시면서 대하니 거의 어긋남이 없었다. 뒤이어 상당上黨의 한령寒嶺에 가서 사니, 몇 해 사이에 수천 명의 무리가 모였다. 나중에 오대산五臺山에서 교화를 시작하여 20여 년 만에 열반에 드니 향년 81세였다. 당의 개원開元 15년 9월 3일에 전신을 그대로 탑에 모셨다.

하중부河中府 중조산中條山 지봉智封 선사

그의 성은 오吳씨이다. 처음에 『유식론唯識論』을 강의했지만 이름과 형상〔名相〕에 막혀서 선지식의 꾸지람을 받자, 격분한 나머지 강의를 그치고 길을 떠났다.

무당산武當山에 올라가 신수 선사를 보고는 의심이 단박에 풀렸지만, 성태聖胎를 기를 것을 생각해서 신수를 하직하고는 포진蒲津의 안봉산安峰山에 가서 살았다. 10년 동안을 산에서 내려오지 않고 나무 열매와 샘물을 마시고 살았다. 때마침 그 고을의 목사牧使 위문승衛文昇이 성안으로 들어오기를 청하면서 신안국원新安國院을 지어 주자 그곳에서 살기 시작했는데, 승속이 끊임없이 귀의하였다.

목사가 물었다.

"제가 오늘 이후에 어떠합니까?"

대사가 대답했다.

"해가 몽범(濛汜 : 해가 지는 곳)으로부터 떠서 나무를 비추니 전혀 그림자가 없다."

목사가 처음에는 깨닫지 못해서 읍을 하며 물러났다. 잠시 있다가 밝게 열리면서 의심이 풀려 스스로 깨달았다.

대사가 중조산中條山을 20여 년 동안 왕래했는데, 그 도를 얻은 자가 헤아릴 수 없었다. 열반에 든 뒤에 문인들이 고을의 성 북쪽에다 탑을 세웠다.

연주兗州 항마降魔 장藏 선사

그는 조군趙郡 사람으로서 성은 왕王씨인데, 아버지는 고을의 아전이었다.

대사는 7세에 출가하였는데, 그때는 들에 요귀妖鬼가 많아서 사람들을 홀렸다. 대사는 단신으로 가서 그들을 항복시키되 조금도 두려워하는 기색이 없었으므로 항마降魔라는 이름을 얻었다. 그리고는 바로 광복원廣福院의 명찬明讚 선사에 의해 출가해서 부지런히 시봉하여 법을 받았다.

나중에 북종(北宗 : 神秀의 宗派)이 아주 크게 교화가 번성하게 되자, 힘써 노력하기를 서원하니, 신수가 물었다.

"네 이름을 항마降魔라고 하나, 여기에는 산의 정령이나 나무의 요괴가 없으니, 네가 도리어 마魔가 되겠느냐?"

대사가 대답했다.

"부처가 있으니 마도 있습니다."

"네가 만일 마라면 반드시 부사의不思議의 경계에 머물 것이다."

"이 부처라는 것도 본래 공하거늘 무슨 경계가 있겠습니까?"

신수가 예언을 해주었다.

"너는 소호(少皥 : 小昊로 神話時代 皇帝의 이름)의 터에 인연이 있

다."

이에 대사가 태산泰山을 찾아 들어가니, 몇 해 사이에 학자가 구름같이 모여들었다.

어느 날 문인들에게 고하였다.

"나는 이제 늙었다. 사물이 극에 이르면 근원으로 돌아가는 법이다."

말을 마치고 나서 입적하니, 수명은 91세였다.

수주壽州 도수道樹 선사

그는 당주唐州 사람으로서 성은 문聞씨이다. 어릴 때부터 여러 경서를 탐독하다가 나이 50세가 되자 어떤 고승의 권유로 출가하기를 서원하고는 본부本部 명월산明月山에 있는 혜문慧文에게 절하고 스승으로 모셨다.

대사는 나이 많아서 법法을 구하느라 무척 더딘 것을 부끄럽게 생각했기 때문에 스스로를 격려하면서 다니지 않은 곳이 없었다. 나중에 동락東洛으로 돌아와 신수神秀 선사를 만나고 나서야 말끝에 미묘한 이치를 깨닫고 만년에 법기法器를 이루었다.

이윽고 수주壽州의 삼봉산三峰山을 택하여 초가를 짓고 살았다. 일찍이 어떤 촌사람[野人]이 있었는데, 옷과 겉치장은 소박했으나 말하는 것이 궤이詭異하였다. 말하고 웃는 때 이외에는 부처님 보살·아라한·하늘·선인 등의 형상을 짓기도 하고, 혹은 신령한 광명을 놓기도 하고, 혹은 소리를 내기도 했다. 대사의 제자들은 이를 보았지만 아무도 헤아리지 못했다. 이런 식으로 10년을 거친 뒤에 적적히 자취를 감추었다.

대사가 대중에게 말했다.

"촌사람이 갖가지 재주를 부려서 사람들을 미혹했지만, 오직 불 꺼진 노승老僧만은 듣지도 않고 보지도 않았을 뿐이다. 그의 재주는 다함이 있지만, 나의 보지도 않고 듣지도 않음은 다함이 없다."

당의 보력寶歷 원년에 병이 나서 입적하니 수명은 92세였다. 이듬해 정월에 탑을 세웠다.

회남도淮南都 양산梁山 전식全植 선사

그는 광주光州 사람으로서 성은 예芮씨이다. 처음에 암자 하나를 지어서 살았는데, 태수太守인 위문경衛文卿이 본주本州의 장수사長壽寺에 머물도록 하였으므로, 법문을 열어 무리를 모았다. 위문경이 물었다.

"장차 불법의 흥망이 어떠하겠습니까?"

대사가 대답했다.

"참되고 실다운 물건은 옛날도 이제도 없고 또한 궤촉(軌躅 : 法則)도 없지만, 유위有爲의 법은 네 가지 형상으로 변천한다. 법이 장차 액난厄難을 당하리니, 그대는 볼 수 있을 것이다."

대사는 93세로써 일생을 마쳤고, 당의 회창會昌 4년 갑자甲子 9월 7일에 탑을 세워 안치하였다.

앞의 숭악嵩嶽 혜안慧安 국사의 법손

낙경洛京 복선사福先寺 인검仁儉 선사

그는 숭산嵩山에서 물음을 파罷한 뒤에 들과 장터로 걸림 없이 다니니, 당시 사람들이 그를 등등騰騰 화상이라고 하였다.

당나라 천책天冊 만세萬歲 시절, 측천무후가 불러서 대궐에 들어갔는데, 측천무후를 우러러본 채 양구良久하다가 입을 열었다.

"아시겠습니까?"

측천무후가 대답했다.

"모르겠소."

"노승은 말하지 않는 계를 지니고 있습니다."

이렇게 말하고는 곧 물러갔다. 이튿날 단가短歌 19수를 지어서 바치니, 측천무후가 살펴보고서 가상히 여겼다. 그래서 후한 선물로 사례를 하였는데, 대사는 전혀 받지 않았다.

또 가사歌辭를 필사해서 천하에 퍼뜨리게 하였는데, 그 가사는 진리를 펼침으로써 당시의 풍속을 경책한 것이었다. 오직 요원가了元歌 1수만이 세상에 성대히 유행하였다.

숭악嵩嶽 파조타破竈墮 화상

그의 이름과 성씨는 알 수 없다. 말과 행실은 헤아리기 어려웠으며, 숭악嵩嶽에 은둔해 살았다.

산 중턱에 매우 영험하다는 제당〔廟〕 하나가 있었는데, 그 안에 조왕신竈王神 하나만을 모셔 놓고 원근遠近의 사람들이 끊임없이 제사를 지내면서 산목숨을 매우 많이 삶아 죽였다. 대사가 하루는 시봉하는 스님을 데리고 제당에 들어가서 지팡이로 조왕신을 세 번 때리고 나서 말했다.

"쯧쯧, 이 조왕신은 단지 진흙과 기와로 이루어졌거늘, 성스러움이 어디로부터 왔고 영험함은 어디로부터 일어났기에 이렇듯이 산목숨을 삶아 죽이는가?"

그리고는 다시 세 번을 치니 조왕신이 넘어지면서 깨졌다.〔안安

국사國師가 파조타破竈墮라고 불렀다.] 조금 있다가 어떤 사람이 푸른 옷을 입고 높은 관을 쓰고서 홀연히 대사에게 절을 하니, 대사가 물었다.

"당신은 누구인가?"

그가 대답했다.

"저는 본래 이 제당의 조왕신이었는데, 오랫동안 업보를 받다가 오늘에야 화상께서 설하신 무생법문無生法門을 듣고서 이곳을 벗어나 하늘에 태어나게 되었습니다. 그래서 일부러 사례하러 왔습니다."

"이는 그대가 본래 가지고 있는 성품이지, 내가 억지로 말한 것이 아니다."

조왕신은 다시 절하고는 이내 사라졌다. 조금 있다가 시봉하는 스님들이 대사에게 물었다.

"저희들은 오랫동안 스님을 곁에서 모시고 있었지만, 아직도 스님께서 애써서 저희들에게 직접 일러 주시는 말씀을 듣지 못하였는데, 조왕신은 어떤 지름길을 얻었기에 하늘에 태어나게 되었습니까?"

"나는 다만 그에게 '본래 진흙과 기와가 합친 것'이라고 말했을 뿐 그를 위해 별다른 도리를 말한 것은 없다."

시봉하던 스님들이 선 채로 말이 없자, 대사가 다시 말했다.

"알겠는가?"

주사(主事 : 직책의 이름)가 대답했다.

"모르겠습니다."

"본래 가지고 있는 성품인데, 어찌하여 알지 못하는가?"

시봉하던 스님들이 이내 절을 하자, 대사가 말했다.

"떨어졌다, 떨어졌다. 깨졌다, 깨졌어."

나중에 의풍義豊 선사라는 이가 안安 국사國師에게 모든 일을 아뢰니, 안 국사가 탄복하였다.

"이 사람이 물아일여物我一如를 몽땅 알아 버렸으니, '밝은 달이 허공에 있는 것과 같아서 보지 못하는 사람이 없다'고 말할 수 있으리라. 그의 말의 본뜻을 바로 알기 어려우리라."

의풍 선사가 머리를 숙이고 합장한 채 물었다.

"모르겠습니다만, 어떤 사람이 그의 어맥을 바로 알겠습니까?"

"알지 못하는 자이다."

또 어떤 스님이 물었다.

"사물마다 형상이 없을 때는 어떠합니까?"

대사가 대답했다.

"절을 하면 오직 그대일 뿐 내가 아니며, 절을 하지 않으면 오직 나일 뿐 그대가 아니다."[9]

그 스님이 절을 하고 물러가자, 대사가 말했다.

"본래 있는 물건은 물건이면서 물건이 아니다. 그러므로 마음이 능히 사물을 굴리는 것이 바로 여래와 같다고 말하는 것이다."

또 어떤 스님이 물었다.

"어떤 것이 선행善行을 닦는 사람입니까?"

대사가 대답했다.

"창을 들고 갑옷을 입은 사람이니라."

"어떤 것이 악을 행하는 사람입니까?"

---

9 그 스님이 절을 하지 않았기 때문에 한 대답이다.

"선禪을 닦아서 정定에 든 사람이니라."

"저는 근기가 얕으니, 스님께서 곧바로 가르쳐 주소서."

"그대가 나에게 악을 물으나 악은 선을 좇지 않고, 그대가 나에게 선을 물으나 선은 악을 좇지 않는다."

양구良久하고는 다시 말했다.

"알겠는가?"

"모르겠습니다."

"악한 사람은 착한 생각이 없고, 착한 사람은 악한 마음이 없다. 그러므로 선과 악은 모두 뜬구름과 같아서 둘 다 일어나거나 사라지는 곳이 없다고 말하는 것이다."

그 스님이 이 말끝에 크게 깨달았다.

또 어떤 스님이 우두산牛頭山에서 왔는데, 대사가 물었다.

"누구의 법회法會에서 오는가?"

그 스님이 다가와서 합장한 채 대사 주위를 한 바퀴 돌고 나서 나가자, 대사가 말했다.

"우두의 회상에는 이런 사람이 있을 수 없다."

스님이 대사 주위를 돌다가 위쪽에서 합장하고 서 있자, 대사가 말했다.

"과연이로다, 과연이야."

스님이 불쑥 물었다.

"사물을 감응하매 타자他者를 말미암지 않을 때는 어떠합니까?"[10]

10 사물에 감응한다 함은 법신法身·보신報身·화신化身을 이루는 것이요, 그를

"어떻게 타자를 말미암지 않을 수 있겠는가?"
"그런 것이 바로 정正을 따라 근원으로 돌아가는 것입니다."
"근원에 돌아가는데 무엇을 따르겠는가?"
"화상의 지시가 아니었다면 허물에 떨어질 뻔하였습니다."
"아직 4조 때의 도리는 보지 못했으니, 본 뒤에 다시 소식을 통해 오라."
그 스님이 불쑥 대사를 한번 돌고 나가자, 대사가 말했다.
"정正을 따르는 도는 예나 지금이나 그러하다."
그 스님이 절을 하였다.

또 어떤 스님이 오랫동안 모시고 서 있자, 대사가 곧 입을 열었다.
"조사와 부처들은 오직 사람 그대로의 본성本性과 본심本心을 말했을 뿐이다. 따로 도리는 없으니, 알아 차려라, 알아 차려라."
그 스님이 절하고 물러가려고 하자, 대사가 불자拂子로 때리면서 말했다.
"한 곳이 이러하니, 천 곳이 모두 그러하구나."
그 스님이 합장한 채 가까이 다가와서 "네"라고 소리를 지르자, 대사가 말했다.
"다시는 믿지 않겠다. 다시는 믿지 않아."
그 스님이 물었다.
"어떤 것이 대천제(大闡提 : 善根이 없는 무리)인 인간입니까?"

말미암지 않는다 함은 주인공을 말미암지 않는다는 말이니, 수행을 부정하는 뜻이다.

대사가 대답했다.

"예배를 존중하는 자이다."

"어떤 것이 크게 정진하는 사람입니까?"

"욕하고 성내는 것이다."

그 뒤에는 어찌 되었는지 그의 행적을 모른다.

숭악嵩嶽 원규元珪 선사

그는 이궐伊闕 사람으로서 성은 이李씨이다. 어릴 때에 출가하여 당나라 영순永淳 2년에 구족계를 받고, 한거사閑居寺에서 계율 배우기를 게을리 하지 않았다. 나중에 혜안慧安 국사國師를 뵈었을 때, 참된 종지로써 인가하자 현묘한 이치를 단박에 깨달았다. 마침내 숭악의 방오龐塢에다 터를 잡고 살았다.

하루는 아관(峨冠 : 職名) 차림을 한 이인異人이 따르는 자를 아주 많이 데리고 가벼운 걸음으로 점잖게 걸으면서 대사에게 문안을 드렸다. 대사가 그의 용모를 보니 특이한 것이 예사 사람이 아니었다. 대사가 말하였다.

"어서 오시오. 무슨 일로 오셨소?"

그가 대답했다.

"스님께서 저를 어찌 아시겠습니까?"

대사가 대답했다.

"나는 부처와 중생을 동등하게 본다. 나는 한 눈으로 보거늘 어찌 분별하겠는가."

"나는 이 숭악의 산신山神으로서 능히 사람들을 살리고 죽게 하거늘, 대사께서 어찌 한 눈으로 저를 보십니까?"

"나는 본래 나지도 않았거늘 어찌 그대가 죽게 할 수 있겠는가.

나는 몸과 허공이 동등한 것으로 보고, 나와 그대가 동등한 것으로 본다. 그대는 능히 허공과 그대를 무너뜨릴 수 있는가? 설사 허공을 무너뜨리고 그대를 무너뜨릴 수 있다 하여도, 나는 나지도 않고 멸하지도 않는다. 그대는 오히려 이와 같이 할 수도 없을 터인데, 어찌하여 나를 나고 죽게 하겠는가?"

산신이 머리를 조아리고 말했다.

"저도 다른 신보다는 총명하고 정직하다고 여겼는데, 어찌 스님같이 광대한 지혜와 변재를 가진 이가 있을 줄이야 알았겠습니까? 바라건대 바른 계戒를 주셔서 저로 하여금 이 세상을 건너게 해주십시오."

"그대가 계를 달라는 것이 곧 계이다. 왜냐하면 계율 밖에 계율이 없기 때문이니, 달리 무슨 계가 또 있겠는가?"

"그 이치는 저로서는 막막하게 들릴 뿐입니다. 오직 스님의 계를 구할 뿐이니, 저를 문중의 제자로 삼아주십시오."

대사는 곧 그를 위해 자리를 펴고 향로[鑪]를 잡고 책상을 반듯이 놓고 말했다.

"그대에게 5계戒를 주겠으니, 받들어 지닐 수 있다면 즉시 '능히 지키겠소'라고 대답하라. 만일 지닐 수 없다면 '못하겠소'라고 대답하라."

산신이 말했다.

"삼가 가르침을 받겠습니다."

대사가 계를 주었다.

"그대는 음행을 하지 않겠는가?"

"장가는 들어야겠습니다."

"그것을 말한 것이 아니다, 색욕을 부리지 않음을 말한다."

"그것은 능히 지키겠습니다."

"그대는 도적질을 하지 않겠는가?"

"제가 무엇이 부족해서 도적질을 하겠습니까?"

"그것을 말한 것이 아니다. 중생들이 흠향歆饗하면 복을 준다고 하고, 공양하지 않으면 재앙을 준다고 하는 것을 말한다."

"그것은 능히 지키겠습니다."

"그대는 살생하지 않겠는가?"

"실제로 그 권한을 지니고 있거늘, 어찌 죽이지 않는다고 하겠습니까?"

"그것을 말하는 것이 아니다. 남용하거나 잘못 알고서 죽이는 것을 말한다."

"그것은 능히 지키겠습니다."

"그대는 거짓말을 하지 않겠는가?"

"저는 정직하거늘 어찌 거짓말을 하겠습니까?"

"그것을 말한 것이 아니다. 앞과 뒤가 천심天心에 맞지 않는 것을 말한다."

"그것은 능히 지키겠습니다."

"그대는 능히 술로 인한 낭패를 당하지 않겠는가?"

"그것은 능히 지키겠습니다."

"위에서 말한 것이 부처님의 계이다. 또한 마음으로 받들어 지니되 마음에 장애나 집착이 없어야 하고, 있음의 마음으로 남을 위해도 나와 남이라는 생각이 없어야 하나니, 능히 이와 같이 하면 천지보다 앞서 태어났어도 정령이 되지 않고, 천지보다 뒤에 죽어도 늙지 않는다. 종일토록 변화하여도 움직인 적이 없고, 끝내 다 적멸하여도 쉬는 적은 없으니, 이 이치를 깨달으면 비록 장가를 들어도 아내가 있다고 여기지 않고, 비록 흠향을 받아도 취하는 것이 아니요, 비록 권한을 가져도 권세를 부리지 않고, 비록 작용함이 있어도 의도적이지 않고, 비록 술에 취해도 혼미하지 않게 된다. 만일 만물에 대하여 무심할 수 있다면 색욕을 부려도 음행이 아니고, 복을 주고 재앙을 주어도 도적질이 아니고, 남용과 착오와 의심으로 죽여도 살생이 아니고, 앞뒤가 천리를 어겨도 거짓말이 아니고, 혼미하여 뒤바뀌어도 취한 것이 아니니, 이것을 무심無心이라 한다. 무심이면 계가 없고 계가 없으면 무심이라서, 부처도 없고 중생도 없고 너도 없고 나도 없으니, 네가 없다면 누가 계를 지키는가?"

산신이 말했다.

"저의 신통이 부처님 버금갑니다."

"그대의 신통은 열 구절[十句]에서 다섯 가지는 능해도 다섯 가지는 능하지 못하고, 부처님이라면 열 구절에서 일곱 가지는 능해도 세 가지는 능하지 못하다."

산신이 두려워서 자리를 고쳐 앉으면서 물었다.

"그 내용을 알려 주십시오."

"그대가 상제上帝를 거역하고 동쪽 하늘로 가면서 서쪽으로 일곱 가지 광채를 비출 수 있는가?"

"못합니다."

"그대가 지기地祇를 윽박지르고 오악五嶽을 뭉개고 사해四海를 묶어둘 수 있겠는가?"

"못합니다."

"이것을 다섯 가지 능하지 못함이라고 말한다. 부처님께서는 온갖 형상의 공空함을 깨달아서 만법의 지혜를 이루셨으나 결정된 업을 즉시 없애지는 못하고, 부처님께서는 뭇 중생의 성품을 다 아시고 억만 겁의 일을 기억하시나 인연 없는 중생을 제도하지는 못하고, 부처님께서는 한량없는 유정有情을 제도하시나 중생 세계를 다하게 하지는 못하나니, 이것을 세 가지 능하지 못함이라고 말한다. 결정된 업이라도 영원한 것은 아니고, 인연이 없다 함도 일기一期를 말한 것이고, 중생세계도 본래 증감增減이 없는 것이라서 한 사람도 유법有法을 능히 주재하는 자가 없다. 유법에 주재자가 없는 것을 무법無法이라 하고, 무법에 주재자가 없는 것을 무심無心이라 한다. 가령 내가 이해하기로는 부처님은 본래 신통이 있는 것이 아니요, 다만 무심으로써 온갖 법을 통달했을 뿐이다."

"저는 진실로 우매해서 공空의 이치를 아직 들은 적이 없지만, 대사께서 주신 계는 잘 받들어 행하겠습니다. 이제 인자하신 덕에 보답하고 싶어서 저의 능력을 바치겠습니다."

"내가 몸을 관찰하건대 물질이 아니고, 법을 관찰하건대 무상하거늘, 공연히 다시 무슨 욕망이 있겠는가?"

"대사께서 필경 저에게 세간 일을 하도록 명령하시면, 저의 조그마한 신통을 부려서 이미 발심한 이와 처음으로 발심하는 이와 아직 발심하지 않은 이와 신심이 없는 이와 신심이 굳은 이 등의 다섯 무리로 하여금 제 신통의 자취를 보게 함으로써, 부처가 있고 신통이 있고 능함이 있고 능하지 못함이 있고 자연自然이 있고 비자연非自然이 있다는 것을 알게 하겠습니다."

"그러지 말라. 그러지 말라."

"부처님께서도 신장에게 불법을 옹호하게 하셨는데, 스님께서는 어찌 부처님의 말씀을 어기십니까? 바라건대 잘 가르쳐 주십시오."

대사는 마지못하여 대답했다.

"동암사東巖寺 둘레는 삭막해서 나무가 없고, 북쪽 산봉우리〔北岫〕에는 숲이 있지만 거의〔皆〕〔구본에는 배背로 되어 있다.〕 의지가 되지 않는다. 그대가 북쪽 산봉우리의 나무를 옮겨다 동암사 쪽에 심어 주겠는가?"

"잘 알았습니다. 그러나 밤중에 반드시 소란한 움직임이 있을 것이니, 놀라지 마십시오."

그리고는 곧 절을 하고 물러갔다. 대사가 문까지 전송하고서 보니 그 위의의 성대함이 왕과도 같았다. 바람·안개·연기·노을이 어지러이 뒤섞이고, 당기와 번기와 고리와 패물이 하늘을 찌를 듯이 넘실거렸다. 그날 저녁에 과연 폭풍이 울부짖으면서 구름이 몰려오고 번개가 쳤는데, 집이 흔들리고 자던 새들이 놀라서 울었다.

대사가 대중에게 일렀다.

"놀라지 말라. 산신이 나에게 약속한 일이 있다."

이튿날 아침에 보니 북쪽 산봉우리의 솔밭이 몽땅 동암사 쪽으로 옮겨졌는데, 첩첩이 줄지어서 심어져 있었다. 대사가 대중에게 말했다.

"내가 죽은 뒤에라도 행여 이 일에 대해 입 밖에 내지 말라. 만일 말을 만들길 좋아하는 이가 있으면 반드시 나를 요망하다 하리라."

개원開元 4년 병진년丙辰年에 문인들에게 유언을 했다.

"내가 처음에는 절 동쪽 마루턱에 살았는데, 내가 죽거든 너희들은 반드시 거기에다 내 뼈를 묻어라."

이 말을 마치고는 태연히 열반하니〔委蛻〕, 춘추는 73세였다. 문인들이 그곳에 탑을 세웠다.

앞의 숭산嵩山 보적普寂 선사의 법손〔홍인 대사의 제3세〕

종남산終南山 유정惟政 선사

그는 평원平原 사람으로서 성은 주周씨이다. 처음에는 고향의 연화사延和寺 전징詮澄 법사에게서 공부를 하다가 숭산嵩山 보적普寂 선사에게서 법을 받았다. 참 이치〔眞詮〕를 깨닫고 나서는, 곧 태일산太一山으로 들어갔는데, 배우는 자들이 도량에 가득하였다.

당나라 대화大和 때에 문종文宗이 조개〔蛤蜊〕를 좋아하자 해안의 관리들이 앞을 다투어 진상했기 때문에 백성들이 피로하였다. 하루는 수랏상에 껍질이 벌어지지 않은 것이 있었다. 임금이 이상하게 여겨서 즉시 향을 피우고 기도를 하자, 잠깐 만에 보살의 형상으로 변했는데 범상梵相이 구족하였다.

즉시 금속단金粟檀으로 된 향합(香合 : 香盒)에 넣고 아름다운 비단으로 덮어서 흥선사興善寺에 하사하여 스님들로 하여금 섬기게 하였다. 그리고는 여러 신하들에게 이 무슨 상서로움이냐고 물었다. 그들 가운데 누군가가 말하기를 태일산에 있는 유정惟政 선사가 불법에 깊이 밝고 지식이 한이 없다고 하였다. 황제는 곧 그를 불러서 이 일에 대해 물으니, 대사가 대답했다.

"신臣이 듣건대, 사물은 공연히 나타나는 일이 없다고 했으니, 이는 바로 폐하의 신심信心을 열어 주려는 것입니다. 그러므로 계경契經에서 말하기를 '이러 이러한 몸으로 제도할 이에게는 곧 이러이러한 몸을 나타내서 법을 설하게 된다'고 하였습니다."

황제가 말했다.

"보살께서 이미 몸을 나타내셨지만 설법은 아직 듣지 못했소."

대사가 말했다.

"폐하께서는 이 일을 보시고 옛일이라 여기십니까, 아니면 옛일이 아니라 여기십니까? 믿으십니까, 믿지 않으십니까?"

"드물고 기이한 일이니, 짐은 깊이 믿는 바이오."

"그러면 폐하께서는 이미 설법을 들으셨습니다."

그때 황제는 일찍이 없었던 기쁨을 느끼고서 천하의 사원에 명하여 각기 관음상觀音像을 모시게 함으로써 특별한 조짐〔休〕에 보답하였다. 그리고 이로 인해 대사를 내도량內道場에 머무르게 하였지만 누차 사양하고 산으로 들어갔다. 다시 조서를 내려서 성수사聖壽寺에 머무르게 하였는데, 무종武宗이 즉위하자 대사는 홀연히 종남산終南山으로 들어가 은거하였다. 사람들이 그 까닭을 물으니, 대사는 이렇게 대답했다.

"나는 원수를 피해서 왔다."

나중에 산간의 초막에서 임종하니 나이는 87세였으며, 화장을 한 뒤에 사리 49개를 얻었는데 회창會昌 3년 9월 4일에 탑에 모셨다.

익주益州 무상無相 선사 법손〔홍인 대사의 제4세〕

익주益州 보당사保唐寺 무주無住 선사

그는 처음에 무상無相 대사에게 법을 얻었다. 뒤에는 남양南陽 백애산白崖山에서 참선〔宴寂〕에 오로지 힘쓰기를 여러 해 동안 하였는데, 배우는 자들이 차츰 차츰 모여와서 간곡히 청해 마지않았다. 이때부터 가르침을 내렸는데, 비록 널리 언교言教를 연설하여도 오직 무념無念으로써 종지를 삼았다.

당나라의 정승〔相國〕 두홍점杜鴻漸이 이 지방의 안무사로 왔는데,

대사의 명성을 듣고 한번 뵙기를 바라더니, 대력大歷 원년 9월에 사자使者를 산으로 보내어 청했다. 이때 절도사節度使 최녕崔寧 또한 각 절의 스님들에게 명령하여 멀리 나와서 마중하게 하였다. 그리하여 10월 1일에 공혜사空慧寺에 이르렀다.

그때 두공杜公과 융수(戎帥 : 최녕)가 3학學의 석덕碩德들을 모두 한자리에 모아 놓고 절을 한 뒤에 두공이 물었다.

"전에 듣건대 대사께서 일찍이 여기에 머무르셨다는데, 그 뒤 어찌하여 떠나셨습니까?"

대사가 대답했다.

"일정하게 머무는 곳 없으니, 본래 성품이 거칠고 털털하여 산간에 있기를 좋아합니다. 하란산賀蘭山과 오대산五臺山을 비롯하여 훌륭한 경관을 두루 다니다가 상공의 관내에 있는 대자사大慈寺에서 나의 스승〔先師〕께서 최상승의 법을 연설하신다는 말을 듣고 일부러 멀리 와서 뵈었습니다. 그리고 외람되이 법을 받은 뒤에는 백애산白崖山에 머무른 지 여러 해가 지났는데, 이제 상공께서 부르시니 감히 따르지 않을 수 있겠습니까?"

두공이 말했다.

"제자가 듣건대, 오늘날 스님께서는 '기억하지 말라〔無憶〕, 생각하지 말라〔無念〕, 망상하지 말라〔莫妄〕'는 세 구절의 법문을 설하신다고 하던데 사실입니까?"

"그렇습니다."

"이 세 구절은 하나입니까, 셋입니까?"

"기억하지 말라 함은 계戒요, 생각하지 말라 함은 선정〔定〕이요, 망상하지 말라 함은 지혜〔慧〕이나, 한 마음이라도 생겨남이 없으면 계와 선정과 지혜를 갖추는 것이니, 하나도 아니고 셋도 아닙니

다."

"마지막 구절의 망妄자는 마음 심心을 쓰는 잊을 망忘자가 아닙니까?"

"아닙니다. 계집 녀女를 쓴 망妄자입니다."

"근거가 있습니까?"

"『법구경法句經』에 말하기를 '정진한다는 마음을 일으키면 망상이지 정진이 아니다. 만일 마음이 망령되지 않으면 그 정진은 한량이 없다'고 하였습니다."

두공이 듣고 나서 의심이 확연히 풀리자, 다시 물었다.

"대사께서는 앞으로 세 구절의 법문으로 사람들을 제도하시겠습니까?"

대사가 대답했다.

"초심학인初心學人에게는 생각을 쉬어서 의식의 물결을 그치게 하면 마치 물이 맑아져서 그림자가 드러나듯 하겠지만, 생각〔念〕의 체體가 없음을 깨달아서 적멸이 현전하면 무념 또한 성립하지 않습니다."

이때 뜰 앞의 나무 위에서 까마귀가 울었는데, 두공이 물었다.

"대사께서는 들으셨습니까?"

"들었소."

조금 있다가 까마귀가 날아갔는데 두공이 다시 물었다.

"대사께서는 들으셨습니까?"

"들었습니다."

"까마귀가 날아가서 소리가 나지 않거늘, 어찌하여 듣는다고 말하십니까?"

그러자 대사가 널리 대중을 향해 말하였다.

"부처님의 세상은 만나기 어렵고 바른 법은 듣기 어려우니, 모두가 자세히 들어라. 들으면서도 들음이 있지 않으니 들음의 성품과는 관련되지 않는다. 본래 나지도 않거늘 어찌 멸한 적이 있겠는가. 소리가 있을 때는 소리의 경계〔聲塵〕가 스스로 생겨나고, 소리가 없을 때는 소리의 경계가 저절로 멸하지만, 그러나 이 들음의 성품은 소리를 따라 나지도 않고 소리를 따라 멸하지도 않는다. 이 들음의 성품을 깨달으면 소리의 경계에 얽매이지 않으니, 들음은 생겨남과 멸함이 없고 들음은 가고 옴이 없음을 반드시 알아야 한다."

두공과 권속과 대중이 모두 머리를 조아리고는 또 물었다.

"무엇을 제일의제第一義諦라 이름하며, 제일의제는 어떤 차제次第를 따라서 들어갈 수 있습니까?"

대사가 대답했다.

"제일의제에는 차제가 없고 또한 출입出入도 없습니다. 세속제(世俗諦 : 세속적인 견해)에는 일체가 있지만 제일의제에는 없으니, 모든 법의 성품 없는 성품을 제일의제라고 합니다. 부처님께서 말씀하시기를 '유법有法은 세속제이고, 성품 없음이 제일의제이다'라고 하셨습니다."

"스님께서 열어 보여 주신 바는 실로 불가사의합니다."

그리고는 두공이 다시 물었다.

"제자는 본래 성품과 식견이 미천하지만, 지난날 공무의 틈을 타서 『기신론장소起信論章疏』 2권을 지어 보았습니다. 이는 불법佛法에 맞는 것입니까?"

"무릇 장소章疏를 짓는 것은 모두 식심識心으로 사량思量하고 분별한 것이라서 유위有爲이고 유작有作이니, 마음을 일으키고 생각을 움직여야 지을 수 있는 것입니다. 『기신론』의 글에 근거하면 이렇습니다.

'온갖 법은 본래부터 언설言說의 모습을 여의고, 명자名字의 모습을 여의고, 마음으로 반연하는 모습을 여의어서 끝끝내 평등하여 변함이 없고 오직 일심一心만이 있을 뿐이기 때문에 이름하여 진여眞如라고 한다.'

이제 상공은 언설의 모습에 집착하고, 명자의 모습에 집착하고, 마음으로 반연하는 모습에 집착하여, 이미 갖가지 모습에 집착하고 있으니, 어찌 불법이라고 하겠습니까?"

두공이 일어나서 절을 하며 말했다.

"제자가 일찍이 여러 공봉대덕(供奉大德 : 스님을 높여 부름)들에게도 이 일을 물은 적이 있는데, 모두 제자를 칭찬하면서 불가사의하다고 하였습니다. 그러나 그들은 모두 인정人情에 끌렸음을 알았으니, 대사야말로 이제 이치에 맞추어 설명해서 심지心地의 법에 합하였습니다. 진실로 이 참다운 이치야말로 불가사의합니다."

두공이 다시 물었다.

"무엇을 불생不生이라 하고, 무엇을 불멸不滅이라 합니까? 그리고 어찌하여야 해탈을 얻겠습니까?"

대사가 대답했다.

"경계를 보아도 마음이 일어나지 않는 것을 이름하여 불생이라 하는데, 불생이면 곧 불멸입니다. 그리고 이미 생멸이 없다면 눈앞의 경계에 속박되지 않고 바로 그 자리에서 해탈합니다. 불생을 이름하여 무념無念이라 하고, 무념이면 곧 멸함이 없으니, 무념이면 곧 속박이 없고 무념이면 곧 해탈도 없습니다. 요점을 들어서 말하건대, 마음을 알아채면 곧 염念을 여의고, 성품을 보면 곧 해탈입니다. 식심識心을 여의고 성품을 보는〔見性〕 이외에 다시 위없는 보리를 증득하는 법문이 있다고 하면 옳지 못합니다.”

두공이 다시 물었다.

“무엇을 마음을 알아채고 성품을 본다고 합니까?”

“온갖 도를 배우는 사람이 생각을 따라 유전流轉하는 것은 대체로 참 마음〔眞心〕을 알아채지 못했기 때문입니다. 참 마음이라 함은 생각〔念〕이 날 때에도 따라 나지 않고, 생각이 멸할 때에도 그에 따라 잠잠해지지 않습니다. 가지도 않고 오지도 않으며, 안정되지도 않고 어지럽지도 않으며, 취할 수도 없고 버릴 수도 없으며, 들뜨지도 않고 침체하지도 않으며, 함이 없고 모습도 없지만 펄떡이는 잉어처럼 활발해서 평상平常에 자재自在합니다. 이 마음의 체體는 끝끝내 얻을 수 없고 지각할 수 없지만, 눈에 닿는 것이 모두 진여〔如〕라서 견성見性 아님이 없습니다.”

두공과 대중이 절을 하고 찬탄과 기쁨을 표시하면서 물러갔다. 무주 선사는 나중에 보당사保唐寺에 살다가 임종했다.

경덕전등록 제 5 권

제33조 혜능慧能 대사
제33조 혜능 대사의 법손〔法嗣〕 43인

서인도西印度 굴다堀多 삼장三藏
소주韶州 법해法海 선사
길주吉州 지성志誠 선사
변첨산匾檐山 효료曉了 선사
하북河北 지황智隍 선사
홍주洪州 법달法達 선사
수주壽州 지통智通 선사
강서江西 지철志徹 선사
신주信州 지상智常 선사
광주廣州 지도志道 선사
광주廣州 법성사法性寺 인종印宗 화상
길주吉州 청원산青原山 행사行思 선사

남악南嶽 회양懷讓 선사
온주溫州 영가永嘉 현각玄覺 선사
사공산司空山 본정本淨 선사
무주婺州 현책玄策 선사
조계曹谿 영도令韜 선사
서경西京 광택사光宅寺 혜충慧忠 선사
서경西京 하택사荷澤寺 신회神會 선사
〔이상 19인은 기록에 보임〕
소주韶州 기타祇陀 선사
무주撫州 정안淨安 선사
숭산嵩山 심尋 선사
나부산羅浮山 정진定眞 선사
남악南嶽 견고堅固 선사
제공산制空山 도진道進 선사
선쾌善快 선사
소산韶山 연소緣素 선사
종일宗一 선사
회계會稽 진망산秦望山 선현善現 선사
남악南嶽 범행梵行 선사
병주幷州 자재自在 선사
서경西京 함공咸空 선사
협산峽山 태상泰祥 선사
광주光州 법정法淨 선사
청량산淸凉山 변재辯才 선사
광주廣州 오吳 두타頭陀

도영道英 선사

지본智本 선사

광주廣州 청원淸苑 법진法眞 선사

현해玄楷 선사

담최曇璀 선사

소주韶州 자사刺史 위거韋據

의흥義興 손孫 보살菩薩

〔이상 24인은 기연할 어구가 없으므로 기록하지 않음〕

第33조 혜능慧能 대사

속성은 노盧씨이다. 그의 선조는 범양范陽 사람이었는데, 아버지 행도行瑫가 무덕武德 때에 좌천을 당해 남해의 신주新州로 와서 자리를 잡고 살게 되었다.

세 살 때에 아버지를 잃고 어머니가 수절을 하면서 길렀다. 점점 자라면서 가세가 더욱 기울어 궁핍해졌으므로, 대사가 나무를 팔아서 살아갔다. 하루는 나무를 지고 저자에 갔다가 어떤 나그네가 『금강경金剛經』 읽는 소리를 들었는데, 전율을 느끼면서 그 나그네에게 물었다.

"그게 무슨 법이며, 누구에게 얻었소?"

나그네가 대답했다.

"이는 『금강경』이라는 것인데, 황매黃梅의 홍인 대사에게 얻었소."

대사는 급히 어머니에게 법을 위해 스승을 찾겠다는 뜻을 말씀드리고 나서, 바로 소주韶州로 가다가 유지략劉志略이라는 거사를 만나 사귀게 되었다. 당시 유지략의 고모인 무진장無盡藏이라는 비구니가 있었는데, 항상 『열반경涅槃經』을 읽고 있었다. 대사가 잠시 듣고서 그 뜻을 해설해 주니, 비구니는 드디어 책을 들고 와서 글자를 물었다. 대사가 말했다.

"글자는 모르니 뜻이나 물으시오."

비구니가 말했다.

"글자도 모르면서 어찌 뜻을 이해할 수 있습니까?"

"모든 부처의 묘한 이치는 문자에 매여 있지 않소."

비구니가 깜짝 놀라 마을의 어른들에게 말했다.

"혜능은 도가 있는 사람이니, 초청해서 공양하시오."

그러자 마을 사람들이 앞을 다투어 와서 절하고 공경하였다. 그 근처에 보림사寶林寺의 옛터가 있었다. 사람들이 집을 지어서 대사를 살게 하자고 논의하니, 사방에서 대중들이 구름처럼 모여서 잠깐 사이에 좋은 집이 이루어졌다. 대사는 어느 날 문득 스스로 생각했다.

"내가 큰 법을 구하러 나왔는데 어찌 중도에서 그치겠는가?"

그리하여 이튿날 길을 떠나 창락현昌樂縣 서산西山에 있는 석실石室에 이르러서 지원智遠 선사를 만났다. 대사가 법을 물으니, 지원이 대답했다.

"그대의 신령한 자태를 살피건대 예사 사람보다 뛰어난 바가 있다. 내가 들으니 서역에서 온 보리달마菩提達磨가 황매黃梅에게 심인心印을 전했다고 하니, 그대는 그곳에 가서 의심을 풀라."

대사는 하직하고 나서 곧바로 황매의 동선東禪에 이르니, 때는 당나라 함형咸亨 2년이었다. 홍인 대사는 한 번 보더니 (그가 법기

法器임을) 묵묵히 알아보았다. 나중에 의발과 법을 전해 주면서 회懷・집集이 맞닿는 지역에 숨어 있게 하였다.

의봉儀鳳 원년 병자년丙子年 정월 8일에 남해南海에 이르렀을 때 인종印宗 법사를 만나 법성사法性寺에서 『열반경涅槃經』을 강했다. 대사가 낭무廊廡[1]에 머물고 있는데, 그날 밤 바람이 불어서 깃대 위의 깃발이 나부꼈다. 때마침 두 스님이 다투는데, 한 명은 '깃발이 움직인다'고 하고, 한 명은 '바람이 움직인다'고 하였으나, 주고받는 수작이 전혀 이치에 맞지 않았다. 이에 대사가 말했다.

"점잖은 토론에 속된 무리가 참견해도 좋겠는가? 다만 바람과 깃발이 움직이는 것이 아니라, 자신의 마음이 움직일 뿐이오."

인종印宗이 이 말을 몰래 듣고는 온몸의 털과 뼈〔毛骨〕가 오싹해지면서 이상하게 생각했다. 이튿날 대사를 방으로 불러들여서 바람과 깃발의 뜻을 묻자, 대사가 이치를 갖추어서 고하니 인종이 자기도 모르는 사이에 일어나서 말했다.

"행자는 결단코 예사 사람이 아닌데, 스승은 누구이시오?"

대사가 하나도 숨기지 않고 법을 얻은 연유를 자세히 말하니, 인종이 제자의 예를 갖추어 선의 요체를 물었다. 그리고는 바로 사부대중에게 고했다.

"인종은 구족한 범부로서 이제 육신肉身 보살을 만났다."

그리고는 곧 옆자리의 노 거사(盧居士 : 혜능)를 가리키면서 "바로 이 분이오"라 하고, 전해 받은 신표인 법의를 보여 달라고 해서 모두가 절하고 공경케 하였다.

1 바깥 복도를 말한다.

정월 15일에 모인 여러 대덕들에게 머리를 깎았고, 2월 8일에 법성사法性寺에 가서 지광智光 율사律師에게 구족계를 받으니, 그 계단戒壇은 바로 남조南朝 송宋나라의 구나발타라求那跋陀羅 삼장三藏이 설치한 것이었다. 구나발타라가 예언하기를 "뒤에 육신 보살(혜능)이 이 계단에서 계를 받으리라"고 하였고, 양梁나라 말기에 진제眞諦 삼장三藏은 계단 옆에다 보리수 두 포기를 심으면서 대중에게 말하기를 "이후 120년 뒤에 큰 보살〔大開士〕이 이 나무 밑에서 무상승無上乘을 연설하여 한량없는 무리를 제도하리라"고 하였는데, 대사가 계를 갖춘 뒤에 이 나무 밑에서 동산법문東山法門[2]을 개설하니, 옛 예언과 완전히 부합하였다.

이듬해 2월 8일에 홀연히 대중에게 말하였다.

"나는 여기에 살고 싶지 않으니, 옛집으로 돌아가야겠다."

그리하여 인종 법사와 스님과 속인 1천여 명이 전송하는 가운데 대사는 보림사寶林寺로 돌아가게 되었다.

소주韶州 자사刺史 위거韋據가 대범사大梵寺에서 묘한 법륜을 굴리기를 청하였고, 아울러 자기도 무상심지계無相心地戒를 받았는데, 문인이 기록해서 『단경壇經』이라는 이름으로 세상에 전하였다. 그리고 나서 조계曹谿로 돌아와 크나큰 법비〔法雨〕를 뿌리니, 배우는 자들이 1천 명 이하로 내려가는 일이 없었다.

중종中宗이 신룡神龍 원년에 조칙을 내렸다.

"짐이 혜안慧安과 신수神秀, 두 대사를 궁중으로 청해서 공양하고, 수많은 업무 속에 틈을 내서 늘 1승乘을 연구하였는데, 두 대

---

2 5조祖가 동산에 살았던 데서 기인한 말이다.

사는 매양 미루고 사양하면서 남방에 있는 혜능 선사가 홍인 대사의 의발과 법을 비밀리에 받았으니 그에게 가서 물으라고 하였소. 이제 내시內侍인 설간薛簡을 보내서 대사를 부르는 터이니, 바라건대 대사는 자비로운 생각으로 속히 서울로 오십시오."

그러나 대사는 병을 핑계로 사양하는 표表를 올려 숲 속에서 일생을 마치기를 바란다고 하였다.

그러자 설간이 말하였다.

"서울에 있는 선덕禪德들은 모두 말하기를 '도를 알고자 하면 반드시 좌선을 하면서 선정을 익혀야 한다. 선정을 익히지 않고 해탈을 얻는 법은 있지 않다'고 하는데, 스님께서 설하시는 법은 어떤 것입니까?"

대사가 대답했다.

"도는 마음을 말미암아 깨닫는 것이니, 어찌 앉는 데 있으랴? 경에 말하기를 '만일 여래가 앉거나 눕거나 한다고 보면, 그는 삿된 도를 행하는 사람이다. 왜냐하면 여래는 온 곳도 없고 가는 곳도 없기 때문이다'라고 하였다. 만일 생멸이 없으면 그것이 여래의 청정한 선정〔清淨禪〕이요, 모든 법이 공적하면 그것이 여래의 청정한 앉음〔清淨坐〕이니, 끝끝내 증득할 것이 없거늘 하물며 앉을 것이 있겠는가?"

"제자가 돌아가면 반드시 주상主上께서 물으실 것이니, 바라옵건대 화상께서 자비로 마음의 요체를 가리켜 나타내 주소서."

"도는 밝음도 어두움도 없다. 밝음과 어두움은 서로 바뀌어 상대되는 뜻이므로 밝고 밝아서 다함이 없다 하여도 또한 다함이 있는 것이다."

"밝음은 지혜에 비유하고 어두움은 번뇌에 비유하는데, 수도하는 사람이 지혜로써 번뇌를 비추어 깨뜨리지 않으면 비롯함이 없는 생사를 어디에 의지해서 벗어나겠습니까?"

"지혜로써 번뇌를 비추는 것이라면 이는 2승乘인 양이나 염소 수레를 찾는 어린애의 근기이다. 높은 지혜의 큰 근기는 전혀 그렇지 않다."

"어떤 것이 대승大乘의 견해입니까?"

"밝음〔明〕과 밝지 않음〔無明〕은 그 성품이 둘이 아니다. 둘이 아닌 성품은 곧 진실한 성품이니, 진실한 성품이란 범부에 처해서도 줄지 않고 성현에 있어서도 늘지 않으며, 번뇌에 머물러도 어지럽지 않고 선정에 거하면서도 고요하지 않다. 단멸斷滅하지도 않고 항상하지도 않으며, 가지도 않고 오지도 않으며, 중간에도 있지 않고 안팎에도 있지 않으며, 나지도 않고 멸하지도 않으며, 성품과 모습이 여여如如하여 항상 머물러 변천하지 않으니, 이를 이름하여 도道라 말한다."

"대사께서 불생불멸不生不滅을 말씀하시니, 어찌 외도와 다르겠습니까?"

"외도가 말하는 불생불멸은 멸함을 갖고 생겨남을 그치고 생겨남으로써 멸함을 드러내니, 멸함도 멸함이 아니고 생겨남도 생겨남이 없음을 설하는 것이다. 그러나 내가 설하는 불생불멸은 본래 스스로 생겨남이 없어서 지금도 멸하지 않으니, 그 까닭에 외도와는 같지 않다. 그대가 만일 마음의 요체를 알고 싶다면, 다만 일체의 선악에 대해서 모두 생각하거나 분별하지 말라. 그러면 자연히 청정한 마음의 체體에 들어가게 되어서 담연히 항상 고요하면서도 묘한 작용이 항하의 모래처럼 많으리라."

설간이 가르침을 받고는 활연히 크게 깨달았다. 그리하여 하직

인사를 드리고 궁궐로 돌아가서 대사의 말대로 아뢰니, 황제는 조칙을 내려서 대사에게 사례하고 아울러 마납磨衲 가사 한 벌과 비단 5백 필과 발우 한 벌을 하사했다.

12월 19일에 조서를 내려서 옛 보림사를 중흥사中興寺로 고치고, 3년 11월 18일에 다시 소주韶州 자사刺史에게 조서를 내려서 더욱 융성한 대접을 하사하고 법천사法泉寺라는 편액〔額〕을 하사했다.

대사는 신주新州의 옛 거처인 국은사國恩寺에서 어느 날 대중에게 말했다.

"여러 선지식이여, 그대들은 제각기 마음을 청정히 해서 나의 설법을 들어라. 그대들 모든 사람들의 자심自心이 곧 부처이니 더 이상 의심하지 말라. 마음 밖으로는 한 물건도 건립할 수 없는 것이니, 모두가 이 본래의 마음이 온갖 종류의 법을 낳는 것이다. 그러므로 경에 말하기를 '마음이 나면 갖가지 법이 나고, 마음이 멸하면 갖가지 법이 멸한다'고 하였다. 만일 종자 지혜〔種智〕를 이루고자 하면, 모름지기 일상삼매一相三昧와 일행삼매一行三昧를 통달하라.

만일 온갖 곳에서 형상에 머무르지 않고, 그 형상에 대해 미움이나 애착을 내지 않으며, 취하고 버리는 일도 없고, 이익과 성괴成壞 따위의 일을 생각하지 않고, 편안하고 고요하고 한가롭고 담담해서 허융담박虛融澹泊하면 이것이 일상삼매요, 만약 온갖 곳에서 다니고 멈추고 앉고 누울 때 순일하고 곧은 마음으로 도량을 움직이지 않아서 참으로 정토淨土를 이룬 것을 이름하여 일행삼매라고 한다.

가령 이 두 가지 삼매를 갖춘 사람이 있다면, 마치 땅에 있는 종자가 자라서 열매를 맺을 힘을 안에 갖추고 있는 것과 같나니, 일상一相과 일행一行에서도 또한 그러하다. 내가 지금 하는 설법은 마치 때에 맞게 비가 내려서 대지를 널리 적시는 것과 같다. 그대들의 불성도 온갖 종자에 비유할 수 있으니, 이 비에 적셔지면 모두가 싹이 틀 것이다. 나의 종지를 받는 자는 결단코 보리菩提를 얻을 것이요, 나의 행에 의거하는 자는 반드시 묘한 과위[妙果]를 얻을 것이다."

선천先天 원년에 모든 대중들에게 말했다.

"내가 외람되이 홍인 대사의 의발과 법을 전해 받았다. 그러나 이제 그대들에게는 법만을 설할 뿐 의발은 부촉하지 않나니, 그대들의 신근信根이 순수하게 성숙하여 결코 의심이 없어서 큰일을 감당할 수 있기 때문이다. 나의 게송을 들어라."

> 마음 땅[心地]은 온갖 종자 머금었으니
> 두루 내린 비에 모두가 싹이 트네.
> 꽃의 본성을 단박에 깨닫고 나면
> 보리의 열매가 스스로 이루어지리라.
> 心地含諸種　　普雨悉皆生
> 頓悟華情已　　菩提果自成

대사가 게송을 마치고 나서 다시 말했다.

"그 법은 둘이 없고, 그 마음도 마찬가지다. 그 도는 청정하고 또한 온갖 모습도 없다. 그대들은 행여 청정함[淨]을 관찰하거나 그 마음을 비우려 하지 말라. 이 마음은 본래 청정하여 취하거나 버릴 수가 없으니, 제각기 스스로 노력해서 인연 따라 떠나라."

대사가 설법으로 중생을 제도하기 40년이 되는 해 7월 6일에 제자에게 명하여 신주新州 국은사國恩寺에 가서 보은탑報恩塔을 세우게 했는데, 공사를 다른 것보다 갑절이나 잘 하라고 하였다. 이때 촉승蜀僧 방변方辯이라는 이가 와서 인사를 하고는 조각에 능하다고 하니, 대사가 정색을 하면서 말했다.

"내 형상을 조각해 보라."

방변이 그 뜻을 알지 못하고 대사의 진영眞影을 조각하니, 높이가 일곱 치〔寸〕가량으로서 교묘한 솜씨를 다하였다. 대사가 이를 보고 말했다.

"그대가 조각의 성품〔塑性〕은 잘 알지만, 불성佛性에는 능숙하지 못하구나."

그리고는 옷과 물건으로 삯을 주니, 그 스님이 받고 나서 절하고 물러갔다.

선천先天 2년 7월 1일에 문인들에게 말했다.

"나는 신주로 돌아가고자 하니, 그대들은 속히 배를 손질하라."

당시 대중이 슬피 울면서 좀더 머무시기를 청하자, 대사가 대답했다.

"부처님들께서 세상에 나타나신 것은 열반을 나타내기 위함이니, 온 것은 반드시 가게 마련이다. 이치가 늘 그러한 것이니, 나의 이 몸도 반드시 돌아가야 한다."

대중이 말했다.

"스님께서 지금 가시면 조만간 돌아오십니까?"

"잎사귀가 떨어져서 뿌리로 돌아가니, 다시 올 날을 말할 수 없다."

"스님의 법안法眼은 누구에게 전하십니까?"

"도 있는 자〔有道者〕는 얻고, 마음이 없는 자〔無心者〕는 통한다."

"뒤에 환난은 없겠습니까?"

"내가 죽은 지 5, 6년 후에 어떤 사람이 와서 내 머리를 끊어 가리라. 나의 예언을 들어라."

> 머리 위에 어버이를 봉양하기 위함이고
> 입안에 밥을 넣기 위함이라네.
> 만滿의 환난을 만나면
> 양楊씨와 유柳씨가 관리이리라.
> 頭上養親　口裏須餐
> 遇滿之難　楊柳爲官

또 말했다.

"내가 간 지 70년쯤에 두 보살이 동쪽에서 올 텐데, 하나는 재가자在家者이고, 또 하나는 출가자이다. 두 사람은 동시에 교화를 펴서 나의 종지를 건립하고 가람伽藍을 잘 꾸며서 법손이 번창하리라."

말을 마치자 신주의 국은사로 가서 목욕한 뒤에 가부좌를 한 채 천화遷化하니, 기이한 향기가 사람을 엄습하고 흰 무지개가 땅에서 뻗쳤다. 때는 곧 그 해 8월 3일이었다.

당시 소주와 신주의 두 자사가 각각 신령한 탑을 세우려 하자, 스님과 속인이 따라야 할 곳을 결정하지 못하였다. 그러자 두 고을의 자사가 같이 향을 피워 축원하기를 "향 연기가 끌리는 쪽이 대사께서 돌아가시려는 곳이다"고 하였다. 이때 향로가 하늘로 곧게 솟아올라서 조계曹谿로 날아가니, 11월 13일 탑에 안치하였다. 수명은 76세였다.

이때에 소주 자사 위거韋據가 비문을 찬술하였고, 문인들은 머리를 취한다는 예언을 기억해서 먼저 철엽칠포鐵葉漆布[3]로써 대사의 목을 견고히 보호하였다. 탑 속에는 달마가 전한 신표인 법의〔서역西域의 굴현포屈眴布이다. 목면木綿으로 짠 것이며, 후인이 푸른 비단으로 안을 대었다.〕를 넣었고, 중종中宗이 하사한 마납 가사와 보배 발우 및 방변方辯이 조각한 동상과 도구들은 탑을 관리하는 시자가 맡았다.

개원開元 10년 임술壬戌 8월 3일 밤중에 갑자기 탑에서 쇠사슬이 끌리는 듯한 소리가 들렸다. 스님들이 놀라서 일어나 보니, 어떤 효자孝子가 탑에서 달아나고 있었다. 이내 살펴보니, 대사의 목에 상처가 있었다. 그리하여 도적이 들어온 사실을 자세하게 고을에 알리니, 군수 양간楊侃과 자사 유무첨柳無忝이 보고를 받고 체포에 박차를 가했다. 5일 만에 석각촌石角村에서 도적을 붙들었는데, 소주韶州로 보내서 국문鞠問을 하니, 장정만張淨滿이라는 자로서 여주汝州의 양현梁縣 사람이었다. 홍주洪州의 개원사開元寺에서 신라新羅의 스님 김대비金大悲에게 돈 2만 냥을 받고 6조 대사의 머리를 끊어 오라는 명령을 받았는데, 이는 해동海東으로 가지고 가서 공양하려고 한 것이었다.

유柳 자사는 보고를 받은 뒤에 곧바로 형벌을 내리지 않고 몸소

3 인도에서 생산되는 베이다.

조계에 가서 대사의 상족(上足 : 맏제자)인 영도令韜에게 물었다.

"어떻게 처단해야 하겠습니까?"

영도가 대답했다.

"만일 국법으로 따진다면 마땅히 죽여야 하지만, 불교의 자비는 원수와 친족이 평등합니다. 하물며 그는 모셔다가 공양하려고 한 것이니, 그 죄를 용서해 주시기 바랍니다."

유 자사가 가상히 여기면서 찬탄했다.

"비로소 불문佛門의 광대함을 알겠습니다."

마침내 그를 놓아 주었다.〔그 뒤에 유명한 이가 저술한 행장과 신도들이 공양한 일에 진기한 일이 많으나, 번거로워서 기록하지 않는다.〕

상원上元 원년에 숙종肅宗이 사자를 보내서 대사의 의발을 내도량으로 모셔다가 공양했는데, 영태永泰 원년 5월 5일에 대종代宗의 꿈에 6조 대사가 자기의 의발을 청하므로, 7일에 자사刺史인 양함楊瑊에게 조서를 내렸다.

"짐이 혜능 선사의 꿈을 꾸었는데, 법을 전해 받은 가사를 다시 조계로 돌려달라는 요청을 받았다. 이제 진국대장군鎭國大將軍 유숭경劉崇景을 시켜서 받들어 모시고 가게 하노라. 짐은 이를 나라의 보배라 생각하나니, 경들은 법식에 따라서 본사本寺에 봉안하고, 여러 스님들 가운데 종지를 잘 받드는 이로 하여금 엄숙히 수호하여 실수가 없도록 하라."

나중에 혹 도적을 맞더라도 모두 멀리 가기 전에 붙들었는데, 이렇게 하기를 네 차례나 거듭하였다.

헌종憲宗이 대감大鑒 선사라는 시호를 내리고, 탑호는 원화영조元和靈照라고 하였다.

송宋나라 개보開寶 초기에 왕사王師가 남해南海를 평정할 때에 유劉씨의 패잔병[殘兵]이 행패를 부리는 바람에 대사의 탑과 절이 쓰러지고 불탔으나, 대사의 유해는 탑을 지키는 스님에 의해서 하나도 손상되지 않았다. 이윽고 다시 짓는 일이 시작되었는데, 공사가 끝나기 전에 태종太宗이 즉위하게 되었다. 그는 선문禪門에 마음을 두었기 때문에 훨씬 더 장엄하게 꾸몄다.

대사가 당나라 선천先天 2년 계축癸丑에 입멸하신 이래 지금의 경덕景德 원년 갑진년甲辰年에 이르기까지가 무릇 292년이다. 법을 받은 이는 인종印宗 법사 등 33인을 제외하고도 각기 한 지방을 교화하면서 정통 후계자를 표방했으며, 그밖에 이름을 숨기고 자취를 감춘 이는 헤아릴 수 없다. 여기서는 여러 사람들의 전기 가운데 그 내용을 간략하게 추려서 열 명만을 기록하여, 방계로 나왔다고 말한 것이다.

제33조 혜능 대사의 법손[法嗣] 43인

서역西域 굴다堀多 삼장三藏

그는 천축 사람이었는데, 동쪽으로 소양韶陽까지 왔다가 6조를 만나 언하言下에 깨달았다.

나중에 오대산五臺山을 돌아보고 다시 정양현定襄縣으로 가는 도중에 마을을 지나다가, 어떤 스님이 암자를 짓고서 앉아 있는 것을 보고 물었다.

"그대는 외로이 앉아서 무엇을 하는가?"

그 스님이 대답했다.

"고요함을 관찰합니다."

"관찰하는 이는 누구이며, 고요함이란 어떤 물건인가?"

그 스님이 새삼 절을 하고서 물었다.

"그것은 무슨 뜻입니까?"

삼장이 대답했다.

"그대는 어찌하여 스스로 관찰하고 스스로 고요하지 못하는가?"

그 스님은 멍한 채 대답할 줄을 모르자, 삼장이 다시 말했다.

"그대는 누구의 제자인가?"

"신수 대사의 제자입니다."

"나는 서역 한 외도로서 가장 낮은 근기의 사람이지만, 그런 소견에는 빠지지 않았다. 공연히 꼿꼿하게 앉아 있는 것이 도에 무슨 이익이 있으랴?"

그 스님이 다시 물었다.

"누구를 스승으로 섬기셨습니까?"

"나의 스승은 6조 대사이다. 그대는 어찌하여 빨리 조계로 가서 참된 요체를 결단하지 않는가?"

그 스님은 즉시 암자를 버리고 6조에게 가서 앞의 일을 자세히 말씀드렸는데, 6조가 가르침을 주는 것이 삼장의 말과 부합하므로 그 스님은 깊이 믿게 되었다. 그 뒤에 삼장은 어찌 되었는지 모른다.

소주韶州 법해法海 선사

그는 곡강曲江 사람이다. 처음에 6조를 보고서 이렇게 물었다.

"마음이 곧 부처라 하는데, 바라건대 가르침을 내려 주소서."

조사가 대답했다.

"앞생각〔前念〕이 나지 않음이 곧 마음이요, 뒷생각〔後念〕이 멸하지 않음이 곧 부처이며, 일체의 모습을 이룸이 곧 마음이요, 일체의 모습을 여윔이 곧 부처이다. 내가 구족하게 말하자면 몇 겁이 지나도 다하지 못하나니, 나의 게송을 들어라."

마음 그대로〔卽心〕를 이름하여 지혜라 하고
부처 그대로〔卽佛〕가 바로 선정이니
선정과 지혜를 균등히 지니면
의중意中이 청정하리라.

卽心名慧　　卽佛乃定
定慧等持　　意中淸淨

이 법문을 깨닫는 것은
그대의 습성習性을 말미암고
본래의 무생無生을 쓰는 것이니
이렇게 함께 닦는 것이 올바름이네.

悟此法門　　由汝習性
用本無生　　雙修是正

법해法海가 믿고 받아들이면서 게송으로 찬탄하였다.

마음 그대로가 원래 부처이거늘
이를 깨닫지 못하고 스스로 굽혔구나.
선정과 지혜의 인因을 함께 닦아야
모든 사물을 여읜다는 것을 나는 알았네.

卽心元是佛　不悟而自屈
我知定慧因　雙修離諸物

〔『육조단경』에서 말하기를 "법해法海라고 하는 문인門人은 곧 선사禪師이다"라고 하였다.〕

길주吉州 지성志誠 선사

그는 길주吉州의 태화太和 사람이다. 어릴 때 형남荊南의 당양산當陽山 옥천사玉泉寺에서 신수神秀 선사를 섬겼는데, 나중에 두 종파[4]가 성대히 교화를 펴게 되자, 신수의 무리들이 왕왕히 남종南宗을 비방하기 시작했다.

"혜능慧能 대사大師는 글자 하나도 모르거늘, 무슨 장점이 있겠는가?"

신수가 타일렀다.

"그는 스승 없이도 깨닫는 지혜를 얻어서 최상승의 도리를 깊이 깨달았으니, 나는 그만 못하다. 또 나의 스승인 5조께서 친히 의발과 법을 전해주셨으니, 어찌 예사로운 일이겠는가? 다만 한스러운 것은 멀리 떨어져 가까이하질 못한 채 헛되이 국가의 은혜를 받는 일이다. 그대들은 여기에 막혀 있지 말고 빨리 조계로 가서 의심을 풀라. 훗날 돌아오거든 다시 나에게 그의 설법을 설해다오."

대사〔志誠〕가 이 말을 듣고는 절하고 물러갔다. 그리하여 소양韶陽에 이르자 대중이 청해 묻는 뒤를 따라 들어가면서 온 곳을 말하지 않았다.

---

4 6조의 남종南宗, 신수의 북종北宗을 말한다.

이때 6조가 대중들에게 말했다.

"지금 법을 훔치러 온 이가 이 회상에 몰래 숨어들었다."

대사가 앞으로 나가서 앞의 일을 자세히 말하자 6조가 말했다.

"그대의 스승은 어떻게 대중에게 보이는가?"

"항상 대중에게 당부하시기를 '마음을 머물러서 고요함을 관찰하고, 오래 앉아서 눕지 말라'고 하셨습니다."

조사가 말했다.

"마음을 머물러서 고요함을 관찰하는 것은 병이지 선정이 아니며, 오래 앉아서 몸을 구속하는 것은 진리에 무슨 도움이 되겠는가? 나의 게송을 들어라."

태어난 후로는 앉아서 눕지 않고
죽고 나서는 누워서 앉지 못하니
원래 냄새나는 뼈 무더기이거늘
무슨 공과 허물이 있겠는가?

生來坐不臥　死去臥不坐
元是臭骨頭　何爲立功過

대사가 물었다.

"대사께서는 어떤 법으로 사람을 가르치십니까?"

조사가 대답했다.

"내가 어떤 법을 남에게 준다고 하면 이는 그대를 속이는 것이다. 다만 방향에 따라 속박을 푸는 것을 가명삼매假名三昧라고 한다. 나의 게송을 들어라."

일체에 무심함이 자성의 계戒요
일체에 걸림 없음이 자성의 혜慧요
늘어나지도 않고 물러나지도 않음이 스스로의 금강이요
몸이 가건 몸이 오건 본래 삼매로다.

一切無心自性戒　一切無礙自性慧
不增不退自金剛　身去身來本三昧

대사가 게송을 듣고는 곧 뉘우치고 감사하면서 귀의를 서원했다. 그리고는 하나의 게송을 바쳤다.

5온蘊은 허깨비의 몸이니
허깨비가 어찌 궁극의 경지이겠는가.
진여를 돌이켜서 향한다면
법은 도리어 청정치 못하네.

五蘊幻身　幻何究竟
迴趣眞如　法還不淨

조사가 그렇다고 여기니, 이에 대사는 옥천사玉泉寺로 돌아갔다.

변첨산匾檐山 효료曉了 선사

그의 전기는 전하지 않는다. 오직 북종北宗의 문인인 홀뢰忽雷 징澄이 찬술한 비명碑銘만이 세상에 성대히 유행하고 있으니, 대략 간추리면 다음과 같다.

"대사는 변첨산匾檐山에 살았고, 법호는 효료曉了이며, 6조의 맏제자〔嫡嗣〕이다. 대사는 무심無心의 마음을 얻었고 모습 없는 모습을 요달했으니, 모습 없음이라 함은 삼라만상이 눈앞에 어지러운 것이요, 무심이라 함은 분별이 치성한 것이다. 한마디의 말이나 한마디의 메아리도 끊어져서 메아리를 전할 수 없거늘 전해서 행했고, 말로 궁구할 수 없으므로 궁구하면 잘못이다. 대사는 스스로 없음조차 없는 없음을 얻었으나 없음에서 없지 않고, 나는 이제 있음이 있는 있음이지만 있음에서 있지는 않다. 있지 않는 있음은 오고 가도 늘어나지 않고, 없음 아닌 없음은 열반에도 줄지 않는다. 아, 대사께서 세상에 계시자 조계가 밝았고, 대사께서 열반에 드시자 법의 배〔法舟 : 佛法〕가 기울었다. 대사가 무설無說을 담론하자 우주에 가득했고, 대사께서 미혹한 무리에게 보이시니 요의了義의 대승이로다. 변첨산의 빛깔이 검은빛을 드리우니, 빈 골짜기에는 오히려 효료의 이름이 남았네."

하북河北 지황智隍 선사

그는 처음에 5조의 법석法席에 참석했었다. 비록 진작부터 의심을 물어서 결단했으나, 여전히 점수의 수행〔漸行〕에서 맴돌고 있다가, 나중에 하북河北에 가서 암자를 짓고 20여 년 동안이나 계속 앉아 수행하며 잠시도 게을리 하는 기색이 없었다.

그러다가 6조의 문인인 책策 선사가 그 지방을 지나면서 부지런히 법의 요체〔法要〕를 구하라고 격려하자, 마침내 대사는 암자를 버리고 6조를 찾아가 뵈었다. 6조는 멀리서 온 것을 가엾이 여겨서 문득 깨우쳐 주니〔開抉〕, 대사는 그 말끝에 활연히 깨달았는데 전에 20년 동안 얻은 마음이 자취도 없이 싹 제거되었다. 그날 밤에 하북의 단월인 여러 거사들은 홀연히 공중에서 나는 소리를 들었다.

"황隍 선사가 오늘 도를 얻었다."

나중에 하북으로 돌아가서 사부대중을 교화했다.

홍주洪州 법달法達 선사

그는 홍주 풍성豊城 사람으로서 7세에 출가하여 『법화경法華經』을 읽었다. 구족계를 받은 뒤에 조사(6조)에게 가서 절을 하는데 머리가 땅에 닿지 않았다. 조사가 꾸짖었다.

"땅에 닿지 않게 절을 하려면 절을 하지 않는 것과 뭐가 다르겠는가? 그대의 마음속에 반드시 한 물건이 있으니, 어떤 일을 쌓아 익혔는가?"

대사가 대답했다.

"『법화경法華經』을 염송念誦하기를 이미 3천 번에 이르렀습니다."

"그대가 1만 번을 염송해서 경의 뜻을 얻더라도 그 일이 훌륭하다고 여기지 않는다면, 나와 더불어 행할 수 있다. 그대는 지금 이 사업事業을 짊어지고 있으면서도 도무지 허물이 되는 줄은 모르고 있구나. 나의 게송을 들어라."

절은 본래 아만의 깃발을 꺾는 것
어찌하여 머리가 땅에 닿지 않는가?
나(我)가 있으면 죄가 곧 생기고
공명심이 없으면 복은 비할 바 없네.

禮本折慢幢　　頭奚不至地
有我罪卽生　　亡功福無比

조사가 또 말했다.

"그대의 이름이 무엇인가?"

대사가 대답했다.

"법달法達입니다."

"그대의 이름이 법달이라 하지만, 어찌 법을 통달한 적이 있겠는가? 다시 게송을 들어라."

그대는 지금 이름이 법달이건만
부지런히 염송하면서 쉬지를 않는구나.
헛되이 염송하면 소리만을 따르는 것
마음을 밝혀야만 보살이라 칭한다네.
汝今名法達　　勤誦未休歇
空誦但循聲　　明心號菩薩

그대와는 인연이 있기 때문에
내가 지금 그대에게 설해 주나니
다만 부처님이 말씀 본래 없었음을 믿는다면
연꽃이 입에서 피어나리라.
汝今有緣故　　吾今爲汝說
但信佛無言　　蓮華從口發

대사가 게송을 듣고 허물을 뉘우치면서 말했다.

"지금부터는 온갖 일에 겸양하고 공손하겠으니, 바라건대 화상께서 자비를 베푸시어 경전 속의 뜻과 이치를 말씀해 주십시오."

"그대가 이 경을 읽었다 하니, 무엇으로 종취宗趣를 삼고 있는가?"

“학인學人이 어리석어서 처음부터 글자만을 읽었으니, 어찌 종취를 알겠습니까?”

“그렇다면 내 앞에서 한 번 외워 보라. 내가 설명해 주리라.”

대사가 곧 큰 소리로 경전을 외워서 「방편품方便品」까지 이르렀을 때에 조사가 말했다.

“그만두라. 이 경은 원래 인연으로 세상에 출현하심을 종지로 삼았으니, 아무리 갖가지 비유를 많이 말했다 하여도 이를 벗어나지 않는다. 어떤 인연인가? 오직 하나의 큰 일〔一大事〕이다. 하나의 큰 일이라 함은 곧 부처의 지견知見이니, 그대는 행여 경의 뜻을 잘못 이해하지 말라.

그(경)를 보고 말하기를 열고 보이고 깨닫고 들어가게 하는 것은 바로 부처의 지견이고, 나와는 관계가 없다고 이와 같은 견해를 짓는다면, 이는 경을 비방하고 부처를 헐뜯는 짓이다. 부처님은 이미 부처가 되어서 온갖 지견을 구족했거늘 어찌 다시 열어 보일 필요가 있으랴. 그대는 이제 반드시 믿어야 한다. 부처의 지견이라 함은 오로지 그대 스스로의 마음〔自心〕일 뿐이며, 다시 별다른 체體는 없다.

그러나 모든 중생이 스스로 광명을 가린 채 탐욕과 애욕의 티끌 경계가 밖에서 반연하고 안에서 요동을 치면서 밖을 향해 달림〔驅馳〕을 기꺼이 받으므로, 부처님께서 수고롭게 삼매에서 일어나 입이 쓰도록 쉬라고 하면서 부처와 더불어 둘이 아니니 밖을 향해 구하지 말라고 하신 것이니, 이 때문에 ‘부처의 지견을 열어 준다’고 한 것이다. 그대들은 오로지 온갖 수고를 다해 염念에 집착하는 것을 공부가 된다고 여기니, 이것이 어찌 이우犛牛가 꼬리를 아끼다가 죽는 것과 다르겠느냐?”

"그렇다면 오직 이치만을 이해해야지 수고롭게 경을 읽을 필요는 없는 것입니까?"

"경에 무슨 허물이 있기에 그대의 생각에 장애를 주리오? 다만 미혹과 깨달음은 사람에게 있고 손해와 이익은 그대를 말미암을 뿐이다. 나의 게송을 들어라."

마음이 미혹하니 법화法華가 구르고
마음을 깨달으니 법화를 굴린다.
오래 염송해도 마음을 밝히지 못한다면
이치〔義〕와는 영원히 원수가 되리라.

心迷法華轉　　心悟轉法華
誦久不明己　　與義作讎家

생각 없는 생각이 곧 올바름이고
생각 있는 생각은 삿됨을 이루나니
있음·없음을 모두 헤아려 알지 않으면
영원히 백우거白牛車를 타리라.

無念念卽正　　有念念成邪
有無俱不計　　長御白牛車

대사가 게송을 듣고 다시 물었다.

"경에 말하기를 '여러 대성문大聲聞들로부터 보살에 이르기까지 모두 생각하고 헤아려도 부처의 지혜를 측량할 수 없다'고 하였는데, 이제 범부들도 하여금 스스로의 마음을 깨닫기만 하면 곧 부처의 지견이라 하시니, 상근上根의 무리가 아니면 의심과 비방을 면치 못할 것입니다. 또 경에서 세 수레〔三車〕를 말하였는데, 큰 소大

牛의 수레와 흰 소 수레가 어떻게 다릅니까? 바라옵건대 화상께서 다시 가르침을 내려 주십시오."

"경의 뜻이 분명하거늘 그대 스스로가 미혹하여 등지는구나. 3승乘의 사람들이 부처님의 지혜를 능히 측량하지 못하는 까닭은 헤아리고 따지기 때문이다. 가령 너희들이 머리를 모아 함께 생각하고 추측하더라도 더욱 멀어질 뿐이다. 부처님은 본래 범부를 위해 설했지 부처를 위해 설하시지 않았다. 이 이치를 기꺼이 믿지 못하겠거든 마음대로 물러가거라. 문득 흰 소 수레에 앉을 줄은 전혀 모르고 다시 문밖에서 세 수레를 찾는구나. 더구나 경문에 분명히 그대를 향해 '2승도 없고 3승도 없다'고 하였거늘, 그대는 어찌하여 살피지 않는가? 세 수레는 가짜인 것이니 지난날〔昔時〕이 되기 때문이며, 1승은 실다운 것이니 지금〔今時〕이 되기 때문이다. 다만 그대로 하여금 가짜를 버리고 실다움으로 돌아가게 할 뿐이니, 실다움으로 돌아간 뒤에는 실다움 또한 이름이 없는 것이다.

마땅히 알아야 하나니, 소유한 진귀한 재물은 모두 그대에게 속하는 것이라서 그대의 수용受用을 말미암는 것이다. 다시는 아버지라는 상념도 짓지 말고, 아들이라는 상념도 짓지 말고, 또한 상념을 쓰지도 말지니, 이것을 이름하여 『법화경』을 지닌 것이라 하는데, 겁에서 겁에 이르기까지 손에서 경을 놓지 않고, 낮에서 밤에 이르기까지 생각하지 않는 때가 없는 것이다."

대사는 조사의 깨우침을 받자 뛸 듯이 기뻐하면서 게송으로 찬탄했다.

> 경전을 3천 번이나 외웠지만
> 조계의 1구句에 없어졌네.

출세간의 종지를 밝히지 못하면
어찌 여러 생의 광증狂症을 쉬겠는가?

經誦三千部　　曹谿一句亡
未明出世旨　　寧歇累生狂

양과 사슴과 소를 방편으로 시설해서
처음과 중간과 나중에도 잘 선양했으나
누가 알았겠는가? 불난 집 속이
원래 법 중의 왕이라는 것을.

羊鹿牛權設　　初中後善揚
誰知火宅內　　元是法中王

조사가 말했다.

"그대는 이제부터 비로소 경전을 염念하는 스님이라 부를 수 있겠구나."

대사는 이로부터 현묘한 이치를 깨닫고, 또한 경 외우기를 쉬지 않았다.

수주壽州 지통智通 선사

그는 수주壽州의 안풍安豊 사람이다. 처음에 『능가경楞伽經』을 약 1천 번이나 읽었으나, 3신身[5] · 4지智[6]의 이치를 알지 못하여 조

---

5 부처님의 몸이 다양한 중생들을 제도하기 위하여 여러 모습으로 나타난다는 것을 상징하는 말로서, 법신法身 · 보신報身 · 화신化身을 말한다.

6 불교의 유식학파唯識學派에서 말하는 여래如來의 네 가지 지혜로, 대원경지大圓鏡智 · 평등성지平等性智 · 묘관찰지妙觀察智 · 성소작지成所作智를 말한다.

사에게 절하고 그 이치를 해석해 달라고 하니, 조사가 말했다.

"3신이라 함은 청정법신清淨法身은 그대의 성품이요, 원만보신圓滿報身은 그대의 지혜요, 천백억화신千百億化身은 그대의 행이다. 만약 본래의 성품을 여의고 따로 3신을 말한다면, 이를 몸은 있으나 지혜가 없다고 이름하며, 만약 3신에 자체의 성품이 없음을 깨닫는다면, 이를 4지智의 보리菩提라 이름한다. 나의 게송을 들어라."

스스로의 성품에 3신을 갖추고
광명을 발하여 4지를 성취하나니
보고 듣는 인연을 여의지 않고
초연히 부처 지위에 오르네.

自性具三身　　發明成四智
不離見聞緣　　超然登佛地

내가 이제 그대를 위해 설하나니
삼가 믿으면 영원히 미혹이 없으리.
밖으로 달리면서 구하는 이를 배우지 말지니
종일토록 보리를 설명할 뿐이다.

吾今爲汝說　　諦信永無迷
莫學馳求者　　終日說菩提

대사가 물었다.

"4지의 이치를 들을 수 있겠습니까?"

조사가 대답했다.

"이미 3신을 회통하면 문득 4지가 밝아질 것이니, 어찌 다시 물을 필요가 있으랴? 만일 3신을 여읜 채 따로 4지를 담론한다면, 이는 지혜는 있으나 몸은 없다고 이름하는 것이니, 이 지혜 있음에 나아가다 도리어 지혜 없음을 이루게 된다. 다시 게송을 들어라."

대원경지大圓鏡智는 성품이 청정한 것이고
평등성지平等性智는 마음에 병이 없는 것이고
묘관찰지妙觀察智는 보아도 공을 들이지 않고
성소작지成所作智는 대원경大圓鏡과 같다.
大圓鏡智性清淨　　平等性智心無病
妙觀察智見非功　　成所作智同圓鏡

5식・8식・6식・7식이 결과와 원인으로 굴러가나
단지 명언名言을 쓸 뿐 실다운 성품은 없네.
만일 구르는 곳에서 정情을 남겨두지 않으면
번거로이 일어나도 영원히 나가정那伽定에 처하리.
五八六七果因轉　　但用名者無實性
若於轉處不留情　　繁興永處那伽定

〔식識을 바꾸어서 지혜를 이룬다 함은 전오식前五識을 바꾸어 성소작지成所作智를 이루고, 제6식을 바꾸어 묘관찰지妙觀察智를 이루고, 제7식을 바꾸어 평등성지平等性智를 이루고, 제8식을 바꾸어 대원경지大圓鏡智를 이루는 것이다. 이와 같이 6식과 7식은 원인 안에서 움직이고, 5식과 8식은 결과 위에서 바뀌나, 다만 이름만이 움직일 뿐 그 본체는 움직이지 않는다.〕

대사가 감사의 절을 하면서 게송으로 찬탄했다.

3신은 원래 나의 본체〔體〕요
4지는 본래 마음의 광명이니
몸과 지혜가 원융하여 걸림 없으면
사물에 감응하여 자유롭게 형상을 따르네.

三身元我體　　四智本心明
身智融無礙　　應物任隨形

일으키고 닦는 것 모두가 망령된 움직임이요
지키고 머무는 것도 참다운 정精은 아니네.
묘한 종지를 스승으로 인하여 밝히니
끝내 더럽게 물든 이름은 없어졌도다.

起修皆妄動　　守住匪眞精
妙言因師曉　　終亡汚染名

강서江西 지철志徹 선사

그는 강서江西 사람이니, 성은 장張씨이고 이름은 행창行昌이다. 젊은 시절에는 협객俠客이었다.

남북의 종파로 갈라진 뒤부터 비록 두 종주宗主는 너와 내가 없었지만, 그들의 문도들은 서로 미움과 사랑으로 대립하였다. 당시 북종의 문인들이 스스로 신수神秀 대사를 옹립하여 6조로 삼고, 혜능慧能 대사가 의발을 전해 받았다는 말이 천하에 퍼진 것을 시기하였다. 그러나 조사〔慧能〕는 보살이라서 미리 그런 일을 알고 돈 10냥을 방장方丈에 놓아두었다.

이때 행창이 북종 문인들의 촉탁을 받고서 칼을 품고 조실祖室에 들어가 해치려고 했다. 조사가 목을 길게 늘이고 나서자 행창이 세 번 칼을 휘둘렀으나, 도무지 다치게 하지를 못했다. 조사가 타일렀다.

"올바른 칼은 삿되지 않고, 삿된 칼은 올바르지 않다. 다만 너에게 돈을 빚졌을지언정 목숨을 빚진 일은 없다."

행창이 놀라 까무러쳤다가 한참 만에 깨어나서 애절히 뉘우치며 출가할 뜻을 말하니, 조사는 마침내 돈을 주면서 말했다.

"그대는 떠나라. 무리들이 오히려 너를 해칠까 걱정이다. 훗날 모습을 바꾸어서 오라. 마땅히 너를 받아 주리라."

행창이 분부를 받고 밤중에 도망을 했다. 그리고는 마침내 어떤 스님의 제자가 되어 계를 받고 부지런히 정진하였다. 하루는 조사의 말을 기억하고 멀리 와서 뵙자, 조사가 말했다.

"내가 오랫동안 그대를 생각했거늘, 그대는 어찌하여 늦게 왔는가?"

"전에 화상께서 용서해 주심을 받았습니다. 이제 비록 출가하여 고행하긴 해도 끝내 깊은 은혜를 보답하기 어려우니, 오로지 법을 전해 중생을 제도하는 일뿐입니다. 제자가 일찍이 『열반경』을 본 적이 있는데, 항상함과 무상함의 뜻을 밝히지 못했습니다. 바라옵건대 화상께서 자비를 베푸시어 설명해 주십시오."

조사가 대답했다.

"무상함이란 곧 불성佛性이요, 항상함이란 착하고 악한 온갖 법을 분별하는 마음이니라."

"화상께서 말씀하신 바는 경문과 크게 어긋납니다."

"나는 부처님의 심인心印을 전해 받았거늘 어찌 감히 부처님의 경전을 어기리오?"

"경에서 늘 말하기를 '불성은 항상하다'고 했지만 화상께서는 도리어 '무상하다'고 하셨고, 선하거나 악한 온갖 법과 나아가 보리의 마음까지 모두가 무상하다고 했지만 화상께서는 도리어 '항상하다'고 하시니, 이것은 곧 서로 엇갈리는 것이라서 저희들로 하여금 더욱 의혹을 일으키게 합니다."

"『열반경』은 내가 전에 무진장無盡藏 비구니가 한 번 읽는 것을 듣고 즉석에서 강의해 주었는데, 한 글자 한 구절도 경문에 합치하지 않음이 없었고, 나아가 그대에게도 결코 어긋난 말을 하지 않았느니라."

"학인의 식견이 얕고 우매하니, 화상께서 더 자세히 열어 보여 주십시오."

"그대가 알겠는가? 불성이 항상하다면, 어찌 다시 착하거나 악한 모든 법들을 말하겠는가? 이 겁이 다하도록 한 사람도 보리의 마음을 낼 자가 없으리라. 그러므로 내가 무상이라고 설하는 것이니, 바로 이것이 부처님이 말씀하신 진상(眞常 : 참된 항상함)의 도리이다.

또 일체의 모든 법이 무상하다면, 곧 사물마다 자체의 성품에 생사를 받아들임이 있으므로 참된 항상함의 성품이 두루하지 않은 곳이 있게 된다. 그러므로 내가 항상하다고 말한 것은 바로 부처님께서 말씀하신 참된 무상함의 뜻이다. 부처님께서는 범부나 외도들이 삿된 항상함에 집착하고, 모든 2승의 사람들이 항상함을 무상하다고 계교함으로써, 공통적으로 여덟 가지 뒤바뀜〔八倒〕을 이루기 때문에 『열반경』의 요의了義 법문에서 그러한 치우친 소견을 타파하면서 '참된 항상함〔眞常〕'·'참된 나〔眞我〕'·'참된 청정함〔眞淨〕'을 드러내어 말씀하셨는데, 그대는 지금 말에 의지하느라 이치를 등지게 되어서 단멸斷滅의 무상과 확정된 사상死常을 갖고 부처님의 원만하고 묘한 최후의 미묘한 말씀을 잘못 해석하고 있으니, 설사 천 번을 읽는다 한들 무슨 이익이 있겠는가?"

행창이 홀연히 술에서 깨어난 듯이 깨달았다. 그리고는 게송을 말했다.

무상의 마음을 고수하기 때문에
부처님께서는 항상함이 있는 성품을 연설했으니
방편이란 것을 알지 못하는 이는
봄의 연못에서 돌멩이만 만지는 것과 같네.
因守無常心　佛演有常性
不知方便者　猶春池執礫

나는 이제 애를 쓰지 않고도
불성이 눈앞에 버젓이 나타났으니
스승께서 주신 바도 아니며
나 또한 얻은 바가 없다네.
我今不施功　佛性而見前
非師相授與　我亦無所得

조사가 말하였다.
"너는 이제 꿰뚫었으니, 마땅히 이름을 지철志徹이라 하라."
그러자 대사는 절을 하고서 물러갔다.

신주信州 지상智常 선사

그는 본주(本州 : 信州)의 귀계貴谿 사람이다. 더벅머리 시절에 스님이 되어서 견성見性하기를 구하였다. 하루는 6조를 뵈러 갔는데, 조사가 물었다.

"어디서 왔으며, 무엇을 구하고자 하는가?"

대사가 대답했다.

"학인學人은 근래에 홍주洪州 건창현建昌縣의 백봉산白峰山에 가서 대통(大通 : 신수) 화상을 뵈었습니다. 그 분은 견성해서 성불하는 이치를 보여 주었지만, 아직도 저는 여우 같은 의심을 해결하지 못했습니다. 그러다가 길주吉州로 가는 길에 사람을 만났는데, 저의 미혹함을 지적하면서 화상께 귀의하라고 하였습니다. 바라건대 자비로써 거두어 주십시오."

조사가 말했다.

"그(신수)가 무슨 말을 하던가? 한번 내 앞에서 말해 보라. 그대에게 증명해 주리라."

"처음 그곳에 간 지 석 달 동안은 아무런 지시도 받지 못했습니다. 하지만 법을 위하는 마음이 간절했으므로 한밤중에 홀로 방장에 들어가 절하면서 간절히 청하였습니다. 대통 화상은 그제야 말했습니다.

'너는 허공을 보았느냐?'

'보았습니다.'

'네가 본 허공은 어떤 모양인가?'

'허공은 형상도 없거늘 무슨 모양이 있겠습니까?'

'너의 본래 성품이 마치 허공과 같으니, 제 성품을 돌이켜 관찰해서 한 물건도 볼 만한 것이 없음을 요달하면, 이것을 이름하여 바르게 본다[正見]고 한다. 또 한 물건도 알 만한 것이 없음을 요달하면, 이것을 이름하여 진지眞知라고 하느니라. 푸르고 누름·길고 짧음이 없고 다만 본원本源의 청정함과 각체覺體의 원명圓明함을 본다면, 이를 이름하여 견성성불見性成佛이라 하고, 또는 극락세계極樂世界라 하고, 또는 여래의 지견知見이라 한다.'

학인이 이런 설법을 들었으나 아직도 석연치 못하오니, 화상께서 잘 설명해 주시어 막힘이 없게 하여 주십시오."

조사가 말했다.

"그 대사의 말은 아직도 소견과 앎〔見知〕이 남아 있으므로 그대로 하여금 깨닫게 하지 못한다. 내가 이제 그대에게 하나의 게송을 들려주겠다."

한 법도 보지 않아도 보지 않음을 간직하면
마치 뜬구름이 해를 가린 것과 같고
한 법도 알지 못해도 공空한 앎을 지키면
오히려 태허太虛에 번개가 번득이는 것과 같네.

不見一法存無見　　大似浮雲遮日面
不知一法守空知　　還如太虛生閃電

이러한 지견知見이 별안간 일어나면
잘못 오인한 것이니 어찌 방편을 이해했으랴.
그대가 당장의 일념一念도 스스로 아니라고 알았다면
자기의 신령한 광명이 항상 드러나리라.

此之知見瞥然興　　錯認何曾解方便
汝當一念自知非　　自己靈光常顯見

대사는 게송을 듣자, 마음이 탁 트여져서 게송 하나를 읊었다.

까닭 없이 알음알이〔知解〕를 일으켜
모습에 집착해서 보리를 구했구나.
정情을 둔 채 일념을 깨달은들
옛날의 미혹함을 어떻게 초월하리오.

無端起知解　　著相求菩提
情存一念悟　　寧越昔時迷

자기 성품인 자각의 근원체根源體가
비춤에 따라 굽히면서 천류遷流했나니
조사의 방장에 들지 않았더라면
아득히 두 갈래에서 갈팡질팡했으리.

自性覺源體　　隨照枉遷流
不入祖師室　　茫然趣兩頭

광주廣州 지도志道 선사

그는 남해南海 사람인데, 처음 6조의 회상에 와서 말했다.

"학인學人이 처음 출가한 이래로 『열반경涅槃經』을 10여 년이나 읽었지만, 아직도 대의를 밝히지 못하였습니다. 바라건대 화상께서 가르쳐 주십시오."

조사〔六祖〕가 대답했다.

"그대는 어느 부분을 아직 모르는가?"

"'모든 행行은 무상하니, 이는 생멸生滅의 법이다. 생멸마저 멸해 버리고 나면, 적멸寂滅함이 즐거움이 된다'고 하였는데, 이에 대해 의혹이 있습니다."

"어떤 의심이 드는가?"

“일체 중생은 모두 두 가지 몸이 있는데, 하나는 색신色身이고 또 하나는 법신法身입니다. 색신은 무상하여 생하기도 하고 멸하기도 하지만, 법신은 항상해서 앎도 없고 깨달음도 없습니다. 그런데 경에서 말하기를 ‘생멸마저 멸하고 나면 적멸함이 즐거움이 된다’고 하였으니, 어느 몸이 적멸하며 어느 몸이 즐거움을 받습니까? 가령 색신이라면 그 색신이 멸할 때에 4대(大 : 땅・물・불・바람)로 흩어지니, 이는 전적으로 괴롭고 괴로운 것이라서 즐겁다 하지 못할 것이고, 가령 법신이 적멸하다면 곧 초목이나 기와나 돌과 같으리니, 누가 즐거움을 받겠습니까?

또 법성은 생멸의 본체[體]이고 5온蘊은 생멸의 작용[用]이니, 한 본체 위의 다섯 가지 작용으로 생멸이 항상합니다. 생生이라면 본체로부터 작용을 일으킨 것이요, 멸滅이라면 작용을 거두어서 본체로 돌아간 것인데, 만일 다시 난다는 말을 긍정하면 유정의 종류들은 끊이지도 않고 멸하지도 않을 것이요, 만약 다시 난다는 말을 긍정치 않으면 곧 영원히 적멸로 돌아가서 무정물無情物과 같을 것입니다. 그렇다면 온갖 법은 모두가 열반에 굴복되어서 오히려 나지도 못하거늘, 무슨 즐거움이 있겠습니까?”

“그대는 스님이면서도 어찌하여 외도의 단멸과 항상이라는 삿된 소견을 익혀 가지고 최상승最上乘의 법을 따지려 하는가? 그대의 소견에 따르자면, 육신 밖에 따로 법신이 있고, 생멸을 여의고 적멸을 구하는 것이로구나. 또 열반의 영원한 즐거움을 추론해서 몸으로 받는 자가 있다고 말하니, 이는 곧 생사에 집착하고 세상의 쾌락을 탐하는 짓이다.

그대는 이제 잘 알아야 한다. 온갖 미혹한 사람들이 5온의 화합을 자기의 체상體相으로 잘못 여기고, 온갖 법을 분별하여 바깥 진상塵相이라 여기고, 살기를 좋아하고 죽기를 싫어하여 생각 생각마다 천류遷流하고, 꿈 같고 허깨비 같아 허망하고 가짜인 것을 알지 못해서 헛되이 윤회를 받고, 항상 즐거움인 열반을 도리어 괴로움이라 여겨서 종일토록 밖으로 구하므로, 부처님께서는 이를 가엾이 여겨서 열반의 진정한 즐거움을 보인 것이다. 그리하여 찰나에도 생겨나는 모습〔生相〕이 없고 찰나에도 멸하는 모습〔滅相〕이 없어서 없앨 만한 생멸도 없으니, 이것이 바로 적멸이 앞에 나타나는 것이다. 이렇게 앞에 나타날 때에 또한 앞에 나타나는 한계〔量〕가 없으니, 이를 일러서 항상된 즐거움이라 한다. 이 즐거움은 본래 받는 자도 없고 받지 않는 자도 없거늘, 어찌 하나의 본체에 다섯 가지 작용이라는 이름이 있겠는가. 더구나 열반이 모든 법령法令을 굴복시켜서 영원히 나지 못하게 한다고 하니, 그야말로 부처를 비방하고 법을 헐뜯는 것이로다. 나의 게송을 들어라."

위없는 위대한 열반이여,
뚜렷이 밝아서 항상 고요히 비추니
어리석은 범부는 이를 죽음이라 말하고
외도들은 집착해서 단멸斷滅이라고 여기네.

無上大涅槃　圓明常寂照
凡愚謂之死　外道執爲斷

온갖 2승을 구하는 사람들은
작용이 없다고 지목하지만
모두가 망정으로 헤아리는 데 속하니
62가지 견해의 근본이 되네.

諸求二乘人　　目以無爲作
盡屬情所計　　六十二見本

망령되게 헛되고 가짜인 이름을 세운 것을
어찌하여 진실한 이치라고 하겠는가?
오로지 헤아림〔量〕을 초월한 사람이라야
통달을 해서 취하고 버림이 없다네.

妄立虛假名　　何爲眞實義
唯有過量人　　通達無取捨 ·

5온의 법을 알고
5온 속의 나도 앎으로써
밖으로 뭇 색상色象을 나타내고
낱낱의 음성의 모습도 나타내지만

以知五蘊法　　及以蘊中我
外現衆色象　　一一音聲相

이것을 모두 꿈이나 허깨비와 같이 여기고
범부와 성인의 견해를 내지 않으며
열반이란 견해도 짓지 않으면
두 변〔二邊〕과 3제際가 끊어지리라.

平等如夢幻　　不起凡聖見
不作涅槃解　　二邊三際斷

항상 모든 감관에 응하여 작용하나
작용한다는 상념을 일으키지 않고
온갖 법을 분별해 따지지만

분별한다는 상념을 일으키지 말라.

常應諸根用　而不起用想
分別一切法　不起分別想

겁의 불이 바다 밑까지 태우고
바람이 산봉우리를 두드려대도
참되고 항상한 적멸의 즐거움인
열반의 모습은 여전히 이러하리라.

劫火燒海底　風鼓山相擊
眞常寂滅樂　涅槃相如是

내가 이제 억지로 설명을 해서
그대로 하여금 삿된 소견 버리게 하니
그대는 말에 따라서 이해하지 않으면
그대가 약간은 알았다고 허락하리라.

吾今彊言說　令汝捨邪見
汝勿隨言解　許汝知少分

대사가 계송을 듣고 기뻐 뛰면서 절하고 물러갔다.

광주廣州 법성사法性寺 인종印宗 화상

그는 오군吳郡 사람으로서 성은 인印씨이다. 스승을 따라 출가한 뒤에는 열반대부涅槃大部에 정통하였다. 당나라 함형咸亨 원년에 수도에 갔을 때 대경애사大敬愛寺에 살라는 조칙이 있었으나, 굳이 사양하고 기춘蘄春으로 가서 홍인 대사를 뵈었다.

나중에 광주廣州 법성사法性寺에서 『열반경』을 강의하다가 6조 혜능 대사를 만나고 나서야 비로소 현묘한 이치를 깨닫고는 혜능을 법을 전한 스승으로 삼았다. 또 양梁나라로부터 당唐나라에 이르기까지의 여러 선지식[達者]의 어록을 모아 『심요집心要集』을 저술하였는데 세상에 널리 성행하고 있다.

선천先天 2년 2월 21일에 회계산會稽山 묘희사妙喜寺에서 임종하니, 수명은 87세였다. 회계의 왕인 사건師乾이 탑의 명銘을 세웠다.

길주吉州 청원산靑原山 행사行思 선사

그는 본주(本州 : 吉州)의 안성安城 사람으로서 성은 유劉씨이다. 어릴 때에 출가하였는데, 매양 여러 사람들이 모여서 토론을 하면 대사만은 잠자코 있었다.

나중에 조계의 법석法席이 번성하다는 말을 듣고 가서 절하고 물었다.

"마땅히 무엇에 힘써야 계급階級에 떨어지지 않겠습니까?"

조사가 도리어 물었다.

"그대는 일찍이 무엇을 했었는가?"

"성제聖諦도 하지 않았습니다."

"어떤 계급에 떨어졌었는가?"

"성제도 하지 않거늘 무슨 계급이 있겠습니까?"

조사가 그를 법기로 여겨서 회상의 무리가 아무리 많아도 언제나 대사를 제일 윗자리에 있게 하니, 마치 2조가 말을 하지 않아도 소림(少林 : 達磨 大師)이 말하기를 나의 골수를 얻었다고 한 것과 같았다.

하루는 조사가 대사에게 말했다.

"예로부터 옷과 법을 합쳐서 스승과 제자 사이에 전했으니, 옷은 믿음을 표시하고 법은 마음을 인가한 것이다. 나는 이제 사람을 얻었으니, 어찌 믿지 않을 것을 걱정하겠는가. 나도 옷을 전해 받은 뒤로 오늘까지 이렇듯 많은 환난을 당했는데, 하물며 후대의 자손들이겠는가. 반드시 많은 싸움이 일어나리니, 옷은 산문(山門 : 절)에 남겨 두고 그대는 한 지방을 나누어 교화하면서 끊이지 않게 하라."

대사가 법을 얻은 뒤에 길주吉州 청원산青原山 정거사靜居寺에 살았다.

6조가 열반에 들려고 할 때에 희천希遷〔곧 남악南嶽의 석두石頭 화상이다.〕이라는 사미沙彌가 와서 6조께 물었다.

"화상께서 열반에 드신 뒤에 희천은 누구에게 의지하리까?"

6조가 대답했다.

"생각 사思자를 찾아가라."

조사가 세상을 떠난 뒤에 희천은 매양 조용한 곳에 단정히 앉아서 죽은 듯이 고요하니, 제1 수좌가 물었다.

"그대의 스승은 이미 가셨는데, 공연히 앉아서 무엇을 하는가?"

"나는 유언을 받았는데 생각 사思자를 찾으라고 하였소."

"그대의 사형師兄 가운데 행사行思 화상이란 분이 계시는데, 지금 길주에 사신다. 그대의 인연은 거기에 있을 것이다. 조사의 말씀은 매우 정직했거늘 그대 스스로가 미혹했을 뿐이다."

희천이 이 말을 듣고, 곧 조사의 탑에 절하고 물러나서 곧바로 정거사로 갔다. 대사〔行思〕가 물었다.

"그대는 어디서 오는가?"
희천이 대답했다.
"조계에서 왔습니다."
"무엇을 얻으러 왔는가?"
"조계에 가기 전에도 잃은 것이 없습니다."
"그렇다면 조계에는 무엇 하러 갔는가?"
"조계에 가지 않았던들 어찌 잃지 않은 줄 알았겠습니까?"
희천이 다시 물었다.
"조계 대사께서도 화상을 아셨습니까?"
대사가 대답했다.
"그대는 지금 나를 아는가?"
"아는데 어찌 또 알아보겠습니까?"
"온갖 짐승의 뿔이 많으나 기린의 뿔 하나로 만족한다."
희천이 다시 물었다.
"화상은 스스로 조계를 떠나서 언제 여기에 오셨습니까?"
"나는 모르겠다. 그대는 언제 조계를 떠났는가?"
"희천은 조계에서 오지 않았습니다."
"나 또한 그대의 온 곳을 알고 있다."
"화상은 다행히 대인大人이시니 너무 서두르지 마십시오."
다른 날 대사가 다시 희천에게 물었다.
"어디서 왔다고 했지?"
"조계에서 왔습니다."
대사가 불자拂子를 번쩍 들면서 물었다.
"조계에도 이런 것이 있던가?"
"조계뿐이 아니라 인도[西天]에도 없습니다."

“자네는 인도에 다녀온 것이 아닌가?”
“갔었다면 곧 있는 것입니다.”
“맞지 않으니, 다시 말하라.”
“화상께서도 하나의 반[一半]을 취한 것을 말씀하셔야 합니다. 전적으로 학인만을 속이지는 마십시오.”
“그대에게 말하기는 사양치 않으나 뒷사람이 알아듣지 못할까 걱정이다.”

대사가 희천에게 편지를 주어 남악南岳 회양懷讓에게 전하게 하면서 말했다.
“이 글을 전하고는 속히 돌아오라. 나에게 묵은 도끼 하나가 있는데, 그대에게 주어서 산에 살게 하리라.”
희천이 남악에 가서 채 글을 바치기 전에 문득 물었다.
“여러 성인들을 사모하지 않고, 자기의 영靈도 소중히 여기지 않을 때는 어떠합니까?”
회양이 대답했다.
“그대의 질문이 너무 도도하다. 어찌하여 아래를 향해 묻지 않는가?”
희천이 말했다.
“차라리 영겁토록 윤회를 받아들일지언정 여러 성인들로부터 해탈을 구하지는 않겠습니다.”
회양이 문득 그만두었다.
희천이 정거사로 돌아오자, 대사가 물었다.
“그대가 떠난 지 오래지 않았는데, 글은 전달했는가?”
“소식도 통하지 못했고, 글도 전하지 못했습니다.”

"왜 그랬는가?"

희천이 앞의 말을 자세히 보고하고는 이어 말했다.

"떠날 때에 화상께서 무딘 도끼를 준다고 하셨는데 지금 주십시오."

대사가 발 하나를 쭉 뻗으니, 희천이 절을 하였다. 그리고는 하직하고 남악으로 갔다.〔현사玄沙가 말하기를 "가엾은 석두石頭 화상이 회양에게 덜미를 잡혀 쓰러지듯이 아직도 일어나지 못했다"라고 하였다.〕

하택荷澤 신회神會 선사가 와서 절하고 도를 물으니, 대사〔行思〕가 물었다.

"어디서 왔는가?"

신회가 대답했다.

"조계에서 왔습니다."

"조계의 뜻하는 바가 어떻던가?"

신회가 몸을 흔들기만 하니, 대사가 말했다.

"아직도 기와와 자갈로 막혀 있구나."

"화상께서는 요사이 진금眞金을 사람들에게 주시지 않으셨습니까?"

"설사 그대에게 주었다 한들 어디에 부치겠는가?"〔현사玄沙가 말하기를 "과연果然이다"라고 하였다. 운거雲居 석錫은 말하기를 "현사가 과연이라 한 것이 진금인가, 기왓장인가?"라고 하였다.〕

어떤 스님이 물었다.

"어떤 것이 불법의 대의입니까?"

대사가 대답했다.

“여릉廬陵 지방의 쌀값이 어떤가?”

대사는 석두 희천에게 법을 전하고, 당나라 개원開元 28년 경진庚辰 12월 13일에 법당에 올라 대중에게 고한 뒤에 가부좌를 맺은 채 열반에 들었다. 희종僖宗이 홍제弘濟 선사 귀진歸眞의 탑이라는 시호를 내렸다.

남악南嶽 회양懷讓 선사

그는 두杜씨로서 금주金州 사람이다. 15세에 형주荊州 옥천사玉泉寺에 가서 홍경弘景 율사律師에 의지하여 출가하였다. 구족계具足戒를 받은 뒤에 율장〔毘尼藏〕을 익혔는데, 하루는 스스로 탄식하기를 “무릇 출가한 자라면 무위無爲의 법을 배워야 하는데, 천상과 인간에 수승한 곳이 없구나”라고 하였다.

이때 동학同學인 탄연坦然이 대사의 고매한 뜻을 알고서 숭산嵩山의 혜안慧安 화상을 함께 뵙자고 권유했다. 혜안의 가르침〔啓發〕을 받고 나서는, 다시 곧바로 조계로 가서 6조를 참배하였다. 6조가 물었다.

“어디서 왔는가?”

회양이 대답했다.

“숭산嵩山에서 왔습니다.”

“어떤 물건이 이렇게 왔는가?”

“한 물건이라 해도 맞지 않습니다.”

“닦아서 증득할 수 있는가?”

“닦아 증득함은 없지 않지만, 더러움에 물들게 되지는 않습니

다."

"바로 이 더러움에 물들지 않는 것이 모든 부처님들이 호념護念하는 바이다. 그대도 이미 그러하고 나도 또한 그러하다. 서천西天의 반야다라般若多羅 삼장三藏이 예언하기를, 그대의 제자 가운데 망아지 하나가 나와서 천하 사람을 밟아 죽인다고 했으니, 모두 그대 마음속에만 간직해 두고 너무 급히 말하지 말라."

대사가 활연히 계합하여 곁에서 15년을 시봉하였다. 그리고 선천先天 2년에야 비로소 형악衡嶽으로 가서 반야사般若寺에 살았다.

개원開元 때에 도일道一〔즉 마조馬祖 대사大師를 말한다.〕이라는 사문이 전법원傳法院에 머물면서 매일 좌선을 하고 있었다. 대사는 그가 법기法器임을 알아보고서 곁에 가서 물었다.

"대덕大德은 좌선을 해서 무엇을 도모하는가?"

"부처가 되려고 합니다."

대사는 바로 벽돌 하나를 잡아서 절 앞의 바위 위에다 갈았다. 도일이 이를 보고서 물었다.

"무엇 때문에 벽돌을 갑니까?"

"거울을 만들려고 하네."

"벽돌을 간다고 어찌 거울이 되겠습니까?"

"벽돌을 갈아서 거울을 만들지 못하거늘, 어찌 좌선을 하여 부처를 이루겠는가?"

"어찌해야 하겠습니까?"

"소가 수레를 몰고 가는 것과 같으니, 수레가 가지 않으면 수레를 때려야 옳은가, 소를 때려야 옳은가?"

도일이 대답이 없자, 대사가 다시 말했다.

"그대는 좌선坐禪을 배우는 것인가, 앉은뱅이 부처〔坐佛〕를 배우는 것인가? 만일 좌선을 배운다면 선禪은 앉고 눕는 데 있지 않고, 만일 앉은뱅이 부처를 배운다면 부처는 정해진 모습이 아니다. 머무름이 없는 법〔無住法〕에서 취하거나 버리지 말아야 한다. 그대가 만일 앉은뱅이 부처라면 곧 부처를 죽이는 일이니, 만약 앉는 모습에 집착한다면 그 이치를 통달한 것이 아니다."

도일이 대사의 가르침을 받자, 마치 제호醍醐를 마신 것 같아서 절을 하며 물었다.

"어떻게 마음을 써야 무상삼매無相三昧에 합일하겠습니까?"

대사가 대답했다.

"그대가 심지법문心地法門을 배우는 것은 종자를 뿌리는 것과 같고, 내가 법의 요체를 연설하는 것은 비유하자면 하늘에서 비를 뿌리는 것과 같으니, 그대의 인연이 맞았으므로 마땅히 그 도를 보리라."

"도는 빛깔이나 형상이 아니거늘 어떻게 볼 수 있다고 말씀하십니까?"

"심지心地의 법안法眼은 도를 능히 보나니, 무상삼매의 경우도 그렇다."

"이루어짐과 무너짐이 있습니까?"

"만일 이루어짐·무너짐·모임·흩어짐 따위로써 도를 보는 자는 도를 본 것이 아니다. 나의 게송을 들어라."

마음 땅〔心地〕은 온갖 종자를 품었으니
비를 만나면 모두 다 싹을 틔우네.
삼매의 꽃은 모습이 없거늘

무엇이 무너지고 무엇을 이루겠는가.

心地含諸種　　遇澤悉皆萌
三昧華無相　　何壞復何成

도일은 깨우침을 받고 심의心意가 초연해져서 10년을 시봉하였는데, 나날이 그의 경지는 현묘하고 오묘해졌다.

대사에게는 입실入室한 제자가 모두 여섯 명이었는데, 그들 각자에게 인가하는 말을 해주었다.

"그대들 여섯 사람이 똑같이 내 몸을 증득해서 각기 한 길〔一路〕에 계합하였다. 한 사람은 나의 눈썹을 얻어서 위의威儀가 훌륭하고〔상호常浩〕, 한 사람은 나의 눈을 얻어서 돌아봄에 능숙하고〔지달智達〕, 한 사람은 나의 귀를 얻어서 이치를 듣는 데 능숙하고〔탄연坦然〕, 한 사람은 나의 코를 얻어서 기氣를 아는 데 능숙하고〔신조神照〕, 한 사람은 나의 혀를 얻어서 담론에 능숙하고〔엄준嚴峻〕, 한 사람은 나의 마음을 얻어서 고금古今에 능숙하다〔도일道一〕."

또 말하였다.

"일체법은 모두 마음으로부터 생겨나지만, 마음은 본래 생겨난 바가 없어서 법이 머물 수가 없다. 만일에 이 마음 바탕〔心地〕을 통달하면 하는 일마다 걸림이 없나니, 상근上根의 무리를 만나기 전에는 마땅히 말을 삼가고 조심해야 한다."

어떤 대덕이 물었다.

"가령 거울이 물상物像을 비추어내는데, 물상이 이루어진 뒤에는 거울의 밝음은 어디로 갑니까?"

대사가 대답했다.

"대덕의 동자童子 때 모습은 어디에 있는가?"〔법안法眼은 다르게 말하기를 "어떤 것이 대덕이 부어서 만든 물상인가?"라고 하였다.〕

"다만 물상이 이루어진 뒤에는 어찌하여 비추지 못하는가 했을 뿐입니다."

"비록 비추지 못한다 하여도 티끌만큼도 속이지는 못한다."

나중에 마조馬祖 대사大師가 강서江西에서 교화를 펴고 있었는데, 대사(회양)가 대중에게 말했다.

"도일이 대중에게 법을 설하는가?"

대중이 대답했다.

"벌써부터 설법을 합니다."

"아무도 소식을 전해 오는 이가 없구나."

대중이 잠자코 있었다. 대사는 스님 하나를 보내면서 말하였다.

"그가 법상에 오르기를 기다렸다가 그저 '어떠하십니까?'라고 묻고는, 그가 대답하는 말을 낱낱이 기억해 오라."

그 스님은 모든 것을 지시대로 하고 돌아와서 대사에게 말했다.

"마 대사가 말하기를 '오랑캐의 난리를 겪은 이래로 30년 동안 한 번도 염장鹽醬을 빠트린 적이 없다'고 합니다."

대사가 고개를 끄덕였다.

천보天寶 3년 8월 11일에 형악衡嶽에서 열반에 드니, 칙령으로 대혜大慧 선사 최승륜最勝輪의 탑이라는 시호를 내렸다.

온주溫州 영가永嘉 현각玄覺 선사

그는 영가 사람으로서 성은 대戴씨이다. 어릴 때에 출가하여 삼장을 두루 탐구하였다. 특히 천태天台 지관止觀의 원묘圓妙 법문에 정통해서 네 가지 위의威儀 가운데 항상 선관禪觀에 그윽이 합치했는데, 나중에 좌계左谿 현랑玄朗 선사의 격려를 받고서, 동양東陽의 책策 선사와 함께 조계로 갔다.

처음에 조계에 이르러서는 주장자와 병을 들고 조사(6조)를 세 번 돌고 나서 우뚝 섰다. 조사가 말했다.

"무릇 사문이란 모름지기 3천 가지 위의威儀와 8만 가지 세행細行을 갖추어야 하는데, 대덕은 어디서 왔기에 도도한 아만을 부리는가?"

대사〔永嘉〕가 대답했다.

"생사의 일은 중대하고 무상無常이 신속迅速하기 때문입니다."

"어찌하여 무생無生을 체득해서 신속함이 없는 도리를 요달하지 않는가?"

"체體가 곧 무생이고, 요달에는 본래 신속함이 없습니다."

"그렇다. 참으로 그렇다."

이때에 대중이 모두 깜짝 놀랐다. 대사는 그때야 비로소 위의를 갖추어 절을 하고는 이내 하직을 고하였다. 조사가 말했다.

"돌아감이 너무 빠르지 않은가?"

대사가 대답했다.

"본래 스스로 움직이지 않거늘, 어찌 빠름이 있겠습니까?"

"누가 움직이지 않음을 아는가?"

"당신이 스스로 분별을 내었습니다."

"그대는 무생無生의 뜻을 매우 잘 터득하였구나."

"무생에 어찌 뜻이 있겠습니까?"

"뜻이 없다면 누가 분별하는가?"

"분별도 또한 뜻이 아닙니다."

조사가 탄복하면서 말했다.

"훌륭하고, 훌륭하다. 하룻밤 쉬어가라."

그리하여 그때 사람들이 그를 일러 일숙각一宿覺이라 하였다. 책공策公도 대사를 만류하므로, 다음날 산을 내려와 온강溫江으로 돌아가니, 배우는 자들이 밀물처럼 모여들었다.

호는 진각眞覺 대사라 한다. 증도가證道歌 한 수를 지었고, 선종의 깨달음과 수행의 원만한 종지를 얕은 경지로부터 깊은 곳까지 자세히 저술했다. 경주慶州 자사刺史 위정魏靖이 모아서 서문을 내고, 10편으로 묶어서 『영가집永嘉集』이라 하니, 모두 세상에 널리 알려졌다.

1. 도를 사모하고 위의에 뜻을 두라〔慕道志儀〕

도를 닦고자 하면, 먼저 뜻을 세우고 의칙儀則을 본받아서 궤칙軌則을 밝혀야 한다. 그러므로 도를 사모하고 위의에 뜻을 둠을 첫 번째로 밝힌다.

2. 교만과 사치한 뜻을 경계하라〔戒憍奢意〕

처음에 비록 뜻을 세워서 도를 닦고 궤칙도 잘 인식했지만, 3업業이 교만하면 망령된 마음이 요동하나니, 어찌 선정을 얻을 수 있으리오? 그러므로 두 번째 순서로 교만과 사치한 뜻을 경계함을 밝힌다.

3. 3업을 깨끗이 닦아라〔淨修三業〕

앞에서 교만과 사치를 경계한 것은 강요綱要만을 대략 표시한 것이니, 이제 더 자세히 단속해서 허물이 생기지 않게 해야 한다. 그러므로 세 번째의 순서로 3업을 깨끗이 닦아서 몸과 입과 뜻을 경계함을 밝힌다.

4. 사마타奢摩他의 게송

이미 몸과 입을 단속하여 거친 허물이 생기지 않게 하였으니, 다음에는 모름지기 입문入門이어야 한다. 도를 닦는 점진적인 차례는 정혜定慧와 다섯 가지로 일으키는 마음과 여섯 가지로 간추리는 법〔料簡〕에서 벗어나지 않나니, 그러므로 네 번째의 순서로 사마타의 게송을 밝힌다.

5. 비바사나毘婆舍那의 게송

계戒가 아니면 선禪이 못되고, 선이 아니면 혜慧가 못 된다. 위에서 이미 선정을 닦았는데, 선정이 오래되면 지혜가 밝아진다. 그러므로 다섯 번째의 순서는 비바사나의 게송을 밝힌다.

6. 우필차(優畢叉 : 中道)의 게송

선정만을 치우쳐 닦을 경우 선정이 오래되면 침체되고, 지혜만을 치우쳐 배울 경우 지혜가 많으면 마음이 요동한다. 그러므로 여섯 번째의 순서로 우필차의 게송을 밝힌 것이니, 선정과 지혜를 평등히 해서 침체하거나 요동치지 않게 하고, 선정과 지혜를 균등하게 함으로써 두 가지 치우침을 버리게 한다.

7. 3승乘의 점차漸次

선정과 지혜가 이미 균등하면 고요하면서도 항상 비추고 세 관법觀法이 한마음이리니, 어찌 의심을 버리지 못할 것이며, 어찌 비춤이 원만하지 않겠는가? 스스로의 이해는 비록 밝더라도, 남을 가엾이 여기는 일은 아직 깨닫지 못했으니, 깨달음에 깊고 얕음이 있다. 그러므로 일곱 번째 순서로 3승乘의 점차를 밝힌다.

8. 현실〔事〕과 진리〔理〕는 둘이 아니다

3승이 깨닫는 진리는 그 진리가 끝이 없나니, 진리를 궁구하는 것은 현실에 있고, 현실을 깨달으면 그것이 곧 진리이다. 그러므로 여덟 번째로 현실과 진리가 둘이 아님을 밝힌 것이니, 현실 그대로가 진리임을 알아 뒤바뀐 소견을 버리게 한다.

9. 벗에게 권유하는 글〔勸友人書〕

사事와 이理가 이미 원융하여 속마음이 저절로 밝지만, 다시 배움을 멀리해서 헛되이 세월을 보내는 것을 가엾이 여긴다. 그러므로 아홉 번째 순서로 벗을 권유하는 글을 밝힌다.

10. 발원문發願文

벗을 권고함이 비록 남을 가엾이 여기는 일이기는 하나, 마음을 오로지 한 곳에만 두면 정情이 오히려 두루하지 못한다. 그러므로 열 번째의 순서로 발원문을 밝혀서 온갖 유정을 제도할 것을 서원한 것이다.

또 다음은 마음을 관찰하는 열 가지 문이니, 제1은 그 법이 본래 그러함을 말한 것이고, 제2는 그 관찰의 체體를 드러낸 것이고, 제3

은 상응相應함을 말한 것이고, 제4는 교만함을 경계한 것이고, 제5는 게으름을 경계한 것이고, 제6은 관찰의 체體를 거듭 드러낸 것이고, 제7은 시비를 밝힌 것이고, 제8은 표현된 종지〔詮旨〕를 간추린 것이고, 제9는 어디서나 관법을 이루는 것이고, 제10은 현묘한 근원에 묘하게 부합하는 것이다.

제1. 법이 본래 그러함을 말하다

무릇 심성心性은 비고 통하여 움직임과 고요함의 근원과 둘이 아니며, 진여는 사려〔慮〕가 끊어졌지만 헤아림을 반연하는 염念과 다르지 않다. 미혹한 소견이 어지럽게 일어나지만, 그것을 추궁하면 오직 하나의 고요함뿐이요, 심령의 근원은 모양을 그릴 수 없지만, 그것을 조감照鑒하면 천차만별이다. 천차만별로 같지 않으므로 법안法眼이라는 이름이 저절로 성립되고, 하나의 고요함에는 차이가 없으므로 혜안慧眼이라는 명칭이 엄연히 존재하고, 이치〔如理智〕와 한량〔如量智〕이 둘 다 사라지므로 불안佛眼의 공덕이 뚜렷이 나타난다. 그러므로 3제諦[7]가 한 경계여서 법신의 이치가 항상 청정하고, 3지智[8]가 한마음이어서 반야의 광명이 항상 비추며, 경계와

7 우주만유를 관찰하는데 진실하여 허망하지 않은 세 가지 말씀이란 뜻이니 공제空諦·가제假諦·중제中諦 또는 제일의제第一義諦이라고 하고, 혹은 무無·유有·중中의 셋을 말하기도 한다. 첫째 공제 또는 무제는 현실이 있다고 굳게 집착하는 이를 위해 눈에 보이는 현실을 공한 것이요, 없는 것이라고 가르치는 말씀이요, 둘째 가제, 혹은 유제는 위의 말을 듣고 끝끝내 없으리라고 집착하는 이에게 현실은 허무한 것이요, 없는 것이지만 현실적으로 거짓 벌어진 현상은 엄연히 존재하여 온갖 차별을 형성한다고 가르치는 말씀이요, 셋째 중제 또는 제일의제는 공제와 가제, 무제와 유제를 융합하여 어느 쪽에도 치우치지 않는 절대한 경지를 가르치는 말씀이다.

8 여량지如量智·여리지如理知·제일의지第一義智를 말한다.

지혜가 묘하게 부합하니 해탈의 감응이 기틀을 따르고, 세로도 아니고 가로도 아니면서 원이圓伊[9]의 도가 현묘하게 회통한다. 그러므로 3덕德[10]의 묘한 성품이 완연히 한마음을 어기지 않은 줄 아는 것이니, 깊고 넓어서 헤아릴 수 없지만 어디로 나간들 길이 아니겠는가? 이런 까닭에 마음으로 도를 삼는 것은 흐름을 더듬어 근원을 찾는다고 말할 수 있는 것이다.

제2. 관찰의 체體를 드러내다

다만 한 생각[一念]이 곧 공空이면서도 공이 아니고 공이 아니면서도 공 아님도 아닌 줄을 아는 것이다.

제3. 상응함을 말하다

마음과 공이 상응하면, 헐뜯거나 칭찬을 받은들 무엇을 근심하고 무엇을 기뻐하겠는가? 몸과 공이 상응하면, 칼로 베이거나 향을 바른들 무엇을 괴로워하고 무엇을 즐거워하겠는가? 의보依報[11]와 공이 상응하면, 베풀거나 빼앗긴들 무엇을 얻고 무엇을 잃겠는가? 마음과 공이면서도 공 아님이 상응하면, 애착의 소견은 모두 잊고 자비로 두루 구원한다. 몸과 공이면서도 공 아님이 상응하면, 안으로는 마른나무와 같으나 겉으로는 위의를 나타낸다. 의보와 공이면서도 공 아님이 상응하면, 탐욕을 영원히 끊어서 재물로써 구제를 베풀리라. 마음과 공이면서도 공이 아니고 공이 아니면서도 공 아님도 아님이 상응하면, 실상(實相 : 진리)이 비로소 밝아

9 둥글고 가로 세로가 아닌 형상이다.
10 반야般若・법신法身・해탈解脫을 말한다.
11 중생이 의지하는 과보이다.

지면서 부처의 지견을 열리라. 몸과 공이면서도 공이 아니고 공이 아니면서도 공 아님도 아님이 상응하면, 한 티끌에서 삼매〔正受〕에 들어가고 온갖 티끌의 삼매는 일어나리라. 의보와 공이면서도 공이 아니고 공이 아니면서도 공 아님도 아님이 상응하면, 향기로운 대궐과 보배 누각으로 장엄한 국토에 태어나리라.

제4. 교만함을 경계하다

만일 그렇지 않으면 상응하지 못하기 때문이다.

제5. 게으름을 경계하다

바다를 건너려면 반드시 배를 타야 하나니, 배가 아니면 어찌 건널 수 있겠는가? 마음을 닦으려면 반드시 관觀에 들어가야 하나니, 관이 아니면 어찌 마음을 밝힐 수 있겠는가? 마음도 오히려 밝히지 못한다면, 어느 날에 상응하겠는가? 잘 생각해서 스스로 자만하지 말아야 한다.

제6. 관법의 체體를 거듭 드러내다

다만 한 생각〔一念〕이 공이기도 하고 공이 아니기도 하며, 있음도 아니요, 없음도 아닌 줄만 알 뿐이요, 생각 그대로가 공이기도 하고 공이 아니기도 하며, 있음이 아닌 것도 아니요, 없음이 아닌 것도 아닌 줄은 알지 못하기 때문이다.

제7. 시비를 밝히다

마음은 있음도 아니고 마음은 없음도 아니며, 마음은 있지 않음도 아니고 없지 않음도 아니니, 있기도 하고 없기도 하다면 긍정

〔是〕에 빠지고, 있지도 않고 없지도 않다고 하면 부정〔非〕에 빠진다. 이처럼 다만 옳다거나 그르다거나 하는 것을 부정할 뿐이지, 옳음을 부정하고 그름을 부정하는 긍정은 아닌 것이다. 이제 둘 다 부정〔雙非〕함으로써 양쪽을 깨뜨리니, 긍정을 긍정해서 부정을 타파하니 긍정이 오히려 부정이다. 또 둘 다 부정함으로써 양쪽을 타파하니, 부정을 부정해서 부정을 타파하니 부정이 곧 긍정이다. 이처럼 다만 옳음을 부정하고 그름을 부정한 긍정일 뿐이지, 부정도 아니고 부정 아님도 아니며, 긍정도 아니고 긍정 아님도 아닌 것은 아니다. 이와 같이 시비(긍정과 부정)의 미혹이 미세하여 가려내기 어려우니, 정신을 맑게 하고 생각을 고요히 해서 세밀히 연구해 보라.

제8. 표현된 종지를 간추리다

지극한 이치는 말이 없으나 글과 말을 빌려서 그 종지를 밝히고, 종지는 관법이 아니나 관법을 닦는 것을 빌려서 그 종지를 회통한다. 만약 종지가 아직 분명하지 못하다면 말이 적확하지 않기 때문이요, 만약 종지를 아직 회통하지 못했다면 관찰이 아직 깊지 못하기 때문이다. 그러므로 깊이 관찰하면 이내 그 종지를 회통하게 되고, 적확한 말은 반드시 그 종지를 밝히게 되나니, 종지가 이미 밝아지고 회통되었다면, 관법이 어찌 더 이상 존속하랴.

제9. 어디서나 관법을 이루다

무릇 언사言辭를 다시 연설해서 관법의 체體를 거듭 표방한 것은, 종지宗旨는 다름이 없으나 말과 관법〔言觀〕은 상황에 따라 바뀜이 있음을 밝히고자 한 것이다. 상황에 따라 바뀌면 말과 이치 사이에 어긋남이 없고, 어긋남이 없으면 관법과 종지가 다르지 않나니, 다르지 않은 종지가 곧 진리요, 어긋남이 없는 이치가 곧 종지이다. 종지는 하나이나 이름은 둘이니, 관법과 말로 그 악보〔弄胤〕를 밝혔을 뿐이다.

제10. 현묘한 근원에 묘하게 계합하다

마음을 깨달은 자가 어찌 관법에 집착하여 종지를 헷갈려 할 것이며, 교리에 통달한 사람이 어찌 말에 걸려서 이치를 알지 못하겠는가? 이치가 밝으면 언어의 길이 끊어지니〔言語道斷〕 어떤 말로 논의할 수 있을 것이며, 종지를 회통하면 마음 가는 곳이 소멸하니〔心行處滅〕 어떤 관법으로 능히 사고할 수 있으랴? 마음과 말로써 논의하고 생각할 수 없다면 그 핵심〔寰中〕에 묘하게 계합했다고 말할 수 있으리라.

대사는 선천先天 2년 10월 17일에 편안히 앉아서 열반에 드니, 11월 13일에 서산西山의 양지에 탑을 세웠다. 무상無相 대사라는 시호를 조서로 하사하고, 탑호는 정광淨光이라고 하였다. 송나라 황조皇朝 순화淳化 때에 태종太宗 황제가 본주本州에 명령하여 감탑(龕塔 : 塔室)을 중수重修하였다.

사공산司空山 본정本淨 선사

그는 강주絳州 사람으로서 성은 장張씨이다. 어릴 때에 스님이 되어 조계에서 수기授記를 받았고, 사공산司空山 무상사無相寺에 승적을 두었다.

당의 천보天寶 3년에 현종玄宗이 중사中使인 양광정楊光庭을 산으로 보내서 상춘등常春藤을 캐오라고 했는데, 지나는 길에 방장方丈으로 들어와서 절하고는 물었다.

"제자는 도를 사모한 지 오래입니다. 바라건대 화상께서는 자비로써 가르쳐 주십시오."

선사가 대답했다.

"천하 선종의 석학碩學들이 모두 수도로 모이니, 천사天使께서 조정으로 돌아가시면 물을 수 있을 것이오. 나〔貧道〕는 산수에 의지할 뿐 마음을 쓰는 바가 없소."

광정光庭이 울면서 절을 하자, 선사가 말했다.

"나에게 절을 하지 마시오. 천사天使는 부처를 구하는가요, 아니면 도를 구하는가요?"

"제자는 지혜가 우매합니다. 모르겠습니다만, 부처와 도는 어떻게 다릅니까?"

"만약 부처를 구하고 싶다면 마음이 바로 부처이고, 만약 도를 이해하고 싶다면 무심이 곧 도라오."

"어찌하여 마음이 바로 부처입니까?"

"부처는 마음을 인因하여 깨닫고, 마음은 부처로써 드러나는 것이니, 만일 무심을 깨달으면 부처도 있지 않다오."

"어찌하여 무심이 곧 도입니까?"

"도는 본래 마음이 없어서 무심을 도라 이름하나니, 만일 무심을 요달하면 무심이 곧 도라오."

광정이 절을 하고는 믿고 받아들였다.

대궐에 돌아온 뒤에 산에서 있었던 일을 자세히 아뢰니, 곧 광정에게 선사를 불러들이라는 칙령을 내렸다. 12월 13일에 수도에 이르자 백련사白蓮寺에 머물라는 조칙을 내렸고, 이듬해 정월 15일에 양가兩街[12]의 명승과 석학을 내도량內道場으로 불러서 선사와 더불어 부처의 진리를 드날리게 하였다.

당시 원遠 선사라는 이가 소리를 높여서 선사에게 말했다.

"이제 황제의 앞에서 종지를 비교하고 헤아리고 있으니, 마땅히 곧바로 묻고 곧바로 대답해야지 번거롭게 말할 필요는 없습니다. 선사가 보는 바로는 무엇을 도라 여기고 있습니까?"

선사가 대답했다.

"무심無心이 도입니다."

원 선사가 다시 말했다.

"도는 마음을 인하여 있거늘 어찌 무심을 도라고 말하는 것입니까?"

"도는 본래 이름이 없지만 마음을 인하여 도라 이름하오. 마음이란 이름이 만약 있는 것이라면 도는 헛되지 않을 것이지만, 마음을 궁구하면 본래 있지 않은 것이거늘 도가 무엇을 의지하여 이루어지리오. 두 가지 모두가 허망한 것이니, 임시로 세운 이름일 뿐이오."

"선사에게는 몸과 마음이 있음을 보는 것이 도입니까?"

"산승에게는 몸과 마음이 본래 도라오."

"아까는 무심이 도라 하시더니, 이제는 몸과 마음이 본래 도라 하시니, 어찌 서로 어긋나는 것이 아닙니까?"

"무심이 도이면 마음이 없어질 때 도도 없어지는 것이니, 마음

12 좌가와 우가이니, 좌가는 선종禪宗이고 우가는 교종敎宗이다.

과 도가 하나와 같기 때문에 무심이 도라 하였고, 몸과 마음이 본래 도라 함은 도도 본래 몸과 마음이니, 몸과 마음이 본래 공했으므로 도 역시 근원을 궁구하면 있지 않은 것이오."

"선사의 몸을 보건대 몹시 왜소한 데도 이런 이치를 아시는군요."

"대덕大德은 다만 나의 모습만을 볼 뿐 나의 모습 없음은 보지 못하는구려. 모습을 보는 것은 대덕의 소견일 뿐이오. 경에 말하기를 '무릇 모습이 있는 것은 모두가 허망하니, 만일 모든 모습이 모습 아닌 줄을 보면, 즉시 그 도를 깨닫는다'고 하였으니, 만약 모습을 진실이라 여긴다면 겁이 다하더라도 도를 깨닫지는 못할 것이오."

"이제 바라건대, 선사께서는 모습 위에서 모습 없음을 설해 주십시오."

"『정명경淨名經』에 말하기를 '4대大에 주재자가 없고, 몸 또한 나〔我〕도 없고 내 것〔我所〕이라는 소견도 없어야 도와 더불어 상응한다'고 하였는데, 대덕이 만일 4대에 주재자가 있다고 여기면 이는 내가 있음이요, 만일 나라는 소견이 있으면 겁이 다하여도 도를 이해할 수 없을 것이오."

원 선사가 이 말을 듣고 어쩔 줄을 모르면서 미적미적 자리를 피하니, 선사가 게송을 말해 주었다.

4대에 주재자가 없으니 마치 물과 같아서
곧은 것을 만나든 굽은 것을 만나든 피차彼此가 없고
더럽고 깨끗함이라는 두 마음을 내지 않으니
어찌 막히고 트인다는 두 가지 뜻이 있었겠는가.

경계에 닿아서 그저 물같이 무심하기만 하면
세상을 아무리 종횡한들 무슨 일이 있으랴.

四大無主復如水　遇曲逢直無彼此
淨穢兩處不生心　壅決何曾有二意
觸境但似水無心　在世縱橫有何事

다시 말했다.

"4대 가운데 어느 하나가 그러면 나머지 4대도 그러하니, 만약 4대에 주재자가 없음을 밝히면 곧 무심을 깨닫고, 만약 무심을 요달하면 자연히 도에 계합할 것이오."

또 지명志明 선사라는 이가 물었다.

"만일 무심이 도라 하면, 기왓장이나 자갈도 무심이니 도이어야 합니다. 만일 몸과 마음이 본래 도라면, 4생生·10류類도 모두 몸과 마음이 있으니 역시 도이어야 합니다."

선사가 대답했다.

"대덕이 만일 보고 듣고 깨닫고 안다는 견해를 지으면 도와는 아주 멀어지나니, 즉 보고 듣고 깨닫고 알기를 구하는 자는 도를 구하는 사람이 아닙니다. 경에 말하기를 '눈·귀·코·혀·몸·뜻이 없다'고 하였으니, 여섯 감관[六根]도 없거늘 보고 듣고 깨닫고 앎이 무엇을 의지하여 이루어지겠습니까? 이처럼 근본을 추궁하면 본래 있는 것이 않으니 어느 곳에 마음을 간직하겠습니까? 그렇다면 어떻게 초목이나 기왓장, 자갈과 같지 않느냐고 할 수 있겠습니까?"

지명이 말이 막혀서 물러갔다. 선사는 또 게송을 말했다.

보고 듣고 깨닫고 앎에 장애가 없고

소리·향기·맛·감촉이 항상 삼매라
마치 새가 허공 속에서 다만 저렇게 날듯이
취할 것·버릴 것과 미움도 고움도 모두 없네.
감응하는 곳마다 본래 무심임을 이해하면
비로소 관자재라는 이름을 얻으리라.

見聞覺知無障礙　聲香味觸常三昧
如鳥空中只麽飛　無取無捨無憎愛
若會應處本無心　始得名爲觀自在

또 진眞 선사라는 이가 물었다.

"도가 이미 무심이라면 부처는 마음이 있습니까? 부처와 도는 하나입니까, 둘입니까?"

선사가 대답했다.

"동일하지도 않고 다르지도 않다오."

"부처가 중생을 제도하는 것은 마음이 있기 때문이요, 도가 사람을 제도하지 못하는 것은 마음이 없기 때문이라오. 하나는 제도하고 하나는 제도하지 못하니, 어찌 둘이 없다 하리오?"

"만일 부처는 중생을 제도하는데 도는 중생을 제도하지 못한다고 한다면, 이는 대덕께서 허망하게 두 가지 소견을 내었을 뿐입니다. 저로서는 그렇게 여기지 않나니, 부처도 헛된 이름이고 도 역시 허망하게 세워진 것이니, 두 가지가 다 실답지 않아서 모두 거짓 이름일 뿐입니다. 하나의 거짓 가운데서 어떻게 둘을 나누겠습니까?"

"부처와 도가 종래로 거짓 이름이라고는 하나, 이름을 세울 때에는 누가 세웠겠소? 만약 세운 자가 있다면 어찌 없다고 하겠소?"

"부처와 도는 마음을 인하여 세워진 것인데, 세운 마음을 추궁하면 그 마음도 없습니다. 마음이 이미 없다면 둘 다 모두 진실하지 않음을 깨달은 것이요, 마치 꿈 같고 허깨비 같음을 알았다면 곧 본래의 공[本空]을 깨달은 것입니다. 그러나 억지로 부처와 도의 두 이름을 세웠나니, 이는 2승 사람의 견해일 따름입니다."

선사는 이어서 닦을 것도 없고 지을 것도 없음을 게송으로 말하였다.

도를 본다면 닦는다고 하겠지만
보이지 않거늘 다시 무엇을 닦으랴.
도의 성품은 마치 허공과 같으니
허공을 어떻게 닦으랴.

見道方修道　　不見復何修
道性如虛空　　虛空何所修

수도하는 이를 두루 보건대
불을 헤치면서 거품을 찾는구나.
다만 꼭두각시 놀리는 것만을 볼지니
선이 끊어지면 일시에 쉬어 버리리.

遍觀修道者　　撥火覓浮漚
但看弄傀儡　　線斷一時休

또 법공法空 선사라는 이가 물었다.

"부처와 도가 둘 다 거짓 이름이면, 12분교分教도 마땅히 진실하지 않을 것인데, 어찌하여 예전부터의 존숙尊宿들은 모두 도를 닦는 것을 말했습니까?"

선사가 대답했다.

“대덕이 경전의 뜻을 잘못 이해했소. 도는 본래 닦을 것이 없거늘 대덕은 억지로 닦고, 도는 본래 지을 것이 없거늘 대덕은 억지로 짓고, 도는 본래 일이 없거늘 대덕은 억지로 많은 일을 내고, 도는 본래 앎이 없거늘 그 가운데서 억지로 앎을 내나니, 이러한 견해들은 도와 더불어 서로 어긋나는 것이오. 예전의 존숙들은 마땅히 그렇지 않았는데, 다만 대덕이 잘못 알았을 뿐이오. 잘 생각해 보시오.”

선사는 또 게송을 말했다.

도의 본체는 본래 닦을 것 없나니
닦지 않아도 저절로 도에 합하네.
만약 도를 닦는 마음을 일으키면
이 사람은 도를 이해하지 못하리라.

道體本無修　　不修自合道
若起修道心　　此人不會道

하나의 참 성품〔眞性〕을 버리고
도리어 시끄러움에 드는 것이니
홀연히 수도하는 사람을 만나거든
무엇보다도 도를 향하지 말라고 하라.

棄却一眞性　　却入鬧浩浩
忽逢修道人　　第一莫向道

또 안安 선사라는 이가 물었다.

“도가 이미 거짓 이름이라면 부처란 말도 허망하게 세운 것이고,

12분교도 사물을 제접〔接〕하고 중생을 제도하는 것으로서 일체가 허망한 것이 되니, 무엇을 참〔眞〕으로 삼겠습니까?"

선사가 대답했다.

"허망함이 있기 때문에 참을 가지고 허망함을 대치한 것이지만, 허망함의 본성을 추궁하건대 본래 공하니, 참인들 어찌 연고가 있겠소? 그러므로 참과 허망은 모두 거짓 이름이니, 두 가지 일을 대치하건대 도무지 실체가 없고, 근본을 추궁하건대 일체가 모두 공할 뿐이오."

"이미 일체가 허망하다고 말했다면 허망함도 참과 똑같아서 참과 허망함이 다르지 않으리니, 그것을 어떤 물건이라 합니까?"

"만일 어떤 물건이라고 말하면 어떤 물건 또한 허망할 뿐이오. 경에 말하기를 '닮은 것도 없고 견줄 수도 없으니, 언어의 길이 끊어져서 새가 허공을 나는 것 같다'고 하였소."

안 선사는 부끄러워하면서 어쩔 줄을 몰라 했다. 선사가 또 게송을 말했다.

참을 추궁하니 참은 모습이 없고
허망을 추궁하니 허망은 형상이 없네.
추궁하는 마음을 돌이켜 관찰하면
마음도 거짓 이름임을 알게 되리라.
도를 이해하는 것도 이와 같으니
이르는 곳마다 다만 편안할 뿐이네.

推眞眞無相　窮妄妄無形
返觀推窮心　知心亦假名
會道亦如此　到頭亦只寧

또 달성達性 선사라는 이가 물었다.

"선禪은 지극히 묘하고 지극히 은미隱微해서 참과 허망이 쌍으로 소멸하고, 부처와 도가 둘 다 멸진하며, 수행의 성품이 공하고 이름과 형상이 진실하지 않으며, 세계가 허깨비 같아서 일체가 거짓 이름이라 하는데, 이런 견해를 지을 때라도 중생의 선과 악이라는 두 근본은 끊을 수 없습니다."

선사가 대답했다.

"선과 악의 두 근본은 모두 마음을 인하여 있을 뿐이오. 마음을 추궁해서 있는 것이라면 근본도 허망하지 않겠지만, 마음을 추궁해서 이미 없다면 근본이 무엇을 인하여 성립하겠소? 경에 말하기를 '선한 법과 선하지 않은 법이 마음으로부터 화하여 생긴다'고 하였으니, 선과 악의 업연業緣은 본래 실다움이 있는 것은 아니라오."

선사가 다시 게송을 말했다.

선善이 이미 마음에서 생겼다면
악惡인들 어찌 마음을 여의고 있으랴.
선과 악은 밖의 인연일 뿐
마음에 실제로 있는 것은 아니네.
善既從心生　　惡豈離心有
善惡是外緣　　於心實不有

악을 버린들 어디로 보낼 것이며
선을 취한들 누구에게 지키게 하랴.
애달프다. 두 소견을 가진 사람은

양쪽을 반연하느라 분주하구나.
만약 본래부터 무심인 줄 깨닫는다면
비로소 예전부터의 잘못을 뉘우치리라.

捨惡送何處　取善令誰守
傷嗟二見人　攀緣兩頭走
若悟本無心　始悔從前咎

또 어떤 임금의 측근 신하가 물었다.

"이 몸은 어디서 왔다가 백 년 뒤에는 어디로 돌아갑니까?"

선사가 대답했다.

"가령 사람이 꿈을 꿀 때에는 그 꿈이 어디서 왔다가 잠깬 뒤에는 어디로 갑니까?"

"꿈을 꿀 때는 없다고 할 수 없고, 깬 뒤에는 있다고 할 수 없으니, 비록 있고 없음이 있으나 가고 오는 바는 없습니다."

"나[貧道]의 이 몸도 바로 그 꿈과 같습니다."

또 게송을 말했다.

삶[生]을 꿈속처럼 보나니
꿈속에서는 진실로 어지럽다가
홀연히 깨고 보면 만사萬事를 쉬어서
도리어 잠들었던 때를 깨닫는 것과 같네.

視生如在夢　夢裏實是鬧
忽覺萬事休　還同睡時悟

지혜로운 이는 꿈을 깨는 것을 알지만
미혹한 이는 꿈속의 소란함을 믿나니

꿈이 두 가닥〔兩般〕[13]과 같은 줄 알면
한 번 깨달음에 별다른 깨달음은 없네.
부귀와 빈천도
또한 다른 길이 아니로다.

智者會悟夢　迷人信夢鬧
會夢如兩般　一悟無別悟
富貴與貧賤　更亦無別路

상원上元 2년 5월 5일에 열반에 드니, 대효大曉 선사라 시호를 내렸다.

무주婺州 현책玄策 선사

그는 무주의 금화金華 사람이다.

출가하여 온갖 곳을 다니다가 하삭河朔에 이르니, 지황智隍 선사라는 이가 일찍이 황매산黃梅山의 5조(홍인)를 뵙고 20년 동안 암자에 살면서 스스로 선정에 든다〔正受〕고 여기고 있었다. 대사(현책)는 지황 선사의 얻은 바가 아직 참되지 못함을 알고는, 그에게 가서 물었다.

"그대는 여기 앉아서 무엇을 하는 것이오?"

지황이 대답했다.

"선정에 듭니다."

"그대가 선정에 든다고 말하니, 마음이 있는 것이오, 마음이 없는 것이오? 만약 마음이 있다면 온갖 꿈틀거리는 종류가 모두 선

13 깨달았다 미혹했다 하는 것을 말한다.

정을 얻어야 할 것이요, 만약 마음이 없다면 온갖 초목의 종류들도 또한 선정을 얻어야 할 것이오."

"내가 선정에 바로 들어갈 때에는 있다거나 없다거나 하는 마음을 보지 못합니다."

"이미 있다거나 없다거나 하는 마음을 보지 못한다면 바로 항상한 선정이니, 어찌 들어가고 나감이 있겠소? 만약 들어가고 나감이 있다면 큰 선정〔大定〕이 아닐 것이오."

지황이 말없이 한참 있다가 누구를 스승으로 섬겼느냐고 물으니, 선사가 대답했다.

"나의 스승은 조계의 6조라오."

지황이 물었다.

"6조는 무엇으로 선정을 삼습니까?"

"우리 스승께서 말씀하시기를 '묘하고 맑고 원만하고 적멸해서 본체와 작용이 여여如如하고, 5음陰이 본래 공하고 6진塵이 있는 것이 아니니, 나가지도 않고 들어가지도 않으며 정해지지도 않고 어지럽지도 않다. 선禪의 성품은 머무름이 없고, 머무름을 여의면 선의 적멸이다. 선의 성품은 생겨남이 없고, 생겨남을 여의면 선의 상想이다. 마음은 허공과 같지만, 또한 허공의 양量도 없다'고 하셨소."

지황이 이 말을 듣고서도 끝내 의문이 쉬지를 않자, 마침내 조계에 가서 의심을 풀어달라고 청하였다. 그리하여 조사의 뜻과 선사의 뜻이 그윽이 부합하면서 지황이 비로소 깨달았다.

선사는 그 뒤에 금화로 돌아가서 법석法席을 크게 열었다.

조계曹谿 영도令韜 선사

그는 길주吉州 사람으로서 성은 장張씨이다. 6조에 의해 출가하였는데, 잠시도 곁을 떠나지 않고 시봉을 하였다. 조사가 열반에 든 뒤에 옷과 탑을 맡은 주인이 되었다.

당의 개원開元 4년에 현종玄宗이 그의 덕풍德風을 듣고 대궐로 불렀으나, 선사는 병을 핑계로 나아가지 않았다. 상원上元 원년에 숙종肅宗이 사자를 시켜 법을 전한 옷을 대궐로 들여다 공양하려고 하면서 대사(영도)도 함께 대궐로 들라 하였는데, 역시 병을 핑계로 사양하였다. 조계산에서 생애를 마쳤으니, 수명은 95세이고, 시호는 대효大曉 선사라 하였다.

서경西京 광택사光宅寺 혜충慧忠 선사

그는 월주越州의 저기諸暨 사람으로서 성은 염冉씨이다. 심인心印을 받고 나서 남양南陽 백애산白崖山의 당자곡黨子谷에 살기 시작하여 40여 년을 산에서 내려가지 않으니 덕행이 대궐까지 퍼졌다.

당나라 숙종肅宗 상원上元 2년에 중사中使인 손조진孫朝進에게 칙령을 내려서 서울로 맞아들여 스승의 예로써 대우하니, 처음에는 천복사千福寺의 서선원西禪院에 머물다. 그 후 대종代宗이 즉위하자 다시 광택사光宅寺로 맞이하니, 16년 동안 중생의 근기를 따라서 설법하였다.

당시 서천西天의 대이大耳 삼장三藏이란 이가 수도에 왔는데 타심통他心通의 혜안慧眼을 얻었다고 하였다. 황제가 국사로 하여금 시험케 했는데, 삼장이 국사를 보자 얼른 절을 하고 오른쪽 옆에셨다. 국사가 물었다.

"그대가 타심통을 얻었는가?"

삼장이 대답했다.

"외람됩니다."

"그대의 도(타심통)로 볼 때 지금 노승(老僧 : 나)이 어디에 있다고 말하겠는가?"

"화상은 한 나라의 스승인데, 어찌하여 서천西川에 가서 경도(競渡 : 뱃놀이, 배로 하는 경주)놀이를 구경하십니까?"

그러자 국사가 재차 물었다.

"그러면 그대의 도로 볼 때 노승老僧은 지금은 어디에 있다고 말하겠는가?"

"화상은 한 나라의 스승인데, 어찌하여 천진교天津橋 위에서 원숭이 놀리는 것을 구경하십니까?"

국사가 세 번째도 위와 같이 물었는데, 삼장이 한참 동안 어쩔 줄 몰라 하자, 국사가 꾸짖었다.

"이 들여우 귀신같은 놈아, 타심통이 어디에 있느냐?"

삼장이 아무 대답도 못했다.〔어떤 스님이 앙산仰山에게 묻기를 "대이大耳 삼장이 세 번째는 왜 국사를 보지 못했는가?"라고 하니, 앙산이 대답하기를 "앞의 두 차례는 경계에 끄달린 마음이요, 나중에는 자수용삼매自受用三昧에 들었다. 그러므로 보지 못했다"라고 하였다. 또 어떤 스님이 앞의 이야기를 현사玄沙에게 물으니, 현사가 대답하기를 "그대는 앞의 두 차례에 국사를 보았다고 여기는가?"라고 하였고, 현각玄覺은 말하기를 "앞의 두 차례에 보았다면 뒤에는 왜 보지 못했는가? 그렇다면 이해利害가 어디에 걸려 있는가?"라고 하였다. 또 어떤 스님이 조주趙州에게 묻기를 "대이大耳 삼장이 세 번째에는 국사를 보지 못했다 하니 국사는 어디에 계셨습니까?"라고 하니, 조주가 대답하기를 "삼장의 코끝에 있었다"라고 하였다. 또 어떤 스님이 현사에게 묻기를 "코끝에 있었다면 왜 보지 못했습니까?"라고 하니, 현사가 대답하기를 "너무 가깝기 때문이다"라고 하였다.〕

하루는 시자侍者를 부르자, 시자가 대답하였다. 이렇게 세 번 불렀는데 세 번 모두 대답하자, 국사가 이렇게 말했다.

"내가 너를 배신〔孤負〕한다고 여겼는데, 도리어 네가 나를 배신하는구나."〔스님이 현사玄沙에게 묻기를 "국사가 시자를 부르는 뜻이 무엇일까요?"라고 하니, 현사가 대답하기를 "그는 시자가 알 것이다"라고 하였다. 운거雲居 석錫이 말하기를 "시자가 알았겠는가? 못 알았겠는가? 알았다 하려 하나 국사가 말하기를 '네가 나를 배신한다'라고 했고, 몰랐다 하려 하나 현사가 말하기를 '시자가 안다'라고 하였으니, 어떻게 따져야 하겠는가?"라고 하였다. 또 현각玄覺 징徵이 어떤 스님에게 묻기를 "어떤 것이 시자가 알아들은 것이겠는가?"라고 하니, 그 스님이 대답하기를 "알지 못했다면 어찌 그렇게 대답할 줄 알았겠습니까?"라고 하였다. 그러자 현각이 다시 말하기를 "그대는 알지 못했다"라고 하였다. 또 말하기를 "만일 이 즈음에서 잘 헤아리면 현사玄沙를 보게 될 것이다"라고 하였다. 또 어떤 스님이 법안法眼에게 묻기를 "국사가 시자를 부른 뜻이 무엇입니까?"라고 하니, 법안이 대답하기를 "가 있다가 다음날 오라"고 하였다. 운거 석이 말하기를 "법안이 그렇게 말한 것이 국사의 뜻을 밝힌 것인가, 밝히지 못한 것인가?"라고 하였다. 또 어떤 스님이 조주에게 묻기를 "국사가 시자를 부른 뜻이 무엇입니까?"라고 하니, 조주가 대답하기를 "어떤 사람이 어둠 속에서 글씨를 쓰면 글자는 이루어지지 않으나 글 자국〈文彩〉은 이미 이루어진 것과 같다"라고 하였다.〕

남전南泉이 와서 뵙자, 국사가 물었다.
"어디서 오는가?"
남전이 대답했다.
"강서江西에서 왔습니다."
"마조馬祖의 진면목을 얻어 왔겠지?"
"다만 이것일 뿐입니다."
"네 배후를 드러내어라."
남전이 문득 그만두었다.〔장경長慶 능稜이 말하기를 "아마도 모르고 있었던 것 같다"라고 하였다. 보복保福 전展이 말하기를 "하마터면 화상이 이 근처에 이르지 못할 뻔했다고 했어야 한다"라고 하였다. 운거 석이 말하기를 "이 두 존자가 모두 등 뒤를 붙들었는데 남전이 그만둔 것은 앞을 붙든 것인가, 뒤를 붙든 것인가?"라고 하였다.〕

마곡麻谷이 와서 뵙고는 선상禪床을 세 번 돈 뒤에 국사 앞에 석장錫杖을 구르며 서 있자, 국사가 말했다.
"이미 그렇다면, 무엇 하러 다시 나를 볼 필요가 있겠는가?"
마곡이 다시 석장을 구르자, 국사가 꾸짖었다.
"이 들여우 귀신 같은 놈아, 썩 물러가라."

국사는 늘 대중에게 이렇게 말하였다.
"선종을 배우는 자들은 마땅히 부처님 말씀 가운데 1승의 요의법了義法을 따라서 자기 마음의 근원에 계합해야 한다. 불요의법不了義法을 배우는 자는 서로 인정하지 않는 것이 마치 사자 몸속의 기생충과 같다. 무릇 남의 스승 된 자가 명리名利에 간섭하거나 따로 이단異端의 소견을 내면, 자기와 남에게 무슨 이익을 주겠는가?

마치 세간의 위대한 장인匠人의 연장은 주인의 손을 다치게 하지 않고, 큰 코끼리가 짊어진 것은 노새로서는 감당하지 못하는 것과 같다.”

어떤 스님이 와서 물었다.

“어찌하여야 부처가 되겠습니까?”

국사가 대답했다.

“부처와 중생을 일시에 놓아 버리면, 그 당처當處가 해탈이다.”

“어찌해야 상응을 하겠습니까?”

“선과 악을 생각하지 않으면 저절로 불성佛性을 보게 되리라.”

“어찌하여야 법신法身을 증득하겠습니까?”

“비로자나불의 경계를 넘어서야 한다.”

“청정법신淸淨法身은 어찌하여야 얻습니까?”

“부처를 구하는 데 집착하지 않을 뿐이다.”

“어떤 것이 부처입니까?”

“마음 그대로가 부처니라.”

“마음에 번뇌가 있습니까?”

“번뇌의 성품은 저절로 여의느니라.”

“그렇다면 어찌하여 끊지 못합니까?”

“번뇌를 끊으면 2승이라 하고, 번뇌가 생겨나지 않으면 위대한 열반이라 하느니라.”

“좌선하면서 고요함을 관찰하는 일은 또한 어떻습니까?”

“더럽지도 않고 깨끗하지도 않거늘, 어찌 억지로 마음을 일으켜서 청정한 모습〔淨相〕을 관찰할 필요가 있겠는가?”

“선사께서는 시방 허공이 법신이라고 보고 계십니까?”

“상념想念의 마음으로 취하면 이는 뒤바뀐 소견이니라.”

"마음 그대로가 곧 부처라면 무엇 하러 다시 만행萬行을 닦습니까?"

"여러 성인들은 모두가 두 가지 장엄〔二嚴 : 福·慧〕을 갖추셨는데, 그대는 어찌 인과가 없다고 배척하는가? 또 내가 이제 그대의 말에 대답을 하자면 겁이 다해도 끝이 없으니, 말이 많으면 도道와는 멀어진다. 그러므로 말하기를 '법을 설함에 얻는 바가 있으면 이는 여우의 울음이요, 법을 설함에 얻는 바가 없으면 이는 사자의 울부짖음이라' 하느니라."

남양南陽의 장분張濆이라는 행자가 와서 물었다.

"들리는 말에 의하건대, 화상께서는 무정설법無情說法을 하신다고 하는데, 저는 그 일을 아직 체득하지 못했습니다. 바라옵건대 화상께서 자비를 베푸시어 가르쳐 주십시오."

국사가 대답했다.

"그대가 무정설법을 물으려면 다른 무정無情을 이해해야만 비로소 나의 설법을 들을 수 있으리니, 그대는 다만 무정설법을 들어두기만 하라."

"단지 지금과 같은 유정有情의 방편 중에서 잡는다면, 어떤 것이 무정의 인연입니까?"

"지금과 같은 일체의 움직임과 작용 속에서 범부와 성인의 두 무리가 도무지 약간이라도 일어나거나 멸함이 없는 것이니, 문득 의식을 벗어나는 것이며 유有와 무無에 속하지 않는 것이어서, 비록 치성하게 보고 지각하고 단지 듣지만, 그 정식情識의 얽매임이나 집착은 없다. 그러므로 6조께서 말씀하시기를 '여섯 감관이 경계를 대하여 분별하는 것은 식識이 아니다'라고 하신 것이다."

어떤 스님이 와서 뵙고 절을 하자, 국사가 물었다.

"무슨 업을 쌓았는가?"

"『금강경』을 강의하였습니다."

"맨 처음의 두 글자가 무엇이던가?"

"여시如是입니다."

"그것이 무엇인가?"

그 스님은 대답이 없었다.

어떤 사람이 물었다.

"어떤 것이 해탈입니까?"

국사가 대답했다.

"모든 법이 서로 이르지 못하는 그 당처當處가 해탈이니라."

"그렇다면 아주 끊어 버린[斷] 것입니까?"

"그대에게 말하기를 '모든 법이 서로 이르지 못하는 곳'이라 하였거늘, 무엇을 끊는다는 말인가?"

국사가 어떤 스님이 오는 것을 보고 손으로 원상圓相을 그리고, 원상 안에다 일日자를 써 보였는데, 그 스님이 대답이 없었다.

국사가 본정本淨 선사에게 물었다.

"그대가 이다음에 기특한 말을 보면 어찌하겠는가?"

본정이 대답했다.

"일념一念의 애착도 없을 것입니다."

"이는 그대의 집안일이다."

숙종이 물었다.

"국사는 어떤 법을 얻었소?"

국사가 대답했다.

"폐하께서는 허공의 한 조각구름을 보셨습니까?"

황제가 말했다.

"보았소."

국사가 말했다.

"소복소복하게 매달렸나이다."

또 물었다.

"어떤 것이 10신身의 조어사(調御師 : 부처님)란 말이오?"

국사가 벌떡 일어나서 말했다.

"아시겠습니까?"

"알지 못하겠소."

"노승의 물병이나 갖다 주십시오."

또 물었다.

"어떤 것이 무쟁삼매無諍三昧란 말이오?"

"단월檀越[14]께서 비로자나의 정수리를 밟고 걸으십시오."

"그 뜻이 무엇이오?"

"자기가 청정법신을 짓는다고 인식하지 마십시오."

또 국사에게 물었는데 국사가 전혀 돌아보지 않자, 황제가 말했다.

"짐은 당나라의 천자이거늘, 국사는 어찌하여 전혀 돌아보지 않는가?"

---

14 여기서는 황제를 가리킨다.

"황제께서는 허공을 보았습니까?"
"보았소."
"그가 눈을 찡그리고 폐하를 보던가요?"

어군용魚軍容이 물었다.
"스님께서 백애산白崖山에 계실 때에 하루 종일 어떻게 수행하셨습니까?"
국사가 동자童子를 불러 놓고 그의 정수리를 만지면서 말했다.
"또랑또랑〔惺惺〕할지니, 다만 또랑또랑해라. 역력歷歷할지니, 다만 역력하라. 그리고 나서는 남의 속임을 당하지 말라."

국사가 자린紫璘 공봉供奉과 토론할 때에 국사가 자리에 오르자, 공봉이 물었다.
"스님께서 뜻〔義〕을 세우십시오. 제가 타파하겠습니다."
국사가 말했다.
"뜻을 다 세웠다."
"어떤 뜻입니까?"
"과연 보지 못하는군. 그대의 경계가 아닐세."
그리고는 곧 자리에서 내려왔다.
하루는 자린 공봉에게 물었다.
"부처란 무슨 뜻인가?"
"깨달음〔覺〕이란 뜻입니다."
"부처님이 미혹한 적이 있는가?"
"미혹했던 일이 없습니다."
"그렇다면 깨달아서 무엇 하겠는가?"

공봉이 대답이 없었다.

공봉이 다시 물었다.

"어떤 것이 실상實相입니까?"

"텅 빔을 잡아오너라."

"텅 빔은 얻을 수 없습니다."

"텅 빔도 얻을 수 없다면서 실상은 물어서 무엇을 하려는가?"

어떤 스님이 물었다.

"어떤 것이 불법의 대의입니까?"

국사가 대답했다.

"문수당文殊堂 안의 만 명의 보살이니라."

"학인學人은 알지 못하겠습니다."

"대비大悲보살은 눈과 손이 천 개이니라."

탐원耽源이 물었다.

"입멸하신 뒤에〔百年後〕 어떤 사람이 극칙極則의 일을 물으면 어찌하겠습니까?"

국사가 대답했다.

"이 딱한 사람아, 호신부자(護身符子 : 생명을 보호하는 부적)를 구해서 무엇 하랴?"

국사는 교화할 인연이 다해서 열반에 들 때가 왔음을 깨닫고 대종大宗에게 하직을 아뢰니, 대종이 말했다.

"국사께서 열반에 드신 뒤에 제자는 무엇을 기억해 두어야 하겠소?"

국사가 대답했다.

"단월에게 고하나니, 하나의 무봉탑無縫塔을 세우십시오."

"스승께서 탑의 모양을 떠주시기 바랍니다."

국사가 묵묵히 있다가 말했다.

"알겠습니까?"

"모르겠습니다."

"내가 떠난 뒤에 응진應眞이라는 시자가 도리어 이 일을 알리라."

대력大歷 10년 12월 9일에 오른쪽 겨드랑이로 누워서 영원히 떠나니, 제자들이 당자곡黨子谷 안에 탑을 세우고 영구를 모셨는데, 황제는 대증大證 선사라는 시호를 내렸다.

나중에 대종이 응진을 궐내로 불러들여서 앞서 있었던 일을 물으니, 응진이 묵묵히 있다가 말했다.

"황제께서는 아시겠습니까?"

"모르겠소."

응진이 게송을 말했다.

> 상수湘水의 남쪽이요, 담수潭水의 북쪽이니
> 그 가운데 황금이 가득한 나라가 있네.
> 그림자 없는 나무 밑에 같은 배를 탔지만
> 유리전琉璃殿에는 아는 이가 없다네.
> 湘之南　潭之北　　中有黃金充一國
> 無影樹下合同船　　瑠璃殿上無知識

응진은 나중에 탐원산耽源山에서 살았다.

서경西京 하택荷澤 신회神會 선사

그는 양양襄陽 사람으로서 성은 고高씨이다. 14세에 사미沙彌가 되어서 6조를 뵈었는데, 조사가 물었다.

"지식(知識 : 상대를 가리킴)이 멀리서 오느라고 몹시 수고했는데, 근본〔本〕을 가지고 왔느냐? 근본을 가지고 있다면 마땅히 주인을 알 것이니, 한번 말해 보아라."

대사가 대답했다.

"머무름 없음〔無住〕을 근본으로 삼고, 봄〔見〕이 곧 주인입니다."

조사가 말했다.

"이 사미가 어찌 다음 말〔次語〕을 알아들을 수 있으랴."

그리고는 갑자기 주장자로 때렸는데, 대사는 주장자를 맞으면서 생각했다.

'큰 선지식은 여러 겁을 지나도 만나기 어려운데, 이제 만났으니 어찌 몸과 목숨을 아끼랴?'

이때부터 시봉을 하였는데, 어느 날 조사가 대중에게 말했다.

"나에게 한 물건이 있는데, 머리도 없고 꼬리도 없으며, 이름도 없고 자字도 없으며, 얼굴도 없고 등〔背〕도 없으니, 여러분은 아시겠는가?"

대사가 나서면서 말했다.

"모든 부처님의 근원이자 신회神會의 불성佛性이겠습니다."

"그대들에게 이름도 없고 자字도 없다고 했는데, 그대는 문득 근원이요 불성이라고 하는구나."

대사는 절을 하고 물러갔다. 대사는 이윽고 서경西京으로 가서 계를 받고, 당의 경룡景龍 때에 다시 조계로 돌아왔다.

조사가 열반에 든 뒤로 20년 동안 조계의 돈지(頓旨 : 頓悟의 敎理)는 형오荊吳 지방에서 침체되고, 숭악嵩嶽의 점문(漸門 : 漸修의 敎理)만이 진락秦洛 지방에서 성행하였는데, 이 무렵에 서울로 들어갔다. 천보天寶 4년에 두 종파〔남종은 혜능의 돈종頓宗이고, 북종은 신수의 점교漸敎이다.〕의 교리를 확정하여 『현종기顯宗記』를 저술했는데, 그것이 세상에 널리 퍼졌다.

하루는 고향에서 부모가 별세했다는 소식이 왔는데, 대사는 법당에 올라가서 종을 치고 외쳤다.

"부모님이 모두 돌아가셨으니, 대중 스님들이여, 『마하반야경摩訶般若經』을 읽어 주십시오."

대중이 겨우 모이자, 대사가 다시 종을 치며 말했다.

"대중 스님들이여, 너무 수고하셨습니다."

국사는 상원上元 원년 5월 13일 밤중에 엄숙히 열반에 드니, 세속 수명은 75세였다. 상원 2년에 낙경洛京 용문龍門에다 탑을 옮기니, 탑 곁에다 보응사寶應寺를 지으라는 조칙이 내렸고, 대력大歷 5년에는 진종반야전법지당眞宗般若傳法之堂이라는 호가 하사되었고, 7년에는 또 반야般若 대사라는 탑호가 내려졌다.

어떤 스님이 와륜臥輪 선사의 게송을 소개하였다.

> 와륜은 기량이 있어서
> 온갖 사량과 상념을 끊을 수 있고
> 경계를 대해서도 마음을 일으키지 않으니
> 보리菩提가 나날이 자라네.
> 臥輪有伎倆　　能斷百思想
> 對境心不起　　菩提日日長

6조 대사가 이를 듣고 말했다.

"이 게송은 아직 심지心地를 밝히지 못했다. 만일 이에 의해 수행하면, 얽매임만 더할 뿐이로다."

그리고는 한 게송을 보였다.

혜능은 기량이 전혀 없어서
온갖 사량과 상념을 끊지 않고
경계를 대해서도 마음을 자주 일으키니
보리인들 어찌 자라겠는가.

慧能沒伎倆　不斷百思想
對境心數起　菩提作麽長

〔이 두 게송은 제방諸方에서 많이 이야기하기 때문에 권의 끝에다 붙인다. 와륜臥輪은 이름이 아니고 살던 장소이다.〕

경덕전등록 제6권

남악南嶽 회양懷讓 선사의 법손

제1세 9인

강서江西 도일道一 선사〔1인은 기록에 보임. 성이 마馬씨이므로 당시에 마조馬祖라 불렸음.〕

남악南嶽 상호常浩 선사

지달智達 선사

탄연坦然 선사

조주潮州 신조神照 선사

양주揚州 대명사大明寺 엄준嚴峻 선사

신라국新羅國 본여本如 선사

현성玄晟 선사

동무산東霧山 법공法空 선사

〔이상의 8인은 기연機緣할 어구語句가 없으므로 기록하지 않음〕

제2세 37인〔마조馬祖의 법손〕

월주越州 대주大珠 혜해慧海 선사
홍주洪州 늑담산泐潭山 법회法會 선사
지주池州 삼산杉山 지견智堅 선사
홍주洪州 늑담泐潭 유건惟建 선사
예주澧州 명계茗谿 도행道行 선사
무주撫州 석공石鞏 혜장慧藏 선사
당주唐州 자옥산紫玉山 도통道通 선사
강서江西 북란北蘭 양讓 선사
낙경洛京 불광佛光 여만如滿 선사
원주袁州 남원南源 도명道明 선사
흔주忻州 역촌酈村 자만自滿 선사
낭주朗州 중읍中邑 홍은洪恩 선사
홍주洪州 백장산百丈山 회해懷海 선사〔선문규식禪門規式에 부록한 이상의 13인은 기록에 보임〕
호영鎬英 선사
숭태崇泰 선사
왕모산王姥山 소연翛然 선사
화주華州 복서사伏棲寺 책策 선사
예주澧州 송자탑松滋塔 지총智聰 선사
당주唐州 운수산雲秀山 신감神鑒 선사
양주揚州 서영사棲靈寺 지통智通 선사
항주坑州 지장智藏 선사
경조京兆 회도懷韜 선사

처주處州 법장法藏 선사
하중부河中府 회칙懷則 선사
상주常州 명간明幹 선사
악주鄂州 홍담洪潭 선사
상원象原 회탄懷坦 선사
노부潞府 청련青蓮 원례元禮 선사
하중부河中府 보경保慶 선사
감천甘泉 지현志賢 선사
대회산大會山 도오道晤 선사
노부潞府 법유法柔 선사
경조京兆 함통사咸通寺 각평覺平 선사
의흥義興 승변勝辯 선사
해릉海陵 경운慶雲 선사
홍주洪州 개원사開元寺 현허玄虛 선사

〔이상의 23인은 기연할 어구가 없으므로 기록하지 않음〕

회양懷讓 선사의 제1세

강서江西 도일道一 선사

그는 한주漢州의 십방什邡 사람으로서 성은 마馬씨이다. 용모가 기이하고, 행동은 소같이 느긋하였고 판단은 호랑이같이 날카로웠으며〔牛行虎視〕, 혀를 내밀면 코를 덮고, 발바닥에는 두 개의 바퀴 무늬가 있었다. 어릴 때에 자주資州의 당唐 화상和尙에 의하여 스님이 되었고, 유주渝州의 원圓 율사律師에게 구족계를 받았다.

당나라 개원開元 때에 형악衡嶽의 전법원傳法院에서 선정을 익히다가 회양懷讓 화상을 만났는데, 같이 공부하는 아홉 사람 가운데서 대사만이 은밀히 심인心印을 이어받았다.〔회양懷讓 밑의 도일道一은 마치 행사行思 밑의 희천希遷과 같으니, 같은 근원에서 다른 갈래로 퍼졌다. 그러므로 선법의 전성기가 두 대사에게서 시작되었다. 유가劉軻가 말하기를 "강서江西의 주인 대적大寂과 호남湖南의 주인 석두石頭가 서로 왕래하면서 아슬아슬하게 만나지 못한 것은, 두 대사가 알지 못했기 때문이다"라고 하였다. 인도의 반야다라般若多羅가 달마에게 예언하기를 "진단震旦이 넓어도 다른 길이 없고, 반드시 조카와 손자들이 발밑으로 지나갈 것이다. 금닭이 쌀 한 톨을 물어올 줄 알아서 시방의 아라한들에게 공양하리라"라고 하였다. 6조가 회양에게 예언하기를 "이후의 불법은 그대로부터 시작하여 망아지가 천하 사람을 다 밟아 죽이리라"고 하였는데, 당시 사람들이 마조馬祖라 불렀다.〕

처음에는 건양현建陽縣의 불적령佛迹嶺에서 임천臨川으로 옮겨왔다. 다음은 다시 남강南康의 공공산龔公山으로 왔다가 대력大歷 때에는 개원정사開元精舍에다 이름을 걸었다.

당시 대장군〔連帥〕인 노사공路嗣恭이 덕화를 전해 듣고 사모하다가 몸소 와서 종지를 받으니, 이로 말미암아서 사방의 학자들이 구름같이 그의 법좌 밑으로 모여들었다.

하루는 대중에게 말했다.

"여러분, 제각기 자기 마음이 부처임을 믿어라. 이 마음이 곧 부처의 마음이다. 달마 대사께서 남천축국南天竺國으로부터 몸소 중국에 오셔서 상승上乘인 일심의 법을 전하여서 그대들로 하여금 깨닫게 하셨고, 또 『능가경楞伽經』의 경문을 인용하여 중생의 심지

心地를 인印하시니, 그대들이 뒤바뀌어서〔顚倒〕 스스로를 믿지 않을까 걱정했기 때문이다. 이 마음의 법은 제각기 갖고 있으니, 이 때문에 『능가경』에 말하기를 '부처님의 말씀은 마음을 종지〔宗〕로 삼고 문이 없음을 법문法門으로 삼는다'고 한 것이다."

또 말하였다.

"무릇 법을 구하는 이는 마땅히 구하는 바가 없어야 한다. 마음 밖에 따로 부처가 없고, 부처 밖에 따로 마음이 없나니, 선을 취하지도 말고 악을 버리지도 말라. 더러움과 깨끗함의 양쪽에 모두 의존하지 않아서 죄의 성품이 본래 공함을 요달하면, 생각 생각마다 찾을 수 없나니, 자체의 성품이 본래 없기 때문이다. 그러므로 삼계三界는 오직 마음뿐이요, 삼라만상森羅萬象은 한 법이 찍어낸〔印〕 바이다. 무릇 보이는 색色은 모두 그것을 보는 마음의 작용이지만, 마음 스스로 마음이라 하지 못하고 색色을 말미암기 때문에 마음이 있는 것이다. 그대들은 다만 때에 따라 말할지니, 그대로가 사事이고 그대로가 이理여서 결코 걸리는 바가 없다. 보리의 도과道果도 이와 마찬가지니, 마음에서 생겨난 것을 이름하여 색色이라 하는데, 색이 본래 공함을 알기 때문에 생기는 것이 곧 생기는 것이 아니다. 만일 이 마음을 요달하면, 때에 따라 옷을 입고 밥을 먹으면서도 성인의 태胎를 기르면서 운運에 맡겨 세월을 보내게 되리니, 그밖에 다시 무슨 일이 있으랴? 그대들은 나의 가르침을 잘 받아들여라. 그리고 나의 게송을 들어라."

심지心地에서 때에 따라 말하니
보리菩提도 또한 편안할 뿐이네.
사事와 이理에 둘 다 걸림이 없으면

생겨남에 당면해도 곧 생겨남이 아니네.

心地隨時說　　菩提亦只寧
事理俱無礙　　當生卽不生

어떤 스님이 물었다.

"화상은 어찌하여 마음이 곧 부처라 하십니까?"

대사가 대답했다.

"아기의 울음을 그치게 하기 위해서이니라."

"울음을 그쳤을 때는 어찌합니까?"

"마음도 아니고 부처도 아니니라."

"이 두 가지를 제외한 사람이 오면 어떻게 지시합니까?"

"그에게 물건도 아니라고 말하리라."

"홀연히 그 속의 사람을 만나서 올 때는 어떠합니까?"

"그로 하여금 대도大道를 체득했다 하리라."

"어떤 것이 조사가 서쪽에서 오신 뜻입니까?"

"바로 지금 그대의 뜻은 어떠한가?"

방龐 거사居士가 물었다.

"가령 물〔水〕은 뼈도 힘줄도 없는데 만 곡斛의 배를 감당할 수 있나니, 그 이치가 어떠합니까?"

"이 속에는 물도 없고 배도 없는데, 무슨 힘줄과 뼈를 말하는가?"

하루는 상당上堂하여 양구良久[1]를 하자, 백장百丈이 자리 앞의 방

1 '양구부대良久不對'의 줄임말로서 한참 동안 대답을 하지 않는다는 뜻. 즉 말없

석을 거두었다. 대사는 문득 법당에서 내려왔다.

백장이 물었다.

“어떤 것이 불법의 취지趣旨입니까?”

“바로 그대의 몸과 목숨을 버릴 곳이다.”

대사가 다시 백장에게 물었다.

“그대는 어떤 법으로 사람들에게 보이는가?”

백장이 불자拂子를 번쩍 세우자, 대사가 말했다.

“그것뿐인가, 그밖에 또 있는가?”

백장이 불자를 던져 버렸다.

어떤 스님이 물었다.

“어찌하여야 도에 합할 수 있습니까?”

대사가 대답했다.

“나는 일찍이 도에 합하지 않았다.”

어떤 스님이 물었다.

“어떤 것이 조사가 서쪽에서 오신 뜻입니까?”

그러자 대사는 문득 때리면서 말했다.

“내가 너를 때리지 않으면, 제방諸方에서 나를 비웃는다.”

어떤 젊은 스님이 행각行脚 길에서 돌아와 대사 앞에서 원상圓相을 그리고는 그 위에서 절을 하고 섰다. 대사가 말했다.

“너는 부처가 되고 싶은 것이 아니냐?”

음으로 대답을 대신한다는 것이다.

그 스님이 대답했다.

"저는 눈을 비빌 줄 모릅니다."[2]

대사가 말하였다.

"나는 너만 못하다."

젊은 스님이 대답을 못했다.

등은봉鄧隱峰이 대사를 하직하니, 대사가 물었다.

"어디로 가려는가?"

"석두石頭로 가겠습니다."

"석두의 길은 미끄러우니라."

"장대 하나를 지니고 다니다가 마당〔場〕을 만나면 한바탕 놀아보지요."

그리고는 문득 떠났다. 석두에게 이르자, 선상禪床을 한 바퀴 돌고 석장을 한 번 흔들어 소리를 낸 뒤에 말했다.

"이게 무슨 종지요?"

석두가 말하였다.

"아이고〔蒼天[3]〕, 아이고."

은봉이 말없이 바로 대사에게 돌아와서 이 사실을 이야기하니, 대사가 말했다.

"그대는 다시 가서 그가 '아이고'라고 말하는 것을 보거든, 그대는 얼른 '허허噓噓' 하라."

은봉이 다시 석두로 가서 앞서와 같이 물었다.

---

2 눈을 비비면 안구眼球에 자극이 가서 허공에 꽃이 보인다. 그러므로 선문답禪問答에서는 흔히 실實답지 못한 것을 비유할 때에 쓴다.

3 슬프다고 통곡하는 소리로서 '아이고'라고 하는 의성어이다.

"이게 무슨 종지인 줄 알겠소?"

그러자 석두가 먼저 "허허" 하고 말았다. 은봉은 또 말을 못하고 돌아오니, 대사가 말했다.

"그대에게 이미 석두의 길이 미끄럽다고 말했느니라."

어떤 스님이 대사의 앞에다 네 획畫을 긋는데, 위의 하나는 길게 그리고 아래의 셋은 짧게 그리고서 물었다.

"하나는 길고 셋은 짧다 하지 말고, 이 네 글자를 여의고서 화상의 대답을 청합니다."

그러자 대사가 땅에 한 획을 긋고 말했다.

"길다거나 짧다거나 말하지 말지니, 이것으로 그대에게 대답을 마친다."〔충忠 국사國師가 이 말을 듣고 따로 말하기를 "어찌 나에게 와서 묻지 않았을까?"라고 하였다.〕

어떤 강사가 와서 물었다.

"선종에서는 어떤 법을 전해 갖습니까?"

대사가 도리어 물었다.

"좌주(坐主 : 講師의 尊稱)는 어떤 법을 전해 받아 지녔는가?"

강사가 대답했다.

"20여 부의 경전과 논서를 강의합니다."

"그렇다면 스님은 사자아師子兒가 아니겠소?"

"외람됩니다."

대사가 "허허" 하면서 소리를 내자, 그가 말했다.

"그것이 법法입니다."

"무슨 법인가?"

"사자師子가 굴에서 나오는 법입니다."

대사가 이내 잠자코 있으니, 그가 말했다.

"그것도 법입니다."

"무슨 법인가?"

"사자가 굴속에 있는 법입니다."

"나오지도 않고 들어가지도 않는 것은 무슨 법인가?"

그가 대답을 하지 못했다.〔백장百丈이 대신 말하기를 "보셨소?"라고 하였다.〕 마침내 하직하고 문을 나서는데, 대사가 "좌주여" 하고 불렀다. 그가 머리를 휙 돌리자, 대사가 물었다.

"그것은 무엇인가?"

그가 또 대답을 못하니, 대사가 말했다.

"이 우둔한 대사야."

홍주洪州 염사廉使가 물었다.

"제자는 술과 고기를 먹어야 하겠습니까, 먹지 않아야 하겠습니까?"

대사가 말했다.

"먹는다면 정승〔中丞〕의 녹祿이요, 먹지 않는다면 정승의 복福이다."

대사에게 입실한 제자가 139명인데, 제각기 한 지방에서 종주宗主가 되어서 한량없는 교화를 폈다.

정원貞元 4년 정월에 건창建昌의 석문산石門山에 올라가서 숲 속을 거닐다가 골짜기의 평탄한 곳을 보고는, 시자에게 말하였다.

"나의 썩을 몸이 다음 달에 이곳에 귀속하리라."

말을 마치고는 이내 돌아왔는데, 2월 4일이 되자 과연 가벼운 질병이 생기더니, 목욕을 마치고는 가부좌를 틀고 앉아 열반에 들었다. 원화元和 때에 대적大寂 선사라는 시호를 추증하였고, 탑호塔號를 대장엄大莊嚴이라 하였는데, 지금도 해혼현海昏縣에 영당影堂이 있다.〔『고승전』에는 대각大覺 선사라 하였다. 권덕여權德輿가 지은 탑비명塔碑銘에 "마조는 개원사開元寺에서 열반에 들었다. 석문石門에서 다비를 한 뒤에 탑을 세웠다. 회창사태會昌沙汰가 지나간 뒤 대중大中 4년 7월에 선종宣宗이 강서江西 관찰사 배휴裵休에게 조칙을 내려 탑과 비를 다시 짓게 하고, 절 이름을 보봉寶峰이라 했다"라고 하였다.〕

회양懷讓 선사의 제2세 ① - 마조馬祖의 법손

월주越州 대주사大珠寺 혜해慧海 선사

그는 건주建州 사람으로서 성은 주朱씨인데, 월주越州 대운사大雲寺의 도지道智 화상에게 업을 받았다.

처음에 강서江西로 가서 마조馬祖를 뵈었는데, 마조가 물었다.

"어디서 왔는가?"

"월주 대운사에서 왔습니다."

"여기 와서 무엇을 구하려는가?"

"불법佛法을 구하러 왔습니다."

"자기 집안의 보배 창고는 돌아보지 않고 집을 버린 채 사방을 다니면서 무엇을 하려는가? 나에게는 한 물건도 없는데 어찌 불법을 구하겠는가?"

대사가 드디어 절을 하고 물었다.

"어떤 것이 혜해慧海의 자기 집안의 보배 창고입니까?"

마조가 대답했다.

"바로 지금 나에게 묻는 것이 그대의 보배 창고이다. 온갖 것이 구족하여 조금도 모자람이 없어서 자유로이 사용할 수 있으니, 어찌하여 밖에서 구하려 하는가?"

대사가 그 말끝에 근본 마음은 앎이나 지각을 말미암지 않음을 바로 알아채고는, 뛸 듯이 기뻐하면서 절하고 사례하였다. 그리하여 대사는 6년 동안 시봉을 한 후에 업을 받았다.

은사의 나이가 연로하자 급히 돌아가서 봉양했는데, 활동의 자취를 감춘 채 겉으로는 바보인 척하면서 스스로 『돈오입도요문론頓悟入道要門論』 한 권을 지었다. 그러나 그것을 조카 상좌인 현안玄晏이 훔쳐다가 마조에게 갖다 바치니, 마조가 보고 나서 대중에게 말했다.

"월주에 큰 구슬〔大珠〕이 있는데, 둥글고 밝은 광명이 자유로이 비추어서 막히는 곳이 없다."

무리 가운데 대사의 성이 주朱씨임을 아는 자가 있었는데 이로 인해 서로 알게 되어서, 도반을 지어 가지고 앞을 다투어 월주로 가서 의지하고 따르려고 했다.〔이때에 대주大珠 화상이라 불렀다는데, 마조가 대중에게 한 말에 의한 것이다.〕 이에 대사가 말했다.

"선객禪客들이여, 나는 선禪을 모릅니다. 따라서 한 법도 남에게 보일 만한 것이 없으니, 그대들 너무 오래 서서 헛수고를 마시오. 자, 각자 쉬어 가기나 하시오."

당시 배우는 자들이 점점 늘어서 밤낮으로 간절하게 법을 물으니, 마지못하여 물음에 따라 대답을 하였는데 그 변재辯才가 막힘

이 없었다.〔자세한 내용은 다른 권에 나온다.〕

이때에 법사 몇 사람이 와서 뵙고 말했다.

"한 가지 묻겠는데 대답해 주시겠습니까?"

대사가 대답했다.

"깊은 못에 달그림자를 마음대로 건져라."

"어떤 것이 부처입니까?"

"맑은 못에 얼굴을 비추어 보라. 그것이 부처가 아니고 무엇이랴?"

대중들이 모두 망연했다.〔법안法眼이 말하기를 "이는 상대할 수가 없구나"라고 하였다.〕

한참 묵묵히 있다가 그 스님이 또 물었다.

"스님은 어떤 법으로 사람들을 제도하십니까?"

"나는 일찍이 어떤 법으로도 사람을 제도한 적이 없다."

"선사들은 모두가 이렇게 흐리멍덩하군요."

대사가 도리어 물었다.

"대덕大德은 어떤 법으로 사람을 제도하는가?"

그 스님이 대답했다.

"『금강반야경』을 강의합니다."

"몇 번이나 강했는가?"

"20여 번이나 강했습니다."

"그 경은 누가 말한 것인가?"

그 스님이 소리를 높여 말했다.

"선사는 사람을 조롱하는 것이오? 어찌 부처님의 말씀인 줄 모른단 말이오?"

대사가 말했다.

"만일 여래가 설한 법이 있다고 말한다면 이는 부처를 비방하는 것이니, 이 사람은 내가 설한 뜻을 이해하지 못한 것이다. 그러나 이 경을 부처님의 말씀이 아니라고 해도 이는 경을 비방하는 것이다. 대덕은 말을 해보라."

그 스님이 대답이 없었다. 조금 있다가 대사가 물었다.

"경에 말하기를 '만일 빛깔로써 나를 찾거나 음성으로 나를 구하면, 이 사람은 삿된 도를 행하는 것이라서 여래를 볼 수가 없다'고 하였으니, 대덕은 말해 보라. 어느 것이 여래인가?"

그 스님이 대답했다.

"저는 이 부분에 대해서는 오히려 잘 모르겠습니다."

"본래부터 깨닫지도 못했거늘, 무엇을 오히려 잘 모르겠다고 하는가?"

그 스님이 다시 청했다.

"선사께서 자세히 설명해 주십시오."

대사가 말했다.

"대덕은 『반야경』을 20여 회나 강했다면서 아직도 여래를 모르다니."

그 스님이 다시 절을 하면서 설명해 주기를 청하자, 대사가 말했다.

"여래라는 것은 모든 법의 여실한 이치라 했는데, 어찌하여 잊었는가?"

"그렇습니다. 모든 법의 여실한 이치입니다."

"대덕이 그렇다는 것은 그렇지가 않다."

"경문이 분명히 그렇거늘 어찌 그렇지 않습니까?"

"대덕은 그러한가[如]?"

"예, 그러합니다."

"목석木石도 그러한가?"

"그러합니다."

"대덕의 그러함은 목석의 그러함과 동일한가?"

"다름이 없습니다."

"대덕과 목석은 어떻게 구별하는가?"

그 스님이 대답이 없었다. 한참 있다가 선뜻 물었다.

"어찌하여야 대열반을 증득합니까?"

"생사의 업을 짓지 말아야 한다."

"어떤 것이 생사의 업입니까?"

"큰 열반을 구하는 것이 생사의 업이며, 더러움을 버리고 깨끗함을 취하는 것이 생사의 업이며, 얻음도 있고 증명함도 있는 것이 생사의 업이며, 대치문對治門[4]을 벗어나지 못하는 것이 생사의 업이니라."

"어찌하여야 해탈을 얻겠습니까?"

"본래 스스로 속박이 없으니 해탈을 구할 필요가 없다. 곧바로 사용하고 곧바로 행함이 바로 무등등無等等의 경지이다."

그 스님이 말했다.

"선사 같은 화상은 실로 드무신 분입니다."

그리고는 절을 하고 물러갔다.

어떤 행자가 물었다.

"마음이 곧 부처라 하였는데, 어떤 것이 부처입니까?"

---

4 수행해서 번뇌를 없애려는 것을 말한다.

대사가 대답했다.

"그대는 어느 것이 부처가 아니라고 의심하는가? 지적해 보라."

그가 대답이 없으니, 대사가 말했다.

"통달하면 전체 경계가 이러하고, 깨닫지 못하면 영원히 어긋난다."

법명法明이라는 율사가 와서 대사에게 말했다.

"선사들은 공空에 떨어지는 경우가 많더군요."

대사가 말했다.

"도리어 좌주坐主들이 공에 떨어지는 경우가 많다."

법명이 깜짝 놀라서 말했다.

"어째서 공에 떨어졌다고 하십니까?"

대사가 말했다.

"경전과 논서는 종이와 먹으로 된 문자이다. 종이와 먹, 문자는 모두가 공하나니, 소리 위에다 이름〔名〕과 구절〔句〕 따위를 건립한 것이라서 공이 아닌 것이 없다. 좌주들은 그러한 교체(敎體 : 글자와 문구)에 집착하고 있으니, 어찌 공에 떨어지지 않겠는가?"

"선사는 공에 떨어지지 않았습니까?"

"공에 떨어지지 않았다."

"어째서 공에 떨어지지 않았습니까?"

"문자 따위는 모두가 지혜에서 생기니, 이처럼 대용(大用 : 활용)이 나타났거늘 어찌 공에 떨어졌다 하겠는가?"

법명이 말했다.

"그러므로 한 법이라도 통달치 못한 것이 있으면 실달悉達이라 하지 못합니다."

대사가 말했다.

"율사는 공에 떨어졌을 뿐만 아니라, 낱말과 언어도 잘못 쓰고 있구나."

법명이 정색을 하면서 물었다.

"어디가 틀렸습니까?"

대사가 다시 말했다.

"율사는 중국과 인도의 말을 분별하지도 못하거늘, 어찌 율문을 강의했는가?"

"선사께서 법명의 잘못된 곳을 지적해 주십시오."

"실달悉達이라는 말이 범어梵語인 줄 모르는가?"

율사가 속으로는 잘못을 깨달았으나, 오히려 분한 생각이 남아서〔범어梵語로 살바갈랄타실타薩婆曷剌他悉陀이고, 중국말로는 '모든 뜻이 이루어짐〈一切義成〉'이라고 한다. 구본에는 실달다悉達多라 했다. 여기에 쓰인 실달悉達은 잘못 생략된 범어이다.〕 다시 물었다.

"경·율·논은 부처님의 말씀이건만, 읽고 외우고 가르침에 의지하고 받들어 행하는 이들이 어찌하여 성품을 보지 못하겠습니까?"

대사가 대답했다.

"미친개는 흙덩이를 쫓지만 사자는 사람을 무는 것과 같나니, 경·율·논은 자성自性의 작용이요, 읽고 외우는 것은 성품의 법일 뿐이다."

법명이 다시 물었다.

"아미타불阿彌陀佛도 부모와 성姓이 있습니까?"

"아미타의 성은 교시가憍尸迦요, 아버지의 이름은 월상月上이요, 어머니의 이름은 수승묘안殊勝妙顔이다."

"어떤 경전에 있는 말입니까?"

"다라니집陀羅尼集에 있다."

법명이 절을 하고는 찬탄하면서 물러갔다.

어떤 삼장三藏 법사가 와서 물었다.

"진여眞如에도 변역變易이 있습니까?"

대사가 대답했다.

"변역이 있고 말고."

삼장이 말했다.

"선사는 잘못 알고 계시는군요."

대사가 도리어 삼장에게 물었다.

"진여가 있는가?"

"있지요."

"만약 변역이 없다고 한다면, 그는 반드시 평범한 승려일 것이다. 듣지 못했는가? 선지식은 3독毒을 돌이켜 3취정계聚淨戒로 삼고, 6식識을 돌이켜 6신통神通으로 삼고, 번뇌를 돌이켜 보리를 이루고, 무명을 돌이켜 대지大智로 삼는다. 만약 진여에 변역이 없다면, 삼장은 진실로 자연외도自然外道[5]로다."

삼장이 말했다.

"그렇다면 진여에 변역이 있습니까?"

대사가 대답했다.

"진여에 변역이 있다고 집착하면, 그것도 외도이니라."

"선사는 아까는 진여에 변역이 있다고 하시더니, 지금은 또 변

---

5 모든 현상은 어떠한 원인이 있어 이루어지지 아니하고 저절로 생긴다는 삿된 견해를 가진 외도外道를 말한다.

역이 없다고 하시니, 어떤 것이 확실한 말씀입니까?"

"만일 똑똑히 성품을 본 이라면 마니주摩尼珠에 빛깔이 나타나는 것과 같아서 변한다고 해도 무방하고 변하지 않는다고 하여도 맞지만, 성품을 보지 못한 사람은 진여가 변한다는 말을 들으면 문득 변한다는 견해를 짓고, 변하지 않는다는 말을 들으면 문득 변하지 않는다는 견해를 짓는다."

삼장이 말했다.

"남종南宗은 진실로 헤아릴 수 없다는 것을 이제야 알겠구나."

어떤 도류(道流 : 도교 사람)가 와서 물었다.

"세간에 자연自然보다 더한 법이 있습니까?"

대사가 대답했다.

"있다."

"어떤 법이 더합니까?"

"능히 자연을 아는 것이니라."

"그러면 원기元氣가 도입니까?"

"원기는 원기이고, 도는 도이니라."

"만약 그렇다면 마땅히 두 길이 있겠습니다."

"앎에는 두 사람이 없다."

그가 또 물었다.

"어떤 것이 삿됨이고, 어떤 것이 올바름입니까?"

대사가 대답했다.

"마음이 물건을 따르면 삿됨이요, 물건이 마음을 따르면 올바름이다."

원源 율사律師라는 이가 와서 물었다.

"화상께서도 도를 닦으실 때 공력을 쓰십니까?"

"공력을 쓴다."

"어떻게 공력을 쓰십니까?"

"배고프면 밥을 먹고, 피곤하면 잠을 잔다."

"모든 사람들이 다 그러하니, 스님과 똑같이 공력을 쓴다고 하겠습니다."

"똑같지 않다."

"왜 똑같지 않습니까?"

"그들은 밥을 먹을 때도 그냥 밥을 먹지 않고 온갖 분별을 따지며, 잠을 잘 때도 그냥 잠을 자지 않고 갖가지 계교計校를 일으키기 때문에, 똑같지 않은 것이다."

율사가 말문이 막혔다.

온광韞光 대덕大德이라는 이가 와서 물었다.

"선사께서는 내생에 태어날 곳을 스스로 알고 계십니까?"

대사가 대답했다.

"아직 죽지도 않았는데, 어찌 태어남을 논할 필요가 있겠는가? 생겨남이 곧 생겨남이 없는 법인 줄 알면, 생겨남을 여읜 법에는 '생겨남이 없다'고 설할 수 없느니라. 조사께서도 말씀하시기를 '생겨남에 당면하여 곧 생겨나지 않은 것이다'라고 하셨다."

"성품을 보지 못한 이도 그럴 수 있습니까?"

"스스로 성품을 보지 못한 것이지 성품이 없는 것은 아니다. 왜냐하면 보는 것이 곧 성품이요, 성품이 없으면 능히 보지 못하기 때문이다. 식識이 곧 성품이기 때문에 이름하여 식識의 성품이라 하고, 요달하는 것이 곧 성품이므로 요달하는 성품이라 부르고, 만법을 능히 내므로 법의 성품이라 부르고 또는 법신法身이라 이름하기도 한다. 마명馬鳴 조사祖師께서 말씀하시기를 '법이라 함은 중생심衆生心을 말함이다'라고 했으니, 마음이 생겨나기 때문에 온갖 법이 생겨나고, 마음이 생겨나지 않으면 온갖 법도 그에 따라 생겨남이 없고 또한 이름조차도 없다. 그러나 미혹한 사람은 법신이 본래 사상事象이 없으나 사물에 감응하여 형상을 나타내는 것을 모르기 때문에, 마침내 푸르디푸른 대숲을 보고는 모두 법신이라 부르고, 울창하고 울창한 황화黃華는 반야 아님이 없다고 한다. 황화가 반야라면 반야는 곧 무정물과 같을 것이요, 푸른 대가 법신이라면 법신은 곧 초목과 같을 것이다. 가령 어떤 사람이 죽순竹筍을 먹으면 결국 법신을 먹는 것이라고 해야 하리니, 이런 말을 어찌 들어둘 필요가 있겠는가? 마주 대하고서도 부처를 미혹해서 오랜 겁에 걸쳐 희구希求하고, 전체의 법〔全體法〕 속에서 미혹하여 밖으로 향하여 찾는구나. 그러므로 도를 아는 이는 다니나 앉으나 누우나 모두가 도요, 법을 깨달은 이는 가로 세로 자유로이 하여도 법 아님이 없다."

대덕이 또 물었다.

"허공이 능히 신령한 지혜〔靈智〕를 내는 것입니까? 참 마음〔眞心〕은 선과 악에 반연됩니까? 탐욕을 부리는 사람도 도입니까? 옳고 그름에 집착하는 사람도 나중에 마음이 통하겠습니까? 경계에 저촉하여 마음을 내는 사람에게도 선정이 있습니까? 적막에 머무는 사람에게 지혜가 있습니까? 남에게 오만한 생각을 품은 사람에게 내〔我〕가 있습니까? 공空과 유有에 집착한 사람에게 지혜가 있습니까? 글귀를 따지면서 증득하기를 구하는 사람, 고행으로 부처를 구하는 사람, 마음을 여의고 부처를 구하는 사람, 마음에 집착함이 부처라고 하는 사람, 이런 사람들의 지혜도 도道라고 하겠습니까? 선사께서 낱낱이 말씀해 주십시오."

대사가 대답했다.

"허공은 신령한 지혜를 내지 못하고, 참 마음은 선과 악을 반연하지 않고, 탐욕이 깊은 이는 근기가 얕고, 시비를 다투는 이는 미처 통하지 못하고, 경계에 저촉하여 마음을 내는 자는 선정이 적고, 적막에 빠져서 기틀을 잊은 자는 지혜가 침체되고, 남에게 오만하여 도도한 생각을 품는 이는 나라는 생각이 강하고, 공과 유를 집착하는 이는 모두 어리석고, 글귀를 따져서 증득하려고 하는 이는 더욱 막히고, 고행으로 부처를 구하는 이는 모두 미혹하고, 마음을 여의고서 부처를 구하는 이는 외도이고, 마음을 집착하여 부처라 하는 이는 마귀이다."

대덕이 다시 말했다.

"그렇다면 필경에는 있는 바가 없겠습니다."

대사가 말했다.

"필경에는 그렇다. 그러나 대덕에게는 필경 있는 바가 없는 것이 아니리라."

대덕이 뛸 듯이 기뻐하면서 절하고 물러갔다.〔구본舊本에는 이 다음에 홍주洪州 백장산百丈山 유정惟政 선사의 전기가 있었는데, 여기서는 제9권 백장산 회해懷海 화상 밑으로 옮겨 기록한다.〕

홍주洪州 늑담泐潭 법회法會 선사

마조馬祖에게 이렇게 물었다.

"어떤 것이 조사께서 서쪽에서 오신 뜻입니까?"

마조가 대답했다.

"소리를 낮춘 채 앞으로 다가 오라."

대사(법회)가 문득 앞으로 다가가자, 마조가 주먹으로 한 대를 치면서 말했다.

"귀가 여섯이어서 함께 모의를 할 수 없으니, 내일 오라."

이튿날 대사가 여전히 법당으로 찾아가서 말했다.

"스님, 말씀해 주십시오."

마조가 말했다.

"그냥 갔다가 이 늙은이가 법상에 오르거든 나와라. 그대에게 증명해 주리라."

이 말끝에 깨닫고 말했다.

"대중 스님들께서 증명해 주셔서 감사합니다."

그리고는 법당을 한 번 돌고서 물러갔다.

지주池州 삼산杉山 지견智堅 선사

처음에는 귀종歸宗, 남전南泉과 더불어 행각을 하다가 길에서 호랑이를 만났다. 제각기 호랑이 곁을 지나가는데, 남전이 귀종에게 물었다.

"아까 본 호랑이가 무엇 같던가요?"

귀종이 말했다.

"마치 고양이 같더군요."

그리고는 귀종이 다시 대사(지견)에게 물으니, 대사가 대답했다.

"마치 개 같더군요."

귀종이 또 남전에게 물으니, 남전이 대답했다.
"내가 보기에는 큰 벌레 같았습니다."

대사가 밥을 먹으려는데, 남전이 생반生飯을 거두면서 "생겼다〔生〕"고 하니, 대사가 말했다.
"생겨남이 없소〔無生〕."
남전이 말했다.
"생겨남이 없다 해도 여전히 끄트머리〔末〕오."
그리고 남전이 몇 걸음 걸어가자, 대사가 불렀다.
"스님, 스님."
남전이 고개를 돌리면서 말했다.
"왜 그러시오?"
대사가 말했다.
"끄트머리라고도 하지 마시오."

어느 날 울력〔普請〕으로 고사리나물을 다듬다가 남전이 한 가닥을 치켜들면서 말했다.
"이거 아주 좋은 공양거리로구나."
대사가 말했다.
"그것뿐 아니라 백미진수百味珍羞라도 그는 돌아보지 않습니다."
남전이 말했다.
"아무리 그렇더라도 하나하나 맛을 보아야 그가 비로소 얻는다."〔현각玄覺이 말하기를 "이것이 서로 보고서 한 말인가, 서로 보지 않고 한 말인가?"라고 하였다.〕

어떤 스님이 와서 물었다.
"어떤 것이 본래의 몸입니까?"
대사가 대답했다.
"온 세상에 비슷한 것이 없다."

홍주洪州 늑담泐潭 유건惟建 선사

어느 날 마조馬祖의 법당 뒤에서 좌선을 하는데, 마조가 보고는 대사(유건)의 귀를 두 번 불었다. 대사가 선정에서 깨어나 화상인 줄 알자 다시 선정에 들었다. 마조가 방장실로 돌아가서 시자를 시켜 차 한 잔을 대사에게 보냈는데, 대사는 돌아보지도 않고 문득 법당으로 돌아갔다.

예주澧州 명계茗谿 도행道行 선사

어느 때 대사(도행)가 말했다.
"나에게 큰 병이 있는데, 세상의 의사는 고칠 수 없다."
나중에 어떤 스님이 우선 조산曹山에게 물었다.
"듣건대 옛사람이 말하기를 '나에게 큰 병이 있으니, 세상 의원들은 고치지 못한다'고 하였다는데, 그것이 무슨 병입니까?"
조산曹山이 말했다.
"약이나 수술로는 고치지 못하는 것이니라."
"온갖 중생들도 모두 이 병이 있습니까?"
"사람마다 다 있느니라."
"화상도 이런 병이 있습니까?"

"일어난 곳을 바로 찾았지만 찾을 수가 없다."

"어찌하여 온갖 중생들은 병이 있는데도 아파하지 않습니까?"

"중생들이 아파한다면 중생이 아니니라."

"그렇다면 부처님들도 이런 병이 있습니까?"

"있다."

"있다면 어찌하여 병을 앓지 않습니까?"

"그가 또랑또랑하기 때문이니라."

어떤 스님이 와서 물었다.

"어떻게 수행해야 합니까?"

대사가 말했다.

"이 어진 대사야, 공연한 짓을 말라〔莫客作〕."

"끝내 어찌 됩니까?"

"그대로 두면 곧 감당하지 못하게 된다."

또 어떤 스님이 물었다.

"어떤 것이 올바른 수행의 길입니까?"

대사가 대답했다.

"열반 뒤의 유有이다."

"어떤 것이 열반 뒤의 유有입니까?"

"얼굴을 닦지 않는 것이니라."

"학인은 알지 못하겠습니다."

"닦을 얼굴이 없느니라."

무주撫州 석공石鞏 혜장慧藏 선사

그는 본래 사냥〔弋獵〕으로 업을 삼으면서 사문沙門을 몹시 미워하고 있었다. 하루는 사슴 떼를 좇아서 마조馬祖의 암자 앞을 지나게 되었다.

마조가 맞이하자, 사냥꾼이 물었다.

"화상께서는 사슴이 지나는 것을 보셨습니까?"

마조가 도리어 물었다.

"그대는 무엇 하는 사람인가?"

"사냥꾼입니다."

"활을 쏠 줄 아는가?"

"쏠 줄 압니다."

"화살 하나로 몇 마리나 맞추는가?"

"화살 하나로 한 마리를 맞춥니다."

"그렇다면 그대는 활을 쏠 줄 모른다."

"그러면 화상께서는 활을 쏠 줄 아십니까?"

"쏠 줄 안다."

"스님은 화살 하나로 몇 마리나 맞추십니까?"

"화살 하나로 한 무리〔一群〕를 다 맞힌다."

"이쪽이나 저쪽이나 모두 생명인데, 한 무리를 쏠 필요가 있겠습니까?"

"그대가 이미 그런 줄 안다면, 어찌하여 스스로를 쏘지 않는가?"

"저로 하여금 스스로를 쏘라고 하시면, 손을 댈 곳이 없습니다."

"이 사내의 광겁曠劫에 걸친 무명 번뇌가 오늘에야 단박에 쉬었구나."

혜장慧藏이 즉시 활과 화살을 부숴 버리고 자기 손으로 머리를 깎아 마조의 제자가 되었다.

하루는 부엌에서 일을 하는데, 마조가 와서 물었다.

"무엇을 하는가?"

"소를 먹입니다."

"소를 어떻게 먹이는가?"

"한 번 풀밭으로 들어가면 얼른 콧구멍을 잡아서 끌어옵니다."

"그대는 참으로 소를 잘 먹이는구나."

대사는 문득 쉬었다. 대사가 주석한 후에는 항상 활과 살을 가지고 여러 학인들을 지도하였다〔接機〕.〔삼평화상장三平和尙章에서 말한 것과 같다.〕

대사가 서당西堂에게 물었다.

"그대는 허공을 잡을 줄 아는가?"

서당이 대답했다.

"잡을 수 있습니다."

"어떻게 잡는가?"

서당이 손으로 허공을 더듬으니, 대사가 물었다.

"그런 식으로 어떻게 허공을 잡겠는가?"

서당이 도리어 물었다.

"사형師兄은 어떻게 잡으시렵니까?"

대사가 서당의 콧구멍을 잡아끄니, 서당이 아파하는 소리를 내면서 말했다.

"아이코 죽겠소. 남의 콧구멍을 잡아당겨서 빠지게 할 작정이시오?"

대사가 말했다.
"바로 이렇게 허공을 잡아야 된다."

여러 스님들이 뵈러 왔을 때에 대사가 말했다.
"아까 왔던 것이 어디로 갔는가?"
어떤 스님이 말했다.
"있습니다."
대사가 말했다.
"어디에 있는가?"
그 스님이 손가락을 한 번 튀겼다.
어떤 스님이 와서 절을 하자, 대사가 말했다.
"그것을 가지고 왔는가?"
그 스님이 대답했다.
"가지고 왔습니다."
"어디에 있는가?"
그 스님이 손가락을 세 번 튀기고는 물었다.
"어찌하여야 생사를 면하겠습니까?"
"면해서 무엇 하려는가?"
"어떻게 해야 면하겠습니까?"
"이것은 태어나지도 죽지도 않는다."

당주唐州 자옥산紫玉山 도통道通 선사

그는 여강廬江 사람으로서 성은 하何씨이다. 어릴 때에 아버지의 벼슬길을 따라 천주泉州의 남안현南安縣에 갔다가 출가하였다.

당唐나라 천보天寶 때에 마조馬祖가 건양建陽에서 교화를 펴면서 불적암佛迹巖에 살았는데, 대사(도통)가 찾아가서 뵈었고, 이어서 남강南康의 공공산龔公山으로 옮기자 대사도 따라갔다.

정원貞元 4년 2월 초에 마조가 열반에 들려고 하면서 대사에게 말하였다.

"옥석玉石이 윤택하고 산이 수려하면 그대의 도업道業을 이롭게 하리니, 만나거든 거기서 살아라."

그러나 대사는 그 말을 이해하지 못하였다.

그 해 가을에 복우산伏牛山의 자재自在 선사와 함께 낙양洛陽에 갔다가 다시 당주唐州로 돌아와서 서쪽의 어느 산을 보니, 사방이 깎아지른 듯하고 봉우리가 매우 수려해서 마을 사람에게 물어보니 자옥산紫玉山이라 하였다. 대사가 산봉우리에 올라가 보니, 네모반듯한 돌이 있었는데 자줏빛이 환하게 비치고 있었다. 대사가 찬탄하면서 "이것이 그 자옥紫玉이구나"라고 하면서, 비로소 선사先師의 말씀이 무엇을 예언하였는지 알았다. 그리하여 풀 덩굴을 베어 버리고 초막을 지어서 살기 시작하니, 나중에 배우는 무리들이 사방에서 모여들었다.

어떤 스님이 물었다.

"어찌하여야 삼계를 벗어나겠습니까?"

대사가 대답했다.

"그대가 그 속에 얼마나 있었는가?"

그 스님이 다시 물었다.

"어떻게 벗어나겠습니까?"

"청산은 흰 구름이 날아가는 것을 막지 않는다."

우적于頔 상공相公이 물었다.

"어떤 것이 심한 바람이 선박船舶을 불어 날려서 나찰 귀신의 나라에 떨어지게 하는 것입니까?"

대사가 대답했다.

"객지에서 헤매는 우적이여, 그런 일은 물어서 무엇 하리오?"

우적이 깜짝 놀라니, 대사가 그를 가리키면서 말했다.

"이것이 문득 나찰의 귀신 나라에 빠지는 것이다."

우적이 다시 물었다.

"어떤 것이 부처입니까?"

대사가 우적을 부르자, 우적이 "네" 하고 대답을 했다. 이에 대사가 말했다.

"다시는 다른 것을 구하지 말라."〔어떤 스님이 약산藥山에게 이 일을 이야기하니, 약산이 말하기를 "그 승려를 죽여 버렸어야 한다"라고 하였다. 그 스님이 말하기를 "화상께서는 어찌하시겠습니까?"라고 하니, 약산이 그 스님을 불렀고, 그 스님이 대답하니 "그것이 무엇인가?"라고 하였다.〕

원화元和 8년에 제자인 금장金藏이 백장百丈 화상에게 갔다가 돌아와서 뵈니, 대사가 말했다.

"그대가 왔으니, 이 산에도 주인이 생겼구나."

그리고는 금장에게 부촉하고 나서 지팡이를 짚고 길을 나서니, 양주襄州의 승속이 모두 환영하였다. 7월 15일이 되자 병 없이 임종하니, 수명은 83세였다.

강서江西 북란北蘭 양讓 선사

호당湖塘의 양亮 장로長老가 물었다.

"듣건대 사형師兄께서 선사先師의 참모습을 그대로 그려냈다고 하던데, 잠시 뵈옵게 해주십시오."

대사가 두 손으로 가슴을 헤치고 드러내 보이자, 양 장로가 문득 절을 하였다. 대사가 말했다.

"절하지 말라, 절하지 말라."

양 장로가 말했다.

"사형, 잘못 아셨습니다. 저는 사형께 절을 하는 것이 아닙니다."

대사가 말했다.

"그대는 선사의 참모습에 절을 한 것이 아닌가?"

"그런데 어째서 저더러 절을 하지 말라고 하십니까?"

"언제 틀렸다고 했는가?"

낙경洛京 불광佛光 여만如滿 선사〔과거에 오대산五臺山 금각사金閣寺에 산 적이 있었다.〕

당唐의 순종順宗이 물었다.

"부처님께서는 어디서 오셨으며, 멸진滅盡하면 어디로 가십니까? 항상 세간에 머문다고 말한다면, 부처님께서는 지금 어디에 계시오?"

대사가 대답했다.

"부처는 무위無爲로부터 오고, 멸진하면 무위를 향해 갑니다. 법신은 허공과 같아서 항상 무심한 곳에 존재하며, 유념有念은 무념

無念으로 돌아가고 유주有住는 무주無住로 돌아가며, 오는 것도 중생을 위하여 오고 가는 것도 중생을 위해 갑니다. 청정한 진여의 바다는 담연湛然해서 체體가 항상 머무르니, 지혜로운 이는 잘 생각해서 다시는 의심하지 말아야 합니다."

황제가 또 물었다.

"부처님께서는 왕궁에서 태어나셨고 쌍림雙林에서 열반에 드셨으며, 세상에는 49년을 머무셨다 하였고, 또 법을 설한 적이 없다고 말씀하셨소. 산하山河와 대해大海와 천지天地와 일월日月도 때가 되면 모두 다 사라지니, 누군들 생멸하지 않는다고 말하겠소? 의혹의 망정이 이와 같으니, 지혜로운 분께서 잘 분별해 주시오."

대사가 대답했다.

"부처의 체體는 본래 무위이지만 미혹한 정情이 망령되게 분별하며, 법신은 허공과 같아서 일찍이 생멸한 적이 없습니다. 인연이 있으면 부처는 세간에 나타나고, 인연이 없으면 부처는 열반에 드나니, 곳곳에서 중생을 교화함이 마치 물속의 달과 같습니다. 따라서 항상하지도 않고 단멸斷滅하지도 않고, 생겨나지도 않고 멸하지도 않나니, 생겨나도 일찍이 생겨난 적이 없고 멸해도 일찍이 멸한 적이 없습니다. 무심無心의 경지를 완전히 깨달으면, 자연히 법을 설함도 없습니다."

황제가 이 말을 듣고 매우 기뻐하여 선종禪宗을 더욱 소중히 여겼다.

원주袁州 남원南源 도명道明 선사

상당上堂하여 말했다.

"빨리 달리는 말은 한 번의 채찍으로 알고, 명민한 사람은 한마디의 말로 깨닫는다. 일이 있으면 어찌 머리를 내밀지 않는 것이며, 일이 없으면 제각기 스스로 진중珍重[6]하라."

그리고는 법당에서 내려왔다.

어떤 스님이 물었다.

"한마디라는 것이 무엇입니까?"

대사(도명)가 곧 혀를 내밀면서 말했다.

"나에게 광장설상廣長舌相이 생기기를 기다렸다가 그대에게 말해 주리라."

동산洞山이 뵈러 와서 바야흐로 법당으로 들어오려는데, 대사가 말했다.

"이미 다 보았다."

동산이 문득 내려가 버렸다. 이튿날 다시 법당에 올라와서 물었다.

"어제는 화상의 자비를 입었습니다만, 어느 곳이 저와 더불어 이미 다 본 곳인지를 모르겠습니다."

대사가 대답했다.

"마음 마음에 간단間斷이 없으면 성품의 바다로 흘러 들어간다."

동산이 말했다.

"하마터면 놓칠 뻔하였습니다."

동산이 하직을 하자, 대사가 말했다.

"불법을 많이 배워서 이로운 일을 많이 하라."

---

6 헤어질 때 쓰는 인사말이다.

"불법을 많이 배운다는 것은 묻지 않겠으나, 어떤 것이 이로운 일을 많이 하는 것입니까?"

"한 물건도 어기지 않는 것이 바로 그것이다."

어떤 스님이 물었다.

"어떤 것이 부처입니까?"

"그대에게 말할 수 없는 것이 바로 그것이다."

흔주忻州 역촌酈村 자만自滿 선사

상당上堂하여 말했다.

"예나 지금〔古今〕이나 다름없이 본래 그대로 변함없으니〔法爾如然〕, 다시 무엇 하겠는가? 비록 그렇다고는 하나 이 일이 커서 사람들은 어쩔 줄을 모른다."

이때에 어떤 스님이 물었다.

"예와 지금에 떨어지지 않는 도리를 스님께서는 곧바로 말씀해 주십시오."

대사가 대답했다.

"마음속으로 그대가 어쩔 줄 모른다고 여겼느니라."

그 스님이 다시 뭐라 말을 하려고 하자, 대사가 말했다.

"내가 고금古今에 떨어졌다고 여기겠구나."

"어찌하여야 되겠습니까?"

"물고기가 은하수까지는 뛰어올랐으나 셋째 계급은 오르기 어려우니라."

"어찌하여야 그런 허물을 면합니까?"

"만약 용의 형상이라면, 어찌 높고 낮음을 논하겠는가?"

그 스님이 절을 하니, 대사가 말했다.

"괴롭고도 욕되기가 어느 누가 나와 비슷하랴?"

대사가 하루는 대중에게 말했다.

"낮에는 밝고 밤에 어둡다는 것을 제외하고 다시 무엇을 말해야 되겠는가? 진중珍重하게나."

그때 어떤 스님이 물었다.

"어떤 것이 다툼 없는 구절입니까?"

대사가 대답했다.

"천지를 시끄럽게 하는 것이니라."

낭주朗州 중읍中邑 홍은洪恩 선사

앙산仰山이 처음으로 계를 받고 사계(謝戒 : 계를 받고 은사께 드리는 인사 의식)의 예를 드리러 왔는데, 대사(홍은)는 그가 오는 것을 보고 선상禪床 위에서 손뼉을 치며 말했다.

"화화(和和 : 어린애같이 연약한 사람)야."

앙산이 즉시 동쪽 편에 섰다가 다시 서쪽 편에 서고, 또 중앙에서 섰다. 그런 뒤에야 사계의 예를 드리고 난 후에 물러나 서 있었다.

대사가 물었다.

"어디서 그런 삼매를 얻었는가?"

앙산이 대답했다.

"조계曹谿의 인가를 벗어난 이에게서 배웠습니다."

"그대는 조계께서 이런 삼매로 어떤 사람을 제접했다고 여기는가?"

"일숙각一宿覺을 제접할 때에 이런 삼매를 썼다고 합니다."

그리고는 앙산이 도리어 물었다.

"화상께서는 어디서 이런 삼매를 얻으셨습니까?"

"나는 마조 대사의 처소에서 이 삼매를 배웠다."

"어찌하여야 성품을 봅니까?"

"가령 어떤 집이 있다고 비유하자. 그 집에 창문이 여섯 개가 있고, 그 안에는 원숭이 하나가 있는데, 동쪽에서 '산산(山山 : 원숭이를 부르는 소리)아, 산산아' 하면 원숭이가 이에 반응을 하니, 이와 같이 여섯 창문에 부를 때마다 모두 응하는 것과 같다."

앙산이 절하고 일어나면서 말했다.

"화상의 비유를 들으니 요달해 알지 못함이 없지만, 다시 한 가지 일이 있습니다. 가령 안의 원숭이가 피곤하여 잠이 들었는데, 밖의 원숭이가 만나고자 하면 어찌해야 합니까?"

대사가 승상繩床에서 내려와 앙산의 손을 잡고 춤을 추면서 말했다.

"산산山山아, 이제야 너를 만났구나. 마치 하루살이가 모기 눈썹에다 집을 짓고 네거리에 나서서 '땅은 광활한데 사람은 드무니, 상봉하는 자가 적구나'라고 외치는 것과 같도다."〔운거雲居 석錫이 말하기를 "중읍中邑이 그때에 앙산仰山의 그 한마디를 듣지 못했었다면 어디에 중읍의 말이 남아 있으리오?"라고 하였다. 숭수崇壽 조稠가 말하기를 "어떤 사람이 이 도리를 결정지을 수 있겠는가? 만일 결정지을 수 없다면 이는 한갓 혼백을 희롱하는 수단일 뿐이니 불성의 이치가 어디에 있으랴?"라고 하였다. 현각玄覺이 말하기를 "만일 앙산이 아니었다면 어찌 중읍을 알아 볼 수 있었겠는가? 말해 보라. 어디가 앙산이 중읍을 볼 수 있었던 곳이겠는가?"라고 하였다.〕

홍주洪州 백장산百丈山 회해懷海 선사

그는 복주福州의 장락현長樂縣 사람이니, 어릴 때에 이미 속세를 떠나 3학學을 두루 연마하였다. 때마침 대적(大寂 : 마조의 법호)이 남강南康에서 교화한다는 말을 듣고 마음을 기울여 의지하였다. 서당西堂 지장智藏 선사와 같이 입실入室하였는데, 당시 이 두 대사가 두각을 나타내었다.

어느 날 저녁에 두 대사가 마조馬祖를 모시고 달구경〔翫月〕을 하는데, 마조가 말했다.

"바로 이럴 때는 어떠한가?"

서당이 말했다.

"바로 공양하기 좋습니다."

대사(백장 회해)가 말했다.

"바로 수행하기 좋습니다."

남전은 소매를 떨치면서 문득 가 버렸다.

마조가 말했다.

"경전은 창고〔藏 : 서당 지장을 말함〕로 들어가고, 선禪은 바다〔海 : 회해를 가리킴〕로 들어가고, 오직 보원(남전)만이 홀로 사물 밖으로 초월했다."

하루는 마조가 법당에 오르자 대중이 구름처럼 모였다. 바야흐로 법좌에 올라서 양구良久했는데, 대사가 이내 면전面前의 절하는 자리를 걷어 버리니, 마조는 문득 법당에서 내려왔다.

어느 날 대사가 다시 마조를 뵈었다. 마조는 대사가 오는 것을 보자, 법상 귀퉁이에서 불자拂子를 잡아서 곧추 세웠다. 대사가 말했다.

"그것뿐입니까? 또 다른 것이 있습니까?"

마조가 불자를 원래 자리에다 놓고는 말했다.

"그대는 무엇을 가지고서 어떻게 사람을 위하려 하는가?"

대사가 얼른 불자를 들어서 보이니, 마조가 다시 물었다.

"그것뿐인가? 그밖에 또 있는가?"

대사가 불자를 본래의 자리에다 꽂아 두고 공손히 서 있으니, 마조가 소리를 질렀다.

이로부터 우레와 같은 명성이 진동해서 단월들이 홍주의 신오계新吳界로 청해서 대웅산大雄山에 머무르게 하니, 그 거처에 산봉우리가 험악하기 때문에 백장산百丈山이라 불렀다. 거기에 있기 시작한 지 한 달이 채 못 되어서 현묘한 진리를 참구하려는 선객들이 사방에서 모여들었는데, 위산潙山과 황벽黃檗이 그 으뜸의 자리에 있었다.

하루는 대사가 대중에게 말했다.

"불법은 사소한 일이 아니다. 내가 지난날에 마조 대사를 두 번 참례했는데, 대사의 일할(一喝)을 듣고는 곧장 3일 동안 귀가 먹고 눈이 캄캄하였다."

그때 황벽이 이를 듣고는 자기도 모르는 사이에 혀를 내밀어 말했다.

"저는 원래 마조를 모르지만 앞으로도 마조를 뵙지 않겠습니다."

대사가 말했다.

"그대는 앞으로 마조의 법맥을 계승해야 한다."

"저는 마조의 법맥을 잇지 않겠습니다."

"왜 그런가?"

"앞으로 저의 자손들을 상실하는 일이기 때문입니다."[7]

대사가 말했다.

"그렇고, 그렇도다."

하루는 어떤 스님이 곡을 하면서 법당에 들어오자, 대사가 물었다.

"무슨 일인가?"

"부모가 모두 돌아가셨으니, 스님께서 날짜를 잡아 주십시오."

대사가 대답했다.

"내일 오라. 한꺼번에 매장하도록 하자."

대사가 상당하여 말했다.

"목구멍과 입술을 모두 닫아 버리고 빨리 말해 보라."

위산潙山이 말했다.

"저는 말하지 못하겠으니, 화상께서 말씀해 주십시오."

대사가 대답했다.

"그대에게 말해 주는 것은 사양하지 않겠다만, 오랜 후에 나의 자손을 잃게 되리라."

오봉五峰이 말했다.

---

7 자기가 백장百丈의 법문을 듣고 깨달을 때에 한층 뛰어넘어서 마조의 제자가 된다면 뒷날에 자기의 법을 듣고 깨달은 이들이 모두 마조나 백장에게로 뛰어올라 법을 잇게 되리니, 이것을 일러서 뒷날 자기의 권속을 없애는 일이라 하였다.

"화상께서도 목구멍과 입술을 닫아 버려야 합니다."

"아무도 없는 곳에서 골을 갈아 그대에게 보여 주리라."

운암雲巖이 말했다.

"제가 말할 곳이 있으니, 화상께서 거들어 주십시오."

대사가 대답했다.

"목구멍과 입술을 모두 닫아 버리고 빨리 말해 보라."

"스님은 지금 (입술 따위가) 있으십니다."

"나의 자손을 죽이는구나."

대사가 대중에게 말했다.

"내가 누구 한 사람을 서당西堂에게 보내서 말을 전해야겠는데, 누가 가겠는가?"

오봉五峰이 대답했다.

"제가 가겠습니다."

"네가 어떻게 말을 전하겠는가?"

"서당 스님을 만나기를 기다렸다가 즉시 말을 하겠습니다."

"뭐라 하겠느냐?"

"돌아와서 화상께 아뢰겠습니다."

대사가 위산潙山과 함께 일을 하다가 대사가 물었다.

"불이 있는가?"

위산이 대답했다.

"있습니다."

"어디에 있는가?"

위산이 나무 한 개비를 들어 두세 번 불고는 대사에게 건네주니, 대사가 말했다.

"마치 벌레가 나무를 좀먹는 것과 같구나."

어떤 스님이 물었다.
"어떤 것이 부처입니까?"
대사가 말했다.
"그대는 누구인가?"
"저는 아무개입니다."
"그대가 나를 아는가?"
"분명히 압니다."
대사가 불자를 번쩍 들고서 말했다.
"그대가 보는가?"
"봅니다."
대사는 그만 입을 다물고 말았다.

울력으로 땅을 파는데, 홀연히 어떤 스님이 식사 때를 알리는 북소리를 듣고는 괭이자루를 번쩍 들고 껄껄 웃다가 식당으로 들어가 버리니, 대사가 말했다.
"시원스럽다. 이것이 관음보살이 진리에 들어간 문이다."
대사가 방장에 돌아와서 그 스님을 불러놓고 물었다.
"아까 무슨 도리를 보았기에 그러하였는가?"
"아까 북소리가 나는 것을 들었기에 밥을 먹으러 갔을 뿐입니다."
대사가 빙그레 웃자, 그가 물었다.
"'경전에 의지하여 뜻을 이해하는 것은 3세世 부처님의 원수요, 경전을 여의고서는 한 글자라도 마귀의 말과 같다' 하였으니, 어떠하십니까?"

대사가 대답했다.

"움직이는 작용을 고수固守하면 3세 부처님의 원수요, 이밖에 따로 구하는 것은 곧 마귀의 말과 같으니라."

어떤 스님이 서당에게 물었다.

"물음이 있으면 대답이 있고, 묻지 않으면 대답하지 않는 때는 어떠합니까?"

서당이 대답하였다.

"놀라서 썩은들 무엇 하겠는가?"

이 얘기를 듣고 대사가 말했다.

"원래 이 노형老兄을 의심하였다."

어떤 스님이 말했다.

"화상께서 말씀해 주십시오."

대사가 대답했다.

"일합상一合相을 얻을 수 없다."

어느 날 대사가 대중에게 말했다.

"어느 한 사람은 영구히 밥을 먹지 않고도 배고프다는 말을 않고, 어느 한 사람은 종일 밥을 먹으면서도 배부르다는 말을 않는다."

대중이 아무도 대답하지 않자, 운암雲巖이 물었다.

"화상은 매일 구구하게 누구를 위하십니까?"

대사가 대답했다.

"어느 한 사람이 요구한다."

"어찌하여 그로 하여금 스스로 하게 하시지 않습니까?"
"그는 집안 살림이 없느니라."

어떤 스님이 물었다.
"어떤 것이 대승의 돈오법문頓悟法門입니까?"
대사가 대답했다.
"그대들은 먼저 모든 반연을 쉬어라. 만 가지 일을 쉬고, 착하거나 악한 일, 세간世間과 출세간出世間의 온갖 법을 기억하지도 말고 반연하여 생각하지도 말라. 몸과 마음을 탁 놓아서 자유롭게 하고, 마음은 목석처럼 분별하는 것이 없게 하라. 마음이 행하는 바가 없어서 마음의 바탕〔心地〕이 허공과 같이 되면 지혜의 태양이 스스로 나타나니, 마치 구름이 흩어지면 태양이 드러나는 것과 같으리라. 분별망상〔相似〕도 모두 쉬고, 온갖 반연과 탐욕·성냄·애욕의 더럽고 깨끗한 망정이 다하면, 5욕欲이나 8풍風을 대하여도 보고 듣고 깨달아서 앎에 속박되지 않고, 모든 경계에 미혹되지도 않아서 자연히 신통묘용神通妙用을 구족한다.

이와 같이 해탈한 사람은 온갖 경계를 대하여도 마음에 고요함과 어지러움이 없고, 마음을 거두지도 않고 흩뜨리지도 않고, 온갖 소리와 색을 투사하여도 걸리거나 막힘이 없으리니, 이를 이름하여 도인道人이라 한다. 다만 온갖 선과 악, 더럽고 깨끗함, 유위有爲의 세간의 복과 지혜에 얽매이지 않는 것을 이름하여 부처의 지혜〔佛慧〕라 하고, 옳고 그름, 좋고 나쁨, 옳은 이치와 그른 이치 등의 모든 소견이 모두 다하여 속박을 받지 않아서 마음의 자재함에 처하면 처음 발심한 보살이라 하니, 곧 부처 경지〔佛地〕에 오르게 된다.

일체의 온갖 법은 본래 스스로 공하지도 않고, 스스로 색色이라 말하지도 않고, 옳고 그름, 더럽고 깨끗함을 말하지도 않고, 또 사람을 얽어맬 마음도 없다. 다만 사람들이 스스로 허망하게 계교하고 집착해서 갖가지 견해를 일으키고 갖가지 지견知見을 일으킬 뿐이다. 만일 더럽고 깨끗한 마음이 다하여 얽매임에도 머무르지 않고 해탈에도 머무르지 않아서 일체의 유위와 무위의 견해가 없고, 평등한 심량心量으로 생사에 처해서도 그 마음이 자재하고, 끝내 허환虛幻의 경계인 5온蘊, 18계界와 생사의 모든 이끌림에 화합하지 않고, 확연하게 의지함이 없어져서 일체에 구애됨이 없고 가고 머무는 데 장애가 없으면, 생사를 오고 감이 마치 열린 문으로 출입하는 것과 비슷하리라.

만일 갖가지 괴로움과 즐거움 등 뜻에 맞지 않는 일을 만난다면, 물러서거나 굴복하는 마음이 없어야 하고, 명예나 의식衣食을 생각하지 않아야 하며, 온갖 공덕과 이익을 탐내지 말아야 하며, 세간법에 이끌리지 말아야 한다. 마음이 비록 고통이나 즐거움을 직접 받아들여도 속마음[懷]에는 관여치 않고, 거친 음식으로 목숨을 연명하고 누더기 옷으로 추위를 막더라도 올올兀兀히 어리석은 듯하고 귀먹은 듯해야 비슷해지면서 점점 가까워지는 분수分數가 있으리라.

나고 죽는 길에서 널리 지해知解를 배워서 복을 구하고 지혜를 구하는 것은, 이理에 이익이 없고 도리어 앎[解]이라는 경계의 바람에 나부끼어서 생사의 바다 속으로 돌아간다. 부처는 구하는 것이 없는 사람이니 구하면 어긋나고, 이치[理]는 구할 것이 없는 이치이니 구하면 곧 상실한다. 만일 구할 것이 없는 것을 취하면 도리어 구함이 있는 것과 같게 되나니, 이 법은 진실함도 허망함도 없다.

만일 일생 동안 마음을 목석과 비슷하게 할 수 있어서 5음陰・18계界・5욕欲・8풍風 따위에 표류하거나 빠지지 않는다면, 곧 생사의 원인이 끊어져서 가고 머무는 데 자유롭고 온갖 유위법의 인과에 속박되지 않아서 훗날 도리어 속박 없는 몸으로서 똑같이 사물을 이롭게 하고, 속박 없는 마음으로 일체의 마음에 응하고, 속박 없는 지혜로 일체의 속박을 풀며 또는 병에 맞추어 약을 줄 수 있으리라."

어떤 스님이 물었다.

"가령 지금 계를 받아서 몸과 입이 청정해지고 나서 온갖 선善을 구족했다면 해탈을 얻겠습니까?"

대사가 대답했다.

"조금은 해탈하였다고 할 수 있지만, 마음의 해탈은 얻지 못하며 일체의 해탈도 얻지 못하느니라."

"어떤 것이 마음의 해탈입니까?"

"부처도 구하지 않고 지해知解도 구하지 않아서, 더럽다느니 깨끗하다느니 하는 망정이 다하고, 이 구함이 없는 것을 옳다고 여기는 것도 지키지 않으며, 멸진滅盡한 곳에 머무르지도 않고, 지옥의 속박을 두려워하지도 않고, 천당의 쾌락을 애착하지도 않고, 온갖 법에 구애되지 않으면, 비로소 그 이름을 해탈하여 걸림이 없다고 하니, 곧 몸과 마음과 일체에 걸림이 없는 것을 해탈이라 한다.

그대들은 조그마한 계와 선행으로써 장차 문득 요달할 것이라고 함부로 말하지 말라. 항하의 모래와 같은 무루의 계와 선정과 지혜의 문이 있어도 도무지 털끝만큼도 교섭하지 못했다. 노력과 맹렬한 작용으로 빨리 관여하려면, 귀먹고 눈멀고 머리가 희고 얼굴이 쭈그러들기를 기다리지 말라. 늙음의 고통이 몸에 비치고, 눈에서 눈물이 나고, 마음속에 걱정이 생기면 갈 곳이 없으니, 이럴 때를 당하면 손발조차도 제대로 할 수 없다. 설사 복과 지혜와 많은 배움이 있더라도 도무지 구할 수 없으니, 마음의 눈이 아직 열리지 않았기 때문이다. 오직 온갖 경계에 생각을 반연할 뿐 반조返照할 줄 모르기 때문에 다시 불도佛道를 보지 못한 채 일생 동안 지은 악업이 모두 앞에 나타나는데, 혹은 기뻐하고 혹은 두려워하게 된다. 6도道와 5온蘊이 모두 앞에 나타나서 다 보여, 훌륭하게 장엄한 집과 배와 수레가 환하게 광명을 놓는 것은, 스스로의 마음이 방종하여 탐욕을 부렸기 때문이니, 보이는 것이 다 변해서 좋은 경계가 되는 것일 뿐이다. 보이는 바의 업이 무거운 것을 따라서 태어나게 되지만, 도무지 자유가 없나니, 용・짐승・양반・천민 어느 것이 될지 전혀 결정하지 못한다."

"어찌하여야 자유를 얻을 수 있습니까?"

"가령 지금 5욕과 8풍을 대하여도 취하고 버리는 정견情見이 없으면, 더러움과 청정함이 모두 소멸하리니, 마치 일월이 허공에 있으면서 반연하지 않고 비추는 것과 같다. 마음이 목석과 같고, 또한 향기로운 코끼리가 물을 가로질러 건너는 것과도 같아서 다시는 의심이나 걸림이 없으리니, 이 사람은 천당과 지옥에 포섭되지 않으리라. 또 경을 읽거나 교리를 보는 대로[8] 그 내용이 모두 막힘없이 옮겨져 자기에게 돌아가니, 다만 일체의 언교言敎는 오로지 지금처럼 자기의 본성을 깨닫기 위한 방편임을 알아서, 일체

8 신수대장경에는 "부독경간교不讀經看敎"라고 되어 있으나, 명본明本에는 "여독경간교如讀經看敎"로 되어 있다. 여기서는 후자에 의거하여 번역하였다.

의 있고 없는 모든 법의 경계에는 빠지지 않으리라. 이런 도사導師는 능히 일체의 있고 없는 경계의 법을 비추어 깨뜨리나니, 이러한 금강金剛 같은 지위에는 바로 스스로 말미암고 홀로 서는〔自由獨立〕 분수가 있다.

만일 이를 터득할 수 없다면, 설사 12위타韋陀 경전을 다 외울지라도 오직 증상만增上慢을 더할 뿐이어서, 도리어 부처를 비방하는 일이지 올바른 수행이 아니다. 경을 읽고 교리를 배우는 일은 세간의 측면에서 볼 때 훌륭한 일이기는 하나, 진리를 밝히는 사람의 관점에서 본다면 옹색한 사람일 뿐이다. 10지地에 오른 사람들도 벗어나지 못하고 생사의 흐름으로 빠져드나니, 알음알이〔知解〕로 언구의 뜻을 찾으려고 하지 말라.

알음알이는 탐욕에 속하고 탐욕은 변해서 병이 되나니, 지금이라도 온갖 유무有無의 법들을 여의기만 하면 세 구〔三句〕 밖으로 투과透過해서 자연히 부처와 차이가 없으리라. 이미 스스로가 부처라면, 어찌 부처가 말을 이해하지 못할까 걱정하랴? 다만 부처가 아니라고 여겨서 있고 없는 모든 법에 이끌리게 되어서 스스로 말미암지 못하게 될까 걱정이다. 그러므로 이理가 아직 서지 못했는데 먼저 복과 지혜를 싣고 가는 것은, 마치 천한 자가 귀한 자를 부리는 것과 같아서 이理를 먼저 세우고 나중에 복과 지혜가 있는 것만 못하다. 그리하니 때〔時〕에 임해서 짓게 되면, 흙을 모아서 금을 이루고, 바닷물을 바꾸어서 소락酥酪을 만들고, 수미산을 깨뜨려서 미진微塵을 만드는 것과 같이, 하나의 뜻〔一義〕에서 무량한 뜻을 이루고 무량한 뜻에서 하나의 뜻을 이루게 되느니라."

대사는 가끔 설법을 마치고 나서 대중이 흩어지면 곧 그들을 불렀다. 대중이 고개를 돌리면 대사가 말했다.

"이것이 무엇인가?"〔약산藥山은 이것을 두고 백장百丈의 하당下堂 법문이라 하였다.〕

당나라 원화元和 9년 정월 17일에 열반에 드니 수명은 95세였다. 장경長慶 원년에 대지大智 선사라는 시호를 하사받았고, 탑호는 대보승륜大寶勝輪이라 하였다.

선문규식禪門規式

백장百丈 대지大智 선사禪師는 선종이 달마에서 시작하여 조계曹谿에 이르기까지 대체로 율종 사찰에 살았는데, 비록 선원과 율원이 다르지만, 설법과 주지하는 법이 법규에 맞지 않으므로 항상 마음에 걸려서 말했다.

"조사의 도를 널리 펴고 미래에까지 끊이지 않게 하고 싶다면, 어찌 여러 부문의 아급마阿笈摩〔옛 범어로는 아함阿含이요, 새 범어로는 아급마阿笈摩니, 즉 소승교小乘教를 말한다.〕의 교리를 따라서 수행하랴?"

어떤 이가 물었다.

"『유가론瑜伽論』과 『영락경瓔珞經』은 대승의 계율인데, 어찌 그에 의지해서 수행하지 않습니까?"

대사가 대답했다.

"내가 종지로 삼는 바는 대승이나 소승에 국한하지도 않고, 대승이나 소승에 차별을 두지 않으니, 두루 섭렵하고 요약하여 이것을 절충하여서, 마땅한 규범을 설정하여 힘쓰게 하려는 것이다.

그리하여 새로운 뜻으로 따로 선禪의 근거를 세운 것이다."

무릇 도안道眼을 갖추어서 존경할 만한 덕이 있는 이를 장로長老라 하나니, 마치 인도에서 도가 높고 나이가 많은 이를 수보리須菩提라 부르는 것 등과 같다.

이미 한 지방의 화주(化主 : 住持)가 되어 방장方丈에 거처한다면, 유마 거사〔淨名〕의 방과 같이 할 것이지 개인의 침실과 같이 해서는 안 된다. 불전佛殿을 세우지 않고 오직 법당만을 두는 것은 불조佛祖에게 친히 전해 받아서 당대의 존중받을 곳임을 표시하는 것이다.

수용하는 학자들은 많건 적건, 높건 낮건 모두가 승당僧堂에 들어가서 법랍〔夏〕의 차례에 따라 앉고, 긴 평상과 선반을 설치하여 도구를 걸어 두고, 누울 때는 반드시 비스듬히 평상 귀에 기댄다. 오른쪽 겨드랑이로 누워서 길상수吉祥睡를 하는 것은 좌선을 너무 오래하였기에 잠깐 누워서 쉴 때뿐이니, 평소에는 네 가지 위의威儀를 갖추어야 한다. 조실祖室에 들어와서 법을 물을 때를 제외하고는 부지런히 하건 게으르게 하건 배우는 자들에게 맡기고, 위가 되건 아래가 되건 일정한 규정으로 구속하지 않는다.

온 집안의 대중은 아침에 묻고 저녁에 모여야 하고, 장로가 법당에 올라 설법을 할 때에 일을 관장하는 이나 대중이나 모두 줄지어 앉아서 귀를 기울여 들어야 하고, 손님과 주인이 문답을 계속하여 종지를 격양하는 것은 모두가 법에 의해 산다는 것을 표시한다.

죽이건 밥이건 두 때에 골고루 나누는 것은 절약과 검소함에 힘쓰는 것이고, 법과 음식을 함께 운행함을 표시한다. 울력〔普請〕을 하는 법은 위와 아래가 힘을 균등히 합치는 것이요, 열 가지 소임을 두는 곳을 요사寮舍라고 하는데, 늘 한 사람의 우두머리를 두어서 많은 사람을 관장하여 일을 경영함으로써 제각기 자기의 맡은 바를 다하게 한다.〔밥 짓는 이를 반두飯頭라 하고, 나물 맡은 이를 채두菜頭라고 하는데, 나머지도 이와 같다.〕

혹 어떤 이가 거짓 탈을 쓰고 청정한 무리 속에 스며들거나 혹은 소란을 피우면, 즉시 유나維那가 붙잡아 끌어내려서 본래의 자리에 앉히거나 절 밖으로 몰아내는 것은 청정한 대중을 편안케 하기 위함이요, 어떤 이가 죄를 범하거든 주장자로 때리거나 대중을 모아 놓고 의발과 도구를 태우거나 샛문으로 쫓아내는 것은 부끄러움을 주기 위한 것이다.

이 한 가지 제도를 자세히 살피건대 네 가지 이익이 있다.

첫째는 청정한 대중을 더럽히지 않고 공손한 믿음을 내는 것이다.〔3업業이 바르지 않으면 같이 살지 못한다. 율문에 의하건대 율법에 의하여 다스려서 쫓아내야 한다. 청정한 대중이 편해지면 공손한 믿음이 생긴다.〕

둘째는 스님의 형상을 잃지 않아서 부처님의 제도에 맞게 되는 것이다.〔적당히 징계하여 법복만을 남겨 두면 뒤에는 반드시 뉘우치게 된다.〕

셋째는 공문公門이 소란하지 않아서 시비가 줄어드는 것이다.

넷째는 (허물이) 밖으로 새지 않고 종문의 기강이 잘 보호되는 까닭이다.〔사방에서 모인 무리가 같이 사는데 범부와 성인을 누가 판단하겠는가? 여래께서 세상에 계실 때에도 삿된 여섯 무리의 비구〈六群比丘〉가 있었는데, 지금은 말법이니 어찌 전혀 없을 수 있겠는가? 한 스님이 허물이 있는 것을 보면 잇달아서 비방을 부르나니, 대중을 가볍게 여기고 법칙을 무너뜨리면 그 손실이 크다는 것을 모르기 때문이다. 지금 선문에서 예사로 방해가 없다고 여길 일이라도 마땅히 백장百丈 선사의 총림叢林 격식에 따라 일을 분별하고 구분해야 한다. 그리하여 법칙을 세워 잘못을 미연에 방지해야 한다. 현사賢士인양 여기고 있지 말아야 한다. 차라리 격식을 세워 범하는 이가 없게 할지언정 범하는 이가 있는데 가르침이 없게 해서는 안 된다. 백장 선사가 법을 보호한 이익은 실로 크다고 할 수 있다.〕

선문禪門에서만 시행되는 것은 백장百丈에서 비롯했으니, 이제 그 대략을 서술하여 후대의 배우는 자에게 두루 보이는 뜻은 근본을 잊지 않게 하기 위함이니, 그 모든 궤칙은 산문山門에 갖추어 있다.

경덕전등록 제 7 권

회양懷讓 선사의 제2세 중 45인〔마조馬祖의 법손〕

담주潭州 삼각산三角山 총인總印 선사

지주池州 노조산魯祖山 보운寶雲 선사

홍주洪州 늑담泐潭 상흥常興 선사

건주虔州 서당西堂 지장智藏 선사

경조京兆 장경사章敬寺 회운懷惲 선사

정주定州 백암柏巖 명철明哲 선사

신주信州 아호鵝湖 대의大義 선사

복우산伏牛山 자재自在 선사

유주幽州 반산盤山 보적寶積 선사

비릉毘陵 부용산芙蓉山 태육太毓 선사

포주蒲州 마곡산麻谷山 보철寶徹 선사

항주杭州 염관鹽官 제안齊安 선사

무주婺州 오설산吾洩山 영묵靈默 선사

명주明州 대매산大梅山 법상法常 선사
경조京兆 전선典善 유관惟寬 선사
호남湖南 여회如會 선사
악주鄂州 무등無等 선사
여산廬山 귀종사歸宗寺 지상智常 선사
〔이상 18명이 기록에 보임〕
소주韶州 저경산渚涇山 청하淸賀 선사
자음산紫陰山 유건惟建 선사
봉산封山 홍준洪濬 선사
연산練山 신완神翫 선사
굴산崛山 도원道圓 선사
옥대玉臺 유연惟然 선사
지주池州 회산灰山 담기曇覬 선사
형주荊州 신사新寺 보적寶積 선사
하중부河中府 법장法藏 선사
한남漢南 자비사慈悲寺 양진良津 선사
경조부京兆府 숭崇 선사
남악南嶽 지주智周 선사
백호白虎 법선法宣 선사
금굴金窟 유직惟直 선사
태주台州 백암柏巖 상철常徹 선사
건원乾元 휘暉 선사
제주齊州 도암道巖 선사
양주襄州 상견常堅 선사
형남荊南 보정寶貞 선사

운수雲水 정종靖宗 선사
형주荊州 영태사永泰寺 영단靈湍 선사
담주潭州 용아산龍牙山 원창圓暢 선사
홍주洪州 쌍령雙嶺 도방道方 선사
나부산羅浮山 수광修廣 선사
현산峴山 정경定慶 선사
월주越州 동천洞泉 유헌惟獻 선사
광명光明 보만普滿 선사
〔이상 27인은 기연할 어구가 없으므로 기록하지 않음〕

회양懷讓 선사의 제2세 ②

담주潭州 삼각산三角山 총인總印 선사

어떤 스님이 물었다.
"어떤 것이 삼보三寶입니까?"
대사가 대답했다.
"벼 · 보리 · 콩이니라."
"학인學人이 잘 모르겠습니다."
"대중은 기꺼이 받들어 지닌다."

대사가 상당하여 말했다.
"만일에 이 일을 의논하되 눈썹을 위로 찡긋해도 이미 어긋났다."

마곡麻谷이 얼른 물었다.

"눈썹을 위로 찡그리는 일은 묻지 않겠습니다. 어떤 것이 이 일입니까?"

대사가 대답했다.

"어긋났다."

마곡이 선상禪床을 흔들자, 대사가 그를 때렸다. 마곡은 아무 말이 없었다.〔장경長慶이 대신 말하되 "불쌍하구나〈悄然〉"라고 하였다.〕

지주池州 노조산魯祖山 보운寶雲 선사

어떤 스님이 물었다.

"어떤 것이 모든 부처님입니까?"

대사가 대답했다.

"머리 위에 보배 관冠을 쓴 이는 아니다."

스님이 물었다.

"어찌하여야 옳습니까?"

대사가 대답했다.

"머리 위에 보배 관이 없다."

동산洞山이 뵈러 와서 절을 하고는 모시고 섰다. 그리고 잠시 후에 나갔다가 다시 들어왔다. 대사가 그에게 말했다.

"다만 그렇고 그러한 까닭이 이렇구나."

동산이 말했다.

"많은 사람들이 수긍하지 않습니다."

대사가 말했다.

"내가 어찌하여야 그대의 말재주를 감당하겠는가?"

동산이 몇 달 동안 시봉을 하였다.

어떤 스님이 물었다.

"어떤 것이 말하면서 말하지 않는 것입니까?"

대사가 대답했다.

"그대의 입은 어디에 있는가?"

"입이 없습니다."

"무엇을 가지고 밥을 먹는가?"

그 스님이 대답이 없었다.〔동산洞山이 대신 말하기를 "그는 시장하지 않거늘 먹어서 무엇 하랴?"라고 하였다.〕

대사는 항상 스님이 오는 것을 보면 얼른 벽을 향했다. 남전南泉이 이 말을 듣고 말했다.

"내가 항상 스님들에게 말하기를 '부처님께서 세상에 나오기 전에 알았다 해도 오히려 하나의 반도 얻지 못했다'고 했는데, 그가 이런 경지라면, 당나귀 해〔驢年〕에나 될 것이다."〔현각玄覺이 말하기를 "이것에 대해 한 말은 긍정하는 말인가, 부정하는 말인가?"라고 하였다. 보복保福이 장경長慶에게 묻기를 "노조의 자취가 어디에 있었기에 남전이 이러한 말을 하였는가?"라고 하였다. 장경이 대답하기를 "자기가 물러서고 남에게 양보하는 이는 만에 하나도 없다"라고 하였다. 나산羅山이 말하기를 "진陳 노사老師를 당시에 보았더라면 등에다가 뜸 다섯 방을 떠주었을 것이다. 왜냐하면 그가 놓을 줄만 알고 걷을 줄을 모르기 때문이다"라고 하였다. 운거雲居 석錫이 말하기를 "나산과 현사가 그렇게 말한 것이 같은가 다른가의 도리를 가려낼 수 있다면 상좌의 불법이 거의 되었다고 허락하리라"고 하였다. 현각이 말하기를 "말해 보라. 현

사가 다섯 방을 뜬다는 말이 그를 바로 때린 것인가, 아닌가?"라고 하였다.〕

홍주洪州 늑담泐潭 상흥常興 선사

어떤 스님이 물었다.
"어떤 것이 조계문하曹谿門下의 나그네입니까?"
대사가 대답했다.
"남쪽에서 온 제비니라."
"학인은 잘 모르겠습니다."
"깃〔羽〕을 길러서 가을바람을 기다리는 것이니라."

어떤 스님이 물었다.
"어떤 것이 종승宗乘의 극칙사極則事입니까?"
대사가 대답했다.
"가을비에 풀밭이 흐트러진 것이니라."

또 남전이 왔다가 대사가 벽을 향해 앉은 것을 보고 등을 문지르니, 대사가 물었다.
"누구요?"
남전이 대답했다.
"보원普願입니다."
"어떠한가?"
"그저 그렇습니다."
대사가 말했다.

"그대는 어찌하여 일이 많은가?"

건주虔州 서당西堂 지장智藏 선사

그는 건화虔化 사람으로서 성은 요廖씨이다. 여덟 살에 출가하였고〔從師〕, 25세에 구족계具足戒를 받았는데, 어떤 관상가가 그의 특이한 모습을 보고 말했다.

"스님의 기골氣骨이 비범하시니, 반드시 법왕의 보좌輔佐가 되겠습니다."

대사는 마침내 불적암佛迹巖으로 가서 대적(大寂 : 馬祖)에게 참문하고, 백장百丈 회해懷海 선사와 함께 입실하였는데, 모두 인가를 받았다.

하루는 대적이 대사에게 글을 주어 장안長安의 혜충慧忠 국사國師에게 전하라고 해서 갔다. 국사가 물었다.

"그대의 스승은 어떤 법을 설하는가?"

대사가 동쪽에서 서쪽으로 가서 서니, 국사가 말했다.

"그것뿐인가? 그밖에 또 있는가?"

대사가 다시 동쪽으로 가서 서니, 국사가 물었다.

"그것은 마조 대사의 것이니, 그대의 것은 무엇인가?"

대사가 대답했다.

"벌써 화상께 바쳤습니다."

얼마 후에 경산徑山 국일國一 선사〔이 말은 국일장國一章에도 나왔다.〕에게도 글을 전하였다.

이때 대장군〔連帥〕인 노사공路嗣恭이 대적을 초청하여 담당 고을

〔府〕에 머물게 함으로써 장차 성대한 교화를 기약하려고 했다. 대사가 고을로 돌아오니, 대적이 마납가사摩納袈裟를 그에게 주면서 배우는 자들로 하여금 가까이하게 하였다.

어떤 스님이 마조에게 물었다.

"청컨대 화상께서 네 구절〔四句〕을 여의고 백 가지 부정〔百非〕을 끊은 채 조사께서 서쪽에서 오신 뜻을 곧바로 저에게 말씀해 주십시오."

마조가 대답했다.

"나는 오늘 생각〔心情〕이 없으니, 그대는 지장에게 가서 물어라."

그 스님이 대사에게 와서 물으니, 대사가 대답했다.

"그대는 왜 화상께 묻지 않는가?"

그 스님이 말했다.

"화상께서 저에게 말씀하시기를 '상좌上坐에게 물어라'고 하셨습니다."

대사가 손으로 머리를 만지면서 말했다.

"오늘은 머리가 아프니, 회해懷海 사형에게 가서 물어라."

그 스님이 다시 회해(百丈 화상)에게 가서 물으니, 회해가 말했다.

"나는 그러한 것에 대해 도리어 알지 못한다."

그 스님이 마조에게 가서 이야기하니, 마조가 말했다.

"지장의 머리는 희고, 회해의 머리는 검다."

마조가 어느 날 대사에게 물었다.

"그대는 왜 경전을 보지 않는가?"

대사가 말했다.

"경전인들 어찌 다르겠습니까?"
"그렇기는 하지만 그대가 뒷날 남을 위하기 위해서는 반드시 필요하다."
"저〔智藏〕는 병이 나서 스스로를 감당하기도 급급한데, 감히 남을 위하라고 하십니까?"
"그대가 말년(末年 : 貞觀의 末年)께는 반드시 세상에서 흥기하리라."

대사는 마조가 열반에 든 뒤, 정원貞元 7년에 대중의 청에 의하여 개당(開堂 : 敎化를 시작)을 하였다. 상서尙書인 이고李翺라는 이가 일찍이 어떤 스님에게 물었다.
"마 대사가 어떤 설법을 하였는가?"
스님이 대답하였다.
"대사께서는 어떤 때는 마음이 곧 부처라 하기도 하고, 어떤 때는 마음도 부처도 아니라고 하셨소."
이고가 말하였다.
"모두가 그쯤이구나."
그리고 다시 대사에게 와서 물었다.
"마 대사께서는 무어라고 설법하셨습니까?"
대사가 이고를 불렀다. 이고가 대답하자, 대사가 말했다.
"북과 고동 소리가 나는구나."

제공制空 선사가 대사에게 말했다.
"해가 너무 일찍 뜨는군요."
대사가 말했다.

"바로 이때이다."

대사가 서당사西堂寺에 살기 시작한 뒤에 어떤 속인 선비가 와서 물었다.

"천당과 지옥이 있습니까?"

대사가 말했다.

"있다."

"불보佛寶·법보法寶·승보僧寶는 있습니까?"

"있다."

그밖에 여러 가지를 물었으나, 모두 있다고 대답했다.

"화상께서 그렇게 말씀하시는 것이 잘못이 아닙니까?"

"그대가 일찍이 어떤 존숙尊宿을 만난 적이 있는가?"

"제가 경산徑山 화상을 뵙고 왔습니다."

"경산이 그대에게 무어라 하던가?"

"일체가 모두 없다고 하였습니다."

"그대에게 아내가 있는가?"

"있습니다."

"경산 화상도 아내가 있는가?"

"없습니다."

"경산 화상이 없다고 한 것이 맞는구나."

속인 선비가 절하고서 물러갔다.

대사가 원화元和 9년 4월 8일에 열반에 드니, 수명은 80세이고 법랍은 55세였다. 헌종憲宗이 대선교大宣敎 선사라는 시호를 하사하고, 탑호를 원화증진元和證眞이라 하였다. 그 뒤 목종穆宗 때에 이르러 다시 대각大覺 선사라는 시호를 하사하였다.

경조부京兆府 장경사章敬寺 회운懷惲 선사

그는 천주泉州 동안同安 사람으로서 성은 사謝씨이다. 대적(大寂 : 마조)의 법〔心印〕을 받고 처음에는 정주定州의 백암柏巖에 살다가 나중에 중조산中條山에서 살았다. 당의 원화元和 초기에 헌종憲宗의 조칙에 의하여 상현사上玄寺에 사니, 배우려는 자들이 모여들었다.

어느 날 대사가 상당하여 대중에게 말했다.

"지극한 이치〔理〕는 말을 잊었거늘 요즘 사람이 알지를 못하고 억지로 딴 일을 익히는 것으로 공능功能을 삼는다. 그리하여 제 성품이 원래 티끌 경계가 아니라 바로 미묘한 큰 해탈문이고, 갖추고 있는 비추어 깨달음〔鑒覺〕은 본래 물들거나 걸리지도 않는다는 것을 알지 못한다. 이러한 광명은 일찍이 쉬거나 폐廢한 적이 없으니, 지난 겁부터 지금까지 진실로 변함이 없는 것이 마치 해가 멀고 가까운 곳을 비추어서 온갖 빛깔에 미치면서도 일체와 더불어 섞이지 않는 것과 같다. 신령스런 빛〔靈燭〕은 묘하게 밝아서 단련鍛鍊을 빌리지 않거늘 이를 요달하지 못하기 때문에 물상物象을 취하는데, 이는 마치 눈을 비벼 허공 꽃이 망령되게 일어나는 것과 같아서 헛되이 수고롭게 여러 겁을 지낼 뿐이다. 만일 능히 반조返照해서 두 번째 사람〔第二人〕이 없다면, 들고 놓는 온갖 동작이 실상을 어기지 않는다."

어떤 스님이 물었다.

"마음과 법이 아울러 없어지면 어디로 돌아갑니까?"

대사가 대답했다.

"영인郢人은 티가 묻지 않았거늘 쓸데없이 도끼만을 흔드는구나."

"대사시여, 돌이키지 못하는 말〔不返之言 : 본분〕을 말씀해 주십시오."

대사가 대답했다.

"그대로가 돌이킴이 없는 구절이니라."〔뒷사람이 동산洞山에게 말하니, 동산이 말하기를 "말하기는 어렵지 않으나 작가作家를 만나기 힘들다"고 하였다.〕

백장百丈 화상이 한 스님을 시켜서 대사가 상당上堂하는 기회를 엿보다가 방석을 펴고 절을 하게 하고, 일어나서는 신 한 짝을 벗어 들고 장삼소매로 먼지를 털어서 신을 아래로 향해 뒤집어 놓게 하니, 대사가 말했다.

"노승老僧이 죄를 지었구나."

어떤 이가 물었다.

"조사들이 전하시는 심지법문心地法門은 진여眞如의 마음입니까, 망상妄想의 마음입니까, 진眞도 아니고 망妄도 아닌 마음입니까, 3승교의 밖에 따로 세운 마음입니까?"

대사가 말했다.

"그대는 눈앞의 허공을 보는가?"

"항상 눈앞에 있다는 것을 믿고 알지만 사람들이 스스로 보지 못합니다."

"그대가 그림자를 잘못 안 것이 아닌가."

"화상께서는 어찌하시겠습니까?"

대사가 손으로 허공을 세 번 튀기자, 그가 말했다.
"어찌하여야 옳습니까?"
"그대는 뒤에 차차 알게 되리라."

어떤 스님이 와서 대사를 세 번 돌고 석장을 구른 뒤에 서자, 대사가 말했다.
"그렇다, 그렇다."〔장경長慶이 대신 말하기를 "화상의 불법佛法의 신심身心이 어디에 있을까?"라고 하였다.〕
그 스님이 다시 남전에게 가서 역시 남전을 세 번 돌고 나서 석장을 구르고 서자, 남전이 말했다.
"틀렸다, 틀렸다. 이는 바람의 힘으로 굴려지는 것이라서 처음부터 끝까지 이루어지고 무너진다."
그 스님이 말했다.
"장경은 옳다고 하였는데, 화상은 어찌하여 틀렸다고 하십니까?"
남전이 말했다.
"장경이 옳다고 한 것이 그대에게는 옳지 못하다."〔장경長慶이 대신 말하기를 "화상은 그 무슨 마음씨입니까?라고 했을 것을……"이라고 하였다. 운거雲居 석錫이 말하기를 "장경도 꼭 옳다고 하지는 않았고, 남전도 꼭 틀렸다고 하지는 않았다"라고 하였다. 또 말하기를 "그 스님이 애초에 석장을 들고 나갔더라면 좋았을 것이다"라고 하였다.〕

젊은 스님 하나가 행각行脚을 하고 돌아오자, 대사가 물었다.
"그대가 여기를 떠난 지 몇 해나 되었는가?"
그 스님이 대답했다.

"화상의 곁을 떠난 지 8년이 되었습니다."

"무엇을 얻었는가?"

젊은 스님은 땅에다 하나의 동그라미〔一圓相〕를 그리자, 대사가 물었다.

"그것뿐인가? 또 무엇이 있는가?"

그 스님이 동그라미를 지워 버리고 절을 한 뒤에 물었다.

"4대大와 5온蘊의 몸에서 어떤 것이 본래의 불성佛性입니까?"

대사가 그 스님의 이름을 부르니, 그 스님이 대답을 했다. 대사가 양구良久하다가 말했다.

"그대는 불성이 없다."

당나라 원화元和 13년 12월 22일에 열반에 들었다. 탑을 패수灞水에 세웠는데, 시호를 대각大覺 선사라 하고, 탑호를 대보상大寶相이라 하였다.

정주定州 백암柏巖 명철明哲 선사

일찍이 약산藥山 화상이 경전을 읽는 것을 보고서 말했다.

"화상은 사람의 흉내를 내지 않으시는 것이 좋겠습니다."

약산이 경전을 놓으면서 물었다.

"해가 어디쯤에 있는가?"

대사가 대답했다.

"정오正午입니다."

약산이 말했다.

"아직도 문채文彩를 두고 있구나."

"저라는 자체도 없습니다."

"노형老兄은 몹시도 총명하구나."

"저는 이러합니다만 화상은 어떠하십니까?"

"절름거리면서 온갖 추하고 졸렬한 꼴로 그럭저럭 세월을 보낸다."

신주信州 아호鵝湖 대의大義 선사

그는 구주衢州의 수강須江 사람으로서 성은 서徐씨이다.

언젠가 이고李翱가 이렇게 물은 적이 있다.

"대비하신 관세음보살께서는 천 개의 눈과 천 개의 손으로 무엇을 합니까?"

대사가 대답했다.

"임금[今上]께서 그대를 기용한 뜻이 무엇이겠소?"

어떤 스님이 탑을 세우기 위한 법문을 청하자, 상서尙書인 이고李翱가 물었다.

"교리에 말씀하시기를 '시체를 가지고 탑 밑을 지나는 것은 허락하지 않는다'고 하였는데, 어찌하겠소?"

그 스님이 대답을 못했다. 그래서 다음 날 다시 대사에게 와서 물으니, 대사가 대답했다.

"그는 대천제大闡提[1]가 되었다."

당나라 헌종憲宗이 조서를 보내 대궐로 청해서 인덕전麟德殿에

1 성불할 능력이 없는 무리의 별칭이다.

서 강의를 들었는데, 어떤 법사가 물었다.

"어떤 것이 4제諦입니까?"

대사가 대답했다.

"성상聖上이 1제帝[2]이나 나머지 3제帝는 어디에 있는가?"

또 물었다.

"욕계欲界에는 선정이 없고 색계色界에나 선정이 있거늘, 이 땅에서 무엇을 의지하여 선禪을 세웠습니까?"

대사가 대답했다.

"법사는 욕계에 선정 없는 것만 알고, 선계禪界에는 욕망이 없는 것은 모른다."

"어떤 것이 선禪입니까?"

대사가 손으로 허공에 점을 치니, 법사는 대답이 없었다. 이때에 황제가 말했다.

"법사는 무궁한 경론經論을 강설하였지만, 저 한 점은 어찌하지 못하는구나."

대사가 얼른 여러 석덕碩德에게 물었다.

"다니고 멈추고 앉고 누울 때에 필경 무엇으로 도道를 삼는가?"

어떤 이가 대답했다.

"아는 것이 도입니다."

대사가 말했다.

"지혜로도 알 수 없고 의식으로도 인식할 수 없거늘, 어찌 아는 것을 도라고 하겠는가?"

어떤 이가 분별없음이 도라고 대답하자, 대사가 대답했다.

---

2 제諦와 제帝가 음이 같음을 인용한 말이다.

"모든 법의 모습을 잘 분별할 수 있지만 제일의제第一義諦에서 요동하지 않는다고 하셨거늘, 어찌 분별없음을 도라 하겠는가?"

어떤 이가 4선禪 8정定이 도라고 하자, 대사가 말했다.

"부처의 몸은 무위無爲라 온갖 수數에 떨어지지 않거늘, 어찌 4선 8정에 있겠는가?"

대중은 모두가 말문이 막혔다. 대사는 또 순종順宗이 시리尸利 선사에게 '온 누리의 중생이 어찌해야 성품을 보아서 부처를 이루겠는가?'라고 질문했을 때, 시리 선사가 '불성은 물속의 달과 같아서 볼 수는 있으나 잡을 수는 없습니다'라고 대답한 것을 인용하면서 황제에게 말했다.

"불성은 보는 것이 아니니, 마음이 볼 뿐입니다. 물속의 달을 어떻게 건지겠습니까?"

황제가 물었다.

"어떤 것이 불성이오?"

"폐하께서 물으신 바를 여의지 않습니다."

황제가 참된 종지에 묵묵히 계합하면서 더욱 공경하였다.

대사는 원화元和 13년 정월 7일에 열반에 들었다. 수명은 74세이고, 시호를 혜각慧覺 선사 견성見性의 탑이라 하였다.

이궐伊闕 복우산伏牛山 자재自在 선사

그는 오흥吳興 사람으로서 성은 이李씨이다. 처음에는 경산徑山의 국일國一 선사에게 구족계를 받았고, 나중에 남강南康에서 대적大寂을 뵙고서 심지心地를 발명發明하였다.

어느 날 마조의 심부름으로 혜충慧忠 국사國師에게 서신을 전하게 되었는데, 국사가 물었다.

“마馬 대사가 대중에게 어떤 법을 보이던가?”

대사가 대답했다.

“마음이 곧 부처라 하였습니다.”

“그게 무슨 말인가?”

대사가 양구良久하자, 국사가 또 물었다.

“그것 외에 다시 무슨 말이 있는가?”

대사가 대답했다.

“마음도 아니고 부처도 아니라 하기도 하고, 혹은 마음도 아니고 부처도 아니고 물건도 아니라고 합니다.”

“그래도 (본분사本分事를) 약간은 헤아렸구나.”

“마 대사는 그렇다 치고, 화상께서는 어떠하십니까?”

국사가 말했다.

“석 점點은 흐르는 물과 같은데, 굽은 것이 벼를 베는 낫과 같다.”[3]

대사가 뒷날에 복우산에 숨어 살았는데, 하루는 대중에게 말했다.

“마음이 곧 부처라 함은 병病이 없는데도 병을 찾는 구절이요, 마음도 아니고 부처도 아니라 함은 그 병을 약藥으로 다스리는 구절이다.”

어떤 스님이 물었다.

“어떤 것이 말끔하게 해탈한〔脫灑〕 구절입니까?”

---

3 ‘심자心字’를 의미한다.

대사가 말했다.

"복우산 밑에서 예나 이제나 전해진다."[4]

대사가 뒷날에 수주隨州 개원사開元寺에서 열반에 드니, 수명은 81세였다.

유주幽州 반산盤山 보적寶積 선사

어떤 스님이 물었다.

"어떤 것이 도입니까?"

대사가 대답했다.

"나왔구나〔出〕."

"학인은 잘 모르겠습니다."

"갔구나〔去〕."

대사가 상당하여 무리들에게 말했다.

"마음에 일이 없다면 만상萬象이 나지 못했을 것이요, 뜻이 현묘한 이치조차 끊어 없애면 가는 티끌인들 어디에 서랴? 도는 본래 체體가 없거늘 도를 인하여 이름〔名〕을 세우고, 도는 본래 이름이 없거늘 이름을 인하여 호칭〔號〕이 생긴다. 만약 마음이 곧 부처라고 말한다면 지금 현묘한 진리〔玄微〕에 들지 못하고, 만약 마음도 아니고 부처도 아니라고 말한다면 여전히 자취를 가리키는 극칙極則일 뿐이다. 위로 향하는 한 길〔向上一路〕은 천 명의 성현도 전하지 못하거늘, 배우는 자가 형체를 수고롭게 하는 것은 마치 원숭

4 개울을 가리킨다.

이가 그림자를 잡으려는 것과 같다. 무릇 대도大道는 중간도 없거늘 무엇이 앞이며 무엇이 나중이랴? 아득한 허공은 경계〔際〕를 끊었으니 무엇으로써 측량을 하겠으며, 허공이 이미 그와 같다면 도는 다시 어떻게 설하겠는가? 마음 달이 홀로 둥근데 그 광명은 만상을 삼키니, 광명이 경계를 비추는 것도 아니고, 경계 또한 존재하지 않는다. 광명과 경계가 모두 없어지면 다시 이 무슨 물건인가?

선덕禪德이여, 마치 칼을 들어 허공을 치는 것과 같이 미치고 미치지 못함을 논하지 말라. 이는 바로 허공 바퀴에 자취가 없고, 칼의 날에 이지러짐이 없는 것과 같다. 만약 이와 같을 수 있다면 마음 마음이 앎이 없나니, 온 마음〔全心〕이 곧 부처요, 온 부처〔全佛〕가 곧 사람이다. 사람과 부처가 다르지 않아야 비로소 도라 할 수 있다.

선덕이여, 이 속에서 도를 배울 수 있다면, 마치 땅이 산을 받들고 있되 산의 높고 험함을 모르는 것과 같고, 돌이 옥을 머금고 있되 옥에 티가 없음을 모르는 것과 같으니, 이와 같이 하면 비로소 출가라 할 수 있다. 그러므로 도사導師께서 말씀하시기를 '법이 본래 서로 장애하지 않고, 3제際 또한 마찬가지다'고 하셨으나, 함이 없고 일이 없는 사람〔無爲無事人〕에게는 오히려 금 부스러기의 환난과 같다. 그러므로 신령스런 근원이 홀로 비추어서 도가 무생無生을 초절超絶하면, 큰 지혜는 밝음이 아니고 참다운 공은 자취가 없어서 진여眞如나 범부와 성인은 모두 잠꼬대이고, 부처와 열반도 아울러 말일 뿐이다.

선덕이여, 스스로가 잘 관찰할지니, 아무도 그대를 대신하지 못한다. 삼계에 법이 없거늘 어디서 마음을 구하며, 4대가 본래 공하거늘 부처인들 어디에 의지해 머무르랴? 밝은 구슬〔璿機 : 本分〕은 움직임 없이 적멸해서 말이 없나니, 면전에서 드러나 있을 뿐 다시 다른 일이 있지 않다. 진중珍重하라."

대사가 세상을 뜨려고 할 때 대중에게 말했다.

"누가 나의 얼굴을 그릴 수 있겠는가?"

대중이 모두 대사의 초상을 그려다가 바쳤는데, 대사는 그것들 모두를 인정하지 않았다. 이때 제자인 보화普化가 나서서 말했다.

"제가 스님의 진영眞影을 그렸습니다."

대사가 말했다.

"그렇다면 왜 노승老僧에게 바치지 않는가?"

보화가 물구나무〔筋斗〕를 서서 나가니, 대사가 말했다.

"저놈은 훗날 미친 듯이 사람을 교화하리라."

대사가 떠난 뒤에 시호를 응적凝寂 대사 진제眞際의 탑이라 하였다.

비릉毘陵 부용산芙蓉山 태육太毓 선사

그는 금릉金陵 사람으로서 성은 범范씨이다. 12세에 우두산牛頭山 제6세인 충忠 선사에 의해 스님이 되었고, 23세에 경조京兆 안국사安國寺에서 구족계具足戒를 받았다. 나중에 대적大寂을 만나 조사의 밀의密意를 전해 받았다.

당나라 원화元和 13년에 비릉毘陵 의흥義興의 부용산芙蓉山에 살았는데, 어느 날 밥을 나누어 주다가 방龐 거사居士 앞에 이르렀다. 거사가 밥을 받자, 대사가 말했다.

"마음을 내어서 보시를 받는 일은 정명(淨名 : 유마힐)이 이미 비난한 적이 있다. 이 하나의 기틀도 떠나서 거사는 또한 달게 받겠는가?"

거사가 대답했다.

"그 당시의 선현善現이야말로 어찌 작가作家[5]가 아니었겠소?"

"그의 일을 관계하는 것이 아니오."

"밥이 입가에 왔어도 그에게 몽땅 빼앗기겠소."

대사가 밥을 놓으니, 거사가 말했다.

"한 구절도 소멸하지 못했소."

거사가 또 대사에게 물었다.

"마 대사께서 착실히 남을 위한 곳을 스님께도 분부하셨습니까?"

대사가 대답했다.

"나는 아직도 그를 보지도 못했거늘, 그의 착실한 곳을 어찌 알겠소?"

거사가 말했다.

"이 본다느니, 안다느니 하는 것도 따질 곳이 없소."

"거사도 한 방향〔一向〕의 언설言說은 얻지 못했소."

"한 방향의 말로도 스님께서는 또 종지를 잃는데, 만약 두 방향〔兩向〕・세 방향〔三向〕의 말을 한다면 스님께서 입을 열 수 있겠습니까?"

"다만 입을 열지 못하게 될 것 같으면 진실하다고 할 수 있겠군."

거사가 손뼉을 치면서 나가 버렸다.

---

5 눈 밝은 종사를 말한다.

보력寶曆 때에 제운齊雲으로 돌아가서 열반에 드니, 수명은 80세이고 법랍은 58세였다. 대화大和 2년에 대보大寶 선사 능가의 탑〔楞伽之塔〕이라는 시호를 추증하였다.

포주蒲州 마곡산麻谷山 보철寶徹 선사

어느 날 마조馬祖를 따라 가다가 물었다.
"어떤 것이 큰 열반입니까?"
마조가 대답했다.
"급하구나."
대사가 말했다.
"급한 것이 무엇입니까?"
"물을 살펴라."

대사가 단하丹霞와 함께 산길을 가다가 물속의 고기를 보고 손으로 가리켰다. 단하가 말하였다.
"천연天然, 천연天然이로다."
이튿날 대사가 다시 단하에게 물었다.
"어제는 무슨 뜻이었소?"
단하가 몸을 던져 누워 버리는 시늉을 하자, 대사가 말했다.
"아이고!"
또 대사가 단하와 함께 마곡산麻谷山에 가서 말했다.
"나는 여기서 살아야겠소."
단하가 말했다.
"살겠다면 또한 따르겠지만, 어딘들 없겠소?"

대사가 말했다.

"진중珍重하시오."

어떤 스님이 물었다.

"12분교는 제가 의심치 않거니와 어떤 것이 조사께서 서쪽에서 오신 뜻입니까?"

대사가 일어서서 주장자로 몸을 한 바퀴 돌리고, 한 발을 들고서 말했다.

"알겠는가?"

그 스님이 대답이 없으니, 대사가 때렸다.

어떤 스님이 물었다.

"어떤 것이 불법의 대의大意입니까?"

대사가 잠자코 있었다.〔그 스님이 다시 석상石霜에게 묻기를 "이 이치가 어떠합니까?" 하니, 석상이 답하기를 "주인이 너무 부지런히 힘쓰다 보니 그대〈闍梨〉를 진흙탕에 끌어들이고 물에 빠트렸군"이라 하였다.〕

탐원耽源이 물었다.

"12면面 관세음보살이 범부입니까, 성인입니까?"

대사가 말했다.

"성인이다."

탐원이 대사를 한 주먹 때리자, 대사가 말했다.

"그대가 그 경계에 도달하지 못했음을 알겠구나."

항주杭州 염관鹽官 진국鎭國 해창원海昌院 제안齊安 선사

그는 해문군海門郡 사람으로서 성은 이李씨이다. 태어날 때에 신령스러운 광명이 방을 비추었고, 또 이상한 스님이 와서 그를 두고 말했다.

"더할 수 없이 뛰어난 깃대〔無勝幢〕를 세우고, 부처의 태양〔佛日〕을 돌이켜 비추게 할 자가 어찌 그대가 아니겠는가?"

마침내 그 고을의 운종雲琮 선사에 의해 스님이 되어서 구족계까지 받았는데, 나중에 대적大寂이 공공산龔公山에서 교화를 편다는 말을 듣고 길을 떠나 찾아갔다. 대사는 모습이 기이하였기 때문에 대적은 그를 한 번 보자, 그가 매우 뛰어난 인재임을 알아서, 곧 입실入室을 명하여 바른 법을 은밀히 보여 주었다.

어떤 스님이 물었다.

"어떤 것이 본래의 몸〔本身〕인 노사나불盧舍那佛입니까?"

대사가 말했다.

"저 구리 병을 내게 갖다 주게나."

그 스님이 깨끗한 병을 가지고 오자, 대사가 말했다.

"본래의 자리로 갖다 두어라."

그 스님이 본래의 자리에 가져다 두고 와서 다시 앞의 말을 물으니, 대사가 말했다.

"옛 부처님은 지나가신 지 오래다."

어떤 강講하는 스님이 와서 뵙자, 대사가 물었다.

"좌주坐主는 어떤 사업事業을 쌓았는가?"

"『화엄경華嚴經』을 강하였습니다."

"경전 속에서 몇 가지 법계가 있다고 하였는가?"

"자세히 말하면 겹겹이 다함이 없고〔重重無盡〕, 간략히 말하면 네 가지 법계가 있습니다."

대사가 불자를 세우면서 말했다.

"이것은 몇 번째 법계인가?"

좌주가 골똘히 궁리하면서 천천히 그에 대한 답변을 생각하자, 대사가 말했다.

"생각해서 알거나 따져서 이해하는 것은 귀신 집안의 살림살이요, 햇볕 아래의 외로운 등불이니 결과적으로 비춤을 잃으리라."〔보복保福이 듣고 말하기를 "저는 화상을 번거롭게 하려는 것이 아니니 괴이하게 여기지 마십시오"라고 하였다. 법안法眼이 대신 손뼉을 세차게 쳤다.〕

어떤 스님이 대매大梅에게 물었다.

"어떤 것이 조사께서 서쪽에서 오신 뜻입니까?"

대매가 대답했다.

"서쪽에서 온 것에는 뜻이 없다."

대사가 이 말을 듣고서 말했다.

"관棺은 하나인데 시체가 둘이구나."〔현사玄沙가 말하기를 "염관이야말로 작가作家로구나"라고 하였다.〕

대사가 시자를 불러서 말했다.

"물소 부채〔犀牛扇子〕를 가져 오라."

시자가 대답하였다.

"망가졌습니다."

대사가 말했다.

"부채가 망가졌다면 내게 물소나 돌려다오."

시자가 대답이 없었다.〔투자投子가 대신 말하기를 "가져오기는 어렵지 않으나, 머리와 뿔이 온전치 않을까 걱정입니다"라고 하였다. 자복資福이 대신 동그라미를 그리고 그 복판에다가 '우牛'자를 썼다. 석상石霜이 대신 말하기를 "화상께 돌려 드린다면 없을 것입니다"라고 하였다. 보복保福이 말하기를 "화상께서는 연세가 높으시니 따로 사람을 청하시는 것이 좋을 것입니다"라고 하였다.〕

대사가 어느 날 대중에게 말했다.

"허공으로 북을 삼고 수미산으로 망치를 삼는다. 누가 치겠는가?"

아무도 대답이 없었다.〔어떤 사람이 남전南泉에게 말하니 남전이 말하기를 "왕王 노사老師는 그런 깨진 북을 치지 않는다"라고 하였다. 법안法眼이 따로 말하기를 "왕 노사는 치지 않는다"라고 하였다.〕

법공法空이라는 선사가 와서 경전의 온갖 뜻을 물으니, 대사가 낱낱이 대답하고 나서 말했다.

"선사가 온 뒤로부터 나는 전혀 주인 노릇을 못했다."

법공이 말했다.

"화상께서 다시 주인이 되십시오."

대사가 말했다.

"오늘밤에는 본래의 자리로 돌아가서 머물러 있다가 내일 다시 오시오."

법공이 물러갔다. 이튿날 아침에 대사가 사미를 시켜 법공 선사를 불러오라고 했다. 법공이 오자 대사가 사미를 돌아보면서 말했다.

"쯧쯧, 이 사미가 일을 요달하지 못했구나. 법공 선사를 모셔 오라고 했는데, 이 당堂을 지키는 집안사람만을 데리고 왔구나."

법공이 말이 없었다.

원주院主인 법흔法昕이 와서 뵙자, 대사가 물었다.

"너는 누구냐?"

"법흔입니다."

"나는 너를 모르겠다."

법흔은 말이 없었다.

그 뒤에 대사는 병 없이 연좌宴坐한 채로 열반에 드니, 오공悟空 선사라는 시호를 내렸다.

무주婺州 오설산五洩山 영묵靈默 선사

그는 비릉毘陵 사람으로서 성은 선宣씨이다. 처음에 예장豫章의 마馬 대사를 뵈었는데, 마 대사가 그를 받아들여서 스님이 되게 하고 구족계를 주었다.

나중에 처음 석두石頭 희천希遷 화상을 뵈었을 때 속으로 작정하기를 '한마디에 계합하면 나는 여기에 살겠지만 그렇지 못하면 떠나리라'고 하였는데, 석두가 자리를 차지하고 있자, 대사가 문득 나가 버렸다. 석두가 뒤를 따라 문밖까지 나서면서 "사리闍梨여" 하고 불렀다. 대사가 고개를 돌리자, 석두가 말했다.

"날 때부터 늙을 때까지 단지 그 놈뿐이다. 다시 다른 곳에서 구하지 말라."

대사가 이 말끝에 홀연히 크게 깨달았다. 그리하여 주장자를 밟아 꺾어 버리고 나서 그대로 머물렀다.〔동산洞山이 말하기를 "그때에 오설五洩 선사가 아니었더라면 감당하기 어려웠을 것이다. 그렇기는 하지만 여전히 도중에 있다"라고 하였다. 장경長慶은 말하기를 "험하구나"라고 하였다. 현각玄覺이 말하기를 "그가 세 치〈三寸〉 도중에서 알았으므로 길에 있다 하겠습니다"라고 하였다. 현각이 말하기를 "스스로를 알았는가? 세 치를 알았는가? 만일 자기를 알았다면 어찌하여 세 치를 이루었으며, 만일 세 치라면 어째서 깨달았겠는가? 어지럽게 말하지 말고 자세히 관찰하라"고 하였다.〕

당나라 정원貞元 초에 천태산天台山에 들어가서 백사도량白沙道場에 살다가 다시 오설산으로 왔다.

어떤 스님이 물었다.

"어떤 물건이 천지보다 큽니까?"

대사가 대답했다.

"아무도 알아챌 수 없느니라."

"쪼아서 새길 수는 없습니까?"

"그대가 시험 삼아 손을 써 보라."

다시 어떤 스님이 물었다.

"이 문중의 처음과 마지막 일이 어떠합니까?"

대사가 대답했다.

"그대가 말해 보라. 눈앞의 이루어진 것이 얼마나 된다고 여기는가?"

"학인은 잘 이해하지 못하겠습니다."

"나의 이 짬〔間〕에는 그대의 물음이 없다."

"화상께서는 어찌하여 사람을 제접하신 곳이 없다 하십니까?"

"그대가 제접해 주기를 요구하길 기다렸다가 나는 곧 제접해 준다."

"화상께서 제접해 주시기 바랍니다."

"그대는 부족한 것이 무엇인가?"

"어찌하여야 무심無心이 됩니까?"

"산이 무너지고 바다가 뒤집혀도 태연히 고요하고, 땅이 흔들려도 편안히 잠드는데 어찌 그를 캐내겠는가?"

대사는 원화元和 13년 3월 23일에 목욕하고 향을 피우고 단정히 앉아서 대중에게 말했다.

"법신은 원만하고 적멸하건만 오고 감이 있는 것처럼 보인다. 천 명의 성현은 동일한 근원이고 만 가지 영靈이 하나로 돌아가니, 내가 이제 거품으로 흩어진다 해서 어찌 슬픈 생각을 내겠는가? 스스로 정신을 수고롭게 하지 말고 모름지기 정념正念을 간직하라. 만일 이 명命을 준수하면 참으로 나의 은혜를 갚는 일이요, 나의 말을 어기면 나의 제자가 아니다."

그때에 어떤 스님이 물었다.

"화상께서는 어디로 가시겠습니까?"

대사가 대답했다.

"어떤 곳으로도 가지 않는다."

"저는 어째서 보지 못합니까?"

"눈으로 볼 바가 아니니라."〔동산洞山이 말하기를 "작가로구나"라고 하였다.〕

말을 마치자 조용히 세상을 떠나니, 수명은 72세이고 법랍은 41세였다.

명주明州 대매산大梅山 법상法常 선사

그는 양양襄陽 사람으로서 성은 정鄭씨이다. 어릴 때에 형주荊州 옥천사玉泉寺에서 스님이 되었는데, 처음 대적大寂을 뵙고 물었다.

"어떤 것이 부처입니까?"

대적이 대답했다.

"마음이 곧 부처이니라."

대사는 즉석에서 크게 깨달았다.

당나라 정원貞元 때에 천태산天台山 여요餘姚의 남쪽 70리에 있는 매자진梅子眞이 옛적에 은거하던 자리에 살았다. 당시 염관鹽官 스님 밑에 있던 어떤 스님이 이 산에 와서 주장자 감을 베다가 길을 잃고 암자까지 와서 물었다.

"화상께서 얼마 동안 이 산에 계셨습니까?"

대사가 대답했다.

"사방의 산이 푸르렀다 누레졌다 하는 것을 보았을 뿐이다."

"산을 벗어나는 길은 어느 쪽에 있습니까?"

"냇물을 따라가라."

그 스님이 돌아와서 염관에게 말하니, 염관이 말했다.

"내가 강서江西에 있을 때에 어떤 스님 하나를 만났지만, 그 뒤로는 소식을 몰랐는데 그 스님이 아닐까?"

그리하여 스님을 보내서 대사를 나오라고 청하자, 대사가 게송으로 대답했다.

앙상한 고목이 차가운 숲에 의지했으니
몇 차례 봄을 만나도 마음이 변하질 않네.
나무꾼이 보고도 본체만체 하거늘
영인郢人[6]은 무엇 하러 애써서 찾는가?

摧殘枯木倚寒林　　幾度逢春不變心
樵客遇之猶不顧　　郢人那得苦追尋

대적이 대사가 산에 산다는 것을 듣고서 한 명의 스님을 보내어 이렇게 묻게 하였다.

"화상께서 마조를 뵙고서 무엇을 얻었기에 이 산에 사십니까?"

대사가 대답했다.

"마조께서는 나에게 이르시기를 마음이 곧 부처라 하시기에 나는 여기에 와서 산다."

그 스님이 말했다.

"마조 대사의 요즈음 불법은 또 다릅니다."

"어떻게 다른가?"

"요즘은 또 마음도 아니고 부처도 아니라고 하십니다."

대사가 말했다.

"그 늙은이가 사람 속이기를 그칠 날이 없구나. 자기 멋대로 마음도 부처도 아니라고 하는데, 나는 다만 마음이 곧 부처라고 하리라."

그 스님이 돌아가 마조에게 말하자, 마조가 듣고 말했다.

"대중이여, 매실〔梅子 : 法常〕이 익었구나."〔어떤 스님이 화산禾山에게 묻기를 "대매大梅가 그렇게 말한 뜻이 무엇입니까?"라고 하니, 화산

---

6 능숙한 목수를 말한다.

이 대답하기를 "참으로 사자 새끼였지"라고 하였다.]

이로부터 배우는 자들이 차츰 늘어서 대사의 도가 더욱 드러났다. 어느 날 대사가 상당하여 대중에게 말했다.

"그대들 모두가 제각기 스스로 마음을 돌이켜서 근본을 통달할지언정 말단을 쫓지는 말라. 다만 근본을 얻기만 하면 말단은 저절로 이른다. 만일 근본을 인식하고자 하면 오직 스스로의 마음을 요달할 뿐이다. 이 마음은 원래 일체 세간과 출세간법의 근본이기 때문에 마음이 나면 갖가지 법이 나고 마음이 멸하면 갖가지 법이 멸한다. 마음은 다만 일체 선악에 의지하지 않고 생기며, 만법은 본래 스스로 여여如如하다."

어떤 스님이 물었다.

"어떤 것이 불법의 대의입니까?"

대사가 대답했다.

"장포 꽃·버들 솜·대 바늘·삼실이니라."

협산夾山과 정산定山이 같이 가면서 말을 하던 차에 정산이 말하였다.

"생사 가운데에 부처가 없으면 생사가 아니다."

정산이 말하였다.

"생사 가운데 부처가 있으면 생사를 미혹하지 않는다."

두 사람이 같이 대사를 찾아와서 절한 뒤에 앞의 이야기를 들면서 다음과 같이 물었다.

"두 사람의 견해에서 어느 쪽이 옳습니까?"

대사가 대답했다.

"하나는 친하고[親], 하나는 성글다[疎]."

협산이 다시 물었다.

"어느 쪽이 친합니까?"

대사가 대답했다.

"갔다가 내일 오너라."

협산이 이튿날 다시 와서 대사에게 물으니, 대사가 대답했다.

"친한 이는 묻지 않고, 묻는 이는 친하지 않다."〔협산夾山이 그 뒤에 혼잣말로 말하되, "그때에 한쪽 눈을 잃었다"라고 하였다.〕

어느 날 홀연히 대중에게 말했다.

"오는 이를 막지 말고, 가는 이를 쫓지 말라."

잠시 멈춘 사이에 날다람쥐 소리가 들리자, 대사가 말했다.

"이 물건 그대로이지 다른 물건이 아니다. 그대들 모두가 잘 보호해 지녀라. 나는 이제 떠난다."

말을 마치자 조용히 떠나니, 수명은 88세이고 법랍은 69세였다. 연수延壽 지각智覺 선사가 이렇게 찬탄하였다.

대사께서 처음에 도를 깨치실 땐
마음이 그대로 부처라 하시더니
마지막에 무리에게 보이실 때에는
그 물건이 다른 물건 아니라 하시네.

師初得道　　卽心是佛
最後示徒　　物非他物

만법의 근원을 궁진窮盡하시고
1천 성인의 골수까지 꿰뚫으셨네.

참된 덕화는 옮김이 없는 것이니
들어오고 나감에 무슨 방해가 있으랴.

窮萬法源　　徹千聖骨
眞化不移　　何妨出沒

경조京兆 흥선사興善寺 유관惟寬 선사

그는 구주衢州의 신안信安 사람으로서 성은 축祝씨이다. 13세에 살생하는 이를 보고 애처로워서 차마 그 고기를 먹지 못하더니, 끝내 출가하게 되었다. 처음에는 계율〔毘尼〕을 익히고 지관止觀을 닦았는데, 나중에 대적大寂을 뵙고서 마음의 요체를 얻었다.

당나라 정원貞元 6년에 처음으로 오월吳越 지방에서 교화를 시작해서 8년에 파양鄱陽으로 가니, 산신山神이 8계戒를 받기를 요구해 왔었고, 13년에는 숭산嵩山의 소림사少林寺로 가서 살았다.

어떤 스님이 와서 물었다.

"어떤 것이 도입니까?"

대사가 대답했다.

"매우 좋은 산이다."

"학인은 도를 물었는데 스님께서는 어찌하여 좋은 산이라 하십니까?"

"그대는 다만 좋은 산만을 의식하니, 어찌 일찍이 도에 도달했겠는가?"

그 스님이 다시 물었다.

"개에게도 불성이 있습니까?"

"있다."

"화상께도 있습니까?"

"나에게는 없다."

"온갖 중생이 모두 불성이 있는데, 화상만은 어찌하여 홀로 없으십니까?"

"나는 온갖 중생이 아니기 때문이다."

"중생이 아니라면 부처입니까?"

"부처도 아니다."

"그렇다면 도대체 어떤 물건이란 말입니까?"

"물건도 아니다."

"보거나 생각할 수 있습니까?"

"생각으로도 미치지 못하고, 논의로도 얻을 수도 없다. 그러므로 불가사의不可思議라고 말하는 것이다."

원화元和 4년에 조칙을 받고 황제에게 나아가니, 백거이白居易가 대사에게 와서 물었다.

"선사라 하면서 어찌하여 설법을 하십니까?"

대사가 대답했다.

"위없는 보리〔無上菩提〕라는 것은 몸에 덮이면 계율이 되고, 입으로 말하면 법이 되고, 마음으로 행하면 참선이 되니, 감응하여 쓰는 것은 셋이나 그 이치는 하나이다. 비유하건대 강江과 하河와 회淮와 한漢은 곳에 따라 이름을 세운 것인데, 이름은 비록 하나가 아니지만 물의 성품은 둘이 아닌 것과 같으니, 계율이 곧 법이고 법은 선禪을 여의지 않는다. 어찌하여 그 가운데서 허망하게 분별을 일으키는가?"

"분별이 없다면 어떻게 마음을 닦습니까?"

"마음은 본래 손상된 바가 없거늘 이理를 닦을 필요가 어디에 있으랴? 더러움과 깨끗함을 막론하고 일체 생각[念]을 일으키지 말라."

"더러움이야 생각지 않아야 하겠지만, 깨끗함이야 어찌 생각지 않겠습니까?"

"가령 사람의 눈동자에는 한 물건도 머무를 수 없으니, 금 부스러기가 아무리 귀한 보배라도 눈에 들어가면 병이 되는 것과 같다."

"닦음도 없고 생각함도 없으면 범부와 무엇이 다르겠습니까?"

"범부는 무명이고 2승은 집착이니, 이 두 가지 병을 여의어야 참 수행이라고 말한다. 참 수행이란 애쓰지도 말고 잊지도 말아야 하나니, 애쓰면 집착에 가깝고 잊으면 무명에 떨어진다. 이것이 마음의 요체라고 말할 수 있다."

어떤 스님이 물었다.

"도가 어디에 있습니까?"

대사가 대답했다.

"다만 눈앞에 있을 뿐이다."

"저는 어찌하여 보지 못합니까?"

"그대는 '나[我]'가 있기 때문에 보지 못한다."

"제가 '나[我]'가 있기 때문에 보지 못한다면, 화상께서는 보십니까?"

"'그대'가 있고 '나'가 있으면 더욱 더 보지 못한다."

"'나'도 없고 '그대'도 없으면 보입니까?"

"그대도 없고 나도 없으면, 누가 보기를 구한단 말인가?"

원화元和 12년 2월 그믐날에 법상에 올라 설법을 마치고 열반에 드니, 수명은 63세이고 법랍은 39세였다. 파릉灞陵의 서쪽 언덕에 장사지내니, 시호를 대철大徹 선사 원화정진元和正眞의 탑이라 하였다.

호남湖南 동사東寺 여회如會 선사

그는 시흥始興 곡강曲江 사람이니, 처음에는 경산徑山을 알현했다가 나중에 대적大寂을 참문했다.

배우는 무리들이 많이 모여 승당僧堂 안의 상탑床榻이 부러지자, 당시 사람들은 절상회(折床會 : 평상이 부러진 모임)라고 불렀다. 대적이 세상을 떠난 뒤에 대사는 항상 문도門徒들이 마음이 곧 부처라는 말만을 끊임없이 외우고, 또 부처님이 어디에 머무는가 하는 말에는 마음(卽心)이라 대답하고, 마음은 화가(畫師)와 같으니 바로 부처를 말한다고 하는 것을 걱정하여 무리들에게 말했다.

"마음은 부처가 아니고, 지혜는 도가 아니다. 칼을 잃어버린 지 오래인데, 이제야 뱃전에다 표시를 하는가?"

당시 동사東寺를 선굴禪窟이라 불렀는데, 상국相國인 최공崔公이 호남湖南 관찰사로 나왔다가 대사를 보고 물었다.

"스님은 어떻게 얻었습니까?"

대사가 대답했다.

"성품을 봄으로써 얻었소."

이때 대사가 눈병을 앓고 있었는데, 상국이 이를 보고 비꼬는 말을 했다.

"성품은 보았다지만 눈이야 어쩌지 못하는군요."

"성품을 보는 것은 눈이 아니니, 눈병이 무슨 방해가 되랴?"

상공相公이 머리를 조아리고 사과하였다.〔법안法眼이 말하기를 "이는 상공의 눈이구나"라고 하였다.〕

대사가 남전南泉에게 물었다.

"최근에 어디서 떠나 왔는가?"

"강서江西에서 왔습니다."

"마조馬祖 대사의 진영眞影을 가지고 왔는가?"

"이것뿐입니다."

"뒤쪽의 것이구나."

남전이 대답이 없었다.〔장경長慶이 대신 말하기를 "흡사 모르는 사람 짓 같구나"라고 하였다. 운거雲居 석錫이 말하기를 "이 두 존숙尊宿은 모두가 뒷모습을 붙들었는데, 남전이 그만두고 간 것은 앞모습을 붙든 것인가, 뒷모습을 붙든 것인가?"라고 하였다.〕

최崔 상공相公이 절에 왔다가 불상 머리 위에 참새들이 똥을 싸는 것을 보고 대사에게 물었다.

"참새들이 불성이 있습니까?"

대사가 대답했다.

"있소."

"그렇다면 어찌하여 불상 위에다 똥을 쌉니까?"

"그대는 어찌하여 새매 대가리에다 똥을 싸지 않소?"

앙산仰山이 와서 뵙자, 대사가 말했다.

"벌써 인사를 받았다. 다시 올라올 필요가 없다."

앙산이 말했다.

"그렇게 되면 너무 부당하지 않겠습니까?"

대사는 그만 방장실로 돌아가서 문을 닫아 버렸다. 앙산도 돌아가서 위산潙山에게 이 사실을 말하자, 위산이 말했다.

"혜적(慧寂 : 앙산)아, 그게 무슨 심행心行인가?"

앙산이 말했다.

"그렇게 하지 않았다면 어찌 그를 알아볼 수가 있겠습니까?"

어떤 사람이 대사에게 물었다.

"제가 화상에게 개당開堂을 청하려는데 가능하겠습니까?"

대사가 대답했다.

"그대가 가진 물건으로 석두石頭를 싸서 따뜻해지면 될 수 있다."

그가 말이 없었다.〔약산藥山이 대신 말하기를 "석두石頭가 따뜻해졌다"라고 하였다.〕

당나라 장경長慶 계묘년癸卯年 8월 19일에 열반에 드니, 수명은 80세이다. 시호는 전명傳明 대사요, 탑호는 영제永際라 하였다.

악주鄂州 무등無等 선사

그는 위씨尉氏 사람으로 성은 이李씨이다. 처음에 출가하여 공공산龔公山에서 대적大寂을 뵈었는데, 남몰래 마음의 요체를 전해 받았다.

나중에 수주隨州 토문土門으로 가서 군수〔州牧〕인 왕王 상시常侍

를 보러 갔었다. 대사가 그를 만나 보고 문을 나서는데, 왕 상시가 뒤를 따라 나오면서 "스님〔和尙〕" 하고 불렀다. 대사가 뒤를 돌아보니, 왕씨가 기둥을 세 차례 쳤다. 대사가 손으로 동그라미를 만들었다가 다시 세 번 튀기고는 문득 가 버렸다.

그 뒤에 무창武昌의 대적사大寂寺에 가서 살았는데, 어느 날 대중이 저녁문안을 드렸다. 대사는 대중들이 모두 자기 앞에 와서 "안녕하십니까〔不審〕" 하는 것을 보고는, 곧 대중들에게 말했다.

"대중이여, 아까 나던 소리는 어디로 갔는가?"

어떤 스님이 손가락 끝을 곧추 세우자, 대사가 말했다.

"진중珍重하라."

그 스님이 다음날 문안차 들어왔을 때 대사가 몸을 돌려 벽을 향해 누워서 거짓으로 앓는 소리를 내면서 말했다.

"노승이 2, 3일 사이에 몸이 매우 불편한데, 대덕 주변에 어떤 약이 있거든 조금만 나에게 주시오."

그 스님이 손으로 정병淨缾을 치면서 말했다.

"이 정병, 어디서 구했습니까?"

"그것은 바로 노승이니, 대덕은 어디에 있는가?"

그 스님이 말했다.

"화상이기도 하고 저이기도 합니다."

당나라 대화大和 4년 10월에 열반에 드니, 세속 수명은 82세였다.

여산廬山 귀종사歸宗寺 지상智常 선사

상당上堂하여 말했다.

"예로부터 여러 고덕古德들은 지해知解가 없지 않았고, 고상한 선비들은 예사 무리와 같지 않았지만, 요새 사람들은 스스로 이루거나 스스로 서지 못하면서 헛되이 세월을 보내니, 그대들은 마음을 잘못 쓰지 말라. 아무도 그대들을 대신해줄 이가 없고, 또한 그대들이 마음을 쓸 곳도 없으니, 다른 곳에서 찾지 말라. 예전의 것은 단지 의타依他의 견해라서 말을 발發하면 모두 막히게 된다. 광명이 투철하게 벗어나지 못하는 것은 눈앞에 물건이 있다고 여기기 때문이다."

어떤 스님이 물었다.

"무엇이 현묘한 종지〔玄旨〕입니까?"

"아무도 이해할 수 없다."

"향하는 자는 어떻습니까?"

"향함이 있으면 곧 어긋난다."

"향하지 않는 자는 어떻습니까?"

"누가 현묘한 종지를 구하겠는가?"

또 말했다.

"가라. 그대의 마음 쓸 곳이 없다."

"어찌하여 방편문으로 학인을 깨달아 들게 하지 않습니까?"

"관세음보살의 묘한 지혜의 힘이 능히 세간의 고통을 구하느니라."

"무엇이 관세음보살의 묘한 지혜의 힘입니까?"

대사가 솥뚜껑을 세 번 두드리고 말했다.

"들리는가?"

"들립니다."

"나는 어찌하여 듣지 못하는가?"

그 스님이 말이 없으니, 대사가 방망이로 때려서 쫓았다.

대사가 남전과 동행한 적이 있는데, 나중에 홀연히 서로 헤어지게 되어서 차를 달이는데 남전이 물었다.

"전부터 사형과 함께 상량商量하던 언구들은 이것이든 저것이든 이미 알았지만, 이후에 어떤 사람이 필경畢竟의 일을 물으면 어찌하리까?"

대사가 대답했다.

"이 한 조각 땅이 크고 좋은 암자로구나."

"좋은 암자는 그만두고, 필경의 일은 어떻습니까?"

대사가 차 그릇을 치면서 벌떡 일어서자, 남전이 말했다.

"사형은 이미 차를 마셨지만, 저는 아직 차를 마시지 못했습니다."

"그런 말을 하면 물 한 방울도 녹이기 어려우리라."

어떤 스님이 물었다.

"이 일은 아득히 멀고 긴데, 어떻게 마음을 써야 합니까?"

대사가 대답했다.

"쇠가죽으로 노주(露柱 : 맨 땅에 세운 기둥)를 묶어서 끄니, 노주가 처량하게 울부짖는구나. 범상한 귀로는 들어도 들리지 않고, 모든 성인들은 껄껄 웃는다."

대사는 속세의 관원이 오는 것을 보고 모자의 양쪽 끈을 들어 올리면서 말했다.

"알겠는가?"

"모르겠소."

"노승을 괴이하게 여기지 말라. 머리에 풍기風氣가 있어서 모자를 벗지 않았다."

대사가 채소밭에 들어가서 나물을 뜯었는데, 동그라미를 그려서 어느 한 포기를 둘러싸고는 대중에게 말했다.

"아무도 이것을 건드리지 말라."

대중들은 감히 건드리지 못했는데, 조금 있다가 대사가 다시 와서 그 채소가 여전히 있는 것을 보고는 문득 방망이로 대중을 때려 쫓으면서 말했다.

"이 패거리 안에 지혜 있는 놈이 하나도 없구나."

대사가 새로 온 스님에게 물었다.

"어디서 왔는가?"

"봉상鳳翔에서 왔습니다."

"그것을 가지고 왔는가?"

"가지고 왔습니다."

"어디에 있는가?"

그 스님이 손을 정수리 위로 올려 바치는 시늉을 하니, 대사가 그것을 받는 자세를 취했다가 등 뒤로 던져 버렸다. 그 스님이 말이 없으니, 대사가 말했다.

"이 들여우야."

대사가 풀을 깎는데 강講하는 스님이 와서 뵈었다. 마침 대사가 호미로 풀을 매는데, 때마침 뱀이 스쳐가자 호미로 끊었다. 스님이 말하였다.

"귀종歸宗의 명성은 들은 지 오래인데, 와서 보니 행실이 거친 사문이로군."

"좌주여, 찻방에 가서 차나 마시게."

운암雲巖이 와서 보니 대사가 활을 당기는 시늉을 했다. 운암은 조금 있다가 칼을 뽑는 시늉을 하니, 대사가 말했다.

"어서 오게. 게으름뱅이야."

어떤 스님이 하직하고 물러가자, 대사가 불러서 말했다.

"앞으로 가까이 오게나. 내가 그대를 위해 불법을 말해 주리라."

그 스님이 앞으로 다가오자, 대사가 말했다.

"그대와 모든 사람들이 다 일이 있을 터이니, 그대는 다른 때에 오라. 이 속에서는 아무도 그대를 알아채지 못하리라. 날씨가 추우니 길 조심해 가라."

대사가 상당하여 말했다.

"내가 이제 선禪을 설하고자 하니, 여러분은 모두 앞으로 다가오라."

대중이 앞으로 나오자, 대사가 말했다.

"그대들은 관음觀音의 행을 들어라. 온갖 방향과 처소[方所]에 잘 감응한다."

어떤 스님이 물었다.

"어떤 것이 관음의 행입니까?"

대사가 손가락을 튀기면서 말했다.

"사람들이여, 듣는가?"

"듣습니다."

대사가 말했다.
"한 패거리가 이 속에서 무엇을 찾는가?"
그리고는 몽둥이로 때려 쫓고 껄껄 웃으면서 방장方丈으로 돌아갔다.

어떤 스님이 물었다.
"처음 발심한 이가 어찌하여야 들어갈 곳을 얻겠습니까?"
대사가 솥뚜껑을 세 번 두드리고서 말했다.
"들었는가?"
그 스님이 대답했다.
"들었습니다."
대사가 말했다.
"나는 어째서 듣지 못하는가?"
대사가 다시 세 번 두드리고서 물었다.
"들었는가?"
"듣지 못합니다."
대사가 말했다.
"나는 어째서 듣는가?"
그 스님이 대답하지 못하자, 대사가 말했다.
"관음의 묘한 지혜의 힘은 능히 세간의 고통을 구원한다."

강주江州 자사刺史 이발李渤이 대사에게 물었다.
"불경에 말하기를 '수미산 안에 겨자씨를 넣는다'고 한 것은 의심치 않지만, '겨자씨 속에 수미산을 넣는다' 함은 거짓말이 아니겠습니까?"

대사가 대답했다.

"사람들이 말하기를 사군(使君 : 이발을 가리킴)께서는 만 권의 책을 읽었다는데 사실이오?"

이발이 대답했다.

"그렇습니다."

대사가 말했다.

"정수리로부터 발꿈치까지 다 해봐야 야자나무〔椰子〕만한 크기인데, 만 권의 서적이 어디에 들어 있단 말이오?"

이발이 머리를 숙이고 섰을 뿐이었다.

다른 날, 이발이 또 물었다.

"대장교(大藏敎 : 팔만대장경의 가르침)에서 어떤 일을 밝혔습니까?"

대사가 주먹을 들어 보이면서 말했다.

"알겠소?"

이발이 말했다.

"모르겠습니다."

대사가 말했다.

"이 서생 나부랭이가 주먹도 모르는구나."

"스님께서 잘 설명해 주십시오."

"사람을 만나면 길을 가는 중에라도 전해 주지만, 만나지 못하면 세속 진리만이 퍼진다."

대사는 눈이 겹 눈동자〔重瞳〕였는데, 약 묻은 손으로 비볐다가 눈알이 모두 붉어진 탓에 세상에서 붉은 눈의 귀종〔赤眼歸宗〕이라고 불렀다. 나중에 열반에 드니, 지진至眞 선사라는 시호를 내렸다.

경덕전등록 제 8 권

회양懷讓 선사의 제2세 밑의 56인(마조馬祖의 법손)

분주汾州 무업無業 선사
예주澧州 대동大同 광징廣澄 선사
지주池州 남전南泉 보원普願 선사
오대五臺 등은봉鄧隱峰 선사
온주溫州 불오佛嶴 화상
오구烏臼 화상
담주潭州 석상산石霜山 대선大善 화상
석구石臼 화상
본계本谿 화상
석림石林 화상
홍주洪州 서산西山 양亮 좌주坐主
흑안黑眼 화상
미령米嶺 화상

제봉齊峰 화상
대양大陽 화상
홍라산紅螺山 화상
천주泉州 귀양龜洋 무료無了 선사
이산利山 화상
소주韶州 유원乳源 화상
송산松山 화상
칙천則川 화상
남악南嶽 서원西園 담장曇藏 선사
백령百靈 화상
진주鎭州 금우金牛 화상
동안洞安 화상
흔주忻州 타지打地 화상
담주潭州 수계秀谿 화상
자주磁州 마두봉馬頭峰 신장神藏 선사
담주潭州 화림華林 선각善覺 선사
정주汀州 수당水塘 화상
고사古寺 화상
강서江西 비수椑樹 화상
경조京兆 초당草堂 화상
원주袁州 양기산陽岐山 견숙甄叔 선사
몽계濛谿 화상
낙경洛京 흑간黑澗 화상
경조京兆 흥평興平 화상
소요逍遙 화상
복계福谿 화상

홍주洪州 수로水老 화상
부배浮杯 화상
담주潭州 용산龍山 화상
양주襄州 거사居士 방온龐蘊
〔이상 43인은 기록에 보임〕
천목산天目山 명각明覺 선사
왕옥산王屋山 행명行明 선사
경조京兆 지장智藏 선사
대양산大陽山 희정希頂 선사
소주蘇州 곤산崑山 정각定覺 선사
수주隨州 홍산洪山 대사
연주連州 원제元堤 선사
천주泉州 무료無了 선사
천주泉州 혜충慧忠 선사
안풍산安豊山 회공懷空 선사
나부산羅浮山 도행道行 선사
여산廬山 법장法藏 선사
여후산呂后山 영분寧賁 선사
〔이상 13명은 기연할 어구가 없으므로 기록하지 않음〕

회양懷讓 선사의 제2세 ③

분주汾州 무업無業 선사

그는 상주商州의 상락上洛 사람으로서 성은 두杜씨이다. 당초에 어머니가 "잠시 쉬어 갑시다" 하는 공중의 소리를 들었는데, 곧 이어 태기가 있었으며, 탄생하는 날 저녁에는 신령스런 광명이 방에 가득하였다.

귀밑머리를 딸 때가 되자, 다닐 때에는 반드시 앞만을 보고, 앉을 때에는 가부좌를 틀었다. 아홉 살이 되어서는 개원사開元寺의 지본志本 선사에게 대승경大乘經을 배웠는데, 다섯 줄을 동시에 읽고, 외운 것은 빠짐이 없었다. 12세에 머리를 깎고, 20세에는 양주襄州의 유幽 율사律師에게 구족계를 받았으며, 이어서 『사분율소四分律疏』를 익혔는데 끝낸 뒤는 바로 강의할 수 있었다. 항상 대중 스님들에게 『대열반경大涅槃經』을 강의하였으니, 여름이건 겨울이건 중단한 적이 없었다.

나중에 마馬 대사의 선문禪門이 번창한다는 소문을 듣고 특별히 가서 절하고 뵈었다. 마조는 그의 용모가 진기하고 음성이 종소리 같은 것을 보고서 말했다.

"우뚝한 불당佛堂이지만, 그 안에 부처는 없구나."

대사가 절을 하고 꿇어앉아서 물었다.

"3승의 가르침은 대충이나마 그 취지를 궁구해 보았습니다. 그러나 항상 선문에서는 마음이 곧 부처라 한다고 들었는데, 진실로 이직까지도 요달하지를 못했습니다."

마조가 말했다.

"다만 그 요달하지 못했다는 마음이 바로 그것이며, 다시 다른 것은 없다."

"어떤 것이 조사께서 서쪽에서 오셔서 비밀히 전하신 심인心印입니까?"

"대덕의 마음이 지금 매우 산만해 보이니, 갔다가 다른 때에 오라."

대사가 막 물러나려 하는데, 마조가 갑자기 불렀다.

"대덕이여."

대사가 머리를 돌리자, 마조가 말했다.

"이게 무엇인고?"

대사가 문득 깨닫고 절을 하자, 마조가 말했다.

"이 둔한 친구야, 절은 해서 무엇 하겠는가?"〔운거雲居 석錫이 들어 말하기를 "어느 것이 분주汾州의 정체인가?"라고 하였다.〕

스스로 종지를 깨닫고 나서는 조계를 찾아가서 6조의 탑에 절하고, 여악廬嶽과 천태天台 등 성스러운 자취를 두루 돌아다녔다. 낙양으로부터 옹주에 가서 서명사西明寺에 이르러 쉬는데, 스님들이 양가대덕兩街大德으로 천거하니, 대사가 말했다.

"나의 본뜻이 아니니라."

나중에 상당上黨[1]에 갔는데 절도사節度使 이포진李抱眞이 대사의 고명한 행적을 중시해서 아침저녁으로 받들어 섬겼지만, 대사는 항상 괴로운 기색으로 사람들에게 말했다.

"내가 본래 상국(上國 : 서울)의 번거로움을 피했는데, 이제 다시 번거로이 군후君侯의 대접을 받으니, 이것이 어찌 나의 마음이리오?"

그리고는 포복산抱腹山으로 갔다가 오래지 않아서 다시 청량산 금각사金閣寺로 가서 다시 대장경을 열람하기 시작하여 여덟 해 만에 끝냈다.

---

1 지명地名이니, 지금의 산서성 지방이다.

그리고는 다시 남쪽으로 내려와 서하西河에 이르자, 자사刺史인 동숙전董叔纏이 대사를 개원정사開元精舍에 머물길 청하므로 대사가 말했다.

"나의 인연이 여기에 있구나."

그리하여 큰 법비를 두루 뿌리기를 20여 년을 계속하니〔자세한 내용은 별록에 실려 있다.〕 병주幷州와 분주汾州 지방의 스님과 속인들이 감화를 받지 않은 이가 없었다. 무릇 배우는 자들이 와서 물으면, 대사는 흔히 "망상을 부리지 말라〔莫妄想〕"고 대답하였다.

당나라 헌종憲宗이 자주 사자를 보내서 불렀으나, 대사는 모두 병을 핑계로 나아가지 않았다. 목종穆宗이 즉위하자 꼭 한번 뵙기를 소원해서 양가승록兩街僧錄인 영부靈阜 등에게 명하여 "조서를 가지고 가서 맞이해 오라"고 하였다. 그들이 그에게 가서 절을 하고 말했다.

"황상皇上께서 이번에 부르시는 뜻은 평상시와 같지 않으시니, 화상께서는 병을 핑계대지 마시고 천자의 마음에 순종하시기 바랍니다."

대사가 빙그레 웃으면서 말했다.

"내가 무슨 덕이 있다고 누차 세상의 주인(황제)을 번거롭게 하겠소? 먼저 가시오. 나는 다른 길을 따라서 곧 가겠소."

그리고는 목욕을 하고 머리를 깎은 후에 밤중이 되자 제자인 혜음惠愔 등에게 말했다.

"그대들의 보고 듣고 깨닫고 아는 성품은 허공의 수명과 같은 것이라서 생겨나지도 않고 소멸하지도 않는다. 온갖 경계는 본래 스스로 공적하여 한 법도 얻을 수가 없지만, 미혹한 이는 요달하지 못한 채 바로 경계에 미혹되며, 한 번 경계에 미혹되면 끝없이 유전流轉한다. 그대들은 잘 알아야 한다. 심성은 본래 스스로 있는 것이니, 조작을 인因하지 않은 것이 마치 금강을 파괴할 수 없는 것과 같다. 온갖 법은 그림자와 같고 메아리와 같아서 진실함이 없나니, 그러므로 경에 말하기를 '오직 하나의 사실만 있을 뿐 나머지 둘은 참이 아니다'고 하였다. 항상 일체의 공함을 요달해서 한 물건도 정情에 해당하지 않으면, 이것이 모든 부처님들의 마음 쓰는 곳이다. 그대들은 모쪼록 부지런히 수행하라."

말을 마치자 가부좌를 맺고 열반하였는데, 다비하는 날에는 상서로운 구름이 오색으로 아롱지고 기이한 향기가 사방에 가득하였다. 얻어진 사리는 구슬같이 찬란하였는데 제자들이 금관金棺에 넣어 봉안하였다. 그러다가 장경長慶 3년 12월 21일에 석탑石塔에 안치하여 장사지내니, 수명은 62세이고 법랍은 42세였다. 시호는 대달大達 국사國師이고, 탑호는 징원澄源이었다.

예주澧州 대동大同 광징廣澄 선사

어떤 스님이 물었다.

"어떤 것이 6근根의 소멸입니까?"

대사가 대답했다.

"윤검輪劍을 허공에 던져도〔다른 책에는 구름〈雲〉이라 되어 있다.〕 물건을 다치지는 않는다."

"어떤 것이 본래의 사람입니까?"

"함께 앉아서도 알아채지 못하는구나."

"그렇다면 학인은 절하고 물러가겠습니다."

"애타는 간장을 가만히 묘사해서 누구에게 주려는가?"

지주池州 남전南泉 보원普願 선사

그는 정주鄭州의 신정新鄭 사람으로서 성은 왕王씨이다. 당나라 지덕至德 2년에 대외산大隗山의 대혜大慧 선사에게 배우다가 30세에 숭악嵩嶽에 가서 계를 받았다. 처음에는 상부相部[2]의 구장舊章을 익혀 계율〔毘尼〕의 편篇과 취聚[3]를 궁구하였고, 다음에는 여러 강석講席을 다니면서 『능가경楞伽經』과 『화엄경華嚴經』 등의 경전을 듣다가 『중론中論』·『백론百論』·『십이문론十二門論』의 관법에 들어가서는 현묘한 이치를 더욱 연마하였고, 나중에는 대적大寂의 방을 두드려서 단박에 통발을 잊고서 유희삼매遊戲三昧를 얻었다.

하루는 대중 스님들에게 죽을 돌리는데 마 대사가 물었다.

"통 속에 있는 것이 무엇인가?"

대사가 대답했다.

"이 늙은이가 입을 다물 것이지 이 따위 말을 하는구나."

그로부터 같이 배우는 무리가 감히 따지고 묻는 이가 없었다.

정원貞元 11년에 지양池陽에 머물면서 스스로 선실〔禪齋〕 하나를 짓고 30여 년 동안 남전산을 내려가지 않았다. 대화大和 초년에 선

2 법려法礪 율사律師가 살던 곳이 상주常住이므로 그의 저서를 상부라고도 하고, 구장舊章이라고도 한다.

3 비구·비구니가 지켜야 하는 구족계를 두 종류로 나눈 것으로서 편문篇門과 취문聚門이 있다. 편문은 결성結成한 죄과와 긴요한 뜻을 따라 5편으로 구별한 것이고, 취문은 그 죄성罪性과 인죄因罪에 의하여 종류로 모아서 6취·7취로 나눈 것이다.

성宣城의 염사廉使인 육긍陸亘이 대사의 도풍道風을 흠모하여 감군監軍[4]과 함께 산에서 내려오기를 청하면서 제자의 예를 갖추었다. 그리하여 현묘한 진리〔玄綱〕를 크게 떨치니, 이로부터 배우는 무리들이 항상 수백 명이 넘었고, 말씀이 곳곳에 자자하게 퍼져서 영장郢匠[5]이라 불렸다.

하루는 대사가 대중에게 훈시하였다.

"여여如如하다고 말할지라도 벌써 변하였다. 지금의 종사〔師僧〕들은 모름지기 이류異類 속에서 행해야 한다."

귀종歸宗이 말했다.

"비록 축생의 행을 행하더라도 축생의 과보를 받지는 않으리라."

대사가 말했다.

"맹팔랑孟八郎[6]도 또한 그렇게 한다."

대사가 어느 때 이렇게 말했다.

"문수·보현을 지난 밤 3경更에 각각 20방망이씩 때려서 내쫓았느니라."

조주趙州가 말했다.

"화상의 방망이를 누구더러 맞으라고 하십니까?"

대사가 말했다.

"그렇다면 왕王 노사老師의 허물이 어디에 있는지 말하라."

조주가 절을 하고 나갔다.〔현각玄覺이 말하기를 "말해 보라. 조주趙州가 그만두고 간 것이 남전을 긍정한 것인가, 긍정하지 않은 것인가?"

4 벼슬의 이름이다.
5 능숙한 목수를 말하니, 즉 선리禪理에 밝은 선덕禪德을 가리키는 말이다.
6 맹씨 집안의 여덟째 아들이라는 뜻이니 용맹한 사람이라는 별칭이다.

라고 하였다.〕

대사가 하루는 농장〔莊舍〕에 가리라 생각했는데, 그날 밤에 토지신土地神이 미리 장주莊主에게 알려 주어서 장주가 미리 준비를 끝냈다. 대사가 도착하여 장주에게 물었다.

"어떻게 내가 올 줄 알고 이와 같이 마련했는가?"

장주가 대답했다.

"지난밤에 토지신이 말하기를 '화상께서 오늘 오신다'고 보고했습니다."

대사가 말했다.

"왕 노사의 수행이 힘이 없어서 귀신들에게 들켰구나."

어떤 스님이 갑자기 물었다.

"화상은 선지식인데 어찌하여 귀신들에게 들켰습니까?"

대사가 대답했다.

"토지신 앞에 밥 한 몫을 더 놓아라."〔현각玄覺이 말하기를 "어디가 토지신 앞에 밥 한 몫 더 놓는 소식인가?"라고 하였다. 운거雲居 석錫은 말하기를 "이는 상을 주는 말인가, 벌을 주는 말인가? 그 토지신이 본 것이 남전인가, 남전이 아닌가?"라고 하였다.〕

대사가 어떤 때에 말했다.

"강서江西의 마조는 말하기를 '마음이 곧 부처'라고 하지만, 왕 노사는 그렇게 말하지 않고 '마음도 아니고, 부처도 아니고, 물건도 아니다'고 하니, 이렇게 말해도 허물이 있겠는가?"

조주가 절을 하고 나갔다. 그러자 어떤 스님이 조주를 따라 나와서 그에게 물었다.

"상좌上座께서 절을 하고서 나오신 뜻이 무엇입니까?"

조주가 대답했다.

"그대는 화상께 가서 물어라."

그 스님이 올라와서 물었다.

"지금 종심(從諗 : 趙州) 상좌가 절을 한 뜻은 무엇입니까?"

대사가 대답했다.

"그는 나의 뜻을 알아 차렸기 때문이다."

대사가 어느 날 발우를 들고 법당에 올라가니, 황벽黃檗 화상이 첫째 자리에 앉았다가 대사를 보고도 일어나지 않았다. 대사가 물었다.

"장로長老는 몇 해 동안이나 도를 행했소?"

황벽이 대답했다.

"공왕불空王佛 때부터였소."

"그래도 여전히 왕 노사의 손자뻘이니, 저 밑으로 내려가오."

대사가 어느 날 황벽에게 물었다.

"황금으로 세계를 이루고, 백은白銀으로 벽을 꾸민 집이 있으니, 이는 누구의 거처인가?"

"성인의 거처입니다."

"다시 한 사람이 있는데 어느 국토에 사는가?"

황벽이 손을 모으고 서 있자, 대사가 말했다.

"말할 수 없다면, 어찌하여 왕 노사에게 묻지 않는가?"

황벽이 얼른 물었다.

"다시 한 사람이 있는데 어떤 국토에 삽니까?"

대사가 대답했다.

"애석한지고."

대사가 다른 때에 황벽에게 물었다.

"선정과 지혜를 균등히 배운다고 했는데, 이 이치가 어떠한가?"

황벽이 대답했다.

"12시時 가운데에 한 물건에도 기대지 않습니다."

"그것은 장로가 본 경지가 아닌가?"

"외람됩니다만……."

"장수漿水 값은 그만두고 짚신 값은 누구에게 갚게 할 것인가?"

대사가 어떤 스님이 장작 패는 것을 보고 나무를 세 번 치니, 그 스님이 도끼를 던지고 승당僧堂으로 돌아갔다. 대사도 법당으로 돌아갔다가 잠시 후에 다시 승당으로 들어왔는데, 아까 그 스님이 의발衣鉢 밑에 앉아 있는 것을 보았다. 대사가 그에게 말했다.

"사람을 속이는군."

그 스님이 물었다.

"스님께서 방장실로 돌아오셨으니, 어떤 지침〔指南〕을 갖고 오셨습니까?"

대사가 대답했다.

"지난밤 3경에는 소를 잃었고, 날이 밝을 무렵에는 불도 잃었다."

동서東西 양당兩堂에서 고양이 하나를 두고 싸움이 벌어졌는데, 대사가 고양이를 잡고서 대중에게 외쳤다.

"말할 수 있으면 고양이를 살리겠지만, 말하지 못하면 목을 베리라."

대중이 아무도 대답치 못하니, 대사는 곧 목을 베었다. 때마침 조주가 밖에서 돌아왔는데 대사가 앞의 일을 들어 이야기하니, 조주는 신을 벗어서 머리에 이고 나아갔다. 대사가 이를 보고 말했다.

"아까 그대가 있었더라면 고양이를 구했을 텐데……."

대사가 방장에서 삼산杉山과 함께 불을 쪼이다가 말했다.

"동쪽을 가리키거나 서쪽을 가리킬 필요는 없고 곧바로 본분사本分事를 말해 보라."

삼산이 부젓가락을 꽂고 손을 모으고 섰으니, 대사가 말했다.

"비록 그렇더라도 여전히 왕 노사의 한 가닥 도와 비슷할 뿐이다."

어떤 스님이 문안을 드리고 합장하고 서 있자, 대사가 말했다.

"너무 속인답구나."

그 스님이 얼른 합장을 하자, 대사가 말했다.

"너무 중답구나."

그러자 그 스님이 대답이 없었다.

어떤 스님이 발우를 씻는데 대사가 발우를 뺐었다. 그 스님이 빈 손으로 서 있자, 대사가 말했다.

"발우는 내 손 안에 있는데, 그대 입으로만 중얼중얼한들 무슨 소용 있으랴?"

그 스님은 대답이 없었다.

대사가 채소밭에 갔다가 스님 한 명을 보고는 기와 조각을 던져서 그 스님을 맞혔다. 그 스님이 고개를 돌리자 대사가 한 발을 들고 섰다. 그 스님은 말이 없었다. 대사가 바로 방장으로 들어가니, 그 스님이 뒤를 따라가서 절을 하고 물었다.

"화상께서 아까 기와 조각을 던져서 저를 맞히신 것이 어찌 저를 깨우쳐 주시려 함이 아니겠습니까?"

대사가 말했다.

"한 발을 든 일은 또 어떠한가?"

그 스님이 대답이 없었다.〔나중에 어떤 스님이 석상石霜에게 묻기를 "남전이 한 발을 든 뜻이 무엇이었을까요?"라고 하니, 석상이 손을 들고 말하기를 "이런 것이 아니었을까?"라고 하였다.〕

대사가 대중에게 훈시하였다.

"왕 노사가 몸을 팔려 하는데 누가 사려는가?"

어떤 스님이 나와서 말했다.

"제가 사겠습니다."

"비싸지도 않고 싸지도 않게 받으련다. 그대는 얼마에 사겠나?"

그 스님은 대답이 없었다.〔와룡臥龍이 대신 말하기를 "저에게 속해 버렸습니다"라고 하였다. 미산未山이 대신 말하기를 "이게 무슨 도리요?"라고 하였다. 조주가 대신 말하기를 "명년에 와서 화상의 베 장삼을 기워 드리리라"고 하였다.〕

대사가 귀종歸宗·마곡麻谷과 함께 남양南陽 국사國師를 뵈러 갔는데, 대사가 먼저 길에다 동그라미 하나를 그려 놓고서 말하였다.

"말할 수 있으면 갈 것이다."

그러자 귀종은 문득 동그라미 안에 앉았고, 마곡은 여인의 절〔女人拜〕을 하였는데, 대사가 말했다.

"그렇게 하면 가지 못한다."

귀종이 말했다.

"이게 무슨 심행心行인가?"

대사는 곧 서로의 이름을 부르며 돌아가, 끝내 국사를 뵈러 가지 않았다.〔현각玄覺이 말하기를 "남전이 그렇게 말한 것이 수긍하는 말인가, 부정하는 말인가?"라고 하였다. 운거雲居 석錫이 말하기를 "아까는 국사께 절을 하러 가다가 왜 소리를 지르면서 돌아왔을까 말해 보라. 옛 사람의 뜻하는 바가 무엇이었으랴?"라고 하였다.〕

대사가 신산神山에게 물었다.

"무엇을 하는가?"

신산이 대답했다.

"채〔羅 : 비단으로 만든 고운 채〕를 치고 있습니다."

"손으로 치는가, 발로 치는가?"

"화상께서 말씀해 주십시오."

대사가 말했다.

"분명히 기억해 두었다가 작가作家를 만나거든 말해라."〔동산洞山이 따로 말하기를 "손발이 없는 이라야 채를 칠 줄 알리라"고 하였다.〕

어떤 좌주가 대사에게 하직을 고하자, 대사가 물었다.

"어디로 가려는가?"

"산 밑으로 가겠습니다."

"무엇보다도 왕 노사를 비방하지는 말라."

"어찌 감히 화상을 비방하겠습니까?"

대사가 그에게 물을 뿜고서 말했다.

"얼마나 되는가?"

좌주가 문득 나가 버렸다.〔앞의 운거雲居가 말하기를 "대사의 본뜻이 아니다"라고 하였다. 앞의 조산曹山이 말하기를 "믿음직하다"라고 하였다. 석상石霜이 말하기를 "남의 시험을 받지 말아야 한다"라고 하였다. 장경長慶이 말하기를 "말을 알아 들어보라"고 하였다. 운거 석이 말하기를 "좌주坐主가 나간 것은 안 것인가, 모른 것인가?"라고 하였다.〕

대사가 하루는 방장의 문을 닫고 재〔灰〕를 문밖에 둘러치고는 말했다.

"말할 수 있는 사람이 있다면 즉시 열어 주리라."

여러 사람들이 대답은 했지만 모두가 대사의 뜻에 맞지 않았는데, 조주가 말하였다.

"아이고, 아이고."

그러자 대사가 문득 문을 열었다.

대사가 달구경을 하는데, 어떤 스님이 물었다.

"얼마 동안 이와 같을 수 있었습니까?"

대사가 대답했다.

"왕 노사는 20년 전에도 이러했느니라."

그 스님이 물었다.

"지금은 어떠하십니까?"

대사는 문득 방장으로 돌아갔다.

육긍陸亘 대부大夫가 물었다.

"제자가 육합(六合 : 고을 이름)에서 왔는데, 거기에도 몸이 있겠습니까?"

대사가 대답했다.

"분명히 기억해 두었다가 작가를 만나거든 이야기하라."

육긍 대부가 또 말했다.

"화상은 매우 불가사의하십니다. 이르는 곳마다 세계가 성취되는군요."

대사가 말했다.

"그것들이 모두 대부大夫의 분수 위에 있는 일이오."

다른 날 육긍 대부가 또 물었다.

"제자도 불법을 약간은 알고 있습니다."

대사가 물었다.

"대부는 12시 가운데서 어떻게 하는가?"

"한 치의 실오라기도 걸치지 않습니다."

"여전히 섬돌 밑의 사람이군."

대사가 이어서 말했다.

"듣지 못했는가? 도가 있는 군왕은 지혜 있는 신하를 용납하지 않는다는 말이 있다."

대사가 상당하였을 때에 육긍 대부가 말했다.

"화상이시여, 대중에게 설법을 해주십시오."

대사가 대답했다.

"노승더러 무슨 말을 하라는 것인가?"

"화상께서 어찌 방편이 없으시겠습니까?"

"저들에게는 무엇이 부족하다는 말인가?"

육긍이 다시 물었다.

"어찌하여 6도道와 4생生이 있습니까?"

대사가 대답했다.

"노승이 그런 것은 가르치지 않는다."

육긍 대부가 대사와 함께 쌍륙雙陸 노는 것을 구경하다가 투자骰子[7]하나를 들고 말했다.

"이렇건 이렇지 않건 다만 문채[彩][8]에 맡겨 버릴 때는 어떠합니까?"

대사도 투자 하나를 들고 말했다.

"냄새나는 뼈다귀가 열여덟 쪽이구나."

또 물었다.

"제자의 집에 한 조각 돌이 있는데, 어떤 때는 앉고 어떤 때는 눕습니다. 지금 그것을 새겨서 불상을 만들까 하는데 되겠습니까?"

대사가 대답했다.

"된다."

대부가 다시 물었다.

"되지 않는 것이 아닐까요?"

대사가 말했다.

"안 된다. 안 돼."[운암雲巖이 말하기를 "앉으면 부처요, 앉지 못하면 부처가 아니다"라고 하였다.]

---

7 골패의 일종이다.

8 골패 쪽에 새겨진 골이다.

조주가 물었다.

"도는 사물 밖이 아니고, 사물 밖은 도가 아닌데, 무엇이 사물 밖의 도입니까?"

대사가 문득 때리자, 조주가 방망이를 잡고서 말했다.

"이후로는 사람을 잘못 때리지 마십시오."

대사가 대답했다.

"용과 뱀은 가리기 쉽지만 납자衲子는 속이기 어렵구나."

대사가 원주院主를 부르자, 원주가 대답했다. 대사가 말했다.

"부처님께서 90일 동안 도리천忉利天에 계시면서 어머니에게 설법을 하셨는데, 당시 우전왕優塡王이 부처님을 생각하여 목건련目犍連에게 청하니, 목건련이 세 차례 신통을 부려 장인匠人을 거두어 도리천에 가서 불상을 조각하게 하였는데, 다만 31상相만을 조각했다. 어찌하여 범음상梵音相은 조각하지 못했는가?"

원주가 도리어 물었다.

"어떤 것이 범음상입니까?"

대사가 대답했다.

"사람을 속이는구나."

대사가 유나維那에게 물었다.

"오늘의 울력은 무엇인가?"

"맷돌질을 할 것입니다."

대사가 말했다.

"맷돌은 네가 돌리는 대로 하되 맷돌 중심의 수자樹子는 움직이지 말라."

유나가 말이 없었다.〔보복保福이 대신 말하기를 "그때부터 하던 맷돌질이 아직도 이루어지지 못했구나"라고 하였다. 법안法眼이 대신 말하기를 "그렇게 되면 맷돌질을 하지 않는 것이다"라고 하였다.〕

어느 날 어떤 대덕이 물었다.

"마음 그대로 부처라고 해도 안 되고, 마음도 아니고 부처도 아니라 해도 안 되니, 스님의 뜻은 어떠하십니까?"

대사가 말했다.

"대덕이여, 마음이 그대로 부처라는 것을 믿으면 문득 요달하는데, 다시 되고 안 되는 것을 말해서 무엇 하겠는가? 마치 대덕이 밥을 먹고 나면 동쪽 복도 위에서 서쪽 복도까지 오가면서 사람들에게 되는가 안 되는가를 물을 필요가 없는 것과 같다."

대사가 암자에 있었는데, 어떤 스님이 암자에 왔다. 대사가 그에게 말했다.

"내가 산에 올라가겠으니, 밥 때가 되거든 그대가 먼저 먹고 한 몫을 산으로 보내주게."

조금 있다가 그 스님은 혼자 밥을 먹고는 한꺼번에 집안일을 걷어치운 뒤에 자리에 가서 누워 버렸다. 대사가 아무리 기다려도 밥을 가지고 오는 것을 볼 수 없자 얼른 암자로 돌아오니, 그 스님이 누워 있는 것이 보였다. 대사도 한쪽에 가서 누우니, 그 스님이 벌떡 일어나서 가 버렸다. 대사가 혼자 남아서 중얼거렸다.

"내가 전부터 암자에 살기 시작한 이래로 영리한 수도자가 있었지만, 곧바로 지금처럼 이른 자는 보지 못했다."

대사가 털로 만든 공〔毬子〕을 들고서 스님에게 물었다.
"이것이 그것과 얼마나 닮았는가?"
그 스님이 대답했다.
"닮지 않았습니다."
"어디서 그것을 보았기에 닮지 않았다 하는가?"
그 스님이 말했다.
"제가 본 곳을 물으시려면, 화상께서는 손에 드신 것을 놓으십시오."
"그대가 외눈〔一隻眼〕을 갖추었다고 인정하노라."

육긍 대부가 대사에게 말했다.
"조肇 법사는 매우 기괴하군요. 만물이 같은 근원이고, 옳고 그름이 동체同體라고 하니까요."
대사가 뜰 앞의 모란을 가리키면서 말했다.
"대부여, 요즘 사람들은 이 한 포기의 꽃을 꿈속에서처럼 보고 있소."
육긍은 문득 아득해져서 다시 물었다.
"천왕天王은 어느 지위地位에서 거처하십니까?"
"천왕이라면 지위에 있지 않아야 하지 않겠는가?"
"제자가 듣기에는 천왕은 초지(初地 : 10지의 제1위)에 거처한다고 들었습니다."
대사가 말했다.
"마땅히 천왕의 몸으로 제도될 자는 곧 천왕의 몸을 나타내어서 법을 설하게 된다오."
육긍이 하직하고서 부임지인 선성宣城으로 떠나려 하자, 대사가 물었다.

"대부가 거기로 가면 무엇으로 백성을 다스리겠소?"

"지혜로 백성을 다스리겠습니다."

대사가 말했다.

"그러면 그곳의 생령生靈은 모두 도탄塗炭에 빠지겠군."

대사가 선주宣州에 들어갔을 때 육긍 대부가 나와서 맞이했는데, 성문城門을 가리키면서 말했다.

"사람들 모두가 이것을 옹문甕門이라 하는데, 화상께서는 무슨 문이라 하시겠습니까?"

대사가 대답했다.

"노승이 말을 하면 대부의 풍속 교화를 욕되게 할까 걱정이오."

"홀연히 도적이 올 때에는 어찌합니까?"

"그것은 왕 노사의 허물이오."

육긍이 또 물었다.

"대비보살은 수많은 눈과 손으로써 무엇을 합니까?"

"국가에서는 대부를 기용해서 무엇을 하오?"

대사가 마조 대사를 위하여 재齋를 차리고 대중에게 물었다.

"마 대사가 오셨는가?"

대중이 대답이 없자, 동산洞山이 말했다.

"도반이 있기를 기다렸다가 오시겠지요."

대사가 말했다.

"그대는 비록 후생後生이지만 가히 다듬을 만하다."

동산이 말했다.

"화상은 양민을 탄압해서 천민으로 만들지 마십시오."

대사가 빨래를 하는데, 어떤 스님이 와서 물었다.

"화상에게 아직도 그런 것이 남았습니까?"

대사가 옷을 쳐들면서 말했다.

"그렇지만 저것이야 어찌하겠는가?"〔현각玄覺이 말하기를 "말해 보라. 이는 한 개인가, 반 개인가?"라고 하였다.〕

대사가 양흠良欽이라는 스님에게 물었다.

"공겁空劫[9]에도 부처님께서 계셨겠는가?"

"계셨습니다."

"누구라 하는 분인가?"

"양흠입니다."

"어떤 국토에 사시는가?"

그 스님은 말이 없었다.

어떤 스님이 물었다.

"조사에서 조사로 서로 전해졌다는데 어떤 일을 전하였습니까?"

대사가 대답했다.

"일·이·삼·사·오이니라."

"어떤 것이 옛사람의 것입니까?"

"있게 되거든 말하리라."

어떤 스님이 말했다.

"화상께서는 어찌하여 거짓말을 하십니까?"

---

9 이 세상에 아직 아무것도 없는 오랜 옛적을 말한다.

대사가 대답했다.

"내가 거짓말을 한 것이 아니다. 노 행자(盧行者 : 六祖)가 거짓말을 하였다."

"12시 가운데서 무엇으로 경계〔境〕를 삼습니까?"

"왜 왕 노사에게 묻지 않는가?"

"물었습니다."

"그래, 그대의 경계가 된 적이 있는가?"

어떤 스님이 물었다.

"청련靑蓮이 바람과 불을 따라 흩어지지 않을 때에는 어떠합니까?"

대사가 말했다.

"바람과 불을 따르지 않음이 없을 때는 어떠한가?"

스님이 대답이 없자, 대사가 또다시 물었다.

"선善도 생각지 말고 악惡도 생각지 말라. 생각이 전혀 나지 않을 때에 비로소 나의 본래면목을 돌려 다오."

스님이 대답했다.

"몸 둘 바를 모르겠습니다."〔동산洞山이 말하기를 "일찍이 경계로서 사람에게 보인 일이 있는가?"라고 하였다.〕

대사가 어떤 좌주에게 물었다.

"그대는 나에게 경전을 강의해 줄 수 있겠는가?"

"제가 화상께 경전을 강의해 드리면, 화상은 저에게 선법을 말씀해 주셔야 합니다."

"금탄자金彈子를 갖고서 은탄자銀彈子로 바꾸려 하지 말라."

"저는 잘 모르겠습니다."

"그대는 공중에 떠 있는 한 조각구름이 소복소복 쌓였다고 하겠는가, 아니면 얼기설기 붙었다고 하겠는가?"

어떤 스님이 물었다.

"허공 속에 하나의 구슬이 있는데, 어찌하여야 가질 수 있겠습니까?"

"대나무를 쪼개어 사다리를 만들어서 허공 속에서 취하라."

"어떻게 허공에다 사다리를 놓겠습니까?"

"그대는 어째서 취할 수 있다고 여기는가?"

어떤 스님이 하직 인사를 하면서 물었다.

"학인이 제방諸方에 이르렀을 때에 어떤 사람이 화상의 요즘 생활을 물으면 무엇이라 대답하리까?"

"그저 그에게 요즈음은 씨름〔相撲〕을 이해했다고 말해라."

"무슨 뜻입니까?"

"한 번 치면 쌍으로 소멸한다."

"부모에게서 태어나기 전에 제 콧구멍은 어디에 있습니까?"

"부모에게서 태어난 뒤에는 콧구멍이 어디에 있는가?"

대사가 세상을 뜨려 할 때에 제1 상좌가 물었다.

"화상께서 세상을 뜨신〔百年〕 후에는 어디로 가시렵니까?"

"산 밑으로 가서 한 마리 검정 암소〔水牯牛〕가 되련다."

"제가 화상을 따라가고자 하는데 되겠습니까?"

"그대가 나를 따르려면 모름지기 한 줄기 풀을 입에다 물어야 한다."

대사가 병든 모양을 나타내다가, 대화大和 8년 갑인甲寅 12월 25일 첫 새벽에 문인들에게 이렇게 말했다.

"별·그림자·등불·허깨비가 오래도 견디었다. 내가 가거나 온다고 여기지 말라."

말을 마치고 눈을 감으니, 수명은 87세이고 법랍은 58세였다. 이듬해 봄에 탑에 안치하였다.

오대산五臺山 은봉隱峰 선사

그는 복건福建의 소무邵武 사람이니, 성은 등鄧씨이다.〔당시 사람들이 그를 등은봉鄧隱峰이라 하였다.〕 어릴 때에는 지혜롭지 못한 듯했다. 부모가 출가를 허락하자, 처음에는 마조의 문하에 유행했으나 오묘한 진리를 보지 못하고는 다시 석두石頭에게로 갔다. 이렇게 왕래하기를 두세 번 거듭했으나 모두 깨닫지 못했는데〔자세한 이야기는 마조장馬祖章에 있다.〕 끝내 마조의 가르침 아래서 계합契合하였다.

대사가 석두에게 있을 때에 물었다.

"어찌하여야 도에 계합하겠습니까?"

"나도 도에 계합하지 못했다."

"필경에는 어떠합니까?"

"그대가 그것을 얻게 된 것이 얼마만인가?"

어느 날 석두 화상이 풀을 깎는데 대사가 그 왼쪽 곁에서 손을 모으고 서 있었다. 석두가 낫 끝을 대사 앞으로 휘두르면서 풀 한 포기를 꺾았다. 이때에 대사가 말했다.

"화상은 겨우 이것만을 꺾으시고 저것은 꺾지 못하셨습니다."

석두가 낫을 들어 올리자, 대사가 낫을 받아서 베는 시늉을 하였다. 이를 보고 석두가 말했다.

"그대는 겨우 그것만을 베고 이것은 벨 줄 모르는구나."

대사가 대답을 못했다.〔동산洞山이 대신 말하기를 "풀 더미가 이루어졌던가?"라고 하였다.〕

어느 날 대사가 손수레〔推土車〕를 끄는데, 마馬 대사가 길바닥에 다리를 뻗고 앉아 있었다. 대사가 그를 보고 말했다.

"다리를 오므리십시오."

마 대사가 말했다.

"편 것을 오므리지 못하겠다."

"이미 나아간 수레라서 물러날 수도 없습니다."

그리하여 그대로 수레를 밀고 지나가니, 마 대사의 정강이가 상했다. 그는 법당으로 돌아가서 도끼를 들고서 말했다.

"아까 내 다리를 다치게 한 놈은 나와라."

대사가 거침없이 나가서 마 대사 앞에 목을 쭉 뽑으니, 마 대사는 도끼를 놓아 버렸다.

대사가 남전南泉에 갔을 때 스님들이 참례하러 온 것을 보았는데, 남전은 정병淨缾을 가리키면서 이렇게 말하였다.

"구리 병은 경계이고 병 속에는 물이 있으니, 경계를 요동시키지 말고 나에게 물만 갖다 달라."

대사가 정병을 번쩍 들어서 남전 앞에다 부으니, 남전이 그만두었다.

나중에 대사가 위산潙山에게 갔다가 상좌上座의 머리 위에다 옷과 발우를 풀어 놓았다. 위산은 사숙(師叔 : 은봉)이 왔다는 말을 듣자, 먼저 위의를 갖추어서 승당으로 내려왔다. 대사는 그가 오는 것을 보자, 벌렁 쓰러져서 자는 시늉을 하였다. 위산이 문득 방장으로 돌아가자, 대사는 그 길로 일어나서 떠나 버렸다. 조금 있다가 위산이 시자에게 물었다.

"사숙께서 아직 계시느냐?"

"이미 떠나셨습니다."

"가실 때에 무슨 말이 없더냐?"

"아무 말씀도 없었습니다."

"말이 없었다 하지 말라. 그 소리가 우레와 같았도다."

대사는 겨울을 형악衡嶽에서 지내고, 여름을 청량淸凉에서 머물렀다.

당나라 원화元和 때에 다시 오대산으로 가는 길에 회서淮西를 지나게 되었는데, 때마침 오원제吳元濟가 군사를 일으켜 왕명을 거역함으로써 관군官軍과 역적이 서로 칼끝을 겨누면서 승부를 가리지 못하고 있었다. 이때에 대사가 말했다.

"내가 가서 그 환난을 해결하리라."

그리고는 주장자를 허공으로 던져서 몸을 날려 지나가니, 양쪽 군대의 장수와 병사들이 우러러보고는, 간밤의 꿈과 맞는다고 탄복하면서 싸울 마음이 단박에 식어 버렸다. 대사가 이미 신통을 나타냈지만 도리어 무리를 미혹시킬까 걱정이 되어서 마침내 오대산으로 들어갔다.

금강굴 앞에서 열반에 들려고 하면서 먼저 대중에게 물었다.

"제방諸方의 선사들이 죽을 때에 앉아서도 가고 누워서도 가는 것은 내가 본 적이 있다. 그러나 서서 가는 이도 있었던가?"

"있습니다."

"그러면 거꾸로 서서 죽은 이도 있었던가?"

"아직 보지 못했습니다."

이에 대사가 거꾸로 서서 열반에 드니, 옷자락이 아래로 처지지 않고 고스란히 몸에 붙어 있었다. 당시 대중들이 논의하여 화장터로 운구하려고 했으나 꿈쩍도 하지 않으니, 원근의 사람들이 우러러보면서 탄복해 마지않았다.

당시 대사의 누이동생이 비구니였는데, 그때 그녀가 곁으로 허리를 굽히고 다가가서 혀를 찼다.

"오라버니는 살아서도 법률을 지키지 않더니, 죽어서도 사람들을 속이는구려."

그리고 손으로 슬쩍 밀자, 시체가 덜컥 쓰러졌다. 결국 사유소闍維所로 옮겨서 사리를 거두어 탑에 안치하였다.

온주溫州 불오佛嶴 화상

언제나 사람이 오는 것을 보면 주장자를 땅에다 세우면서 말했다.

"앞의 부처님도 이러하고, 뒤의 부처님도 이러하다."

어떤 스님이 물었다.

"바로 이러할 때에는 어찌하겠습니까?"

대사가 동그라미를 하나 크게 그렸다. 그 스님이 여인의 절을 하자, 대사가 곧 그를 때렸다.

스님이 물었다.

"어떤 것이 불법의 대의입니까?"

대사가 대답했다.

"도둑이야, 도둑이야."

"어떤 것이 다른 종류〔異類〕[10]입니까?"

대사가 차 종지를 치면서 말했다.

"야옹아〔花奴〕, 야옹아〔花奴〕. 밥이나 먹어라."

오구烏臼 화상

현玄과 소紹, 두 상좌上座가 강서江西 지방에서 대사를 뵈러 오니, 대사가 물었다.

"두 선사는 어디서 오셨소?"

그 스님이 대답했다.

"강서에서 왔습니다."

대사가 주장자로 때리자, 현玄이 말했다.

"화상에게 이런 묘한 재주〔機要〕가 있는 줄은 익히 알고 있었습니다."

"너는 알지 못했다. 뒤에 서 있는 중이 말해 보라."

10 중생이라는 뜻이니 종사가 중생제도를 위해 다른 종류의 몸을 받는 것을 말한다.

뒤에 서 있던 스님이 앞으로 다가서려고 하자, 대사가 문득 때리면서 말했다.

"같은 구덩이 안에 다른 땅이 없는 줄이야 진작 알았다. 승당으로 가서 더 공부하라."

담주潭州 석상石霜〔용龍이라 하기도 한다.〕 대선大善 화상

어떤 스님이 물었다.

"어떤 것이 불법의 대의입니까?"

대사가 대답했다.

"봄날에 닭이 우는 것이다."

"학인은 잘 모르겠습니다."

"가을날에 개 짖는 소리이다."

대사가 상당하여 이렇게 말했다.

"대중아, 나서라, 나서. 노승에게 법의 요체가 있는데, 백 년 뒤에도 그대들에게 누를 끼치지 않으리라."

대중이 말했다.

"화상께서 말씀해 주십시오."

"한 무더기의 불을 끄지 않는다."

동산洞山이 물었다.

"책상 앞에 있던 한 동자가 일을 잘 요달했는데, 지금은 보이지 않으니 어디로 갔습니까?"

대사가 대답했다.

"불꽃 위에 머무를 수 없어서 청량세계清凉世界로 돌아갔다."

석구石臼 화상

처음에 마조馬祖를 뵈었는데, 마조가 물었다.
"어디서 왔는가?"
대사가 대답했다.
"오구烏臼에서 왔습니다."
"오구가 요사이 무어라 하던가?"
"숱한 사람이 이에 대해서 망연茫然합니다."
"망연한 것은 그만두고 산뜻한 한 구절이 무엇인가?"
대사가 앞으로 세 걸음을 나서자, 마조가 말했다.
"내가 오구를 일곱 방망이 때릴 일이 있는데, 그대가 달게 받겠는가?"
"화상께서 먼저 맞으신 뒤에 제가 달게 맞겠습니다."
그리고는 다시 오구로 돌아갔다.

본계本谿 화상

방龐 거사居士가 물었다.
"단하丹霞가 시자를 때린 뜻이 무엇입니까?"
"늙은이가 남의 장단점을 보기 때문이다."
거사가 다시 말했다.
"스님은 나와 같이 마조에게 배웠으므로 감히 묻는 것입니다."
"그렇다면 처음부터 자세히 들어 보라. 우리 함께 헤아려 보자."

"늙은 노인이 스님과 함께 남의 잘잘못을 따지려 하지는 않을 것입니다."

"그 늙은이의 나이를 생각하라."

"제가 잘못했습니다."

석림石林 화상

어느 날 방龐 거사居士가 오니, 대사가 불자拂子를 세우고 말했다.

"단하丹霞의 근기〔機〕에 떨어지지 않고서 한 구절을 말해 보시오."

거사가 곧 불자를 빼앗고서 도리어 주먹을 세우니, 대사가 말했다.

"바로 단하의 근기로구나."

"나를 거기에 빠지지 않게 해보시오."

"단하는 벙어리이고, 방 거사는 귀머거리이네."

"좋습니다. 좋아요."

대사가 말이 없자, 거사가 말했다.

"아까 말한 것은 우연히 그렇게 된 것입니다."

대사가 여전히 말이 없었다.

또 어느 날 대사가 거사에게 물었다.

"내가 물을 것이 있으니, 거사는 말하기를 꺼리지 마시오."

거사가 대답했다.

"말해 보시오."

"원래 말을 아끼는군요."

"이런 신문訊問은 자기도 모르는 사이에 다른 편의에 빠지게 됩니다."

대사가 귀를 가리고만 있자, 거사가 말했다.

"과연 작가作家[11]로군, 작가야."

양亮 좌주座主[홍주洪州 서산西山]

그는 본래 촉군蜀郡 사람이다. 경론을 강의하다가 마조를 뵈었는데, 마조가 물었다.

"듣자 하니 좌주座主는 경론을 많이 강의한다는데 사실인가?"

양亮 좌주가 말했다.

"감히 그렇다 하기가 외람됩니다."

"무엇을 가지고 강의하였소?"

"마음을 가지고 강의하였습니다."

"마음은 재주 있는 광대와 같고 뜻은 광대를 부리는 자와 같거늘, 어떻게 경전을 강설하겠는가?"

양 좌주가 소리를 지르면서 말했다.

"마음이 강의를 못한다면 허공이 강의를 한다는 말입니까?"

"허공은 강설할 수 있다."

양 좌주가 수긍하지 못하고 문득 나가서 계단을 내려가는데, 마조가 불렀다.

"좌주여."

양 좌주가 머리를 돌리자, 마조가 말했다.

---

11 여기서는 본분 종사라는 뜻이다.

"무엇인가?"

양 좌주가 활연대오豁然大悟하고서 절을 하자, 마조가 말했다.

"이 둔한 좌주여, 절은 해서 무엇 하겠는가?"

양 좌주가 절로 돌아가서 대중에게 말했다.

"내가 경론의 강의로는 아무도 미칠 이가 없다고 여겼는데, 오늘 마 대사의 질문 하나를 받고서는 평생의 공부가 얼음처럼 녹아버렸다."

그리고는 서산에 숨어서 다시는 소식이 없었다.

흑안黑眼 화상

어떤 스님이 물었다.

"어떤 것이 세상에 나오지 않는 스승입니까?"

대사(흑안)이 대답했다.

"선재善財의 주장자다."

"어떤 것이 불법의 대의입니까?"

"10년 동안 숯장사를 하고도 아직도 저울눈을 모르는가?"

미령米嶺 화상

어떤 스님이 물었다.

"어떤 것이 납의衲衣 아래의 일입니까?"

대사가 대답했다.

"누추하다면 그대 멋대로 싫어하되, 구름이나 노을의 경계에 마음을 두지 마시오."

대사가 열반에 들기 전에 게송 하나를 남겨 놓았다.

> 모든 조사는 부사의不思議해서
> 영구히 세상에 머무는 것을 허락하지 않는다.
> 대중은 자세히 사유해 볼지니
> 끝끝내 단지 이것뿐이라네.
> 祖祖不思議　不許常住世
> 大衆審思惟　畢竟只遮是

제봉齊峰 화상

어느 날 방龐 거사가 절에 들어오니, 대사가 말했다.
"속인이 자주 절에 출입해서 무엇을 따지려는가?"
거사가 양쪽을 두리번거리면서 말했다.
"누가 이렇게 말하는가, 누가 이렇게 말하는가?"
대사가 소리를 지르니, 거사가 말했다.
"여기서 그랬구나."
"별바른 곳에서 한 말이 아닌가?"
"등 뒤에서 했군요."
대사가 고개를 돌리면서 말했다.
"살피고 살피시오."
거사가 외쳤다.
"좀도둑이 쫓긴다. 좀도둑이 쫓긴다."
대사가 말이 없었다.
거사가 또 물었다.

"여기서 봉우리까지는 몇 리나 됩니까?"

대사가 말했다.

"어디를 가려는가?"

"높고 험한 것이 두려워서 물을 수도 없군요."

대사가 다시 말했다.

"얼마나 되는가?"

"1·2·3입니다."

"4·5·6이다."

"어찌하여 7은 말하지 않습니까?"

"자못 7을 말하면 문득 8이 있으니까."

"맞습니다, 맞아요."

"멋대로 보태는군."

거사가 호통을 치면서 물러가자, 대사도 뒤를 따라가면서 호통을 쳤다.

대양大陽 화상

이伊 선사가 문안을 드리자, 대사가 말했다.

"이 선사여, 요사이의 일반 선사들은 눈앞을 향하여 사람들을 가르치고, 눈앞의 일을 다 취해서 이렇게 사람을 위한다. 하지만 도리어 문채의 조짐이 아직 나타나지 않았을 때를 알겠는가?"

이 선사가 대답했다.

"그 속을 향해서 한 가지 질문이 있는데, 화상에게 물어도 좋은지 여부를 알 수 없습니다."

"이미 그대에게 대답해 버렸으니 가부可否를 말할 필요도 없다."

"눈앞의 것을 알아챌 수 있겠습니까?"

"눈앞의 것을 어떻게 알겠는가?"

"남의 점검點檢을 받아야 합니다."

"그게 누구인가?"

"저입니다."

대사가 얼른 꾸짖으니, 이 선사가 물러나서 섰다. 그러자 대사가 말했다.

"그대는 앞만 쳐다볼 줄은 알지만 뒤를 돌아볼 줄은 모르는구나."

이 선사가 말했다.

"설상가상雪上加霜이군요."

"그대나 나나 마땅함이 없다."

홍라紅螺 화상

유주幽州에 있을 때에 게송으로 문인들에게 보였다.

홍라산이 변방의 오랑캐에 가까워서
스님들의 태반은 오랑캐〔奚〕로구나.
마주 앉아 말을 해도 전혀 이해하지 못하고
불쌍하게도, 단지 나사기那斯祁[12]만 이해하네.
紅螺山子近邊夷　　度得之流半是奚

12 이 산이 변두리에 있으므로 중국 본토 사람이 이 지방 사람을 해족奚族이라 한다. 그들의 성이 보통 나사기那斯祁이므로 마주 앉아 이야기를 해도 못 알아듣고 나사기만을 안다고 한 것이다.

共語問疇全不會　　可憐只解那斯祁

천주泉州 구양산龜洋山 무료無了 선사

그는 포전현莆田縣 호공壺公 횡당橫塘 사람으로서 성은 심沈씨이다. 일곱 살 때에 아버지가 손을 잡고 백중원白重院에 데리고 갔는데, 마치 자기 집 같은 생각이 들어서 그대로 출가하였다. 18세가 되자 머리를 깎고 영암사靈巖寺에 가서 구족계를 받았다. 나중에 대적(大寂 : 마조) 선사를 뵙고서 조사의 심인을 깨닫자 즉시 본원本院으로 돌아왔다.

절 북쪽으로 난 나무꾼의 길이 막혔는데, 어느 날 대사가 지팡이로 덤불을 헤치면서 가다가 여섯 개의 눈을 가진 거북을 만났지만 잠깐 사이에 다시 없어졌다. 그리하여 그 봉우리에다 암자를 세우니, 이로 인해 구양龜洋 화상이라 부르게 되었다. 어느 날 호랑이가 사슴을 쫓아서 암자에 들어오자, 대사가 지팡이로 범을 쫓아내어 사슴의 목숨을 구하였다.

임종하실 무렵에 이런 게송을 읊었다.

80년 동안 동과 서를 가렸는데
이제는 백발노인이 필요치 않구나.[13]
길지도 짧지도 크지도 작지도 않지만
돌이키면 온갖 사람의 성품이나 형상과 같으며
오지도 가지도 않고 머물지도 않지만

13 80년 동안 본분 도리를 알지 못했으므로 동서를 따졌는데, 이제는 조사 노인의 뜻을 알았으니 백발노인이 필요치 않다 한 것이다.

요달하면 본래 스스로의 성품이 공하다.

八十年來辨西東　　如今不要白頭翁
非長非短非大小　　還與諸人性相同
無來無去兼無住　　了却本來自性空

게송을 마치고 태연히 입적하니, 본전〔正堂〕에다 빈소를 차려 놓고 20년을 지냈다.

하루는 계곡의 물이 넘쳐서 문인들이 탑을 열어보니, 온몸이 물속에 떠 있었다. 민왕閩王이 이 말을 듣고 사자를 보내 궁중으로 모셔다가 공양을 올리는데, 홀연히 지독한 냄새가 멀리 진동하였다. 왕이 향을 피우고 축원하되 "구양산의 옛터로 옮겨서 탑을 세우겠습니다"라고 했는데, 말을 마치자 기이한 향기가 두루 퍼져서 온 성안의 사람이 다 우러러보았다. 본도本道의 관리가 이 사실을 아뢰어서 진적眞寂 대사라는 시호가 하사되었고, 탑호는 영각靈覺이라 하였다.

나중에 혜충慧忠이라는 제자가 징태(澄汰 : 法難)를 만나게 되어 속인의 몸으로 생을 마쳤는데, 탑의 동쪽 2백 보의 거리에다 장사를 지내고는 동탑東塔이라 불렀다. 지금도 구양산의 두 진신眞身은 선비나 백성들의 의지할 곳이 되고 있으니, 마치 승가난제僧伽難提의 전법과 같다. 혜충이 초암草庵 화상에게 법을 받은 것은 본장本章에 서술되어 있는 것과 같다.

이산利山 화상

어떤 스님이 물었다.

"온갖 색色은 허공으로 돌아가지만, 허공은 어디로 돌아갑니까?"

대사가 말했다.
"혀가 입 밖에 나오지 않는다."
"어째서 입 밖에 나오지 않습니까?"
"안팎이 한결같기 때문이다."

어떤 스님이 물었다.
"아승기겁을 지나지 않고도 법신法身을 얻는다 하시니, 스님께서 곧바로 보여 주십시오."
"아들이 아버지의 업業을 이어받는다."
"어찌하여야 알겠습니까?"
"아끼고 절약해서 베풀지 않느니라."
"그렇다면 대중도 덕을 보겠군요."
"대중은 그만두고 어떤 것이 법신인가?"
스님이 대답을 못하자, 대사가 말했다.
"그대가 물어라. 내가 그대에게 말해 주리라."
그 스님이 도리어 물었다.
"어떤 것이 법신입니까?"
"허공 꽃이고 아지랑이니라."

어떤 스님이 물었다.
"어떤 것이 서쪽에서 오신 뜻입니까?"
"어떤 것인지 보지 못했다."
"왜 그렇습니까?"
"다만 그러할 뿐이다."

소주韶州 유원乳源 화상

상당上堂하여 말했다.

"서쪽에서 오신 분명〔的的〕한 뜻은 말하기 어렵지 않으니, 대중들 중에서 말할 수 있는 자가 없는가? 나와서 말해 보라."

그러자 어떤 스님이 나와서 조심스레 절을 했는데, 대사가 문득 때리면서 말했다.

"지금이 어느 때라고 나서는가?"〔어떤 사람이 장경長慶에게 말하니, 장경이 말하기를 "괜찮아, 괜찮아"라고 하였다. 자복資福이 대신 말하기를 "화상을 위해 몸을 아끼지 않습니다"라고 하였다.〕

대사가 앙산仰山이 사미일 때 경 읽는 것을 보았는데, 그때 이렇게 흉을 보았다.

"저 사미가 경 읽는 것은 마치 곡하는 소리와 같다."

앙산이 말했다.

"저의 경 읽는 소리가 곡하는 소리 같다면 스님〔和尙〕의 것은 어떠하십니까?"

대사는 이에 돌아볼 뿐이었다.

송산松山 화상

어느 날 방龐 거사居士를 불러 차를 마시는데, 거사가 차 쟁반을 들고 말했다.

"사람마다 다 분수分數가 있는데, 왜 얻지 못한다고 합니까?"

대사가 말했다.

"다만 사람마다 다 있기 때문에 얻지 못한다고 말하는 것이다."

"사형은 어째서 얻었다고 하십니까?"

"말이 없을 수는 없다."

"분명하십니다, 분명해요."

대사가 냉큼 차를 마셔 버리자, 거사가 말했다.

"사형은 차를 마시면서, 어찌하여 손님을 대접하지 않으십니까?"

"누구를?"

"방씨 노인이요."

"무엇 하러 다시 접대해야 하는가?"

나중에 단하丹霞가 이 말을 듣고 말했다.

"만일 송산松山이 아니었더라면 그 늙은이의 장난에 속을 뻔했구나."

거사가 이 말을 듣고는 곧 사람을 시켜서 단하에게 이런 말을 전하게 했다.

"차 쟁반을 들어 올릴 때는 어째서 모르시는가?"

칙천則川 화상

방龐 거사가 대사를 보살필 때, 대사가 물었다.

"처음에 석두石頭를 만났을 때의 도리를 기억하겠소?"

거사가 대답했다.

"오히려 스님이 거듭 이야기해 주시네요."

"오래 묵은 이[久參]가 거만한 줄은 정情으로는 알고 있었소."

"나뿐만이 아니라 스님도 늙었군요."

"둘이 서로 동갑인데 다툰들 얼마나 되겠소?"

"나, 방 거사가 스님보다 조금 더 건강하군요."

"나보다 나은 것이 아니오. 다만 당신에게는 복두건幞頭巾 하나가 없을 뿐이오."

"흡사 스님과 같은데요."

대사는 크게 웃을 뿐이었다.

대사가 차밭[茶園]에 들어가서 차를 따는데, 방 거사가 물었다.

"온 법계에 몸 둘 곳이 없는데, 스님은 나를 보시는가요?"

"노사老師가 그대의 물음에 대답할 것을 두려워하는 것이 아니오?"

"묻는 말에 대답하는 것은 예사로운 일입니다."

대사는 차를 따면서 들은 척하지도 않았다. 거사가 다시 말했다.

"아까 너무 경솔히 물은 것을 괴이하게 여기지 마십시오."

대사가 여전히 돌아보지도 않자, 거사가 소리를 질렀다.

"이 무례한 늙은 중아, 내가 눈 밝은 사람을 만나거든 낱낱이 이야기하겠다."

대사는 차 광주리를 버리고, 문득 방장으로 들어갔다.

남악南嶽 서원난야西園蘭若 담장曇藏 선사

본래 대적大寂 선사에게 심인心印을 받고, 나중에 석두石頭 희천希遷 화상을 만나 환하게 깨쳤다.

당나라 정원貞元 2년에 형악衡嶽의 정상을 두루 다녔지만 찾아오는 사람이 드물었다. 이윽고 다리에 병이 나자 서원난야西園蘭若로 옮겨서 사니, 스님들이 매우 많이 모여들었다.

어느 날 대사(담장)가 손수 목욕물을 준비하는데, 어떤 스님이 물었다.

"왜 사미를 시키지 않습니까?"

대사가 손뼉을 세 번 쳤다.〔동산洞山이 말하기를 "첫째는 시절과 인연인데 그 중에서도 서원의 것이 가장 정묘精妙하구나"라고 하였다. 스님이 조산曹山에게 묻기를 "옛사람이 손뼉을 친 것이 어찌 사미의 할 일을 몰랐겠습니까?"라고 하니, 조산이 말하기를 "어떤 것이 위를 향하는 일인가?"라고 하였다. 그 스님이 대답을 못하니, 조산이 말하기를 "이 사미야"라고 하였다.〕

대사가 영특한 개 한 마리를 길렀다. 밤에 경행經行을 하다가 그 개가 대사의 옷을 물면, 대사는 곧 방으로 돌아갔다. 또 문 곁에 착 엎드려서 짖기도 하고, 몸을 솟구쳐 사납게 물 기세를 취하기도 하였다. 어느 날 새벽에 동주(東廚 : 부엌)에 큰 구렁이 하나가 나타났다. 길이가 몇 길〔丈〕이나 되었는데, 입을 벌려서 어금니를 드러내어 독기를 뿜었다. 시자가 피하라고 하자, 대사가 말했다.

"죽음을 피하겠는가? 그가 독을 가지고 오면 나는 자비로써 받아들이리라. 독이란 실다운 성품이 없어서 격발하면 강해지지만, 자비가 진실로 반연함이 없으면 원수와 친한 이가 하나이다."

이 말을 마치니, 그 구렁이가 머리를 숙이고 천천히 기어가더니 이내 보이지 않았다.

또 어느 날 저녁에 도적 떼가 왔는데, 개가 또 대사의 옷자락을 물어 당겼다. 대사가 도적들에게 말했다.

"오막살이에서 마음에 드는 것이 있거든 마음대로 가져가라. 조금도 아깝지 않다."

도적들이 그 말에 감동되어 모두가 머리를 조아리고 흩어졌다.

백령百靈 화상

어느 날 방龐 거사居士를 길에서 만나자, 대사가 물었다.

"지난날 거사께서 남악南嶽에서 얻으신 소식을 남에게 이야기한 적이 있는가?"

"이야기했었습니다."

"누구에게 이야기했는가?"

거사가 손으로 자기를 가리키면서 말했다.

"방 노인입니다."

대사가 말했다.

"설사 묘덕(妙德 : 문수)이나 공생(空生 : 수보리)이라도 거사를 찬탄하는 일은 다하지 못할 것이다."

이때 거사가 도리어 물었다.

"스님께서 힘을 얻으신 구절〔句〕은 누가 알고 있습니까?"

대사가 삿갓을 쓰고 떠나자, 거사가 말했다.

"길 조심하십시오."

대사는 떠나면서 다시는 고개를 돌리지 않았다.

진주鎭州 금우金牛 화상

대사가 공양주가 되어서 대중 스님들을 공양했는데, 매번 식사

때가 되면 밥통을 메고 승당 앞에 와서 춤을 추면서 말했다.
"보살들이여, 밥을 잡수시오."
그리고는 손뼉을 치며 크게 웃었는데, 이를 날마다 계속하였다.〔어떤 스님이 장경長慶에게 묻기를 "옛사람이 손뼉을 치면서 스님들에게 밥을 먹으라고 한 뜻이 무엇입니까?"라고 하니, 장경이 대답하기를 "마치 재齋 끝에 축원하는 것 같다"라고 하였다. 또 어떤 스님이 대광大光에게 묻기를 "축원한 내용이 무엇이겠습니까?"라고 하니, 대광이 춤을 추었다. 그 스님이 절을 하니, 대광이 꾸짖기를 "저 불여우야"라고 하였다. 동선東禪 제齊가 말하기를 "옛사람이 손수 밥을 지어다 놓고 춤을 춘 뒤에 대중을 불러 먹으라 한 뜻이 무엇이겠는가? 알겠는가? 장경과 대광은 옛사람의 뜻을 밝힌 것인가? 따로 도리를 분석한 것인가? 이제 상좌들에게 묻나니 매일 발우를 들고 놓을 때와 사람을 맞이하고 보낼 때에 옛사람과 같은가? 다른 도리가 있던가? 다르다면 어떻게 차이가 나는가? 같다면 그가 춤을 추듯 해야 하겠다. 또 불여우라는 꾸지람을 받았는데 알겠는가? 만일 모르겠다면 행각한 안목이 어디에 있는가?"라고 하였다. 어떤 스님이 조산曹山에게 묻기를 "옛사람이 그렇게 한 것이 종〈奴兒婢子〉의 것이 아니겠습니까?"라고 하니, 조산이 말하기를 "그렇다"라고 하였다. 스님이 말하기를 "위로 향하는 일을 스님께서 말씀해 주십시오"라고 하니, 조산이 말하기를 "이 종놈아, 종놈아"라고 하였다.〕

동안洞安 화상

어떤 스님이 하직을 고하자, 대사가 물었다.
"어디로 가려는가?"
스님이 말했다.

“본래 갈 곳이 없습니다.”
“스님〔闍梨〕 도리 노릇 잘 하는군.”
“외람되고 외람된 말씀입니다.”
“제방諸方에 가거든 분명하게 이야기하라.”

어떤 스님이 모시고 섰는데, 대사가 물었다.
“오늘이 며칠인가?”
“모르겠습니다.”
“나는 기억한다.”
“오늘이 며칠입니까?”
“오늘은 깜깜한 그믐이다.”

흔주忻州 타지打地 화상

강서江西에서 법을 깨친 뒤로 스스로 그 이름을 감추고 있었는데, 일반 배우는 자들이 와서 물으면 오직 몽둥이로 땅을 두드렸으므로 당시 사람들이 타지打地 화상이라 불렀다.

어느 날 어떤 스님이 몽둥이를 숨겨 버리고 와서 물으니, 대사는 입만 벌리고 있었다. 그러자 스님이 그의 문인門人에게 물었다.

“화상께서 누구나 와서 물으면 몽둥이로 땅을 치는 뜻이 무엇인가?”

문인이 즉시 부엌에 가서 장작 하나를 가져다가 솥 안에 던졌다.

담주潭州 수계秀谿 화상

어느 날 곡산谷山이 물었다.

"소리와 빛깔이 순수하고 참된데, 어떤 것이 도입니까?"

"어지럽게 지껄여서 무엇 하랴?"

곡산이 동쪽에서 서쪽으로 가서 서니, 대사가 말했다.

"만일 그렇게 하지 않았다면 위험했을 뻔했다."

곡산이 다시 동쪽으로 가니, 대사가 선상에서 내려와서 두 걸음을 걸었다. 곡산이 멱살을 잡고 물었다.

"소리와 빛깔의 순수하고 참된 일이 무엇이오?"

대사가 문득 곡산의 빰을 때리니, 곡산이 이렇게 말했다.

"10년 뒤에는 차 심부름 해줄 사람도 없으리라."

대사가 말했다.

"곡산 늙은이를 무엇에 쓰겠는가?"

곡산이 껄껄거리면서 크게 세 차례 웃었다.

자주磁州 마두봉馬頭峰 신장神藏 선사

상당하여 대중에게 말했다.

"알면서도 앎이 없는 것은 알지 못하면서 알지 못한다고 설명하는 것이 아니다."〔남전南泉이 말하기를 "이렇게 말하여야 겨우 하나의 반을 이야기한 것이다"고 하였다. 황벽黃檗이 말하기를 "남전이 아니었더라면 그는 앞의 말을 더 채우려 했으리라"고 하였다.〕

담주潭州 화림華林 선각善覺 선사

항상 석장錫杖을 짚고 다녔는데, 밤에 산기슭으로 나가면 일곱 걸음에 석장을 한 번 굴리고는 관세음보살을 한 번 불렀다. 협산夾山 선회善會가 암자에 왔다가 물었다.

"멀리서 듣건대 화상께서는 관세음보살을 염念하신다고 하는데 사실입니까?"

"그렇소."

"화상의 머리에 올라타면 어찌하시겠습니까?"

"머리가 나오면 그대 마음대로 타도 되지만, 머리가 나오지 않으면 무엇을 타겠소?"

어떤 스님이 뵈러 와서 막 방석을 펴려는데, 대사가 말했다.

"느릿느릿 하라."

스님이 말했다.

"화상께서는 무엇을 보셨습니까?"

"아깝게도 종루鐘樓가 주저앉았구나."

그 스님은 이 말에 깨달았다.

어느 날 관찰사觀察使인 배휴裵休가 찾아와서 물었다.

"스님도 시자가 있으십니까?"

"한 쌍이 있소."

"어디에 있습니까?"

대사(선각)가 "대공大空아, 소공小空아" 하고 부르자, 호랑이 두 마리가 암자 뒤에서 튀어나왔다. 배휴가 보고서 겁을 내니, 대사가 두 호랑이에게 말했다.

"손님이 계시니, 가 있거라."

두 호랑이가 으르렁거리면서 갔다. 배휴가 물었다.

"스님께서는 어떤 업을 닦았기에 이러한 신통을 부리십니까?"

대사가 한참 동안 잠자코 있다가 말했다.

"알겠는가?"

"모르겠습니다."

"산승山僧은 항상 관음觀音을 생각했소."

정주汀州 수당水塘 화상

대사가 귀종歸宗에게 물었다.

"어디 사람인가?"

"진주陳州 사람입니다."

"몇 살인가?"

"스물두 살입니다."

"사리(闍梨 : 수당 화상을 가리킴)가 아직 태어나지 않았을 때 노승老僧이 오고 갔다."

"화상께서는 몇 살이십니까?"

대사가 불자를 세우니, 귀종이 말했다.

"이것이 어찌 난 적이 있겠습니까?"

"바로 알면 태어남이 없다."

"모르겠습니다."

대사가 잠자코 있었다.

고사古寺 화상

단하丹霞가 대사를 뵈러 왔다가 밤을 지내고 새벽이 되었다. 아침에 죽을 끓여서 다 익으니, 행자가 한 그릇만 떠다가 대사에게 주고, 또 한 그릇은 떠다가 자기가 먹으면서 단하는 전혀 돌아보지도 않았다. 단하가 몸소 나가서 죽을 퍼다 먹으니, 행자가 말했다.

"5경更 새벽을 무릅쓰고 일어났는데, 또한 밤도둑〔夜行人〕이 있었구나."

단하가 대사에게 물었다.

"어째서 저 행자를 가르치지 않아서 저토록 무례하게 굴도록 합니까?"

대사가 대답했다.

"깨끗한 땅에서는 남의 집 아들·딸을 더럽힐 필요가 없소."

단하가 다시 말했다.

"하마터면 이 늙은이의 허물을 묻지 않을 뻔했군."

강서江西 비수椑樹 화상

잠시 누웠는데 도오道吾가 곁에 와서 이불을 끌어다 덮어 주었다. 대사가 말했다.

"무엇인가?"

도오가 대답했다.

"이불을 덮었습니다."

"누운 것인가, 앉은 것인가?"

"그 두 곳에 있지 않습니다."

"이불을 덮은 것은 어찌하겠는가?"
"함부로 지껄이지 마십시오."

대사가 불을 쪼이는데 도오가 와서 물었다.
"무엇을 하십니까?"
"화합한다."
"그렇다면 당두當頭에서 벗어났겠군요."
"그대는 얼마나 떨어져 있었는가?"
도오가 옷소매를 떨치면서 가 버렸다.

어느 날 도오가 밖에서 돌아오자, 대사가 물었다.
"어디를 갔다 오는가?"
"스님을 뵈러 옵니다."
"두 쪽 입술을 까불러서 무엇을 하는가?"
"빌린 것입니다."[14]
"그것이 있다면 그대 뜻대로 빌리겠지만, 없다면 어찌하겠는가?"
"다만 있다고 하기에 빌린 것입니다."

경조京兆 초당草堂 화상

•

스스로 대적大寂을 참례하기를 그만두고 해창海昌으로 유행하

---

14 본분本分이 있음은 위의 문답에서 밝혀졌지만 그래도 더 이야기를 해야 하는 까닭은 신훈新薰을 빌려야 하기 때문이라는 것이다.

니, 해창 화상이 물었다.

"어디서 왔는가?"

대사(초당)가 대답했다.

"도량道場에서 옵니다."

"그것이 어디인가?"

"도적은 가난한 집을 털지 않습니다."

"한 법이 아직 있지 않을 때 이 몸이 어디에 있는가?"

대사가 동그라미를 그리고 그 안에다 신身자를 썼다.

원주袁州 양기산陽岐山 견숙甄叔 선사

상당하여 대중에게 말했다.

"뭇 영靈의 한 근원을 명칭을 빌려서 부처라 하는데, 몸과 형상이 다하여도 소멸하지 않고, 쇳물이 흘러내려 흩어져도 항상 존재한다. 성품의 바다에는 바람이 없어도 황금물결이 스스로 용솟음치고, 마음의 영靈은 징조를 끊었어도 만상萬象이 일제히 환하니, 이러한 이치를 체득한 이는 말하지 않아도 항하의 모래같이 많은 세계를 두루 다니고, 작용하지 않아도 공功이 현묘한 덕화를 더하거늘, 어찌하여 깨달음을 등지고 도리어 번뇌[塵勞]에 합하여서 5음陰·18계界 속에 망령되이 스스로 갇혀서 집착하는가?"

대사가 처음 이 산에 올라서 자리를 잡고 선원禪院을 이루어 무리를 모아 놓고 40여 년 동안 법을 폈다.

당나라 원화元和 15년 정월 13일에 입적하니, 화장한 뒤에 사리 7백 개를 얻어서 동쪽 봉우리 밑에다 탑을 세워 안치했다.

몽계濛谿 화상

어떤 스님이 물었다.

"한 생각도 나지 않을 때에는 어떻습니까?"

대사가 한참을 가만히 있자, 스님이 문득 절을 하였다. 대사가 말했다.

"그대는 어찌 이해하는가?"

"저는 끝내 부끄러움이 없을 수 없습니다."

"그대는 믿음이 미칠 수 있겠는가?"

"본분의 일을 어떻게 체득할 수 있습니까?"

"그대는 왜 묻지 않는가?"

"스님께서 대답해 주십시오."

"그대가 잘 물었구나."

그 스님이 껄껄 웃고 나가니, 대사가 말했다.

"저 승려는 다만 영리靈利함만 있구나."

어떤 스님이 밖에서 왔는데 대사가 할喝을 하니, 스님이 말했다.

"좋은 연유〔來由〕이군요."

"아직도 몽둥이가 필요하구나."

"안녕히 계십시오."

그리고는 곧 나가 버리니, 대사가 말했다.

"능히 자재自在하구나."

낙경洛京 흑간黑澗 화상

어떤 스님이 물었다.
"어떤 것이 비밀한 방[密室]입니까?"
대사가 대답했다.
"귀를 절단하고 거리에 누워라."
"어떤 것이 밀실 속의 사람입니까?"
대사가 팔을 굽혀 가슴을 두드렸다.

경조京兆 흥평興平 화상

동산洞山이 와서 절을 하니, 대사가 말했다.
"늙어 빠진 것에게 절하지 말라."
동산이 말했다.
"늙어 빠지지 않는 것에 절하는 것입니다."
"늙어 빠지지 않는 것은 절을 받지 않느니라."
"그는 또한 절하는 것을 막지도 않습니다."

동산이 물었다.
"어떤 것이 옛 부처의 마음입니까?"
대사가 말했다.
"그대의 마음이 바로 그것이다."
"아무리 그렇다 하여도 여전히 제가 의심하는 곳입니다."
"그렇다면 목인木人에게 물어보거라."
동산이 이어서 말했다.

"저에게 한 구절이 있는데, 여러 성인의 입을 빌리지 않습니다."
대사가 말했다.
"그대가 시험 삼아 말해 보라."
"저는 아닙니다."

동산이 하직을 고하니, 대사가 물었다.
"어디로 가는가?"
"흐름을 따라 정처 없이 갑니다."
"법신法身이 흐름을 따르는가, 보신報身이 흐름을 따르는가?"
"그런 견해를 전혀 짓지 않습니다."
대사가 이내 손뼉을 쳤다.〔보복保福이 말하기를 "동산洞山이 따로 일가一家를 이루었구나"라고 하였다. 그리고는 말하기를 "몇 사람이나 만날 수 있었으랴"라고 하였다.〕

소요逍遙 화상

어느 날 선상禪床에 앉았는데, 녹서鹿西라는 스님이 와서 물었다.
"생각 생각마다 반연하면서도 마음과 마음은 영원히 적멸합니다."
대사(소요)가 말했다.
"어제 저녁에도 어떤 사람이 그렇게 말하더군."
"뭐라 했습니까?"
"모르겠다."
"말씀해 주십시오."

대사가 불자로 주둥이를 때리니, 녹서가 바로 나갔다. 대사가 대중에게 말했다.

"정수리 위에 붙어 있는 외눈이니라."

복계福谿 화상

어떤 스님이 물었다.

"옛 거울〔古鏡〕에 티가 없을 때에 어떠합니까?"

대사가 한참을 묵묵히 있자, 그 스님이 다시 물었다.

"스님의 뜻은 어떠하십니까?"

"산승山僧의 귀가 먹었다."

그 스님이 앞의 일을 다시 물으니, 대사가 말했다.

"아직도 계교할 뿐이구나."

그 스님이 물었다.

"어떤 것이 자기自己입니까?"

"그대는 무엇을 물은 것인가?"

"어찌 방편이 없으시겠습니까?"

"그대는 아까 무엇을 물었지?"

"그렇게 헷갈리십니까?"

"오늘은 이 산승山僧 손의 방망이를 맞아야 하겠구나."

어떤 스님이 물었다.

"인연이 흩어져서 공空으로 돌아가면, 공은 어디로 돌아갑니까?"

대사가 말했다.

"아무개야."

그 스님이 "네" 하고 대답을 하자, 대사가 말했다.

" 공이 어디에 있는가?"

"스님께서 말씀해 주십시오."

"파사波斯[15]가 호초胡椒를 먹는다."

홍주洪州 수로水老 화상

처음에 마조馬祖에게 물었다.

"어떤 것이 조사께서 서쪽으로부터 오신 분명한 뜻입니까?"

마조가 가슴을 차서 넘어뜨리니, 이에 대사는 크게 깨달았다. 그래서 벌떡 일어나 손뼉을 치면서 껄껄 웃고 말했다.

"몹시도 기이하구나. 백천 삼매와 한량없는 묘한 이치를 단지 한 털끝에서 문득 깊이 깨달았다."

그리고는 절을 하고 물러났다.

대사는 그 후 주석하고서는 대중에게 말했다.

"한번 마조의 발길을 맞은 뒤로 지금까지 웃음이 그치지 않는다."

어떤 스님이 동그라미를 만들어서 손으로 대사(수로)의 몸에 뿌리니, 대사가 세 번 튀기고는 다시 동그라미를 그려서 그 스님을 가리켰다. 그 스님이 절을 하자, 대사가 때리면서 말했다.

"이 허풍선이야."

그 스님이 물었다.

15 남방 오랑캐를 말한다.

"무엇이 사문沙門의 행입니까?"
"움직이면 그림자가 나타나고, 자각하면 얼음이 생긴다."
"어떤 것이 불법의 대의입니까?"
대사가 손뼉을 치면서 껄껄 웃었다. 그는 대중을 제접할 때에 보통 이러하였다.

부배浮盃 화상

능행파淩行婆라는 노파老婆가 와서 절을 하고는 대사(부배)와 마주 앉아 차를 마시다가 물었다.
"힘을 다해도 말할 수 없는 구절이 누구에게 전해졌습니까?"
대사가 말했다.
"부배는 군말을 하지 않소."
노파가 말했다.
"저는 그렇게 말하지 않겠습니다."
대사가 다시 앞의 말로써 노파에게 물으니, 노파가 목을 놓아 곡을 하면서 말하였다.
"슬픔 속에다 다시 원통한 고통을 더했구나."
대사가 말이 없었다.
노파가 말했다.
"말로는 치우침과 올바름을 알지 못하고 이치로는 뒤바뀐 삿됨을 알아채지 못하면서 남을 가르치면, 참으로 위험한 일입니다."
나중에 어떤 스님이 남전南泉에게 고하니, 남전이 말했다.
"가엾구나, 부배여. 노파에게 꺾이다니."
나중에 노파가 남전의 이 말을 전해 듣고 웃으면서 말했다.

"왕王 노사老師가 아직도 기관機關이 적구나."

유주幽州에 징일澄一이라는 선객이 있었는데, 길에서 능행파를 만나 이렇게 물었다.

"어째서 남전이 그렇게 말한 것을 기관이 적다고 했는가?"

노파가 통곡을 하면서 말하였다.

"슬프고 애통하구나."

선객이 어리둥절해 하자, 노파가 다시 물었다.

"아시겠소?"

선객이 합장하고 물러나니, 노파가 말했다.

"저 따위 죽은 선객은 삼대와 같고 좁쌀과 같다."

나중에 징일澄一이 조주趙州에게 이야기하니, 조주가 말했다.

"내가 만일 그 냄새나는 노파를 보았더라면 따지고 물어서 벙어리를 만들 것이다."

징일이 조주에게 물었다.

"화상께서는 그 노파에게 어떻게 묻겠습니까?"

조주가 몽둥이로 때리면서 말했다.

"이 따위 죽은 놈을 때리지 않으면 언제 때리겠는가?"

그리고는 몇 차례를 거듭 때렸다. 나중에 노파가 또 조주의 이 말을 듣고 말했다.

"조주야말로 스스로 내 손의 몽둥이를 맞아야겠다."

나중에 어떤 스님이 조주에게 이야기하니, 조주가 통곡을 하면서 말했다.

"슬프고 애통하구나."

노파가 다시 조주의 이 말을 듣고 합장하며 탄복했다.

"조주가 눈에서 광명을 놓아 사천하를 비추었구나."

나중에 조주가 스님에게 시켜 노파에게 묻기를 "어떤 것이 조주의 눈인가?" 하니, 노파가 곧 주먹을 곧두 세웠다. 조주가 이 말을 듣고 게송 하나를 지어서 능행파에게 보냈다.

근기에 따라 직면해서 이끄니
직면하여 근기에 따름이 빠르구나.
그대, 능행파에게 전하노니
통곡 소리는 어떻게 얻고 잃는가?
當機直面提　直面當機疾
報爾凌行婆　哭聲何得失

노파가 게송으로 조주에게 대답했다.

통곡 소리는 스님이 이미 밝혔으니
이미 밝혔다면 다시 누가 알겠습니까?
부처님 당시의 마갈타국에서도
눈앞의 근기를 얼마나 잃었겠습니까?
哭聲師已曉　已曉復誰知
當時摩竭國　幾喪目前機

담주潭州 용산龍山 화상〔은산隱山이라고도 한다.〕

어떤 스님에게 물었다.
"어디서 오는가?"
"노스님의 처소에서 옵니다."

"노스님께서 무슨 말씀이 있던가?"

"말을 하자면 천 구절 만 구절이요, 말을 안 하자면 한 글자도 없습니다."

"그렇다면 파리가 알을 낳은 것이군.

그 스님이 절을 하자, 대사가 문득 때렸다.

동산洞山 양개良价 화상이 행각行脚할 때 길을 잃어서 용산에 이르렀는데, 이로 인해 대사를 뵈었다. 대사가 물었다.

"이 산에는 길이 없는데, 사리(闍梨 : 그대)는 어디로 오셨소?"

동산이 말했다.

"길이 없는 것은 그만두고, 화상께서 어디로부터 들어오셨습니까?"

"나는 본래 떠도는 탁발승〔雲水〕이 아니오."

동산이 다시 물었다.

"화상께서 이 산에 계신 지가 얼마나 됩니까?"

"세월은 상관하지 않소."

"이 산이 먼저 머물렀습니까, 화상께서 먼저 머물렀습니까?"

"모르겠소."

"왜 모르시나요?"

"나는 인간과 하늘을 위해 오지 않았소."

동산이 다시 물었다.

"어떤 것이 손님 가운데의 주인입니까?"

"오랜 세월 문지방을 나서지 않는 것이오."

"어떤 것이 주인 가운데의 손님입니까?"

"푸른 하늘에 흰 구름이 덮인 것이오."

"손님과 주인과의 거리는 얼마입니까?"

"끝없는 강 위의 물결이다."

"손님과 주인이 만나면 무슨 말을 합니까?"

"맑은 바람이 밝은 달에 산들거린다."

동산이 다시 물었다.

"화상께서는 어떤 도리를 보셨기에 이 산에서 사십니까?"

"나는 두 진흙 소가 싸우면서 바다로 들어가는 것을 보았는데, 아직까지도 아무런 소식이 없소."

대사는 이어서 게송을 읊었다.

세 칸 초가집에서 예전부터 사노라니
한 줄기 신령한 빛이 온갖 경계에 한가롭다.
옳고 그름을 가지고 나와 따지려 하지 말라.
부평초 같은 중생의 천착은 상관하지 않노라.

三間茅屋從來住　　一道神光萬境閑
莫作是非來辨我　　浮生穿鑿不相關

양주襄州 방온龐蘊 거사

그는 충주衡州 형양衡陽 사람으로서 자字는 도현道玄이다. 대대로 유도儒道로 업을 삼았으나, 거사는 어릴 적에 번뇌를 깨닫고 참된 진리를 구할 뜻을 가졌다.

당나라 정원貞元 초에 석두石頭 화상을 뵙고는 말을 잊으면서 종지를 이해했고, 다시 단하丹霞 선사와 도반이 되었다.

어느 날 석두가 이렇게 물었다.

"그대가 나를 만난 뒤에 날마다 하는 일[日用事]이 무엇인가?"
"날마다 하는 일을 물으신다면 입을 열 곳이 없습니다."
그리고는 다시 게송을 지어 석두에게 바쳤다.

날마다 하는 일에 별다른 것 없으니
오직 나 스스로 짝과 조화할 뿐이네.
가지가지마다 취하고 버리지 않으니
곳곳에서 벌리거나 떼어 놓지 마십시오.
日用事無別　　唯吾自偶諧
頭頭非取捨　　處處勿張乖

붉은 빛과 자줏빛을 어느 누가 호칭했나?
언덕이든 산이든 한 점 티끌마저 끊어졌네.
신통과 묘한 작용이라는 것은
그저 물 긷고 나무하는 일뿐입니다.
朱紫誰爲號　　丘山絶點埃
神通幷妙用　　運水及般柴

석두가 옳다고 여기면서 말했다.
"그대는 스님이 되겠는가, 속인으로 있겠는가?"
거사가 대답했다.
"사모하는 바를 따르고 싶습니다."
그리고는 끝내 머리를 깎지 않았다.

나중에 강서江西에 가서 마조馬祖를 뵙고서 물었다.
"만법과도 반려가 되지 않는 자는 어떤 사람입니까?"

"그대가 한 입에 서강西江 물을 다 마시기를 기다렸다가 그대에게 말해 주리라."

거사가 그 말끝에 단박에 현묘한 요체를 깨달았다. 그리하여 곁에 머물면서 섬기고 배우기를 2년 동안 했다. 이때에 게송을 지은 것이 있다.

남자는 장가를 들지 않고
여자는 시집을 가지 않았는데
온 집안이 단란하게 앉아서
함께 무생無生의 이야기를 설하네.

有男不婚　　有女不嫁
大家團欒頭　　共說無生話

이때부터 기지와 변재가 민첩해져서 모든 곳에 알려졌다.

일찍이 강원을 찾아다니면서 『금강경』을 좋아했는데, '나도 없고 남도 없다〔無我無人〕'는 대목에 이르자, 강사에게 물었다.

"좌주座主여, 이미 나도 없고 남도 없다면, 누가 강의하고 누가 듣습니까?"

좌주가 대답하지 못하자, 거사가 말했다.

"내가 비록 속인이지만 거칠게나마 갈피를 압니다."

"그러면 거사의 뜻은 어떠하시오?"

거사가 이내 하나의 게송을 지어서 보였다.

나도 없고 다시 남도 없는데

어찌 친하고 소원함이 있으리.
그대에게 권하나니, 앉아 있지만 말지니
곧바로 참됨을 구하는 것만 못하다.

無我復無人　　作麽有疎親
勸君休歷坐　　不似直求眞

금강반야金剛般若의 성품
밖에는 가는 티끌 하나 없나니
내가 듣고 아울러 믿고 받아들인 것은
몽땅 거짓 이름을 늘어놓은 것일세.

金剛般若性　　外絶一纖塵
我聞幷信受　　總是假名陳

좌주가 게송을 듣고 흔연히 탄복하였다. 거사는 이르는 곳마다 노숙老宿들과 주로 문답을 주고받았는데, 모두 근기에 따라 상응할 뿐 격식이나 규칙 따위에는 얽매이지 않았다.

원화元和 때에 북쪽으로 양한襄漢 지방에 노닐면서 아무 곳에나 살았으니, 혹은 봉령鳳嶺이나 녹문鹿門에 살거나 혹은 저자나 마을에도 살았다. 처음에는 동암東巖에 살다가 나중에 곽서郭西의 오막살이에 살았는데, 영조靈照라는 딸 하나가 항상 따라다니면서 대나무로 조리를 엮어다가 팔아서 끼니를 이었다. 그가 이런 게송을 지었다.

마음이 여여如如하니 경계도 여여해서
실다움도 없고 또한 허망함도 없구나.

있음[有]에도 관계하지 않고
없음[無]에도 머물지 않으니
心如境亦如　　無實亦無虛
有亦不管　　無亦不居

현인이나 성인이 아니고
일을 마친 범부일 뿐이네.
쉽고도 쉽구나.
바로 이 5온蘊이 참 지혜인 것을.
不是賢聖　　了事凡夫
易復易　　即此五蘊有眞智

시방세계가 동일한 1승乘이니
모습 없는 법신이 어찌 둘이 있으랴.
번뇌를 버려야 보리에 들어간다고 하면
어디에 부처의 경지가 있는 줄 모르는 것일세.
十方世界一乘同　　無相法身豈有二
若捨煩惱入菩提　　不知何方有佛地

거사가 열반에 들려고 할 때에 딸 영조에게 해가 어느 때쯤 되었는지 보고 오라고 했다. 딸이 들어와서 급히 말했다.

"해가 중앙에 있는데, 일식이 일어나고 있어요."

거사가 문을 열고 나와서 살피는 틈에 영조가 즉시 아버지의 자리에 앉아서 합장한 채 열반에 들었다. 그러자 거사가 웃으면서 말했다.

"나의 딸이 퍽 영리하구나."

그리하여 다시 7일을 연기하였는데, 주목州牧 우공于公이 문병을 오자 거사가 그에게 말했다.

"다만 온갖 있는 것〔所有〕을 비우기를 바랄지언정 온갖 없는 것〔所無〕을 실답다고 하지 말아야 하오. 세간에 즐겨 머무는 것은 모두 메아리나 그림자와 같은 것이오."

말을 마치자 공의 무릎을 베고서 열반하였다. 유언에 따라 시체를 태워서 버리니, 강호江湖의 승속이 모두 애도하면서 말하였다.

"선문禪門에 방 거사가 있는 것은 마치 비야리성毘耶離城에 유마維摩 거사가 있는 것과 같다."

그의 시게詩偈 3백여 편이 세상에 전한다.

경덕전등록 제9권

회양懷讓 선사의 제3세 56인

홍주洪州 백장百丈 회해懷海 선사의 법손 30인

담주潭州 위산潙山 영우靈祐 선사

홍주洪州 황벽산黃檗山 희운希運 선사〔법요法要는 권말卷末에 붙임〕

항주杭州 대자大慈 환중寰中 선사

천태산天台山 보안普岸 선사

균주筠州 상관常觀 선사

담주潭州 석상石霜 성공性空 선사

복주福州 대안大安 선사

고령古靈 신찬神贊 선사

광주廣州 화안和安 통通 선사

강주江州 용운龍雲 대臺 선사

낙경洛京 위국衛國 도道 선사

진주鎭州 만세萬歲 화상

백장산百丈山 열반涅槃 화상
홍주洪州 동산東山 화상
〔이상 14인은 기록에 보임〕
고안高安 무외無畏 선사
동암東巖 도광道曠 선사
형주邢州 소素 선사
당주唐州 대승산大乘山 길본吉本 선사
소승산小乘山 혜심慧深 선사
양주楊州 혜조사慧照寺 소일昭一 선사
정주禎州 나부羅浮 감심鑒深 선사
홍주洪州 구선산九仙山 범운梵雲 선사
강주江州 여산廬山 조操 선사
월주越州 우적사禹迹寺 계진契眞 선사
균주筠州 포산包山 천성天性 선사
명주明州 대매산大梅山 피안彼岸 선사
홍주洪州 요산遼山 장술藏術 선사
승주昇州 기사산祇闍山 도방道方 선사
청전淸田 화상
대우大于 화상
〔이상 16인은 기연할 어구가 없으므로 기록하지 않음〕

앞의 건주虔州 서당西堂 장藏 선사의 법손 4인

건주虔州 처미處微 선사
〔1인은 기록에 보임〕
계림雞林 도의道義 선사

신라국新羅國 혜慧 선사

신라국新羅國 홍직洪直 선사

〔이상 3인은 기연할 어구가 없으므로 기록하지 않음〕

앞의 포주蒲州 마곡산麻谷山 보철寶徹 선사의 법손 2인

수주壽州 양수良遂 선사

〔1인은 기록에 보임〕

신라국新羅國 무염無染 선사

〔1인은 기연할 어구가 없으므로 기록하지 않음〕

앞의 호남湖南 동사東寺 여회如會 선사의 법손 4인

길주吉州 서산薯山 혜초慧超 선사

〔1인은 기록에 보임〕

서주舒州 경제景諸 선사

장엄사莊嚴寺 광조光肇 선사

담주潭州 막보산幕輔山 소昭 선사

〔이상 3인은 기연할 어구가 없으므로 기록하지 않음〕

앞의 경조京兆 장경사章敬寺 회운懷惲 선사의 법손 16인

경조京兆 천복薦福 홍변弘辯 선사

복주福州 구산龜山 지진智眞 선사

낭주朗州 회정懷政 선사

금주金州 조操 선사

낭주朗州 고제古堤 화상

하중河中 공기公畿 화상

〔이상 6인은 기록에 보임〕

백림원柏林院 한운閑雲 선사
선주宣州 현철玄哲 선사
하중河中 보견寶堅 선사
서경西京 도지道志 선사
강주絳州 신우神祐 선사
서경西京 지장智藏 선사
허주許州 무적無迹 선사
수주壽州 유숙惟肅 선사
신라국新羅國 현욱玄昱 선사
신라국新羅國 각체覺體 선사
〔이상 10인은 기연할 어구가 없으므로 기록하지 않음〕

회양懷讓 선사의 제3세 ①

앞의 백장百丈 회해懷海 선사의 법손

담주潭州 위산潙山 영우靈祐 선사

그는 복주福州 장계長谿 사람으로서 성은 조趙씨이다. 15세에 부모 곁을 떠나 출가해서 본군本郡 건선사建善寺의 법상法常 율사律師에 의하여 머리를 깎았고, 항주杭州 용흥사龍興寺에서 계를 받은 뒤에 대소승大小乘의 경전과 계율을 연구하였다.

23세에 강서江西에 가서 백장百丈 대지大智 선사를 뵈었는데, 백장이 한 번 보고는 바로 입실入室을 허락해서 마침내 참학參學하는 사람들의 우두머리를 차지했다.

어느 날 시립侍立해 있자, 백장이 물었다.

"누구냐?"

"영우靈祐입니다."

"그대는 화로 속에 불이 있는지 헤쳐 보았는가?"

대사가 헤쳐 보고서 말했다.

"불이 없습니다."

백장이 몸소 일어나 깊숙이 헤쳐서 조그마한 불을 얻고서는 그에게 들어 보이면서 말했다.

"이것이 불이 아닌가?"

대사가 깨닫고서 절을 한 뒤에 자기의 견해를 펴니, 백장이 말했다.

"그것은 잠시 나타난 갈림길일 뿐이다. 경전에 말하기를 '불성을 보고자 하면 마땅히 시절인연時節因緣을 관찰해야 한다'고 하였는데, 시절이 이르게 되면 마치 미혹했다가 홀연히 깨달은 것 같고 잊었다가 홀연히 기억한 것과 같아서, 비로소 자기 물건이지 남에게서 얻은 것이 아님을 성찰하게 된다. 그러므로 조사께서 말씀하시기를 '깨달아 마치면 깨닫지 못한 것과 같고, 마음이 없으면 또한 법도 없다'고 하셨으니, 이는 다만 허망하게 범부다 성인이다 하는 따위의 마음이 없고, 본래의 심법心法이 원래 스스로 갖추어진 것이다. 그대가 이제 그렇게 되었으니, 잘 보호해 지녀라."

이때 사마司馬 두타頭陀가 호남湖南에서 오자, 백장이 그에게 말했다.

"노승이 위산潙山으로 가고자 하는데 어떻겠는가?"〔사마司馬 두타頭陀는 참선하는 것 외에 인륜의 덕을 쌓고 교리의 이치를 궁구하니, 제방의 선원에서 그의 말을 많이 따랐다.〕

사마 두타가 대답했다.

"위산은 기이하고 묘하여서 1,500명이 모일 수 있습니다. 그러나 화상께서 머무실 곳은 아닙니다."

"왜 그런가?"

"화상은 뼈의 사람인데 그 산은 살〔肉〕의 산이니, 설사 거처한다 하여도 무리들이 1천 명을 채우지 못할 것입니다."

"그러면 나의 무리 가운데 거기에 살 만한 사람이 없겠는가?"

"두루 살펴보겠습니다."

백장이 시자를 시켜서 제1좌〔화림華林 화상〕를 불러오게 하고서 물었다.

"이 사람이 어떻겠나?"

두타가 기침을 한 번 시키고 몇 걸음 걷게 한 뒤에 대답했다.

"이 사람은 안 됩니다."

다시 전좌典座[1]〔영우靈祐 선사를 말한다.〕를 불러오니, 두타가 말했다.

"이 사람이야말로 위산의 주인입니다."

백장이 밤에 대사를 방으로 불러들여서 법을 부촉하며 말했다.

"나의 교화 인연은 여기에 있다. 위산은 빼어난 경계이니, 마땅히 그대가 살면서 나의 종지를 계승하여 후학들을 널리 제도하라."

이때 화림華林이 이 말을 듣고서 말했다.

"외람되지만 제가 대중의 우두머리에 있었는데, 영우 대사가 어찌하여 주지를 합니까?"

백장이 말했다.

1 전좌典座는 음식을 장만하는 직책이다.

"만일 대중에게 격식을 벗어난 한마디를 내릴 수 있는 사람이라면, 당장에 주지를 시키리라."

그리고는 정병淨甁을 가리키면서 물었다.

"정병이라고 부르지 못한다. 그대는 무엇이라 부르겠는가?"

화림이 대답했다.

"말뚝이라 하지는 못할 것입니다."

백장이 수긍하지 않고, 다시 영우에게 물었다. 위산이 정병을 걷어차서 넘어뜨리니, 백장이 웃으면서 말했다.

"제1좌가 도리어 위산에게 졌구나."

드디어 대사를 위산으로 보냈다. 이 산은 원래 험준하여 인적이 아주 끊겼다. 그래서 대사는 원숭이 떼를 벗 삼고 도토리와 밤을 주워서 끼니를 때우니, 산 밑의 사람들이 차츰 알게 되어서 무리를 거느리고 와서 함께 절을 지어 주었다.

대장군〔連帥〕인 이경양李景讓이 황제께 아뢰어 동경사同慶寺라 이름하였고, 상국相國인 배휴裵休가 와서 현묘한 진리를 물으니 천하의 선객들이 모여들었다.

대사가 상당하여 이렇게 설법을 했다.

"도인의 마음은 솔직해서 거짓이 없고, 등지지도 않고 바라보지도 않으며, 허망한 심행心行도 없어야 한다. 하루 종일 듣고 보는 평상한 일에서 왜곡이 없어야 하며, 또한 눈을 감거나 귀를 막지도 않고, 다만 정情을 사물에 붙이지 않으면 된다. 위로부터의 모든 성인은 단지 혼탁한 쪽의 허물과 걱정을 말했을 뿐이니, 만약 허다한 나쁜 지각과 정견情見이나 상습想習의 일이 없으면, 마치 가을 물이 맑은 것처럼 청정하여 함이 없고 담박하여 장애가 없다. 이런 사람을 도인道人이라 부르는데, 또한 일 없는 사람이라고도 한다."

이때에 어떤 스님이 물었다.

"돈오頓悟[2]한 사람도 더욱 닦아야 합니까?"

"만일 참다운 깨달음으로 근본을 얻은 사람이라면 그 스스로 때[時]를 알 것이니, 닦는다거나 닦지 않는다 함은 두 갈래의 말일 뿐이다. 가령 지금 처음으로 발심한 사람들이 인연에 따라 한 생각[一念]에 스스로의 이치를 단박에 깨달았더라도, 아직도 비롯함이 없는 광겁曠劫의 습기는 단박에 청정해지지 않으므로 반드시 그로 하여금 현재의 업과 흐르는 의식을 청정하게 제거해야 하나니, 이것이 닦는 것이다. 그로 하여금 닦아 나아가게 하는 법이 따로 있다고 말하지 말라. 법을 듣는 데서 이理에 들어가고, 이理의 깊고 묘함을 들으면, 마음이 스스로 뚜렷이 밝아서 미혹의 경지에 머무르지 않으리라. 설사 백천 가지 묘한 뜻으로써 당대를 올렸다 내렸다 해도 이는 자리에 앉아서 옷을 입었다가 다시 벗는 것으로 살림을 삼는 것이니, 요약해서 말한다면 실제의 이지理地는 한 티끌도 받아들이지 않지만 만행을 닦는 부문에서는 한 법도 버리지 않느니라. 만일 단도직입單刀直入으로 깨달으면, 범부와 성인의 정견情見이 다하면서 체體가 드러나 항상 참되고, 이理와 사事가 둘이 아니라서 그대로 여여如如한 부처이니라."

앙산仰山이 물었다.

"어떤 것이 서쪽에서 오신 뜻입니까?"

대사가 대답했다.

"매우 좋은 등롱燈籠[3]이다."

---

2 일시에 깨닫는 것을 말한다.

"단지 그것이면 문득 옳지 않겠습니까?"

"그것이라니, 무엇인가?"

"매우 좋은 등롱 말씀입니다."

"과연 모르는구나."

어느 날 대중에게 말했다.

"허다한 사람들이 단지 대기大機만을 얻고〔구본舊本에서는 '대식大識'이라 하였으나, 여기서는 '대기大機'로 고쳤다. 『광등병별록廣燈幷別錄』을 살펴보면, 모두 "단지 대기大機만을 얻을 뿐이다"라고 했는데, 제16권 구봉九峰 혜慧 선사의 글에서는 "단지 대체大體만을 얻을 뿐이다"라고 하였으니, 확실한 것은 알 수 없다.〕, 대용大用은 얻지 못했다."

앙산이 이 말을 들면서 산 밑의 암주庵主에게 물었다.

"화상께서 그렇게 말씀하신 뜻이 무엇이겠습니까?"

암주가 말했다.

"그 내용을 다시 말해 보시오."

앙산이 다시 들어 보이려고 하다가 암주에게 걷어 차여서 쓰러졌다. 그가 돌아와서 이 일을 대사에게 말하니, 대사가 껄껄 웃었다.

어느 날 대사가 법당에 앉았는데, 고두(庫頭 : 창고를 관리하는 스님)가 목어木魚를 치자, 화두(火頭 : 불을 관리하는 스님)가 부젓가락을 던지고 손뼉을 치면서 크게 웃으니, 대사가 말했다.

"대중 가운데 그런 사람도 있었더냐?"

---

3 댓살로 틀을 만들고 겉에 종이나 헝겊을 덮어 씌워 그 속에 등불을 넣는다.

그리고는 그를 불러다가 무슨 까닭인지 묻자, 화두가 대답했다.

"제가 죽을 먹지 않았는데, 시장한 탓에 기뻐했습니다."

위산이 고개를 끄덕였다.〔동사東使가 듣고 말하기를 "위산潙山의 무리에는 그런 사람이 없는 줄 알았다"라고 하였다. 와룡臥龍이 말하기를 "위산의 무리에는 그런 사람이 으레 있을 줄 알았다"라고 하였다.〕

울력으로 차를 따던 중에 대사가 앙산에게 말했다.

"종일토록 차를 따도 그대의 소리만이 들리고 그대의 형상은 보이지 않으니, 본래의 형체를 드러내서 서로 보이도록 하자꾸나."

앙산이 차나무를 흔드니, 대사가 말했다.

"그대는 단지 그 용用만을 얻었을 뿐 그 체體는 얻지 못했다."

앙산이 물었다.

"화상께서는 어찌하시겠습니까?"

대사가 잠자코 있으니, 앙산이 말했다.

"화상께서는 단지 그 체만을 얻고 그 용은 얻지 못하였습니다."

"그대에게 스무 방망이를 때리리라."〔현각玄覺이 말하기를 "허물이 어디에 있는가?"라고 하였다.〕

대사가 법당에 오르자, 어떤 스님이 나서서 말했다.

"화상께서 대중에게 설법을 해주십시오."

"내가 그대들을 위해 사무치게 애썼다."

그 스님이 절을 하였다.〔뒷사람이 설봉雪峰에게 이야기하니 설봉이 말하기를 "옛사람은 그토록 노파심이 간절했구나"라고 하였다. 현사玄沙가 말하기를 "산두山頭 화상이 옛사람의 일을 그르쳤구나"라고 하였다. 설봉이 이 말을 듣고 현사에게 묻기를 "어떤 것이 내가 그릇된 곳인가?"

라고 하니, 현사가 대답하기를 "시원찮은 위산이 그 스님의 한마디 질문에 백 조각이 났다"라고 하니, 설봉이 기침을 하고 그만두었다.〕

대사가 앙산에게 말했다.

"혜적아, 빨리 말해서 음계陰界에 들어가지 말라."

"저는 아직 믿음도 서지 않았습니다."

"그대는 믿어 마쳐서 서지 않았는가, 믿지 않아서 서지 않았는가?"

"다만 혜적慧寂일 뿐이니 다시 누구를 믿겠습니까?"

"그렇다면 정성성문定性聲聞[4]이구나."

"혜적은 부처도 보지 않습니다."

대사가 앙산에게 물었다.

"『열반경』 40권에서 부처님의 말씀은 어느 정도이고, 마魔의 말은 어느 정도인가?"

"모두가 마魔의 말입니다."

"이 뒤에는 어느 누구도 그대를 어쩌지 못하겠구나."

앙산이 물었다.

"혜적의 일생사〔一期之事〕[5]의 행리行履는 어느 곳에 있습니까?"

"다만 그대의 안목이 바른 것만을 귀하게 여길 뿐이지, 그대의 행리는 말하지 않겠다."

---

4 괴로움을 보고 괴로움의 원인을 끊으며 적멸해지기를 희망하여 적멸하게 되는 방법을 닦아 적멸해진 경지에 만족하여 다시 전진하지 않고 수승하다는 견해를 내는 사람을 정성성문定性聲聞, 즉 고정적인 성문이라 한다.

5 무종의 법난에 의한 퇴속의 일을 말한다.

앙산이 빨래를 밟다가 빨래를 쳐들고 대사에게 물었다.

"바로 이러할 때에 화상께서는 어찌하시겠습니까?"

"바로 그러할 때에 나의 이 속에는 어찌할 것이 없다."

"화상께서는 몸은 있으나 용用은 없으십니다."

대사가 잠자코 있다가 문득 쳐들고서 물었다.

"그대는 바로 이러할 때에 어찌하겠는가?"

"바로 그러할 때에 화상께서는 되돌아서 그를 보셨습니까?"

"그대는 용用은 있으나 몸이 없구나."〔이는 2월에 있었던 문답이다.〕

대사가 홀연히 앙산에게 물었다.

"그대가 지난봄에 한 말은 원만치 못했으니, 이제 다시 말해 보라."

"바로 그러할 때에 진흙을 휘젓는 것을 꺼려야 합니다."

"감옥살이하는 동안에 지혜가 늘었구나."

어느 날 대사가 원주院主를 불렀는데, 원주가 오자 대사가 말했다.

"원주를 불렀는데 네가 왜 오느냐?"

원주가 대답하지 못했다.〔조산曹山이 대신 대답하기를 "화상께서 저를 부르지 않은 줄은 알고 있었습니다"라고 하였다.〕

또 시자를 시켜 제1좌를 불러오라 해서 제1좌가 오자, 대사가 말했다.

"제1좌를 불렀는데 네가 왜 왔느냐?"

역시 대답이 없었다.〔조산曹山이 대신 말하기를 "시자를 시켜서 부르셨으니 안 올 수도 없습니다"라고 하였다. 법안法眼이 따로 말하기를

"아마 시자가 불렀을 것입니다"라고 하였다.〕

대사가 새로 온 스님에게 이름이 무엇이냐고 물으니, 그 스님이 월륜月輪이라고 하였다. 대사가 동그라미 하나를 그려 놓고 물었다.

"이것과 어떻게 닮았는가?"

그 스님이 대답했다.

"스님의 그런 말씀을 제방의 사람들은 아무도 수긍하지 않습니다."

"나는 그렇다 치고, 그대〔闍梨〕는 어떤가?"

스님이 말했다.

"월륜月輪을 보셨습니까?"

"그대는 그렇게 말하나 여기서는 아무도 제방諸方을 수긍하지 않는다."

대사가 운암雲巖에게 물었다.

"그대가 오랫동안 약산藥山에 있었다는데 사실인가?"

"그렇습니다."

"약산의 대인상大人相이 어떻던가?"

"열반 뒤에 있습니다."

"열반 뒤에 있는 것이 어떤 것인가?"

"물을 뿌려도 묻지 않습니다."

운암이 도리어 대사에게 물었다.

"백장 스님의 대인상大人相은 어떠합니까?"

"우뚝하고 당당하고 휘황하고 찬란해서 소리 이전이어서 소리가 아니요 색色의 뒤이어서 색이 아니니, 모기가 무쇠 소[鐵牛]에 붙은 것 같아서 그대의 주둥이를 댈 곳이 없다."

대사가 앙산에게 정병淨甁을 주려는데 앙산이 받으려 하자, 대사가 얼른 손을 오므려 거두며 말했다.

"이것이 무엇인가?"

"화상께서는 무엇이 보이십니까?"

"그렇다면 어째서 나에게서 찾는 것이냐?"

"그렇지만 인의仁義의 도리로 보건대 화상의 정병을 받아서 물을 떠다 드리는 것이 본분사本分事이겠습니다."

대사가 그때서야 정병을 넘겨주었다.

어느 날 앙산과 같이 가다가 잣나무를 가리키면서 말했다.

"앞에 있는 것이 무엇인가?"

앙산이 말했다.

"잣나무일 뿐입니다."

대사가 다시 등 뒤의 늙은 농부를 가리키면서 말했다.

"저 늙은이도 앞으로 5백 명의 대중쯤은 거느리겠다."

어느 날 앙산에게 물었다.

"어디서 돌아오는 길인가?"

"밭에서 돌아옵니다."

"벼를 잘 베었는가?"

"잘 베었습니다."

"푸르게 보이던가, 누렇게 보이던가, 푸르지도 누렇지도 않게 보이던가?"

"화상의 등 뒤의 것은 무엇입니까?"

"그대는 보았는가?"

앙산이 벼이삭을 번쩍 들면서 물었다.

"화상께서 언제 이것을 물으신 적이 있습니까?"

"이것은 거위가 우유를 가려내는 것이다."[6]

겨울철에 대사가 앙산에게 물었다.

"날씨가 차가운가, 사람이 차가운가?"

"여러 사람이 그 속에 있습니다."

"어째서 곧바로 말하지 않는가?"

"본래부터 굽지 않았습니다〔不曲〕. 화상께서는 어떻습니까?"

"곧바로 흐름을 따를 뿐이다."

어떤 스님이 와서 절을 하자, 대사가 일어나는 시늉을 했다. 그 스님이 말했다.

"화상께서는 일어나지 마십시오."

대사가 말했다.

"노승老僧은 본래 앉은 적이 없다."

"저도 절을 한 적이 없습니다."

"왜 절을 하지 않는가?"

그 스님이 대답이 없었다.〔동안同安이 대신 말하기를 "스님, 괴이하

---

6 『정법념처경正法念處經』에 말하기를 "우유와 물을 담아서 한 자리에 두면 거위는 우유 그릇을 가려서 마시고, 물은 마시지 않는다"라고 하였으니, 자기가 그 일, 즉 본분사本分事를 잘 안다는 뜻이다.

게 여기지 마십시오"라고 하였다.〕

석상石霜의 휘하에 있는 두 선객이 와서 말하기를 "여기는 한 사람도 선禪을 아는 이가 없구나"라고 하였다. 나중에 울력으로 나무를 운반하다가 두 선객이 쉬는 것을 보고는, 앙산이 장작 한 개비를 들고 가서 물었다.

"말할 수 있겠소?"

두 선객이 모두 말이 없으니, 앙산이 말했다.

"선을 아는 이가 없다고 말하지 않는 것이 좋을 뻔했다."

그리고는 돌아와서 위산에게 이렇게 말했다.

"오늘 그 두 선객이 저〔慧寂〕의 감정을 받았습니다."

대사가 말했다.

"어느 곳에서 그대의 감정을 받았는가?"

앙산이 앞의 이야기를 하니, 대사가 말했다.

"혜적도 나에게 감정을 받았다."〔운거雲居 석錫이 말하기를 "어디가 위산潙山이 앙산仰山을 감정한 곳인가?"라고 하였다.〕

대사가 조는데 앙산이 와서 문안을 드리니, 대사가 문득 얼굴을 돌려서 벽을 향했다. 앙산이 말하였다.

"화상께서는 어찌 그러십니까?"

대사가 일어나면서 말했다.

"내가 아까 꿈을 꾸었는데, 그대가 시험 삼아 나를 위해 풀어 보라."

앙산이 물 한 대야를 떠다가 대사에게 세수를 시켜 주었다. 조금 있다가 향엄香嚴도 문안을 오자, 대사가 말했다.

"내가 아까 꿈을 꾸었는데, 혜적이 풀었으니 그대도 해몽을 해 보라."

향엄이 차 한 잔을 갖다 바치니, 대사가 말했다.

"두 사람의 견해가 사리자〔鶖子〕를 능가하는구나."

어떤 스님이 말했다.

"위산潙山의 일정립一頂笠[7]을 만들지 않고는 막요촌莫傜村[8]에 이르지 못한다고 했는데, 어떤 것이 위산의 일정립입니까?"

대사가 즉시 그를 차 버렸다.

대사가 상당하여 대중에게 말했다.

"노승이 죽은 뒤에는 산 밑에 가서 한 마리 검정 암소〔水牯牛〕가 될 터인데, 왼쪽 겨드랑이 밑에다 '위산의 승려 아무개〔潙山僧某甲〕' 라고 다섯 자를 쓰겠다. 이때 위산의 승려라 부르면 곧 검정 암소라 하고, 검정 암소라고 하면 위산의 승려라 할 터인데, 뭐라 불러야 옳겠는가?"〔운거雲居 석錫이 대신 말하기를 "스님에게는 다른 법호가 없습니다"라고 하였다. 자복資福이 대신 동그라미를 그려 놓고, 옛사람의 시구〔頌〕를 들어 말하기를 "위산이라 할 수도 없고 소라고 말할 수도 없으니, 한 몸에다 두 이름을 붙이기란 실로 어렵구나. 두 쪽을 떠나서 말해 보라. 어떻게 말해야 예사 무리에서 벗어나겠는가?"라고 하였다.〕

대사가 종승의 가르침을 편 지 40여 년에 달관한 이는 셀 수 없

7 삿갓의 이름이며, 위산潙山의 종지를 뜻한다.
8 위산 아래의 마을 이름이다.

었으며 입실入室한 제자는 41인이었다.

당나라 대중大中 7년 정월 9일 양치질과 세수를 하고 나서 편안히 앉아 태연히 열반에 드니, 수명은 83세이고 법랍은 64세였다. 본산(위산)에다 탑을 세우니, 대원大圓 선사라 시호를 내렸고, 탑호는 청정淸淨이라 하였다.

홍주洪州 황벽黃檗 희운希運 선사

그는 민閩 지방 사람이다. 어릴 때에 고향의 황벽산黃檗山에서 출가하였는데, 이마 사이가 우뚝 솟은 것이 살로 된 구슬 같았고, 음성이 낭랑하고 의지가 깊고 맑았다.

나중에 천태산天台山에 가다가 어떤 스님을 만났다. 그와 함께 웃고 말하기를 마치 예전부터 서로 아는 사이처럼 했는데, 자세히 살펴보니 눈의 광채가 사람을 쏘듯 빛났다. 그와 같이 길을 가는데, 때마침 개울물이 넘쳐서 삿갓을 벗고 지팡이를 세우고 발걸음을 멈추게 되었다. 이때 그 스님이 대사를 데리고 함께 건너겠다고 하자, 대사가 말했다.

"건너시려면 사형이나 혼자 건너시오."

그 스님이 옷을 걷고 물살을 건너는데, 마치 평지를 걷는 것처럼 하면서 돌아보며 말했다.

"건너오시오, 건너오시오."

대사가 말했다.

"쯧쯧. 고얀 놈이로군. 내가 진작부터 알았더라면 네 다리를 꺾어 놓았을 것이다."

그 스님이 이 말에 탄복하였다.

"참으로 대승의 법기法器이시니, 저로서는 미치지 못할 바입니

다."

말을 마치고는 이내 사라졌다.

나중에 서울〔京師〕에 갔다가 어떤 사람이 알려 주어서 백장百丈을 찾아가 물었다.

"위로부터 전해 오는 종승(宗承 : 법)을 어떻게 보여 주십니까?"

백장이 잠자코 있으니, 대사가 말했다.

"뒷사람들로 하여금 끊이지 않도록 하십시오."

백장이 말했다.

"장차 그대가 그런 사람이 되겠구나."

그리고는 일어나서 방장으로 들어가니, 대사가 뒤를 따라 들어가서 말했다.

"저는 일부러 찾아왔습니다."

"그렇다면 뒷날에 나를 저버리지 말라."

어느 날 백장이 대사에게 물었다.

"어디를 갔다 오는가?"

"대웅산大雄山 밑에서 버섯을 따고 옵니다."

"호랑이〔大蟲〕를 보았는가?"

대사가 호랑이 소리 흉내를 내니, 백장이 도끼를 들고 찍으려는 시늉을 했다. 대사가 백장을 한 대 갈기니, 백장이 껄껄 웃고는 돌아가 버렸다.

상당하여 대중에게 말했다.

"대웅산 밑에 호랑이가 한 마리 있으니, 여러분은 조심하시오. 늙은 백장도 오늘 한 차례 물렸소."

대사가 남전南泉에 있을 때에 울력으로 나물을 다듬는데, 남전이 물었다.

"어디를 가시오?"

"나물을 다듬으러 갑니다."

"무엇으로 다듬는가요?"

대사가 칼을 번쩍 드니, 남전이 말했다.

"여러 사람이 나물을 다듬는군."

어느 날 남전이 대사에게 말했다.

"내가 우연히 목우가牧牛歌를 지었는데 장로長老가 화답해 주시오."

"저에게는 따로 스승이 계십니다."

대사가 하직하고 떠나는데 남전이 문밖까지 전송을 나왔다가 대사의 삿갓을 번쩍 들고 말했다.

"장로의 몸은 몹시 큰데 삿갓은 퍽 작구려."

대사가 말했다.

"그렇지만 대천세계가 몽땅 이 속에 들어 있습니다."

남전이 다시 말했다.

"왕王 노사老師는 적嚁[9]이오."

대사는 그대로 삿갓을 쓰고 떠났다.

그 뒤에 홍주洪州 대안사大安寺에 머물렀는데 학자들이 밀물같이 모였다. 당시에 정승[相國]인 배휴裵休가 완릉宛陵 지방을 다스렸

9 부정하는 소리이니, 자기는 그 삿갓 속에 있지 않다는 말이다.

다. 그는 대선원大禪苑을 짓고 대사에게 설법을 청했는데, 대사가 본래 머물던 산을 몹시 사랑하므로 다시 황벽黃檗이라 불렀다. 나중에 또 고을로 청해 모시면서 자기가 저술한 글 한 편을 대사에게 보이니, 대사는 이를 받아서 자리 옆에 놓고 대략 훑어보지도 않고 가만히 침묵하다가 말했다.

"알겠는가?"

"모르겠습니다."

"문득 이렇게 회통한다면 오히려 비슷하겠지만, 만약 종이나 먹으로 표시한다면 어찌 나의 종지라 하겠는가?"

배휴는 다시 시 한 수를 지어 바쳤다.

> 대사로부터 심인心印을 전해 받은 뒤로
> 이마에 둥근 구슬이 있는 일곱 자 몸이
> 석장을 건 채 10년을 촉수蜀水에 살다가
> 돛단배를 띄워 오늘 장빈章濱을 건너왔네.
> 自從大士傳心印　　額有圓珠七尺身
> 掛錫十年棲蜀水　　浮盃今日渡章濱
>
> 천 명의 용상龍象들의 고고한 행보를 따르고
> 만 리의 향기로운 꽃으로 좋은 인因을 맺어서
> 스승으로 섬기면서 제자가 되기를 원하는데
> 장차 그 법을 누구에게 부촉할지 모르겠구나.
> 一千龍象隨高步　　萬里香華結勝因
> 擬欲事師爲弟子　　不知將法付何人

〔앞에 서술한 것을 보건대, 황벽 선사가 홍주洪州의 대안사大安寺에 있

을 때에 배공裵公이 선주宣州에다 절을 짓고 대사를 청해 살게 하여 황벽이라 했다. 또 시를 바쳤다고 하였는데 서술한 일과 시의 뜻이 전혀 부합되지 않는다. 이제 이 시를 상고하건대 이는 배공이 홍주에 있을 때에 지은 것이다. 석장 걸고 10년을 촉수蜀水에 살았다고 한 것은 대사가 먼저 고안高安의 황벽黃蘗에 산 지가 10년이 된 것을 말한다. 『전한지리지前漢地理誌』를 보건대 예장군豫章郡 건성현建成縣에 촉수蜀水가 있다고 했으니 건성은 당唐의 고안현高安縣에 해당한다. "부배浮盃에서 오늘날 장빈章濱을 건너왔네" 한 것은 황벽에서 대사를 홍성洪城으로 청해 온 것이니 『전한지리지』에 의하건대 예장강〈豫章水〉은 장빈현 서남에서 시작하여 북쪽 큰 강으로 흘러 들어갔다고 하였으니 홍주성洪州城이 장수章水 곁에 있고 고을 이름도 예장豫章이기 때문이다. 또 배공이 지은 『전심법요傳心法要』 서序에 말하기를 "큰 선사가 있으니 이름은 희운希運이다. 홍주洪州의 고안현에 있는 황벽산黃蘗山의 취봉鷲峰 밑에 살았는데 학인들이 항상 천 명이 넘었다. 내가 회창會昌 2년에 종릉鍾陵을 다스리다가 산에서 고을로 모셔다가 용흥사龍興寺에 계시게 하고 조석으로 도를 물었고, 대중大中 2년에는 완릉宛陵으로 전근되자 다시 고을로 모셔다가 개원사開元寺에 계시게 했다"라고 하였으니, 종릉은 홍주洪州요, 완릉은 선주宣州이다. 이 글을 보더라도 대사가 먼저는 고안의 황벽에 계신 것을 배공이 홍주로 청해 모셨다 했으니 앞의 시와 부합되고, 선주로 옮겼을 때에 다시 대사를 맞이했으나 개원사에 계시게 했다 했을 뿐 전혀 절을 지었다는 말이 없는데 여기서는 왜 이렇게 착오가 났는지 모르겠다. 그러니 배공의 『전심법요』 서序와 시詩가 바른 것이라고 여겨진다. 또 회창會昌 3년에 무종武宗이 불교를 폐지시켰는데 그 이듬해에 대사가 황벽에 숨어 있은 지 이미 10년이 되었다 한 것은 필연한 일이요, 배공이 선주에 대사를 청한 것은 대중大中 때에 중흥한 뒤에 대사가 다시 황벽에서 무리를 모을 때이다. 그러므로 천경남공장千頃南公章에 말하기를 "대중 초에 배공이 완릉을 다스리러 나왔다가 황벽 화상을 산에서 나오라고 청하니 남공도 따라갔다"라고 하였다. 그밖에 것은 배공장裵公章에 있다.〕

대사는 여전히 기뻐하는 기색이 없었다. 이로부터 황벽 문중의 기풍이 강표江表에 성행했다.

어느 날 상당하여 대중이 구름처럼 모이자, 이내 말했다.

"그대들은 무엇을 구하고 싶은가?"

그리고는 몽둥이로 쫓아 버리면서 말했다.

"모두가 술 찌꺼기를 먹는 놈들이니, 이렇게 행각을 하다가는 남에게 비웃음을 당하리라. 다만 8백 명, 천 명이 모인 곳이 보이기만 하면 갈 것이며, 공연히 시끄럽게 떠들려고 하지 마라. 노승이 행각할 때에 풀포기 밑에서 한 사람을 만나면 문득 정수리에다 한 바늘 찔러 보아서 아픈 줄 알면 자루에다 쌀을 담아다가 공양하려 했는데, 만약 모두가 그대들처럼 그저 이렇게 편하게 있었다면 어디선들 오늘의 일〔今日事 : 本分事〕이 있었겠는가? 그대들이 이미 행각을 자처하였으니 모름지기 정신을 바짝 차려야 할 것이다. 대당국大唐國 안에 선사가 없다는 것을 알겠는가?"

그때 어떤 스님이 나서서 물었다.

"제방諸方의 존숙尊宿들이 모두가 대중을 모아 놓고 교화하는데, 어찌하여 선사禪師가 없다고 하십니까?"

대사가 말했다.

"선禪이 없다는 것이 아니라, 스승〔師〕이 없다고 말했을 뿐이다.

그대〔闍梨〕는 보지 못했는가? 마 대사 휘하에서 88인이 도량에 앉았지만, 마 대사의 올바른 안목을 이어받은 이는 불과 두세 사람이니, 여산廬山 화상이 그 중의 하나이다. 무릇 출가한 사람은 위로부터 전해온 일의 분수가 있음을 알아야 한다. 가령 4조 휘하의 우두牛頭 융融 대사가 종횡으로 거침없이 말했으나 오히려 향상의 문빗장은 알지 못하였으니, 이런 안목과 두뇌가 있어야 바야흐로 삿되고 바른 무리를 가릴 수 있으리라. 또 자기 자신의 실제는 능히 체달하지 못한 채 다만 말만을 배워서 가죽 주머니에 넣고 가는 곳마다 자기가 선을 안다고 칭하지만, 도대체 그대들의 생사를 면하게 할 수 있겠는가? 노숙老宿들을 가벼이 여기면 지옥에 빠지기가 화살처럼 빠르리라. 나는 문으로 들어오는 것만 보아도 문득 그대를 다 알아챈다. 알겠는가? 시급히 노력해야지 용이한 일로 여기지 말라. 한 조각 옷을 들고 입에 밥을 넣으면서 일생을 헛되이 보내지 말지니, 눈 밝은 사람이 그대를 비웃을 것이다. 그대가 오랜 뒤에 모두가 속물이 되어서 벗어날 것을 생각한다면, 마땅히 스스로 멀건 가깝건 누구 얼굴 위의 일인지 살펴야 한다. 만일 이해하면 즉각 모일 것이고, 만약 이해하지 못하면 즉시 흩어져 가거라."

"어떤 것이 서쪽에서 오신 뜻입니까?"

대사가 갑자기 때렸다. 그밖에 갖가지 시설施設도 모두가 상근기에 속하는 것이고, 중근기와 하근기는 엿보지도 못하는 것이었다.

당나라 대중大中 때에 본산에서 임종하니, 단제斷際 선사라는 시호를 하사했고, 탑호는 광업廣業이라 하였다.

항주杭州 대자산大慈山 환중寰中 선사

그는 포판蒲阪 사람으로서 성은 노盧씨이다. 정수리의 뼈가 봉우리같이 솟았고 음성이 종소리 같았는데, 어릴 때에 부모를 잃자 무덤 곁에 초막을 짓고 상복을 입은 채 망극한 은혜에 보답하려고 하였다. 그 후 병주幷州의 동자사童子寺에서 출가하였고, 숭악嵩嶽에서 계를 받고 온갖 율학律學을 익혔다.

나중에 백장을 뵙고서 심인心印을 받았으며, 그곳을 떠나 남악의 상락사常樂寺로 가서는 산봉우리에다 띠집을 짓고 살았다.

어느 날 남전南泉이 와서 물었다.

"어떤 것이 암자庵子 안의 주인인가?"

대사가 대답했다.

"아이고, 아이고."

"통곡하는 것은 그만두고, 어떤 것이 암자 안의 주인인가?"

"알기야 알겠지만 거만하게 굴지 마시오."

남전이 옷소매를 떨치고 나가 버렸다.

나중에 절강성浙江省의 대자산大慈山에 머물렀는데, 상당하여 말했다.

"산승山僧은 답은 풀 줄 모른다. 다만 병은 능히 알아챌 수 있다."

이때에 어떤 스님이 대사(환중)의 앞으로 나와서 서니, 대사가 문득 법좌에서 내려와 방장으로 돌아갔다.〔법안法眼이 말하기를 "대중 가운데서 병이 눈앞에 있다 하여도 알지 못한다"라고 하였다. 현각玄覺이 말하기를 "말해 보라. 대자大慈가 병을 아는가, 알지 못하는가? 이 스님이 나온 것이 병인가, 병이 아닌가? 병이라면 매일 다니고 서는 것을 모두 병이라 하지 못할 것이요, 병이 아니라면 나와서 무엇 하리오?"

라고 하였다.〕

조주趙州가 물었다.

"반야般若의 본체는 무엇입니까?"

대사가 대답했다.

"반야의 본체는 무엇인가?"

조주가 껄껄 웃으면서 나갔는데, 대사는 이튿날 조주가 마당 쓰는 것을 보고 물었다.

"반야의 본체는 무엇인가?"

조주가 비를 놓고 손뼉을 치면서 크게 웃자, 대사는 문득 방장으로 돌아가 버렸다.

어떤 스님이 하직하니, 대사가 물었다.

"어디로 가는가?"

"강서江西에 잠시 다녀오겠습니다."

"내가 그대에게 한 가지 수고를 끼쳐야겠는데, 되겠는가?"

"화상께서 무슨 일이십니까?"

"노승老僧 한 분을 구해서 모시고 오라."

"화상을 능가하는 사람은 또한 얻을 수 없습니다."

대사가 문득 그만두었다. 그 스님이 나중에 동산洞山에게 이 이야기를 하자, 동산이 말했다.

"그대가 어찌 이러한 말에 응대를 할 수 있었겠는가?"

"화상이시라면 이러한 말에 어찌 응대하시겠습니까?"

"이미 구했다."〔법안法眼이 따로 말하기를 "화상께서 가시면 제가 삿갓을 들고 가겠습니다"라고 하였다.〕

동산이 또 그 스님에게 물었다.

"대자大慈께서는 그밖에 다른 말씀이 있던가?"

"어느 때 대중에게 말씀하기를 '한 길〔丈〕을 말하는 것이 한 자〔尺〕 걷는 것만 못하고, 한 자를 말하는 것이 한 치〔寸〕를 걷는 것만 못하다'고 하셨습니다."

"나 같으면 그렇게 말하지 않겠다."

"어떻게 말씀하겠습니까?"

"말하면 행할 수가 없고, 행하면 말할 수가 없다."〔운거雲居가 말하기를 "행할 때에는 말이 없고 말할 때에는 행이 없다고 하였으니, 말하지도 행하지도 않을 때에는 어느 길로 가야 하겠는가?"라고 하였다. 낙보樂普가 말하기를 "행과 말이 함께 이르면 본래의 일이 없고 행과 말이 이르지 않으면 본래의 일이 있지 않다"라고 하였다.〕

나중에 당나라 무종武宗이 불교를 폐지하자, 대사는 천민의 복장〔短褐〕을 하고 은둔하다가, 대중大中 임신년壬申年에 다시 머리를 깎고 종지宗旨를 크게 선양했다.

함통咸通 3년 2월 15일에 병 없이 임종하니, 수명은 83세이고 법랍은 54세였다. 희종僖宗이 성공性空 대사라 시호를 내렸고, 탑호를 정혜定慧라 하였다.

천태산天台山 평전平田 보안普岸 선사

그는 홍주洪州 사람이다. 백장百丈의 문하에서 종지를 얻은 뒤에 천태산天台山의 수승한 경치에서 성현이 가끔 난다는 말을 들었다. 그래서 한번 가보고자 하여 멀리 찾아가서 띠집을 짓고는 숲 밑에서 조용히 참선을 했는데, 세월이 흐르면서 사부대중에게 알려지게 되어 큰 절을 짓고 평전선원平田禪院이라 하였다.

어느 때 대중에게 말했다.

"신령한 광명이 어둡지 않아서 만고萬古에 빛나니, 이 문에 들어와서는 알음알이〔知解〕를 두지 말라."

어떤 스님이 와서 뵙자, 대사는 주장자로 한 번 때렸다. 그 스님이 가까이 와서 주장자를 잡으니, 대사가 말했다.

"노승이 아까는 너무 경솔했구나."

스님이 대사를 주장자로 한 번 때리니, 대사가 말했다.

"작가作家로구나. 작가야."

그 스님이 절을 하니, 대사가 붙들고 말했다.

"이 사리(闍梨 : 그대)가 너무 급하구나."

그 스님이 껄껄 웃자, 대사가 말했다.

"이 사승師僧이 오늘 크게 당했구나."

언젠가 게송으로 대중에게 보였다.

큰 도는 텅 비어서
항상 하나의 참된 마음이니
선도 악도 생각하지 말라.
신神이 맑아 사물이 표현되면
인연 따라 먹고 마실 뿐이니
그밖에 다시 무엇을 하랴.

大道虛曠　　常一眞心
善惡勿思　　神淸物表
隨緣飮啄　　更復何爲

본원(本院 : 平田禪院)에서 임종하니, 지금도 산문山門에 탑이 남아 있다. 송조宋朝에서 더욱 잘 중수하고 수창壽昌이라는 편액을 하사하니, 보안 선사는 곧 수창선원壽昌禪院의 개산조開山祖이다.

균주筠州 오봉五峰 상관常觀 선사

어떤 스님이 물었다.

"어떤 것이 오봉五峰의 경지입니까?"

대사가 말했다.

"험하다."

"어떤 것이 경계 안의 사람입니까?"

"막혔다."

어떤 스님이 하직하니, 대사가 말했다.

"사리闍梨여, 어디로 가려는가?"

"오대산五臺山으로 가겠습니다."

대사가 손가락 하나를 세우고 말했다.

"만일 문수文殊를 만나고 나면 이리로 오라. 그대를 만나 주리라."

그 스님이 대답이 없었다.

대사가 어떤 스님에게 물었다.

"그대는 소를 본 일이 있는가?"

"보았습니다."

"왼쪽 뿔을 보았는가, 오른쪽 뿔을 보았는가?"

그 스님이 대답이 없으니, 대사가 스스로 대답하였다.

"보는 것에는 왼쪽과 오른쪽이 없다."〔앙산仰山이 따로 말하기를 "좌우를 분별할 수가 있기는 한가?"라고 하였다.〕

또 어떤 스님이 하직하자, 대사가 말했다.

"그대가 제방諸方에 가거든 노승이 여기에 있다고 비방하지 말라."

"저는 화상께서 여기에 계시다고 말하지 않겠습니다."

"그대는 노승이 어디에 있다고 말하겠는가?"

그 스님이 손가락 하나를 세우자, 대사가 말했다.

"벌써 노승을 비방하는구나."

담주潭州 석상산石霜山 성공性空 선사

스님이 물었다.

"어떤 것이 서쪽에서 오신 뜻입니까?"

대사가 대답했다.

"어떤 사람이 천 길 우물 속에 빠졌는데 한 치의 노끈도 쓰지 않고 그 사람을 건져낼 수 있다면, 그때 그대에게 서쪽에서 오신 뜻을 대답해 주리라."

"요사이 호남湖南에 창暢 화상이 세상에 나섰는데, 그도 역시 종횡으로 막힘없이 설법을 하십니다."

대사가 사미沙彌를 불러서 분부했다.

"이 송장을 끌어내라."〔사미는 앙산仰山이다.〕

사미가 나중에 탐원耽源에게 이를 말하면서 물었다.

"어찌하여야 우물 속의 사람을 건져내겠습니까?"

탐원이 대답했다.

"에잇, 어리석은 놈아, 누가 우물 속에 있단 말이냐?"

앙산은 나중에 위산潙山에게 물었다.

"어찌하여야 우물 속의 사람을 건져내겠습니까?"

위산이 불렀다.

"혜적慧寂아."

혜적이 대답했다.

"네."

위산이 말했다.

"건졌다."

나중에 (혜적이) 앙산에 살기 시작한 뒤에 앞의 이야기를 들면서 대중에게 말했다.

"나는 탐원의 처소에서 이름〔名〕을 얻었고, 위산의 처소에서 땅〔地〕을 얻었다."

복주福州 대안大安 선사

그는 본주(本州 : 福州) 사람으로서 성은 진陳씨이다. 어릴 때에 황벽산黃檗山에서 공부하면서 계율을 두루 익혔는데, 혼자 생각하기를 '내가 아무리 애써 고행하여도 현극玄極의 진리는 듣지 못했다' 고 하면서 혼자서 길을 떠났다. 장차 홍주洪州까지 가는 길에 상원上元에 도착했을 때 한 늙은이를 만났는데, 그가 대사(대안)에게 말했다.

"대사가 남창南昌으로 가면 반드시 얻는 바가 있을 것이다."

대사는 바로 백장산百丈山으로 가서 절을 하고 물었다.

"학인學人이 부처를 알고자 하는데, 어느 것입니까?"

"흡사 소를 타고 소를 찾는 것과 같다."

"알아챈 뒤에는 어떠합니까?"

"사람이 소를 타고 집에 이른 것과 같다."

"처음부터 끝까지 어떻게 보임保任해야 합니까?"

"소 먹이는 사람이 지팡이를 들고 지키면서 남의 밭을 침범하지 않게 하는 것과 같으니라."

대사가 이로부터 종지를 깨달아 다시는 밖으로 구하지 않았다.

같이 참구하던 영우靈祐 선사가 위산에 절을 지으니, 대사는 몸소 밭을 갈면서 수도하였다. 그러다 영우 선사가 입적하자 대중이 뒤를 이어 주지되기를 청했다.

대사가 상당上堂하여 대중에게 말했다.

"그대들은 모두 와서 편안히 있으면서 무엇을 찾고 있는가? 만일 부처가 되고 싶다면 그대들 스스로가 부처인데도 옆집으로 달리는구나. 바쁘게 헤매기를 마치 목마른 노루가 아지랑이를 쫓는 것과 같으니, 어느 때에나 상응相應할 수 있겠는가? 그대들이 부처가 되고 싶다면, 다만 허다한 뒤바뀜・반연・망상・나쁜 지각・더러운 욕망 따위의 청정치 못한 중생심이 없어지면 그대들은 문득 초발심의 정각인 것이니, 부처를 다시 어디에서 따로 찾겠는가?

그러므로 나도 위산에서 30년 동안 지내면서 위산의 밥을 먹고 위산의 똥을 싸면서도 위산의 선을 배우지는 않았고, 다만 한 마리 검정 암소를 돌보았을 뿐이다. 그 놈이 풀밭으로 들면 곧 끌어냈고, 남의 밭에 침범하면 즉시 채찍으로 길들였는데, 이것이 오래되자 요 기특한 놈이 사람의 말을 잘 들어서 지금은 맨땅의 흰 소〔露地白牛〕로 변하여 항상 면전에 있다. 그리하여 종일토록 훤하게 드러나 있어서 쫓아도 가지 않는다.

그대들은 각자 값을 따질 수 없는 크나큰 보배를 가지고 있다. 그리하여 눈의 문으로부터 광명을 놓아서 산하대지를 비추고, 귀의 문으로부터 광명을 놓아서 온갖 선악의 소리를 듣는다. 이처럼 여섯 문으로 밤낮 없이 항상 광명을 놓으니, 이를 이름하여 방광삼매放光三昧라 한다. 하지만 그대들 스스로 알아채지 못하고서 4대大의 몸속에서 그림자를 취한다. 안과 밖에서 붙들어 유지하면서 옆으로 기울지 않게 하는 것이 마치 사람이 무거운 짐을 지고 외나무다리를 건너도 발을 실족하지 않게 하는 것과 같으니, '이 어떤 물건인가?' 하고 맡겨서 유지하면 문득 이러함〔如是〕을 얻겠지만, 그러나 그대들이 털끝만치라도 찾으려고 들면 보지 못할 것이다. 그러므로 지공誌公 화상이 말하기를 '안과 밖에서 찾아다니면 전혀 없지만, 경계 위에서 활동할 때에는 어디나 있다'고 한 것이다."

어떤 이가 물었다.

"온갖 활동〔施〕이 법신法身의 작용이라 하는데, 어떤 것이 법신입니까?"

"온갖 활동이 법신의 작용이니라."

어떤 스님이 물었다.

"5온蘊을 여의고서 어떤 것이 본래의 몸입니까?"

"땅〔地〕·물〔水〕·불〔火〕·바람〔風〕과 수受·상想·행行·식識이니라."

"그것은 5온이 아닙니까?"

"이것은 다른 5온이다."

어떤 이가 물었다.

"이 몸〔陰〕이 이미 다하고 저 몸이 아직 생겨나지 않았을 때에는 어떠합니까?"

"이 몸이 다하지 않았을 때에는 어떤 것이 그대〔大德〕인가?"

"모르겠습니다."

"이 몸을 알면 문득 저 몸도 분명하다."

어떤 이가 물었다.

"대용大用이 현전해서 궤칙軌則에 얽매지 않을 때에는 어떠합니까?"

"그대가 작용하면 다만 작용하게 된다."

그 스님이 옷을 벗고 대사를 세 바퀴 도니, 대사가 말했다.

"위로 향하는 일〔向上事〕은 어째서 말하지 못하는가?"

그 스님이 입을 열려고 하자, 대사가 문득 때리면서 말했다.

"이 들여우 귀신같은 놈아, 썩 나가라."

어떤 스님이 법당法堂에 올라가서 동서를 두리번거리면서도 대사를 보지 못하고 말했다.

"좋은 법당에 사람이 없구나."

대사가 문으로 나가면서 말했다.

"어떤가?"

그 스님이 대답이 없었다.

설봉雪峰 화상이 산에 갔다가 나뭇가지 하나를 얻었는데 그 형상이 마치 뱀과 같았다. 그래서 등 쪽에다 "본래 스스로 천연天然이지 조탁雕琢을 빌리지 않는다"라고 새겨서 대사에게 갖다 주니, 대사가 말했다.

"본래 산에 사는 사람도 칼이나 도끼의 흔적은 없다."

어떤 이가 대사에게 물었다.

"부처님께서 어디에 계십니까?"

"마음 밖에 있지 않다."

"쌍봉 상인(雙峰上人 : 六祖)은 무엇을 얻었습니까?"

"법은 얻을 바가 없다. 설사 얻은 바가 있다 해도 본래 얻음 없음을 얻은 것이다."

어떤 스님이 물었다.

"황소黃巢[10]의 군대가 오면 화상은 어디로 피하시겠습니까?"

"5온산蘊山으로 간다."

"만일의 경우 그들에게 잡히면 어찌하겠습니까?"

"반란을 일으킨 장군이구나."

대사가 민성閩城에서 크게 교화하기를 20여 년 계속하다가 당나라 중화中和 3년 10월 22일에 황벽사黃檗寺로 돌아가서 병으로 인하여 임종하니, 능가산楞伽山에 탑을 세우면서 원지圓智 선사 증진證眞의 탑이라는 시호를 내렸다.

복주福州 고령古靈 신찬神贊 선사

고향[本州]의 대중사大中寺에서 출가 생활을 하다가 나중에 행각을 나서서 백장百丈을 만나 깨닫고는 다시 본사本寺로 돌아왔다. 은사恩師가 물었다.

"그대는 내 곁을 떠나서 어떤 사업을 익히고 왔는가?"

"아무런 사업도 익히지 않았습니다."

드디어 일을 잡도록 했는데, 어느 날 은사가 목욕을 하다가 대사에게 등을 밀라고 하니, 대사가 등을 문지르면서 말했다.

"좋은 불전佛殿인데 부처가 성스럽지 못하구나."

그의 스승이 고개를 돌려서 보자, 대사가 또 말했다.

---

10 반란을 일으킨 장수 이름이다.

"부처가 성스럽지는 못하나, 능히 광명은 놓는구나."

은사가 어느 날 창 밑에서 경을 읽는데, 벌이 들어왔다가 창호지에 부딪치면서 나가려고 하였다. 대사가 이를 보고 말했다.

"세계가 저처럼 넓은데 나가려 하지 않고 창호지만을 두드리고 있으니, 나귀 해[驢年][11]에나 나가겠군."

그의 스승이 경전을 덮고 물었다.

"너는 행각을 하다가 누구를 만났느냐? 내가 아까부터 그대의 말을 듣자니, 범상치 않구나."

"백장 화상께서 저에게 쉴 곳을 가르쳐 주셨는데, 이제 제가 은사의 덕을 갚으려는 것뿐입니다."

그러자 그의 스승이 대중에게 고하여 공양을 장만하고 대사에게 설법을 청하니, 대사가 법좌에 올라서 백장 문중의 기풍을 제창하면서 설법을 하였다.

"신령스런 광명이 홀로 빛나면서 영원히 근진根塵[12]을 초탈했으니, 체體는 참되고 항상함을 드러내어 문자에 구애받지 않는다. 마음의 성품은 물들지 않아서 본래 스스로 원만히 이루었으니, 오직 허망한 반연만 여의면 그대로 여여한 부처이다."

그의 스승이 이 말끝에 감응하여 깨닫고서 말했다.

"늘그막에 이런 지극한 설법을 들을 줄이야 누가 알았으랴?"

나중에 고령사古靈寺에 머물면서 대중을 모아 몇 년간 교화하였다. 임종이 가까워지자 머리를 깎고 목욕하고는, 종을 울린 뒤에

---

11 12지支에 없는 해로, 실현될 가능성이 없음을 비유하는 말이다.
12 몸과 환경을 아울러 이르는 말이다.

대중에게 말했다.

"그대들은 소리 없는 삼매를 아는가?"

대중이 말했다.

"모릅니다."

"그대들은 조용히 들어라. 다른 생각을 말라."

대중이 모두 귀를 기울이고 있는데, 대사가 엄숙히 입적하니 본산에다 탑을 세웠다.

광주廣州 화안사和安寺 통通 선사

무주婺州 쌍림사雙林寺에서 공부를 하였는데, 어릴 때부터 말수가 적었으므로 당시 사람들이 말하지 못하는 통通 수좌首座라 불렀다.

부처님께 절을 하는데 어떤 선객이 와서 물었다.

"좌주座主가 절하는 것은 누구에게 하는가?"

"부처님입니다."

선객이 불상을 가리키면서 말했다.

"저것이 무슨 물건인가?"

대사가 대답을 못했다. 밤중이 되자 위의를 갖추어서 절하고는 선객에게 물었다.

"오늘 물은 바를 저는 모르겠는데, 그 뜻이 무엇입니까?"

선객이 물었다.

"좌주의 법랍이 얼마나 되오?"

"10년입니다."

"출가하신 일이 있소?"

대사가 어리둥절해 하자, 선객이 말했다.

"만일 모른다면 백 살인들 어찌하겠소?"

그 선객이 같이 마조馬祖를 뵙자고 해서 강서江西로 갔는데, 마조는 이미 입적했다. 그래서 백장百丈을 뵙고는 의심이 단박에 풀렸다.

어떤 사람이 물었다.

"스님께서는 선사이십니까?"

"나는 선을 배운 적이 없다."

대사가 한참 있다가 다시 그 사람을 부르자, 그 사람이 응답했다. 대사가 종려나무〔椶櫚樹〕를 가리켰다.〔그 사람은 대답이 없었다.〕

어느 날 대사가 앙산仰山에게 분부하여 평상을 가져오라고 했다. 앙산이 가져오자 대사가 말했다.

"본래의 자리로 보내라."

앙산이 그 말을 따르자, 대사가 말했다.

"평상 저쪽은 어떤 물건인가?"

"아무 물건도 없습니다."

"이쪽은 무슨 물건인가?"

"아무 물건도 없습니다."

대사가 불렀다.

"혜적아."

앙산이 대답했다.

"예."

대사가 말했다.

"가거라."

강주江州 용운龍雲 대臺 선사

어떤 스님이 물었다.

"어떤 것이 조사께서 서쪽으로 오신 뜻입니까?"

"노승老僧이 지난밤에 외양간 안에서 소를 잃었다."

경조京兆〔목록과 『정종기正宗記』에는 모두 낙경洛京이라 하였다.〕 위국원衛國院 도道 선사

어떤 스님이 와서 뵙자, 대사(도 선사)가 물었다.

"어디서 오는 길인가?"

스님이 말했다.

"상남湘南에서 왔습니다."

"황하黃河의 물이 맑은가?"

그 스님은 대답이 없었다.〔위산潙山이 대신 말하기를 "'이 꼬마야, 건너려거든 건너지, 의심은 해서 무엇 하려느냐?' 할 것을……"이라고 하였다.〕

대사가 병이 났을 때 어떤 사람이 문병을 왔는데 대사가 나오지 않으니, 그 사람이 말했다.

"화상의 도덕道德을 들은 지 오래되었습니다. 홀연히 법체가 불안하다는 말을 듣고 뵈러 왔습니다."

대사가 발우 틀〔鉢鐼〕에다 발우를 담아서 시자를 시켜 내다 바치게 하니, 그 사람이 대답하지 못했다.

진주鎭州 만세萬歲 화상

어떤 스님이 물었다.

"대중이 모였습니다. 무슨 이야기를 하는 것이 좋을까요?"

대사가 말했다.

"「서품序品」 제1이니라."〔귀종歸宗이 따로 말하기를 "절이나 하고 물러가라"고 하였다.〕

홍주洪州 백장산百丈山 유정惟政 선사〔이 전기傳記는 예전 책에는 제6권에 마조의 법손인 대주大珠 화상 다음에 있었는데, 이제 그 내용으로 미루어 보아 이 권으로 옮겨다 백장百丈 회해懷海 선사의 법손에다 삽입하고 백장百丈 열반涅槃 화상의 전기로 삼는다. 당唐의 유공권柳公權이 쓰고 무익황武翊黃이 지은 열반화상비涅槃和尙碑에 말하기를 "대사의 휘諱는 법정法正인데, 그가 『열반경』을 잘 강하였으므로 열반이라는 칭호가 붙었다"라고 하였으니, 이제 이 문장에 말하기를 "그대는 나의 밭을 개간해 다오. 나는 그대에게 큰 이치를 말해 주리라"고 했으니, 그것이 열반 화상임이 분명하다. 또 남전南泉을 보고 사형〈伯〉이라 했으니, 백장의 제자임이 분명하다. 그렇지만 유정惟政과 법정法正의 두 이름이 다른 것은 무엇인가? 쓰기를 잘못한 까닭일 것이다. 또 홍각범洪覺範의 『임간록林間錄』에서도 예전 책이 잘못되었다고 했고, 『정종기』에는 유정과 법정 두 이름이 있으나, 백장은 대수〈代〉를 셀 수 있고, 분명한 교법에는 이름만이 같지 않을 뿐이니 분별하여서 함께 둘 수 없으므로 이제는 비문을 바른 것이라 여긴다. 또 『경공사원卿公事苑』에는 말하기를 "백장百丈 열반涅槃 화상은 위산潙山의 제자요, 백장의 손자다"라고 했으니, 이는 더욱 엄청난 착오로서 취할 바가 못된다.〕

어느 날 스님에게 말했다.

"그대가 나의 몫으로 밭을 일궈 주면, 나는 그대에게 큰 이치를 말해 주리라."

그 스님이 밭을 일궈 놓고 돌아가서 큰 이치를 말씀해 달라고 하니, 대사가 두 손을 벌렸다.

어떤 노숙老宿이 햇빛이 창틈으로 비친 것을 보고 대사에게 물었다.

"창이 해의 곁으로 갔는가, 해가 창 곁으로 왔는가?"

대사가 대답했다.

"노스님 방에 손님이 왔으니 가 보십시오."

대사가 남전에게 물었다.

"제방의 선지식들이 아직 남에게 말하지 않은 법이 있을까요?"

"있소."

"어떤 것입니까?"

"마음도 부처도 아니라는 것이오."

"그런 것은 말하였을 것입니다."

"나는 이렇게 하겠소."

"사형께서는 어찌하시려는 것입니까?"

"나는 선지식이 아니거니 어찌 말했는지 않았는지를 알겠는가?"

"제가 잘 모르겠으니, 사형께서 말씀해 주십시오."

"나는 그대를 위해 힘껏 이야기했다."

어떤 스님이 물었다.

"어떤 것이 부처님끼리의 도가 같은 것입니까?"

"선정이니라."

대사가 서울을 가다가 길에서 어떤 관원을 만났는데 밥을 먹으라 했었다. 때마침 나귀가 우는 것을 보고 관인이 "두타頭陀여" 하고 불렀다. 대사가 머리를 드니, 관인이 나귀를 가리켰다. 대사는 다시 관원을 가리켰다.〔법안法眼이 대신 말하기를 "나귀의 울음소리만을 해야 할 것이다"라고 하였다.〕

홍주洪州 동산東山 혜慧 화상

산 구경을 하다가 바위 하나를 보고 어떤 스님이 물었다.
"이 바위에 주인이 있습니까?"
"있다."
"어떤 사람입니까?"
"세 집이 사는 외딴 마을〔三家村〕에서 무엇을 찾는가?"
그 스님이 또 물었다.
"어떤 것이 바위 안의 주인입니까?"
"어찌 그리 숨이 가쁘냐?"[13]

젊은 스님이 행각 길에서 돌아오자, 대사가 물었다.
"그대는 나를 떠나 밖에 있은 지 얼마나 되는가?"
"10년입니다."
"동쪽·서쪽을 가리키지 말고 곧바로 말해 보라."
"화상 앞에서는 감히 거짓말을 하지 못하겠습니다."
대사가 할을 하면서 말했다.
"이 상놈아."

---

13 숨결이 급해서 무슨 말을 하는지 모르겠다고 하는 말이다.

청전淸田 화상

어느 날 청전淸田 화상이 도瑫 상좌上座에게 차를 달여 주는데, 대사가 승상繩床을 세 번 치자 도 상좌도 세 번 쳤다. 대사가 말했다.

"내가[老僧] 승상을 두드린 것에는 훌륭한 방편이 있지만, 상좌가 두드린 것에는 무슨 도리가 있는가?"

"제가 두드린 것에도 방편이 있는데, 화상께서 두드린 뜻은 무엇입니까?"

대사가 잔을 번쩍 들어 보이자, 도 상좌가 말했다.

"선지식의 안목은 마땅히 그러해야 합니다."

차를 달이고 나서 도 상좌가 다시 물었다.

"화상께서 아까 잔을 드신 뜻이 무엇입니까?"

"다른 도리가 있을 수 없다."

대우大于 화상

대우大于 화상이 남용南用과 함께 다실[茶堂]에 갔는데, 어떤 스님이 가까이 와서 인사를 하자, 남용이 말했다.

"나도 그대를 용납하지 않았고, 그대도 나를 보지 못했는데, 누구에게 인사를 하는가?"

그 스님이 말이 없으니, 대사가 말했다.

"평평한 순백의 땅[平白地][14]에서는 그렇게 묻지 말아야 한다."

남용이 말했다.

"대우도 말이 없구나."

---

14 시비가 없는 경지를 말한다.

대사가 그 스님을 붙들고 말했다.
"네가 이러하니, 나를 욕되게 하는 것도 이렇구나."
그리고는 한 대 때렸다. 남용이 피식 웃으면서 말했다.
"맑은 달과 푸른 하늘이구나."

시자가 와서 보살피니 대사가 물었다.
"금강金剛의 올바른 선정에서는 일체가 그러하지만, 가을이 가고 겨울이 오는 것은 또 어찌하겠는가?"
"화상께서 물으시는 것을 방해하지 않겠습니다."
"지금은 방해하지 않지만 떠난 뒤에는 어찌하겠는가?"
"누가 감히 저에게 묻겠습니까?"
"대우는 얻은 바가 있는가?"
"그래도 다른 사람의 점검이 필요합니다."
"종사를 잘 보좌해서 광채를 없애지 않게 하라."
시자가 절을 하였다.

앞의 건주虔州 서당西堂 지장智藏 선사의 법손

건주虔州 처미處微 선사

어떤 스님이 물었다.
"3승 12분교에서 이理를 체달하여 묘함을 얻으면, 조사의 뜻과 같습니까, 다릅니까?"
"그렇다면 반드시 여섯 구절 밖을 향하여 비추어야지, 저 색과 소리를 따라 구르지 않아야 하리라."
"어떤 것이 여섯 구절입니까?"

"말함 · 침묵함 · 말하지 않음 · 침묵하지 않음 · 모두 옳음 · 모두 옳지 않음이다. 그대는 어떻게 계합하겠는가?"

그 스님은 대답이 없었다.

대사가 앙산仰山에게 물었다.

"그대의 이름이 무엇인가?"

"혜적慧寂입니다."

"어느 것이 혜慧이고, 어느 것이 적寂인가?"

"다만 눈앞에 있을 뿐입니다."

"앞과 뒤는 여전히 있구나."

"앞뒤는 제쳐 두고, 화상께서는 무엇을 보셨습니까?"

"차나 한 잔 마셔라."

앞의 포주蒲州 마곡산麻谷山 보철寶徹 선사의 법손

수주壽州 양수良遂 선사

처음에 마곡麻谷을 뵙자, 마곡이 불렀다.

"양수良遂야."

대사가 대답하였다.

"네."

이렇게 세 번 불러서 세 번 대답하니, 마곡이 말했다.

"이 둔근鈍根인 대사야."

대사가 이 말에 살펴 깨닫고서 말했다.

"화상께서는 저를 속이지 마십시오. 만일 제가 와서 절을 하지 않았더라면, 일생을 헛되이 보낼 뻔하였습니다."

마곡도 그렇다고 여겼다.

앞의 호남湖南 동사東寺 여회如會 선사의 법손

길주吉州 서산薯山 혜초慧超 선사

동산洞山이 와서 절을 하려는데, 대사가 말했다.

“그대가 이미 한 곳[一方]에 살고 있는데, 또 여기를 와서 무엇 하려는가?”

“저는 의심을 어쩔 수 없어서 일부러 화상을 뵈러 왔습니다.”

대사가 “양개良介야” 하고 부르자, 동산이 “네” 하고 대답했다.

대사가 말했다.

“이것이 무엇인가?”

양개가 대답이 없으니, 대사가 말했다.

“좋은 부처인데 다만 광채가 없을 뿐이구나.”

경조京兆 장경사章敬寺 회운懷惲 선사의 법손

경조京兆 대천복사大薦福寺 홍변弘辯 선사

당唐 선종宣宗이 물었다.

“선종禪宗에는 어찌하여 남종과 북종의 이름이 있소?”

“선문에는 본래 남종과 북종의 이름이 없습니다. 옛적에 여래께서 정법안장正法眼藏을 대가섭에게 전하셨는데, 이것이 차츰 차츰 전해져서 28조 보리달마菩提達磨에 이르러서는 이 지방으로 오셔서 초조初祖가 되셨습니다. 5조 홍인弘忍 대사에 이르러 근주蘄州의 동산東山에서 법문을 열었는데, 이때 두 제자가 있었으니 하나는 혜능慧能으로서 옷과 법을 전해 받고 영남嶺南에서 6조가 되셨고, 또 하나는 신수神秀이니 북쪽에서 교화를 폈습니다. 나중에 신수의 문인 보적普寂이 자기의 스승을 제6조라 하고, 자기는 제7조라 자칭하였습니다. 그들이 얻은 법은 하나이지만 인도하여 깨닫게 하는 데에는 돈頓과 점漸의 차이가 있습니다. 그래서 남돈南頓・북점北漸이라는 말이 생긴 것이지, 선종에 본래부터 남종・북종이라는 이름이 있는 것은 아닙니다."

"무엇을 계율이라 하오?"

"그릇된 것을 막고 악을 그치는 것을 계율이라 합니다."

"무엇을 선정이라 하오?"

"여섯 감관이 경계와 교섭하면서도 연緣을 따르지 않는 것을 이름하여 선정이라 합니다."

"무엇을 지혜라 하오?"

"마음과 경계가 모두 공해서 비추어 밝히는 데 의혹이 없는 것을 이름하여 지혜라 합니다."

"무엇을 방편이라 하오?"

"방편이라는 것은 실다움을 가리고 모습을 덮는 권교權巧의 문이니, 중中・하下 근기를 위하여 간곡히 시설한 것을 방편이라 합니다. 설사 상上근기를 위하여 방편을 버리라고 하면서 위없는 도〔無上道〕를 설하더라도, 이것 역시 방편일 따름입니다. 나아가 조사들의 현묘한 말이 공功을 잊고 언어가 끊어졌다 하여도, 역시 방편의 자취를 벗어나지 못합니다."

"무엇을 부처의 마음〔佛心〕이라 하오?"

"부처〔佛〕란 인도 말이니, 당나라 말로는 각覺입니다. 이른바 사람들에게 지혜의 깨달아 비춤〔覺照〕이 있는 것을 부처의 마음이라 하나니, 마음이란 부처님의 다른 이름으로서 백천 가지 별명이 있으나 체體는 하나뿐입니다. 본래 형상이 없는 것이라서 청·황·적·백이나 남자나 여자 따위의 모습도 아니며, 하늘에 있어도 하늘이 아니고 인간에 있어도 인간이 아니지만, 하늘을 나타내고 인간을 나타내며 남자도 되고 여자도 됩니다. 그러면서도 비롯하지도 않고 끝나지도 않으며, 생함도 없고 멸함도 없습니다. 그래서 그 호칭을 영각의 성품〔靈覺性〕이라 하나니, 마치 폐하께서 날마다 만기萬機[15]에 감응하시는 것이 바로 폐하의 부처 마음이신 것과 같습니다. 설사 1천 부처님께서 공통으로 전해 주신다 하여도 따로 얻을 바가 있는 것으로 생각지는 마십시오."

"요사이 사람들이 염불念佛을 하는데, 그 일은 어떻소?"

"여래께서 세상에 나셔서 인간과 하늘의 스승인 선지식善知識이 되셨습니다. 근기를 따라 법을 설하시는데, 상근기를 위해서는 최상승인 돈오頓悟의 지극한 이치를 말씀해 주셨습니다. 그러나 중·하 근기는 단박에 깨달아 밝히지 못하니, 그래서 부처님께서는 위제희韋提希 부인을 위해 방편으로 16관문觀門을 열어서 염불로 극락에 태어나게 하셨습니다. 이 때문에 경전에 말하기를 '이 마음이 부처요, 이 마음으로 부처를 이루며, 마음 밖에 부처가 없고, 부처 밖에 마음이 없다'고 한 것입니다."

"어떤 사람은 경을 지니면서 염불하기도 하고, 어떤 사람은 주문을 외우면서 부처를 구하는데, 어떻습니까?"

"여래께서 갖가지로 열어 보이신 것은 모두 최상의 1승乘을 위한 것입니다. 마치 온갖 강과 시내의 흐름이 모두 조종朝宗인 바다

---

15 나랏일〔國務〕을 뜻한다.

로 들어가는 것과 같으니, 이처럼 차별된 온갖 법수法數가 모두 살바야(薩婆若 : 一切智)의 바다로 귀착됩니다."

"조사는 이미 심인心印을 깨달아 알았는데, 『금강경』에서 말하기를 '얻을 바 없는 법'이라 한 것은 무엇이오?"

"부처님의 일대 교화는 진실로 한 법도 남에게 준 것이 없고 다만 뭇 사람들 각자의 자기 성품이 동일한 법보法寶의 창고임을 보여줄 뿐입니다. 당시에 연등여래然燈如來께서 다만 석가의 본법本法을 인가해도 얻을 바가 없어서 바야흐로 연등의 본뜻에 계합한 것입니다. 그러므로 경에 말하기를 '나도 없고 너도 없고 중생衆生도 없고 수자壽者도 없다. 이 법은 평등하여 온갖 착한 법을 닦으면서도 형상에 머물지 않는다'고 한 것입니다."

"선사는 이미 조사의 뜻을 깨달았다 하면서도 경을 보거나 예불을 하시오?"

"사문인 석자釋子가 예불하거나 경을 보는 것은 주지(住持 : 살림)의 평상법이니, 네 가지 과보가 있습니다. 즉 부처님의 계율에 의하여 몸을 닦고, 선지식을 찾아서 묻고, 점차로 범행梵行을 닦고, 여래께서 행한 자취를 실천하는 것입니다."

"무엇이 돈오[頓見]이며, 무엇을 점수漸修라 하오?"

"단박에 자기 성품을 밝혀서 부처와 더불어 짝이 되었으나, 그러나 비롯함이 없이 물든 습기習氣가 있기 때문에 점수漸修를 빌려 대치함으로써 성품에 순응하여 작용을 일으키게 하는 것이니, 마치 사람이 밥을 먹을 때에 첫술에 배가 부르지 않는 것과 같습니다."

이날 홍변弘辯 대사가 일곱 시간 동안 대화를 주고받으니, 황제는 자색 가사[紫方袍]를 하사하였다. 입멸한 뒤에는 원지圓智 선사라 시호를 내렸고, 또 명령을 내려서 천하에 있는 조사의 탑들을 수리해서 잘 지키라고 하였다.

복주福州 구산龜山 지진智眞 선사

그는 양주揚州 사람으로서 성은 유柳씨이다. 고향의 화림사華林寺에서 공부를 하다가 당나라 원화元和 원년에 윤주潤州 단도丹徒 천향사天香寺에서 계를 받았는데, 경전이나 논서는 배우지 않고 오직 선나禪那만을 흠모하였다.

처음에 회운〔惲〕 선사를 뵙자, 회운 선사가 물었다.

"어디서 왔는가?"

지진智眞이 대답했다.

"이르러도 이른 바가 없고, 와도 온 곳이 없습니다."

회운 선사가 비록 침묵을 지켰으나, 지진은 스스로 깨달았다. 그리하여 무주婺州의 오설산五洩山에 가서 정원正原 선사를 만났고, 장경長慶 2년에는 그와 함께 건양建陽에 갔다가 고을 사람인 섭분葉玢의 청에 의하여 동선사東禪寺에 머물렀다. 그리고 나서 개성開成 원년에 복주福州로 갔는데, 장계읍長谿邑 사람인 진량陳亮과 황유黃瑜의 청에 의하여 구산龜山에다 선원을 세웠다.

어느 날 대중에게 설법을 했다.

"얼굴을 움직이고 눈을 깜박이는 것이 당사자〔當人〕을 벗어난 것이 아니고, 한 생각〔一念〕의 청정한 마음이 본래 부처이니라."

그리고는 게송을 읊었다.

> 마음은 본래 티끌을 여의었으니 어찌 씻을 필요가 있겠으며
> 몸에는 병이 없으니 어찌 의원을 찾으랴.

그러한 부처가 몸에 있지 않음을 알려 하면
높이 달린 밝은 거울 비치기 전을 보라.
心本絶塵何用洗　身中無病豈求醫
欲知是佛非身處　明鑑高懸未照時

나중에 무종武宗의 사태沙汰를 만나자, 게송 두 수를 대중에게 보였다.

밝은 달이 형상을 나누워 곳곳에 새로우니
속인들이 어떻게 공空을 아는 이를 무너뜨리랴.
누가 말했는가, 속세에 있는 것이 수도에 방해된다고.
금속金粟도 장자長者의 몸을 받은 적이 있다네.[16]
明月分形處處新　白衣寧墜解空人
誰言在俗妨修道　金粟曾爲長者身

인욕선인忍辱仙人이 숲속에서 좌선을 하다가
가리왕歌利王에게 사지를 찢긴 적이 있었는데
이에 비해 우리의 성조聖朝에는 그런 일이 없으니
지금 수도를 그만두게 한들 무엇이 슬프랴.
忍仙林下坐禪時　曾被歌王割截支
況我聖朝無此事　只今休道亦何悲

선종宣宗이 중흥한 뒤에도 다시 먹물 옷을 입지 않았다. 함통咸通 6년에 본산에서 임종하니, 수명은 84세이고 법랍은 60세였다. 귀적歸寂 선사라는 시호를 내리고, 탑호는 비진祕眞이라 하였다.

16 유마維摩 거사가 금속여래金粟如來의 후신이라고 전한다.

낭주朗州 동읍東邑 회정懷政 선사

앙산仰山이 와서 뵙자, 대사(회정)가 물었다.

"그대는 어디 사람인가?"

"광남廣南 사람입니다."

"듣건대 광남에는 진해명주鎭海明珠라는 구슬이 있다는데 사실인가?"

"사실입니다."

"그 구슬은 어찌 생겼는가?"

"밝고 흰 달[白月]이 떠 있는 듯한 모양입니다."

"그대가 가지고 왔는가?"

"가지고 왔습니다."

"왜 노승老僧에게 보여 주지 않는가?"

"어제 위산潙山에 갔는데 그 분도 저에게 이 구슬을 찾았지만, 다만 대답할 말도 없고 펼칠 이치도 없음을 알았습니다."

"참으로 사자 새끼의 커다란 사자후師子吼로구나."

금주金州 조操 선사

어느 날 미米 화상을 청해서 재齋를 올렸는데 자리를 마련하지 않았다. 미 화상이 도착해서 자리를 펴고 절을 하니, 대사가 선상禪床에서 내려왔다. 미 화상이 얼른 대사의 자리에 올라가 앉으니, 대사는 땅에다 자리를 펴고 앉았다. 재가 끝나자 미 화상이 훌쩍 떠나 버리니, 시자가 말했다.

"화상께서는 온갖 사람의 흠앙을 받으시는데, 오늘은 남에게 자리를 빼앗기셨군요."

"3일 뒤에 오면 구제를 받게 되리라."

과연 3일 뒤에 미 화상이 다시 와서 말했다.

"전날에는 도적을 만났었다."〔어떤 스님이 경청鏡淸에게 묻기를 "옛 사람이 도적을 만났다고 한 뜻이 무엇인가?"라고 하니, 경청이 대답하기를 "송곳 끝이 뾰족한 것만을 보고 줄 대가리〈鑿頭〉가 모난 것은 보지 못했는가?"라고 하였다.〕

낭주朗州 고제古堤 화상

평상시에 스님이 오는 것을 보면 이렇게 말했다.

"가거라. 그대는 불성佛性이 없다."

스님이 대답을 하건 대답을 하지 않건 모두 그의 취지에 계합하지 못했다.

어느 날 앙산이 와서 뵙자, 대사(고제)가 또 말했다.

"가거라. 그대는 불성이 없다."

혜적慧寂이 손을 모으고 앞으로 가까이 가서 "예" 하니, 대사가 웃으면서 말했다.

"그대는 어디서 이런 삼매를 얻었는가?"

"저는 위산潙山에게서 얻었습니다. 그런데 화상께서는 누구에게서 얻으셨습니까?"

"나는 장경章敬에게서 얻었다."

하중河中 공기公畿 화상

어떤 스님이 물었다.

"어떤 것이 도道이며, 어떤 것이 선禪입니까?"

"이름이 있으면 대도大道가 아니며, 시비是非는 모두 선禪이 아니다. 이 속의 뜻을 자세히 알고자 하면, 단풍잎은 우는 아기를 달래는 돈임을 알라."

황벽黃蘗 희운希運 선사의 전심법요傳心法要[17]

대선사大禪師가 있었으니, 이름은 희운希運으로서 홍주洪州 고안현高安縣 황벽산黃蘗山 취봉鷲峰 밑에서 살았다. 조계曹溪 6조의 적손嫡孫이고, 백장百丈의 제자이며, 서당西堂의 조카로서 홀로 최상승인 문자를 여읜 심인心印을 지닌 채 오직 한마음만을 전할 뿐 다른 법이 없었다.

마음의 본체는 공하여서 만 가지 인연이 모두 적멸하니, 마치 둥근 해가 허공에 솟아서 비추는 것이 섬세한 티끌도 없이 고요한 것과 같았다. 이를 증득한 자는 새롭거나 오래됨도 없고 깊거나 얕음도 없으며, 이를 말하는 자는 뜻과 견해도 세우지 않는다. 종주(宗主 : 주장)도 세우지 않고, 문호도 열지 않아서, 바로 그대로일 뿐이라, 생각을 움직이면 즉시 어긋나니, 그런 뒤에야 본래의 부처가 된다. 그러므로 그 말은 간결하고, 그 이치는 곧고, 그 도는 높고, 그 행은 뛰어나다. 사방의 배우는 무리들이 산을 바라보고 모여들어서 모습만을 보고도 깨달았으니, 왕래한 무리들이 항상 1천여 명이었다.

내가 회창會昌 2년에 종릉鍾陵을 다스리러 나왔다가 산에서 고을로 맞이해서 용흥사龍興寺에 묵으시게 하고는 조석으로 도를 물었다. 대중大中 2년에는 완릉宛陵을 다스리러 나왔다가 다시 임지로

17 하동河東 배휴裵休가 집성하여 펴냈다.

모셔다가 개원사開元寺에 계시게 하고 조석으로 도를 물었지만, 물러나서는 열에 하나나 둘을 기억할 뿐이라서 심인心印이라 여기면서도 감히 드러내 알리지 못했다. 이제 입신入神의 정의精義가 미래까지 들리지 못할까 걱정하다가 끝내 내놓아서 그의 문하 제자인 태주太舟와 법건法建에게 주어서 옛 산인 광당사廣唐寺로 돌아가 장로 스님들에게 지난날에 항상 듣던 법문과 같은지 다른지를 가려 달라고 하였다.

당나라 대중大中 11년 10월 8일에 삼가 기록한다.〔본래 이 뒤로 각 단락〈段〉마다 연월〈歲月〉이 기록되어 있으나, 여기서는 번거로움을 피해 생략한다.〕

모든 부처님과 온갖 중생은 오직 한마음일 뿐 다시 다른 법이 없다. 이 마음은 비롯함이 없는 이래로 태어난 적도 없고 멸한 적도 없으며, 푸르지도 않고 누렇지도 않으며, 형태도 없고 모습도 없으며, 있고 없음에도 속하지 않으며, 새 것과 옛 것을 헤아리지 않고, 길지도 않고 짧지도 않으며, 크지도 않고 작지도 않으니, 일체의 한량과 이름과 자취와 상대를 초월하여 바로 당체當體 그대로일 뿐이다. 생각을 움직이면 곧 차별되니, 마치 허공이 변제邊際가 없어서 측량할 수 없는 것과 같다. 오직 이 한마음만이 곧 부처라서 부처와 중생은 조금도 차이가 없지만, 다만 중생들이 모습에 집착해서 밖으로 구하다가 도리어 잃을 뿐이다. 부처로 하여금 부처를 찾게 하고 마음을 가지고 마음을 잡게 하여 겁이 다하고 형상이 다해도 끝내 깨닫지 못하나니, 그리하여 염念을 쉬고 사념〔慮〕을 잊으면 부처가 저절로 현전함을 알지 못한다.

○ 이 마음이 곧 부처이고, 부처가 곧 중생이고, 중생이 곧 부처이고, 부처가 곧 마음이니, 중생일 때에도 이 마음은 줄지 않고, 모든 부처가 되었을 때에도 이 마음은 늘지 않는다. 나아가 육도만행六度萬行에 이르기까지 항하의 모래같이 많은 공덕은 본래 스스로 다 갖추고 있는 것이므로, 닦아서 더할 필요가 없다. 인연을 만나면 베풀고 인연이 쉬면 고요하니, 만일 이 일에 대해 흔들리지 않는 굳은 믿음을 갖지 않고 모습에 집착한 수행으로 공용功用을 구하고자 하면, 모두가 망상이라서 도道와는 아주 어긋난다.

이 마음이 곧 부처이니, 다시 다른 부처가 없고 또한 다른 마음도 없다. 이 마음은 밝고 맑은 것이 마치 허공과 같아서 한 점의 모양도 없다. 마음을 일으키거나 생각을 움직이면 즉시 법체法體에 어긋나서 모습에 집착하게 되나니, 비롯함이 없는 과거로부터 본래 형상에 집착할 것이 없다. 부처님께서 육도만행六度萬行을 닦아서 부처가 되고자 한 것은 차례[次第]이지만, 비롯함이 없는 이래로 차례로 된 부처[次第佛]는 없다. 오직 한마음을 깨달으면 다시 사소한 법도 얻을 것이 없나니, 이것이 곧 참 부처이다.

부처와 중생은 한마음이라서 차이가 없으니, 마치 허공이 섞이지도 않고 파괴되지도 않는 것과 같다. 또 둥근 해가 사천하를 비추는데, 해가 비출 때에는 광명이 천하에 두루하지만 허공은 본래 밝아진 적이 없고, 해가 저문 뒤에는 어둠이 천하에 두루하지만 허공은 본래 어두워진 적이 없는 것과 같다. 밝고 어두운 광경은 저절로 서로 엇바뀌지만 허공의 성품은 텅하니 트여서 변하지 않으니, 부처와 중생의 마음도 또한 마찬가지다. 만일 부처는 청정하고 빛나는 해탈의 모습이라 하고, 중생은 더럽고 어두운 생사의 모습이라 여기면, 이 사람의 그러한 견해는 항하의 모래같이 많은 겁을 지나더라도 끝내 보리菩提를 얻지 못하리니, 바로 모습에 집착하기 때문이다.

오직 이 한마음일 뿐 다시 티끌만큼의 사소한 법도 얻을 수가 없는 것이 바로 부처이건만, 요사이 도를 배우는 사람들은 이 마음의 체體를 깨닫지 못하고, 문득 마음 위에 마음을 내어 밖을 향해 부처를 구하여서 모습에 집착한 수행을 하니, 이는 모두 잘못된 법이지 보리의 도가 아니다.

○ 시방에 계신 부처님께 공양하는 것이 얻을 수 없는 하나의 무심無心에게 공양하는 것만 못하니, 사람들이 이루기 어렵다. 무심이라는 것은 일체의 마음이 없는 것이니, 여여如如한 체體는 안팎이 목석과 같아서 움직이지도 않고 전변하지도 않으며, 안팎이 허공과 같아서 막히지도 않고 걸리지도 않으며, 능能도 없고 소所도 없으며, 방향이나 처소도 없고, 모습도 없고 득실得失도 없다. 나아가는 이가 감히 이 법에 들어가지 못하는 것은 공에 떨어져서 머물 곳이 없을까 걱정하기 때문이니, 그래서 낭떠러지를 바라보고는 물러난다.

문수는 이理에 해당하고 보현은 행行에 해당하는데, 이理란 참으로 공하여 걸림이 없는 이理이고, 행行이란 모습을 여의어 다함이 없는 행이다. 관음觀音은 대자大慈에 해당하고, 세지勢至는 대지大智에 해당한다. 유마維摩는 정명淨名이라 번역하니, 정淨이란 성품이고 명名이란 모습인데, 성품과 모습이 다르지 않으므로 정명이라 호칭한 것이다. 모든 대보살들이 표현하는 것은 사람마다 다 가지고 있는 것으로서 일심을 여의지 않으니, 깨달으면 바로 그것이다. 이제 도를 배우는 사람들은 자기 마음속의 깨달음을 향하지 않고 마음 밖에서 구하느라고 형상에 집착하며 경계를 취하니 모두 도에 위배된다.

항하의 모래라 함은 부처님께서 말씀하신 모래인데, 이 모래는 부처님과 보살과 하늘・범왕들이 밟고 지나가도 기뻐하지 않고, 소・양・벌레・개미가 밟고 지나가도 화내지 않고, 진기한 보배・향기로운 향기가 있어도 모래는 탐내지도 않고, 똥・쓰레기 따위의 더러움이 와도 모래는 싫어하지 않는다.

○ 이 마음은 곧 무심無心의 마음으로서 온갖 모습을 여의었다. 부처님과 중생이 조금도 다르지 않으니, 오로지 능히 무심하면, 바로 그대가 구경究竟의 깨달음이다. 도를 배우는 사람이 만약 당장에 무심이 되지 못하면, 여러 겁을 수행하여도 끝내 도를 이루지 못하고 3승의 공행功行에 얽매여서 해탈치 못한다.

그러나 이 마음을 증득하는 데는 더디고 빠름이 있으니, 어떤 이는 법을 들으면 한 생각〔一念〕에 문득 무심을 얻는 이도 있고, 어떤 이는 10신信・10주住・10행行・10회향迴向에 이르러야 비로소 무심을 얻는 이도 있고, 어떤 이는 10지地에 이르러야 비로소 무심을 얻는 이도 있다. 길건 짧건 무심을 얻어서 그대로 머무르면, 다시는 닦을 것도 없고 다시는 증득할 것도 없어서 실로 얻을 바가 없어 진실하여 허망치 않다. 한 생각〔一念〕에 얻은 이와 10지에서 얻은 이의 공용功用은 가지런하여 조금도 깊고 얕음이 없건만, 다만 여러 겁을 지나면서 잘못 받아들여 애를 쓸 뿐이다.

악을 짓고 선을 짓는 것이 모두 모습에 집착하는 것이니, 모습에 집착하여 악을 지으면 허망하게 윤회를 받아들이고, 모습에 집착하여 선을 지으면 헛되이 고통을 받을 뿐이어서, 이 모두 언하言下

에 스스로 근본법을 깨닫는 것만 못하다. 이 법은 곧 마음이니, 마음 밖에는 법이 없다. 이 마음은 곧 법이니, 법 안에는 마음이 없다. 마음은 스스로가 무심이라서 또한 무심이라 할 것도 없다. 마음을 가지고 무심이려고 하면 마음은 곧 있음[有]을 이루나니, 묵묵히 계합할 뿐 온갖 사량思量이 끊겼기 때문에 "언어의 길이 끊어지고, 마음이 행하는 곳이 멸했다"고 말한 것이다.

이 마음은 본원청정불本源淸淨佛로서, 사람마다 모두 갖고 있으니, 꼬물거리는 축생들도 부처님이나 보살들과 동일한 체體이어서 다르지 않다. 다만 망상 분별 때문에 갖가지 업과業果를 짓지만 본래의 부처 자리에는 진실로 한 물건도 없으니, 비고, 통하고, 적멸하고, 고요하고, 밝고, 묘하고, 편안하고, 즐거울 뿐이다. 스스로 깊이 깨달아 알면 당장에 문득 이러해서 원만하고 구족하여 다시는 모자라는 바가 없다. 설사 3아승기겁 동안 정진 수행하여 온갖 지위를 거쳤더라도 급기야 일념一念을 증득할 때에는 다만 원래의 자기 부처를 증득할 뿐이니, 위로 향하는 길에 다시 한 물건도 덧붙일 수 없다.

여러 겁에 걸친 공용功用을 관찰하건대 모두가 꿈속의 허망한 짓이니, 그러므로 여래께서 말씀하시기를 "나는 아뇩보리阿耨菩提를 실제로 얻은 바가 없다. 만일 망령되게 얻은 바가 있었다면 연등然燈부처님께서 나에게 수기授記를 주시지 않았으리라"고 하셨고, 또 말씀하시기를 "이 법은 평등하여 높고 낮음이 없으니, 이것을 이름하여 보리菩提라 한다"고 하셨다. 즉 이 본원의 청정한 마음은 중생·부처·세계·산·강·형상 있음·형상 없음과 더불어 시방세계에 두루하면서 일체 평등하여 피아彼我의 모습이 없다.

이 본원의 청정한 마음은 항상 스스로 원만히 밝고 두루 비추지만 세상 사람들이 깨닫지 못하는 이유는, 다만 보고 듣고 지각하고 아는〔見聞覺知〕 것을 인정하여 마음으로 삼기에 보고 듣고 지각하고 아는 것에 덮이게 되어서 정묘하고 밝은 본체를 보지 못하기 때문이다. 다만 당장에 무심하면 본체가 저절로 나타나니, 마치 둥근 해가 허공에 솟아서 시방을 두루 비추어도 장애가 없는 것과 같다.

그러므로 도를 배우는 사람이 보고 듣고 지각하고 아는 것을 인정해서 동작으로 삼다가 보고 듣고 지각하고 아는 것을 비워 버리면, 즉시 마음의 길〔心路〕이 끊어져서 들어갈 곳이 없다. 다만 보고 듣고 지각하고 아는 곳에서 본래의 마음을 인정할 뿐이지만, 그러나 본래의 마음은 보고 듣고 지각하고 아는 데 속하지 않고, 또한 보고 듣고 지각하고 아는 것을 여의지도 않는다. 다만 보고 듣고 지각하고 아는 것에 대해 알음알이〔見解〕를 일으키지 말고, 보고 듣고 지각하고 아는 것에 대해 생각을 움직이지 말고, 또한 보고 듣고 지각하고 앎을 여의고서 마음을 찾지도 말고, 또한 보고 듣고 지각하고 앎을 버리고서 법을 취하지도 말라. 나아가지도 않고 여의지도 않으며, 머물지도 않고 집착하지도 않으면, 종횡으로 자재해서 도량 아님이 없다.

○ 세상 사람들이 도道를 듣기를, 부처님들이 모두 마음의 법을 전하셨다고 하지만, 마음 위에 따로 증득할 수 있고 취할 수 있는 하나의 법이 있다고 여겨서 마침내 마음을 가지고 법을 찾는다면, 마음이 곧 법이고 법이 곧 마음임을 알지 못하게 된다. 마음을 가지고는 다시 마음을 찾을 수 없으니, 천만 겁을 지나더라도 끝내 얻을 날이 없을 것이다. 당장에 무심해서 문득 본래의 법인 것만 못하나니, 마치 장사〔力士〕의 이마 구슬이 이마 속에 숨어 있기 때

문에 밖을 향해 구하면 시방을 두루 다녀도 끝내 얻을 수 없지만, 지혜로운 이가 가르쳐 주면 당장 본래의 구슬이 예전과 같음을 스스로 보는 것과 같다.

이와 같이 도를 배우는 사람도 자기 본래의 마음을 잃고 의심하여 부처라는 것을 알지 못하여, 밖을 향해 찾으면서 공용功用의 행을 일으키고, 차제次第에 의거해 과위果位를 증득하고, 여러 겁을 거치면서 부지런히 구하면, 결코 도를 이루지 못하니, 이는 당장에 무심인 것만 못하다. 일체의 법이 본래 있는 바가 없고, 얻을 바도 없고, 머무름도 없고 의지함도 없고, 능能도 없고 소所도 없음을 반드시 알아서 망념을 움직이지 않으면 문득 보리를 증득하리라.

그리하여 도를 증득할 때는 다만 본래 마음의 부처〔本心佛〕를 증득할 뿐이라서, 여러 겁의 공용은 모두 헛된 수행이다. 마치 장수가 구슬을 얻었을 때에도 본래의 이마 구슬을 얻었을 뿐이라서 밖을 향해 찾는 노력과는 관계없는 것과 같다. 그러므로 부처님께서 말씀하시기를 "나는 아뇩보리阿耨菩提를 실제로 얻은 바가 없다"고 하시고는, 사람들이 믿지 않을까 걱정이 되었기 때문에 다섯 가지 눈으로 보는 바 다섯 가지 말을 이끌어 진실하여 허망치 않은 것이 바로 제일의제第一義諦라고 하셨다.

○ 도를 배우는 사람은, 4대大로 몸이 이루어지되, 4대에는 내〔我〕가 없고 나〔我〕에도 또한 주재主宰가 없음을 의심하지 말아서 이 몸엔 나도 없고 주재자도 없음을 알아야 하며, 또한 5음陰에도 내가 없고 주재자도 없음을 의심하지 말아서 이 마음에도 내가 없고 주재자도 없음을 알아야 한다. 6근根・6진塵・6식識에 화합하고 생멸하는 것도 역시 마찬가지로서, 18계界가 이미 공하면 일체

가 다 공하니, 오직 본래의 마음만이 훤하게 청정하다.

의식으로 먹는 이가 있고 지혜로 먹는 이가 있는데, 4대로 된 몸은 굶주림과 시장함이 걱정이므로 형편에 따라 기르되, 탐욕이나 집착을 내지 않는 것을 이른바 지혜로 먹는다 하고, 멋대로 맛을 취하여 허망하게 분별을 일으키면서 오직 입에 맞는 것만을 구할 뿐 싫어하여 멀리하려 하지 않는 것을 이른바 의식으로 먹는다고 한다.

성문聲聞이란 소리에 의지해 깨닫는 것을 성문이라 한다. 스스로의 마음을 요달하지 못하고 음성의 가르침 위에서 알음알이를 일으키거나, 신통에 의해서나 상서로운 모습이나 언어나 운동運動에 의해서 보리 열반이 있다고 듣고서, 3아승기겁을 닦아야 불도를 이루는 것은 모두 성문의 도에 속하나니, 이를 일러서 성문이라 한다. 부처님만이 당장에 스스로의 마음이 본래 부처라서 한 법도 얻을 수 없고 한 행도 닦을 것이 없음을 단박에 요달하니, 이것이 위없는 도〔無上道〕이고 이것이 진여불眞如佛이다.

도를 배우는 사람은 오직 한 생각〔一念〕이라도 있으면 도와 간격이 생긴다는 것을 걱정해야 하니, 생각 생각〔念念〕이 모습이 없고 생각 생각이 함이 없으면〔無爲〕 그것이 바로 부처이다. 도를 배우는 사람이 부처를 이루고 싶으면, 온갖 불법은 아무 것도 배우지 말고 오직 구할 것 없기와 집착 없기만을 배워라. 구함이 없으면 마음이 나지 않고, 집착이 없으면 마음이 물들지 않나니, 나지 않고 물들지 않으면 그대로가 부처이다.

8만 4천 법문은 8만 4천 번뇌를 대치하는데, 이는 교화로 이끄는 방편문일 뿐이니, 본래는 한 법도 없다. 여의는 것이 곧 법이요, 여읠 줄 아는 이가 부처이니, 다만 일체의 번뇌를 여의기만 해야 할 뿐, 얻을 만한 법은 없다.

○ 도를 배우는 사람이 요긴한 비결을 알고 싶다면, 다만 마음 위에다 한 물건도 붙이지 말라. 부처의 법신法身은 마치 허공과 같다고 하는 말은, 바로 법신 그대로가 허공이고 허공 그대로가 법신임을 비유한 것이다. 그런데 평범한 사람은 법신이 허공의 처소에 두루하거나 허공 속에 법신이 포함되어 있다고 여길 뿐, 법신 그대로가 허공이고 허공 그대로가 법신임을 모른다. 만일 허공이 있다고 단정하여 말하면 허공은 법신이 아니요, 법신이 있다고 단정적으로 말하면 법신은 허공이 아니다. 다만 허공이란 견해를 짓지 말지니 허공이 곧 법신이기 때문이요, 법신이란 견해를 짓지 말지니 법신이 곧 허공이기 때문이다.

법신과 허공은 다른 모습이 없고, 부처와 중생은 다른 모습이 없으며, 생사와 열반은 다른 모습이 없고, 번뇌와 보리는 다른 모습이 없다. 일체의 모습을 여읜 것이 부처인데, 범부는 경계를 취하고 도인은 마음을 취한다. 마음과 경계를 모두 잊어야 바로 참된 법이지만, 경계를 잊기는 쉬워도 마음을 잊기는 지극히 어렵다. 사람들이 감히 마음을 잊지 못하는 까닭은 공空에 떨어져 더듬을 곳이 없을 것을 걱정하기 때문이니, 공은 본래 공도 없는 것이라서 오직 하나의 참 법계일 뿐임을 모르는 것이다.

○ 이 신령스런 깨달음의 성품[靈覺性]은 비롯함이 없는 이래로 허공과 수명을 같이 하니, 태어난 적도 없고 멸한 적도 없으며, 있었던 적도 없고 없었던 적도 없으며, 더러운 적도 없고 깨끗한 적도 없으며, 시끄러운 적도 없고 고요한 적도 없으며, 젊었던 적도

없고 늙었던 적도 없으며, 방향이나 처소도 없고 안이나 밖도 없으며, 수량도 없고 형상도 없으며, 색상色像도 없고 음성도 없으며, 찾을 수도 없고 구할 수도 없으며, 지식으로 이해할 수도 없고 언어로써 표현할 수도 없으며, 경물景物로 만날 수도 없고 공용功用으로 도달할 수도 없다.

모든 불보살佛菩薩들과 일체의 꿈틀거리는 중생이 똑같이 대열반의 성품이니, 성품은 곧 마음이요, 마음이 곧 부처요, 부처가 곧 법이다. 한 생각〔一念〕이 참〔眞〕을 여의면 모두 망상妄想이 되니, 마음으로써 다시 마음을 구하지 말고, 부처로써 다시 부처를 구하지 말고, 법으로써 다시 법을 구하지 말라. 그러므로 도를 닦는 사람은 당장 무심無心으로 묵묵히 계합해야지 마음을 망설이면 곧 어긋난다.

마음으로써 마음을 전하는 이것이 바른 소견〔正見〕이니, 행여 밖을 향해 경계를 쫓는 것을 마음이라 여기지 말라. 이것은 도적을 잘못 알아서 아들로 여기는 것과 같다. 탐냄・성냄・어리석음이 있기 때문에 곧 계율・선정・지혜를 세우는 것이니, 본래 번뇌가 없다면 어찌 보리가 있겠는가? 그러므로 조사께서 말씀하시기를 "부처님께서 온갖 법을 말씀하신 것은 일체의 마음을 없애기 위한 것이다. 나는 일체의 마음이 없으니 어찌 일체의 법을 쓰겠는가?"라고 하셨다.

본원의 청정한 부처〔本源淸淨佛〕 위에는 다시 한 물건도 붙일 수 없나니, 비유컨대 허공을 한량없는 값진 보배로 장엄해도 끝내 머물지 못하는 것과 같다. 불성佛性도 허공과 똑같아서 아무리 한량없는 지혜와 공덕으로 장엄하여도 끝내 머물 수 없으니, 다만 본래의 성품을 미혹해서 유전하여 보지 못할 뿐이다.

○ 이른바 심지법문心地法門이란 것은 만법이 모두 이 마음에 의하여 세워진 것이라서 경계를 만나면 있고 경계가 없으면 없는 것이니, 깨끗한 성품 위에다 오로지 경계의 견해만은 짓지 말아야 한다.

이른바 정혜定慧라 함은 거울의 작용이 역력歷歷하고 적적寂寂하고 성성惺惺한 것이니, 보고 듣고 지각하고 아는 것이 모두 경계 위에서 견해를 짓는 것이다. 임시로 중근기와 하근기를 위해 설할 것이라면 옳다고 하겠지만, 만약 친히 증득하고자 하면 모두 이런 견해를 짓지 말아야 하니, 모두 경계에 속박되기 때문이다.

법에는 빠지는 곳이 있으니 있음〔有〕의 경지에 빠지는 것이다. 다만 일체 법에 대하여 있다는 소견〔有見〕을 짓지 않으면 곧 법을 보는 것이다.

○ 달마 대사가 중국에 오신 뒤로 오직 한 성품만을 설했을 뿐이고 오직 한 법만을 전하셨으니, 부처로써 부처를 전하였을 뿐 다른 부처를 말하지 않았고, 법으로써 법을 전하였을 뿐 다른 법을 말하지 않았다. 법은 바로 설할 수 없는 법이요, 부처는 취할 수 없는 부처이니, 이것이 바로 본원의 청정한 마음이다. 오직 이 한 나만이 진실이고, 나머지 둘은 참되지 않다. 반야般若는 지혜가 되는데, 이 지혜가 바로 무상無相의 근본이다.

○ 범부凡夫는 도에 나아가지 않고 오직 여섯 감정〔六情〕을 멋대로 부려서 여섯 세계〔六道〕로 빠진다. 즉 도를 배운 후에도 한 생각〔一念〕으로 생사를 계교하게 되면 곧 온갖 마魔의 길에 떨어지고, 한 생각으로 온갖 소견을 일으키면 곧 외도에 떨어지며, 생生이 있

다고 보아서 그것을 멸滅하는 데로 나아가면 곧 성문의 도에 떨어지고, 생生이 있다고 보지 않고 오직 멸滅만 있다고 보면 곧 연각緣覺의 도에 빠진다. 법은 본래 나지도 않으므로 멸함도 없나니, 생멸이라는 두 소견을 일으키지 말며, 싫어하지도 말고 기뻐하지도 말라. 일체의 모든 법은 오직 한마음이 그런 것이니, 그런 뒤에야 곧 불승佛乘이 된다.

○ 범속한 사람은 모두 경계를 좇아 마음을 내는데, 그 마음은 싫어함과 기뻐함을 따른다. 만일 경계가 없고자 하면 반드시 그 마음을 잊어야 하니, 마음을 잊으면 경계가 공하고, 경계가 공하면 마음이 멸한다. 마음을 잊지 않고서 경계를 없애려고 하면, 경계는 없앨 수 없고 다만 어지러움만 더할 뿐이다. 그러므로 만법은 오직 마음뿐이고, 마음은 또한 얻을 수 없거늘, 다시 무엇을 구하겠는가?

○ 반야의 법을 배우는 사람은 한 법도 얻을 수 있다고 보지 않아서 3승乘에는 뜻을 두지 말아야 한다. 오직 하나뿐인 진실은 증득할 수 없거늘, 이른바 "내가 능히 증명하고 능히 얻었다"고 하면 모두가 깨달았다고 착각하는 사람〔增上慢人〕일 뿐이니, 법화法華 회상會上에서 옷자락을 떨치고 물러간 무리들은 모두 이러한 무리들이다. 그러므로 부처님께서 말씀하시기를 "내가 보리의 법에 대해 실제로 얻은 것이 없다"고 하신 것이니, 그저 잠자코 계합할 뿐이다.

○ 범속한 사람이 닦아서 증득하고 싶다면, 다만 5온蘊은 모두

공하고 4대大에는 내〔我〕가 없으며, 참마음은 모습이 없어서 가지도 않고 오지도 않으며, 태어날 때도 성품은 오는 것이 아니고 죽을 때도 성품은 가는 것이 아니며, 담연히 원적圓寂해서 마음과 경계가 일여一如함을 관찰하라. 다만 이처럼 당장 단박에 깨달을 수 있다면, 3세에 얽매이지 않아서 문득 세간을 벗어난 사람이니, 결코 털끝만치도 나아가거나 집착함이 있어서는 안 된다. 만일 훌륭한 모습의 부처님들이 마중을 나오시는 등 갖가지 일이 현전함을 보더라도 따라가는 마음을 내지 말고, 흉악한 모습으로 갖가지 일이 나타나더라도 두려워하는 마음을 내지 말라. 다만 스스로 마음을 잊어서 법계와 똑같으면 문득 자재하게 된다.

○ 무릇 화성化城이라는 것은 2승乘과 10지地, 나아가 등각等覺이나 묘각妙覺에 이르기까지 모두 임시방편으로 세워서 이끌어간 가르침을 모두 화성이라 한다. 보배 있는 곳〔寶所〕이란 바로 참 마음이자 본래 부처이자 자기 성품인 보배이니, 이 보배는 사량분별〔情量〕을 초월한 것이라서 건립할 수도 없다. 즉 부처도 없고 중생도 없으며, 주체〔能〕도 없고 대상〔所〕도 없으니, 어느 곳에 성이 있으랴.

만일 이것이 이미 화성이라면 어디가 보배 있는 곳이냐고 묻는다면, 보배 있는 곳이란 가리킬 수 없다. 가리킬 수 있는 보배 장소라면 진실한 장소가 아니니, 이 때문에 "가까이 있다〔在近〕"고 말했을 뿐이다. 가깝다는 것은 생각과 분별로 말할 수 없는 것이니, 다만 당체當體에 그대로 계합한 것일 뿐이다.

천제闡提라는 것은 믿음을 갖추지 못한 것이다. 온갖 6도의 중생과 나아가 2승들까지도 불과佛果가 있음을 믿지 않나니, 이들은 모두가 선근이 끊어진 천제라 할 수 있다. 반면 보살들은 불법을 깊이 믿어 대승과 소승이 있음을 보지 않아서 부처와 중생이 동일한 법성法性이니, 이들을 선근이 있는 천제라고 한다.

대체로 음성의 가르침을 인해서 깨닫는 이를 성문聲聞이라 이름하고, 인연을 관찰해서 깨닫는 이를 연각緣覺이라 이름한다. 만일 자기 마음속을 향하여 깨닫지 못하면 비록 부처를 이루었다 하더라도 역시 성문불聲聞佛이라 한다. 도를 배우는 사람이 법에서만 깨닫고 마음에서는 깨닫지 못하면, 아무리 여러 겁을 수행하더라도 끝내 근본 부처〔本佛〕는 아니다. 만일 마음으로는 깨닫지 못하고 법에서만 깨달으면, 마음은 경시하고 법은 중시하는 것이라서 마침내 흙덩이만을 쫓는 격이 되니, 근본 마음을 잊었기 때문이다. 다만 근본 마음에 계합하면 법을 구할 필요가 없나니, 마음이 곧 법인 것이다.

○ 범속한 사람들은 대체로 경계가 마음을 장애한다고 여기고 사事가 이理를 장애한다고 여긴다. 그래서 항상 경계에서 도피함으로써 마음을 편안케 하려 하고, 사事를 막아서 이理를 간직하려 하는데, 이는 마음이 경계를 장애하고 이理가 사事를 장애하는 것을 모르기 때문이다. 다만 마음을 공하게 하면 경계는 저절로 공하고, 다만 이理를 고요하게 하면 사事는 저절로 고요해지니, 마음을 뒤바꾸어서 쓰지 말라.

○ 범속한 사람들이 대체로 텅 빈 마음〔空心〕을 긍정하지 못하는 것은 공空에 떨어질까 두려워서 자기 마음이 본래 공한 줄 모르기 때문이다. 어리석은 사람은 사事는 없애도 마음은 없애지 못하지만, 지혜로운 이는 마음을 없애지 사事는 없애지 않는다.

보살의 마음은 허공과 같아서 일체를 다 버렸으므로 지은 바 복덕을 전혀 탐내지 않으니, 버림에는 세 가지가 있다. 안팎의 몸과 마음을 몽땅 다 버려서 마치 취하고 집착할 바가 없는 허공과 같고, 그런 뒤에 방향에 따라 사물에 감응하되 능能과 소所를 모두 잊으면, 이것을 이른바 큰 버림〔大捨〕이라 한다. 만일 한쪽으로는 도를 행하여 덕을 펴고, 한쪽으로는 두루 버려서 희망하는 마음이 없으면, 이것을 이른바 중간 버림〔中捨〕이라 한다. 만약 뭇 선행을 널리 닦으면서 희망하는 바가 있다가 법을 듣고는 공을 알아서 끝내 집착하지 않게 되면, 이것을 이른바 작은 버림〔小捨〕이라 한다.

큰 버림이란 촛불이 앞에 있는 것과 같아서 다시는 미혹이나 깨달음도 없는 것이고, 중간 버림이란 촛불이 옆에 있는 것과 같아서 밝기도 하고 어둡기도 한 것이며, 작은 버림은 촛불이 뒤에 있는 것과 같아서 앞길의 구덩이와 함정이 보이지 않는 것이다.

그러므로 보살은 마음이 허공과 같아서 일체를 몽땅 버린다. 과거의 마음을 얻을 수 없음은 과거의 버림이요, 현재의 마음을 얻을 수 없음은 현재의 버림이요, 미래의 마음을 얻을 수 없음은 미래의 버림이니, 이른바 3세世를 모두 버린다는 것이다.

여래如來께서 가섭迦葉에게 법을 전하신 이래로 마음으로써 마음을 인가하시니, 마음과 마음이 다르지 않다. 허공에다 도장을 찍으면 도장은 문양을 이루지 못하고, 물건에다 도장을 찍으면 도장은 법을 이루지 못한다. 그러므로 마음으로써 마음을 인가하매 마음과 마음이 다르지 않은 것이니, 도장 찍는 이〔能印〕와 찍는 바〔所印〕가 함께 계합하기가 어렵다. 이 때문에 얻는 자가 적으니, 마음은 곧 무심이요, 얻음은 곧 얻음 없음이다.

○ 부처님은 세 가지 몸〔三身〕이 있으니, 법신法身은 자기 성품의 영통靈通한 법을 설명한 것이요, 보신報身은 일체의 청정한 법을 말한 것이요, 화신化身은 육도만행六度萬行의 법을 말한 것이다.

법신의 설법은 언어와 음성과 형상과 문자로 하는 것이 아니니, 설할 것도 없고 증득할 바도 없어서 자기 성품이 영통靈通할 뿐이다. 이 때문에 "설할 만한 법이 없는 이것을 이름하여 설법이라 한다"고 하셨다. 보신과 화신은 모두 근기에 따라 감응하여 나타나 설법하는 바이며, 또한 사事에 따르고 근기에 응하여 섭화攝化하는 바이니, 모두 참된 법〔眞法〕이 아니다. 이 때문에 말하기를 "보신과 화신은 참 부처도 아니고 또한 법을 설하는 자도 아니다"라고 하였다.

○ 말한 바가 똑같이 하나의 정명精明이 나뉘어서 여섯 가지 화합和合이 되었다고 하는데, 하나의 정명이란 한마음〔一心〕이요, 여섯 가지 화합이란 여섯 감관이 제각기 경계〔塵 : 번뇌〕와 화합하는 것이니, 눈은 빛과 화합하고, 귀는 소리와 화합하고, 코는 냄새와 화합하고, 혀는 맛과 화합하고, 몸은 감촉과 화합하고, 뜻은 법과 화합하는데, 중간에 여섯 가지 의식이 생겨서 18계界가 된다. 만약 18계가 공하여 있는 바〔所有〕가 없음을 요달해 알면, 여섯 가지 화합을 묶어서 하나의 정명으로 삼는데, 하나의 정명이란 곧 마음이다. 그러나 도를 배우는 사람은 모두 이를 알지만, 다만 하나의 정명이 여섯 가지 화합을 짓는다는 견해를 면치 못하여서, 드디어 법에 얽매여 근본 마음에 계합하지 못하는 것이다.

이에 여래께서 세상에 나오셔서 1승乘의 진실한 법을 설하고자 했지만, 중생이 믿지 않고 비방을 하다가 고통의 바다에 빠졌다.

만약에 전혀 설하지 않으면 부처가 간탐慳貪에 떨어지는 것이며, 중생을 위하지 않으면 미묘한 도〔妙道〕를 몽땅 버리는 것이니, 그리하여 마침내 방편으로 3승乘을 말씀하신 것이다. 승乘에는 대승과 소승이 있고 증득에는 깊음과 얕음이 있는데, 모두 본래의 법이 아니기 때문에 "오직 이 1승의 도일 뿐 나머지 둘은 참되지 않다"고 한 것이다. 그러나 끝내 일심의 법을 능히 드러내지 못했으므로 가섭을 불러 법좌의 자리를 함께하면서 따로 일심을 부촉하니, 이는 말을 여읜 설법이다. 이 한 가지의 법이 오늘날 따로 행해지고 있으니, 능히 계합해서 깨닫는 자는 문득 부처 경지에 이른다.

배휴裵休 상국相國의 전심게傳心偈

내가 완릉宛陵과 종릉鐘陵에서 모두 황벽黃蘗 희운希運 선사의 『전심법요傳心法要』를 직접 얻었으므로 나도 전심게傳心偈를 지어 본다.

마음은 전할 수 없으나
계합하는 것으로 전하고
마음은 볼 수 없으나
없음을 보는 것으로 삼지만
계합해도 계합함이 없고
없음도 또한 없음이 없네.

心不可傳 以契爲傳
心不可見 以無爲見

契亦無契 無亦無無

변화로 이루어진 성城에 머물지 말아야 하리니
미혹한 이마에는 구슬이 있는데
구슬이란 억지로 붙인 이름이니
변화로 이루어진 성인들 어찌 형상이 있으랴?

化城不住 迷額有珠
珠是强名 城豈有形

마음 그대로가 부처이니
부처는 곧 생겨남이 없네.
당장에 문득 이러할 뿐
구하지도 말고 영위하지도 말라.

卽心卽佛 佛卽無生
直下便是 勿求勿營

부처로 하여금 부처를 찾게 하면
공功을 들이는 과정을 갑절이나 쓰게 되고
법을 따라 견해를 내면
곧 마魔의 경계에 빠지네.

使佛覔佛 倍費功程
隨法生解 卽落魔界

범부와 성인을 분별하지 않아야
비로소 보고 들음을 여의나니
무심이 거울과 같으면
사물과 다투지 않게 되고

무념이 허공과 같으면
사물을 용납하지 않음이 없네.
凡聖不分 乃離見聞
無心似鏡 與物無競
無念似空 無物不容

3승 밖의 법은
여러 겁을 지나도 만나기 드무나니
만약 이럴 수만 있다면
바로 세간을 벗어난 영웅이네.
三乘外法 歷劫希逢
若能如是 是出世雄

일찍이 듣건대, 하동河東 대사大士가 고안高安 도사導師의 『전심법요』를 직접 보고서 그 해에 게송을 지어 후학들에게 보이니, 단박에 벙어리가 말하고 소경이 보는 것 같아서 단청丹青처럼 환하였다. 내가 그 나머지가 없어진 것을 애석히 생각하여 이 기록의 끝에다 연이어 놓는다.

경력慶曆 무자년〔戊子歲〕[18]에 남종南宗의 스님 천진天眞이 쓰다.〔『전심법요傳心法要』 안에 열한 곳을 고치고 세 글자를 빼고 아홉 자를 더했는데, 모두 『사가록四家錄』과 별록別錄을 참고하였다.〕

18 서기 1048년으로서 송宋의 인종仁宗 때이다.

경덕전등록 제 10 권

회양懷讓 선사의 제3세 밑의 61인

지주池州 남전南泉 보원普願 선사의 법손 17인

호남湖南 장사長沙 경잠景岑 선사

형남荊南 백마白馬 담조曇照 선사

종남산終南山 운제雲際 사조師祖 선사

등주鄧州 향엄香嚴 하당下堂 의단義端 선사

조주趙州 동원東院 종심從諗 선사

지주池州 영취靈鷲 한閑 선사

악주鄂州 수유산茱萸山 화상

구주衢州 자호子湖 이종利蹤 선사

낙경洛京 숭산嵩山 화상

일자日子 화상

소주蘇州 서선西禪 화상

선주宣州 자사刺史 육긍陸亘

지주池州 행자行者 감지甘贄

〔이상 13인은 기록에 보임〕

자산資山 존제存制 선사

강릉江陵 도홍道弘 선사

선주宣州 현극玄極 선사

신라국新羅國 도균道均 선사

〔이상 4인은 기연할 어구가 없으므로 기록하지 않음〕

항주杭州 염관鹽官 제안齊安 선사의 법손 8인

양주襄州 관남關南 도상道常 선사

홍주洪州 쌍령雙嶺 현진玄眞 선사

항주杭州 경산徑山 감종鑒宗 선사

〔이상 3인은 기록에 보임〕

당唐 선종宣宗 황제皇帝

백운白雲 담정曇靖 선사

노부潞府 녹수淥水 문거文擧 선사

신라新羅 품일品日 선사

수주壽州 건종建宗 선사

〔이상 5인은 기연할 어구가 없으므로 기록하지 않음〕

무주婺州 오설산五洩山 영묵靈默 선사의 법손 4인

복주福州 구산龜山 정원正原 선사

〔1인은 기록에 보임〕

감천사甘泉寺 효방曉方 선사

명주明州 서심사棲心寺 장환藏奐 선사

감천사甘泉寺 원수元遂 선사

〔이상 3인은 기연할 어구가 없으므로 기록하지 않음〕

낙경洛京 불광사佛光寺 여만如滿 선사의 법손 1인

항주杭州 자사刺史 백거이白居易

〔1인은 기록에 보임〕

명주明州 대매산大梅山 법상法常 선사의 법손 3인

신라국新羅國 가지迦智 선사

항주杭州 천룡天龍 화상

〔이상 2인은 기록에 보임〕

신라국新羅國 충언忠彦 선사

〔1인은 기연할 어구가 없으므로 기록하지 않음〕

형주荊州 영태사永泰寺 영단靈湍 선사의 법손 5인

호남湖南 상림上林 계허戒虛 선사

오대산五臺山 비마암祕魔巖 화상

호남湖南 기림祇林 화상

〔이상 3인은 기록에 보임〕

여후산呂后山 문질文質 선사

소주蘇州 법하法河 선사

〔이상 2인은 기연할 어구가 없으므로 기록하지 않음〕

유주幽州 반산盤山 보적寶積 선사의 법손 2인

진부鎭府 보화普化 화상

〔1인은 기록에 보임〕

진주鎭州 상방上方 화상

〔1인은 기연할 어구가 없으므로 기록하지 않음〕

경조京兆 홍선사興善寺 유관惟寬 선사의 법손 6인

경조京兆 법지法智 선사

경조京兆 무표無表 선사

경조京兆 혜건慧建 선사

경조京兆 원정元淨 선사

경조京兆 혜광慧光 선사

경조京兆 의종義宗 선사

〔이상 6인은 기연할 어구가 없으므로 기록하지 않음〕

운수雲水 정종靖宗 선사의 법손 2인

화주華州 소마小馬 신조神照 선사

화주華州 도원道圓 선사

〔이상 2인은 기연할 어구가 없으므로 기록하지 않음〕

담주潭州 용아산龍牙山 원창圓暢 선사의 법손 2인

가화嘉禾 장이藏廙 선사

〔1인은 기록에 보임〕

양장羊腸 장추藏樞 선사

〔1인은 기연할 어구가 없으므로 기록하지 않음〕

분주汾州 무업無業 국사의 법손 2인

진주鎭州 상정常貞 선사

진주鎭州 봉선奉先 의義 선사

〔이상 2인은 기연할 어구가 없으므로 기록하지 않음〕

여산廬山 귀종사歸宗寺 지상智常 선사의 법손 6인

복주福州 부용산芙蓉山 영훈靈訓 선사

한남漢南 곡성현穀城縣 고정高亭 화상

신라新羅 대모大茅 화상

오대산五臺山 지통智通 선사

〔이상 4인은 기록에 보임〕

홍주洪州 고안高安 대우大愚 선사

강주江州 자사刺史 이발李渤

〔이상 2인은 기연할 어구가 없으므로 기록하지 않음〕

노조산魯祖山 보운寶雲 선사의 법손 1인

운수雲水 화상

〔1인은 기연할 어구가 없으므로 기록하지 않음〕

자옥산紫玉山 도통道通 선사의 법손 1인

당唐 양주襄州 절도사節度使 우적于頔

〔1인은 기연할 어구가 없으므로 기록하지 않음〕

화엄사華嚴寺 지암智巖 선사의 법손 1인

황주黃州 제안齊安 화상

〔1인은 기록에 보임〕

회양懷讓 선사의 제3세 ②

앞의 지주池州 남전南泉 보원普願 선사의 법손

호남湖南 장사長沙 경잠景岑 초현招賢 대사

처음에는 녹원鹿苑에서 제1세世의 주지로 있었다. 나중에는 일정한 장소가 없이 살면서 인연에 따라 중생을 제접하고 요청에 따라 법을 설해 주니, 당시 사람들이 그를 장사長沙 화상이라 하였다.

상당上堂하여 말했다.

"내가 만일 한결같이 종지의 가르침만을 고양하면 법당 앞에 풀이 한 길이나 자라게 된다. 그러므로 나는 어찌할 수 없어서 그대들에게 말하나니, 온 시방세계가 사문의 눈〔眼〕이요, 온 시방세계가 사문의 전신全身이요, 온 시방세계가 자기 광명自己光明이요, 온 시방세계가 자기 광명 속에 존재하며, 온 시방세계의 단 한 사람도 자기 아님이 없다. 내가 항상 그대들에게 말하기를 '3세의 모든 부처가 온 법계의 중생들과 더불어 마하반야摩訶般若의 광명이다'라고 하였는데, 광명이 발하지 않았을 때 그대들은 어디에 있었는가? 광명이 아직 발하지 않았을 때는 부처도 없고 중생의 징조도 없거늘, 산하와 국토는 어디서 오겠는가?"

그때에 어떤 스님이 물었다.

"어떤 것이 사문의 눈입니까?"

대사가 대답했다.

"영원히 드러낼 수 없느니라."

또 말하였다.

"부처를 이루고 조사를 이루어도 드러낼 수 없고, 여섯 세계〔六道〕에 윤회하여도 드러낼 수 없느니라."

"드러낼 수 없다는 것이 무엇입니까?"

"낮에는 해를 보고, 밤에는 별을 보는 것이다."

"학인은 잘 모르겠습니다."

"묘고산妙高山의 빛깔이 푸르고 또 푸르니라."

어떤 스님이 물었다.

"가르침 중에서 말씀하시기를 '항상 이 보리의 자리〔菩提座〕에 처한다'고 하는데, 어떤 것이 이 자리입니까?"

"노승老僧이 바로 앉았는데, 대덕은 바로 섰구먼."

어떤 스님이 물었다.

"어떤 것이 대도大道입니까?"

"그대를 아주 없애 버려라."

어떤 스님이 물었다.

"모든 부처님의 스승은 누구입니까?"

"비롯함이 없는 겁 이래로 누가 음덕을 덮어 주었는가?"

"부처님들이 나시기 전에는 어떠합니까?"

"노조(魯祖 : 보운 선사)가 법당을 열었을 때에도 사승師僧과 더불어 횡설수설하였었다."[1]

어떤 스님이 물었다.

"학인이 지위〔地〕에 의거하지 않을 때는 어떠합니까?"

"그대는 어느 곳을 향하여 안신입명安身立命하겠는가?"

"지위에 의거할 때는 어떠합니까?"

"저 송장을 끌어내라."

1 노조가 교화를 시작할 때에 어떤 스님이 나와서 "부처님들의 스승이 누구냐?"고 물으니, 노조가 말하기를 "머리 위에 보배관을 쓴 분이 아니고 무엇이랴"라고 하였다.

어떤 스님이 물었다.
"어떤 것이 이류異類[2]입니까?"
"자〔尺〕는 짧고, 치〔寸〕는 길구나."

어떤 스님이 물었다.
"어떤 것이 모든 부처님의 스승입니까?"
"곧은 것을 다시 휘어서 굽게 만들지 말라."
"화상에게 향상向上의 설법을 청합니다."
"그대〔闍梨〕는 눈이 멀었는데, 귀까지 먹으면 어찌하려고?"

대사가 같이 참구하는 회會 화상에게 어떤 스님을 보내 이렇게 말하게 하였다.
"화상께서 남전南泉을 뵙고 난 뒤에는 어떠했습니까?"
회 화상이 잠자코 있으니, 그 스님이 다시 물었다
"화상께서 남전을 뵙기 전에는 어떠하셨습니까?"
회 화상이 대답했다.
"다시 다른 것이 있을 수 없다."
그 스님이 돌아와서 대사에게 이야기하니, 대사가 게송 하나를 지어서 보였다.

> 백 길 장대 끝에서도 동요하지 않는 사람을
> 비록 깨달았다고 하지만 아직 참되지는 않나니
> 백 길 장대 끝에서 모름지기 걸어 나가야

---

2 중생을 교화하기 위하여 인간 이외의 몸을 받아 난 것을 말한다.

비로소 시방세계가 온몸〔全身〕이리라.

百丈竿頭不動人　　雖然得入未爲眞
百丈竿頭須進步　　十方世界是全身

그 스님이 물었다.

"어떤 것이 백 길 장대 끝에서 걸어 나가는 것입니까?"

"낭주朗州의 산이요, 예주澧州의 물이니라."

"화상께서 설명해 주십시오."

"사해四海와 오호五湖가 모두 황제의 덕화德化 속에 있느니라."

어떤 나그네가 와서 알현하니, 대사가 불렀다.

"상서尙書여."

그 사람이 대답을 하자, 대사가 말했다.

"이것이 상서의 본명本命[3]이 아니겠는가?"

"바로 지금 대답한 것을 여의고 따로 제2의 주인이 있지 않습니다."

"상서를 지존至尊이라 하면 되겠는가?"

"이렇듯 전혀 대답하지 않을 때가 제자의 주인공이 아니겠습니까?"

"단지 대답할 때만이 아니라 대답하지 않을 때도 비롯함이 없는 겁 이래로 그것이 생사의 근본이었다."

그리고는 게송을 말했다.

도를 배우는 자가 진리를 인식하지 못함은

---

3 사람의 생명을 맡은 별, 타고난 운명을 가리키는 말이다.

다만 본래부터 식신識神을 인정하기 때문이니
비롯함이 없는 이래로 생사의 근본을
어리석은 사람들은 본래의 몸이라 부른다네.

學道之人不識眞　　只爲從來認識神
無始劫來生死本　　癡人喚作本來身

어떤 수재秀才가 『불명경佛名經』을 보다가 물었다.

"백천 부처님께서 다만 이름만 보일 뿐 어느 국토에 살았다는 말은 없으니, 그들도 중생을 제도하였습니까?"

대사가 말했다.

"황학루黃鶴樓란 시의 제호題號를 최호崔顥가 지은 뒤에 수재도 지은 적이 있는가?"

"지은 적이 없습니다."

"한가해지거든 한 편 지어보는 것이 어떠한가?"

어떤 스님이 물었다.

"남전 화상이 천화遷化한 뒤에 어디로 가셨습니까?"

"동쪽 집에서는 나귀가 되고, 서쪽 집에서는 말이 된다."

"그 뜻이 무엇입니까?"

"타야 하면 타고, 내려야 하면 내린다."

호월皓月이라는 스님이 물었다.

"천하의 선지식들은 3덕德의 열반涅槃을 증득하셨습니까?"

"대덕은 과위果位 위의 열반을 묻는가, 인위因位 안의 열반을 묻는가?"

"과위 위의 열반을 묻습니다."

"그렇다면 천하의 선지식은 증득하지 못했다."

"어찌하여 증득하지 못했습니까?"

"공功이 아직 성현들과 가지런하지 못하기 때문이니라."

"공이 성인들과 가지런하지 않은데, 어찌 선지식이라 할 수 있겠습니까?"

"불성佛性을 분명히 보는 것도 또한 선지식이라는 이름을 얻을 수 있다."

"그러면 공이 어느 도와 가지런해야 대열반大涅槃을 증득했다고 합니까?"

대사가 게송을 지어서 보였다.

마하반야摩訶般若가 비추는
해탈의 깊고 깊은 법은
법신의 적멸체寂滅體이니
셋이 하나인 이치가 원만하고 항상하다네.
공功이 가지런한 곳을 알고 싶은가?
이것을 이름하여 항상 적멸한 광명이라 한다네.

摩訶般若照　解脫甚深法
法身寂滅體　三一理圓常
欲識功齊處　此名常寂光

그 스님이 다시 물었다.

"과위 위의 3덕 열반은 이미 일러 주셨습니다만, 어떤 것이 인위因位 안의 열반입니까?"

"대덕大德이 바로 그것이다."

그 스님이 다시 물었다.

"가르침 속에서 말씀하신 환幻의 뜻이 있습니까?"

"대덕이여, 그게 무슨 말인가?"

"그러면 환幻의 뜻이 없습니까?"

"대덕이여, 그게 무슨 말인가?"

"그렇다면 환의 뜻은 있지도 않고 없지도 않습니까?"

"대덕이여, 그게 무슨 말인가?"

"제가 세 차례나 밝혔으나 모두 환의 뜻과 계합하지 못했으니, 화상께서는 가르침 속에서 말한 환의 뜻을 어떻게 밝히겠습니까?"

"대덕은 일체법의 부사의不思議함을 믿는가?"

"부처님의 진실한 말씀을 어찌 믿지 않겠습니까?"

"대덕이 믿음을 말했는데, 두 가지 믿음〔二信〕[4] 중에서 어느 것인가?"

"제가 말한 것은 두 가지 믿음 가운데서 연신緣信에 해당합니다."

"어떤 교문敎門에 의거하여 연신을 내었는가?"

"『화엄경』에 말하기를 '보살마하살은 막힘도 걸림도 없는 지혜로써 일체 세간의 경계가 여래의 경계임을 믿는다'고 하였고, 또 『화엄경』에서 말하기를 '모든 불세존께서는 세간의 법과 모든 불법의 성품이 차별이 없어서 결단코 둘이 없음을 잘 아신다'고 하였으며, 또 『화엄경』에서 말하기를 '불법과 세간법에서 그 진실을 본다면 일체가 차별이 없다'고 하였습니다."

---

4 연신緣信과 증신證信. 연신은 처음으로 불법을 믿는 믿음이요, 증신은 맨 나중에 믿는 믿음이다.

“대덕이 열거한 연신緣信의 교문敎門은 상당히 근거가 있구나. 노승이 대덕을 위해 가르침 중에서 말한 환幻의 뜻을 밝혀 주겠으니 잘 들어라. 만일 어떤 사람이 환幻이 본래 참〔眞〕임을 보면, 그렇다면 이름하여 부처를 본 사람이라 한다. 원만히 통하는〔圓通〕 법과 법은 생멸이 없나니, 멸함도 없고 생함도 없는 것이 부처님 몸〔佛身〕이니라.”

그 스님이 또 물었다.

“지렁이를 두 토막으로 끊으면 두 토막이 모두 움직이는데, 불성은 어느 쪽에 있습니까?”

“움직임과 움직이지 않음이 어떤 경계인가?”

“그 말씀은 경전과 관련이 없으니, 지혜로운 이의 말이라 할 수 없습니다. 화상께서 말씀하시기를 ‘움직임과 움직이지 않음이 어떤 경계인가?’라고 하셨는데, 어느 경전에서 나온 말입니까?”

“과연 그렇다. 말이 경전에 관계치 않는 것은 지혜로운 이의 말이 아니다. 그러나 대덕은 어찌하여 보지 못했는가? 『수능엄경首楞嚴經』에 말하기를 ‘반드시 알아야 한다. 시방의 끝없고 움직이지 않는 허공과 아울러 요동하는 땅·물·불·바람을 똑같이 6대大라 하나니, 성품이 참되고 원융하여 모두가 여래장如來藏이라서 본래 생멸이 없다’고 하였다.”

이어서 게송을 말했다.

가장 깊고도 심히 깊구나.
법계와 사람의 몸이 문득 마음일세.
미혹한 이는 본래 마음을 잃고 온갖 경계〔色〕를 짓지만
깨닫고 나면 찰토刹土의 경계가 바로 참 마음〔眞心〕이로다.

몸과 계界의 두 티끌이 실다운 모습이 없으니
분명히 이를 요달하는 것을 지음知音이라 부른다네.

最甚深　最甚深　　法界人身便是心
迷者迷心爲衆色　　悟時刹境是眞心
身界二塵無實相　　分明達此號知音

그 스님이 또 물었다.

"어떤 것이 다라니陀羅尼입니까?"

대사가 선상禪床의 오른쪽 끝〔右邊〕을 가리키면서 말했다.

"저 사승師僧이 외울 줄 안다."

"그밖에도 외우는 이가 있습니까?"

대사가 다시 선상의 왼쪽 끝을 가리키면서 말했다.

"저 사승도 외울 줄 안다."

"저에게는 어찌하여 들리지 않습니까?"

"대덕은 어찌하여 참된 외움에는 메아리가 없고, 참된 들음에는 들은 바가 없다는 것을 모르는가?"

"그렇다면 음성은 법계의 성품에 들어가지 않습니까?"

"빛깔을 여의고서 보려는 것은 올바른 봄〔正見〕이 아니고, 소리를 여의고서 들으려는 것은 삿된 들음이다."

"어찌하여 빛깔을 여의지 않는 것이 올바로 보는 것이며, 소리를 여의지 않는 것이 올바로 듣는 것입니까?"

대사가 게송을 지어 보였다.

눈에 가득한 것은 본래 빛깔이 아니고
귀에 가득한 것도 본래 소리가 아니니
문수는 항상 눈에 접촉하고

관음觀音이 이근耳根을 채웠다.

滿眼本非色　　滿耳本非聲
文殊常觸目　　觀音塞耳根

셋을 알면 원래 한 바탕〔一體〕이고
넷을 요달하면 본래 동일한 진眞이니
당당한 법계의 성품에는
부처도 없고 또한 사람도 없다.

會三元一體　　達四本同眞
堂堂法界性　　無佛亦無人

어떤 스님이 남전南泉에게 물었다.

"살쾡이와 흰 염소는 있는 줄 알겠으나 3세의 모든 부처님은 있는 줄 모르겠다고 하셨으니, 어찌하여 3세의 부처님께서 있는 줄을 모르십니까?"

"녹원鹿苑에 들어가지 않았을 때에는 그래도 비슷하였다."

"살쾡이와 흰 염소는 어찌하여 있는 줄 압니까?"

"그대는 어찌하여 그것을 괴이하게 여기는가?"

"화상께서는 누구의 대를 이었습니까?"

"나는 누구의 대도 잇지 않았다."

"물어서 배우기는 하였습니까?"

"나 스스로 묻고 배웠느니라."

"스님의 뜻은 무엇입니까?"

대사가 게송을 지어 보였다.

허공이 만상萬象에게 묻고

만상이 허공에게 답하는 것을
어느 누가 친히 듣겠느냐.
나무로 만든 인형 아이로다.

虛空問萬象　萬象答虛空
誰人親得聞　木叉丱角童

스님이 물었다.

"어떤 것이 평상한 마음〔平常心〕입니까?"

"자고 싶으면 자고, 앉고 싶으면 앉는 것이니라."

"학인은 잘 모르겠습니다."

"더우면 서늘하게 하고, 추우면 불을 쪼인다."

"위로 향하는 외가닥 길〔向上一路〕을 말씀해 주십시오."

"한 개의 바늘에 석 자의 실이다."

"어찌 알아야 하겠습니까?"

"익주益州의 베와 양주揚州의 비단이다."

어떤 스님이 물었다.

"움직임〔動〕은 법왕法王의 싹이고, 고요함〔寂〕은 법왕의 뿌리라 하니, 어떤 것이 법왕입니까?"

대사가 노주露柱를 가리키면서 말했다.

"왜 저 대사에게 묻지 않는가?"

대사가 뜰 앞에서 볕을 쪼이는데, 앙산仰山이 말했다.

"사람마다 다 저런 일이 있건만 다만 수용하지를 못하는구나."

대사가 말했다.

"마치 그대에게 수용하기를 청하는 것 같구나."

"어떻게 수용하겠습니까?"

대사가 앙산을 차서 쓰러뜨리니, 앙산이 말했다.

"곧바로 호랑이〔大蟲〕같이 되었구나."〔장경長慶이 말하기를 "먼저는 둘 다 작가作家이더니 나중에는 둘 다 작가가 아니로구나"라고 하였다. 그리고 이어 따로 말하기를 "삿된 법을 조복시키기 어렵구나"라고 하였다.〕

이로부터 모든 곳에서 그를 경잠의 호랑이라 불렀다.

어떤 스님이 물었다.

"본래의 사람〔本來人〕도 부처를 이룹니까?"

"그대는 대당의 천자天子가 손수 씨를 심고 벼를 베는 것을 보았는가?"

"그러면 어떤 사람이 부처를 이룹니까?"

"그대가 부처를 이룬다."

그 스님이 말이 없으니, 대사가 말했다.

"알겠는가?"

"모르겠습니다."

"가령 사람이 땅으로 인하여 넘어졌으면 다시 땅을 인하여 일어나야 하는데, 땅이 무어라 하더냐?"

삼성三聖이 수秀 상좌上座를 시켜서 물었다.

"남전이 천화한 뒤에 어디로 갔습니까?"

대사가 대답했다.

"석두石頭가 사미로 있을 때에 6조를 뵈었느니라."

수 상좌가 말했다.

"석두가 6조를 뵌 일을 묻는 것이 아닙니다. 남전이 천화한 뒤에 어디로 갔습니까?"

"그(伊)로 하여금 잘 생각해서 가게 하라."

수 상좌가 말했다.

"화상께는 비록 천 자나 되는 겨울 소나무는 있으나, 가지를 추출한 석순石筍은 없군요."

대사가 잠자코 있으니, 수 상좌가 말했다.

"화상께서 대답해 주신 것을 감사드립니다."

대사는 여전히 잠자코 있었다. 수 상좌가 삼성에게 가서 이야기하니, 삼성이 말했다.

"만일 진실로 그렇다면, 오히려 임제臨濟의 일곱 걸음보다 훌륭하다. 그러나 설사 그렇더라도 내가 다시 점검해 봐야 하겠다."

이튿날 삼성이 올라와서 물었다.

"화상께서 어제 남전이 천화한 뒤에 어디로 갔느냐는 말에 대답하셨다고 들었는데, 광전절후光前絶後[5]의 고금에 듣기 어려운 법문이었다고 생각합니다."

대사가 여전히 잠자코 있었다.

어떤 스님이 물었다.

"어떤 것이 문수文殊입니까?"

"담장 위의 기왓장이니라."

"어떤 것이 관음觀音입니까?"

5 전무후무前無後無하다는 뜻의 광전절후曠前絶後의 오기인 듯하다.

“소리와 말이니라.”

“어떤 것이 보현普賢입니까?”

“중생의 마음이다.”

“어떤 것이 부처입니까?”

“중생의 색신色身이니라.”

“항하의 모래알같이 많은 부처님의 본체는 모두 동일하거늘, 어찌하여 갖가지 명호가 있습니까?”

“안근眼根으로부터 근원을 돌이킨 것을 이름하여 문수라 하고, 이근耳根으로부터 근원을 돌이킨 것을 이름하여 관음이라 하고, 마음으로부터 근원을 돌이킨 것을 이름하여 보현이라 한다. 문수는 부처님의 묘하게 관찰하는 지혜〔妙觀察智〕요, 관음은 부처님의 반연 없는 큰 자비〔無緣大慈〕요, 보현은 부처님의 함이 없는 묘한 행〔無爲妙行〕이니, 세 성인은 부처님의 묘한 작용이고 부처님은 세 성인의 참된 체體이다. 작용을 하면 항하의 모래알같이 많은 거짓 이름이 있으나, 본체는 통틀어 박가범薄伽梵 하나뿐이다.”

어떤 스님이 물었다.

“색色이 곧 공空이요, 공이 곧 색이라 하는데, 이 이치가 어떠합니까?”

대사가 게송을 말했다.

막힌 곳이 장벽이 아니니
통한 곳을 허공이라 하지 말라.
만약 사람이 이렇게 이해하면
마음과 경계는 본래 같으니라.

凝處非牆壁　　通處勿虛空
若人如是解　　心色本來同

또 게송을 말했다.

불성이 훤하게 드러나 있는데
성품에 머물고 정情을 두면 보기 어려우니
중생에 내가 없음을 깨달으면
내 얼굴과 부처의 얼굴이 무엇이 다르랴?
佛性堂堂顯現　　住性有情難見
若悟衆生無我　　我面何殊佛面

스님이 물었다.
"제6식識과 제7식과 제8식은 필경 본체가 없거늘, 어찌하여 제8식을 굴려서 대원경지大圓鏡智를 이룬다고 하는 것입니까?"
대사가 게송으로 대답했다.

7식의 생겨남은 하나의 멸함에 의지하고
하나의 멸함은 7식의 생겨남을 유지한다.
하나의 멸함은 멸함도 멸한 것이니
6식과 7식은 영원히 변천치 않네.
七生依一滅　　一滅持七生
一滅滅亦滅　　六七永無遷

또 어떤 스님이 물었다.
"지렁이를 두 토막으로 끊을 때에 두 토막이 모두 움직이는데,

불성은 어느 쪽에 있습니까?"

"망상은 해서 무엇 하겠는가?"

"그러나 꿈틀거리는데 어찌하겠습니까?"

"그대는 어찌하여 불과 바람이 아직 흩어지지 않았음을 모르는가?"

"어찌해야 산하와 국토를 굴려서 자기로 귀의하게 하겠습니까?"

대사가 도리어 물었다.

"어찌해야 자기를 굴려서 산하와 국토를 이루게 하겠는가?"

"알지 못하겠습니다."

"호남성湖南城 밑은 백성을 부양하기 좋으니, 쌀값이 싸고 땔감이 많아서 사방의 이웃을 만족시키느니라."

그 스님이 말이 없으니, 대사가 게송을 말했다.

산하를 굴린다고 누가 묻는가?
산하가 구르면 어디를 향하는가?
원통圓通에는 두 둔덕이 없으니
법성은 본래 돌아감이 없다.

誰問山河轉　　山河轉向誰
圓通無兩畔　　法性本無歸

『화엄경』을 강론하는 어떤 대덕이 물었다.

"허공은 실제 있는 것입니까, 아니면 없는 것입니까?"

대사가 말했다.

"있다 말해도 되고, 없다 말해도 된다. 허공이 있을 때에는 다만 거짓 있음만이 있고, 허공이 없을 때에는 다만 거짓 없음만이 없

다."

"화상께서 말씀하시는 바는 어떤 경전에 있는 말씀입니까?"

"대덕은 어찌 듣지 못했는가? 『수능엄경』에 말하기를 '시방의 허공이 그대의 마음 안에 생겨난 것이 마치 조각구름이 푸른 하늘에 떠 있는 것과 같다'고 하였으니, 이 어찌 허공이 생겨날 때에 거짓 이름만이 생겨나는 것이 아니겠는가? 또 말하기를 '너희들 한 사람이 참〔眞〕을 일으켜서 근원〔元〕에 돌아가면, 시방 허공이 모두 무너진다'고 하였으니, 이 어찌 허공이 사라질 때에 거짓 이름만이 사라지는 것이 아니겠는가? 그러므로 내가 말하기를 '있음은 거짓 있음뿐이요, 없음은 거짓 없음뿐이다'라고 하는 것이다."

다시 물었다.

"경에 말하기를 '마치 맑은 유리 안에 순금의 상像이 나타난 것과 같다'고 하는데, 이 뜻이 어떤 것입니까?"

"깨끗한 유리로써 법계의 체體를 삼고, 순금의 상像으로 무루지無漏智의 체를 삼으면, 체가 능히 지혜를 낳고 지혜가 능히 체를 요달하나니, 이 때문에 '맑은 유리 안에 순금의 상이 나타난 것과 같다'고 말한 것이니라."

"어떤 것이 상상인上上人의 행할 곳입니까?"

"죽은 사람의 눈동자와 같다."

"상상인이 서로 볼 때에는 어떠합니까?"

"죽은 사람의 손과 같으니라."[6]

"선재동자善財童子는 어찌하여 한량없는 겁 동안 보현의 몸 안에 있는 세계를 돌아다녔는데도 두루하지 못했습니까?"

6 쓸데없다는 뜻이다.

"그대는 한량없는 겁 이래로 돌아다녔는데 두루하였는가?"

다시 물었다.

"어떤 것이 보현普賢의 몸입니까?"

"함원전含元殿[7] 안에서 다시 장안長安을 찾는구나."

"어떤 것이 학인學人의 마음입니까?"

"온 시방세계가 그대의 마음이니라."

"그렇다면 학인은 몸을 붙일 곳이 없겠습니다."

"이것이 그대의 몸 붙일 곳이니라."

"어떤 것이 몸 붙일 곳입니까?"

"바닷물이 깊고 또 깊으니라."

"학인은 잘 모르겠습니다."

"물고기와 용의 출입이 멋대로 오르락내리락 하느니라."

"어떤 사람이 물으면 화상께서는 인연 따라서 대답해 주시겠지만, 전혀 아무도 묻지 않을 때에는 어찌하시겠습니까?"

"피곤하면 잠을 자고, 피로가 풀리면 일어난다."

"학인이 어떻게 이해하라고 하시는 것입니까?"

"여름에는 벌거벗고 있으나, 겨울에는 옷을 입어야 하느니라."

"죽은 스님이 어디로 갔습니까?"

대사가 게송으로 대답했다.

> 금강 같은 몸임을 모르고서
> 도리어 인연 따라 생겼다고 하는구나.
> 시방의 참다운 적멸은

---

7 서울인 장안 안에 있는 대궐이다.

어디엔 있고 또 어디엔 없으랴.

不識金剛體　　却喚作緣生
十方眞寂滅　　誰在復誰行

남전의 초상화에 찬讚을 부쳤다.

당당한 남전이여,
3세의 근원이니
금강으로 항상 머물러서
시방에 끝이 없네.
중생과 부처가 다함이 없으니
나타났다가는 곧 되돌아가네.

堂堂南泉　　三世之源
金剛常住　　十方無邊
生佛無盡　　現已却還

남전이 오래도록 막혀 있다가 깨닫고는 게송을 지었다.

오늘에야 고향에 돌아와 대문에 들어가니
남전이 친히 건곤乾坤에 두루했다고 말하네.
법과 법이 분명하여 모두가 조부祖父이니
돌이켜 뒤를 보면 후손들에게 부끄럽네.

今日還鄕入大門　　南泉親道遍乾坤
法法分明皆祖父　　迴頭慚愧好兒孫

대사가 이에 화답하였다.

오늘날 깨달은 일을 논하지 말지니
남전은 건곤에 두루했다고 말하지 않네.
고향에 돌아오면 모두가 후손의 일이니
조부祖父는 본래 문에 들어가지 않았네.[8]

今日投機事莫論　　南泉不道遍乾坤
還鄉盡是兒孫事　　祖父從來不入門

대사가 또 배움을 권하는 게송을 지어 보였다.

만 길 장대 끝에서 아직 쉬지를 못하고
당당한 길이 있건만 노니는 이 별로 없네.
선사들아, 바라건대 남전을 통달하면
눈에 가득한 청산이 온통 가을이구나.

萬丈竿頭未得休　　堂堂有路少人遊
禪師願達南泉去　　滿目青山萬萬秋

임제臨濟 화상이 "붉은 살덩이 위에 지위 없는 참 사람〔無位眞人〕이 있다"고 한 말을 인하여 대사가 게송을 지어 보였다.

만법이 한결같아서 가려낼 필요가 없나니
한결같다면 무엇을 가리고 무엇을 가리지 않으랴.
바로 지금의 생사가 본래 보리이니
3세의 여래와 똑같은 눈을 갖추었네.

萬法一如不用揀　　一如誰揀誰不揀
即今生死本菩提　　三世如來同箇眼

8 조부祖父란 본분本分이요, 후손들이란 신훈新薰이다.

대사가 사람들이 솔〔松〕과 대〔竹〕를 꺾는 짓을 경계하는 게송을 지었다.

천년 묵은 대와 만년 묵은 솔이여,
가지마다 잎사귀마다 모두가 동일하네.
사방의 수도하는 학인들에게 말하나니
손을 옴쭉하면 모두가 조사의 몸이다.

千年竹　萬年松　　枝枝葉葉盡皆同
爲報四方玄學者　　動手無非觸祖公

형남荊南 백마白馬 담조曇照 선사

항상 말하기를 "즐겁다, 즐겁다〔快活〕"고 하더니, 임종할 때에는 "괴롭다, 괴롭다"고 하였다. 또 말하기를 "염라대왕閻羅大王이 나를 잡으러 왔구나"라고 하였는데, 이때 원주院主가 물었다.

"화상께서는 예전에 절도사節度使가 물속으로 던지는 일을 당하여도 얼굴 빛 하나 동요치 않으시더니, 오늘은 어찌하여 이러십니까?"

대사가 목침을 들고 말했다.

"너는 그때가 옳다는 것인가, 지금이 옳다는 것인가?"

원주가 대답이 없었다.〔법안法眼이 대신 말하기를 "그때에 다만 귀를 가리고 나갔어야 한다"라고 하였다.〕

종남산終南山 운제雲際 사조師祖 선사

처음에 남전에 있을 때에 물었다.

"마니주摩尼珠를 알아보는 이가 없는데, 여래장如來藏 안에서 직접 얻을 수 있다고 하였습니다. 어떤 것이 여래장입니까?"

남전이 대답했다.

"그대와 더불어 오고 가는 것이 여래장이니라."

"오고 가지 않는 것은 어떠합니까?"

"그것도 여래장이니라."

"어떤 것이 구슬입니까?"

남전이 불렀다.

"사조師祖여."

대사가 대답했다.

"네."

"가거라. 그대는 내 말을 이해하지 못한다."

대사가 이로부터 믿어 들어갔다.

등주鄧州 향엄香嚴 하당下堂 의단義端 선사

대중에게 보이셨다.

"형제들이여, 피차彼此가 아직 요달하지 못했다면, 무슨 일을 함께 헤아리고 따지겠는가? 내가 15일이면 곧 발표하리라. 지금의 학자들은 모름지기 금시今時를 요달해야 하지, 저 향상인向上人의 일 없음〔無事〕을 애착하지 말라.

형제들이여, 설사 아무리 갖가지 차별된 이치〔義路〕를 배웠다 하여도 끝내 자기의 견해로 대신하지 못하리니, 마침내 직접 힘을 써야 비로소 얻는다. 공연히 남의 교묘한 구절이나 기억해서는 도리어 어지러움만을 더할 뿐이다. 그대들이 만일 상응하고 싶다면, 오로지 힘써 다하여 가는 털끝 하나도 남겨두지 말라. 그리하여 다만 허공과 같게 되면 바야흐로 약간의 분수가 있으리니, 허공은 사슬도 없고, 장벽도 없고, 형체도 없고, 마음도 눈도 없기 때문이니라."

어떤 스님이 물었다.

"옛사람이 서로 만날 때에는 어찌하였습니까?"

"노승은 저 옛사람을 만난 적이 없다."

"요사이 혈맥이 끊이지 않는 곳을 어째서 부러워합니까?"

"부러워 할 일이 무엇인가?"

"저는 한가로운 일은 묻지 않겠으니, 화상께서 대답해 주십시오."

"나에게서 무엇을 더 찾는가?"

"한가한 일을 위하는 것이 아닙니다."

"그대는 날보고 꼭 말을 하라는 것인가?"

대사가 또 말했다.

"형제들이여, 부처도 티끌이요 법도 티끌이니, 종일토록 달리면서 구하면 언제 쉬겠는가? 다만 일상 가운데 정情을 두지 말고, 정을 사물에 걸어두지 말라. 선善이라 해서 취할 것도 없고, 악惡이라 해서 버릴 것도 없나니, 그들의 올가미를 쓰지 않게 해야 비로소 배울 자리니라."

어떤 스님이 말했다.

"제가 일찍이 한 노숙老宿을 하직하는데, 그가 저에게 말하기를 '가거든 어진 벗을 가까이하고 도반을 따르라'고 하였습니다. 그 노숙의 뜻이 무엇이겠습니까?"

그리고는 절을 하려는데 대사가 말했다.

"절이야 마음대로 하더라도 노비를 상전으로 잘못 알지는 말라."

스님이 물었다.

"어떤 것이 근원을 곧바로 끊는 것입니까?"

대사가 주장자를 던지고 방장으로 들어가 버렸다.

어느 날 대사가 대중에게 말했다.

"말을 하면 비방하는 것이요, 고요하면 기만하는 것이다. 고요함과 말함에도 위로 향하는 길이 있겠지만, 노승이 입이 좁아서 그대들에게 말할 수가 없구나."

그리고는 곧 법당에서 내려왔다.

스님이 물었다.

"한 구절이 무엇입니까?"

"여기에는 한 구절이랄 것도 없다."

"정인(正因 : 本分)에 대해 어찌하여 일이 없습니까?"

"나는 멈추거나 그친 적이 없다."

또 말했다.

"설사 겹겹으로 깎고 다듬어서 깨끗하게 하더라도 멈추어 그친 적이 없고, 방편으로 때로 시설을 한다 하여도 역시 방편으로 사람을 제접한 것이다. 만일 저쪽의 일이라면 그럴 이치가 없다."

조주趙州 관음원觀音院〔동원東院이라고도 함〕 종심從諗 선사

그는 조주曹州 학향郝鄕 사람으로서 성은 학郝씨이다. 어릴 때에 고향의 호통원扈通院에서 스승에 의해 머리를 깎았으나, 계는 받지 않고 있다가 바로 지양池陽으로 가서 남전南泉을 뵈었다. 때마침 남전이 누워서 쉬다가 물었다.

"근래에 어디서 떠났는가?"

"근래에 서상원瑞像院에서 떠났습니다."

"서상瑞像을 본 적이 있는가?"

"서상은 보지 못했고, 다만 누워 있는 여래만을 보았습니다."

"너는 주인이 있는 사미냐, 주인이 없는 사미냐?"

"주인이 있는 사미입니다."

"주인이 어디 있는가?"

"한겨울 날씨가 지독히 차가우니, 화상께서는 존체만복尊體萬福 하십시오."

남전이 법기라고 여겨서 입실入室을 허락하였다.

다른 날 남전에게 물었다.

"어떤 것이 도道입니까?"

"평상심平常心이 도이니라."

"향해서 나아갈 수 있습니까?"

"향하려 하면 즉시 어긋난다."

"향하려고 하지 않을 때에는 어떻게 도인 줄 압니까?"

"도는 알고 모르는 데 속하지 않나니, 아는 것은 허망한 지각이고, 알지 못함은 무기無記[9]이다. 만일 참으로 통달하여 의심치 않는 도라면 마치 허공처럼 텅하니 트인 것과 같으니, 어찌 억지로 시비를 일으키리오."

대사가 그 말끝에 이치를 깨달았다. 그리하여 숭악嵩嶽의 유리단琉璃壇에 가서 계를 받은 뒤에 다시 남전으로 돌아왔다.

9 여기서는 생각이 없음을 말한다.

어느 날 남전에게 물었다.

"본분이 있는 줄 아는 사람은 어느 곳을 향해 쉽니까?"

"산 밑에서 소가 되느니라."

"가르쳐 주셔서 고맙습니다."

"지난밤 3경更에 달이 창에 비치더라."

대사가 화두火頭를 맡고 있었는데, 어느 날 문을 잠그고 불을 붙여서 집안에 연기를 가득하게 해 놓고는 소리쳤다.

"불이야, 불이야."

그때 대중이 모두 달려오자, 대사가 말했다.

"말하면 즉시 문을 열어 주리라."

대중이 아무도 대답하는 이가 없었는데, 남전이 열쇠를 가지고 와서 창틈으로 넘겨주자, 대사가 얼른 문을 열었다.

또 황벽黃檗에게 가니, 황벽이 대사가 오는 것을 보고 얼른 방장의 문을 닫았다. 대사가 횃불을 법당 안으로 들고 들어가서 "불이야, 불이야" 하니, 황벽이 문을 열고 꼭 붙들고는 물었다.

"말해 봐라."

대사가 말했다.

"도적이 떠난 뒤에 활을 쏘는군요."

또 보수寶壽에게 가니, 보수는 대사가 오는 것을 보고 선상禪床 위에서 돌아앉았다. 대사가 자리를 펴고 절을 하니 보수가 선상에서 내려앉으므로 대사는 나와 버렸다.

또 염관鹽官에게 가서 말했다.

"화살이오."

염관이 대답했다.

"지나쳤다."

대사가 다시 말했다.

"맞았다."

또 협산夾山에게 가서 주장자를 들고 법당으로 들어가니, 협산이 말했다.

"무엇을 하는가?"

"물속을 더듬는 중이오."

"한 방울도 없는데 무엇을 더듬는가?"

대사가 주장자를 짚고서 나와 버렸다.

대사가 오대산五臺山 구경을 가려고 하는데, 어떤 대덕이 게송을 지어서 만류하였다.

어느 곳 청산인들 도량이 아니기에
구태여 지팡이 짚고 청량淸凉에 절하는가.
구름 속에 설사 황금 털이 나타난다 해도
올바른 눈으로 볼 때에는 길상이 아니라네.

何處靑山不道場　何須策杖禮淸涼
雲中縱有金毛現　正眼觀時非吉祥

대사가 물었다.

"어떤 것이 올바른 눈입니까?"

대덕이 대답이 없었다.〔법안法眼이 대신 말하기를 "상좌가 나의 생각을 알아주시오"라고 하였다. 동안同安 현顯이 대신 말하기를 "이것이 상좌의 눈이오"라고 하였다.〕

대사의 도가 이로부터 북쪽 지방에 퍼지니, 대중이 조주趙州 관음원의 주지로 청했다. 상당하여 대중에게 말했다.

"손바닥에 있는 밝은 구슬에 호인胡人이 다가오면 호인이 나타나고, 한인漢人이 오면 한인이 나타나는 것과 같다. 노승이 한 가닥 풀을 잡고서 장륙금신丈六金身의 작용으로 삼고, 장륙금신을 잡아서 한 가닥 풀의 작용으로 삼나니, 부처가 번뇌이고 번뇌가 부처이다."

이때에 어떤 스님이 물었다.

"부처는 어떤 이에게 번뇌입니까?"

"온갖 사람에게 번뇌이다."

"어찌하여야 면하겠습니까?"

"면해서 무엇 하랴?"

대사가 마당을 쓰는데, 어떤 사람이 물었다.

"화상은 선지식인데 어찌하여 티끌이 있습니까?"

"밖에서 왔느니라."

스님이 또 물었다.

"청정한 가람에 어찌하여 티끌이 있습니까?"

"또 한 점 더했구나."

또 어떤 사람이 대사와 동산을 거닐다가 토끼가 놀라 뛰는 것을 보고서 물었다.

"화상은 큰 선지식인데, 어찌하여 토끼가 보고서 놀랍니까?"

"노승이 살생을 좋아하기 때문이다."

어떤 스님이 물었다.

"깨달음의 꽃[覺華]이 아직 피어나지 않았을 때 어떻게 참 열매[眞實][10]인 줄 알 수 있습니까?"

"피었다."

"그대로 진眞이고, 그대로 실實입니까?"

"진眞이 실實이고, 실實이 진眞이다."

"어떤 사람의 분수에 맞는 일입니까?"

"노승에게도 분수가 있고, 그대[闍梨]에게도 분수가 있다."

"제가 불러들이지 않았는데 어찌합니까?"

대사가 거짓으로 듣지 못한 척했다. 스님이 말이 없으니, 대사가 말했다.

"가거라."

대사의 절에 돌 깃대가 있었는데, 바람에 부러졌다. 어떤 스님이 물었다.

"다라니陀羅尼 깃대가 범부가 되었습니까, 성인이 되었습니까?"

"범부가 되지도 않고, 성인이 되지도 않았느니라."

---

10 본문에는 '정貞'으로 되어 있으나 본문 문맥의 흐름상 '진眞'으로 보아야 할 듯하며, 명본明本에도 '진眞'으로 되어 있으므로 진眞으로 고쳐 번역하였다.

"끝내 무엇이 되었습니까?"
"땅에 떨어졌느니라."

대사가 어떤 좌주에게 물었다.
"무슨 경을 강하는가?"
"『열반경』을 강합니다."
"한 대목 물어도 좋겠는가?"
"좋습니다."
대사가 다리로 허공을 차고 한 번 '후'하고 분 뒤에 물었다.
"이건 무슨 뜻인가?"
"경에는 그런 뜻이 없습니다."
"5백 역사力士[11]가 돌을 치우는 뜻인데, 없다고 하는군."

대중이 저녁 설법에 모이자, 대사가 말했다.
"오늘 밤에 대답을 해주겠으니, 물을 것이 있는 자는 나오너라."
그때 어떤 스님이 문득 나와서 절을 하자, 대사가 말했다.
"아까는 벽돌을 던져서 옥을 낚으려 했는데, 벽돌이 걸려들었구나."〔보수保壽가 말하기를 "법을 바로 쏘지 못하니 몰우전(沒羽箭 : 화살 이름)만 소비했다"라고 하였다. 장경長慶이 각覺 상좌上座에게 묻기를 "그 스님이 나와서 겨우 절을 했을 뿐인데, 왜 그 스님을 벽돌이라 했을까?"라고 하니, 각 상좌가 말하기를 "아까부터 저쪽에도 그렇게 묻는 이가 있었소"라고 하였다. 장경이 다시 묻기를 "그에게 무어라 했는가?"라고

11 『열반경』에 말하기를 "5백 역사가 길을 닦는데 돌 하나를 치우지 못했다. 이때에 부처님께서 발로 차고 입으로 부니 먼지같이 날아갔다"고 하였다.

하니, 각 상좌가 대답하기를 "그에게도 그렇게 대답했소"라고 하였다. 현각玄覺이 말하기를 "어디가 벽돌이 될 요소인가? 총림叢林에서 말하기를 '나서기만 하면 벽돌이 된다'고 하였으나, 매일같이 나고, 들고, 다니고, 멈추고, 앉고, 눕는 이들이 모두가 벽돌일 수는 없다. 말해 보라. 그 스님이 나온 것이 안목을 갖추었는가? 안목을 갖추지 못했는가?"라고 하였다.〕

어떤 스님이 오대산에 가다가 한 노파에게 물었다.

"오대산 가는 길이 어디요?"

노파가 말했다.

"곧장 가시오."

그 스님이 그 길로 곧장 가니, 노파가 말했다.

"또 저렇게 가는군."

그 스님이 대사에게 와서 이야기하니, 대사가 말했다.

"내가 가서 그 노파를 감정해 보겠다."

이튿날 가서 노파에게 물었다.

"오대산 가는 길이 어디요?"

"곧장 가시오."

대사가 그 길로 곧장 가니, 노파가 말했다.

"또 저렇게 가는군."

대사가 절에 돌아와서 그 스님에게 말했다.

"내가 그대를 위해 그 노파를 감정해 보았다."〔현각玄覺이 말하기를 "앞의 스님이 갈 때에도 그렇게 말했고, 조주가 갈 때에도 그렇게 말하니 어디가 그 노파를 감정한 곳인가?"라고 하였다. 또 말하기를 "조주의 감정을 받았을 뿐 아니라 그 스님의 감정까지 받았구나"라고 하였다.〕

어떤 스님이 물었다.

“이렇게 온 사람도 스님께서는 제접하십니까?”

“제접한다.”

“이렇게 오지 않은 사람도 스님께서는 제접하십니까?”

“제접한다.”

“이렇게 오는 자는 스님께서 제접할 수 있겠지만, 이렇게 오지 않은 자야 어떻게 제접하시겠습니까?”

“그만두어라. 말할 필요가 없다. 나의 법은 묘하여 헤아리기 어렵다.”

대사가 절을 떠나서 길을 가다가 한 노파를 만났는데, 그녀가 물었다.

“화상께서는 어느 절에 계십니까?”

“조주趙州 동원東院 서쪽이오.”

노파가 대답이 없었다. 대사가 절에 돌아와서 대중에게 물었다.

“서쪽이라 한 것이 옳았는가?”

그랬더니 혹은 동쪽이나 서쪽이란 뜻이어야 한다고 하고, 혹은 의지하고 있다는 뜻이어야 한다고 하니, 대사가 말했다.

“그대들 모두가 염철판관(鹽鐵判官 : 稅務吏)이나 되면 좋겠다.”

“화상께서는 어찌하여 그렇게 말씀하십니까?”

“그대들 모두가 똑똑하기 때문이다.”〔법등法燈이 대중을 대표하여 말하기를 “화상께서 가셨던 곳을 알고 있습니다”라고 하였다.〕

어떤 스님이 물었다.

“어떤 것이 주머니 속의 보배입니까?”

"입을 다물어라."〔법등法燈이 따로 말하기를 "마치 사람인 듯 말하지 말라"고 하였다.〕

어떤 스님이 새로 와서 대사에게 말했다.

"제가 장안에서 왔는데 주장자 하나를 횡橫으로 메었으나 한 사람도 건드리지 않았습니다."

"바로 대덕의 주장자가 짧기 때문이겠지."〔동안同安이 대신 말하기를 "노승은 요즘 그런 사람을 본 적이 없다"라고 하였다.〕

스님은 대답이 없었다.〔법안法眼이 대신 말하기를 "하하하"라고 하였다. 동안同安이 대신 말하기를 "짧지 않습니다"라고 하였다.〕

어떤 스님이 대사의 초상을 그려다 바치니, 대사가 말했다.

"나를 닮은 것인지, 나를 닮지 않은 것인지 말하라. 만약 나를 닮았다면 곧 나를 때려죽이고, 나를 닮지 않았다면 그 초상화를 태워버려라."

스님은 대답이 없었다.〔현각玄覺이 대신 말하기를 "두어 두고 공양하겠습니다"라고 하였다.〕

대사가 부싯돌을 치면서 스님에게 물었다.

"나는〔老僧〕 이것을 불〔火〕이라 부르는데, 그대는 뭐라 부르는가?"

그 스님이 말이 없자, 대사가 말했다.

"현묘한 종지를 알아채지 못하면, 공연히 수고롭게 고요함만 생각할 뿐이다."〔법등法燈이 따로 말하기를 "내가 그대에게 졌다"라고 하였다.〕

새로 온 스님이 와서 뵈니, 대사가 물었다.
"어디서 오는 길인가?"
"남방에서 오는 길입니다."
"불법은 온통 남방에 다 있는데, 그대는 거기서 무엇을 했는가?"
"불법에 어찌 남북이 있겠습니까?"
"그대가 설사 설봉雪峰이나 운거雲居에서 왔다 하여도 다만 외통수〔擔板漢〕[12]일 뿐이다."〔숭수崇壽 조稠가 따로 말하기를 "화상은 나그네로 인하여 주인이 되셨습니다"라고 하였다.〕

어떤 스님이 물었다.
"어떤 것이 부처입니까?"
"불전佛殿 안에 있는 것이다."
"불전에 있는 것이야 진흙으로 빚은 것이 아니겠습니까?"
"그렇다."
"어떤 것이 부처입니까?"
"불전 안에 있는 것이다."
"학인이 우둔하여 알지 못하겠습니다. 화상께서 가르쳐 주십시오."
"죽을 먹었는가?"
"죽을 먹었습니다."
"발우를 씻게나."
그 스님은 홀연히 깨달았다.

12 판자를 지고 숲 속을 가는 사람이란 말이니, 앞으로만 가고 옆으로는 가지 못하는 외통수라는 뜻으로 쓴다.

○ 대사가 상당하여 대중에게 말했다.

"잠시라도 시비가 일어나면 어지러이 본심을 잊는다. 이 말에 대답할 이가 있는가?"

나중에 어떤 스님이 낙포洛浦에게 이야기하니, 낙포가 구치扣齒[13]를 하였다. 또 운거雲居에게 가서 이야기하니, 운거는 "하필何必"이라고 하였다.

그 스님이 돌아와서 대사에게 말하니, 대사가 말했다.

"남방에서 많은 사람이 몸을 잃고 죽어가는구나."

그 스님이 말했다.

"화상께서 이야기하여 주십시오."

대사가 마침 이야기하려는데, 그 스님이 곁의 스님을 가리키면서 말했다.

"저 대사가 밥을 먹고 나서 이런 말을 하는구나."

대사가 그만두었다.〔이 한 단원은 구본舊本에는 없던 것인데, 여기서는 별록別錄에 의하여 고쳐 바로잡았다.〕

어떤 스님이 물었다.

"오래전부터 조주趙州의 돌다리 소문을 들었는데, 와서 보니 외나무다리〔掠彴〕만이 보이는군요."

"그대는 외나무다리만을 보고, 조주의 돌다리는 보지 못하는구나."

"어떤 것이 조주의 돌다리입니까?"

"지나쳤다, 지나쳤어."

---

13 아래윗니를 딱딱 부딪치는 것이다.

또 어떤 스님이 앞과 똑같이 묻기에 대사도 앞과 똑같이 대답했다. 그 스님이 다시 물었다.

"어떤 것이 조주의 돌다리입니까?"

"말도 건너게 하고, 나귀도 건너게 하느니라."

"어떤 것이 외나무다리입니까?"

"한 사람 한 사람씩 건너게 하느니라."〔운거雲居 석錫이 말하기를 "조주는 돌다리를 두둔했는가? 외나무다리를 두둔했는가?"라고 하였다.〕

대사가 사미의 문안드리는 소리를 듣고, 시자에게 말했다.

"저 아이를 보내라."

시자가 곧 가라고 하니, 사미는 인사를 하고 떠났다.

이때에 대사가 말했다.

"사미는 문안에 들어왔는데, 시자는 문밖에 있구나."〔운거雲居 석錫이 말하기를 "어느 것이 사미는 문안에 있고 시자는 문밖에 있는 까닭인가? 만일 이 일을 잘 알면 조주를 보게 되리라"고 하였다.〕

대사가 새로 온 스님에게 물었다.

"어디서 왔는가?"

"남쪽에서 왔습니다."

"조주의 관문關門이 있는 것을 아는가?"

"관문에 상관하지 않는 자가 있음을 아셔야 합니다."

대사가 말했다.

"이 사제 소금〔私鹽〕을 팔아먹는 놈아."

어떤 스님이 물었다.

"어떤 것이 서쪽에서 오신 뜻입니까?"

대사가 선상에서 내려와 서자, 그 스님이 말했다.

"그것만으로 옳지 않겠습니까?"

"나는 아무 말도 하지 않았다."

대사가 채두菜頭에게 물었다.

"오늘은 날 채소를 먹는가, 익은 채소를 먹는가?"

채두가 채소를 번쩍 들어서 대사에게 바치니, 대사가 말했다.

"은혜를 아는 이는 적고, 은혜를 저버리는 이는 많구나."

어떤 스님이 물었다.

"공겁空劫에도 수행하는 사람이 있습니까?"

"그대는 무엇을 공겁이라 하는가?"

"한 물건도 없는 것입니다."

"그것은 애초에 수행이라 칭할 수도 있거늘 무엇을 공겁이라 하겠는가?"

스님이 말이 없었다.

어떤 스님이 물었다.

"어떤 것이 현묘함 속의 현묘함입니까?"

"그대가 현묘하게 된 지 얼마나 되는가?"

"현묘하게 된 지 오래되었습니다."

"그대〔闍梨〕가 만일 나를 만나지 않았더라면 현묘에게 죽임을 당할 뻔하였다."

어떤 스님이 물었다.

"만법은 하나로 돌아가지만, 하나는 어디로 돌아갑니까?"

"내가 청주青州에 있을 때에 베 장삼을 하나 만들었는데, 무게가 일곱 근이었다."

어떤 스님이 물었다.

"밤에는 도솔천을 떠나고 낮에는 염부제에 강림했는데, 그 중간에 어찌하여 마니 구슬[摩尼珠]이 나타나지 않았습니까?"

"무엇이라 했는가?"

그 스님이 다시 물으니, 대사가 말했다.

"비바시불毘婆尸佛이 벌써부터 마음을 두었지만 아직껏 묘妙를 얻지 못했구나."

대사가 원주에게 물었다.

"어디서 오는가?"

"송생送生에서 옵니다."

"까마귀가 어째서 날아가는가?"

"저를 두려워해서입니다."

"그대는 10년이나 일을 보았는데, 어찌하여 그런 말을 하는가?"

원주가 도리어 물었다.

"까마귀가 왜 날아갔습니까?"

"원주에게 살생할 마음이 없기 때문이니라."

어느 날 대사가 발우를 번쩍 들고 말했다.

"30년 뒤에 나[老僧]를 볼 수 있거든 남겨 두어서 공양하라. 만일 보지 못하겠다면 부숴 버리리라."

어떤 스님이 나서서 말했다.

"30년 뒤에는 감히 화상을 뵈었다고 말하겠습니다."

대사는 곧 발우를 부숴 버렸다.

어떤 스님이 하직을 아뢰니, 대사가 물었다.

"어디로 가려는가?"

"설봉雪峰으로 가겠습니다."

"설봉이 홀연히 그대에게 묻기를 '화상께서 무슨 말씀이 있는가?' 하면 그대는 무엇이라 대답하겠는가?"

"저는 무엇이라 할지 모르겠으니, 화상께서 말씀해 주십시오."

"겨울에는 춥다고 말하고, 여름에는 덥다고 말하라. 또 설봉이 그대에게 궁극의 일을 물으면 어찌하겠는가?"

그 스님은 또 말하였다.

"말할 수 없습니다."

대사가 말했다.

"다만 직접 조주로부터 왔을 뿐이지, 말을 전하는 사람이 아니라고 하라."

그 스님이 설봉에 가서 앞의 말처럼 설봉에게 말하니, 설봉이 말했다.

"역시 조주다운 대답이로다."

현사玄沙가 듣고 말했다.

"가엾은 조주여, 낭패하고도 모르고 있구나."〔운거雲居 석錫이 말하기를 "조주가 낭패를 당한 곳이 어디인가? 이를 찾아내면 그는 상좌의 안목을 가졌다"라고 하였다.〕

어떤 스님이 물었다.
"어떤 것이 조주의 한 구절입니까?"
"나에게는 반 구절도 없다."
"어찌 화상에게 없겠습니까?"
"노승은 한 구절이 아니다."

어떤 스님이 물었다.
"어떤 것이 출가입니까?"
"높은 이름을 차지하지 않고, 구차히 얻으려 하지 않는 것이니라."

어떤 스님이 물었다.
"맑고 맑아서 점點도 끊어졌을 때에는 어떻습니까?"
"거기서는 나그네로 떠도는 놈이 붙지 못하느니라."

어떤 스님이 물었다.
"어떤 것이 조사의 뜻입니까?"
대사가 선상의 다리를 치니, 그 스님이 말했다.
"그것만으로는 옳지 않은 것이 아니겠습니까?"
"그렇거든 뽑아 가거라."

어떤 스님이 물었다.
"어떤 것이 비로자나불의 원만한 모습〔圓相〕입니까?"
"내가 어려서 출가한 이래 아직도 눈병이 나지 않았느니라."
"어찌 사람을 위하지 않습니까?"

"그대가 항상 비로자나불의 원만한 모습을 보게 되기를 바란다."

"화상께서는 지옥에도 들어가시겠습니까?"

"나는 맨 마지막에 들겠다."

"큰 선지식께서 어찌하여 지옥에 들어가십니까?"

"들어가지 않으면 누가 그대를 교화하겠느냐?"

어느 날 진정수眞定帥 왕공王公이 아들들을 데리고 절에 들어왔는데, 대사가 앉아서 물었다.

"대왕이여, 알겠습니까?"

왕공이 대답했다.

"모르겠습니다."

"어릴 때부터 재계齋戒를 지키다가 몸이 이미 늙어 버리니, 사람을 만나도 선상을 내려갈 힘이 없습니다."

그러자 왕공이 더욱 예를 갖추었다. 이튿날 객장군客將軍을 시켜서 말을 전하니, 대사가 선상에서 내려와 그를 받아들였다. 조금 있다가 시자가 물었다.

"화상께서는 대왕이 오는 것을 보고도 선상에서 내려오지 않더니, 오늘 군대의 장수가 왔을 때에는 어찌하여 선상에서 내려왔습니까?"

대사가 말했다.

"네가 알 바가 아니다. 제1등의 사람이 오면 선상 위에서 맞고, 중등中等의 사람이 오면 선상에서 내려와 맞고, 말등末等의 사람이 오면 삼문三門 밖에서 맞느니라."

대사가 불자拂子 하나를 왕공에게 전하면서 말했다.

"만일 어디서 얻었느냐고 묻거든, 다만 노승이 평생 써도 다하지 못한 것이라 말하라."

대사의 현묘한 말이 천하에 퍼지니, 당시에 조주의 문풍門風이라 하면서 모두가 경외하며 따랐다.

당나라 건녕乾寧 4년 11월 2일에 오른쪽 겨드랑이를 땅에 대고서 입적하니, 수명은 120세였다.〔어떤 사람이 대사의 나이를 물으면 대사는 말하기를 "한 둘레의 염주를 세고 세어도 끝이 없다"라고 하였다.〕 나중에 진제眞際 대사라는 시호를 내렸다.

지주池州 영취靈鷲 한閑 선사

대중에게 말했다.

"이는 그대들 모두의 본분本分의 일이다. 만일 나〔老僧〕에게 말하라고 하면, 이는 뱀에다 발을 그리는 격이니, 이것이 바로 돈교頓教이다. 상좌들이여."

이에 어떤 스님이 물었다.

"뱀에 발을 그리는 것은 묻지 않겠습니다만, 어떤 것이 본분의 일입니까?"

대사가 말했다.

"그대〔闍梨〕가 말해 보라."

그 스님이 다시 물으려 하자, 대사가 말했다.

"어째서 발을 그리는가?"

명수明水 화상이 물었다.

"어떤 것이 단박에 법신法身을 얻는 것입니까?"

"한 번 용문龍門을 뛰어넘어서 구름 밖을 바라보아야지, 황하黃

河에 머리를 처박는 물고기는 되지 말라."

앙산仰山이 물었다.
"고요하고 고요하여 말이 없을 때에 어떻게 보고 듣습니까?"
"무봉탑無縫塔[14] 앞에 빗물이 많다."

어떤 스님이 물었다.
"둘이서 서로 말이 없을 때에는 어떠합니까?"
"항상하다."
"항상함을 지나치는 것이 있습니까?"
"있다."
"화상께서 말씀해 주십시오."
"현묘한 구슬이 스스로 환하게 빛나니, 벽 밖의 광명이 어찌 필요하겠는가?"

어떤 스님이 물었다.
"오늘 서천西川의 무염無染 대사에게 공양이 있는데, 대사께서도 오시겠습니까?"
"본래 스스로 이르는 바가 없거늘, 이젠들 어찌 바람을 따라 구르겠는가?"
"그렇다면 공양해서 무엇 하겠습니까?"
"공력功力은 유위有爲에서 엇바뀌고, 바뀌지 않는 이치〔不換義〕는 서로 간섭하느니라."[15]

14 계란같이 생긴 돌 하나로 만들어 이은 틈이 없는 탑을 말한다.

악주鄂州 수유산茱萸山 화상

처음에 수주隋州의 호국원護國院에서 제1세 주지로 있었는데, 금륜金輪 가관可觀 화상이 물었다.

"어떤 것이 도입니까?"

"허공에다 말뚝을 박지 말라."

"허공이 말뚝입니다."

대사가 때리니, 가관이 붙들고 말했다.

"저를 때리지 마십시오. 뒷날에 사람을 잘못 때렸다고 하겠습니다."

대사가 곧 그만두었다.〔운거雲居 석錫이 말하기를 "이 사람이 안목을 갖추었는가, 갖추지 못했는가? 어찌하여 매를 맞았는가?"라고 하였다.〕

조주趙州 종심從諗 화상이 먼저 운거雲居에 이르니, 운거가 물었다.

"늙어 빠진 건방진 놈아, 어찌하여 머물 곳을 찾지 않는가?"

종심이 말했다.

"어느 곳에 머물러야 합니까?"

"산 앞에 옛 절터가 있다."

"화상께서나 그곳에 사시지요."

종심이 나중에 대사에게 이르니, 대사가 물었다.

"늙어 빠진 건방진 놈아, 어찌하여 머물지 않는가?"

종심이 물었다.

---

15 왕래하지 않는다는 뜻이니 법신을 말한다.

"어디에 머물러야 합니까?"

대사가 말했다.

"늙어 빠진 건방진 놈아, 머물 곳도 모르는구나."

종심이 말했다.

"30년 동안 말〔馬〕 놀이를 하다가 오늘에야 나귀에게 채였다."〔운거雲居 석錫이 말하기를 "조주가 나귀에 채인 곳이 어디인가?"라고 하였다.〕

여러 스님들이 모시고 섰는데, 대사가 말했다.

"그렇게 공연히 서서 아무 말이 없으니, 답답하기만 하구나."

어떤 스님이 나와서 물으려 하자, 대사가 그를 때리면서 말했다.

"대중을 위하여 애썼다."

그리고는 곧 방장으로 들어갔다.

어떤 행자行者가 와서 뵙자, 대사가 물었다.

"일찍이 조주를 만난 일이 있는가?"

"화상께서 한번 말씀해 보시겠습니까?"

"나뿐만 아니라 일체 사람이 말하지를 못한다."

"화상께서 저를 놓아 주시는 것입니까?"

"그 속은 예전부터 인정人情이 통하지 않는다."

"그래도 자비심은 있어야 합니다."

대사가 얼른 때리면서 말했다.

"깬 뒤에 오라. 그대에게 말해 주리라."

구주衢州 자호암子湖巖 이종利蹤 선사

그는 전주澶州 사람으로서 성은 주周씨이다. 유주幽州의 개원사開元寺에서 출가하고는 나이가 차자 구족계를 받았다. 나중에 남전南泉에게 입실하고는 바로 구주衢州의 마제산馬蹄山에 가서 띠집을 짓고 살았다.

당나라 개성開成 2년에 고을 사람인 옹천귀翁遷貴가 산 밑의 자호子湖를 보시해서 절을 짓게 하니, 함통咸通 2년에 안국선원安國禪院이라는 편액을 하사하였다.

어느 날, 상당하여 대중에게 보였다.

"자호子湖에 개 한 마리가 있는데, 위로는 사람의 머리를 취하고, 중간으로는 사람의 심장을 취하고, 아래로는 사람의 발을 취하니, 따지려고 하면 곧 몸을 잃고 목숨을 잃는다."

이에 어떤 스님이 물었다.

"어떤 것이 자호의 개 한 마리입니까?"

대사가 말했다.

"멍멍〔嘷嘷〕."

임제의 밑에 있던 두 스님이 뵈러 왔다. 바야흐로 발〔簾〕을 걷으려는데 대사가 말했다.

"개 조심하라."

두 스님이 고개를 돌리니, 대사는 그대로 방장으로 돌아갔다.

대사가 승광勝光 화상과 함께 밭에서 김을 매다가 갑자기 호미질을 멈추고는 승광을 돌아보면서 말했다.

"일은 없지 않으나, 마음을 헤아리려 하면 곧 어긋난다."

승광이 절을 하고 물으려 하자, 대사가 걷어차 버리고서 절로 돌아갔다.

어떤 비구니가 와서 뵙자, 대사가 말했다.
"너는 유철마(劉鐵磨 : 맷돌)[16]가 아니냐?"
"외람되오나, 그렇습니다."
"왼쪽으로 도는 맷돌인가, 오른쪽으로 도는 맷돌인가?"
"화상께서는 뒤바뀐 말을 하지 마십시오."
대사가 문득 때렸다.

어느 날 밤중에 대사가 승당僧堂 앞에서 "도적이야, 도적이야" 하니, 대중이 모두 놀라서 달아났다. 대사가 승당 안에서 나오는 스님 하나를 붙들고 외쳤다.
"유나(維那 : 대중을 감독하는 책임)야, 도적을 잡았다, 잡았어."
그 스님이 말했다.
"저는 도적이 아닙니다."
"네가 바로 그 도적놈이니, 다만 수긍하지 않을 뿐이다."
대사가 게송을 지어서 대중에게 보였다.

30년 동안 자호子湖에 머물면서
두 때의 죽으로도 기력이 좋네.
날마다 산에 올라 몇 차례 보였는데

16 유철마는 위산 영우 선사의 제자로 늙은 비구니이니, 성이 유劉씨이다. 철마는 근기가 뛰어나 닥치는 대로 모두 갈아 없애는 위엄이 있다고 하여 붙여진 이름이다.

요즘 사람 아는지를 그대에게 묻노라.

三十年來住子湖　　二時齋粥氣力麤
每日上山三五轉　　問汝時人會也無

대사가 자호에서 45년 동안 설법을 하다가 광명廣明 때에 병 없이 임종하니, 수명은 81세이고 법랍은 61세였다. 지금까지 본산本山에 탑이 남아 있다.

낙경洛京 숭산嵩山 화상

어떤 스님이 물었다.

"옛길이 훤할 때에 어떠합니까?"

대사가 말했다.

"앞서지 못한다."

"어째서 앞서지 못합니까?"

"막힌 곳이 없기 때문이니라."

어떤 스님이 물었다.

"어떤 것이 숭산嵩山의 경계입니까?"

"해가 동쪽에서 뜨고, 달은 서산으로 기우느니라."

"학인은 잘 모르겠습니다."

"동쪽과 서쪽도 모르는가?"

어떤 스님이 물었다.

"6식識이 함께 생길 때에는 어떠합니까?"

"다르다."

"어째서 그러합니까?"

"같다."

일자日子 화상

아계亞谿가 뵈러 왔는데, 대사가 일어나는 시늉을 하자, 아계가 말했다.

"저 늙은 산귀신〔山鬼〕이 아직도 나를 보는구나."

대사가 말했다.

"잘못했다, 잘못했어. 아까 내가 잘못 대했다."

아계가 나아가 말을 하고자 하니, 대사가 그를 꾸짖었다. 그러자 아계가 말했다.

"큰 진陣 앞에는 방축을 쌓는 것이 무방합니다."

"옳다, 옳다."

아계가 말했다.

"옳지 않습니다, 옳지 않습니다."〔조주趙州가 말하기를 "딱한 두 늙은이가 외통수에 몰렸구나"라고 하였다.〕

소주蘇州 서선西禪 화상

어떤 스님이 물었다.

"3승乘 12분교分敎는 묻지 않겠습니다만, 어떤 것이 조사께서 서쪽에서 오신 분명한 뜻입니까?"

대사가 불자拂子를 쳐들어 보이니, 그 스님이 절도 하지 않고 물러가서 설봉雪峰을 뵈었다. 설봉이 물었다

"어디서 왔는가?"

"절중浙中에서 왔습니다."

"올 여름에는 어디에 있었는가?"

"소주蘇州의 서선西禪에 있었습니다."

"화상께서는 안녕하신가?"

"제가 올 때에는 안녕하셨습니다."

"어째서 안온[從容]하지 못한가?"

"불법이 분명하지 않기 때문입니다."

"무슨 일이 있었는가?"

그 스님이 앞의 일을 이야기하니, 설봉이 말했다.

"그대는 어찌하여 (그의 말을) 수긍하지 않았는가?"

"그것은 경계이기 때문입니다."

"그대는 소주蘇州 성안의 남녀들을 보았는가?"

"보았습니다."

"그대는 길옆의 나무들을 보았는가?"

"보았습니다."

"무릇 남녀들이나 길옆의 나무들을 보는 것이 모두가 경계인데, 그대는 수긍하겠는가?"

"수긍합니다."

"그렇다면 불자를 쳐들어 보인 것은 어찌하여 수긍하지 않았는가?"

그 스님은 곧 절을 하면서 말했다.

"학인이 차례대로 발언했으니, 화상께서 자비를 베풀어 주십시오."

"온 천지가 온통 그대의 눈[眼]인데, 그대는 어디에 쭈그리고 앉았는가?"

스님은 말이 없었다.

선주宣州 자사刺史 육긍陸亘 대부大夫

처음에 남전南泉에게 물었다.

"옛사람이 병 속에다 거위 한 마리를 길렀는데, 거위가 점점 자라나서 나오지 못합니다. 아직 병을 깨뜨릴 수도 없고 거위를 죽일 수도 없으니, 화상께서는 어찌하여야 꺼내겠습니까?"

남전이 불렀다.

"대부여."

육긍陸亘이 대답했다.

"네."

남전이 소리쳤다.

"나왔다."

육긍이 이로부터 깨달았다.

남전이 입적할 때에 원주가 물었다.

"대부는 왜 선사를 위해 곡을 하지 않습니까?"

육긍이 말했다.

"원주가 말할 수 있으면 곡을 하겠소."

원주가 말이 없었다.〔장경長慶이 대신 말하기를 "곡을 해야 하는가, 하지 않아야 하는가?"라고 하였다.〕

지주池州 감지甘贄 행자行者

돈 3관문貫文을 가지고 승당僧堂에 들어와서 수좌〔第一坐〕 앞에서 말했다.

"상좌께 재물을 보시하겠습니다."

상좌가 말했다.

"재물 보시도 다함이 없고, 법 보시도 끝이 없다."

"그런 말을 하고서야 어찌 저의 돈을 받으시겠습니까?"

그래서 돈을 도로 가지고 나오니, 상좌가 말이 없었다. 또 남전에게 가서 죽을 올리면서 말했다.

"화상께서 경을 읽어 주십시오."

남전이 말했다.

"감지甘贄 행자가 죽을 공양하였구나. 대중에게 청하나니, 살쾡이와 흰 염소를 위해 마하반야바라밀摩訶般若波羅蜜을 염念하라."

감지 행자가 절을 하고 물러가니, 남전이 부엌으로 가서 냄비를 부숴 버렸다.

어느 날 설봉雪峰 화상이 오는 것을 보고 감지 행자가 문을 닫고 말했다.

"화상이시여, 들어오십시오."

설봉이 울타리 밖에서 옷을 들여보내니, 감지 행자가 문을 열고서 절을 하였다.

어떤 암자의 주지가 필요한 집기를 얻기 위해 시주를 구하니, 감지 행자가 말했다.

"내 물음에 답한다면 즉시 시주를 하겠소."

그리고는 심자心字를 써 놓고 물었다.

"이것이 무슨 글자요?"

"마음 심心자입니다."

다시 자기의 아내를 불러서 물었다.

"이것이 무슨 글자요?"

"마음 심자입니다."

"내 촌뜨기 마누라도 암자의 주지가 될 수 있겠군."

그 스님은 말을 못했고, 감지 행자도 시주를 안 했다.

또 어떤 스님에게 물었다.

"어디서 왔소?"

"위산潙山에서 왔습니다."

"일찍이 어떤 스님이 위산에게 묻기를 '어떤 것이 서쪽에서 오신 뜻입니까?'라고 하니, 위산이 불자拂子를 번쩍 쳐들었다는데, 상좌는 위산의 뜻이 무엇이라고 생각하오?"

"일〔事〕을 빌려서 마음〔心〕을 밝히고, 물건〔物〕에 의탁하여 이치〔理〕를 드러낸 것이라 여깁니다."

"그냥 위산으로 돌아가는 것이 좋겠소."〔보복保福이 듣고는 손을 엎치락뒤치락하였다.〕

앞의 항주杭州 염관鹽官 제안齊安 선사의 법손

양주襄州 관남關南 도상道常 선사

어떤 스님이 물었다.

"어떤 것이 서쪽에서 오신 뜻입니까?"

대사가 주장자를 들고 말했다.

"알겠는가?"

"모르겠습니다."

대사가 할을 해서 쫓아냈다.

어떤 스님이 물었다.

"어떤 것이 대도大道의 근원입니까?"

대사가 한 주먹을 갈겼다. 대사는 매번 스님들이 와서 뵐 때에 주장자로 때려서 쫓거나, 혹은 한 시각 늦었다고 하거나, 혹은 관남關南의 북을 치라고 하였으나, 당시의 무리 중에서 알고서 맞장구를 치는 이는 드물었다.

홍주洪州 쌍령雙嶺 현진玄眞 선사

처음에 도오道吾에게 물었다.

"신통 없는 보살은 어찌하여 발자취를 찾기가 어렵습니까?"

"도가 같은 이라야 알 수 있다."

"화상께서는 아십니까?"

"모른다."

"왜 모르십니까?"

"가거라. 내 말을 모르는구나."

대사는 나중에 염관鹽官에게서 마음을 깨달았다.

항주杭州 경산徑山 감종鑒宗 선사

그는 호주湖州 장성長城 사람으로서 성은 전錢씨이다. 고향의 개원사開元寺에서 고한高閑 대덕에 의해 출가하였다. 『정명경淨名經』과 『사익경思益經』에 정통했는데, 나중에 염관鹽官에 가서 오공悟空 대사를 뵙고 의심을 풀었다.

당나라 함통咸通 3년에 경산徑山에 살면서 선교禪敎를 드날렸다. 젊은 스님〔小師〕 홍인洪諲〔홍인은 경산徑山의 제3세 주지인 법제法濟 대사이다.〕이 논論을 강할 수 있는 것으로써 자랑을 삼고 있자, 대사가 말했다.

"불조佛祖의 정법은 곧바로 끊어서 언전言詮을 여의었는데, 그대는 바다의 모래나 세어서 이치에 무슨 이익이 있겠는가? 다만 알음알이를 두지 않고 외연外緣을 끊어 버려서 일체의 마음을 여의면, 그것이 그대의 참 성품〔眞性〕이니라."

홍인이 이 말을 듣자 어리둥절했다. 절을 하고 하직해서 위산潙山으로 가서야 현묘한 종지를 깨닫고는 위산을 스승으로 삼았다.

함통咸通 7년 병술丙戌 윤3월 5일에 입적하였다. 나중에 무상無上대사라는 시호를 내리니, 그가 곧 경산의 제2세 주지였다.

앞의 오설산五洩山 영묵靈默 선사의 법손

복주福州 장계長谿 구산龜山 정원正原 선사

그는 선주宣州 남릉南陵 사람으로서 성은 채蔡씨이다. 어릴 때에 출가하여 고향의 적산籍山에서 머리를 깎고, 당나라 원화元和 12년 정유丁酉에 건주建州 건원사乾元寺에서 구족계를 받았다.

이윽고 오설산五洩山으로 가서 영묵靈默 선사에게 입실하여 현묘한 이치를 결택한 뒤에 구산龜山에 머물면서 제2세 주지가 되었다. 대사는 일찍이 이런 게송 두 수를 지었다. 그 첫 번째 게송이다.

푸른 바다가 몇 차례나 뽕밭으로 변했지만
오직 허공만은 홀로 담연湛然하네.
이미 언덕에 이른 이는 뗏목에 연연하지 않나니
아직 건너지 못한 자나 배를 타야 하겠지.
滄溟幾度變桑田　　唯有虛空獨湛然

已到岸人休戀筏　　未曾度者要須船

그 두 번째 게송이다.

스승을 찾아서 본심의 근원을 아니
양쪽 언덕 현묘해도 하나도 온전치 않네
그대로가 부처라 다시 부처를 찾지 말지니
다만 이러함을 인하여 반연을 잊을 뿐이다.

尋師認得本心源　　兩岸俱玄一不全
是佛不須更覓佛　　只因如此便忘緣

대사는 함통咸通 10년에 본산에서 임종하니, 수명은 78세이고 법랍은 54세였다. 성공性空 대사 혜관慧觀의 탑이라는 시호를 내렸다.

앞의 낙경洛京 불광사佛光寺 여만如滿 선사의 법손

당唐의 항주杭州 자사刺史 백거이白居易

자는 낙천樂天이니, 오랫동안 불광佛光 선사를 참문하여 심법心法을 얻었고, 아울러 대승의 금강보계金剛寶戒를 받았다. 원화元和 때에 서울의 흥선법당興善法堂에 가서 네 가지 법을 물었고,〔내용은 흥선장興善章에 보인다.〕 15년에 항주로 부임했다가 조과鳥窠 화상을 방문하여 문답하고는 게송을 지었다.〔내용은 조과장鳥窠章에 있다.〕

일찍이 제濟 법사에게 글을 보내서 부처님의 위없는 큰 지혜로써 교리를 펼쳐 드러냈다. 근기의 높고 낮음을 따르는 일이 어찌 있겠는가마는 병을 따라 약을 주는 것은 같지 않았으니, 평등한 한 맛의 말과 상반될 때에는 『유마경』과 『금강삼매경』 등 여섯 가지 경전을 인용하여 두 이치〔二義〕를 물리치면서 토론하였다.

또 5온蘊과 12인연因緣으로써 명색名色을 연설하되, 전후에 유례가 없이 이치를 세워서 따졌다. 아울러 깊은 것을 끌어내고, 숨은 것을 찾아내고, 유현幽玄한 것도 통하고, 은미隱微한 것도 밝혔는데, 그러나 제濟 법사의 대답은 받지 못했다. 그 뒤에도 대답하는 이가 드물었다.

또 동도東都 응凝 선사의 8점漸[17]의 과목을 받고, 각각 한마디씩을 덧붙여 게송을 지어서 그 취지를 해석하니, 얕은 곳으로부터 깊은 곳에 이르는 것이 마치 구슬을 꿴 것과 같았다.

취임하는 곳마다 조사의 도를 찾아서 배웠는데 일정한 스승이 없었고, 나중에 빈객賓客[18]으로서 동도東都를 맡아 다스릴 때에 자기의 봉급을 털어서 용문龍門의 향산사香山寺를 지었고, 절을 다 짓고는 손수 기문記文을 지어서 달았다.

무릇 글을 지을 때에는 교화의 일을 고무하여 불승佛乘을 찬미하지 않음이 없었으니, 모두가 본집(本集 : 백거이의 文集)에 있다. 그리고 그가 벼슬한 차례와 입멸〔歸全〕한 연대는 사전史傳에 남아 있다.

앞의 대매산大梅山 법상法常 선사의 법손

신라국新羅國 가지迦智 선사

어떤 스님이 물었다.

"어떤 것이 서쪽에서 오신 뜻입니까?"

---

17 관觀·각覺·정定·혜慧·명明·통通·제濟·사捨이니 제29권에 나온다.

18 관명이니, 대신 가운데 다섯 사람을 뽑아 태자를 가르치고 외국 손님을 접대하며 국가 전반을 토의하는 직책 이름이다.

"그대가 그 경지에 들면, 그대에게 바로 말해 주리라."

스님이 물었다.

"어떤 것이 대매산大梅山의 종지입니까?"

"소락〔酪〕의 근본〔本〕[19]도 일시에 던져 버려라."

항주杭州 천룡天龍 화상

상당上堂하여 말했다.

"대중이여, 나〔老僧〕의 말을 기다리지 말고 올라오려면 문득 올라오고, 내려가려면 문득 내려가라. 제각기 화장세계華藏世界 성품의 바다가 있어서 공덕을 구족하고 광명이 걸림 없으니, 저마다 잘 참구해 보아 진중珍重하게나."

어떤 스님이 물었다.

"어떤 것이 조사의 뜻입니까?"

대사가 불자를 세웠다.

스님이 물었다.

"어찌하여야 삼계를 벗어나겠습니까?"

"그대는 지금 어디에 있는가?"

앞의 영태사永泰寺 영단靈湍 화상의 법손

호남湖南 상림上林 계령戒靈 선사〔목록目錄에서는 계허戒虛라고 하였다.〕

처음에 위산潙山을 뵈니, 위산이 물었다.

19 소락酥酪의 근본인 우유를 말한다.

"대덕은 어떻게 하고 왔는가?"

"갑옷과 투구를 완전히 갖추고 왔습니다."

위산이 말했다.

"모두 벗고 오라. 그러면 대덕을 만나 주겠다."

"벗었습니다."

위산이 혀를 차며 말했다.

"도적이 아직 때리지도 않았는데 벗으면 어떻하냐?"

대사(계령)가 대답하지 못하니, 앙산仰山이 대신 말했다.

"화상께 청하나니, 좌우를 물리쳐 주십시오."

위산이 손으로 읍揖을 하면서 말했다.

"예, 예."

나중에 대사가 영태永泰를 뵈러 갔다가 비로소 이 뜻을 깨달았다.

오대산五臺山 비마암祕魔巖 화상

항상 나무 갈고리 하나를 지니고 있다가 스님이 와서 절을 하는 것을 보면 즉시 그의 목을 걸면서 말했다.

"어떤 놈의 악마나 도깨비가 너를 출가하게 하였느냐? 어떤 놈의 마귀나 도깨비가 너를 행각行脚하게 했느냐? 말을 하여도 갈고리 아래서 죽고, 말을 하지 못해도 갈고리 아래서 죽으리니, 빨리 말하라."

배우는 스님들 가운데는 대답하는 이가 드물었다.〔법안法眼이 대신 말하기를 "살려 주십시오"라고 하였다. 법등法燈이 대신 목을 쭉 빼어 보였다. 현각玄覺은 대신 말하기를 "늙은이야, 갈고리를 내려 놔라"라고 하였다.〕

호남湖南 기림祇林 화상

항상 문수보살과 보현보살을 요귀라고 꾸짖으면서 손에는 목검木劍을 들고 자칭 항마降魔라고 일컬었다. 그리하여 어떤 스님이 와서 뵙기만 하면 "마귀가 왔다, 마귀가 왔어" 하고는 목검을 어지러이 휘두르다가 방장으로 슬쩍 들어갔다.

이와 같이 하기를 12년 동안 계속하다가 나중에는 검을 놓고 말이 없으니, 어떤 스님이 물었다.

"12년 이전에는 어찌하여 마군을 항복시켰습니까?"

"도적은 가난한 집을 털지 않는다."

"12년 이후에는 어찌하여 마군을 항복시키지 않습니까?"

"도적은 가난한 집을 털지 않는다."

앞의 유주幽州 반산盤山 보적寶積 선사의 법손

진주鎭州 보화普化 화상

그는 어느 곳 사람인지 알 수 없으나, 반산盤山을 스승으로 섬겨서 참 비결을 은밀히 전해 받았다. 그리고는 미친 척하면서 말을 해도 법도法度가 없었다.

반산盤山이 세상을 떠난 뒤에는 마침내 북쪽 지방에서 교화를 폈는데, 성의 저자나 무덤 사이에서 방울 하나를 흔들면서 이렇게 외쳤다.

"밝은 것이 와도 때리고, 어두운 것이 와도 때린다."

어느 날 임제臨濟가 다른 스님을 시켜서 그를 붙들어 놓고는, 그에게 물었다.

"밝지도 어둡지도 않을 때에는 어떠합니까?"

"내일 대비원大悲院에 재齋가 있단다."

무릇 사람을 보면 그 지위의 고하를 막론하고 방울을 한 번 흔드니, 당시의 사람들이 보화普化 화상이라 불렀다. 혹은 방울을 귓전에다 대고 흔들기도 하고, 혹은 그의 등을 문질렀는데, 그 중에 돌아보는 자가 있으면 즉시 손을 펴면서 말했다.

"돈 한 닢 주구려."

제때가 아닐 경우에도 음식이 있으면 먹었으니, 일찍이 저물 무렵에 임제원臨濟院에 들어가서 생채쌈〔生菜飯〕을 먹는데 임제가 와서 말했다.

"저 자는 마치 한 마리 나귀와 같구나."

대사가 문득 나귀 울음소리를 내니, 임제가 그만두었다. 이때 대사가 말했다.

"오줌싸개 같은 임제는 외쪽 눈만 갖추고 있다."〔스님이 법안法眼에게 묻기를 "임제가 당시에 어떤 말을 했어야 합니까?"라고 하니, 법안이 대답하기를 "임제가 뒷사람들에게 미루어 주었다"라고 하였다.〕

대사는 마보사馬步使가 나와서 벽제〔喝道〕[20]하는 것을 보자, 대사도 갈도를 하면서 씨름을 하려는 시늉을 하였다. 마보사가 사람을 시켜 방망이로 다섯 대를 때리게 하니, 대사가 말했다.

"비슷하기는 하나 옳지는 않다."

대사가 일찍이 소란한 거리에서 방울을 흔들면서 외쳤다.

"갈 곳을 찾아도 찾을 수 없구나."

이때에 도오道吾가 대사를 보고서 붙들고 물었다.

---

20 지체 높은 사람의 행사를 도와주는 사람인 마보사馬步使가 소리를 질러 길을 트고 안내하며 잡인들의 통행을 통제하는 것〔喝道〕을 말한다.

"그대가 가려는 곳이 어디인가?"

대사가 말했다.

"그대는 어디서 왔는가?"

도오가 말이 없으니, 대사는 손을 털면서 떠나 버렸다.

어느 날 대사가 임제원臨濟院에 들어가니, 임제가 말했다.

"도적이다, 도적이야."

대사도 소리쳤다.

"도적이다, 도적이야."

둘이서 같이 승당僧堂에 들어갔다가 임제가 성상聖像을 가리키면서 물었다.

"성인입니까, 범부입니까?"

대사가 대답했다.

"성인이다."

"그 따위 소리를 하시는군요."

대사가 방울을 흔들면서 외쳤다.

"하양河陽의 신부新婦요, 목탑(木塔 : 절 이름)의 노파선老婆禪[21]이다. 오줌싸개 임제는 외눈만을 갖추었구나."

당나라 함통咸通 초에 임종할 때가 가까워지자, 저자에 들어가서 사람들에게 말했다.

"장삼을 하나 해주시오."

사람들이 바지를 주기도 하고 누비옷을 주기도 하였으나, 모두 받지 않고 방울을 흔들면서 가 버렸다.

---

21 신부는 살갗을 드러내지 않으니 성인이요, 노파선은 노파가 부끄러움이 없으니 범부에 견준 것이다.

이때 임제가 사람들을 시켜 관棺 하나를 보내니, 대사가 웃으면서 말했다.

"임제, 그 애가 제법 영리하구나."

얼른 받아들이고는 이내 작별을 고했다.

"보화가 내일 동문 밖에서 죽으리라."

고을 사람들이 앞을 다투어 성 밖으로 나오니, 대사는 소리를 높여서 말했다.

"오늘은 일진〔靑烏〕이 맞지 않는다. 내일 남문 밖에서 죽으리라."

사람들이 또 따라가자, 다시 말했다.

"내일 서문으로 나가야 길할 것 같다."

이에 사람들은 차츰 줄어들고, 나갔던 사람들도 곧 돌아와서 사람들의 뜻이 거의 무심하게 되었다. 그러자 넷째 날에는 몸소 관을 메고 북문 밖으로 나가서 방울을 흔들면서 관으로 들어가 입적하였다.

고을 사람들이 소식을 듣고 앞을 다투어 성문을 나가서 관을 열어 보니, 이미 시체는 보이지 않고 오직 방울 소리만이 차츰 멀어졌는데, 그 까닭은 알 수가 없었다.

앞의 용아산龍牙山 원창圓暢 선사의 법손

가화嘉禾 장이藏廙 선사

그는 구주衢州 신안信安 사람으로서 성은 정程씨이다. 당나라 원화元和 때에 부모를 하직하고 장사長沙의 악록사嶽麓寺에 가서 영지靈智 율사에 의해 출가하였다.

장경長慶 3년 무릉武陵 개원사開元寺에서 계를 받을 때에 율부律

部를 듣다가 동학同學에게 말했다.

“교리에 문은 번거롭고 넓기만 하니, 총괄하는 문을 찾아야 하겠다.”

그리고는 용아산龍牙山의 원창圓暢 선사를 찾아가서 뵈니, 용아龍牙가 말했다.

“5온蘊과 18계界가 참이 아니요, 부처와 중생이 내〔我〕가 아니니, 그대의 올바른 근본은 무엇이라 이름해야 하며, 또 누구에게서 얻는 것인가?”

대사는 그 말 하나에 깨닫고, 가산柯山으로 돌아가서 회창會昌의 사태沙汰를 피했다.

나중에 용흥龍興에서 도화道化를 널리 펴다가 건부乾符 6년 3월에 입적〔長往〕하니, 수명은 82세이고 법랍은 56세였다.

앞의 귀종사歸宗寺 지상智常 선사의 법손

복주福州 부용산芙蓉山 영훈靈訓 선사

처음에 귀종歸宗을 뵙고는 물었다.

“어떤 것이 부처입니까?”

귀종이 말했다.

“내가 그대에게 말한다면 그대는 믿겠는가?”

“화상께서 말씀하시는 정성스럽고 참된 말을 어찌 믿지 않겠습니까?”

“바로 그대가 부처다.”

“어떻게 보임保任하리까?”

“하나의 그림자라도 눈을 가리면 허공의 꽃이 어지럽게 떨어진다.”〔법안法眼이 말하기를 “귀종歸宗이 만일 뒷말을 하지 않았더라면 귀종(歸宗 : 조종에 돌아간다는 뜻)이라 할 것이 무엇이랴?”라고 하였다.〕

대사가 귀종에게 하직을 아뢰니, 귀종이 물었다.

“자네는 어디로 가려는가?”

“영중嶺中으로 돌아가겠습니다.”

“자네가 여기에 여러 해 있었으니, 짐을 꾸려 놓고는 잠시 오라. 내가 자네에게 유일하고 최상인 불법을 말해 주리라.”

대사가 짐을 꾸려 놓고 법당에 올라가니, 귀종이 말했다.

“가까이 오너라.”

대사가 그의 앞으로 다가서니, 귀종이 말했다.

“날씨가 차니, 도중에 조심하라.”

대사가 이 말을 듣고는 앞서의 견해를 단박에 잊었다.

나중에 입적하니, 홍조弘照 대사라 시호하고, 탑호는 원상圓相이라 하였다.

한남漢南 곡성현穀城縣 고정高亭 화상

어떤 스님이 협산夾山에서 와서 절을 하자, 대사가 때렸다. 그 스님이 말했다.

“일부러 와서 절을 했는데, 왜 때리십니까?”

그 스님이 다시 절을 하자, 대사가 또 때리고 밀쳤다. 그 스님이 돌아가서 협산에게 이야기하니, 협산이 말했다.

“그대는 알겠는가?”

“모르겠습니다.”

“그대가 모르는 것이 다행일세. 만일 알았다면 협산은 벙어리가 되었을 것이다."

신라新羅 대모大茅 화상

상당하여 대중에게 말했다.

"모든 부처님의 스승을 알고자 하면 무명無明의 마음속에서 알아차려야 하고, 항상 머물면서도 시들지 않는 성품을 알고자 하면 만 가지 초목이 변천하는 곳에서 알아차려라."

스님이 물었다.

"어떤 것이 대모大茅의 경계입니까?"

"칼끝을 드러내지 않는다."

"어찌하여 칼끝을 드러내지 않습니까?"

"맞설 자가 없느니라."

오대산五臺山 지통智通 선사〔대선불大禪佛이라 자칭하였다.〕

처음에 귀종歸宗의 회상會上에 있었는데, 어느 날 밤에 홀연히 순당巡堂[22]을 하다가 소리쳤다.

"나는 이미 크게 깨달았다."

대중이 모두 놀랐는데, 이튿날 귀종이 상당하여 대중을 모으고서 물었다.

"지난밤에 크게 깨달았다는 스님은 나오너라."

대사가 나서면서 말했다.

"지통智通입니다."

귀종이 말했다.

22 법당 주변을 도는 행사이다.

"그대는 어떤 도리를 보았기에 '크게 깨달았다' 했는지 나에게 말해 보라."

"비구니〔師姑〕는 원래 여자로서 된 것입니다."

귀종이 잠자코 인가하였다. 대사가 하직하니, 귀종이 문까지 전송을 나와서 삿갓을 들어 주었다. 대사가 받아서 머리에 쓰고 떠나면서 전혀 되돌아보지 않았다.

나중에 오대산 법화사法華寺에 있다가 임종할 때에는 게송을 남겼다.

> 손을 들어 남두성南斗星을 더듬고
> 몸을 돌이켜 북극성〔北辰〕에 기댄다.
> 머리를 내밀어 하늘 밖에서 보나니
> 누가 나와 같은 사람이더냐.
> 擧手攀南斗　　迴身倚北辰
> 出頭天外見　　誰是我般人

앞의 화엄사華嚴寺 지장智藏 선사의 법손

황주黃州 제안齊安 화상

배우는 무리에게 보여 말했다.

"말이 구절에 속하지 않는 것을 부처와 조사는 헛수고를 하였고, 현묘한 운율은 끊이지 않거늘 뉘라서 알아들으랴?"

어떤 스님이 물었다.

"어찌하여야 자기 부처를 알 수 있겠습니까?"

"잎사귀 하나에 시절이 분명하니 소식이 다함이 없고, 솔바람의 운율이 그쳐도 아는 이 없음을 원망하네."

"어떤 것이 자기 부처입니까?"

"풀 앞에서는 준마駿馬가 끝없이 많더니, 묘함이 다하니 도로 축생이구나."

어떤 이가 물었다.

"대사의 연세가 얼마입니까?"

대사가 대답했다.

"5·6·4·3과도 닮지 않았나니, 어찌 1·2와 같을 수 있으랴? 진실로 궁구하기 어렵다."

대사의 게송이 있으니, 다음과 같다.

훨훨 타는 불 속의 사람에게 길이 있으니
회오리의 정수리에 우뚝 깃드노라.
항상함은 겁을 거친들 무슨 차이가 있으랴.
밝은 해는 말없이 운행하며 평등하게 비추네.

猛熾焰中人有路　旋風頂上屹然棲
鎭常歷劫誰差互　杲日無言運照齊

대사는 나중에 봉상鳳翔에 거처했다.

경덕전등록 제 11 권

회양懷讓 선사의 제4세 89인

담주潭州 위산潙山 영우靈祐 선사의 법손 43인

원주袁州 앙산仰山 혜적慧寂 선사

등주鄧州 향엄사香嚴寺 지한智閑 선사

양주襄州 연경延慶 법단法端 선사〔12권의 향엄香嚴 밑에 또 수록되어 있는데, 그 까닭을 알 수 없다.〕

항주杭州 경산徑山 홍인洪諲 선사

복주福州 영운靈雲 지근志勤 선사

익주益州 응천應天 화상

복주福州 구봉九峰 자혜慈慧 선사

경조京兆 미米 화상

진주晋州 곽산霍山 화상

양주襄州 왕경초王敬初 상시常侍

〔이상 11인은 기록에 보임〕

복주福州 쌍봉雙峰 화상

장연長延 원감圓鑑 선사

지화志和 선사

홍주洪州 서산西山 도방道方 선사

위산潙山 여신如眞 선사

병주幷州 원순元順 선사

흥원부興元府 숭호崇皓 선사

악주鄂州 전심全諗 선사

숭산嵩山 신검神劍 선사

허주許州 홍진弘進 선사

여항餘杭 문립文立 선사

월주越州 광상光相 선사

소주蘇州 문약文約 선사

상원上元 지만智滿 선사

금주金州 법랑法朗 선사

악주鄂州 황학산黃鶴山 초달超達 대사

백록白鹿 종약從約 선사

서당西堂 복復 선사

온주溫州 영공靈空 선사

대위大潙 간簡 선사

형남荊南 지랑智朗 선사

위산潙山 보윤普潤 선사

위산潙山 법진法眞 선사

흑산黑山 화상

저주滁州 정산定山 신영神英 선사

상산霜山 화상

남원南源 화상

위산潙山 충일沖逸 선사

위산潙山 언彦 선사

기주蘄州 삼각산三角山 법우法遇 선사

등주鄧州 지전志詮 선사

형주荊州 홍규弘珪 선사

암배巖背 도광道曠 선사

〔이상 33인은 기연할 어구가 없으므로 기록하지 않음〕

복주福州 대안大安 선사의 법손 10인

익주益州 대수大隨 법진法眞 선사

소주韶州 영수靈樹 여민如敏 선사

복주福州 수산壽山 사해師解 선사

요주饒州 요산嶢山 화상

천주泉州 보전莆田 숭복崇福 혜일慧日 대사

태주台州 부강浮江 화상

노주潞州 녹수淥水 화상

광주廣州 문수원文殊院 원圓 선사

〔이상 8인은 기록에 보임〕

온주溫州 영양靈陽 선사

홍주洪州 지의紙衣 화상

〔이상 2인은 기연할 어구가 없으므로 기록하지 않음〕

항주杭州 경산徑山 감종鑒宗 대사의 법손 3인

명주明州 천동산天童山 함계咸啓 선사

배산背山 행진行眞 선사

항주杭州 대자산大慈山 행만行滿 선사

〔이상 3인은 기연할 어구가 없으므로 기록하지 않음〕

조주趙州 동원東院 종심從諗 선사의 법손 13인

홍주洪州 신흥新興 엄양嚴陽 존자

양주揚州 광효원光孝院 혜각慧覺 선사

농주隴州 국청원國淸院 봉奉 선사

무주婺州 목진木陳 종랑從朗 선사

무주婺州 신건新建 선사

항주杭州 다복多福 화상

익주益州 서목西睦 화상

〔이상 7인은 기록에 보임〕

담주潭州 마곡산麻谷山 화상

관음원觀音院 정악定鄂 선사

선주宣州 명평산茗萍山 화상

태원太原 면免 도자道者

유주幽州 연왕燕王

진주鎭州 조왕趙王

〔이상 6인은 기연할 어구가 없으므로 기록하지 않음〕

구주衢州 자호암子湖巖 이종利蹤 선사의 법손 4인

태주台州 승광勝光 화상

장주漳州 부석浮石 화상

자동紫桐 화상

일용日容 화상

〔이상 4인은 기록에 보임〕

길주吉州 효의孝義 성공性空 선사의 법손 1인

공주邛州 수흥원壽興院 수한守閑 선사

〔1인은 기연할 어구가 없으므로 기록하지 않음〕

악주鄂州 수유茱萸 화상의 법손 1인

석제石梯 화상

〔1인은 기록에 보임〕

천룡天龍 화상의 법손 2인

무주婺州 금화산金華山 구지俱胝 화상

〔1인은 기록에 보임〕

신라국新羅國 언충彦忠 선사

〔1인은 기연할 어구가 없으므로 기록하지 않음〕

장사長沙 경잠景岑 선사의 법손 2인

명주明州 설두산雪竇山 상통常通 선사

〔1인은 기록에 보임〕

무주婺州 금화산金華山 엄령嚴靈 선사

〔1인은 기연할 어구가 없으므로 기록하지 않음〕

양주襄州 관남關南 도상道常 선사의 법손 2인

관남關南 도오道吾 화상

장주漳州 나한羅漢 화상

〔이상 2인은 기록에 보임〕

백마白馬 담조曇照 선사의 법손 1인

진주晋州 곽산霍山 무명無名 선사

〔1인은 기연할 어구가 없으므로 기록하지 않음〕

신라新羅 대증大證 선사의 법손 2인

문성文聖 대왕大王

헌안憲安 대왕大王

〔이상 2인은 기연할 어구가 없으므로 기록하지 않음〕

소마小馬 신조神照 선사의 법손 1인

진운군縉雲郡 연운원連雲院 유연有緣 선사

〔1인은 기연할 어구가 없으므로 기록하지 않음〕

고안高安 대우大愚 화상의 법손 1인

균주筠州 말산니末山尼 요연了然

〔1인은 기록에 보임〕

신라新羅 홍직洪直 선사의 법손 2인

홍덕興德 대왕大王

선강宣康 태자太子

〔2인은 기연할 어구가 없으므로 기록하지 않음〕

허주許州 무적無跡 화상의 법손 1인

도수道遂 선사

〔1인은 기연할 어구가 없으므로 기록하지 않음〕

회양懷讓 선사의 제4세 ①

앞의 위산潙山 영우靈祐 선사의 법손

원주袁州 앙산仰山 혜적慧寂 선사

그는 소주韶州 혜화懷化 사람으로서 성은 섭葉씨이다. 나이 열다섯 살에 출가하려 했으나 부모가 허락하지 않았다. 2년 후에 두 손가락을 끊고 부모 앞에 꿇어앉아서 바른 법을 구하여 노고에 보답하겠노라고 서원하였다.

그리하여 마침내 남화사南華寺 통通 선사에 의지하여 머리를 깎고, 미쳐 구족계를 받기 전에 행각을 떠났다. 처음에 탐원耽源을 만나서 현묘한 종지를 깨닫고, 나중에 위산潙山을 참문參問하여 당堂의 깊숙한 곳에 오르게 되었다.

위산潙山 영우靈祐가 물었다.

"그대는 주인이 있는 사미냐, 주인이 없는 사미냐?"

"주인이 있습니다."

"어디에 있는가?"

대사(앙산)가 서쪽에서 동쪽으로 가서 서니, 영우는 그가 범상치 않은 인물임을 알고서 법을 일러 주었다.

대사가 물었다.

"어떤 것이 참 부처가 사는 곳입니까?"

"생각하면서도 생각 없는 묘함으로써 신령한 불꽃의 무궁함을 돌이켜 생각하되, 생각이 다하여 근원으로 돌아가면 성품〔性〕과 모습〔相〕이 항상 머무르고 일〔事〕과 이치〔理〕가 둘이 아니라서 참 부처가 여여如如하리라."

대사가 이 말끝에 단박에 깨달았다. 이로부터 시봉을 하다가 강릉江陵으로 가서 계를 받고 여름을 지내면서 율장律藏을 탐구했다.

나중에 암두巖頭를 뵈니, 암두가 불자拂子를 쳐들었다. 대사가 방석을 펴니, 암두가 불자를 들었다가 등 뒤에다 두었다. 대사가 방석을 어깨에 메고 나가자, 암두가 말했다.

"나는 그대가 놓아 버리는 것은 수긍하지 않는다. 다만 거두어들이는 것만을 수긍한다."

또 석실石室에게 물었다.

"부처와 도道의 거리가 얼마나 됩니까?"

"도는 손을 편 것 같고, 부처는 주먹을 쥔 것 같다."

그 길로 석실을 하직하니, 석실이 문까지 전송을 나왔다가 대사를 부르고 말했다.

"그대는 한결같이 가지만 말라. 이후에 다시 내 곁으로 돌아오라."〔운거雲居 석錫이 말하기를 "알고자 하는가? 지금은 방으로 돌아갔다가 내일 다시 오라"고 하였다.〕

위주韋宙가 위산潙山에게 가서 게송 하나를 써 달라고 하니, 위산이 말했다.

"얼굴을 빤히 보면서 전해 주어도 역시 모르는 둔한 무리이거늘, 하물며 종이나 먹으로 형용한다고 되겠느냐?"

그가 대사에게 와서 청하자, 대사는 종이 위에다 동그라미 하나를 그려 놓고는 이렇게 주注를 붙였다.

"생각해서 아는 것은 제2두頭에 떨어지고, 생각하지 않고서 아는 것은 제3수首에 떨어진다."

어느 날 위산을 따라서 밭을 일구다가 물었다.

"여기는 이렇게 낮고, 저기는 저렇게 높습니다."

"물은 능히 사물을 평평하게 하니, 단지 물로써 수평을 삼아라."

"물도 의지할 수 없습니다. 화상은 다만 높은 곳은 높은 대로 평평케 하고, 낮은 곳은 낮은 대로 평평케 하십시오."

영우 위산이 옳다고 여겼다.

어떤 시주施主가 비단을 보냈는데, 대사가 물었다.

"화상은 시주의 이러한 공양을 받으시고, 무엇으로 보답하시겠습니까?"

영우靈祐가 선상禪床을 두드려 보이니, 대사가 말했다.

"화상께서는 어찌하여 뭇 사람의 물건을 자기 것으로 쓰십니까?"

영우가 갑자기 물었다.

"어디를 갔다 왔는가?"

"밭에 갔었습니다."

"밭에 사람이 얼마나 있는가?"

대사가 삽을 꽂고 섰으니, 영우가 말했다.

"오늘 남산南山에서 여러 사람이 띠〔茅〕를 베더라."

그러자 대사는 삽을 들고 가 버렸다.〔현사玄沙가 말하기를 "내가 보았더라면 삽을 차서 넘어뜨렸을 것이다"라고 하였다. 경청鏡淸에게 묻기를 "앙산이 삽을 꽂은 뜻이 무엇입니까?"라고 하자, 경청이 대답하기를 "개가 사서赦書를 물고 가니, 제후諸侯가 길을 피한다"라고 하였다. 또 묻기를 "현사가 삽을 차서 쓰러뜨린 뜻은 무엇입니까?"라고 하니 경청이 대답하기를 "배〈船〉를 어찌할 수 없어서 표주박을 때려 부셨다"라고 하였다. 또 묻기를 "남산에서 띠를 벤다는 뜻이 무엇입니까?"라고 하니, 경청이 대답하기를 "이정李靖이 세 형제 중에서 가장 오랜 진陣을 쳤느니라"고 하였다. 운거雲居 석錫이 말하기를 "말해 보라. 경청이 이러한 판단을 한 것이 맞는가, 맞지 않는가?"라고 하였다. 또 어떤 스님이 화산禾山에게 묻기를 "앙산이 삽을 꽂은 뜻이 무엇입니까?"라고 하니, 화산이 대답하기를 "그대가 나에게 물어라"고 하였다. 스님이 다시 묻기를 "현사가 삽을 쓰러뜨린 뜻이 무엇입니까?"라고 하니, 화산이 대답하기를 "내가 그대에게 묻는다"라고 하였다.〕

대사가 위산에서 소를 먹일 때에 제1좌座가 말했다.

"백억 털끝에 백억 사자師子가 나타났구나."

대사가 대답하지 않고 돌아가서 (위산을) 모시고 섰는데, 제1좌가 문안을 올리러 왔다. 대사가 앞의 말을 들면서 물었다.

"아까 말하기를 '백억 털끝에 백억 사자가 나타났다'고 하시지 않았소?"

상좌가 말했다.

"그렇소."

"그렇다면 나타날 때에는 털 앞에 나타났소, 아니면 털 뒤에 나타났소?"

"나타날 때는 앞뒤를 설하지 않소."

대사가 그대로 밖으로 나가니, 영우가 말했다.

"사자의 허리가 부러졌구나."

위산의 상좌上座가 불자拂子를 번쩍 들고 말했다.

"이 도리道理를 알아채는 이에게 이것을 주리라."

대사가 대답했다.

"제가 도리를 알아채리니, 그래도 되겠습니까?"

"다만 도리를 알아차리기만 하면 된다."

그러자 대사가 불자를 빼앗아 가지고 갔다.〔운거雲居 석錫이 말하기를 "어디가 앙산의 도리인가?"라고 하였다.〕

어느 날 비가 오자, 상좌가 말했다.

"좋은 비로구나, 혜적慧寂 사리闍梨여."

"좋은 것이 어디에 있습니까?"

상좌가 말이 없으니, 대사가 말했다.

"제가 말할 수 있습니다."

상좌가 말했다.

"좋은 것이 어디에 있는가?"

대사가 비를 가리켰다.

위산이 대사와 함께 길을 가는데, 까마귀가 홍시紅柿 하나를 물어다가 앞에다 떨어뜨렸다. 위산이 그것을 주어서 대사에게 주니, 대사가 받아서 물로 씻어다가 위산에게 주었다. 영우(靈祐 : 潙山)가 물었다.

"그대는 이것을 어디서 얻었는가?"

"이것은 화상의 도덕道德이 감응한 바입니다."

영우가 말했다.

"그대도 허탕을 칠 수는 없지."

그리고는 반을 나누어 대사에게 주었다.〔현사玄沙가 말하기를 "못난 위산이 앙산의 한 방망이를 맞고 넘어져서 아직도 일어나지 못하는구나"라고 하였다.〕

대사가 빨래를 하는데, 탐원耽源이 말했다.
"바로 이럴 때에 어떠한가?"
대사가 말했다.
"바로 이럴 때를 어디서 보았습니까?"

대사가 위산을 왔다갔다하기 15년 동안 무릇 배우는 무리들이 그의 말과 글귀〔語句〕에 승복하지 않는 이가 없었다. 위산의 비밀한 법인을 전해 받은 뒤에 무리를 이끌고 왕망산王莽山에 살았는데, 교화할 인연이 맞지 않아서 앙산仰山으로 옮기자, 배우는 무리가 많이 모여들었다.

대사가 상당하여 무리에게 보였다.

"그대들 모두가 제각기 광명을 돌이킬지언정 내 말을 기억하지 말라. 그대들은 비롯함이 없는 겁 이래로 밝음을 등지고 어두움에 던져진 탓에 망상의 뿌리가 깊어져서 단박에 뽑기가 어렵다. 그러므로 임시로 방편을 시설하여 그대들의 거친 의식을 뽑아 버리려 하니, 마치 누런 낙엽〔黃葉〕을 가지고 황금이라고 속여 우는 아이를 달래는 것과 같거늘 어찌 옳다고 하겠는가? 또 어떤 사람이 갖가지 물건과 금과 보배로 가게 하나를 차려서 장사를 하는 것과 같으니, 다만 오는 자들의 경중輕重을 헤아리는 것이다. 그러므로 석두石頭는 진금포眞金鋪요, 나는 잡화포雜貨鋪라 말하겠다. 어떤 사람이 와서 쥐똥을 찾더라도 나는 주고, 어떤 사람이 순금을 찾더라도 나는 주리라."

다른 때에 어떤 스님이 물었다.

"쥐똥은 요구하지 않겠습니다. 화상께 청하나니, 진금을 주십시오."

"활촉을 물고 입을 열려고 한다면, 나귀 해가 되어도 모를 것이다."

스님이 대답하지 못하니, 대사가 말했다.

"찾고 부르면 거래〔交易〕가 있고 찾고 부르지 않으면 거래가 없다. 내가 선종을 설하려면 신변에 한 사람을 동반하는 것도 필요치 않거늘, 어찌 5백 명, 7백 명이 있을 수 있으랴? 내가 만일 이렇게〔東〕 말하고 저렇게〔西〕 말하면 앞을 다투어 주워 모으려고 하는데, 마치 빈주먹으로 아이들을 속이는 것과 같아서 도무지 진실함이 없다. 내가 이제 그대들에게 분명히 말하나니, 거룩한 쪽의 일에도 마음을 두지 말고, 오직 자기의 성품 바다를 향해 여실히 닦되 3명明과 6통通을 바라지 말라. 왜냐하면 이는 성인들의 아주 지말적인 일〔末邊事〕이기 때문이다. 지금 필요한 것은 마음을 알아채고 근본을 통달하는 것이니, 다만 그 근본을 얻을지언정 그 지말적인 것을 근심치 말라. 다른 때, 훗날에 저절로 갖추어지리라. 만일 근본을 얻지 못하면, 비록 망정을 가지고 배운다 할지라도 얻지 못할 것이다. 그대들은 보지 못했는가? 위산 화상이 말하기를 '범속함이나 거룩함의 감정이 다해서 체體가 참되고 항상함을 드러내면, 이理와 사事가 둘이 아닌 것이 바로 여여如如한 부처이다'라고 하셨다."

어떤 스님이 물었다.

"어떤 것이 조사의 뜻입니까?"

대사가 손으로 허공에다 원상圓相을 그리고, 그 안에 불佛자를 쓰니, 스님은 말이 없었다.

대사가 제1좌에게 말했다.

"선善도 생각지 않고 악惡도 생각지 않으면, 바로 이럴 때 어떠한가?"

"바로 그럴 때가 저의 몸과 목숨을 던져 버릴 곳입니다."

"어째서 나[老僧]에게는 묻지 않는가?"

"바로 그럴 때에 화상이 계신다고 보지 않습니다."

"나를 부축하면서도 일어나지 못하게 하는구나."

대사가 위산에 돌아가서 문안을 드리는데, 영우가 물었다.

"그대는 이미 선지식이라 불리니, 제방諸方에서 온 사람들이 앎이 있는지 앎이 없는지, 스승이 있는지 스승이 없는지, 의학義學을 배웠는지 현학玄學을 배웠는지를 어떻게 변별하는지 말해 보라."

"제게는[慧寂] 시험하는 곳이 있습니다. 제방에서 온 스님을 보면 문득 불자를 세우면서 그에게 묻되 '제방에서도 이것을 설하는가, 설하지 않는가?'라고 합니다. 또 말하되 '이것은 그만두고 제방의 노숙老宿들의 뜻은 어떠한가?'라고 합니다."

영우가 탄복하였다.

"이는 예로부터 종문宗門의 (날카로운) 손톱이요, 어금니이다."

어느 날, 위산이 물었다.

"대지大地의 중생이 업식業識이 망망茫茫해서 의거할 근본이 없는데, 그대는 어떻게 그에게 있고 없음을 아는가?"

"저에게 시험하는 방법이 있습니다."

때마침 어떤 스님이 그 앞을 지나자, 대사가 불렀다.

"사리闍梨여."

그 스님이 머리를 돌리니, 대사가 말했다.

"화상이시여, 이것이 업식業識이 망망해서 의거할 근본이 없는 것입니다."

영우가 말했다.

"이는 사자師子의 젖 한 방울로 나귀의 젖 여섯 섬을 물리치는 것이다."

상공相公인 정우鄭愚가 물었다.

"번뇌를 끊지 않고 열반에 들 때에는 어떠합니까?"

대사가 불자를 번쩍 세우자, 상공이 말했다.

"입入이란 한 글자를 요구하지 않아도 됩니다."

"입이란 글자 하나가 상공을 위하지도 않소."〔법등法燈이 따로 말하기를 "상공은 번뇌를 일으키지 마시오"라고 하였다.〕

대사가 어떤 스님에게 물었다.

"어디서 오는가?"

"유주幽州에서 옵니다."

"내가 마침 유주의 소식을 알고 싶었는데 쌀값이 얼마인가?"

"제가 올 때에 까닭 없이 시장을 지나쳐 오다가 돌다리를 차서 부러뜨렸습니다."

대사가 그만두었다.

대사가 어떤 스님이 오는 것을 보고 불자를 번쩍 세우니, 그 스님이 할喝을 했다. 대사가 말했다.

"할喝을 한 것은 타당함이 없지 않으나, 노승老僧의 허물이 어디에 있는지 말해 보라."

"화상께서 경계를 가지고 사람에게 보이는 것은 합당치 않으십니다."

대사가 그를 때렸다.

대사가 향엄香嚴에게 물었다.

"아우〔師弟〕의 요즘 견처見處는 어떠하오?"

"제가 갑자기 말하려니 할 수가 없습니다."

그리고는 게송을 하나 바쳤다.

> 작년의 가난은 아직 가난이 아니었고
> 금년의 가난이 비로소 가난일세.
> 작년엔 송곳 하나 꽂을 땅도 없더니
> 금년엔 송곳마저 없다네.
> 去年貧未是貧　　今年貧始是貧
> 去年無卓錐之地　　今年錐也無

대사가 말했다.

"그대는 여래선如來禪만을 얻었을 뿐, 조사선祖師禪은 얻지 못했다."〔현각玄覺이 말하기를 "조사선祖師禪과 여래선如來禪은 다른 것인가, 다르지 않은 것인가? 말해 보라"고 하였다. 장경長慶이 말하기를 "일시에 꺾어 버렸다"라고 하였다.〕

위산이 거울 하나를 봉해서 대사에게 보냈는데, 대사가 상당하여 이를 꺼내 들고 말했다.

"말해 보라. 이것이 위산의 거울인가, 앙산의 거울인가? 누군가가 바로 말하면 깨뜨리지 않겠다."

대중이 아무런 대답도 없자, 대사가 박살을 내버렸다.

대사가 쌍봉雙峰에게 물었다.

"아우의 요즘 견처見處는 어떠하오?"

"저의 견처에 의거하건대, 실로 한 법도 정情에 해당할 만한 것이 없습니다."

"그대의 견해는 아직 경계에 있구나."

"제가 보는 바는 그렇지만, 사형께서는 어떠하십니까?"

"그대는 어찌하여 한 법도 정에 해당할 만한 것이 없다는 것을 모르는가?"

위산이 이 말을 듣고 말했다.

"혜적의 이 한마디가 천하 사람을 의혹으로 몰아넣는구나."〔현각玄覺이 말하기를 "『금강경』에 말하기를 '진실로 연등불然燈佛이 한 법도 나에게 수기를 주신 것이 없다'고 하였고, 그는 한 법도 정에 해당할 만한 법이 없다고 하였다는데, 어찌하여 아직도 경계에 있다 하는가"라고 하였다.〕

어떤 스님이 물었다.

"법신法身도 법을 해설하십니까?"

"나는 말할 수 없다. 따로 한 사람이 말할 수 있다."

"말할 수 있는 이는 어디에 있습니까?"

대사가 베개(枕子)를 내놓았다. 위산이 이 말을 듣고 말했다.
"혜적은 칼날 위의 일을 쓰는구나."

대사가 눈을 감고 앉았는데, 어떤 스님이 가만히 와서 곁에 섰다. 대사가 눈을 뜨고 땅 위에다 원상圓相을 하나 그리고, 원상 안에다 수水자를 쓴 뒤에 그 스님을 돌아보았다. 그 스님은 말이 없었다.

대사가 지팡이 하나를 짚고 다니자, 어떤 스님이 물었다.
"어디서 얻으셨습니까?"
대사가 문득 등 뒤에다 숨기니, 스님은 말이 없었다.

대사가 어떤 스님에게 물었다.
"그대는 어떤 것을 잘 아는가?"
"점卜을 좀 압니다."
대사가 불자를 번쩍 들고 말했다.
"이것은 64괘卦에서 어느 괘에 해당하는가?"
대답이 없으니, 대사가 대신 대답했다.
"아까는 뇌천대장雷天大壯이더니, 이제는 지화명이地火明夷[1]로 변했구나."

대사가 어떤 스님에게 물었다.

---

1 뇌천대장雷天大壯은 활달한 괘요, 지화명이地火明夷는 옹색한 괘이다. 첫 번째 물음에는 자신 있게 답하고, 두 번째 물음에는 답하지 못한 것을 이르는 말이다.

"이름이 무엇인가?"

"영통靈通입니다."

"얼른 등롱燈籠 속으로 들어가게."

"벌써 들어갔습니다."〔법안法眼이 따로 말하기를 "무엇을 등롱燈籠이라고 하는가?"라고 하였다.〕

어떤 스님이 물었다.

"옛사람이 말하기를 '색色을 보면 문득 마음을 본다'고 하였습니다. 선상禪床은 색인데, 화상께서는 색을 여의고서 학인學人의 마음을 가리켜 주십시오."

"어떤 것이 선상禪床인지 가리켜 보라."

스님은 대답이 없었다.〔현각玄覺이 말하기를 "홀연히 그가 선상禪床을 가리켜 냈다면 어떻게 대꾸해야 좋을까?"라고 하니, 어떤 스님이 말하기를 "화상께서 말씀해 주십시오"라고 하였다. 그러자 현각이 대신 손뼉을 세 번 치고 말았다.〕

어떤 스님이 물었다.

"어떤 것이 비로자나의 스승입니까?"

대사가 꾸짖으니, 그가 다시 물었다.

"무엇이 화상의 스승입니까?"

"무례하게 굴지 말라."

대사가 한 스님과 이야기를 하는데, 그 곁에 있던 스님이 말했다.

"말하는 쪽은 문수文殊요, 침묵하고 있는 쪽은 유마維摩이다."

대사가 말했다.

"말하지도 않고 침묵하지도 않는 이는 그대가 아닌가?"

스님이 잠자코 있으니, 대사가 말했다.

"어찌하여 신통을 나타내지 않는가?"

"신통을 나타내기는 사양치 않겠으나, 단지 화상께서 교학에 빠져들까 걱정입니다."

"그대가 하는 짓을 비추어 보니, 교리 밖의 안목은 없구나."

"천당과 지옥의 거리가 얼마나 됩니까?"

대사가 주장자로 땅에다 한 획을 그었다.

대사가 관음원觀音院에 있을 때에 다음과 같은 방牓을 걸었다.

"경을 보는 동안에는 일을 묻지 말라."

나중에 어떤 스님이 문안을 드리러 왔다가 대사가 경을 보는 것을 보고는 곁에 모시고 서서 기다렸다. 대사가 경을 덮고 물었다.

"알겠는가?"

"저는 경을 보지 못했으니, 어찌 알 수 있겠습니까?"

"그대는 이후에 차차 알게 될 것이다."〔그 스님이 암두巖頭에게 가니, 암두가 묻기를 "어디서 왔는가?"라고 하였다. 그 스님이 "강서江西 관음원에서 왔습니다"라고 하니, 암두가 묻기를 "화상께서 무슨 말이 없던가?"라고 하였다. 그 스님이 앞의 말을 이야기하니, 암두가 말하기를 "그 노장이 묵은 창호지 속에 파묻혔으리라 여겼는데, 아직도 살아 있구나"라고 하였다.〕

어떤 스님이 물었다.

"선종禪宗에서 단박에 깨달아서 필경 문門에 들어가는 뜻이 어떠합니까?"

"이 뜻은 지극히 어렵다. 만일 조종祖宗 문하의 상근상지上根上智라면 하나를 듣고 천을 깨달아서 큰 다라니〔大總持〕를 얻겠지만, 이런 근기의 사람은 얻기 어렵다. 근기가 미약하고 지혜가 얕은 이가 있으니, 이 때문에 고덕古德이 말하기를 '만약 선禪의 정려靜慮에 안주하지 못하면 도달한 자는 그 속에서 몽땅 아득해진다'고 하였느니라."

스님이 물었다.

"이러한 격외格外의 일을 제외하고 따로 학인들을 깨닫게 하는 방편이 있습니까?"

"따로 있건 따로 없건 그대의 마음을 안주하지 못하게 할 뿐이니라. 그대는 어디 사람인가?"

"유주幽州 사람입니다."

"그대는 그곳을 생각한 일이 있는가?"

"항상 생각합니다."

"그곳에는 누각 · 궁전 · 숲 · 동산 · 사람 · 말 따위가 들끓는데, 그대가 돌이켜 생각해 보면 허다한 현상이 있는가?"

"제가 도달한 그 속에서는 일체가 보이지 않습니다."

"그대의 견해는 아직 경계에 머물러 있으니, 믿음의 경지〔信位〕에는 이르렀을지라도, 체득의 경지〔人位〕에는 이르지 못했구나. 그대의 견해에 의거하건대, 단지 하나의 현묘함만을 얻었으니, 자리를 얻어서 옷을 풀어헤치면, 뒷날에는 저절로 알게 되리라."

그 스님은 절을 하고 물러갔다.

대사는 처음에는 앙산에서 시작했다가 나중에 관음원으로 옮겨서, 근기를 제접하고 사물을 이롭게 하는 데 선종의 표준이 되었다. 임종하기 몇 해 전에 게송을 지어서 대중에게 보였다.

나이 일흔일곱을 채웠지만
바로 지금도 늙어가고 있다네.
성품에 맡겨 스스로 부침浮沈을 하노니
양손으로 붙잡아 무릎을 굽히네.
年滿七十七　　老去是今日
任性自浮沈　　兩手攀屈膝

소주韶州 동평산東平山에서 입적하니, 나이는 77세였는데 무릎을 껴안고 임종하였다. 시호는 지통智通 대사 묘광妙光의 탑이라 하였고, 나중에 앙산仰山으로 탑을 옮겼다.

등주鄧州 향엄香嚴 지한智閑 선사

그는 청주靑州 사람이다. 속세를 싫어하여 부모를 하직하고 사방으로 다니면서 도를 흠모하다가 위산潙山의 선회禪會에 의지했다. 영우靈祐 화상은 그가 법을 이을 만한 그릇임을 알고 지혜의 광명을 일깨워 주기 위하여 어느 날 이렇게 말했다.

"나는 그대의 평생 배운 견해와 경전이나 책에서 기억해 가진 것을 묻지 않겠다. 그대가 아직 태胎에서 아직 나오지 않아서 동쪽과 서쪽을 분간하지 못할 때의 본분사本分事에 대해서 시험 삼아 한마디〔一句〕 말해 보라. 내가 그대에게 수기하겠다."

대사가 어리둥절하면서 대답을 못하다가 오래 침음沈吟한 끝에 몇 마디의 견해를 말했으나, 영우가 모두 허락하지 않으니 대사가 말했다.

"화상께서 말씀해 주십시오."

영우가 말했다.

"내가 말하면 나의 견해일 뿐이니, 그대의 안목에 무슨 도움이 되겠는가?"

대사가 결국 방으로 돌아가서 수집해 놓은 제방諸方의 어구語句들을 뒤져 보았으나, 한마디도 대꾸할 만한 것이 없었다. 이에 대사는 스스로 탄식하였다.

"그림의 떡으로는 굶주림을 채울 수 없구나."

그리고는 모두 태워 버리면서 말했다.

"금생에 불법을 배우지 못할 바에는 먼 길을 떠나 죽이나 밥을 먹어치우는 중이 되어서 심신心神의 괴로움이나 면하리라."

그리고는 울면서 위산을 하직하고 남양南陽에 이르러서 충忠 국사國師의 옛터를 구경하다가 그곳에서 휴식을 취했다. 그러던 어느 날, 산에서 잡초를 베다가 기와를 던진 것이 대나무에 부딪쳐 소리가 나는 찰나에 자기도 모르게 웃음을 터뜨리면서 확연히 깨달았다. 급히 돌아와서 목욕하고 향을 피우면서 멀리 위산을 향해 절을 하며 찬탄했다.

"화상의 대비하신 은혜는 부모의 은혜보다 높습니다. 그 당시에 만일 저에게 설명하셨다면, 어찌 오늘의 일이 있겠습니까?"

그리고는 게송 하나를 지었다.

한 번 치는 소리에 아는 바를 잊으니
다시는 닦고 다스리지 않게 되었네.
덩실덩실 옛길을 넘나드니
초조해 하는 근기에 떨어지지 않네.

一擊忘所知　　更不假修治
動容揚古路　　不墮悄然機
〔끝의 두 문구는 구본舊本과 복소본福郘本에는 모두 없는데, 여기서는 『통명집通明集』에 의해서 삽입한 것이다.〕

곳곳마다 자취를 남기지 않고
소리와 빛깔은 위의威儀 밖이니
제방諸方의 도를 통달한 자들이
모두 상상기上上機라 말하네.
處處無踪迹　　聲色外威儀
諸方達道者　　咸言上上機

대사가 상당하여 말했다.

"도는 깨달아 도달하는 것이지 말에 있지 않다. 하물며 밀밀密密하고 당당堂堂하여 일찍이 짬이 없음을 본다면 마음과 뜻을 괴롭힐 필요가 없다. 잠깐 빛을 돌려 비추면〔回光〕 나날이 써도 공용이 온전하거늘, 미혹한 무리가 스스로 등질 뿐이다."

스님이 물었다.

"어떤 것이 향엄香嚴의 경계입니까?"

"꽃도 나무도 살지 못한다."

"어떤 것이 선타바仙陀婆입니까?"

대사가 선상禪床을 치면서 말했다.

"이 속을 지나쳐 오라."

"어떤 것이 현재에 배움입니까?"

대사가 부채를 빙빙 돌리면서 말했다.

"보았는가?"

스님이 대답이 없었다.

"어떤 것이 바른 생활〔正命〕의 음식입니까?"

대사가 손으로 긁어모아서 보였다.

"어떤 것이 무표계無表戒[2]입니까?"

"그대가 속인이 되면 곧 말해 주겠다."

"어떤 것이 소리와 빛깔 밖에서 서로 만나는 한 구절입니까?"

"내가 향엄에 머물지 않을 때는 어디에 있다고 말하겠는가?"

"그럴 때도 소재所在가 있음을 감히 말하지 못합니다."

"마치 환인幻人의 마음〔心〕과 심소법心所法과 같으니라."

스님이 물었다.

"모든 성인들을 사모하지 않고 자기의 영혼도 소중히 여기지 않을 때에는 어떠합니까?"

"온갖 기연〔萬機〕이 다 쉬어 버리고, 1천 성현이 도와주지 않는다."

이때에 소산疎山이 대중 속에 있다가 구역질 소리를 내면서 말했다.

"이게 무슨 소리인가?"

대사가 물었다.

"누구냐?"

대중이 모두 대답했다.

"사숙師叔이십니다."

"나〔老僧〕를 긍정하지 않으시는가?"

2 계행戒行의 신념이 굳어져서 저절로 지켜지는 상태를 말한다.

소산이 나서면서 말했다.

"그렇소."

"그대가 말할 수 없는 것인가?"

"말할 수 있소."

"말해 보시오."

"날더러 말하라고 한다면, 스승과 제자의 예를 갖추어야만 되겠소."

대사가 법좌에서 내려와 절을 하면서 앞의 말을 거두어 물으니, 소산이 말했다.

"왜 긍정하고 중시하는 것이 온전하지는 않다고 말하지 않았소?"

대사가 말했다.

"설사 그대가 그렇다 해도 30년 동안 거꾸로 똥을 쌀 것이며, 설사 산에 살더라도 땔나무가 없을 것이며, 물 가까이 있어도 먹을 물이 없으리니, 분명히 기억해 두시오."

나중에 소산에 살았는데, 과연 대사의 예언과 같았다. 27년이 지나서 겨우 병이 나으니, 스스로 이렇게 말했다.

"향엄 사형이 나에게 수기하기를 30년 동안 거꾸로 똥을 싼다고 하였는데, 아직도 3년이 남았다."

그래서 매번 밥을 먹고는 손으로 긁어서 토하여 앞의 예언에 맞추었다.〔소산疎山이 나중에 도부道怤 장로에게 묻기를 "소중히 여긴다는 말을 긍정하나 완전히 긍정치는 않는다는 말을 그대는 어찌 생각하나?"라고 하였다. 도부가 대답하기를 "완전히 긍정에로 돌아갔다"라고 하였다. 소산이 다시 묻기를 "완전하지 않을 때에는 어찌하는가?"라고 하니, 도부가 말하기를 "거기에는 긍정할 길이 없다"라고 하였다. 이에 소산이

말하기를 "비로소 나의 뜻에 맞는다"라고 하였다.〕

어떤 스님이 물었다.

"어떤 것이 음성 이전의 구절입니까?"

대사가 말했다.

"대덕이 묻기 전이 바로 답〔卽答〕이다."

"즉시卽時에는 어떠합니까?"

"즉시에 물었구나."

"어떤 것이 곧바로 근원을 끊어서 부처님께서 인印한 바입니까?"

대사가 주장자를 던지고 손을 털면서 떠나 버렸다.

어떤 스님이 물었다.

"어떤 것이 스님의 법의 대의大意입니까?"

"금년에 서리가 일찍 내려서 메밀을 전혀 거두지 못했다."

"어떤 것이 서쪽에서 오신 뜻입니까?"

대사가 손을 품에 넣었다가 주먹을 꺼내 펴면서 주는 시늉을 하니, 그 스님이 꿇어앉아 두 손으로 받는 시늉을 하였다. 이에 대사가 물었다.

"이게 무엇인가?"

스님이 대답이 없었다.

"무엇이 도입니까?"

"고목枯木에서 용트림한다."

"학인은 잘 모르겠습니다."

"해골 속의 눈동자이니라."〔현사玄沙가 말하기를 "고목 속에 용龍이

숨었는가?"라고 하였다.〕

"네 구절〔四句〕을 여의고 백 가지 부정〔百非〕을 끊은 경지를 화상께서 말씀해 주십시오."

"사냥꾼 앞에서는 본사本師의 계율을 말하지 않는다."

어느 날 대중에게 말했다.

"어떤 사람이 천 길 벼랑에서 입으로는 나뭇가지를 물고, 발로는 밟은 것이 없고, 손으로도 잡을 것이 없는데, 홀연히 어떤 사람이 와서 '어떤 것이 서쪽에서 오신 뜻인가'를 물었다고 하자. 만일 입을 열어 대답하면 곧 몸과 목숨을 잃고, 대답하지 않으면 그가 물은 것을 거스르게 되니, 이럴 때에는 어찌해야 할까?"

이때에 초招 상좌上座라는 이가 나서서 말했다.

"나무에 올랐을 때는 묻지 않겠지만, 나무에 오르지 않았을 때에는 어떠합니까?"

대사가 웃기만 하였다.

대사가 어떤 스님에게 물었다.

"어디서 왔는가?"

"위산에서 왔습니다."

"화상께서 요즘에는 무어라 하시는가?"

"어떤 사람이 '무엇이 서쪽에서 오신 뜻이냐'고 물으면, 화상께서는 불자를 세우셨습니다."

대사가 그 말을 듣고 말했다.

"거기의 형제兄弟들은 화상의 뜻을 어떻게 이해하던가?"

"거기의 형제들은 색色에 의해서 마음을 밝히고, 사물에 의지해

이理를 드러낸다고 하였습니다."

"알면 즉각 아는 것이지, 알지 못하는 이들이 어찌하여 그리 성급하게 구는가?"

스님이 도리어 물었다.

"스님의 생각은 어떠하십니까?"

대사도 다시 불자를 들었다.〔현사玄沙가 말하기를 "저 향엄香嚴의 발꿈치가 땅에 닿지 않았을 뿐이다"라고 하였다. 운거雲居 석錫이 말하기를 "어디가 향엄의 발꿈치가 닿지 않은 곳인가?"라고 하였다.〕

대사가 학인들에게 보이는 말은 대부분 간결하였다. 게송이 2백여 편이 있는데, 인연을 따르고 근기에 대응할 뿐 규율에 구애받지 않아서 제방에 널리 알려졌다. 시호는 습등襲燈 대사라 하였다.

양주襄州 연경산延慶山 법단法端 대사

어떤 사람이 물었다.

"지렁이를 두 토막에 내면 두 토막이 모두 움직이는데, 불성은 어느 쪽에 있습니까?"

대사(법단)가 두 손을 펴 보였다.〔동산洞山이 따로 말하기를 "묻는 이는 어느 쪽에 있다고 여기는가?"라고 하였다.〕

대사가 입적한 뒤에 시호는 소진紹眞 대사라 하였고, 탑호는 명금明金이라 하였다.

항주杭州 경산徑山 홍인洪諲 선사

그는 오흥吳興 사람으로서 성은 오吳씨이다. 나이 열아홉 살에 개원사開元寺의 무상無上 대사에 의해 머리를 깎았다.〔무상無上 대사는 염관鹽官의 뒤를 이었는데, 나중에 경산徑山에서 제2세 주지로 있었다.〕

스물두 살에 숭악嵩嶽에 가서 구족계를 받고 돌아와서 본사本師께 절하니, 무상 대사가 물었다.

"그대는 수행을 하는 가운데 무엇으로 네 가지 은혜에 보답하겠는가?"

홍인洪諲이 대답을 못한 채 3일 동안 먹는 것도 잊었으며, 결국 하직하고 행각行脚을 나섰다. 그 길로 운암雲巖을 가서 뵈었으나 인연이 맞지 않았으며, 나중에 위산潙山에 가서 막혔던 의심이 모두 풀렸다.

당나라 회창會昌의 사태를 만나 대중이 모두 슬퍼하자, 홍인이 말했다.

"대장부가 이런 액난厄難을 만나는 것이 어찌 천명이 아니겠는가? 어찌하여 아녀자처럼 구는가?"

대중大中 초에 사문의 모습을 회복하고는 고향 서봉원西峰院으로 돌아왔다. 함통咸通 6년에 경산에 올라왔는데 이듬해에 본사本師가 입적하니, 대중이 뒤를 이으라고 하자 경산의 제3세가 되었으나 법으로는 위산의 제자였다.

어떤 스님이 물었다.

"숨을 차단해서 재[灰]와 같이 될 때는 어떠합니까?"

대사(홍인)가 말했다.

"그래도 요즘 사람들이 노력함이 낫구나."

"노력한 뒤에는 어떠합니까?"

"농부가 밭에 씨를 뿌리지 않느니라."

"궁극적으로 어떠합니까?"

"곡식이 익어도 타작마당에 가지 않느니라."

어떤 스님이 물었다.

"용문龍門에서 바람과 우레의 힘을 빌리지 않고 곧바로 뛰어넘는 자는 어떠합니까?"

"역시 1품品과 2품品의 차별이 있느니라."

"그것은 이미 계급이거니와 위로 향하는 일〔向上事〕은 어떠합니까?"

"나는 그대에게 용문이 있는 줄 모른다."

어떤 스님이 물었다.

"눈 같고 서리 같을 때에는 어떠합니까?"

"그래도 오염된 것이다."

"오염되지 않았을 때에는 어떠합니까?"

"똑같은 빛깔은 아니리라."

허주許州의 전명全明 상좌上坐가 먼저 석상石霜에게 물었다.

"한 털에다 여러 구멍을 뚫을 때는 어떠합니까?"

석상이 대답했다.

"모름지기 만년을 지내야 하리라."

"만년 뒤에는 어떠합니까?"

"과거〔登科〕를 보려면 그대 마음대로 과거를 보고, 장원을 하려면 마음대로 장원을 하라."

나중에 대사에게 또 물었다.

"한 털에다 여러 구멍을 뚫을 때는 어떠합니까?"

"광채를 내려면 마음대로 광채를 내고, 결과를 맺으려면 마음대로 결과를 맺어라."

어떤 스님이 물었다.

"어떤 것이 긴 것입니까?"

"천 명의 성인도 헤아리지 못하느니라."

"어떤 것이 짧은 것입니까?"

"초명蟭螟[3]의 눈에도 차지 않는 것이니라."

그 스님은 수긍하지 않고 바로 떠나서 석상을 찾아가 이야기하니, 석상이 말했다.

"다만 실다움에 너무 가까울 뿐이다."

그 스님이 물었다.

"어떤 것이 긴 것입니까?"

석상이 대답했다.

"굽지 않은 것이니라."

"어떤 것이 짧은 것입니까?"

"쌍륙雙陸[4] 판 위에서는 노름을 꾸짖지 않는다."

불일佛日 장로長老가 대사를 방문하자, 대사가 물었다.

"듣건대 장로께서는 홀로 한 지방을 교화하신다고 하던데, 어떻게 이 높은 봉우리까지 왕림하셨습니까?"

불일이 대답했다.

"밝은 달이 중천에 걸렸는데, 얼음과 서리가 춥다고 여기지 않습니다."

"그것은 장로의 가풍이 아니겠습니까?"

---

3 모기의 눈에 산다는 아주 작은 벌레를 말한다.

4 골패의 일종이다.

"높고 높은 만중관萬重關[5]은 그 속에 보배 달을 머금습니다."

"그것은 여전히 글과 말이니, 어떤 것이 장로의 가풍입니까?"

"오늘 다행히도 불일佛日을 만났습니다."

그리고는 불일 장로가 도리어 물었다.

"은밀하고 온전히 참된 것〔隱密全眞〕에 대해서 요즘 사람은 말할 수 없는 것이라고 알고, 크게 살펴서 허물이 없는 것〔大省無辜〕에 대해서는 요즘 사람이 말할 수 있다고 아는데, 바로 이 두 갈래가 요즘 사람들이 오르내리는 곳입니다. 장로께서 직접 스스로의 도〔自道〕를 말씀하신다면 어떻게 말씀하시겠습니까?"

대사가 대답했다.

"우리 집안의 도처道處는 도라고 할 것이 없습니다."

"여래의 길 위에는 사사로운 왜곡이 없으니, 얼른 현묘한 소리로 한 마당〔一場〕에 화답하십시오."

"해와 달이 서로 비추는 것은 그대에게 맡기지만, 푸른 못과 구름 밖은 상관치 않습니다."

"머리가 하얀 끝없는 무리에게 알리나니, 이번에는 젊은이를 고향에 보내지 마시오."

"늙고 젊음이 똑같은 굴레라서 향하고 등짐이 없으니, 우리 집안의 현묘한 길에도 들쑥날쑥이 없다오."

"한 마디〔一言〕로 천하를 안정시키는데, 네 구절〔四句〕이 누구에게 남으랴?"

"그대는 셋이다, 넷이다 말하지만, 나는 그 속의 하나도 없다고 하겠소."

---

5 깊은 산중을 말한다.

대사는 이어서 게송을 보였다.

동서에 관계치 않으니
남북에 어찌 막히랴.
그대는 셋이다, 넷이다 말하지만
나에게는 하나도 없구나.
東西不相顧　　南北與誰留
汝卽言三四　　我卽一也無

광화光化 4년 9월 28일에 대중에 말하고는 임종하였다.

복주福州 영운靈雲 지근志勤 선사

그는 본주(本州 : 福州)의 장계長溪 사람이니, 처음에 위산에 있다가 복사꽃을 보고서는 도를 깨닫고 게송을 지었다.

30년 동안 검을 찾던 나그네여,
몇 차례나 잎이 지고 가지가 돋았나.
스스로 복사꽃을 한 차례 본 뒤로는
지금에 이르도록 다시는 의심치 않네.
三十來年尋劍客　　幾逢落葉幾抽枝
自從一見桃華後　　直至如今更不疑

영우靈祐가 이 게송을 보고 그 깨달은 바를 따져서 서로 계합하였다. 영우가 말했다.

"인연 따라 깨달아 도달했으니, 영원히 잊지 말고〔退失〕 잘 수호하고 간직하라."〔어떤 스님이 현사玄沙에게 말하니, 현사가 이 말을 듣고 말하기를 "지당하고 심히 지당하나, 노형(영운)이 아직 끝까지 알지는 못했다 하노라"고 하니, 스님이 이 말을 의심하였다. 현사가 지장地藏에게 묻기를 "내가 그렇게 말한 것을 그대는 어떻게 생각하는가?"라고 하니, 지장이 말하기를 "계침桂琛이 아니었더라면 천하 사람을 끝없이 달리게 할 뻔하였소"라고 하였다.]

그 길로 민천閔川으로 돌아가니, 현묘함을 찾는 무리가 모여들었다.

상당上堂하여 대중에게 일렀다.

"여러분, 온갖 길고 짧은 것은 모두 무상으로 돌아가오. 네 계절의 초목에서 잎이 지고 꽃이 피는 것을 보시오. 하물며 티끌같이 많은 겁 이래로 하늘과 인간 등의 일곱 갈래에서 땅·물·불·바람으로 이루어졌다 무너졌다 하면서 윤회하는 일이겠는가? 인과가 다할 무렵에는 3악도惡道의 고통이 털끝만치도 더하거나 덜하지도 않으면서 오직 뿌리와 꼭지인 신식神識만이 항상 존재한다. 상근기는 어진 벗의 깨우침을 받으면 그 자리에서 해탈하여 문득 도량이겠지만, 중·하의 근기는 어리석으므로 능히 각조覺照하지를 못하고 삼계를 헤매면서 생사에 유전流轉하는 것이오. 그리하여 석가세존께서 그들 하늘과 인간을 위해 교법을 시설해 증명함으로써 지혜의 도를 현발顯發하셨는데, 그대들은 알겠는가?"

이때에 어떤 스님이 물었다.

"어찌하여야 생·노·병·사를 벗어나겠습니까?"

대사가 말했다.

"청산靑山은 원래 움직임이 없는데, 뜬구름만이 둥실둥실 오고 간다."

스님이 물었다.

"군왕이 싸움터에 나갈 때는 어떠합니까?"

"춘명문(春明門 : 장안성의 東門) 밖에서 장안長安을 묻지 말라."

스님이 말했다.

"어찌하여야 천자를 뵙겠습니까?"

"눈먼 학이 맑은 곳에 앉았건만, 물고기가 발밑을 지나간다."

스님이 물었다.

"어떤 것이 불법佛法의 대의입니까?"

"나귀의 일이 끝나지도 않았는데, 말(馬)의 일이 이르렀구나."

그 스님은 비유하는 뜻을 알지 못해서 다시 물었다.

"다시 일러 주십시오."

"채색 기운(彩氣)은 밤마다 항상 움직이나, 정령精靈은 낮에도 만나기 어렵다."

설봉雪峰이 게송을 지어서 쌍봉雙峰이 영嶺에서 나올 때에 보냈는데, 끝 구절에 말하기를 "우레가 그쳐도 소리는 멈추지 않는다"고 하니, 대사가 이를 고쳐 말하되 "우레가 울려도 소리가 들리지 않는다"라고 하였다. 설봉이 이를 듣고서 말했다.

"영운산靈雲山 마루에 옛 달(古月)이 나타났구나."

설봉이 물었다.

"옛사람이 전삼삼前三三 후삼삼後三三이라 한 뜻이 무엇입니까?"

대사가 말했다.

"물속의 고기요, 산 위의 새니라."

"그 뜻이 무엇입니까?"

"높이 있으면 쏠 수 있고, 깊이 있으면 낚을 수 있다."

"제방諸方에서 모두가 잡식雜食을 한다는데, 화상께서는 어떠하신지 모르겠습니다."

"민중閩中에만 특이함이 있어서 우뚝하게 해안을 진압한다."

"오랫동안 전쟁터에만 다니는 이가 어찌하여 벼슬자리에는 나가지 않습니까?"

"군왕이 도가 있으면 천하〔三邊〕가 고요하거늘, 어찌하여 수고롭게 만 리에 긴 성을 쌓겠는가?"

"무기를 던지고 팔짱을 낀 채 조정으로 돌아올 때는 어떠합니까?"

"자비로운 구름에서 내리는 비가 끝없는 찰토刹土를 널리 적시지만, 고목枯木 나무에는 꽃이 피지 않아 자라지 못하는 것을 어찌하겠는가?"

"혼돈이 나뉘지 않았을 때 중생〔含生〕은 어디서 왔습니까?"

"돌기둥〔露柱〕이 아기를 배는 것〔懷兒〕과 같다."〔어떤 곳에는 아兒가 태胎로 되어 있다.〕

"나뉜 뒤에는 어떠합니까?"

"조각구름이 매우 맑은 하늘에 흠집을 낸 것과 같다."

"매우 맑은 하늘에도 흠집이 납니까?"

대사가 대답하지 않으니, 이어서 말했다.

"그러면 중생이 오지 않았겠습니다."

대사가 또 대답하지 않으니, 이어서 말했다.

"다만 순수하고 맑아서 티도 끊어졌을 때는 어떠합니까?"

"그래도 참되고 항상함이 흘러든다."

"어떤 것이 참되고 항상함이 흘러드는 것입니까?"

"거울이 항상 밝은 것과 같다."

"향상向上에도 다시 일이 있습니까?"

"있다."

"어떤 것이 향상사向上事입니까?"

"거울을 부숴 버리고 와서 서로 보라."

"어떤 것이 서쪽에서 오신 뜻입니까?"

"우물 속에다 사과나무를 심는구나."

"학인은 잘 모르겠습니다."

"금년에는 복숭아와 자두가 귀해서 한 개에 천금千金이다."

"마니구슬이 뭇 빛깔을 따르지 않을 때엔 어떤 빛깔입니까?"

"흰 빛깔이다."

"그러면 뭇 빛깔을 따르겠습니다."

"조趙나라의 구슬이 본래 흠이 없지만, 인상여藺相如는 진秦의 임금을 속였다."

"군왕이 싸움터에 나간 때는 어떠합니까?"

"여재呂才를 호이산虎耳山에 장사 지냈느니라."[6]

"그 일이 어찌된 것입니까?"

"백의천白衣天[7]이 오는 것을 앉아서 맞느니라."

"왕은 지금 어디에 있습니까?"

"용안龍顔을 건드리지 말라."

익주益州 응천應天 화상

스님이 물었다.

---

6 여재呂才는 지리에 밝은 사람이었는데 죽을 때 딸에게 유언하기를, "나를 호이산虎耳山에 장사하면 너는 천자의 부인이 되리라"고 하여 딸이 그의 말대로 하니, 과연 그렇게 되었다 한다.

7 천자의 청혼사를 말한다.

"사람마다 불성이 있다는데 어떤 것이 화상의 불성입니까?"

"그대는 무엇을 불성이라 하는가?"

"그러면 화상은 불성이 없습니까?"

그러자 대사가 외쳤다.

"유쾌하다, 유쾌해."

복주福州 구봉九峰 자혜慈慧 선사

처음에 위산에 있을 때, 위산이 상당하여 이렇게 말하는 것을 들었다.

"그대들은 다만 대체大體만을 얻었지 대용大用은 얻지 못했다."

대사(구봉)가 몸을 빼어서 떠나가자, 위산이 불렀다. 대사가 뒤를 돌아보지 않으니, 위산이 말했다.

"이 사람은 꽤 법기法器가 될 만하다."

대사가 어느 날 위산을 하직하고, 영중嶺中으로 돌아가면서 말했다.

"제가 화상을 하직하여 천 리 밖에 있더라도, 화상의 좌우左右를 여의지 않습니다."

위산이 정중하게 인사를 했다.

"잘 다녀오시오."

경조京兆 미米 화상〔미칠사米七師라고도 한다.〕

처음에 행각을 마치고 본사에 돌아와 있노라니, 어떤 노숙老宿이 물었다.

"달밤에 두레박줄이 끊어진 것을 보면 사람들은 뱀이라 부르는데, 화상〔七師〕께서 부처님을 보는 것은 무엇이라 하시겠습니까?"

대사가 대답했다.

"부처를 봄이 있으면 곧 중생과 같아집니다."〔법안法眼이 따로 말하기를 "이게 어떤 때에 묻는 것일까?"라고 하였다. 법등法燈이 말하기를 "부른다는 것이 옳지 않다"라고 하였다.〕

노숙이 말했다.

"천년 복숭아의 씨로구나."

대사가 앙산에게 스님을 보내서 물었다.

"지금〔今時〕도 깨달음을 빌려야 합니까?"

앙산이 말했다.

"깨달음은 없지 않으나, 둘째 머리에 떨어지는 것을 어찌하겠는가?"

대사가 깊이 수긍했다.

또 동산洞山에게 스님을 보내 말했다.

"그것의 구경究竟은 어떠합니까?"

동산이 말했다.

"모름지기 그에게 물어야 된다."

대사가 또 수긍하였다.

어떤 스님이 물었다.

"어떤 것이 가사〔衲衣〕 밑의 일입니까?"

"누추하다면 그대 멋대로 싫어하되, 구름이나 노을의 경계에 마음을 두지 마시오."

진주晉州 곽산霍山 화상

앙산의 한 스님이 와서 외쳤다.

"집운봉集雲峰 밑의 네 그루 등나무 줄기인 천하의 대선불大禪佛이 왔습니다."〔대선불大禪佛은 12권에 나오는 진주晉州 곽산霍山 경통景通 화상이다.〕

대사가 유나維那를 불러서 장작을 운반하라 하니, 대선불이 잰걸음으로 물러갔다.

대사는 비마祕魔 화상이 스님들이 와서 절하는 것을 보면 나무 갈고리로 집는다는 말을 들었다. 어느 날 마침내 비마 화상을 찾아가서는 보자마자 절도 하지 않고 비마의 품속으로 들어갔다. 비마가 대사의 등을 세 번 문지르니, 대사가 일어나 손뼉을 치면서 말했다.

"사형이여, 저는 천 리 길을 왔소."

그리고는 이내 돌아갔다.〔어떤 책에는 "사형師兄은 3천 리 밖에서 나를 속였군요"라고 하였다.〕

양주襄州 왕경초王敬初 상시常侍

일을 맡아 보고 있는데 미米 화상이 왔다. 왕공王公이 붓을 드니, 미 화상이 말했다.

"허공을 판단할 수 있겠소?"

왕공이 붓을 던지고 청廳에 들어가서는 다시 나오지 않았다. 미 화상이 의심이 나서 이튿날 고산鼓山이 공양을 받으러 들어가는 편에 그의 뜻을 알아 달라고 하고는, 미 화상도 뒤를 따라 들어가서 으슥한 곳에서 엿보았다. 고산이 앉자마자 물었다.

"어제 미 화상이 뭐라 말했기에 보질 않았소?"

왕공이 대답했다.

"사자는 사람을 물지만, 사냥개[韓盧]는 흙덩이를 뭅니다."

미 화상이 이 말을 엿듣고는 이내 어제의 잘못을 깨달았다. 그리고는 급히 뛰쳐나오면서 껄껄 웃고 말했다.

"내 알았소, 알았소."

일찍이 어떤 스님에게 물었던 적이 있었다.

"온갖 중생이 모두 불성이 있습니까?"

그 스님이 말했다.

"모두 있습니다."

왕공이 벽에 걸린 개 그림을 가리키면서 말했다.

"저것도 있습니까?"

스님이 대답하지 못하자, 왕공이 대신해서 대답하였다.

"물릴지 모르니 조심하시오."

> 앞의 복주福州 대안大安 선사[대위大潙 화상이라고도 한다.]의 법손[장경원長慶院이라는 세 글자가 빠졌으니 대사가 비록 장락부長樂府의 서원西院에 살았었으나 죽은 뒤로 20년에 민수閩帥가 초경招慶으로 옮겼고, 능稜 화상이 서원에 와서 살기 시작한 뒤에야 비로소 장경長慶이라는 편액을 주청해 달았다.]

익주益州 대수大隋 법진法眞 선사

어떤 스님이 물었다.

"겁화劫火가 훨훨 타서 삼천대천세계가 모두 무너지는데, 그것도 무너집니까?"

"무너진다."

"그렇다면 남[他]을 따라가는군요."

"남을 따라간다."

"어떤 것이 대인大人의 모습입니까?"

"가슴에 방(牓 : 卍)을 붙이지 않는 것이니라."

대사가 어떤 스님에게 물었다.

"어디로 가는가?"

"서산西山으로 암자살이를 갑니다."

"내가 동산 마루를 향해 그대를 부르면, 그대가 올 수 있겠는가?"

"그러지 못하겠습니다."

"그대는 암자살이를 못하겠다."

어떤 스님이 물었다.

"생사生死가 이르렀을 때에는 어찌합니까?"

"차를 만나면 차를 마시고, 밥을 만나면 밥을 먹는다."

"누가 공양을 받습니까?"

"발우를 거두라."

대사의 암자 옆에 거북이 한 마리가 있었는데, 어떤 스님이 물었다.

"온갖 중생은 가죽이 뼈를 감쌌는데 저 중생은 뼈가 가죽을 쌌으니, 어찌된 일입니까?"

대사가 짚신을 들어다가 거북이 곁에다 놓으니, 그 스님이 말이 없었다.

다시 물었다.

"어떤 것이 부처님들의 요긴한 법입니까?"

대사가 불자를 들면서 말했다.

"알겠는가?"

"모르겠습니다."

"노루〔麈〕 꼬리로 만든 불자이니라."

"어떤 것이 학인學人의 자기自己입니까?"

"이는 나의 자기이다."

"어째서 화상의 자기입니까?"

"이는 그대의 자기이니라."

어떤 스님이 물었다.

"어떤 것이 무봉탑無縫塔입니까?"

"높이가 다섯 자이니라."

"학인은 잘 모르겠습니다."

"곤륜崑崙에서 나는 벽돌이니라."

어떤 스님이 물었다.

"화상께서 백 년을 마치신(입멸함) 뒤에는 누구에게 법을 전하시겠습니까?"

"맨 기둥〔露柱〕의 화로火爐이니라."

"받아들이는 것이 있습니까?"

"화로의 맨 기둥이니라."

어떤 행자가 무리를 이끌고 오니, 대사가 물었다.

"나를 보러 온 사람들아, 동쪽을 무엇이라 하는가?"

"동쪽이라 부를 수 없습니다."

대사가 꾸짖으면서 말했다.

"이 썩을 놈들아, 동쪽이라 부르지 않는다면 무엇이라 부른단 말인가?"

행자는 말을 못하고 대중은 흩어졌다.

어떤 스님이 물었다.

"어떤 것이 화상의 가풍家風입니까?"

"붉은 흙에다 키〔簸箕〕를 그리는 것이니라."[8]

"어떤 것이 붉은 흙에다 키를 그리는 것입니까?"

"키에 입술이 있어야 쌀이 튀어나가지 않느니라."

대사가 어떤 스님에게 물었다.

"어떤 교법敎法을 강하는가?"

"『백법론百法論』을 강합니다."

대사가 주장자를 번쩍 들고 물었다.

"이는 어디서 일어났는가?"

"인연으로 일어납니다."

"괴롭다, 괴로워."

대사가 어떤 스님에게 물었다.

8 이는 구설을 쫓는 비방이다.

"어디로 가려는가?"
"보현普賢을 예배하러 갑니다."
대사가 불자를 들고 말했다.
"문수文殊와 보현普賢이 모두 여기에 있다."

어떤 스님이 원상圓相을 그려서 뒤를 향해 던진 뒤에 절을 하자, 대사가 말했다.
"시자侍者야, 저 스님에게 차 한 잔을 주어라."

어느 날 대중들이 뵈러 오자, 대사가 입에 풍기風氣가 든 시늉을 하면서 말했다.
"누가 나의 입을 고쳐 주겠는가?"
그러자 스님들이 앞을 다투어 약을 보내왔고, 속인들까지도 많은 약을 보냈으나, 대사는 모두 받지 않았다. 7일 후에 대사 스스로 입을 주물러서 바르게 하면서 말했다.
"그렇게 오랫동안 두 조각 가죽을 놀렸는데, 아직까지 아무도 내 입을 고쳐 주지 않는구나."
촉주蜀主가 흠모하여 사자를 보내어 자주 청했으나, 대사는 늙고 병들었다는 이유로 모두 사양하였다. 나중에 신조神照 대사라 불렸다.

소주韶州 영수靈樹 여민如敏 선사

그는 민천閩川 사람이다. 광주廣主의 유劉씨가 대대로 대사를 존중히 여기면서 지성知聖 대사라 불렀다.
어떤 스님이 물었다.
"불법의 지극한 이치는 어떠합니까?"

대사가 손을 펴기만 하였다.

"어떤 것이 화상의 가풍입니까?"

"천년 묵은 밭에 8백 명의 주인이니라."

"어떤 것이 천년 묵은 밭에 8백 명의 주인입니까?"

"낭당(郎當 : 퇴락)한 집은 아무도 수리하지 않는다."

"어떤 것이 서쪽에서 오신 뜻입니까?"

"동자童子는 막요莫傜[9]의 후손이다."

"스님, 더 자세히 설명해 주소서."

"그대는 건주虔州에서 왔는가?"[10]

"그것이 무엇이기에 이렇게 알기 어렵습니까?"

"화관火官의 머리 위에 풍차風車[11]가 있다."

어떤 비구니가 자기〔瓷〕로 만든 발우 한 벌을 보냈는데, 대사가 번쩍 들고서 물었다.

"이것은 어느 곳에서 나온 것인가?"

비구니가 대답했다.

"정주定州에서 나왔습니다."〔법등法燈이 따로 말하기를 "여기의 것과 다르지 않구나"라고 하였다.〕

대사가 동댕이쳐서 깨뜨리니, 비구니가 대답이 없었다.〔보복保福이 대신 말하기를 "적을 속이는 이는 망한다"라고 하였다.〕

어떤 사람이 물었다.

---

9 조상이 국가에 공이 있어서 나라의 역사役事를 면제받았다는 남방 호족의 명칭이다.

10 장안의 동남쪽에 있으므로 서쪽 일을 모르느냐는 뜻이다.

11 바람개비이니 풀무와 같은 것으로서 불을 붙이는 것이다.

"화상의 연세는 얼마입니까?"

대사가 대답했다.

"오늘 태어나서 내일 죽는다."

"화상의 고향은 어디십니까?"

"해는 동쪽에서 뜨고, 달은 서쪽으로 진다."

대사가 40여 년 동안 영嶺 밖에서 교화를 펴니, 자못 영험한 자취가 있었다. 때마침 광주廣主가 장차 군사를 일으키려고 하는데, 대사에게 결정 여부를 묻기 위해서 직접 절에 찾아왔다. 하지만 대사는 이를 미리 알고서 태연히 앉아서 입멸하였다. 광주가 노하여 지사(知事 : 책임자)를 꾸짖으면서 말했다.

"화상께서 언제 병환이 나셨소?"

"대사께서는 병환이 나신 일이 없습니다. 아까 편지 한 통을 주시면서 군왕이 오시거든 드리라고 하였습니다."

광주가 열어 보니, 편지는 다음과 같았다.

"인천人天의 안목은 법당 안의 상좌上座이다."

광주가 대사의 뜻을 알아듣고서 마침내 군사를 거두었다. 그리고는 상좌〔第一座〕에게 상당 설법을 청했다.〔이가 곧 운문雲門 문언文偃이니 설봉雪峰의 법을 이은 사람이다.〕

대사의 전신全身은 흩어지지 않았다. 장사할 기구와 감龕과 탑은 모두 광주廣主가 마련했는데, 지금도 영수진신靈樹眞身의 탑이라 부르고 있다.

복주福州 수산壽山 사해師解 선사

행각할 때에 동산洞山의 법회에 가니, 동산이 물었다.

"그대〔闍梨〕의 고향은 어디인가?"
"화상께서 실제 고향을 물으신다면 저는 민중閩中 사람입니다."
"그대의 아버지 이름은 무엇인가?"
"오늘 화상에게 이 질문 하나를 받으니, 곧바로 앞과 뒤를 몽땅 잊었습니다."

수산壽山에 있으면서 상당하여 말했다.
"여러 상좌들이여, 다행히 진실한 말이 있어서 권고하나니, 여러 분〔兄弟〕 각자가 스스로 체득하라. 범속하다느니 거룩하다느니 하는 분별〔情〕이 다하면 본체가 드러나서 참되고 항상하리니, 그러면 전부터 있던 허망한 반연의 때 묻은 마음을 일시에 벗어 버려서 허공과 같은 모습이 될 것이다. 다른 때인 훗날에는 이것의 좋고 나쁨을 알게 되리라."

민사閩師가 물었다.
"수산壽山의 나이는 얼마요?"
"허공과 꼭 같소."
"허공의 나이는 얼마요?"
"수산의 나이와 같소."

요주饒州 요산嶢山 화상

어떤 스님이 물었다.
"어떤 것이 서쪽에서 오신 뜻입니까?"
대사가 말했다.
"한 겨울 날이 몹시 춥구나."

"어떤 것이 화상의 깊고 깊은 곳입니까?"

"그대의 혀가 땅에 떨어진 뒤에 그대에게 말하리라."

"어떤 것이 장륙금신丈六金身입니까?"

"판관判官이 결정한 안건을 상공(相公 : 정승)이 고치느니라."

장경長慶이 물었다.

"위로부터 내려온 종승宗乘을 여기서는 어떻게 이야기합니까?"

"선대의 성현을 짊어지지 않기를 원하는 것이다."

"선대의 성현을 짊어지지 않는 것이 무엇입니까?"

"드러내지 못한다."

"그러면 스님이 말씀해 보십시오."

대사가 말했다.

"어디를 오고 갔는가?"

"그냥[只][구본에는 '수首'자로 되어 있다.] 어느 곳이든 오고 갔을 뿐입니다."

천주泉州 포전현莆田縣 국환숭복원國歡崇福院 혜일慧日 대사

그는 복주福州 후관현侯官縣 사람으로서 성은 황黃씨이다. 태어나면서부터 특이하더니, 자라서는 이름을 문구文矩라 하고, 고을의 옥졸獄卒이 되었다. 가끔 임무를 버린 채 신광사神光寺의 영관靈觀 화상에게나 서원西院의 대안大安 선사에게 갔는데, 아전들도 그런 그를 금하지 못했다.

나중에 만세탑萬歲塔의 담공譚空 선사에 의해 머리를 깎았으나, 가사도 입지 않고 구족계도 받지 않은 채 오직 얼룩 비단으로 괘자挂子를 만들어서 걸쳤을 뿐이었다. 그리고 다시 영관 화상의 처소에 가니, 영관이 말했다.

"나는 그대의 스승이 아니다. 그대는 서원에 가서 예를 표하라."

대사가 조그마한 청죽青竹 지팡이를 짚고서 서원 법당에 드니, 대안이 멀리서 보고 빙그레 웃으면서 말했다.

"열반당涅槃堂으로 들라."

대사가 대답하고는 죽장竹杖을 돌리면서 들어갔다.

당시 5백 명쯤 되는 스님들이 괴질에 걸렸는데, 대사가 죽장으로 차례차례 점지하자, 저마다 그 점지에 따라 병이 나았다. 민왕閩王이 소중히 예우하면서 국환선원國歡禪苑을 창설해 살게 했는데, 그 뒤에도 신령스런 자취가 매우 많았다.

당의 건녕乾寧 때에 입멸하였다.

태주台州 부강浮江 화상

어떤 때에 설봉 화상이 무리를 이끌고 와서 물었다.

"지금 2백 명이 서원에 의탁해서 여름을 지내려는데 가능하겠습니까?"

대사(부강)가 주장자로 땅에 한 획을 긋고 나서 말했다.

"드러낼 수 없는 것이 바로 도이다."

설봉이 말이 없었다.

노주潞州 녹수渌水 화상

스님이 물었다.

"어떤 것이 조사께서 서쪽으로 오신 뜻입니까?"

"뜰 앞의 꽃과 약초가 흐드러진 것을 보았는가?"

스님은 말이 없었다.

광주廣州 문수원文殊院 원명圓明 선사

그는 복주福州 사람으로서 성은 진陳씨이다. 본래 대위大潙에게 물어 종지를 얻었고, 나중에 설봉에게 가서 더 물었지만 법에는 맛에 차이가 없었다.

또 일찍이 오대산五臺山에 갔다가 문수보살의 화현化現을 보았는데, 이에 가는 곳마다 절을 짓고는 문수원文殊院이라 하였다.

개보開寶 때에 전추밀사前樞密使 이숭구李崇矩가 남쪽으로 순행을 돌다가 대사의 절에 와서 지장보살상地藏菩薩像을 보고는 어떤 스님에게 물었다.

"지장보살은 어찌하여 손을 펴고 있는가?"

스님이 말했다.

"손안의 구슬을 도적맞았기 때문이죠."

이공李公이 다시 대사에게 물었다.

"지장보살이 어찌 도적을 맞습니까?"

대사가 말했다.

"오늘 잡았소."

이공은 곧 그에게 절을 하였다.

순화淳化 원년에 입멸하니, 수명은 136세였다.

앞의 조주趙州 종심從諗 선사의 법손

홍주洪州 무녕현武寧縣 신흥新興 엄양嚴陽 존자

어떤 스님이 물었다.

"어떤 것이 부처입니까?"

대사가 말했다.

"흙덩어리다."
"어떤 것이 법입니까?"
"땅의 움직임이다."
"어떤 것이 스님입니까?"
"죽을 먹고 밥을 먹는 것이다."

어떤 스님이 물었다.
"어떤 것이 새롭게 흥기한 물입니까?"
"앞에 있는 강물 속이다."
"어떤 것이 사물에 감응하여 형태를 나타내는 것입니까?"
"나에게 상床을 들어서 보내라."
대사에게는 항상 뱀 한 마리와 호랑이 한 마리가 좌우를 따랐는데, 손으로 직접 음식을 주었다.

양주楊州 성동城東 광효원光孝院 혜각慧覺 선사

스님이 물었다.
"깨달음이 꽃이 피어서 사바세계에 두루하고 조사의 심인心印이 서쪽에서 왔는데, 무엇을 이야기해야 좋을까요?"
"정情이 생기면 지혜가 막힌다."
"그것은 교리가 아닙니까?"
"그대는 무슨 옷을 입고 있는가?"
스님이 물었다.
"한 방망이에 허공을 쳐부술 때는 어떠합니까?"
"피곤하면 쉬어라."

대사가 송제구宋齊丘에게 물었다.
"도를 알겠는가?"
"도라는 것은 드러낼 수 없습니다."
"있어서 드러낼 수 없는가, 없어서 드러낼 수 없는가?"
"모두 그렇지 않습니다."
"드러낼 수 없는 것이구나."
송씨가 대답이 없었다.

어느 날 대사가 대중을 이끌고 밖에 나갔다가 돌기둥을 보자, 합장하고서 인사를 하였다.
"안녕하셨습니까? 세존이시여."
어떤 스님이 말했다.
"화상이시여, 이것은 돌기둥입니다."
"목이 터지도록 울어도 쓸데없으니, 입을 다물고 얼마 남지 않은 봄[春]을 보내는 것이 더 좋겠구나."

어떤 스님이 물었다.
"멀리 멀리서 대사를 뵈러 왔습니다. 대사의 생각은 어떠하십니까?"
"관청 일이 엄격해서 늘어놓는 일[安排]을 허락하지 않는다."
"대사께서 어찌 방편이 없으시겠습니까?"
"불 창고 속에서 하루를 묵어라."

장張 거사居士가 물었다.
"늙음을 어찌할 수 없군요."

대사가 말했다.
"나이가 몇인가?"
"80살입니다."
"늙었다 할 만하군."
"궁극적으로는 어떠합니까?"
"설사 천 살을 먹는다 해도 머무는 것은 아니다."

어떤 사람이 물었다.
"저는 평생 소 잡는 것을 좋아했는데, 죄가 있습니까?"
"죄가 없다."
"어째서 죄가 없습니까?"
"하나를 죽이고, 하나를 되돌렸기 때문이다."

농주隴州 국청원國淸院 봉奉 선사

어떤 스님이 물었다.
"교리의 뜻과 조사의 뜻이 같습니까, 다릅니까?"
"단비를 뿌리니 크고 작은 풀이 자라고, 봄에 부는 바람에는 머리를 싸매지 않는다."
"그렇다면 결국 하나입니까, 둘입니까?"
"상서로운 구름이 앞을 다투어 일어나도 바위굴은 일그러지지 않는다."
"어떤 것이 화상의 가풍입니까?"
"소반 · 평상 · 의자 · 화로 · 창문이니라."
"어떤 것이 출가한 사람입니까?"
"구리 머리와 무쇠 이마와 까마귀 부리에 사슴의 몸이니라."

"어떤 것이 출가한 사람의 본분사本分事입니까?"

"아침에 일어나서는 '안녕하십니까?' 하고, 저녁에는 '안녕히 주무십시오' 하는 것이니라."

어떤 스님이 물었다.

"우두牛頭가 4조祖를 보기 전에는 어찌하여 새와 짐승들이 꽃을 물어 왔습니까?"

"협부陜府의 사람들이 철우鐵牛[12]에게 돈과 재물을 보내는 것과 같다."[13]

"4조를 본 뒤에는 어찌하여 꽃을 물어오지 않았습니까?"

"목마木馬가 새벽부터 8백 리를 간다."[14]

"하루 12시 가운데 어떻게 그 마음을 항복시키겠습니까?"

"얼음을 두드려서 불을 구하니, 오랜 겁을 지내도 만나지 못하리라."

"12분교分教는 아기의 울음을 달래는 뜻이라 하니, 울음 달래는 일을 여의고서 한 구절 말씀해 주십시오."

"우뚝한 봉우리 정상에 귀밑머리를 딴 여자니라."

"어떤 것이 불법佛法의 대의입니까?"

"석가는 우두옥졸牛頭獄卒이요, 조사는 마면아바馬面阿婆[15]니라."

"어떤 것이 서쪽에서 오신 뜻입니까?"

"동쪽 벽이 서쪽 벽을 치는 것이니라."

---

12 협부(陜府 : 지명)를 지킨다는 신의 이름이다.

13 이 말은 능소能所의 관념이 있기 때문이라는 뜻이다.

14 진짜 말이 8백 리를 가는데, 목마가 간다는 것은 실제가 없다는 뜻이다.

15 귀신의 이름이다.

"어떤 것이 깨뜨려도 깨지지 않는 구절입니까?"
"털끝만치도 막히지 않았거늘 요새 사람들은 아득하게 듣는다."

무주婺州 목진木陳 종랑從朗 선사

어떤 스님이 물었다.
"학을 놓아 주어 조롱〔籠〕을 나가서 눈〔雪〕과 화합할 때는 어떠합니까?"
"나는 한 빛깔이 아니라고 말하겠다."

금강金剛이 쓰러지니, 어떤 스님이 물었다.
"본래 금강은 무너지지 않는 몸〔不壞身〕인데, 어찌하여 땅에 쓰러집니까?"
대사가 선상禪床을 치면서 말했다.
"행行·주住·좌坐·와臥이니라."
대사가 임종할 때에 게송을 남겼다.

30년 동안 목진산木陳山에서 살았지만
그 동안 공 이룬 것 하나도 없네.
누군가 내게 서쪽에서 온 뜻 묻는다 하여
어찌 눈썹인들 깜짝하리오.

三十年來住木陳　時中無一假功成
有人問我西來意　展似眉毛作麽生

무주婺州 신건新建 선사

그는 사미〔小師〕를 기르지 않았는데, 어떤 스님이 와서 물었다.

"화상께서는 연세도 많으신데, 왜 아이 하나를 길러서 시봉侍奉을 시키지 않으십니까?"
"눈멀고 귀먹은 놈이 있거든 구해다오."

어떤 스님이 하직을 고하니, 대사(신건)가 물었다.
"어디로 가느냐?"
"서울의 개원사開元寺로 가겠습니다."
"내가 그 절 주지에게 보낼 편지가 하나 있는데, 네가 갖다 주겠느냐?"
"주십시오."
"그러나 너도 어쩌지 못할 것이라 생각되는구나."

항주杭州 다복多福 화상

어떤 스님이 물었다.
"어떤 것이 다복多福의 한 떨기 대나무입니까?"
"한 줄기나 두 줄기가 비끼어 섰느니라."
"학인이 잘 모르겠습니다."
"세 줄기나 네 줄기는 굽었느니라."

어떤 스님이 물었다.
"어떤 것이 가사〔衲衣〕 밑의 일입니까?"
"많은 사람들이 의심을 하더군."
"어째서 그렇습니까?"
"달 속에 머리를 갈무리했느니라."

익주益州 서목西睦 화상

상당하였는데 어떤 속가의 선비가 손을 들고 말했다.

"화상이 바로 한 마리의 당나귀입니다."

"노승이 그대를 태우게 되었구나."

그가 말이 없었다. 그 뒤로 3일 뒤에 다시 와서 말했다.

"제가 3일 전에 도적을 맞았습니다."

대사가 주장자를 들고서 쫓아내 버렸다.

대사는 때로 갑자기 시자를 불러서 시자가 대답을 하면 대사는 이렇게 말했다.

"다시 밤이 깊어서 조용해지거든 너와 함께 상량商量하겠다."

앞의 구주衢州 자호암子湖巖 이종利蹤 선사의 법손

태주台州 승광勝光 화상

어떤 이가 물었다.

"어떤 것이 화상의 가풍입니까?"

대사가 말했다.

"복주福州의 여지荔枝와 천주泉州의 자동刺桐이니라."

"어떤 것이 불법佛法이란 두 글자입니까?"

"그거야 당장 말할 수 있다."

"말씀해 주십시오."

"귀가 뚫린 서역 스님이 웃으면서 고개를 끄덕인다."

용화사龍華寺 조照 화상이 오니, 대사(승광)가 붙잡고 말했다.

"무엇인가?"

조 화상이 말했다.

"잘못을 범하지 마시오."

대사가 손을 놓으니, 조 화상이 말했다.

"승광의 소문을 들은 지 오랩니다."

대사가 잠자코 있자, 조 화상이 하직하고 나섰다. 대사가 문까지 전송을 나와서 말했다.

"이번에 헤어지면 어디서 다시 만날꼬?"

조 화상이 깔깔 웃으면서 떠났다.

장주漳州 부석浮石 화상

상당하여 말했다.

"산승山僧이 점치는 일을 시작했는데, 사람들의 빈천貧賤과 부귀富貴를 판단하고 남녀의 생사를 예언한다."

이때에 어떤 스님이 나와서 말했다.

"생사와 빈부를 여읠 뿐만 아니라 5행行에도 떨어지지 않은 채 대사께서 곧바로 말씀해 주십시오."

"금金·목木·수水·화火·토土이니라."

자동紫桐 화상

어떤 스님이 물었다.

"어떤 것이 자동紫桐의 경계입니까?"

"그대의 눈에다 모래를 넣어도 되겠는가?"

"대단하신 자동께서 경계도 모르시는군."

"노승이 그 일을 꺼리는 것은 아니다."

그 스님이 나가려 하자, 대사가 선상에서 내려와 붙들고 말했다.

"오늘 이 좋은 공안公案을 노승은 아직 조금〔分文：푼돈〕도 손에 넣지 못했다."

"제가 승려이기에 다행이군요."

"화禍는 홀로 오지는 않는다."

일용日容 화상

활奯〔음은 활豁이다.〕 상좌가 와서 뵙자, 대사가 세 번 손뼉을 치면서 말했다.

"맹호가 난간 끝에 왔는데, 누가 대적하겠는가?"

활 상좌가 말했다.

"날쌘 새매가 충천冲天에 떴는데 누가 잡겠소?"

"이것저것 모두 감당키 어렵군."

"그 공안公案을 판단치 못했으니, 그만둡시다."

대사가 주장자를 끌고 춤을 추면서 방장으로 돌아가니, 활 상좌가 말이 없었다. 대사가 말했다.

"저 사람이 죽었는가 보다."〔운산雲山이 말하기를 "활 상좌는 앞의 말과 다르지 않다"라고 하였다.〕

앞의 악주鄂州 수유茱萸 화상의 법손

석제石梯 화상

어떤 스님이 새로 와서 대사(석제) 앞에 섰다가 잠시 후에 물러갔다. 대사가 말했다.

"무슨 가려내서 밝힐 곳이 있더냐?"

그 스님이 다시 서서 한참 동안을 잠잠히 있으니, 대사가 말했다.

"가려냈다. 가려냈어."
"가려낸 뒤에는 어떻습니까?"
"묻어 버려야 된다."
"아이고, 아이고."
"아까는 그럴싸하더니, 이제는 도리어 맞지 않구나."
그 스님이 그대로 나갔다.

앞의 천룡天龍 화상의 법손

무주婺州 금화산金華山 구지俱胝 화상

처음에는 암자에 살았는데, 실제實際라 부르는 비구니가 삿갓을 쓰고 주장자를 들고 와서 대사를 세 번 돌고 난 뒤에 말했다.
"바로 말하면 삿갓을 벗으리라."
이렇게 세 번 물었으나 대사가 모두 대답치 않으니, 비구니가 그대로 떠났다. 이때에 대사가 말했다.
"해가 이미 저물었으니, 하룻밤 묵어가라."
"바로 말하면 자고 가겠소."
대사가 또 대답이 없으니, 비구니가 떠났다. 대사가 탄식하였다.
"나는 비록 대장부의 형체를 갖추었으나 대장부의 기개가 없다."
그리고는 암자를 버리고 여러 지역으로 참문參問을 떠나려 하니, 그날 밤에 산신이 나타나서 말했다.
"이 산을 떠나지 마시오. 오래지 않아 큰 보살이 와서 화상께 설법을 해주실 것이오."
과연 열흘 뒤 천룡天龍 화상이 암자에 오니, 대사가 나가 맞이하고서 앞의 일을 자세히 이야기하였다. 그러자 천룡이 한 손가락을 세워서 보였는데, 이에 대사가 곧바로 크게 깨달았다. 이로부터 배우는 스님이 오면 대사는 오직 손가락 하나만을 세울 뿐 따로 법을 제창하는 일은 없었다.

동자 하나를 데리고 있었는데, 밖에 나갔다가 남들이 "화상께서는 어떻게 법의 요체를 말씀하시던가?"라는 힐문을 받고 동자가 손가락을 세우고는, 돌아와서 있었던 일을 대사에게 말하니, 대사가 칼로 그의 손가락을 끊었다. 동자가 펄펄 뛰면서 달아나는 것을 대사가 한마디 부르자, 동자가 머리를 돌렸다.

대사가 손가락을 세우니, 동자가 활연히 깨달았다.

대사가 세상을 떠나려 할 때에 대중에게 말했다.

"내가 천룡의 한 손가락 선禪을 얻고서 일생 동안 썼어도 다하지 않았다."

말을 마치고 열반에 들었다.〔장경長慶이 대중을 대신하여 말하기를 "맛난 음식도 배부른 사람에게는 맞지 않는다"라고 하였다. 현사玄沙가 말하기를 "내가 그때에 보았더라면 손가락을 꺾어 버렸을 것이다"라고 하였다. 현각玄覺이 말하기를 "말해 보라. 현사가 그렇게 말한 뜻이 무엇이겠는가?"라고 하였다. 운거雲居 석錫이 말하기를 "현사가 그렇게 말한 것이 그를 수긍한 것인가, 수긍하지 않은 것인가? 만일 수긍한다면 어찌하여 손가락을 꺾어 버린다 했을까? 수긍하지 않는다면 구지俱胝의 허물이 어디에 있을까?"라고 하였다. 선조산先曹山이 말하기를 "구지가 알아차린 곳이 거칠어서 단지 한 근기, 한 경계, 한 종류만을 알았으니 손뼉을 치고 손바닥을 비비는 것은 서원西園이 어리둥절케 하는 것과 같은 것이다"라고 하였다. 현각은 또 말하기를 "또 말해 보라. 구지가 깨달은 것인가? 만일 깨달았다면 승당처承當處를 말하라. 만일 깨닫지 못했다면 한 손가락으로 선禪을 다하지 못했다고 말하라. 또 말하라. 조산曹山의 의지意旨는 어디에 있는가?"라고 하였다.]

앞의 장사長沙 경잠景岑 선사의 법손

명주明州 설두산雪竇山 상통常通 선사

그는 형주邢州 사람으로서 성은 이李씨이다. 작산鵲山에 들어가서 출가하였고, 20세에 고향의 개원사開元寺에서 계를 받고 계율을 익히기를 7년 만에 이렇게 말했다.

"마등摩騰이 한漢에 와서는 이 글을 번역해 냈는데, 달마達磨는 양梁에 와서 다시 무슨 일을 밝혔는가?"

그리고는 멀리 장사長沙 경잠景岑 화상을 찾아가 뵈니, 경잠이 물었다.

"어디 사람인가?"

"형주邢州 사람입니다."

"나의 도道는 거기서 오지 않았다."

"화상께서는 일찍이 여기에 계시지 않았습니까?"

경잠이 옳다고 여겨서 입실을 허락하였다. 나중에 동산洞山과 석상石霜에게 갔으나 법의 맛에 차이가 없었다.

당나라 함통咸通 말년에 선성宣城에 갔는데, 군수가 사선산謝仙山에다 선원禪苑을 두자고 주청하고는, 서성원瑞聖院이라는 이름을 짓고서 대사(상통)에게 살기를 청하였다.

어떤 스님이 와서 물었다.

"어떤 것이 밀실密室입니까?"

"바람도 통하지 않는다."

"어떤 것이 밀실 안의 사람입니까?"

"모든 성인들이 보려 하여도 볼 수 없느니라."

또 말했다.

"1천 부처도 능히 사량思量하지 못하고 1만 성인도 능히 의론하지 못하며, 하늘과 땅이 무너뜨려도 무너뜨리지 못하고 허공이 감싸더라도 감싸지 못하며, 일체가 이에 견줄 수가 없고 3세에서 불러도 일어나지 않는다."

"어떤 것이 3세의 모든 부처님들이 몸을 낸 곳〔出身處〕입니까?"

"그는 그대에게 3세가 있다는 것을 알려고 하지 않는다."

한참을 묵묵히 있다가 또 말했다.

"알겠는가? 그렇지 않다면 우선 부처를 드러내려 해도 드러낼 수 없는 곳에서 체득하라. 하루 종일 항상 존재하리라. 식識이 다하고 공功이 없어져서 갑자기 일어난다 하여도 그를 해치는 것인데, 하물며 언구言句이겠는가?"

광계光啓 때에 뭇 도적이 일어나니, 대사는 대중을 거느리고 사명四明으로 옮겼다. 대순大順 2년에 군수가 설두雪竇에 살기를 청하면서 교화가 번성했다.

천우天祐 2년 을축乙丑 7월에 병이 나니, 대중을 모아 향을 피우고 부촉을 한 뒤에 합장한 채로 입적하니 수명은 72세였다. 그 해 8월 7일에 선원의 서남쪽 모퉁이에다 탑을 세웠다.

앞의 관남關南 도상道常 선사의 법손

양주襄州 관남關南 도오道吾 화상

처음에 시골길을 지나다가 무당들의 노래에서 식신識神이 없다는 소리를 듣고 대사(도오)가 홀연히 깨달았다. 나중에 도상道常 선사를 뵙고 그 견해를 인가 받고는, 다시 덕산德山의 문하에 가서 법미法味가 더욱 두드러졌다.

무릇 상당하여 무리에게 설법할 때에는 연꽃 삿갓을 이고, 금란金襴 가사를 입고, 간자簡子를 들고, 북을 치고, 호적을 불면서 입으로 노삼랑魯三郎을 외쳤다. 그리고 어떤 때에는 관남의 북을 두드리고, 덕산의 노래를 부른다고 하였다.

스님이 물었다.

"어떤 것이 조사께서 서쪽에서 오신 뜻입니까?"

대사가 간자를 들고 읍을 하면서 "예" 하였다.

어느 때 대사가 목검木劍을 어깨에 메고 춤을 추니, 스님이 물었다.

"손에 있는 검은 어디서 얻었습니까?"

대사가 땅에다 던지니, 스님이 다시 주워서 대사의 손아귀에다 쥐어 주었다. 이에 대사가 말했다.

"어디서 얻었는가?"

스님이 대답이 없으니, 대사가 말했다.

"그대가 3일 이내에 한마디를 하는 것을 용납하노라."

그 스님이 여전히 말이 없으니, 대사가 스스로 대신하여 검을 어깨에 메고 춤을 추면서 말했다.

"이렇게 했어야 한다."

어떤 스님이 물었다.

"어떤 것이 화상의 가풍입니까?"

대사가 선상에서 내려와 여인의 절을 하면서 말했다.
"그대가 멀리서 오셨는데도 전혀 접대하지를 못했습니다."
대사가 관계灌溪에게 물었다.
"어떻소?"
"지위가 없소."
"허공과 같은 것이 아닌가?"
"이 백정아."
"죽일 만한 생물이 있으면 심심치는 않겠다."

장주漳州 나한羅漢 화상

처음에 관남關南의 도상道常 선사에게 주먹을 맞고 깨달았는데, 〔상세한 어록은 도상 선사의 장章에 보인다.〕 이로 인해 다음과 같은 게송을 지었다.

함통 7년에 처음으로 도를 물어
가는 곳마다 들은 소리는 모르는 말뿐이었네.
마음속의 의심덩이는 마치 나무토막 같아서
봄철에도 즐거움 없어 숲가에 섰네.
咸通七載初參道　到處逢言不識言
心裏癡團若栲栳　三春不樂止林泉

홀연히 법왕의 주단 위에 앉아서
문득 의심을 펼쳐서 스승 앞에 간구하자
스승은 주단 위의 나가那伽 선정에서 깨어나
팔뚝을 걷고서 내 가슴을 한 대 갈겼네.

忽遇法王氈上坐　　便陳疑懇向師前
師從氈上那伽起　　祖膊當胸打一拳

의심덩이가 마치 다람쥐처럼 흩어져 버리매
고개 들고 바라보니 해[日]가 뜨고 있네.
이로부터 성큼성큼 우뚝하여서
지금에 이르기까지 언제나 쾌활하나니
뱃속이 팽팽하게 부르기만 할 뿐이요,
다시는 발우 들고 동으로 서로 가지 않네.

駭散癡團獦狚落　　擧頭看見日初圓
從玆蹬蹬以碣碣　　直至如今常快活
只聞肚裏飽膨脝　　更不東西去持鉢

또 게송을 지었다.

우주 안의 한가한 나그네가
인간 가운데 야승野僧이 되었으니
나를 비웃으려거든 그대 맘대로 하라.
가는 곳마다 스스로 등등騰騰하다네.

宇內爲閑客　　人中作野僧
任從他笑我　　隨處自騰騰

앞의 고안高安 대우大愚 선사의 법손

균주筠州 말산니末山尼 요연了然

관계灌溪 지한智閑 화상이 길을 가다가 이 산에 들러서 먼저 말했다.

"만일 맞게 대답하면 여기에 살겠지만, 그렇지 않으면 선상禪床을 뒤집어엎으리라."

그리고는 법당으로 들어가니, 요연了然 비구니가 시자를 보내서 물었다.

"상좌는 산 구경을 온 것인가, 불법을 위해 왔는가?"

지한이 말했다.

"불법을 위해서 왔소."

요연이 그제야 법상에 오르니, 지한이 뵈러 나갔다. 요연이 물었다.

"상좌는 오늘 어디서 떠났는가?"

"길 어귀〔路口〕에서 떠났소."

"어째서 덮어두지 않는가?"

지한은 말문이 막혔다.〔화산禾山이 대신 말하기를 "어떻게 거기에 가겠소?" 하였다.〕

그제야 절을 하고 물었다.

"어떤 것이 말산末山이오?"

"정수리를 드러내지 않는 것이다."

"어떤 것이 말산의 주인이오?"

"남녀의 모습이 아니다."

지한이 대뜸 할喝을 하고서 말했다.

"왜 변하지 않는가?"

"신神도 아니고 도깨비도 아닌데, 무엇을 변화라 하겠는가?"

지한이 그때서야 굴복하고서 3년 동안 원두園頭를 맡았다.

어떤 스님이 와서 찾아뵈니, 요연이 말했다.

"몹시도 남루하구나."

스님이 말했다.

"아무리 그렇지만 사자의 새끼입니다."

"사자의 새끼라면 어째서 문수文殊를 등에 지고 있는가?"

스님은 내답이 없었다.

다른 스님이 물었다.

"어떤 것이 옛 부처의 마음입니까?"

"세계가 기울고 무너지느니라."

"세계가 어째서 기울고 무너집니까?"

"어찌 내 몸이 없겠는가?"

월운 스님

경기도 장단에서 태어나 한학을 수학하고, 남해 화방사에서 당대의 대강백 운허스님을 은사로 출가하였다. 통도사와 해인사 강원을 졸업하고 강사가 되었으며, 동국역경원 역경위원을 거쳐 동국역경원 원장으로 있다. 중앙승가대학 교수와 제25교구 본사 봉선사 주지를 역임하였고, 현재 조실로 있으면서 불경서당과 능엄학림을 통해 후학 양성에 매진하고 있다.
저서로는 「삼화행도집」·「일용의식수문기」·「금강경강화」·「원각경강화」·「대승기신론강화」·「구름처럼 달처럼」 등이 있고, 「조당집」·「선문염송」을 비롯한 80여 종의 경론을 번역한 우리나라의 대표적인 학승이자 강백이다.

박용배 불자

2008년 5월 초 귀중한 정재를 보시하여 '한글대장경 개역 전산화 사업'과 '단행본 경전 발간 사업'에 크게 도움을 주신 경기도 수원시 거주 불자님으로, 진심으로 깊은 감사의 뜻을 표하고자, 2008년 출간되는 단행본 경전인 「조당집」과 「전등록」에 그 이름을 올립니다.

전등록 1

2022년 6월 30일 개정판 3쇄 발행

역 주 월운스님
발행인 박기련
발행처 동국역경원

출판등록 제1964-000001호
주소 04626 서울시 중구 퇴계로36길2 신관1층 105호
전화 02-2264-4714
팩스 02-2268-7851
Homepage http://dgpress.dongguk.edu
E-mail abook@jeongjincorp.com
인쇄처 네오프린텍(주)

ISBN 89-5590-453-3
ISBN 89-5590-452-5(전3권)

값 35,000원
※파본은 교환해 드립니다